国家社科基金
后期资助项目

GUOJIA SHEKE JIJIN HOUQI ZIZHU XIANGMU

交流社会认知

Communication Social Cognition

张恒超 著

九 州 出 版 社 | 全国百佳图书出版单位
JIUZHOUPRESS

图书在版编目（CIP）数据

交流社会认知 / 张恒超著. -- 北京 ：九州出版社，
2021.12

　ISBN 978-7-5225-0764-4

　Ⅰ．①交… Ⅱ．①张… Ⅲ．①语言交流－研究 Ⅳ.
①H0

中国版本图书馆CIP数据核字（2021）第258820号

交流社会认知

作　　者	张恒超　著
责任编辑	黄瑞丽
出版发行	九州出版社
地　　址	北京市西城区阜外大街甲 35 号（100037）
发行电话	（010）68992190/3/5/6
网　　址	www.jiuzhoupress.com
印　　刷	三河市国新印装有限公司
开　　本	787 毫米 ×1092 毫米　16 开
印　　张	30
字　　数	510 千字
版　　次	2022 年 4 月第 1 版
印　　次	2022 年 4 月第 1 次印刷
书　　号	ISBN 978-7-5225-0764-4
定　　价	118.00 元

国家社科基金后期资助项目
出版说明

后期资助项目是国家社科基金设立的一类重要项目，旨在鼓励广大社科研究者潜心治学，支持基础研究多出优秀成果。它是经过严格评审，从接近完成的科研成果中遴选立项的。为扩大后期资助项目的影响，更好地推动学术发展，促进成果转化，全国哲学社会科学工作办公室按照"统一设计、统一标识、统一版式、形成系列"的总体要求，组织出版国家社科基金后期资助项目成果。

全国哲学社会科学工作办公室

前　言

　　"交流认知"是一个包容性极强的研究领域，涉及社会学、心理学、哲学、语言学、教育学以及传播学等学科。而在现实应用领域中，其涉及诸如教育教学、群体交往、公关人际、行业咨询甚至人机互动等多个方面和领域。尽管各学科的研究中对于"交流"这一主题和关键词均有所包含，但是缺乏立足于"一般社会认知"角度的专业化系统理论探讨和应用探查。

一、本书研究的创新性焦点"交流认知的社会性"引领体例建构

　　鉴于交流认知外延的宽泛性和涉及应用领域的多元化，笔者在本书的成书之初考虑将"社会性"这一概念加入到书的主题中。社会性集中体现交流认知的功能性和现实人际性。在现实生活和工作中，交流无处不在，它甚至存在于人类之外的动物族群之中，但是，只有人类的交流才能够体现出社会性特征。

　　本书的研究和写作过程中，笔者思考的重要问题是"体例问题"。在本书的体例上，笔者结合多年来的学术理论思考和应用研究，首先提出并介绍了"交流认知的'社会性'特征"：交流社会认知指交流者在特定的社会交流情境下，利用语言、非语言媒介和线索，围绕共同的社会活动目的而发生的合作性人际互动认知过程。因为交流是一种社会性活动，其主体是社会性的人，其客体是社会性的事件或对象等，其手段是社会性的媒介和线索，其过程是社会合作性人际互动过程，其目的是社会性共享目标的实现或功能执行，所以交流具有社会性，交流认知具有社会性特征，交流行为具有社会性功能。交流的最终目的是解决某种社会性问题和实现某种社会性的愿望，大而涉及人类、种族、团体、文化等问题，小而涉及两个个体之间的信息传递、情绪表达和情感沟通等问题。

　　对于"交流认知的'社会性'特征"的阐述，相当于本书的中心思

想，既引领了本书的写作，也为"交流社会认知"领域的研究者提供一个思考方向。或许关于"交流社会认知"这一课题的探讨，在未来十几年甚至于几十年的百家争鸣中将会被再归纳、再综合、再解释和再完善性地理论化。

在阐述完"交流认知的'社会性'特征"之后，笔者接着阐述了交流的"意识性特征"。笔者之所以将意识性问题放在本书结构的前面，是因为在认知领域中，意识过程不同于感知、记忆、思维和想象等心理过程。意识性是一种伴随性的心理状态，其不独立表现和存在，通常是伴随着其他的心理过程而发生和变化的。交流过程是交流者间认知和行为"冲突 – 协调"的过程，人际间认知协调机制是研究的一个焦点。以语言为核心的认知行为协调过程和模式具有意识性特征，这是一种策略性的认知调整过程，对交流者认知资源的要求相对较高，而非语言信息的辅助交流过程则具有无意识性特征，是一种非策略性的认知调整过程。交流中的无意识认知过程与意识认知过程并行不悖，相辅相成，共同促进交流认知和行为的协调。而无意识认知过程的存在，表明交流认知协调过程可以通过一种相对简单的方式发生，从而绕过彼此对交流同伴心理状态的精心推理，体现出交流认知的节省性。在阐述了交流的"意识性特征"之后，笔者又从交流社会认知的媒介特征出发，分别关注了"语言"和"手势"两大媒介的认知特征和理论解释。这其中，语言是交流的核心媒介，也是外显和意识性媒介，而手势则是非语言媒介的典型代表。但是，语言媒介和非语言媒介并不能完整囊括交流人际互动过程中信息沟通的全部方面，这其中的一个重要方面是"交流情境"，因此在后续的结构中安排了"交流情境认知"的论述。

"交流情境"是一个有争议的概念。语言哲学、语言学和认知科学倾向于认为，语言的交流内容并不局限于所说的内容，交流情境影响交流语言的语义，是语用研究中的一个重要方面。这种研究思路的变化，可以追溯到 20 世纪 90 年代的语言哲学研究领域。在一定程度上，在一个交流活动中，交流情境是交流者间的共同交流基础。而从交流情境认知的角度来看，交流情境是交流理解的背景，这种背景是交流发生的前提，具有重要的认知研究意义。事实上，交流情境是交流研究中不可回避的概念，也是至今尚未有明确定义的一个概念。笔者并不奢望在本书中给"交流情境"下一个最终定义，而是尝试解释交流情境的典型性认知特征。

最后，笔者立足于 Gricean 规则，对交流社会认知的"合作性"进行了分析。从 Gricean 规则的角度来看，交流必然是一个合作的过程。实际上，Gricean 规则仅仅为交流认知的解释提供了一个相对宏观的框架——交流的合作性特征。因此，笔者认为，如果我们要了解人类交流认知根源性的特征，无论是在个体认知上还是在群体认知上，都必须更广泛地看待交流本身，并将其纳入人类的合作性活动之中。

二、本书研究的思路决定了理论和实证并行

笔者曾就"交流"问题进行了长达十年的实证研究和文献研究，之所以迟迟没有动手写作一本"交流"主题的专著，主要是基于两个方面的犹豫：一是受到自身知识结构的不足、"交流"涉及学科知识的庞杂等因素的制约，笔者研究所获尚不足以囊括该领域的所有研究成果和争议。二是"交流"这一主题的研究取向可以分为理论和实证两个角度，经过多重思量后，笔者认为唯有从自身的研究特点和研究成果出发，才能更具自我研究的创新特征——理论和实证并行。十年来，笔者正是以实证实验为引导，结合理论文献的不断查证、分析和再整合加工，来尝试探查交流社会认知的具体特征的。随着研究的深入，逐渐认识到该领域研究具有非常突出的多元化特点。笔者由衷希望，本书的出版能够起到抛砖引玉的作用，吸引更多的研究者投身这一领域的研究之中。

本书作为笔者在"交流"领域辛勤耕耘十年的阶段性总结，从立意、体例建构到内容写作，无不展现了过去十年来的研究历程和所获。最初笔者只是在实证研究中尝试借鉴了交流实验范式，没想到竟由此产生了对交流认知的浓厚兴趣，并就"交流认知"问题进行了长达十年的实证研究和文献研究。因此，本书全面展现了本人在这一领域的代表性实证研究成果，并辅以相应的理论阐述和探讨。

诚然，本书只是笔者在"交流认知"领域多年探索的一个阶段性总结，并不足以囊括这一研究领域的各个层面。因此，笔者希望本学科领域和相关学科领域的研究者们能够共同努力，使这一研究领域能够不断地丰富与完善。在研究范式方面，笔者的建议是：既包括理论研究，也包括应用研究；既允许思辨，也允许实证；既允许不断的理论融合，也允许分歧和争鸣的客观存在……

张恒超

2020 年 7 月暑期

天津商业大学法学院 603 室

目　录

第一章　绪言

人类社会中，时刻进行着多样化的交流活动，如，父母和孩子共同完成拼图游戏；两个家庭共同规划和操办一场青年恋人的婚礼；在教师指导下学生课堂上完成某学科知识的合作学习；相距遥远的研究团队通过远程互动共同探索和推动一个特定领域的科学发展……这些社会不同领域共同活动的成功完成，依赖于合作者间的共同目标驱动、人际互动、语言交流和认知行为的协调一致，而共同交流行动的协调又以驱动行动的意图、假设和信念的协调为先决条件，该过程是交流者彼此间信息、知识、经验和期望等的互相参照过程，交流的互动"参照性"特征是交流认知和行为协调过程得以顺利实现的重要保障。即参照性交流能促进和实现合作群体或个人间的多层次、多水平的认知和行为协调。

下面是日常生活中，交流"参照性"的一个实例：

某日上午，小凯和弟弟小伟正在厨房准备午餐，招待中午到来的姑父和姑姑，两人的一段交流互动如下。

案板前的小凯（正在准备炖制羊肉的食材）："羊肉已经准备好了，等我把香料切成丁后，你就加热砂锅。"

橱柜旁的小伟："是带平盖的、很重的那个锅吗？"

小凯："不是，那个是焖锅；我要用带圆锥形盖子的那个陶瓷锅。"

小伟："噢，明白了。"

…………

从上述交流过程的示例可以看出，交流认知过程和个体认知过程明显不同。认知过程特征的理论探讨，传统上是在个体活动或操作中进行的，不足之处在于使个体被孤立在一些社会互动或合作的机会之外；现实生活中，人们的许多认知过程，都是在社会交流情境中发生的，如社会语言互动过程、群体记忆发生过程、团体情绪情感形成过程等。群体记忆研究领域中的一个典型发现是,群体记忆产品并不是个人记忆产品的简单组合。[①]
将"真正的"群体记忆产品(人们通过一起交流互动而形成、存储和回忆
的内容)同那些"名义上的"群体记忆产品(通过汇集相同数量个体单独
存储和回忆的内容而形成的)进行比较时,名义上的群体比真正群体回忆
的信息更多,且内容更为多样和分散,与此对应,"真正的"群体记忆信
息内容更为集中化、主题化。

人们交流过程中,语言是核心媒介,因而交流互动的参照性特征,典
型表现于交流语言认知过程中;但是,语言并不是社会交流的唯一媒介,
特定的交流情境下还同时存在大量的非语言媒介和因素,如注视、面部表
情、手势动作、躯体动作,甚至于情绪氛围、交流物理环境、特定交流任
务线索等,这些因素和语言同时存在、共同发生,综合影响着交流发生发
展的具体特征。

第一节　交流认知的社会性

交流(communication)是一种社会人际互动过程,交流者从特定的
交流目的出发,在特定的交流情境下,沟通任务内容和对象信息,最终共
同做出符合交流期望的归类、指称、辨别、推理和决策等操作。

交流是一种社会活动方式,交流认知和行为具有社会性,这根植于交
流的社会功能性和目的性。具体而言,在形式上,交流展现的是两个或多
个主体通过交流媒介的互动,以达成相互间共同理解的共享性观点,并引
发共同性、默契性、合作性的行为操作;现实中,即便是相对无趣的社会
交流过程,也可以满足交流者彼此间的某种最小交流期望。事实上,每一
个成功的交流都是以一个不同的方式开始的,为了能够将彼此的认知分歧
控制在最小的可接受范围内,交流者间的互动将始于多重观点的提出、争
论和评判,随着交流进程的不断发生发展,逐渐聚焦于更加精细、明确而
集中的共享性基本观点。交流这一社会性功能的实现,依赖于交流者有效
使用特定情境下的交流媒介和线索,以做到信息观点的高效沟通。基于交
流认知的社会性特征,本书提出了"交流社会认知"的概念。

---

① Weldon, M. S., & Bellinger, K. D., "Collective Memory: Collaborative and Individual Processes in Remembering," *Journal of Experimental Psychology: Learning, Memory, and Cognition 23* (1997):1160-1175.

交流社会认知，指交流者在特定的社会交流情境下，利用语言、非语言媒介和线索，围绕共同的社会活动目的而发生的合作性人际互动认知过程。

交流社会认知过程驱动交流者彼此间特定合作性、共享性交流意图、期望和假设的最终形成，并驱动彼此共同执行特定的交流行为或操作，从而实现交流活动的特定社会性目的。

因为交流是一种社会性活动，其主体是社会性的人，其客体是社会性的事件或对象等，其手段是社会性的媒介和线索，其过程是社会合作性人际互动过程，其目的是社会性共享目标的实现或功能执行；所以交流具有社会性，交流认知具有社会性特征，交流行为具有社会性功能。交流的目的最终是为了解决某种社会性问题和实现某种社会性的愿望，大而涉及人类、种族、团体、文化等问题，小而涉及两个个体之间的信息传递、情绪表达和情感沟通等。

归纳而言，交流社会认知特征源于且表现在四个典型方面：交流语言认知的社会性、交流手势认知（非语言认知的代表）的社会性、交流情境认知的社会性、交流合作认知的社会性。

一、交流语言认知的社会性

交流互动中的媒介可以分成语言和非语言媒介。非语言媒介就交流主体自身而言，主要是手势等表情媒介；交流主体之外的媒介，如对象共同可视性、交流者间的物理距离、社会群体成员身份等，实际上总体属于交流情境的具体特征。特定的交流情境下，交流的效率效果或成功性典型依赖于交流者语言和非语言信号沟通的有效性。

语言交流过程可以概括为：说者或语言指导者（director）生成语言表述，听者或语言操作者（matcher）接收语言信息，并根据交流目标和共同意图解码语言信息，语言互动角色的彼此轮换，推动彼此的思想、观点、期望等的不断连续传递（语义功能），最终解决特定的交流问题或完成特定的交流任务（语用功能）。

和个人头脑中的个体语言相比较，交流语言更表现为社会性特征，出声的言语行为是一种社会行为，是思维过程和内容的一种外显表达，这主要通过意识性过程驱动；语言互动中交流者不仅需要监控自己的认知过程，还需要时刻监控同伴的认知状态、过程和行为变化，这有助于交流认知共享性的达成、接纳和保持。在语言心理学研究领域中，针对交流语言认知加工有效性和高效性，以及语言内容、形式和功能的探讨，主要的关注点之一是交流共同基础的建立和特征，"共同基础"指交流者之间在交流过程中所必须形成的共同性知识、信念和假设的集合，例如，语言参照惯例的建立和持续使用性特征。参照惯例是交流者在交流进程中所建立的彼此共同接受和理解的特定语言表述，其一旦建立将在交流者间相对稳定地保持和持续使用，其内容为交流者所共同认可和理解，这有助于提高交流互动的效率效果。然而，研究领域中对交流语言参照惯例作用的解释存在一定的分歧，基于交流语言优势假说，部分研究支持语言参照惯例促进了交流者彼此间认知和行为的协调，即语言媒介可以使交流效率效果增倍；而另一部分研究则指出，虽然语言参照惯例的建立和保持使用过程一定程度上可以激发交流者更高的动机和注意水平，并提高思维的发散性，但这是以一定的认知损耗为前提的，因为语言认知加工主要是意识性过程，所以特定交流情境下当交流认知努力程度过高，认知损耗和负担随之会加重，最终可能将导致交流效率效果的相应降低。因此，具体的交流活动中，语言参照惯例的实际作用不适合一概而论，诚然，交流互动中交流者不仅借助了语言媒介，还借助了非语言媒介，典型的如手势媒介。正如De Ruiter, Bangerter 和 Dings（2012）所强调的交流中语言和非语言信息的权衡假设，当交流者无法借助非语言媒介进行沟通时，则更多依赖于交流语言媒介所传递的信息；反之，当交流者可以借助非语言媒介进行沟通时，则较少依赖语言媒介的信息。[①] 这一定程度上也是由于语言交流主要是一个意识性的认知加工过程，而手势媒介等的沟通主要是一个无意识性的认知过程。

不论如何应该认可，交流语言认知是交流认知的核心，语言互动过程具有社会性，交流语言认知加工的社会性特征对于交流认知的社会性特征具有典型的代表性；但也不可忽视非语言媒介或信号的同时发生性，以及和语言媒介间的相互作用特征。

二、交流手势认知的社会性

当前，围绕着交流互动中语言、非语言媒介的探讨出现了大量的研究文献。影响交流语言认知加工的一个主要的非语言媒介是"交流手势"，

[①] De Ruiter, J. P., Bangerter, A., & Dings, P., "The Interplay between Gesture and Speech in the Production of Referring Expressions: Investigating the Tradeoff Hypothesis," *Topics in Cognitive Science 4(2)*(2012):232-248.

尽管交流中手势不具有语言明确的信息表达性，但是手势媒介表达具有一定的配合性、主动表达性和相对独立性等特点。针对于此，研究者们一致认可，在"真人交流互动情境下"交流者不仅通过语言来沟通丰富的交流经验信息，而且对交流同伴手势表达的细节也更为敏感，甚至尽管有时彼此似乎并没有意识到手势交流伴随语言交流而同时发生，也没有明确意识到手势表意的存在，但是已经自觉将手势表达的交流信息融入伴随语言信息之中。

交流中的手势可以被归类为非语言行为，手势交流具有在即时语言交流过程中揭示外显言语流中缺失的隐含思想的能力。因为交流中手势可以描摹某些具体形象的特征，表达交流者的情绪情感，传达人际交往的态度，甚至展现人的性格，并因此影响到语言交流的回合、交流信息反馈和交流者的注意特征等。

社会心理学研究者长期以来对交流中的非语言行为很感兴趣，比如，目光接触、面部表情和手势表达等行为，这些非语言信息甚至能够揭示一个人不说话时的态度和信仰等。这其中，手势和其他的非语言行为相比较而言，相对具有交流的主动表达性和独立发生性等特点，因而其在即时交流过程中传达的交流信息也相对更为明确、丰富和多重化。

近年来，以单一手势表情作为变量的研究不断出现，当人们在语言交流中使用手势的时候，手势一方面可以揭示一些语言中不能明确传达的信息，另一方面具有独立的交流特征，可以某种程度上弥补某些语言中所缺失的信息，降低语言加工的认知负荷。

关于交流中语言和手势媒介的关系形成了两种观点：一种观点认为手势和语言表达的形式不同，但彼此传达的交流信息是相关联的，这支持了"相互作用模型"（the interface model）。另一种观点认为手势可以配合并促进语言认知加工过程，这表现在手势交流的相对独立性，该观点支持了"词汇性手势生成模型"（lexical gesture process model）。尽管"语言优势假说"（speech advantage hypothesis）认为交流中语言因素相对于非语言因素具有交流协调的优势；然而，研究者们也逐渐认识到有时交流语言信息是模糊的，并且语言信息本身需要耗费时间来展开，这潜在地产生了某些语言交流的弊端。同样反观该问题，现实中仅依赖手势沟通的沉默交流不是普遍现象（交流手势不同于手语，手语是一种语言，是特殊人群的一种交流语言，本书第五章"交流手势认知"中的第三节"手语和交流手势"部分针对性地对二者做了辨别阐述和比较探讨），手势交流通常是伴随语言交流而同时发生的，这也为研究手势相对独立的特征带来一定的困难，同时，也是围绕手势交流社会性特征的解释中，观点分歧产生的一个重要原因。

从日常交流的特点看，手势交流是一种极为常见的社会现象和行为，当人们用语言交谈的时候，事实上他们或多或少都会做出一些手势，尽管人们可能并没有意识到手势的即时发生过程和具体形式；手势是如此普遍，以至于人们在打电话的时候也习惯性地使用它，尽管电话另一端的人看不到它，甚至是先天性的盲人，即便从没有见过任何人使用手势交流，在语言交谈的时候也会移动他们的手部。

这种日常交流中的手势现象，恰是手势的社会认知过程发生发展的一般性表现，手势给口语交流增加了想象的空间，因为手势不必像口语那样以语法规则为基础线性发生，因此当语言传达信息困难时，手势相应将表现出观点表达的巨大潜力。手势通常发生在语言交流情景中，手势交流的主要目的是协助语言交流；因此，在语言信息理解之外，手势对交流互动中的思考和学习过程也能产生重要的社会影响效应，同时，手势的使用还会对手势发出者产生思维理解上的反馈作用。

进一步基于交流认知的社会性来看手势和语言间的关系，尽管手势和语言在交流中的形式不同，但是它们在时间上和语义上是互相伴随产生共同交流结果的，同时表达相关联的信息。语义协调的观点认为，人们在社会情境中交流时，通过手势来克服语言交流的困难。有学者在儿童语言获得的相关研究中已经发现，手势发生在语言之前，是过渡性知识状态的标志；相同的结果出现于成人第二语言学习的相关研究中，即成人第二语言学习者比母语者显著使用了更多的手势以辅助语言交流。此外，关于手势和语言关系的一些理论还认为，尤其是一些具有文化代表性的手势，能够传达和语言相关的丰富的社会性信息内容，可以促进特定社会文化情境下的交流互动。

具体化认知理论认为人类的社会认知过程根植于客观世界中人体的具体化行为。[①] 根据这一观点，交流认知过程植根于具体化的社会性感知和行为之中。本书认为，交流手势与实际的具体化社会性行为密切相关，因为它们是由同一系统产生的；此外，手势是一种特殊类型的物理动作，也就是表征性动作（这是相对于执行性或操作性动作而言的），因此，交流手势认知社会性的典型特征之一是交流信息的表达性，这是人类一般的操作性动作或行为所不具备的。表征性手势通常被定义为描述动作、运动或形状等的手部动作，或表示位置或轨迹的手部动作。例如，一位说者说

---

① Shapiro, L., *Routledge Handbook of Embodied Cognition* (New York: Routledge, 2014).

"她投出一个球"，她可能会用手来做一个投掷动作，或者她说"球碰到墙反弹回来"，她可能用手指追踪球的运动轨迹。表征性的手势一定程度上也可以表达抽象性概念的隐喻信息。例如，当表达"一个观点"时，说者可能会掌心向上仿佛托举一个杯状物，从而隐喻表达该观点。

概言之，交流手势认知的社会性特征源于手势的表征性特征，源于手势在交流互动性的表达性；手势既有直观、形象的描摹表达功能，也有对抽象观点的隐喻性和指示性等的表达功能。

三、交流情境认知的社会性

在社会交流过程中，说者如何让其他人明白自己在说什么呢？理论上，如果交流表达者能够完整详尽地描摹客观世界中的思想、事物和事件等，并让其他人理解它们，这种语言交流过程便是完整的；否则语言交流过程是不完整的，语言交流的功能也不会完全实现。然而，现实中人类的交流能力是复杂的，这种复杂能力决定了交流者在互动中不仅使用语言媒介进行交流，也通过非语言媒介和线索进行沟通。同时，交流情境也是特定复杂的，交流情境是语言交流的背景，或交流语境；显然，交流情境将限制交流互动中最合适的语言表达方式，以及最合适的语言和非语言媒介的融合方式。总之，交流情境决定了交流的功能、目的，甚至具体的交流方式和过程。因此，交流情境具有社会性；交流中交流者对交流情境的认知过程也具有社会性特征。

交流情境涉及的范围是广泛的，而且内容也是多样的，即便是在同一交流过程中，交流情境的特征和影响特点也可能是不断变化的，这决定了交流者交流情境社会认知过程的多样性和复杂性。本书将交流情境社会认知特征概括如下。

交流情境表现为：交流的特定物理环境；交流者彼此间的特定关系（如，社会关系，熟悉性，具有的种族、社会地位和性别等特征）；交流的特定方式（如，面对面交流、远程交流等）；与交流同伴的互动特征（如，人与人交流、人机交流互动）；交流者具有的文化特点、交流习惯、传统等；交流的社会性目的和功能等。

交流情境社会认知过程特征：交流情境涉及与交流互动有关的一切限制性因素，这些情境因素既存在于交流者的意识性加工过程中，也渗透于非意识性的认知加工过程中，可以说，交流情境认知过程的发生是交流社会认知过程发生、发展的前提，是交流社会认知特征的重要表现。

与交流语言独特结构和认知加工有关问题的探讨，在语言学、心理语言学领域中有着悠久的历史。近年来，研究人员探究了语言结构如何从重复学习和使用的模式中出现，以及稳定保持的问题，这些理论框架在分析和讨论中所关注的一个突出问题是，探查交流情境的认知加工特征和影响作用。实际上，只要存在语言认知，便同时存在语言情境，即使是个体的自我语言认知加工过程，也受到了语言情境的限制，如语言习惯、文化习俗、个体语言经历和体验等，语言情境一方面体现为语言主体的内环境，一方面也体现为语言主体的外环境；和个体语言认知加工过程相比较，交流语言认知加工主体的外环境相对更为突出，即交流情境，这源于交流语言的社会功能性特征。

交流社会认知中，许多语言认知现象均被认为是与交流情境相关联的；语言的发生和解释不是在空洞中抽象产生的，需要结合交流者当前的心理状态、交流的物理环境和交流者对世界的共同知识，这些因素综合影响到语言认知加工的丰富性、多样性和主题性。因此，未来对语言结构和交流情境之间关系的建模，对于发展交流语言认知理论和交流社会认知理论至关重要。以往有研究使用统计分析方法来调查大规模的跨文化语言资料数据库，然而，统计分析具有固有的局限性，特别是这些语料库的调查分析方法在检验因果关系假设方面存在明显的不足之处，与此对应，实验研究方法一定程度上可以弥补该不足，更适合探讨与语言结构、交流情境有关的因素的认知加工特征问题。例如，人工语言实验的目的是探查如何操作情境因素来影响语言的组织和结构化过程；再如，以交流合作学习情境为基础的实验研究，有助于分析最佳交流认知系统的出现和特定特征，是否取决于交流学习特定情境的认知过程。

可以说，对交流情境的认知是限制语言认知加工过程逐渐演变为唯一编码的重要影响因素；对语言交流情境的认知限制了交流者的交流意图，影响到交流语言结构的出现，在特定情形下某些交流情境还会损害交流语言的特定结构。具体而言，即时语言交流过程中，说者时刻关注、评估和利用交流情境中的信息，并决定语言信息的编码过程；同理，听者也利用这些信息来理解语言，即限制语言的解码过程。当交流情境表现出高度的可预测性特征时，说者通过将语言信号与情境信息结合起来，使语言认知加工过程不再变现为自主和随意的（更依赖情境的具体特征），从而减少语言发生时的认知努力程度和变化性，相应地，会最大限度地减少听者语言理解上的不确定性。反之，如果降低了交流情境的可预测性，说者相应将更依赖于语言信号自身的信息表达性，因为交流中语言信号只有依赖于特定的交流情境信息才能够精确地表达特定的交流含义。

总的来说，交流情境社会认知特征是交流社会认知过程的重要表现，尤其是语言认知加工特征和交流情境认知之间关系的研究，可以提供交流情境认知社会性特征的有力证据，表明交流语言认知加工的具体规范来自交流情境认知过程中各方面因素间的竞争性压力。

四、交流合作认知的社会性

与个人活动相比较，交流活动的一个特征是合作性，当人们进行交流合作活动时，他们往往会分配任务的内容，分享各自的资源和信息，以共同达到更高的交流效率效果。在日常生活中，人们经常需要合作完成特定的任务，独自执行太困难或太麻烦了，在这样的交流合作任务中，人们在时间和空间上协调彼此间的行动，以实现一个共同的交流目标。[1] 例如，当两个人在一大群人中寻找特定的朋友时，一个人可能把注意力集中在人群的左半边，而另一个人则搜索人群的右半边。合作者间通过任务的分配，比个人完成任务的效率效果更好，这是一种合作收益。

交流社会认知的合作性特征是互动中人际关系特征的表现，合作性渗透于交流语言和非语言媒介的认知过程中，也体现在交流情境和任务目的的理解中，这决定了交流双方交流互动中的集体性责任和共同的奖惩。

例如，在语言的语用认知研究中，交流"共同基础"是两个人之间交流互动中所必需的共享性知识、共享性信念和假设等的集合体；其相当于评价语言交流互动的"记分板"，具体涉及语言词汇的选取，语言组织结构的语法规则，以及共同的专业知识和语言文化规范等。交流互动中共同基础的建立和发展过程，体现了交流者彼此间交流感知、记忆、思维和想象等认知过程的具体特征。简言之，语言交流互动中共同基础的认知加工特征是交流合作性社会认知过程的重要表现；交流合作性社会认知还可以全面表现于非语言媒介和交流情境等认知过程之中。

关于交流合作收益的问题已经被广泛地探讨，以往的研究领域，有决策、注意和感知运动加工等。这些研究工作分析了交流合作性对于交流者认知和行为的影响。交流合作性的优势之一是交流合作者间的信息交换。例如，在视觉空间的搜索任务中，和个体单独活动比较，交流合作者间的信息交换显著促进了活动收益；交流者间的合作性体现在成对被试有效地

---

[1]　Sebanz, N., Bekkering, H., & Knoblich, G., "Joint Action: Bodies and Minds Moving Together," *Trends in Cognitive Science 10*(2006):70-76.

将搜索空间划分为两个部分,彼此分别搜索了屏幕中刺激的一半,相互间只有极小的重叠部分,因此完成搜索所需的时间也约为个人搜索时间的一半。这些结果表明,在交流合作视觉空间任务中,如搜索任务,高效的信息互动是任务成功实现的保障。另外,当前的一些研究还借助科学的实验设备更为直观地展现了交流中的合作性,如眼动仪的使用可以直观显示出交流者合作中的即时注视信息。

交流合作性在教育领域中的一个典型表现是交流合作学习(cooperative learning, collaborative learning, group learning, team learning),这是教育心理学和社会心理学领域中具有一个相对较长研究历史的课题,综合而言,交流合作学习重点强调以语言为核心媒介的互动合作学习过程,其具有语言媒介核心性、非语言媒介共存性、交流目的共同性、交流人际合作性、交流认知互动性和共享性等特征。尽管视觉空间任务实验没有探查互换信息准确性对于合作成绩的影响,但是合作学习和决策的相关领域探查过该问题,结果表明,当允许被试进行语言沟通并获得成绩分数的反馈时,他们的集体合作收益最高。当他们只被允许语言交流时,他们仍然获得了一定的集体合作收益;但是当只提供成绩分数反馈时,由于没有实际的交流合作互动,所以没有产生任何的集体合作性收益。值得注意的是,对交流合作语言的分析结果表明,成对被试间的语言校准(彼此间的语言相似性)能够促进更大的交流合作收益。[①] 简言之,交流合作学习和决策任务中交流双方可以通过语言沟通并联合决策时,可以获得更大的交流合作性收益。重要的是,这种集体合作性收益在能够获得成绩反馈时还会进一步大幅提高。

总之,交流社会认知收益一定程度上源于交流的合作性特征,即交流合作任务的集体收益,源于交流者彼此间认知和行为信息的不断交换。合作性是交流认知社会性的重要体现,未来研究需要进一步探查,交流合作促进交流收益的各种具体影响因素,如交流者接受同伴信息程度的影响因素,交流合作媒介的影响因素,交流合作成绩即时反馈的影响性,以及交流情境限制性的影响特征等。

综合以上,交流认知的核心特征是社会性,社会性表现于交流互动的各个层次和过程环节之中,尽管本书将社会性特征和具体表现归纳为:交流语言认知的社会性、交流手势认知(非语言认知的代表)的社会性、交

---

① Fusaroli, R., and Tylén, K., "Investigating Conversational Dynamics: Interactive Alignment, Interpersonal Synergy, and Collective Task Performance," *Cognitive Science 40* (2016): 145-171.

流情境认知的社会性、交流合作认知的社会性这四个方面，但是应该明确社会性是交流认知的一种综合性特征，并表现于交流互动认知和行为的不同方面。

第二节　语言交流

一、交流语言发生过程

　　人类交流的优势在于具有言语能力，语言交流本身即是一种社会行为，具有社会性；尽管语言可以作为个体头脑中认知过程的媒介，但从本质上说，它是一种以共同理解与使用为基础的社会交流媒介，因此语言的发生过程通常被理解为社会交流互动的典型表现形式，也成为交流参与者间认知和行为沟通协调的主要途径。

　　交流活动和个体活动的差异在于多个体的共同参与性，合作关系是共同活动和任务目标顺利开展和实现的前提和保障，而语言则是合作关系维系的桥梁。那么，交流活动中，群体成员认知的一致性和行为的协调、配合是怎样实现的呢？交流认知研究领域中，一种代表性的观点认为：交流参与者间认知和行为的协调主要是通过深思熟虑的精心推理过程驱动，该过程需要交流中的每一个个体积极主动地考虑和借鉴彼此的思想理论、知识经验、共同经历，并精心推理彼此在语言交流时的心理状态——信念、期望、意图和假设；交流认知和行为协调的意识性推理模式要求每个参与者精心计划自己的交流信息并精心解释同伴传递的信息，典型表现于语言信息的沟通过程，简言之，交流参与者在共同活动中会考虑彼此的交流背景——社会文化特点、特定交流情境、相互间的熟悉性以及共同的团体成员身份和属性等，并利用其来限制交流语言的发生和理解过程，以及其他的信息沟通过程。①

　　从交流语言认知加工的角度出发，语言发生过程是从语言认知深层结构到语言形式表层结构的转换过程，这一转换过程具有不同的认知加工内容和阶段性特征。Fromkin（1973）提出交流语言产生的七阶段理论：明确语言表达的思想；确定语言结构；借助语言结构组织思想内容；确定句

---

　　① Jacquette, D., "Collective Referential Intentionality in the Semantics of Dialogue," *Studies in Logic, Grammar and Rhetoric 36(1)* (2014):143-159.

法形式；明确语音；选择语言时空序列；语言表达。①Garrett（1976）提出了五阶段理论：明确思想内容；确定语言结构；选择主干词语；选择修饰语；语言表达。②Anderson（1980）构建了简洁的三阶段模型：明确需要表达的思想；将思想转化为相应的语言形式；语言表达。③Levelt（1999）提出了更为具体的交流语言发生模型。④该模型抽象出语言发生的三大阶段：首先是语言信息生成阶段，其借助于概念形成器；其次是语法编码和语音编码阶段，前者选择词项并按语法合理性进行组织，后者指形成语音特征，这一阶段借助于前语言信息形成器；最后是语言发生阶段，借助于行动发生器。比较而言，Levelt 的模型相对更好地解释了语言发生的认知过程，具有很好的适用性（见图 1-1）。

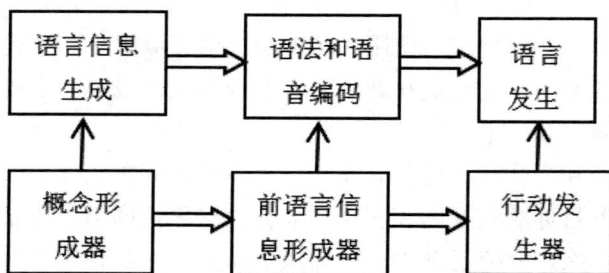

图 1-1 Levelt（1999）的交流语言发生模型

　　总之，交流语言的发生过程体现出了社会人目的性、计划性合作活动的特点，语言发生不仅是思想表达的过程，也是交流主体借助语言媒介与别人沟通并影响别人的过程。基于此，语言发出者首先需要明确"需要表达的思想是什么"，然后借助于语法和语音对思想信息进行加工，进而做出语言形式上的编码，最后通过实际的语言交流互动而实现。因此，就语言发生的认知加工过程而言，语言交流过程体现了人的思维发生和表达的过程，语言加工的复杂性根源于思维加工过程的复杂特点，实际语言交流情境下，这将受到交流动机、情绪、任务特点和物理、社会环境等多种因素的综合制约。

---

① Fromkin, V., *Speech Errors as Linguistic Evidence, No. 77* (Walter de Gruyter).

② Garrett, M. F., *Syntactic Processes in Sentence Production,* in R. Wales & E. Walker (Eds.), *New Approaches to Language Mechanisms* (Amsterdam: North-Holland,1976), pp. 231-255.

③ Anderson, J. R., *Cognitive Psychology and It's Implication* (San Francisco: Freeman, 1980).

④ Levelt, W. J. M., Roelofs, A., & Meyer, A. S., "A Theory of Lexical Access in Speech Production," *Behavioral & Brain Sciences 22* (1999):1-75.

二、交流语言理解过程

语言理解是人类最重要的能力之一，和语言发生过程相反，语言理解过程是从语言形式表层结构到语言认知深层结构的转换过程。虽然从表面上看，对于正常的成年人来说，理解他人的口头或书面语言是一个非常自然而又平常的事情，但现代语言学、心理学和认知神经科学的研究都表明：语言理解过程是一个涉及多层面、多维度的复杂认知过程，包括许多不同信息的子加工过程。

在乔姆斯基"生成转换理论"提出后的相当长一段时间内，心理学中关于语言理解的研究基本都是受乔姆斯基语言学所支配的，乔姆斯基认为，语言研究的核心是句法规则的分析。进入 20 世纪 70 年代后，心理学家和语言学家对转换语法的兴趣明显下降，许多研究者开始转向语义的分析，并试图建构以语义为基础的语言认知模型。从广义的范畴上解释，语言理解就是听者把接收到的语音映现为语义的过程，这一过程包含了语言知觉、句法分析、语义理解和记忆等。美国认知心理学家 Olson（1970）提出了语言理解的三个阶段或判别标准：知觉、分析和使用。[①] 知觉指能成功地回答语言材料中的有关问题，即回答问题的能力是理解语言信息的一个标准；分析指在给予大量材料之后，有抽象概括的能力；使用指能够用自己的语言复述相同的信息内容。交流语言认知研究兴趣或方向的变化，显示出研究者们由关注语言的语音语法信息，逐渐转变为关注语言的社会应用特点，即交流语言的社会性、功能性。

交流中语言理解过程的成功实现，需要满足即时语言互动的三个要求：一是迅速对即时交流语言信息进行认知加工；二是正确解码交流语言中的字词含义及语法规则；三是恰当应对信息不足和信息过多的语言交流情形，以保证理解的准确性。代表性的语言理解认知模型是 Forster（1979）的系列模型[②]，以及 Lindsay 和 Norman（1977）的相互作用模型[③]。Forster 的系列模型认为，交流语言理解经历了一系列的认知加工阶段，当语言听觉信号被接受后，首先进行的是语音加工，之后是词汇加工，然后进行句法分析，最后是语义表征的形成。这样，交流语言理解的认知加工过程经

---

① Olson, D. R., "Language and Thought: Aspects of a Cognitive Theory of Semantics," *Psychological Review 77(4)*(1970):257-273.

② Forster, K. I., "Levels of Processing and the Structure of the Language Processor," *Sentence Processing: Psycholinguistic Studies Presented to Merrill Garrett*(1979):27-85.

③ Lindsay, P. H.,& Norman, D. A., *Human Information Processing: An Introduction to Psychology* (New York: Academic Press, 1972).

历了由低级水平向高级水平不断上升的阶段和过程，即自下而上的认知加工过程。与此对应，Lindsay 和 Norman 提出的相互作用模型否认交流语言理解认知加工的序列性，认为各个水平的语言加工是复杂错综和彼此重叠的，既包含了自下而上的加工，也包含了自上而下的加工。几十年来，这两个模型对于交流语言理解认知过程的解释代表了两种研究取向和观念：一是语言理解认知过程是序列或链式发生的，二是语言理解认知过程是以网状联系的方式沟通和传递的。目前，从交流语言认知加工的脑神经生理基础出发，网状联系的解释观点可能相对具有更好的适用性。

在交流语言认知长时期探讨的宏观背景下，应当明确一点，现实社会的语言交流中，语言理解不应仅是通过语音和词汇的简单组合和叠加而完成的，而应是交流主体在特定社会交流情境中主动积极的认知建构过程，这既包含了对语言字面义的理解，也包含了对语言引申义、比喻义等的理解，也包含了对于缺损义和模糊义的认知推理加工，综合显示出交流语言理解过程是借助于人们已有的知识经验和经历背景等相关信息而实现的。

三、交流语言的社会功能

言语能力是人类社会性的标志之一。通过语言交流，人们实现了现实生活中的各种人际目的，包括诸如信息传递、情感表达、建立和维持特定关系等。社会各领域中，语言交流的功能可以概括为几个方面：信息传递功能、行为指导功能、人际功能、情绪情感表达功能等。

首先，语言交流的信息传递功能。这是语言交流的基本功能，特定社会交流情境中，人们通过语言来传达彼此的信念、意图，沟通并共享特定领域的知识经验，成为特定活动顺利合作完成的前提。实际上，信息交流沟通过程中，语言信号和非语言信号是信息互换和传递的两大主要方式，不同的是，语言为媒介的交流过程，更多表现为一种有意识地精心推理和组织过程，具有明确的目的性、特定的指向性、解码的共同性、信息的共享性等特征，因此也成为交流活动高效率完成的重要保障。

其次，语言交流的行为指导功能。这指的是交流参与者通过言语互动过程，彼此指导，影响或改变交流同伴的观点、信念等，其目的在于协调共同的行为过程和方式。和语言交流的信息传递功能不同，行为指导功能更为直接地体现出交流语言的实际操作功用。

再次，语言交流的人际功能。语言交流过程本身即是人际互动的表现形式，语言交流可以促进人们彼此间的了解，如共同的知识经验和理论、共同的目的等，以帮助彼此在特定交流活动中形成特定的人际关系。可以说，语言交流的人际功能是社会群体组织系统中语言交流信息传递和行为指导功能的前提，是社会组织系统良好运作的基础。

最后，语言交流的情绪情感表达功能。语言交流是人们表达自我和了解他人的重要手段，情绪情感的正确恰当表达，可以增进人们相互间的理解、信任和支持，不仅保持了交流者间认知和行为的协调一致，也是交流活动成功开展的动力。在一些特定的交流情境下，情绪情感的语言表达还有助于人们不良情绪情感的疏导和宣泄，提高群体成员的心理健康水平。语言认知与情绪认知作为人类的两种重要的心理活动，彼此联系，相互影响；通过语言中的情绪信息，我们不仅可以增进对他人的理解，也能够更好地表达自己。语言中带有不同情绪（积极或消极）的信息所形成的语境，被称为交流情绪语境，它反过来会对交流语言加工过程产生不同性质的影响作用。

第三节　交流的"参照性"

一、参照

参照在字面上是指人们依据某种凭借挑选出客观世界或现实情境中的某个对象，并对其做出某种特定的理解；在社会交流认知领域中，具体指人们依据特定的表达方式，尤其是语言表达，执行某种行为或完成某种活动。不同的研究领域中，有多种哲学的、理论的途径来解释交流者使用语言的方式以及交流互动中他们对特定语言方式的解释。早期的思考可以追溯到柏拉图和亚里士多德的年代，这远超出心理学、社会学和语言学领域所作的专业性阐释。简单地说，现实社会中我们经常处于群体活动之中，这需要人们相互依存并彼此配合，以实现共同的活动目标；这一过程中人们借助交流媒介相互提供信息，并合作解释活动情境中的特定对象和任务特点，交流者间不断编码和解码交流信息的同时，就已经实现了复杂交流信息的加工、传递和共享。具体到语言交流过程中，参照包含了两方面的含义：语义参照和语用参照。

参照的语义学论述源于语言哲学的理论探讨，早期的解释者多是哲学家，支持语义参照的哲学家们强调，一个语言表述和一个特定的对象间存在一种限定关系，这根源于语言表述中的语义内容和语言使用情境特征的限定（也包括交流者间的特定关系）。[①] 语用学的论述与语义学的观点不同，其更为关注语言表述的社会实用价值；[②] 因此，交流语言表达的优劣或是否能够产生良好的交流活动参照性，决定于交流者对任务目的性的考虑。与语义参照观点强调语言表述本身的语义内容相对应，语用参照观点更强调语言表述本义之外的推理义和引申义，假定每一个参照性语言表述都能潜在地应用到指称对象的几乎无限的理解范畴上，这具体服从于人们的交流意图、期望和任务活动特征。在交流合作过程中，交流者能否即时理解和形成相应的语言心理表征，不仅影响交流语言沟通的最大活动效应，还影响交流合作活动的顺利高效完成。

总体而言，语言交流中的参照源于交流者对客观对象特征共同一致的聚焦和关注；尽管一个特定的参照性语言表述在形式上是与一个相应对象相联系的，但这也是以交流参与者共享性的心理表征为基础，重要的一点是，共享心理表征体现了参照性语言表述和客观对象间动态而非静态的联系特征："参照"总是因交流情境和交流时间进程而不断调整。例如，在不同的交流情境中，"这里""明天"和"她自己"等术语会展现出一个有无限不同的选择和解释；即使是一些日常生活中经常使用的、较明确的语言术语，其与对象间的联系也存在类似的变化特点，如当我们谈及"×××的心理实验室"时，处于特定交流情境下的听者可以准确地理解为"×××实验室的全体成员"，而不是指"心理实验室房间"，即推理出"×××的心理实验室"代表了一群特定的人。在现实社会的不同交流情境下，这类交流事实随处可见，显然这是交流语用参照过程的典型特征，是交流社会认知过程现实性、灵活性和丰富性的表现。

人们交流中语言"参照"的形成，要求语言、对象和交流者两两间的关系是紧密的，"参照"的准确性解释源于交流者特定关系和活动情境特定特征对表述语义的限定。换句话而言，一个语言表述的基本语义在"参照"的发生过程中仅是一个基础因素，最终它将被综合的语境丰富化：语言表述的基本语义内容，通过语言发出者的信念、意图、假设、目标、谈话行为类型、当前和以前知识的联合等，综合指向一个特定的客体对象；随后，该表述进一步通过语言接收者的知识状态、经历经验、目标理解等

---

① Abbott, B., *Reference* (Oxford: Oxford University Press, 2010).

② Bach, K., "What Does It Take to Refer?" In E. Lepore and B. C. Smith (eds.), *The Oxford Handbook of Philosophy of Language* (Oxford: Clarendon Press, 2006), pp. 516-554.

而被再次丰富和解释；最后，通过基本语义和交流者共同的认知推理过程而被人们共同分析、理解和接纳，即交流语言共享性的形成，当一个语言表述被成功即时地联系于一个彼此明确的客体对象时，这种共享性的"参照"就已经完成了。在交流社会认知研究领域中，这一复杂互动认知加工链的假设，得到了大量实验证据的支持：说者选择的语言表述形式，在听者身上产生了准确而特定的交流效应。但是至目前，交流语言认知实验研究的几十年中，影响交流"参照"的具体因素和特征并没有被明确地探查和解释清楚。

基于相关的研究分析，本书提出了"交流语言'参照'过程认知模型"（参见图1-2）：

交流语言互动过程整体上体现为一种彼此间的认知"参照"过程，语言发出者会基于特定交流情境特征、自我心理状态以及对同伴心理状态的理解和推理等，围绕交流对象和任务内容，以语言的基本语义为基础，综合考虑到语言交流的社会目的性，做出最终的语言编码，形成并发出语言信息；语言接受者也是基于上述相同的社会认知加工过程，接受语言信息，并作出适切的语言解码，从而交流者彼此间实现了交流认知和行为的协调。

上述过程即为交流语言认知的参照过程。事实上，理想状态下该过程体现为交流互动双方间的语言默契交流过程；而实际上在现实交流情形下，交流语言参照过程并不是一次完成而不再变化的，其将体现为一种发生、发展和不断完善的过程。一方面每一次语言交流互动中，语言接受者会即时向语言发出者提供语言互动的反馈信息，这将进一步丰富语言发出者下一回合语言互动中的参照认知过程；另一方面现实交流情形下，交流双方的角色也可能会随着交流进程的不断发展而不断轮换，即前一回合中的语言发出者成为当前回合中的语言接受者，反之，语言接受者成为语言发出者，轮换性的语言互动将进一步促进和提升交流语言参照过程的默契性和明确性。

因此，上述交流语言认知互动中交流者彼此间不断发展的参照过程可以归结为：交流语言认知"冲突－协调"的转换过程。这也成为交流认知发生发展过程特征的集中体现。

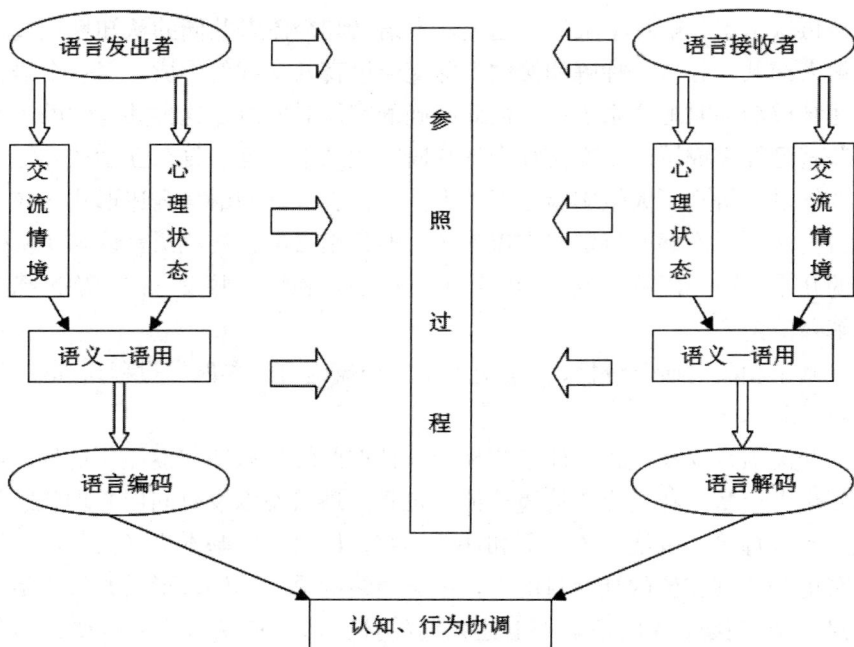

图 1-2 交流语言"参照"过程认知模型

二、参照性交流

"参照性交流"（referential communication）是一种典型的社会互动方式，其特点具体表现为：以口头语言为核心媒介，以人际互动为特征，以共同目标为导向，重视互惠互助，强调社会集体性奖赏和个体责任。

Krauss 和 Weinheimer（1964）最早提出，就参照性交流过程中交流互动的角色而言，交流者的交流身份可以划分为"director"（指导者）和"matcher"（操作者），随着交流进程的不断发展，这两种交流角色将在参与者间不断轮换，具体来讲，在一个交流回合中，指导者拥有操作者需要的某种特有信息和任务理解，并有指导同伴完成当前任务的交流责任，将通过语言和非语言交流媒介向同伴传达自己的认知理解和知识经验；同样，操作者有借鉴指导者信息的集体合作义务，将依据交流指导执行特定的任务操作，随着交流时间进程的发展和交流回合的不断轮换，最终交流参与者们会形成针对特定交流对象和任务的一致性理解，这是交流行为一致协调的重要前提。[①] 在交流社会认知实验研究领域中，Markman 和 Makin（1998）对交流实验的范式特征做了进一步的归纳综合，指出："参照性交流"实验过程中，交流双方或多方共同完成特定的交流任务，任务开始后，彼此将轮流使用语言和非语言媒介来描述和解释当前的任务对象、任务情境和对任务内容的理解，交流同伴们会参照多种交流信息，决策并执行某种特定的任务操作，随着交流进程和交流回合的不断发展，共同完成交流任务，实现共同的交流目标。[②]

基于社会认知心理研究的观点，所谓参照性交流，强调交流中参与者彼此间的合作性和认知共享性，因此，交流者为了联合彼此认知而形成对交流任务目标的共同性认知，通常需要考虑与交流同伴所共享的交流基础，具体而言，共享性交流基础包括彼此共有的知识经验、经历、活动目标、信念和期望等，从这一角度出发可以看出，交流活动与个人活动相比较，交流参与者的任务压力和动机更强。共享性交流基础的水平决定了交流合作的实际水平，为了最大化交流基础的共享性，交流者在交流过程中相应地将不断调整彼此的认知和行为，以适合特定的交流同伴和交流情境，该现象被研究者们称为交流中的"听者设计"过程（audience design），即交流回合中说者（指导者）通过考虑特定听者（操作者）的任务和认知需要来设计交流信息，听者也自觉依据彼此对交流对象的特定理解和约定性来执行相应的任务操作，交流的"听者设计"过程是交流者间认知契约性的表现，是行为默契合作的前提。[③]

参照性交流情境中语言语用特征的探讨是交流社会认知研究领域的焦点之一，基于交流"参照性"的观点，交流语言认知加工过程不可避免联系于语言使用的具体情境，一次谈话绝不是在一个语境完全自由的条件下发生和进行的，交流情境特征贯穿于语言交流认知推理的全程，如交流情境中参与者先前曾共享的经验经历特点、社会团体成员的身份特点、交流中视觉的优势特点、交流的特定目的和信念、交流时间和物理空间距离的限制等，尤其是在现实交流中，情境对于语言认知加工的影响表现出一种极其不稳定的特征。Clark 和 Marshall（1981）通过分类和因素分析，系统区分出了三类交流情境因素：一是交流对象物理感知特征的共享特征，

---

①　Krauss, R. M., & Weinheimer, S., "Changes in Reference Phrases as a Function of Frequency of Usage in Social Interaction: A Preliminary Study," *Psychonomic Science 1* (1964):113-114.

②　Markman, A. B., & Makin, V. S., "Referential Communication and Category Acquisition," *Journal of Experimental Psychology: General 127(4)*(1998):331-354.

③　Rogers, S. L., Fay, N., & Maybery, M., "Audience Design through Social Interaction during Group Discussion," *PloS one 8(2)* (2013):e57211.

二是交流互动过程中语言信号的共享特征，三是特定交流互动过程中交流者社会身份的差异性特征。[1] 特定的交流情境中，情境因素将影响交流者间语言沟通和协调过程的具体特点和效率，也影响交流语言信息的丰富性。

归纳而言，日常参照性交流活动中，交流参与者通常不会仅仅面对单一而特定的"语言指称对象"，交流情境中往往同时存在大量的"非语言指称对象"，以交流目标为参考，这些"非语言指称对象"属于交流语言中的"错误选项"或"干扰对象"，实际交流中需要交流者通过语言信息的互动沟通，来辨别并排除其对于"语言指称对象"共同解释和理解的干扰，从此意义出发，交流语言需要做到从大量的"非语言指称对象"中仅挑选出特定的"语言指称对象"（交流任务中的靶对象），那么交流者彼此间的交流角色关系，每个个体以往对各类交流对象所形成的固有经验、信念等，以及彼此先前的交流经历，共同组成了当前交流中主观性、差异化和情境化的因素，这些因素不仅多样而且不断地灵活变化，显著影响到参照性交流过程中的语言认知特征。所以，在社会认知科学研究领域中强调交流情境因素的严格控制就显得尤为重要，如果在一项参照性交流任务中，详细划分、控制和对照不同的影响因素，进而详细记录和分析交流者的语言表述，有助于展现和证实各种因素控制情境对语言表述形式和丰富性的影响特点。比如，现在已经证实说者和听者间的合作状态，过去曾经发生的特定事件，交流情境中与交流者各自知识状态相关联的信息等，不仅调节说者交流语言表述的选择性，也调节听者对特定语言表述的理解性和解释特点。

三、启示与展望

综合本章而言，相对于个人活动，交流活动在活动任务、互动过程、语言参与等方面具有更突出的复杂性和多样性特点。交流社会认知的核心特征是"社会性"，"社会性"表现于交流互动的各个层次和过程环节之中；交流社会认知的探讨，不仅有助于洞察社会人际互动特征、语言交流认知心理以及交流合作认知特征等，而且有助于了解像课堂教学中的合作学习行为和心理特征，以及影响交流合作学习的各种因素等；有助于更为

---

[1] Clark, H. H.& Marshall, C. R., "Definite Reference and Mutual Knowledge," A. K. Joshi, I. A. Sag and B. L. Webber (eds.), *Elements of Discourse Understanding* (Cambridge: Cambridge University Press,1981), pp.10-63.

广泛和真实地理解现实社会情境下的交流互动认知特征（如，家庭成员间的生活交流情境，社会人士的公关交流情境，专家针对特定科学领域的交流，不对等身份交流者间的交流，甚至是某些看似无明显交流目的的社会性交流）；有助于解释和理解随着科技的发展，不同现实情境下交流认知的共同性和差异性（如，电话交流、网络交流；多媒体互动教学；广告宣传等）。

实际上，我们不知道交流是何时以及怎样出现的，我们不能确切地知道最早的人类交流系统是如何产生的，因为我们的前语言祖先已经不存在了，现代人类无法做出准确的推测和直接的解释。但是，相关领域的科学研究工作者们始终没有停止过对这一问题的尝试性探索。例如，灵长类动物学家认为我们的祖先通过形象性/感知表达的方式进行交流，最后逐渐形成了完全成熟的，具有抽象性特征的语言交流方式；古人类学家、考古学家和遗传学家等，通过人类遗迹和文物发掘的方式研究了早期语言使用的客观证据；计算机语言学模型则通过借助计算机等科学手段来模拟和解释简单的人工语言发生、使用和理解等过程。这些自然观察研究和实验研究的结果均支持和补充解释了交流社会认知的某些具体特征。尽管已有研究在探讨婴儿语言习得的认知特征和社会化过程特征、人类语言随时间和时代而出现的变化性特点等方面取得了一定的成果，并提出了一定的理论解释；但是，人们是怎样共同创造出一个社会性交流系统的呢？能否通过实验推导的方式建构一个交流系统的理论模型，以描述人类交流系统是如何通过社会互动产生和发展的呢？这仍然是未来研究需要面对和克服的一系列重要课题。

交流系统的出现过程和工作过程特征得到了广泛的研究，但目前还没有建立支持交流符号建立和演化基本过程的复杂化、精细化的结构模型，也没有建立一个相对完整和完善的交流社会认知系统模型。可能未来社会认知科学研究面临的一个重要核心困难是：人类的交流社会认知系统模型可能不是一个固定单一的模式，该模型应该允许我们灵活描述和解释各种交流符号系统、交流因素和线索等逐渐建立和配合发展的综合性认知过程。

本书的一个主要目的是分析、探讨、研究、归纳和阐述，人们交流互动过程中社会认知的一般、普遍和基本的特征；尝试跨不同的社会交流活动情形，跨不同的相关学科研究领域，跨不同的现实交流方式和手段，解释和提炼出交流社会认知的一般特征，以及基于一般认知过程特征的相关理论解释等。

第二章　交流认知的意识特征

现实交流情境下，人们会怎样选择一个名字来指代所共同面对的物体呢？如"蓝色的钢笔"和"办公使用的杯子"？交流中对对象的命名和理解源于交流者对客体物理特征、当前功能、可能用途和起源等的认知推理过程。很容易理解，交流中我们对于某个概念的选择并不完全决定于我们对客体本身的知识或信念，也决定于我们曾经的交流经验经历以及我们的交流身份等，最终将导致交流者彼此间发展起一种特色性的交流命名模式，并为交流参与者所熟知，这种认知约定可能是小范围内的熟知，也可能是较大社会范围内的，甚至带有时代的烙印。比如：

夫妻之间可能称自己的孩子为"小樱桃"（昵称）；

班级同学都知道谁是"大个儿"（绰号）；

20 世纪前半期的中国人了解"袁大头"是银圆，还知晓其关联的历史背景；

…………

交流过程是交流者间认知和行为"冲突 – 协调"的过程，交流者中的任何一方若要表现得称职和合作，就必须时刻考虑与特定同伴的共同交流基础——共同理解、接纳和期望的知识、信念、意图和假设等，并相应地随交流进程不断调整交流认知和行为，因此，交流中的听者设计过程是一种策略性、意识性的认知调整过程，该过程涉及交流认知过程的各个阶段，尤其体现于交流语言认知过程之中。

换个角度而言，交流过程中交流者彼此间的认知协调机制是社会认知心理学的一个研究热点。从语言交流的社会性角度出发，语言是交流者思维的表达，具有社会性，因此以语言为核心的认知行为协调过程和模式具有意识性特征。然而，现实社会交流中，一方面语言不是交流互动的唯一媒介；另一方面，语言交流的意识性决定了语言认知加工包含了精心的推理过程，这是一种策略性的认知调整过程，对交流者认知资源的要求相对较高，同时，交流过程中当交流者认知理解模糊不清时，语言信号相应地也模糊不清，这就需要交流者借助交流情境中的非语言信息来解决语言歧义，该过程具有无意识性特征，是一种非策略性的认知调整过程，推动交流者共同理解的实现。比如：

一个专业领域的人员向普通人解释专业知识时，倾向于形象描述，而专业人员之间的讨论则倾向于采用科学的概念；

当一个人说"等一下，我挑件衣服，马上就走"时，眼睛同时看着衣柜中的帽子，我们自然能够理解他还想戴顶帽子；

同样，当一个人说"你踩到我的脚了"时，我们可以根据他的面部表情知道他的情绪：不满、痛苦，抑或调侃；

……

概括而言，交流中的无意识性、非策略性认知过程重点表现于两个方面：与交流者特征有关的无意识性认知过程；关联于特定交流情境的无意识性认知过程。交流中的无意识、意识认知过程并行不悖，相辅相成共同促进交流认知和行为的协调，而无意识认知过程的存在，表明交流认知协调过程可以通过一种相对简单的方式发生，从而绕过彼此对交流同伴心理状态的精心推理，体现出交流认知的节省性。[①]

第一节　交流认知的意识性

交流认知沟通的主要方式是语言交流，第二信号系统的语言紧密关联于人类的认知神经活动过程，言语过程本身具有社会性，交流语言总是在特定的社会情境下发生，尽管其不完全等同于交流思维过程，但是语言是思维推理过程的外显性表现，具有意识性特征，如交流中的"听者设计"过程。当前，交流语言认知的意识性越来越受到研究者们的关注，以语言为基础的意识性交流认知与行为特点的研究具有重要的现实指导价值。

一、交流语言认知的意识性

先举一个现实教育教学情境下的例子，语言不仅是教师讲授以及与学生互动的首要工具，语言交流也是学生合作学习的典型特征和重要手段，其和传统个体学习认知过程的差异主要在于语言的互动性。与个人学习的

---

① 张恒超、阴国恩：《参照性交流中的非策略性认知过程》，《心理研究》2014 年第 5 期，第 7—14 页。

比较中，围绕着交流合作学习意识性的探讨，形成了两种不同的观点：一种观点认为，交流合作学习中语言沟通可以联合和集中学习者彼此的认知资源，促进合作学习者间认知的协调，提高交流合作学习的效率效果。另一种观点则认为，交流合作学习中的意识性沟通和互动，尤其是语言的互动，是以大量认知资源损耗为前提，特定交流条件下可能抑制学习过程和效果。因此，对于交流中语言意识性认知过程的完整理解，有助于全面解释交流合作学习的认知过程特征和影响因素，并指导现实的教育实践。

（一）意识性语言交流的促进观

语言交流互动过程是集合所有参与者的认知资源以共同解决问题的过程，而交流者间认知的差异性决定了交流语言互动过程是彼此间认知"冲突－协调"的转换过程，最终，共同交流基础的形成是交流活动顺利实现的保障。交流社会认知研究已经证实，交流者间语言认知协调的表现之一是交流语言参照惯例的形成和不断完善。所谓语言参照惯例是指交流者间共同约定，共同期望并彼此理解的关于任务对象及其对于任务重要性的特定语言解释，参照惯例的形成和完善是交流语言意识性协调过程的集中体现。

语言参照惯例在交流过程中可以以高度共享的形式在交流者间传达交流信息，语言参照惯例的形成和遵循能够最小化指导共同注意、证实共同解释和执行共同意图的交流认知努力，其最大特点在于存在于特定的交流者间，并为交流群体成员共同理解和接受。交流中交流者们已经形成的语言参照惯例，在此后相似情境的交流语言中会重复出现，这有助于减少交流者再次语言交流时的变化性，不仅保持交流对象理解的一致性、稳定性，而且可以极大地降低交流认知资源的损耗。交流语言是外部化或公共认知的一种表达形式，其使用过程以交流者间意图、假设和信念的协调为前提，这决定了语言参照惯例对交流成员间认知协调的促进性；与个人活动相比较，语言参照惯例的优势反映于制约和指导交流者彼此的认知资源集中于交流活动内容，这是交流认知节省性的重要体现。

Brennan，Chen，Dickinson，Neider 和 Zelinsky（2008）的研究试图回答交流和个人活动方式的差异问题，实验设计了 O-in-Qs 的视觉搜寻任务（在大量字母 Q 中搜索字母 O），探讨交流合作搜索比个人独自搜索能产生多大程度的收益。研究假设交流合作搜寻一个靶目标的意识性协调过程必将招致一些认知协调"成本"，对交流意识性认知过程评价的关键在于认知"收益"和"成本或损耗"间的此消彼长关系。因此研究结果的一种可能是，个人独立搜索就已经是非常有效了，意识性交流需要付出的协调成本可能会促使交流者放弃合作而倾向于分别单独执行任务；另一种可能是，交流合作伙伴间可能完美地划分搜索区域，联合完成搜索任务，理论上在最有效的情况下，两人合作交流中每人仅需要花费单人孤立搜索时间的一半。[①]

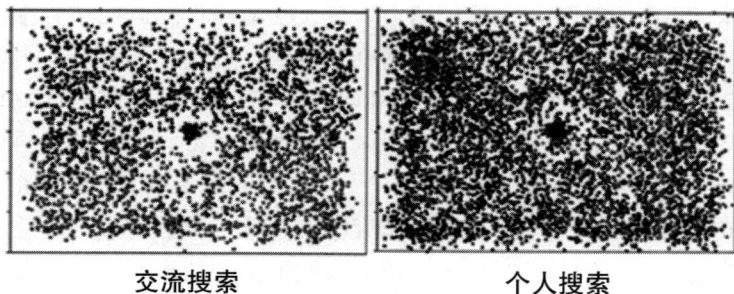

交流搜索　　　　　　　　　个人搜索

图 2-1 Brennan 等（2008）"O-in-Qs"搜索任务的注视结果

　　Brennan 等在交流被试语言交流过程中辅以眼动观察交流者眼睛注视轨迹的特征，最后发现，交流双方搜索行为的协调依赖于共同活动中不断形成和完善的语言参照惯例，语言参照惯例的形成和使用是以双方彼此行为监督和特定搜索协议为前提，具体任务中典型表现为双方自觉对共同搜索区域的对象进行了划分，从而设立一个彼此认同和接受的虚拟搜索界限，每人搜寻大约一半的项目，从而表现得比单人搜索活动更有效率。在这个实验中，尽管交流合作搜索的收益对合作成本的抵消过程不是很清楚，但是任务中发生了实质性的收益，而且和个人活动相比较这些收益近乎是理想的，即两个人的收益几乎是一个人的两倍。这表明交流意识性协调过程有助于提高集体行为效率，但并不说明集体行为是简单个人行为的组合或相加。

　　人们在交流合作搜索中怎样实现认知协调的呢？可能综合依赖于社会文化中的语言经验和习惯、特定交流者间努力建立的参照惯例和交流策略，以及交流过程中对同伴认知和行为的监督与推理等。但高效的交流合作不

　　① Brennan, S. E., Chen, X., Dickinson, C. A., Neider, M. B., & Zelinsky, G. J., "Coordinating Cognition: The Costs and Benefits of Shared Gaze during Collaborative Search," *Cognition* *106(3)*(2008):1465-1477.

仅需要同伴间互相监督，还必须明确彼此间的"协议"，这些都是在意识努力过程中不断建立起来的，而不可能是无目的性形成的，如图 2-1 所示，交流者在分割搜索区域之后，彼此的合作搜索特点是"到达约定的边界时搜索即停止，并非完整搜索同伴区域后再停止"，即交流者对于搜索的区域约定划分出一个虚拟的搜索分界线，尽管约定的意识性过程将潜在消耗认知资源，但约定的建立使得之后的交流认知更为节省，任务中的行为效率和效果也更高。

实体类概念交流学习领域的研究发现，交流语言的运用和交流者间特定参照惯例的形成能够提高双方类概念形成的一致性，并显著影响双方对每个对象类别典型性的判断，交流具有参照性特征，是一种公共认知过程，包含了公共类别化认知，交流中形成的参照惯例通过影响交流者的共同注意和意图，进而促进类别学习过程。[①] 关系类概念间接性学习的研究也发现，交流学习的效率效果显著好于个人学习，这一学习优势具体是从学习中期显著表现出来的，此时标示着语言参照惯例的初步形成，语言共享性的建立减少了交流者彼此互动沟通的认知负担，交流语言意识性认知过程对学习的促进直接表现在交流学习者对学习对象的选择性注意水平上——选择性注意的指向性水平显著高于个人学习者。[②] 对于一个不明确的学习情境，交流中语言参照惯例的明确建立，为交流参与者提供了一个明确的学习规则，成为检验学习行为和沟通交流认知的标准，因此可以说交流意识性认知过程对于学习促进的关键在于"明确"的学习比"不明确"的学习更有效。

综合而言，意识性语言交流的促进观支持语言参照惯例的意识性协调过程，交流语言在共同活动中扮演了重要的角色，随着交流进程的发展具体表现为特定交流者间参照惯例的形成与完善，以及协调沟通双方的交流合作认知和行为。这符合早期交流语言研究中的"语言优势假说"：任何语言交流所招致的认知"成本"是低于认知"收益"的，最终导致交流活动成绩的纯粹提高，即在各种交流媒介中，如果增加一个语言途径会增倍交流合作活动的效率效果。

---

① Markman, A. B., & Makin, V. S., "Referential Communication and Category Acquisition," *Journal of Experimental Psychology: General 127(4)*(1998):331-354.

② 张恒超、阴国恩：《学习方式对关系类别间接性学习的影响》，《心理与行为研究》2010年第 8 期，第 257—262 页。

（二）意识性语言交流的折中观

意识性语言交流的折中观并不否认语言交流的促进作用，也赞同语言参照惯例的存在和遵循体现了交流认知协调过程中认知的节省性；该观点质疑的是以参照惯例为代表的交流语言的形成和完善过程需要交流成员付出更多的认知努力，这一过程将必然带来认知资源的大量损耗。

诚然，以参照惯例为代表的交流语言能激发共同活动中交流者更高的动机水平，促进思维的发散；同时也会消耗双方一定的认知资源，当活动任务特征、对象特点，以及交流活动方式发生一定变化时，特定交流条件下，语言交流带来的认知资源过度损耗可能抑制交流活动的效率和效果。语言交流是以共同理解与使用为基础的社会行为，具有社会性；交流语言作为交流者间认知过程的媒介，主要是通过深思熟虑的过程驱动，即交流中参照惯例的形成要求交流者彼此精心计划自己的语言，同时需要精心推理对方的思想和心理状态以解释同伴的语言，这表现为双方需要时刻保持认知、行为和语言的不断更新，从而对认知资源提出了较高的要求，在特定的交流活动中这可能成为阻碍交流效率效果的因素之一。

Brennan 等（2008）不仅对照分析了交流活动和个人活动间的差异，并且借助眼动仪区分比较了三种交流方式：共享注视交流（被试在自己屏幕中能看到同伴的眼动光标）、共享声音（双方彼此能听到对方的语言表达）、共享注视和声音（兼具以上两种方式的特点）。[①] 对交流方式的比较主要为了思考"什么样的交流手段能最好地满足当前的合作搜索任务（O-in-Qs）"，即语言交流和注视互动两种方式为交流者带来了怎样的认知收益和成本。根据"语言优势假说"，可以预测任何谈话所招致的成本是低于收益的，最终会带来成绩的纯粹提高，这个假说源于在各种媒介中，增加一个语言途径会增倍合作效率的早期研究发现。[②] 然而，语言交流可能难以协调 O-in-Qs 的视觉搜索过程，因为空间信息相对难以通过口头语言表达；并且言语过程本身又是连贯发生的，语言信号的表达过程需要耗费时间去展开，这在限时合作搜索中潜在地形成了一个"语言弊端"。 最终研究结果证实了仅依赖注视交流的方式下交流活动的完成效率效果显著

---

① Brennan, S. E., Chen, X., Dickinson, C. A., Neider, M. B., & Zelinsky, G. J., "Coordinating Cognition: The Costs and Benefits of Shared Gaze during Collaborative Search," *Cognition 106(3)* (2008): 1465-1477.

② Chapanis, A., Ochsman, R. B., Parrish, R. N., & Weeks, G. D., "Studies in Interactive Communication: I, the Effects of Four Communication Modes on the Behavior of Teams during Cooperative Problem-solving," *Human Factors 14(6)* (1972):487-509.

最好，同时使用注视和语言两种手段进行交流时，交流语言招致了相对更高的认知协调"成本"。

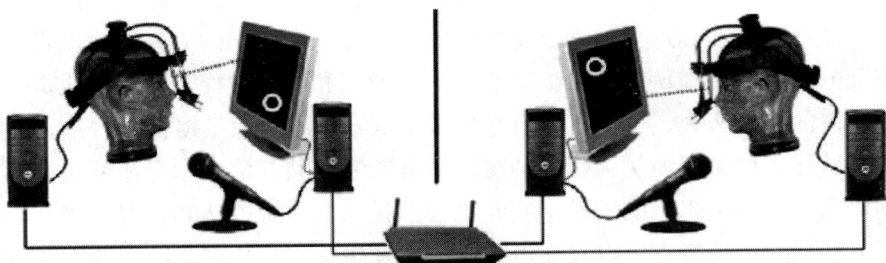

图 2-2 Brennan 等（2008）的交流实验情境

"注视优势假说"提出，当交流者彼此间能够共享交流过程中的注视信息时，交流效果上将产生收益；因为此时交流者间某种程度上可以更为精确地监督和使用共享的即时注视交流信息，相对更容易与同伴交流和分享任务所需的空间信息。[①] 语言和非语言交流的权衡假设则认为，当交流者无法使用非语言信息传达交流意图时，必然更多依赖于语言交流；如果非语言信息可以很好地完成交流，则较少或不依赖于语言交流。然而，如果交流过程中交流者监督注视信息困难或令人分心，那么注视交流信息需要的认知成本也可能会大于获得的认知收益，相应导致一种"注视劣势"。

但是，也应当注意一点，Brennan 等（2008）实验中的注视因素实际上不等同于现实面对面交流中的注视互动，共享的注视光标通过眼动仪变得更为具体，有助于直接展现交流者对于搜索空间的直观分割和约定，传达了一种"看我没有注视区域"的搜索策略，形成了一个更加灵活和动态分割的合作规则。而现实交流中，注视交流客观存在，但不可能明确、具体地呈现在交流者面前（眼动仪则可以将无形的注视信息有形化），更不可能直观性地起到指示任务内容的作用；鉴于此，实验中共享注视的搜索者们还可以为彼此提供一定程度上额外的搜索帮助：如果 A 在 B 之前完成了自己空间的搜索，他可以从 B 的光标信息中准确知道怎样帮助其完成剩余区域的搜索，B 也将通过对方的注视信息而明确地知道 A 正在帮助自己，交流也因此变得更为直观化、灵活和高效。简言之，这些特征在现实交流中是难以存在的，现实交流中交流者的注视指向不可能如此精确和直观地呈现出来；现实交流中的注视不仅仅代表对交流对象特征的指向，

---

① Argyle, M., & Cook, M., *Gaze and Mutual Gaze* (Cambridge: Cambridge University Press, 1976).

交流者间面对面的注视还能传达更多的社会认知信息——肯否、疑惑、征询和情绪情感等，此时的交流注视是指向同伴的，而非指向交流对象的，可以说，现实交流中注视互动信息可能不是直接而直观的，但其包含了更为丰富的对交流信息的社会性认知和理解过程。

从交流媒介因素看，现实交流中人们的合作互动过程不可能仅采用任何一种媒介，其中语言交流的意识性过程和作用是现实存在的，还是交流认知过程的典型表现。比如面部表情可以传达交流态度和情绪，注视可以传达注意指向，但都是无声的，不能像语言一样外显性表达交流的实际内容，当前，关于交流中"注视感知特征"的研究主要解决的是人们在交流中如何推断同伴的注视指向和意图，事实上，人们在没有明确辅导和训练的情况下也会自发地运用这一交流媒介，非语言交流媒介成为语言交流过程中重要的辅助沟通手段；目前，交流社会认知领域中的相关研究更倾向于支持语言交流是意识性的，而非语言交流更倾向于表现为一种非意识性、非策略性的认知过程，其可以辅助和配合语言交流，但不具有完全独立的交流特征。

因此，在不考虑交流信息传达完全性和精确性的前提下，从意识性特征出发，这也形成了语言有声交流的某种缺陷或不利影响：现实交流中在非语言因素存在和参与交流的情形下，语言意识性交流的加入将相对产生一定的认知消耗，De Ruiter，Bangerter 和 Dings（2012）的研究结果就指出，非语言交流总是伴随语言交流同时发生，这可能导致语言交流的相对赘余。[①] 但是这些都不能否认意识性的语言交流在需要做出"联合决策"的交流任务中的明显优势。

研究者在关系类别间接性学习的研究中发现，当创设学习难度不同的内容时，学习难度对于交流学习过程的影响更大，而对个人学习过程的影响显著更小。[②] 具体而言，与个人学习过程相比较，交流学习的效率效果随着学习难度的增加呈更为显著的下降趋势；与个人学习的比较显示，学习难度低时交流学习的效率效果优于个人学习，学习难度中等时两者之间无显著的差异，学习难度高时个人学习的效率效果优于交流学习。内容难度影响交流学习可以直接证实交流学习认知中意识性加工过程的存在和显

① De Ruiter, J. P., Bangerter, A., & Dings, P., " The Interplay between Gesture and Speech in the Production of Referring Expressions: Investigating the Tradeoff Hypothesis," *Topics in Cognitive Science 4(2)* (2012):232-248.

② 张恒超、阴国恩：《关系复杂性对关系类别间接性学习的影响》，《心理发展与教育》2012 年第 2 期，第 193—200 页。

著性,因为内隐学习具有跨难度学习相对一致性的特点。当学习难度低时,以语言交流为代表的意识性认知加工对交流合作学习者彼此认知和行为协调过程的促进优势相对明显地表现出来,当难度增加时,交流认知中的意识性认知调整过程对交流者认知资源的需求和认知努力程度的要求显著增高,这种过重的认知负担相应地便表现出阻碍交流学习过程和效果的特点,并且这种阻碍作用从交流初期就开始表现出来。上述特点具体表现在语言参照惯例建立和完善过程的特征上:当交流学习内容难度低时,参照惯例形成于交流时间进程的前半期,交流互动促进了关系类别的间接性学习;当交流学习内容难度较高时,参照惯例形成于交流时间进程的后半期,交流互动既不促进也不阻碍学习;当交流学习内容难度高时,直至交流合作学习任务结束,参照惯例也未能形成,交流互动阻碍了学习。因此,学习难度对交流公共认知活动产生了重要的影响作用,具体表现为影响到语言参照惯例形成的早晚或效率。

从交流活动和个人活动间的差异看,交流至少由两个人合作完成,交流者需要通过语言沟通互动逐渐形成针对对象以及活动特点的一致性解释,一个交流回合中,任何一方提出一种特定的理解和解释,其他参与者要么予以肯定,要么否定后重新提出不同的观点,因此,交流中参与者们的共享性认知是在不断的认同和批判中逐渐形成的,该过程是通过意识性认知驱动的,可以看到当交流内容变得复杂时,以语言为代表的意识加工相应变得困难,如语言表述更为复杂和困难。交流情境的相互启发特征决定了交流者语言交流和理解的多样性和差异性,任何一人的发言既可以激发其余参与者不同的期望与启发,引起解决问题的多种策略,又可能形成彼此间认知理解中的分歧。认知分歧可以不断鼓励大家摒弃无效假设,提出更简单有效的假设,即每个人既要专注自己的知识又要考虑他人的知识,这有助于发散性思维的激发。诚然,当交流内容的难度低时,交流者们提出的交流策略和彼此激发的启发数量并不多,也便于有效地检验和一致性的接受,即启发和分歧使得交流者发散性思维得到更好的激发,交流者又可以在每次交流反馈后对不同的策略进行评价,以促使集体性思维的更好聚合。但是,当交流内容难度高时,交流互动所彼此激发的策略和启发数量相应增多,这将增加交流者们的认知负担,大家很难对众多的策略进行逐一有效的检验和一致性的接受,因此必然会出现交流者期望与启发过多而分散的情形,既难以进行逐一有效的评价,又使得大家在认知上变得矛盾重重,难以实现集体性思维的更好聚合,也就难以在交流时间进程相对较短的时期内,形成所有人共同认可并对交流活动行之有效的问题解决策略，交流的效率效果也便随之降低了。

语言意识性交流特征典型表现于语言参照惯例的形成，而语言参照惯例的形成过程不是一次完成的，尽管一般的理解和观点均认为参照惯例一旦形成将保持相对的稳定不变，但并不否认随着交流进程的发展而不断地检验和修正，即参照惯例的形成不是以"全或无"的方式出现的，而是一个充满矛盾的渐次形成过程，形成之前是探索性尝试，之后是验证性完善，体现了交流者间认知"冲突－协调"的转换，认知"冲突－协调"转化的具体特征将决定交流意识性认知加工过程的效率效果。

基于参照惯例的意识性语言交流是交流社会认知的一个重要方面，当前对语言为核心媒介的交流认知过程和协调特点的解释仍然相对不充分，这一定程度上源于交流语言认知研究的复杂性和困难性，Pickering 和 Garrod（2006）指出交流语言认知过程联系于交流动态发展过程，不适合采用现有的语言标准理论来做出简单的预测和解释。①

二、交流注意和记忆的意识性

交流过程中的意识性加工特征除了表现于交流语言认知加工过程之外，还表现于交流认知的其余方面，典型的是交流中注意和记忆过程中的意识性、策略性特点。

（一）交流注意的意识性

交流活动的成功完成需要交流者彼此间行为的协调一致；行为的一致性又以驱动行为的认知协调为前提，如交流意图、假设和信念等，这一过程中交流者的共同注意是促进交流认知多水平协调的前提和基础。交流人际互动将交流者彼此的注意指引到对象的特定感知特征以及对象与任务的关联性方面，这有助于交流者更好地记忆特定的交流信息，这是交流中"听者设计"过程在注意领域中的表现，共同注意的建立可以保持和促进交流者彼此间更高的交流动机水平，并充分激发彼此共同交流任务完成中更高的期望和发散性思维水平，因此，交流注意过程具有意识性、策略性的特征。由于注意不论是在个体认知还是交流认知中均不是独立发生的心理过程，而是始终伴随其他认知过程同时发生的，所以交流注意的意识性特征在具体的交流互动过程中会影响到交流认知过程的各个方面，并进而

---

① Pickering, M. J., & Garrod, S., "Alignment as the Basis for Successful Communication," *Research on Language & Computation 4(2)* (2006):203-228.

影响到交流活动的具体执行特点。

交流注意的意识性和对交流互动的影响得到了大量研究发现的支持，交流语言的意识性加工和交流者的共同注意过程紧密联系，交流中语言参照惯例的形成和完善，能够推动交流者共同注意过程的形成，并节省交流者合作活动（对象的共同解释、任务的共同实施等）的认知努力；交流者共同注意水平可以表现在特定语言参照惯例的共享性和有效性方面，共同注意水平越高，语言参照惯例表述的准确性越高，进而使得与特定交流同伴有关的交流信息保持得更为持久，即交流共享性水平更高；而且特定交流者在以后的相似交流互动情境中倾向于彼此期望能够再次使用先前曾经使用过的特定表述，特定表述稳定而持久的保持是基于注意的意识性过程实现的，其一旦建立便可以极大减轻交流者随后交流中的认知负担。Yoon，Koh 和 Brown-Schmidt（2012）在研究中关注了交流者语言指导的变化对于同伴交流注意的影响，具体而言，交流中说者的语言随着交流对象和交流情境的变化而相应调整，这种指导性语言信息的变化随之引发同伴交流注意指向的变化和转移，比如，当交流情境中与目标对象相似的比较性或竞争性对象发生变化时，说者的语言指导过程会相应地作出调整，听者的注意也随之相应变化。[1] 在交流注意意识性讨论的背景下，部分研究提出应当区分出交流互动中个体自我注意和交流共同注意的不同，Kaplan 和 Hafner（2006）认为交流中意识性的共同注意过程并不发生于交流的早期阶段，尤其是当交流者面对的活动任务是陌生的、全新的，这时交流者更关注自我的知识经验、互动期望和任务假设；随着交流时间进程的不断发展，彼此才有意识针对特定同伴不断提出自己的观点和理解，这也是彼此观念冲突和认识达成的必经途径，最终意识性的共同注意过程建立并完善起来。[2] 简言之，交流者间共同注意的建立和水平高低决定了交流任务的完成质量，表现为交流互动的默契性。

交流在现实中的一个典型发生领域是教育中的合作学习，选择性注意是高效率学习认知的典型代表，选择性注意综合体现为学习者心理活动对学习对象的注意指向和集中，选择性注意指向性表现为学习者对目标知识内容的关注，选择性注意集中性指学习者对干扰性内容的区别和排除，代表了学习者关注正确知识内容的程度，直接影响学习的精确性。从注意的

[1] Yoon, S. O., Koh, S., & Brown-Schmidt, S., "Influence of Perspective and Goals on Reference Production in Conversation," *Psychonomic Bulletin & Review 19(4)* (2012):699-707.

[2] Kaplan, F., & Hafner, V. V., "The Challenges of Joint Attention," *Interaction Studies 7(2)* (2006):135-169.

指向性和集中性两个方面看，注意的基本功能就是实现对信息的筛选。交流合作学习情境通常是陌生的，交流学习者面对相对较多的刺激信息，包括有意义的目标信息和无意义的干扰信息，因此，交流合作学习过程的高效进行必然依赖于交流注意的意识性筛选，即选择重要的有用信息，并排除无用信息的影响，直接反映了交流者合作学习过程中选择性注意的协调程度。简单而言，两者的关系在于，心理活动在指向某对象时还存在一定方向上活动的强度或紧张度的不同，这反映出注意的集中性，强度越大，紧张度越高，注意越集中。人在高度集中注意时，注意指向的范围就会缩小，从而对与任务无关的对象可能"视而不见，听而不闻"，集中不仅指心理活动离开了无关对象，而且抑制了无关活动。近些年神经心理学通过ERP、MEG、PET 和 fMRI 等技术研究发现选择性注意可以改变相应的大脑功能区的激活水平，从而对认知活动产生影响，典型表现于提高目标对象认知活动对应的神经功能单元的激活水平和抑制目标周围起干扰作用的神经功能单元的活动。

交流合作学习过程中语言参照惯例的形成将对交流参与各方不断起到学习的提示作用，提示有助于交流注意资源的有效合理分配，注意资源分配效率越高，一定程度上反映出交流互动中彼此语言提示越有效，这将提高交流合作学习过程的针对性和准确性，语言参照惯例的形成和不断发展也来自交流动态发展中交流合作学习者共同注意水平的不断提高，因此可以说交流语言的意识性加工过程和注意的意识性过程是相辅相成，共同发生的。例如，关系类别交流学习中的选择性注意水平显著高于个人学习，主要体现在选择性注意指向性方面。[①] 注意与学习的关系最基本地体现于注意与辨别、记忆的关系，没有注意就没有对对象的辨别和选择，也就不存在学习和记忆，注意是学习的开端，又伴随学习的整个过程。注意受到学习主体内外众多因素的影响，因为学习过程中选择性注意包含对于所要注意对象的有意识的选择。交流学习中选择性注意整体水平更高显示出交流者可以更有效广泛地注意到有价值的信息，这是交流情境下交流者更高的认知协调水平在注意中的表现，保证了交流者以最少的认知努力完成最重要的学习任务。

总之，交流者间交流注意过程的意识性是客观存在的，在交流过程中可以具体体现为语言参照惯例的形成和完善，表现为交流者彼此间更大的概念同质性和思维趋同性，这在交流合作活动群体中已经被广泛地观察到，

---

① 张恒超、阴国恩：《关系复杂性对关系类别间接性学习中选择性注意的影响》，《心理科学》2012 年第 4 期，第 823—828 页。

比如，针对具有标准结构交流对象的交流过程中，交流者间概念理解的同质性源于交流过程中彼此间形成了对于对象特征或特征关系吸引区的共同注意。

（二）交流记忆的意识性

来自记忆的文献已经发现社会互动情境中的记忆过程不同于个体认知中的记忆过程，交流中的记忆过程是一种群体记忆，群体在交流互动中的记忆产品不是简单个人记忆产品的组合或相加，"真正的"群体记忆产品（交流者合作互动回忆的内容）与那些"名义上的"群体记忆产品（汇集相同数量个体单独回忆的内容）不同，后者比前者更为多样和复杂，前者的内容则更为集中，更针对特定的交流者、交流任务、交流对象和特定的交流互动情境，即"听者设计"特征在交流记忆中的具体表现，这决定了交流互动记忆过程的意识性特征。

尽管交流认知领域较一致认可交流记忆具有意识性特征，但是对该过程的具体解释存在一定的分歧性。较早时期的研究认为交流者在记忆中存储的表征是一种"特定同伴性"的信息，也就是说交流记忆的形成是指向于特定交流同伴的，并且随着交流互动时间进程的发展而不断更新变化；这一时期的研究者倾向于认为交流记忆的意识性加工过程始于交流之初，当交流互动开始后，与特定同伴相关联的信息就得到了优先加工。[1] 随着研究的不断深入，后期的研究者则争论性地认为：如果交流记忆过程从交流之始便完全有意识地指向特定同伴信息的解释和储存，那么交流记忆加工过程必然带来较大的认知负担，对交流认知资源的需求相应增大，这不符合交流认知的节省性特点；相反认为交流记忆认知过程一定程度上也包含个体一般认知过程的某些特征，交流同伴在交流中扮演的是一种强有力的信息提示线索，该线索与记忆表征中的特定交流信息相关联，从而建立起彼此共享的特定交流记忆信息，并且这些表征信息能够在恰当的交流时间进程中被不断即时地储存和提取，概括而言，交流记忆表征同时兼具"一般性"和"特定同伴性"特征。[2] 从交流记忆解释的现实适用性角度分析，后期的观点可以更好地解释交流者记忆的共享性而非共同性特点，即

---

[1] Clark, H. H., & Havilland, S. E., "Comprehension and the Given-new Contract," in R. O. Freedle (Ed.), *Discourse Production and Comprehension* (Norwood, N.J., Ablex Publishing Corporation,1977), pp.1-40.

[2] Horton, W. S., & Gerrig, R. J., "The Impact of Memory Demands on Audience Design during Language Production," *Cognition 96* (2005):127-142.

交流互动的所有参与者的交流记忆信息具有共享性特征，并且该共享性信息仅局限于被交流参与者所共同理解、接受和重复使用，但是这并不代表所有交流参与者的交流记忆信息均完全相同，这可以解释现实交流互动中交流者间认知和行为一定程度上的不协调性和不一致性特征。

交流者间记忆认知过程的协调效率和程度还受到交流者工作记忆容量个体差异的影响，以及受交流者所使用的交流认知策略的影响，但是涉及的具体机制目前尚不清楚。至于与特定同伴相关联的交流记忆表征是发生在交流早期还是晚期，可能依赖于交流者共享信息记忆表征的具体特点，进一步而言最终受制于交流合作的有效性，比如当交流者间共享了某种"错误信息"时，相应的记忆表征是无效的，即资源监控出现困难，此时不论该种信息是同伴特定性信息还是个体自我信息均将被放弃，交流者将重新做出选择和评估，这反映了记忆过程中的一般特点；同样，当交流者工作记忆负担过重可能导致对个体自我信息抑制失败，从而对同伴特定性信息表现出不敏感性。因此，在交流发生的时间序列过程中，对于记忆信息"同伴特定性"和"个体自我性"的评估不能依靠一个固定的模式，从交流合作互动的现实出发，在正确的交流时间内对恰当的特定同伴记忆表征的储存、提取和使用，是交流任务成功高效完成的前提和重要保障。

在交流社会认知的实验研究领域中，关于交流记忆过程的争论主要有两方面：一是交流记忆认知加工的时间过程特点，如，何种因素将在特定时间段内进入特定同伴记忆表征信息中；二是交流记忆加工系统的模式，如，交流语言中出现的"习惯性自动表达成句"的现象，是否是基于交流记忆的同伴特定加工过程而发生的。在交流记忆意识加工过程的讨论中，应当注意一点，交流互动中语言是显著媒介，也是交流者间沟通的主要方式，因此交流记忆信息的具体特点自然关联并表现于交流语言认知加工过程中，当前该领域的一个不足和困难之处是无法直接清楚说明，交流者间共享经验的哪些内容在什么条件下被编码进入了共享性的记忆表征中。

Galati 和 Avraamides（2013）的研究分析了空间任务的交流合作中交流双方是如何协调他们的空间记忆和语言描述的——交流同伴的空间观点是否影响说者的空间记忆、语言描述策略、共同任务的执行效率和准确性，以及交流者最终形成的空间记忆表征。[①] 具体而言：首先，对交流同伴观点的不恰当推断，是否影响说者空间记忆信息的形成，以及接下来的语言描述？其次，说者空间表征和语言描述的选择性是否影响彼此间的协调效

① Galati, A., & Avraamides, M. N., "Collaborating in Spatial Tasks: How Partners Coordinate Their Spatial Memories and Descriptions," *Cognitive Processing 14(2)*(2013):193-195.

率？再次，说者的描述是否影响交流同伴记忆表征的形成？

他们的实验共招募了 18 对被试，先让一个被试（指导者 / 说者）学习桌面上的 7 个刺激对象（7 个对象存在某种倾斜角度）；依照说者所了解的听者的观点类型，划分出了 3 种交流情形。第一种交流情形下，说者并不知道接下来需要向听者描述对象。第二种和第三种交流情形下，说者知道随后需要向听者描述，不同在于：一种情形下，不知道听者的观点（无经验的听者），另一种情形下，知道当自己学习对象时，听者同时也在学习对象（有经验的听者）。当说者学习完后，通过两个任务测查其记忆特点：一个任务是"相对方向判断"（JRDs），要求被试看到一个对象时，需要用鼠标判断该对象相对于另一个对象而言，其位置和方向。（例如，花瓶应在橘子的哪个位置？）第二个任务中，要求指导者根据自己的学习情况想象每个对象的位置，并以回忆的方式绘图（在表单中标注）。记忆测验后，指导者以回忆的方式向听者描述 7 个对象，此时听者看到的对象和说者描述的对象分别存在 90 度、135 度或 180 度的差异，交流开始后，听者按照说者的描述重新放置对象。最后再次安排记忆任务（同上）探查交流者双方的记忆表征特点（共享性记忆表征）。

最终研究结果中包含了几个重要的发现：第一，说者会在记忆中表征同伴的信息。当说者预先并不知道接下来需要同一个听者交流时，说者的记忆编码是自我中心的，JRDs 判断的速度更快；交流后，其记忆信息呈现出了特定听者的特征，说者会根据听者反馈的信息旋转对象，在 JRDs 任务中判断的时间更长，表明任务中说者充分考虑了交流同伴的信息情况。第二，说者根据自己和同伴的认知需要有选择性地进行语言描述（交流语言的换位思考）。他们这样做主要是因为在交流期间发现彼此间的信息不一致，当对象彼此偏差为 90 度时，描述相对容易，135 度时相对更难，说者会通过更为详细的语言表述来指导对方。第三，当交流任务的协调过程困难时，说者为了降低交流合作的认知努力程度，将更成功地使用一定的语言描述策略，在实验过程中具体表现为交流回合越多，表明交流认知努力程度越大。第四，交流中同伴间的换位思考实际上并不总是一个可以获益的交流策略。因为在交流任务中，交流双方认知或经验存在较多的差异，尽管双方希望彼此能够更好地协调合作，但由于工作记忆容量的限制以及交流认知中不断对于对方信息的考虑，相反导致交流中更多错误的发生，即此时交流语言越表现出同伴特定性特征，彼此间相应出现越多的歪曲性或分歧性信息和理解。第五，说者的描述影响交流同伴记忆表征的形成，可以根据说者描述的观点来预测听者在 JRDs 任务中的具体表现特点。

在具体交流任务中可以看到，说者语言描述中使用越多的以听者为中心的观点，听者的反应速度就越快，反之，说者交流中越多按照自我中心性观点进行语言指导，听者的反应也就越慢。

概言之，先对说者交流之初的记忆进行测试，之后说者按照自己预先对听者的了解进行语言描述，在交流时间进程中如果双方的交流认知和行为不一致，说者会不断根据彼此的认知需求，调整语言描述的观点。实验结果还发现随着交流回合数的增加，彼此交流中合作的认知努力程度越小，彼此使用的交流策略越有效；然而，在任务的精确性方面，交流者的语言描述越是以同伴为中心，错误率越高。交流之后的记忆测试表明，说者认为自己会考虑彼此交流中的共享性观点，在接下来的语言描述中将会充分考虑听者同伴完成任务的便利性。总之，在空间任务的交流合作中，交流者为了争取彼此交流认知和行为的最佳协调性，会在交流中相应不断调整自己的记忆表征和语言描述，记忆表征结果的变化和调整支持了随着交流进程的不断发展交流者间的认知存在"冲突－协调"转换的观点。

在交流任务中，人们会采用细致和复杂的方法来调整彼此的记忆表征和语言描述，以达到彼此认知和行为的协调，为了保证交流同伴能够很好地完成合作任务，说者将不断调整自己的交流行为，以最大化交流的效率效果。事实上，当交流者认识到交流协调过程是困难的时候，双方倾向于选择可以最小化合作努力的语言策略。交流语言互动中的"换位思考"调整过程依赖于任务中交流者共享彼此信息时记忆容量的限制。可以看出，交流中一方的信息或观点影响交流同伴的记忆表征和描述语言，反过来，同伴的信息或观点也影响自己的记忆表征。

三、基于情境特征的交流认知意识性

交流认知意识性讨论中的另一个关注点是交流情境信息的影响和贡献问题。既然交流者会利用交流同伴的特定身份，以及彼此间的特定合作关系来交流互动，那么交流情境特征必然影响交流认知加工过程。从广泛的意义上看，实际上与交流同伴有关的特定信息本身也属于交流情境中诸多因素中的一类。

交流情境对交流认知的影响体现为情境的具体特征和各种变化会自觉为交流者提供互动之外的反馈信息。在交流过程中如果控制听者一方的非语言反馈信息，例如，交流任务是要求一方指导同伴将不同的物品放置在不同的位置上，当说者用语言指导之前听者已经预先拿起了特定的物品并

尝试预测其摆放位置时，说者的指导语言随之变得简洁和迅速，而没有听者反馈信息的情形下，交流语言相应变得详尽而相对缓慢。[①] 为了从更为广泛的意义上了解交流情境对于交流互动认知的影响性，Brown-Schmidt（2009）对比性创设了真实交流互动和虚假交流互动两种情境，真实互动情境中的交流是人与人间的互动，虚假交流互动情境中的交流是人与录音间的模拟交流。[②] 两种情境最大的区别在于，真实交流互动情境中包含了交流经验、经历和交流者的社会身份等丰富的信息，交流者彼此间的互动，尤其是语言互动，显著关联了情境特征，表现为语言解释的灵活性和适时调整特点，相反虚假交流互动情境中最为典型的是以交流语言为代表的认知过程没有重现特定交流同伴的解释模式，即交流中"听者设计"特征消失。Yu，Schermerhorn 和 Scheutz（2012）的研究在此基础上做了更具真实性的改进，将 Brown-Schmidt（2009）研究中的录音条件改为与人形模型交流，尽管本质上还是录音，但是从交流情境的角度讲变得更为形象和直观，因为说者被试的对面存在一个听者形象；结果不论是眼动数据、语言还是录像的分析均显示，交流者对真实交流情境中偶然、随时发生的细微信号和彼此的行为变化更为敏感。[③] 交流情境特征对于交流认知意识性调整过程的影响，在于真实交流情境中交流者彼此借用了大量丰富的背景信息，形成了更为符合实际交流情境的表征。这种表征的最大特点在于随交流进程发展的"即时调整特征"，其是真实交流互动中交流者间认知不断互动协调的典型表现，是交流合作活动高效率完成的前提，即交流者对于交流情境的特定特征是敏感的，情境信息的灵活运用可以暗示交流对象和任务潜在的特点，进而影响到交流认知的意识性加工过程，并随交流信息共同储存于交流过程的记忆表征里。

① Arnold, J. E., Kahn, J. M., & Pancani, G. C., "Audience Design Affects Acoustic Reduction via Production Facilitation," *Psychonomic Bulletin & Review 19(3)*(2012):505-525.

② Brown-Schmidt, S., "Partner-specific Interpretation of Maintained Referential Precedents during Interactive Dialog," *Journal of Memory and Language 61(2)*(2009):171-190.

③ Yu, C., Schermerhorn, P., & Scheutz, M., "Adaptive Eye Gaze Patterns in Interactions with Human and Artificial Agents," *Transactions on Interactive Intelligent Systems 1(2)*(2012):13-43.

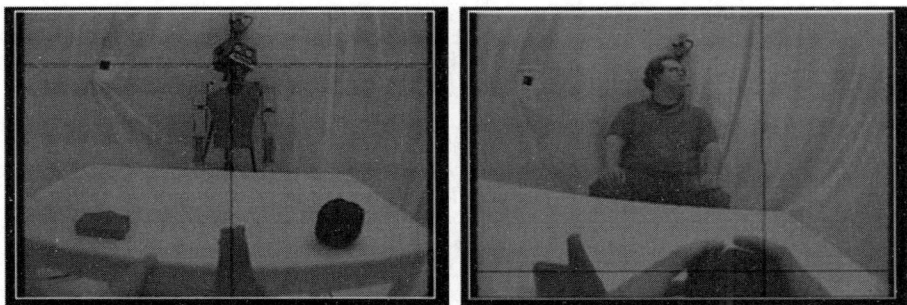

图 2-3　Yu 等（2012）的交流情境特征

　　基于情境特征的交流认知意识性加工过程能够直观表现于交流的效率效果上，具体为交流者能够使用交流情境中的多种信息和线索，来理解和用语言说明交流对象并协调彼此间的交流行为，使交流活动更为有效，尤其是在交流之初以及困难的交流任务中，此时交流者的思想和观念是模糊的，语言作为交流思维的反映也是模糊不清的，这就需要交流者结合交流情境信息（相对而言是一种交流中的额外信息资源）限制交流认知推理中的分歧，尽管有时这些情境线索不是有意指向于交流任务目标，也不是为了有意解释交流者的意图，即不是通过深思熟虑的推理过程而产生的，但却直接影响到交流认知加工的意识性过程，使交流者对彼此的意图和需要做出敏感反应。在特定交流中情境对于交流认知意识性加工的影响性可以从不同交流情形的对比中观察到，Schober 和 Clark（1989）的一项早期研究控制变化了交流中听者的身份特点和交流经历，发现偶尔参与交流的听者（无意听者）比持续参与交流的听者更难以解释说者的交流意图和语言所指，原因是其对于交流情境特征更为陌生，交流者间缺乏与情境相关联的特定共享性信息，导致交流互动的不默契性和不协调性。[①] 特定交流情境线索影响交流者认知互动中灵活协议的达成，其成为所有交流参与者的共同交流基础，并被特定交流者专有，未参与交流的个体是无法分享这一情境信息的。Markman 和 Makin（1998）研究证实，在交流任务结束的2~5 天与交流情境相关联的语言表述仍然会被相同的交流者重新使用，交流效率也相应表现得更高。[②]

　　当前，关于交流情境信息对交流认知意识性加工影响的时间特点也存

　① Schober, M. F., & Clark, H. H., "Understanding by Addressees and Overhearers," *Cognitive Psychology 21*(1989):211-232.

　② Markman, A. B., & Makin, V. S., "Referential Communication and Category Acquisition," *Journal of Experimental Psychology: General 127(4)* (1998):331-354.

在争议，如情境信息是在语言加工和交流过程的什么时间出现的。一种解释认为：与特定同伴相关的交流情境信息从交流的最早时刻就被引入到语言加工决策过程中。这与语言加工基于情境限制的理论观点是一致的，认为语言交流互动过程中存在大量的情境限制因素，引导语言加工决策，如一般性交流情境信息、交流对象关联信息、说者身份的可靠性和确定性等，但是与交流情境相关的信息具有不抗干扰的特点，很容易被其他冲突性线索所掩盖。

另一种解释认为：交流情境信息对于交流认知意识性加工过程的影响仅表现于交流者的回忆过程，因为当交流即时发生时交流者如果过于重视交流情境信息，将导致认知负担太繁重，这不可能成为常规交流认知加工策略的一部分。该观点是基于交流语言的双加工过程而做出的解释，认为交流之始的语言加工是以自我为中心的，交流者对交流情境诸因素的感知和利用仅是在之后的回忆过程中发生，即在交流中期之后的语言互动中才得以表现出来。这种观点的优势是可以很好地解释交流初期经常出现的"听者对说者语言感知不恰当"的现象。Barr 和 Keysar（2002）的研究结果为后一种解释提供了强有力的支持。[①] 研究假设：如果交流情境信息的利用发生于交流之初，那么特定交流者间已经使用过的特定表述再次出现时，听者应表现得更为敏感。在实验的第二个阶段中，一些特定表述（先前在特定交流者间已经使用过）再次被使用时，不论是由原说者再次表述，还是由录音（不是先前说者录制）再次表述，特定听者在两种情境下均能迅速确定表述所指的特定对象。两种条件间敏感性无差异的结果表明：特定听者在交流之初并没有从特定交流情境线索中获益。可能的解释是交流前期交流者更倾向于以自我信息参照为中心，表现为一种自动化交流过程；之后随着交流的进行，交流者才彼此有意识地参照交流情境中的各种线索和信息，并以此限制交流认知的意识性加工，尤其是语言认知加工过程。

不论交流情境的影响出现于交流的哪个时间阶段，交流情境的影响性都是客观存在的，这也是交流活动认知和个体活动认知的一个根本差异，也正因为这一影响性的存在以及灵活变化性，决定了交流认知意识性加工过程的复杂性。但是，在探讨基于情境特征的交流认知的意识性问题时，应当明确一点，交流情境影响到了交流社会认知的意识性过程，如影响到交流语言的意识性认知加工过程，这是客观存在的，但并不表示交流情境认知过程自身是一个纯粹的意识性过程；在交流社会认知研究领域中，交

---

① Barr, D. J., & Keysar, B., "Anchoring Comprehension in Linguistic Precedents," *Journal of Memory and Language 46*(2002): 391-418.

流情境认知的研究相对是复杂而多样的，从广泛的角度而言，除交流语言之外，与交流互动有关的其他信息均可以被列入交流情境中，具体到每一种交流信息（可能是交流媒介，也可能是交流线索）认知的意识性特征，彼此间的联合特征，以及随交流进程的变化性特征等，尚有待于未来研究的进一步深入分析。而相比较之下，交流社会认知研究领域中的一种观点倾向于指出，交流情境自身的认知加工过程具有无意识性特征。

四、交流语言注意特征的实证研究

围绕交流认知意识性特征的探讨，针对交流语言的注意特征，笔者进行了一项实验，实验比较了参照性交流学习过程中，交流者双方学习过程和语言注意的变化特征，实验采用了参照性交流学习范式，以在读的全日制大学生为实验被试，创设被试陌生的虚拟学习材料，记录分析功能预测的交流学习过程中交流者双方的学习成绩和语言信息，探查比较了交流者双方学习过程中的成绩特征、选择性注意特征，以及伴随交流进程的变化特点。实验结果的统计分析显示如下。

首先，交流学习过程中学习阶段 1~2，交流双方中的高分组和低分组之间，交流学习成绩差异不显著，从交流学习阶段 3 至交流学习阶段 10 任务结束，交流双方中高分组的学习成绩显著更高；同时分析发现，高分交流学习者在学习阶段 1~3 中，学习成绩上升速度较快，从学习阶段 3 直至学习阶段 10，则表现出稳步提高和上升特点，与此对照，低分交流学习者在学习阶段 1~5 中，学习成绩上升得相对缓慢，并且在学习阶段 6 至学习阶段 10 中，学习成绩没有出现显著的变化。

其次，以交流学习成绩水平区分的交流双方，交流学习过程中彼此语言描述的维度数量不存在显著差异性；同时，交流学习阶段 3 至阶段 6 中，交流学习者语言描述的维度数量存在变化。

总之，实验分析的结果表明：在参照性交流学习过程中，交流学习双方间的学习水平表现出不平衡性的特征；但是交流学习双方间的选择性注意水平表现出了一致性的特点；同时，交流学习者学习成绩和语言选择性注意水平的整体变化趋势具有一定的共同特点。[①]

---

① 张恒超：《参照性交流双方学习和语言注意特征的比较》，《心理研究》2017 年第 1 期，第 24—30 页。

（一）研究背景

有关交流合作活动和个体活动间的比较研究中，一个具有代表性的领域是交流合作学习，这涉及教育教学领域，也涉及社会学习领域。以往研究关于参照性交流学习的特征，形成两种不同的解释性观点。

一种观点持正面支持性解释，在参照性交流学习中，交流学习者联合并集中了彼此的认知资源，彼此间的认知和行为参照性，以及共享性交流知识的不断建构，有助于交流互动认知的协调和交流学习效率效果的显著提高。从语言互动的意识性过程看，交流互动中双方或多方间会逐渐建立起彼此共同理解和期望的语言参照惯例，参照惯例作为交流者对学习对象、内容的特定语言解释，在交流过程中一旦建立起来，将在特定学习者间保持相对的稳定性，并被彼此在后续的交流互动过程中所重复使用，这不仅保证了彼此认知理解和行为协调的一致性，还有助于最小化交流者对交流对象共同注意、共同解释的认知努力，参照惯例在语言形式上表现为交流语言信息的相对稳定性和注意指向的明确性，其是交流者彼此间认知和行为的一种意识性调整过程。Yoon，Koh 和 Brown-Schmidt（2012）实验研究发现参照性交流双方对于特定交流对象语言解释的不断变化，将相应引起交流同伴对对象选择性注意指向特征的变化，同时，当实验改变交流情境中与对象具有竞争性、比较性或干扰性的刺激对象特点时，说者一方将相应通过交流语言表达的变化，来提示和引导听者同伴对交流对象做出重新的选择性注意；[1]Brennan，Chen，Dickinson，Neider 和 Zelinsky（2008）的实验研究中设计了视觉交流情境下的对象搜寻任务，比较了单人和双人交流条件下的差异性，数据结果的统计分析表明，与单人搜索相比较，参照性交流合作活动中双方认知和行为的协调源于彼此针对任务合作执行的特定语言约定——交流者依此语言指导对方，并约定互相不重复搜索同伴已经搜索过的屏幕区域和相应的对象，这促使交流合作执行的效果显著优于个人执行，效率效果均表现得比单人更高；[2]在类概念学习方式间的比较中，也发现参照性交流学习的效率效果显著好于个人独自学习；进一步从选择性注意水平的角度分析还发现，参照性交流学习者的选择性注意水

---

[1] Yoon, S. O., Koh, S., & Brown-Schmidt, S., "Influence of Perspective and Goals on Reference Production in Conversation," *Psychonomic Bulletin & Review 19(4)* (2012):699-707.

[2] Brennan, S. E., Chen, X., Dickinson, C. A., Neider, M. B., & Zelinsky, G. J., "Coordinating Cognition: The Costs and Benefits of Shared Gaze during Collaborative Search," *Cognition 106(3)* (2008):1465-1477.

平显著高于个人学习者，这主要表现在选择性注意的指向性水平更高，并且交流合作学习中选择性注意水平上的优势不受交流学习材料难度的影响。① 综合而言，参照性交流中交流学习双方间的互动将促使概念认知理解的同质性，该同质性是群体交流活动中思维趋同过程的一种反映，语言心理领域中的相关研究已经证实：交流中的概念同质性源于交流者语言沟通中对概念特定特征或特征关系吸引区的共同注意，这是一种意识性的认知协调过程。

另一种观点持折中的解释，从语言交流认知过程的意识性特征出发，并不完全反对交流语言对于双方间认知和行为的协调作用，但是更进一步指出，参照性交流语言认知协调过程的意识性特征，必然以双方互动过程中一定的认知资源损耗为前提和代价，因而可以理解，当交流任务和对象等特点发生一定变化时，语言认知协调的难度可能相应增大，过高的认知损耗可能会抑制和阻碍交流合作任务完成的效率和效果，而在交流学习情境中，这种负面影响效应可能表现为阻碍学习效率效果的提高。语言作为交流学习双方认知沟通的媒介，主要是通过深思熟虑的精心推理过程驱动，这表现为彼此间特定语言的精心设计和表达，对同伴观念、期望和假设的推测等；诚然，交流双方语言认知和行为的有意识协调过程对交流认知资源的要求较高，因而，完全特定同伴信息的语言解释过程体现了对交流认知资源的大量需求，双方彼此间注意水平、工作记忆容量等方面的差异性影响交流学习过程的具体特点和表现。Brennan 等（2008）比较分析了无语言参与的共享注视（被试在自己的屏幕中可以即时观察到同伴的眼动光标和变化特征）和共享注视和语言两种交流条件，实验结果发现共享注视条件下交流任务执行的效率效果显著优于共享注视和语言条件——语言认知互动过程带来了较高的协调"成本"。笔者的一项实验研究在参照性交流学习与个人学习的比较中进一步发现，交流语言对于交流学习者认知和行为协调带来的"损耗"和"收益"，受到交流学习材料难度或复杂性的影响，当不断变化和增加交流学习材料的复杂程度时，交流者间认知和行为的协调难度随之不断增大，交流认知损耗也不断增加，交流学习的效率、效果相应表现出不断的降低。②

综合来看，上述两种观点的分歧一定程度上反映出，参照性交流学习

---

① 张恒超：《参照性交流与个人学习者学习过程和选择性注意的比较》，《西南师范大学学报（自然科学版）》2016 年第 6 期，第 162—167 页。

② 张恒超、阴国恩：《关系复杂性对关系类别间接性学习的影响》，《心理发展与教育》2012 年第 2 期，第 193—200 页。

中交流者间认知和行为的互动过程具有复杂性，随着相关领域研究的深入，以及对交流互动中各种影响因素的针对性探查分析，研究者发现并认识到，交流语言认知协调过程的复杂性受到参照性交流学习中各种非语言因素和交流情境因素等的综合影响，因为语言认知加工过程具有意识性特征，而非语言认知加工过程更表现为一种非意识性过程，所以这些因素的共同作用最终形成了特定参照性交流学习条件下，交流语言互动认知和行为的独特表现特征。

已有研究不同角度的分析探讨和解释中的分歧，展现了参照性交流学习中语言认知和行为协调过程的复杂特征。以往各项研究的研究角度和目的存在差异，这是研究结果分歧的一个重要来源；同时归纳而言，可以发现以往研究在探讨交流语言认知特征过程中的几点不足：

第一，缺乏交流语言变化特征的分析，这一定程度上源于以往研究中交流任务设计的相对简单化，比如单一对象的视觉搜索任务、物品的摆放任务、对特定情境中不同对象的语言描述和指称任务等，交流任务设计的简单化特征对于交流语言记录和分析带来的直接影响是，实验任务执行中交流被试的语言通常变现为一种一次性的表达——一次性解释清楚或指称特定的交流对象，不利于在交流时间进程中观察和分析交流语言的时延展开和变化性特征。参照性交流学习任务可以相对较好地克服该问题，因为学习过程直接可以表现为交流学习者认知理解不断深入的过程，这需要时间过程来交流、思考并不断调整自己的认知和行为，语言交流的意识性能够表现在交流学习双方对于交流学习对象的注意特征上，这是当前研究的立足点。而先前研究更倾向于关注语言交流的效率效果，并对照做简单化的语言信息分析，以此推理出交流语言互动过程中交流者行为和认知的变化特征，以及语言的认知协调作用。

第二，以往研究在关注参照性交流学习和个人学习的差异特征时，通常是将交流双方或多方作为一个整体来分析，即将交流双方整体和个人学习者进行比较，这就忽略了交流双方之间的学习差异性和语言认知过程的差异性。如上所述，语言交流互动过程的复杂性决定了双方任务执行过程中在交流认知和行为方面可能并不是完全一致的，这典型表现在语言认知和行为的协调过程中，因此，在参照性交流学习过程中更为细致地比较分析交流双方在语言加工和学习认知等方面的一致性和差异性，以及随交流学习进程而表现出的变化性特征，有助于相对完整理解交流认知和行为特征。基于此，应该尝试在同一研究过程中，同时分析交流认知和行为变化特征，并作出比较性的探讨。

基于以上背景，笔者的研究拟探查参照性交流学习过程中双方语言选择性注意的具体特点，并对照分析交流学习成绩的变化特点。实验具体采用了参照性交流学习范式，为了克服日常知识经验的影响，设计了虚拟性的陌生学习材料，记录并分析交流学习双方在交流时间进程中的语言信息和学习成绩，以在同一参照性交流学习过程中，通过双方间的比较，解释交流学习过程中双方间学习成绩和交流语言注意的差异性特征。

（二）研究方法

研究被试为高校在读大学本科生，男女各半。实验材料为陌生的虚拟生物：4 个身体特征维度，各维度 2 个值。在 3 个维度中设立 2 种功能："吸收水分""产生电流"。吸水是生物产电的基础。维度 4 以"有 / 无"的方式呈现，与功能没有关系。

实验学习任务为功能预测任务，采用参照性交流学习范式：首先将被试同性别随机配对，分为 10 个学习阶段（block），1 个学习阶段中 8 个样例将随机呈现 2 次，每对中的两个被试在学习任务中分别担任生物"描述者"和生物功能"判断者"，通过网线将彼此的电脑互联，实验程序可以互应，实验过程中生物逐一随机呈现，描述者对其进行语言描述，此时判断者电脑中呈现的是按键说明，需要据描述判断生物功能，该过程限时 20 秒，判断者操作后，两台电脑同时反馈"生物功能和正确按键"并保持 4 秒后自动消失，下一次两人身份互换，电脑相应地轮流互换呈现内容，直至任务结束。按键要求："吸水，但不产电""吸水，并产电""不吸水，也不产电"分别按"，"."."/"键。

以阶段 10 中双方成绩为标准，将参照性交流双方分入"高分组"和"低分组"中。学习任务为 2（成绩组）×10（学习阶段）重复测量一因素的二因素混合实验设计。因变量指标为功能预测正确率、语言描述中的维度平均数（被试每个学习阶段描述的维度平均数；维度数量计算方法：描述 1 个与功能相关的维度计 +1，反之，描述 1 个无关维度计 –1，再相加）。语言描述中的维度平均数为学习中选择性注意指标。

（三）研究发现

研究分析了参照性交流学习过程中双方的学习成绩以及变化特征，参照性交流学习过程中双方的选择性注意水平以及变化特征。

1.参照性交流学习过程中双方的学习成绩以及变化特征

对交流学习过程中双方的学习成绩进行比较，对结果的分析表明：在交流学习阶段 1 至阶段 2 中，高分组交流者和低分组交流者间的学习成绩差异不显著，学习阶段 3 至阶段 10 中，高分组交流者的学习成绩显著优于低分组交流者；高分组交流者在学习阶段 1 至阶段 3 中交流学习成绩上升较快，学习阶段 3~10 中表现出稳步上升的特点，低分组交流者在学习阶段 1~5 中成绩上升相对缓慢，学习阶段 6~10 中学习成绩无显著变化。

研究发现：参照性交流双方在学习成绩上表现出不平衡性特点，彼此间的学习差异出现于交流学习进程的前期；具体而言，交流学习过程中高分组交流者成绩稳步持续上升，低分组交流者学习过程前期学习成绩相对缓慢上升，后期则不表现出显著的提高。

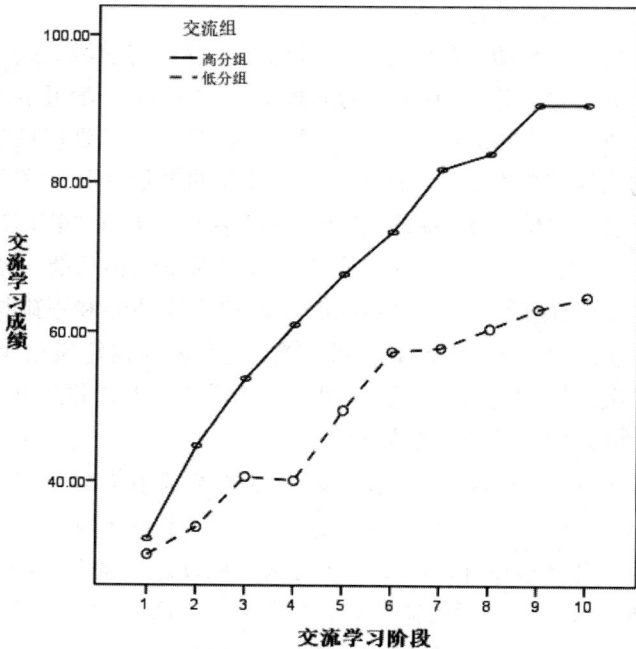

图 2-4 参照性交流学习进程中双方的学习成绩

从本实验研究思路和以往研究间的比较来看，以往研究将参照性交流双方作为一个交流学习个体，实际上是以双方的平均水平作为代表；因而与个人学习的比较，变成了交流学习双方平均成绩和学习特征，与个人学习者间的比较，这种比较过程相对而言是粗糙的。本次研究中呈现的一个直观结果是，交流合作学习中双方间的合作关系，并不意味着学习水平的相同。从交流学习阶段的前期来看，交流者成绩组间的成绩差异不显著，交流前期当学习开始后，交流学习双方面对的是陌生的学习对象，因而彼此更倾向于以自我信念、知识经验和假设等作为学习参照，这一段时期中交流学习更表现为一种个体"一般性"的认知思维过程，这一过程在不同的交流个体之间具有一定程度的共同性或相似性，但是这种认知相似性并不代表，也无法作为双方认知协调性的评价指标；之后随着交流时间进程的不断发展，交流双方开始不断有意识地参照交流学习情境中的各种提示线索和信息，高分组交流者逐渐表现出对各种信息利用的显著有效性，其学习成绩随交流进程相应表现出高于低分组交流者。

　　这一实验研究结果对已有研究结论做出了补充和丰富，参照性交流学习过程中双方将通过语言媒介不断地努力协调彼此的学习认知和行为，但是实现彼此间认知和行为的完全协调，对交流认知资源的要求较高，而且这并不可能是一次完成而不再变化的，显然本次研究结果显示，在交流双方实现对交流学习对象的完全正确理解之前，彼此互动过程中的学习行为和认知既表现出有意识协调的共性特征，同时，又表现出彼此对于对象理解上的各自独特性特征，这种独特性或差异性表达，不仅可以向交流同伴传递认知理解上的不同期望和假设，并且可以在交流互动过程中，不断激发和促进交流同伴思维的发散性。概括而言，参照性交流学习过程中交流者彼此间学习成绩的不平衡性特征，与交流者各自的认知独特性、交流互动中的动机水平、彼此不同的认知启发性、交流学习中解决问题的不同策略，以及交流者对于交流学习情境理解水平的差异等方面，均存在一定的相关性。交流者彼此间在上述不同层次和方面的认知和行为差异性，导致了彼此在学习过程中成绩变化的具体特点和交流学习水平的高低差异，可以说，在参照性交流学习者完全正确理解交流学习对象之前，整个交流学习时间进程，将始终伴随着交流者间学习行为、交流认知的共同性和独特性。从本次研究结果看，参照性交流学习过程是交流双方行为和认知协调性逐渐形成和不断提高的过程，也可以理解为双方间认知分歧的矛盾运动过程，这些因素和互动特征综合决定了交流者彼此间在特定交流条件下学习成绩变化趋势的多样性特点。

　　参照性交流双方学习成绩在交流互动过程中所表现出来的不平衡性特点，一定程度上可以协调解释上述的两种观点之争。一方面，参照性交流学习中，共同学习目标的导向性、团体成绩的奖励性、个体的责任等特征，共同决定了交流合作学习双方需要联合和集中彼此的认知资源，共同完成交流学习任务；另一方面，交流互动学习过程中，交流者彼此间认知的差异性和多样性，又必然以消耗彼此一定的认知资源为代价，过度的认知损耗将抑制交流合作学习的效率效果。本次交流实验条件下，该抑制性主要体现在低分组交流者的成绩变化中，交流学习全程中，低分组交流者学习阶段 1~5 中成绩上升相对缓慢，而在学习阶段 6~10 中，进一步不再表现出显著的变化和提高；而高分组交流者在整个交流学习过程中，学习成绩表现出持续稳定上升的特征。从最终交流学习阶段 10 的成绩来看，低分组交流者的学习成绩为 64.58，高分组交流者的成绩为 90.63。参照性交流对于高低分组交流者学习成绩的促进和抑制特点，可能与双方间的认知差异以及特定交流学习情境中的反应差异存在着关联性。

本次研究发现带来的一个重要启示是：以往研究仅从参照性交流学习过程中交流者彼此间的互动依赖性、交流目标责任的共同性、交流认知和行为的相似性等角度，来理解和解释交流者的行为和认知特点，显然是不够完整和准确的，交流互动合作性不是交流认知和行为的等同性，对于参照性交流学习认知和行为的完整理解，不应该缺少对于双方交流互动中分歧性、多样性和差异性等的探查和解释，两方面相互对照才能够有助于从动态、发展的角度，相对完整地洞察参照性交流合作学习的认知和行为的复杂性、多样性。

2. 参照性交流学习过程中双方的选择性注意水平以及变化特征

对交流合作学习进程中语言内容的统计分析表明：交流成绩组间的差异不显著，交流学习阶段 3~6 中，交流语言描述的维度数量存在着变化，交流学习阶段 1~3 和学习阶段 6~10 中则保持了相对稳定。当前语言内容分析的结果显示：参照性交流学习过程中，交流者双方间的选择性注意水平不存在显著性差异，即表现出相对的一致性特征。

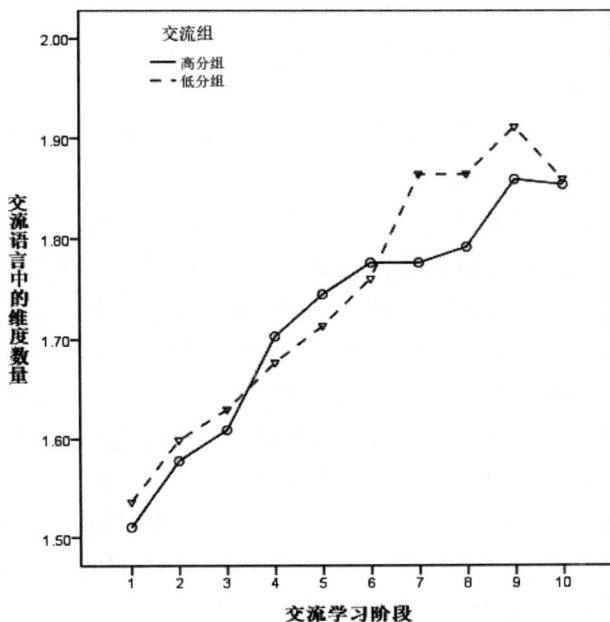

图 2-5　参照性交流学习进程中双方的语言选择性注意水平

通过对交流语言分析，研究发现：参照性交流学习过程中，交流者彼此间选择性注意水平和学习成绩的差异特征不同，随交流进程表现出的变化特点也不一致。交流成绩组间语言选择性注意水平的无差异性结果证实：在相同的学习阶段中，参照性交流双方的语言具有一致性，语言注意的一致性特征在不同学习程度和学习时间阶段下表现出稳定性特点。语言注意的一致性特征也证实了，在交流学习过程中交流者彼此对于学习对象拥有共同而特定的语言解释，语言一致性有助于保持双方对学习对象的共同注意，相反，如果交流语言是不一致的，进而是不断变化性的，则必将加大彼此认知理解上的分歧性、差异性和混乱性，交流合作学习中对同一学习对象语言描述的变化性，将相应引起交流者对对象语言选择性注意指向的变化，进而导致同伴对于对象的重新选择性注意过程，归纳而言，交流者间语言选择性注意的一致性，体现了彼此交流认知的节省性原则和交流语言互动中的"听者设计"特点。上述结果体现了参照性交流学习中交流语言的典型特征之一：交流者彼此间对于学习对象的语言解释过程表现出了"同伴敏感性"的具体特征。Brown-Schmidt（2009）的研究中创设了真实参照性交流（人和人的交流）和非真实参照性交流（人和预先准备的录音之间的交流）两种情境，实验比较的结果发现：真实参照性交流互动情境中，交流双方的语言沟通均充分考虑到了彼此的身份特征、以往的交流经历经验等，交流语言内容典型表现出一致性特征；而在非真实性参照交流情境中，被试的语言并没有出现"特定同伴"特征的解释模式，证实真实交流情境中交流者对于同伴的身份特征和交流存在性是敏感的。[1]

具体而言，参照性交流双方从交流学习阶段 1 开始，就已经表现出了语言选择性注意的一致性特征，这证实：交流语言中"特定同伴"信息从交流互动的最早时刻开始，就已经自觉影响到交流语言的认知加工决策过程。研究结果支持了语言认知加工基于交流限制性的观点：交流语言互动受到众多交流限制性因素的制约，这些因素共同引导着交流语言的加工决策，如交流情境线索和信息、与特定交流对象相关的信息和知识、交流同伴的社会身份特征等。同时，实验结果分析显示，交流学习阶段主效应显著，进一步说明相同的交流学习阶段下交流者彼此间的语言一致性是"特定同伴性"的表现；与此对应，不同交流学习阶段间的语言变化性特征，则表明交流学习过程中语言的"特定同伴性"特征具有随交流时间进程表现出"动态调整性"的特点，这一动态调整性是交流合作学习水平不断提升的一种表现，具体体现为交流学习者语言选择性注意水平的不断提高。具体而言，交流学习阶段 3~6 中表现出不断提高的特点，交流学习阶段1~3 和阶段 6~10 中，则表现出相对的稳定性，如前所述，交流学习初期交流学习者面对陌生的学习对象，彼此间的认知过程具有一般性和相似性特征，而交流互动的中期随着交流者对对象认知水平的不断提高，语言选择性注意水平也不断提高，交流互动中期以后彼此对于交流学习对象有了一定的理解，语言选择性注意水平保持了相对稳定，而从交流学习成绩的变化趋势来看，这主要可能受到低分组交流者对于学习对象理解水平较低的影响。

综上，从交流成绩组间语言选择性注意水平的比较结果看，交流双方间语言选择性注意和交流学习成绩的差异特点，以及随交流进程的变化特点均表现出了不一致性；从语言选择性注意在交流学习阶段上的显著效应分析，这与交流学习成绩学习阶段主效应显著的结果又是一致的；本次研究发现：参照性交流学习中交流双方学习成绩和语言选择性注意的差异特点明显不同，而参照性交流学习过程中交流学习成绩和语言选择性注意的整体发展变化趋势又具有一定的共同特点。可见，参照性交流学习中交流

[1] Brown-Schmidt, S., "Partner-specific Interpretation of Maintained Referential Precedents during Interactive Dialog," *Journal of Memory and Language 61(2)* (2009):171-190.

行为和交流认知指标的心理含义既存在一定的差异性，同时在同一学习过程中又表现出一定的关联性。

从本次研究结果的综合分析看，研究总体上发现：参照性交流学习过程中，交流双方间的交流学习成绩表现出不平衡性特点；交流双方间的语言选择性注意水平则表现出一致性的特点；交流学习者学习成绩和语言选择性注意的整体变化趋势具有一定的共同特点。

第二节　交流认知的无意识性

交流过程中交流者彼此间的认知协调主要是通过语言媒介实现的，即交流语言的意识性和策略性认知过程，语言交流体现了对交流任务、目标，同伴心理状态等的精心推理，具体而言，从共同的交流活动目标出发，交流者通过考虑同伴的思想观念、经验和心理状态，推理和建立彼此接受的共同交流基础——共同的信念、共同的期望、共同的意图，以此来精心计划交流语言并解释交流同伴的语言。[①] 相比之下，交流中的无意识性认知协调过程则是指，语言交流的同时交流者对与特定交流者、特定交流情境有关的多种可能信息或线索的利用过程，交流情境中非语言线索的各种变化会自觉地为交流者提供语言之外的反馈信息。

一、源于交流者特征的无意识认知

源于交流者特征的无意识认知过程有助于交流者最小化交流中的错误代价，相关线索和信息的利用可以配合语言沟通提高交流信息互动的针对性，相应地特定交流参与者对于交流信息的发出和理解将更为准确。非语言交流的这一特征和语言交流中的"特定同伴调整"过程（partner-specific adaptations）的交流价值和意义相类似，但前者强调信息交流的无意识性，而语言交流强调信息沟通的意识性；两相对照无意识交流过程认知更为节省，语言意识性交流过程中交流者需要时刻监控交流进程和信息解释、推理的过程，时刻保持根据交流同伴思想、观点、假设的不断更新而做出即时调整，对认知的要求相对更高。诚然，在一个完全的交流过程中语言和非语言交流始终并存，无意识性交流认知过程的存在客观上弥补了语言交

---

① 张恒超：《参照性交流中的"听者设计"》，《心理发展与教育》2013 年第 5 期，第 552—560 页。

流的不足。

（一）源于交流者个体特征的无意识认知

关于交流者个体特征对交流认知的影响，可以先设想一个例子：两个朋友在观察天空中的白云，双方一致认为其中一个特殊形状的白云像"毛茸茸的兔子"。这种情形下，如果一方说"毛茸茸的兔子"，另一方明确理解指的是那个特殊形状的白云；此时，如果一方随后说道"奔跑的人"，另一方自然认为其所指的不是先前的白云，而是指另外一朵不同的白云。

类似的交流情境在现实生活中是常见的，在这种交流情境下交流者实际上已经自觉地运用了交流者自身的某些个体特征来约定了双方的交流"协议"。交流协议可以直观体现于交流语言表达形式上的"不完整性、不准确性"，相应地，语言信息的理解上是"完整、准确"的，即源于交流者个体特征某些信息或线索的利用促进了交流语言信息的完整传达和理解。进一步而言，基于交流者个体特征无意识交流的证据是：在一个特定的交流情境下，邀请一个交流之外的个体参加相同内容的交流，原有的交流"协议"将自觉发生变化，直观表现在交流者针对不同交流同伴的语言表述方式将显著不同。

为了方便区别基于特定交流者的意识性和非意识性认知加工过程，可以作如下理解：当特定的交流者开始参与交流互动时，双方或多方会无意识地根据自己的经验以及对同伴特征的理解来采用恰当的交流方式——语言交流、表情互动等，但是，这种自以为恰当的交流并不一定真正恰当，任何交流中交流者彼此间均会面临认知的冲突性和行为的不一致性，冲突和不一致必将危及交流任务的执行和交流目标的实现，因此，交流者会结合交流行为结果的反馈来有意识地根据交流同伴特征做出进一步的调整，如变换语言表达的方式。此时的意识性语言调整依然不排除无意识利用与特定同伴有关的线索或信息，随着交流进程的发展和交流回合的循环，无意识信息的利用和效果也会自觉为意识性调整的交流效果提供反馈和检验。正如现实生活中我们面对不同的人，自然会选择不同的交流互动方式，而并不需要为此付出深刻的思考；交流中如果出现"期望"之外的情形，我们会意识到交流问题的发生和存在，并进而作出意识性的推理和调整。

共享性语言参照惯例的产生和使用在日常交流中是常见的，并且与交流效率和任务执行的精确性相联系。参照惯例随着语言互动过程逐渐形成，这一过程中说者努力使表达适合特定的听者，听者也根据说者的特征理解交流信息，并且要么接受、要么拒绝、要么重新定义，最终语言参照惯例得以不断地完善并在交流过程中重复使用，交流的效率效果相应也不断提高。这是交流中意识性和无意识性认知过程共同存在并彼此配合、促进的典型表现。研究者 Brennan 和 Clark（1996）认为，至少可以肯定，语言参照惯例代表了交流同伴间"同伴－特定性"的语言约定，这种临时性的语言约定是所有交流参与者针对特定交流对象而达成的灵活协议；语言参照惯例具体表现出对于交流对象的特定映射，该映射密切关联于特定交流者的个体特征，成为其交流的共同基础，没有参与交流的个人是无法分享这一共享性交流信息的。[①] 概言之，交流中形成的语言参照惯例储存在与交流有关的记忆表征里，交流者可以保持几天甚至更长的时间，当类似的交流情境在特定交流者间再次发生时，先前的语言参照惯例将被再一次使用。

当前，研究者们对于语言参照惯例的"同伴－特定"特征的存在能够达成共识，但认知解释方面的分歧是，一种观点认为"同伴－特定"特征完全是意识加工而产生的，即"同伴－特定"信息是在交流认知互动的最早时刻进入语言加工决策过程的。该观点与语言认知加工"基于限制"的理论解释一致，"基于限制"的理论提出，交流之始交流者们就围绕交流目标尝试使用大量的语言限制因素引导语言加工决策，如交流对象的基本表征、交流目标、交流任务特点，以及交流者的可靠性与确定性等，这些限制因素在交流开始后同时被交流者有意识地加工和利用。在这一观点下，与语言参照惯例相联系的记忆中的任何信息，均能被主动利用以限制其具体的交流含义。

另一种观点则认为"同伴－特定"特征源于交流情境和交流者特征的客观存在和无意识启发，因此认为其在一定程度上是在自然的、不需认知努力或意识加工的情形下发生的。"同伴－特定"信息对于语言参照惯例形成的贡献是无意识发生的，但是参照惯例的语义表达和语法组织是外显发生的，另外该观点还指出，特定交流条件下在交流语言的即时加工期间，众多的语境信息同时被运用的可能性不大，因此"同伴－特定"信息的无意识加工也可能显著表现于交流的后期或结束后的回忆过程。

进一步而言，理论之争实际上还涉及"同伴－特定"信息形成时间的争论，具体而言，"同伴－特定"信息是在交流语言加工早期获得的，还是在一个相对延迟的交流后期获得的，各种方法学观点也使得研究结果的

① Brennan, S. E., & Clark, H. H., "Conceptual Pacts and Lexical Choice in Conversation," *Journal of Experimental Psychology: Learning, Memory, and Cognition 22* (1996):1482-1493.

解释变得相对复杂。但不论怎样，交流认知加工中的"同伴－特定"信息直接反映了交流者个体特征对于交流认知的影响性，而且交流者个体特征作为交流情境因素之一决定了交流认知无意识加工的客观存在。

Barr 和 Keysar（2002）在研究中假设如果"同伴－特定"信息表征被用于交流认知的即时加工过程中，那么最初使用一个特定语言表述的说者，在随后的交流中应该比另一个新说者说出该术语更容易取得听者的理解。实验中，安排一个现场描述者使用一些语言表述，这些语言表述先前要么已经被该描述者使用过，要么被录音提及过，结果发现不论是谁最先建立了该表述，在随后的交流中听者都同样快地确定了其所指的对象，这表明"同伴－特定"信息表征的影响不是发生在即时交流中的。[①] 当然从实验设计本身的某些方面来看，设计方面的不足之处可能是导致该结果的原因之一，因为真实说者和录音间的特征差异是明显的。目前，关于交流认知的无意识性加工过程的即时和延时之争，仍然是学界关注的一个热点。

Metzing 和 Brennan（2003）强调"同伴－特定"信息的无意识加工过程可能是一个相对弱的线索，有时能被其他冲突性的交流线索所掩盖，一个强大的意识性的词汇加工也许会淹没任何小的"同伴－特定"信息的无意识影响。[②] 一方面他们的研究在即时交流实验设计中证实了，相对于无意识认知加工而言，交流认知意识加工显著性的客观存在，另一方面在随后的延时设计实验中他们发现，在语言参照惯例被打破时，"同伴－特定"信息显著影响了交流认知，具体操作为：实验采用图片材料，首先被试和同伴针对各种图片合作建立一系列的特定语言表述，之后，同伴离开房间，很快又回来（条件一）或者进来一个新的同伴（条件二）；原同伴或新同伴在提及一个先前的图片时会使用原表述或新表述。结果发现：当原同伴使用新术语时，参与者的眼动数据显示他们显著更慢地注视最初的指称图片。这表明交流者个体特征无意识性地影响了交流语言的意识性加工过程。

现实生活的交流中，不同时空条件下，我们可以使用不同层次的概念，以及不同性质的概念来定义和说明同一个交流对象，例如，"鞋""拖鞋""绒面鞋""工作鞋"，或者"玩具"等都可以用以指代一双特定的

---

① Barr, D. J., & Keysar, B., "Anchoring Comprehension in Linguistic Precedents," *Journal of Memory and Language* 46(2002): 391-418.

② Metzing, C., & Brennan, S. E., "When Conceptual Pacts are Broken: Partner-specific Effects on the Comprehension of Referring Expressions," *Journal of Memory and Language* 49(2003):201-213.

"鞋"。通常情形下，当交流对象多次重复出现时，交流者将运用一个特定的语言表述，并且重复使用，甚至当交流对象所处的交流背景发生了某种程度的变化；反过来，交流者也期望自己的特定交流同伴继续使用同样的表述，该过程体现了交流者对于交流同伴个体特征的自觉性使用，并且这不需要意识性的努力。

例如，一个人称一种花为"康乃馨"，其目的是为了与同一背景中的"雏菊"等花做出语言表述上的区别；然而，当其再次重复出现于交流中时，尽管交流背景中已经不存在其他的花了，听者仍然希望说者继续使用"康乃馨"来指称这种花，这是交流者个体特征信息被无意识使用、存储和提取的典型证据，因为在没有任何比较性或竞争性对象存在的交流情境下，我们通常会使用具有最佳信息的基本水平概念"花"。显而易见，此时使用"康乃馨"这一相对精细描述的下位概念，并不会给交流参与者带来任何认知理解中的困扰，也不需要付出额外的认知努力，即该过程和现象是在无意识认知加工过程中自觉实现的。从交流的现实价值来讲，交流者个体特征信息的无意识加工是特定交流者间建立稳定的"语言表述－对象"特定映射的前提，相反，在现实交流中可以消除语言交流理解上的歧义，并节省交流认知资源，反之，不断变化的语言表述会导致交流者间共同交流基础的不确定性，相应引发交流认知损耗。

支持交流认知无意识协调过程源于交流者个体特征的研究发现，这典型表现于与特定说者的个人特征相联系，例如"语言参照惯例－对象"间的特定映射，当说者违背自己先前使用过的语言表述，而选择一个新的概念或描述方式来提及交流对象时，听者在鉴别和挑选该对象时将出现显著的延迟；相反，当一个新说者使用新表述描述旧对象时，相同的听者不会表现出鉴别延迟。关于这一问题应该注意到，交流中所谓的"新表述"和"旧表述"通常都是针对特定交流者而言的，这与"表述"的使用频次无关，或者说，即便一个特定的表述对于一个说者而言是旧表述，但其对于另一个说者而言却是新表述，"新"或"旧"的判定标准决定于"特定说者"和"特定表述"间的联系关系，现实交流中这一标准将被听者自觉加以运用，交流语言认知互动一旦违背了上述的映射规则，必将给听者的判断和理解带来延迟和认知损耗。简言之，语言交流中认知损耗源于说者改变了针对同一对象的特定语言表述，这与交流者间建立一个新映射所需要付出的认知努力根本不同。

归纳而言，源于交流者个体特征无意识认知加工的意义体现于以下两个方面：

第一，交流过程中源于交流者个体特征的无意识认知加工，能够使交流者彼此间的互动沟通行为更可预测。社会的现实交流中，实际上有多种因素同时影响交流者间的认知互动，以及共享性认知和行为的建立，即除了交流者个体特征，还有如语言词汇的可得性、交流者的思维习惯，以及实际情境的功用性等。理论上讲，这些众多交流情境因素的综合存在能够帮助交流者在交流时间进程中不断适应和应对各种变化。因此不难理解，现实交流中我们经常发现某个语言表述并不是某一交流背景下的最佳表达方式，但是交流者间却持续使用而不加改变，一方面该表述的重复稳定使用能够使交流者共享性理解和预测彼此的交流意图和期望，另一方面源于交流者个体特征为代表的无意识认知加工过程可以自觉弥补语言意识性交流的不足。

第二，源于交流者个体特征的无意识认知加工是明显的，尽管具体的过程尚不明确，但其对于交流者间共同交流基础的建立，对交流者间共同注意、意图等的指引和沟通具有重要的现实功能。

我们可以假设一个现实交流情境：如果 Kate 初次交流中使用了"拖鞋"来表达对象，随后的交流中又换成了"绒面鞋"，同伴自然将会推测认为 Kate 企图通过语言沟通内容的变化来告知交流的对象发生了变化，即现在谈论的不是先前的那双鞋了。

如果我们把交流过程中的"变化性"视为一种认知信号和沟通线索，那么也只有曾经参与交流的特定交流者才会默契地对其达成共识，在现实交流中我们实际上并不会意识到这种认知的调整，而是自然而然地遵守和执行了。上述例子中，Kate 初次交谈时把鞋子叫作"拖鞋"，随后交流者希望"拖鞋"能够持续出现在彼此的重复性交流中，尽管彼此没有意识到这种"基于特定交流者个体特征的交流协议"，但是一旦一方改变了交流协议，必将带来对方交流认知理解上的"重新调整"，此时若交流对象并没有发生任何变化，这种交流协议的违背行为，将直接导致交流互动合作的"分歧性"和相应的认知加工损耗，即"重新调整"是错误的。综合看，源于交流者个体特征的无意识认知加工，是交流互动中交流者认知沟通和共同交流基础建立的重要途径，是交流互动功能的一种表现形式。

Shintel 和 Keysar（2007）通过一项实验检验了源于交流者个体特征的无意识认知加工特征，实验中被试参加交流任务，任务中的说者是实验者的同谋。实验的第一个阶段中，被试被分成两组（两种实验条件），一部分听者与说者进行的是真实的交流互动；另一部分听者不参与真实交流互动，而仅仅是观看与前一组相同的说者交流录像，并告知录像中的演讲者不知道听者在观看其录像，该条件实际上是排除了交流的真实互动过程。实验的第二个阶段中，所有的听者均与说者发生真实的交流互动，说者同谋有意在语言表述时表现出违背先前的语言参照惯例，例如，第一阶段中说者使用"大象拨浪鼓"来指称一个玩具，而在第二阶段中改换使用"婴儿拨浪鼓"。结果显示，当两组听者听到新表述的时候，他们鉴别和选择语言对象的行为均发生显著性的延迟，即当听到"婴儿拨浪鼓"时，均倾向于关注其他的玩具，并试图从中找出语言所指的目标。可见，不论语言参照惯例的建立是否发生在真实的交流互动情境中，这种延迟都会产生，即语言参照惯例的违背带来了交流认知的额外损耗；应该注意到，两种不同的交流条件下均出现鉴别延迟的共同原因是，听者先前面对的是相同的"说者和特定语言内容"，即源于交流者个体特征的无意识认知加工均潜在影响了随后的真实交流，这也进一步表明交流过程中基于交流者个体特征的认知协调过程不是出自交流者彼此对对方交流心理状态的精心、缜密的相互推理，而是源于一种无意识性、非策略性的认知调整过程，交流者期望同伴在交流互动中认知和行为的表现是一致的，这不是有意识的，也不需要意志努力。更为明确的证据来自实验完成后的访谈，访谈发现所有被试中只有一人报告说注意到了说者使用了不同的语言表述，证实这种效应不是通过有意识的注意变化而调节的，更不是精心的交流认知推理过程。①

（二）源于交流者社会身份的无意识认知

交流过程中的无意识性、非策略性调整过程，除了与交流者的个人特征有关，还与交流者特定的社会身份特征存在关联性。社会交流实践中，人们的交流经常会涉及交流者的民族、国籍、性别、爱好等社会方面的特征，以及交流者彼此间在这些特征方面的共同性和差异性，因此，交流者的社会身份和特点是交流中有价值的且相对可靠的信息源泉。源于交流者社会特征的无意识认知加工通过与特定社会身份记忆过程相联系，进而调整交流过程中的认知与行为，编码与社会身份联系的记忆信息在促进共同交流基础的形成，以及交流认知和行为一致性方面均扮演了重要的角色，诸如民族、性别等显著社会属性的分类信息均会影响具体的交流过程以及相关的交流记忆过程。

---

① Shintel, H., & Keysar, B., "You Said It Before and You'll Say It Again: Expectations of Consistency in Communication," *Journal of Experimental Psychology: Learning, Memory & Cognition 33*(2007):357-369.

Senay 和 Keysar（2009）的实验研究取得了较为可靠和客观的证据，实验研究重点考查性别对"交流者违背先前语言参照惯例行为"的影响。[①]首先，被试会听到两个人描述一些无意义的人物，实验控制的因素是，两个说者要么性别相同要么不同；其次，被试参加一个交流任务，任务中他们选择女性说者描述人物，说者要么使用与前一任务中相同的描述，要么"借用"另一个说者的描述。如果说者最初称一个人物是"坐着的人"，现在又称他为"飞行的鬼"，被试更有可能选择一个不同的人物对象。所以被试期望说者坚持自己的语言表述惯例，并将说者的新表述解释为指向一个不同的人物。有意义的发现是，以上交流现象会因说者的性别不同而有所差异：首先，如果说者（女性）从另一个说者（先前女性）那里借用了一个表述，被试更可能选择出正确的人物对象，他们倾向于认为由一个女性建立的语言参照惯例可以迁移应用于其余女性的交流语言中；其次，当被试回忆每一个说者使用的语言表述时，同样的模式也发生了，被试错误地认定同一性别说者的语言表述是同一个说者的，这种按照同一性别判断的错误率显著更高，表明错误判断源于交流中交流者性别特征的影响，即被试交流中考虑并概括了说者性别间的相似性。这些结果表明交流者交流语言为代表的交流认知和行为涉及了对性别信息的无意识归类，并联系于特定的交流记忆之中。

从更为广泛的意义而言，可以认为基于交流者社会特征的交流认知和行为的调整产生于记忆中对社会类别信息的无意识编码、储存和提取过程。

（三）源于交流记忆联想的无意识认知

不论是基于交流者个体特征还是社会特征的无意识认知，共同点在于交流过程中"特定交流者"效应均来自与特定交流者相关联信息的记忆联想。交流者特征实际上是交流中的一个记忆提取线索，有助于"语言参照惯例""交流对象"之间映射关系的建立、储存和即时提取，使交流中的特定映射关系具有更大的可得性。这样就可以很容易地理解"违背参照惯例"效应的认知加工基础，从交流记忆认知的角度出发，已有映射关系的激活必然会妨碍同一交流对象与新语言表述间新映射的建立，但是该效应的前提条件是仅出现于"特定交流者间"。

---

① Senay, I., & Keysar, B., "Keeping Track of Speaker's Perspective: The Role of Social Identity," *Discourse Processes 46(5)* (2009): 401-425.

因此可以说，特定交流者的特征是交流情境因素之一，其与交流情境中的其他记忆提取线索在性质上是相似的；特定交流者的记忆联想效应并不是来自有意识地对交流意图的考虑，而是来自记忆编码期间特定交流者特征信息的凸显性和重要性，才使其成为一个有力的记忆提取线索。进一步从"特定交流者"记忆联想的观点出发，交流者交流行为的无效现象可能源于无意识交流记忆联想过程中的"错误信息"，这反映了交流中"依赖记忆"的一般性认知资源监控困难，与记忆的执行功能密切关联。即当工作记忆负担过重时，抑制性降低，而使得错误性的无意识记忆联想信息得到自觉加工。[①] 迄今为止，"特定交流者"记忆信息是怎样被编码进入交流认知过程的，仍然是一个有待深入思考的理论问题和亟待解决的现实问题。

现在，想象一个真实世界中的交流情境来举例说明这一问题：假定三个好朋友（A，B 和 C）结伴参观一个艺术博物馆。三个人在整个参观过程中曾随意地两两为伴，欣赏过不同展厅和画廊中的艺术作品，并在欣赏过程中不断地交流评论，在这样的交流情境下，三个人中的任何两人都可能一起欣赏并讨论过"某些"彼此不同的艺术品。随后，当任何两人回忆这次博物馆参观经历时，比如 A 和 B，如果一幅画曾是他们一起欣赏并谈论过的，那么彼此倾向于将这幅画作定义为"共享的交流对象"，相反，如果另一幅画不是彼此曾经共同欣赏和讨论过的，那么相应被标记为"非共享的交流对象"，这种源于交流记忆联想的无意识加工过程，使得交流者以多种方式标记出他们曾以不同程度共同交流和欣赏过的画作，直观的体现是：针对不同画作交流语言的繁简程度、表述方式、明确程度等均不相同，这些均是基于交流情境中各种线索的记忆联想，并且此类联想不需要交流者付出意识性的努力。

Horton（2007）通过一项实验呈现了交流记忆联想过程的无意识性，研究中他让被试分别根据两个实验者同谋提出的类别线索列举类别样例；然后，一个同谋在场的情况下，分别完成一项图片命名任务。当图片命名任务中出现的对象曾是样例列举任务中与当前同谋合作交流过的，被试表现了更快的命名反应；并且该命名是以简化的方式表达出来的。由于图片命名任务不包含任何的交流互动，同谋在该任务中并不是真正意义上的交流同伴，实际上是一种交流记忆的提示线索，这种"特定交流者"的记忆

---

① Brown-Schmidt, S., "The Role of Executive Function in Perspective Taking during Online Language Comprehension," *Psychonomic Bulletin and Review 16 (5)* (2009):893-900.

联想过程是无意识的。①Duff，Hengst，Tranel 和 Cohen（2006）的研究采用七巧板作为实验材料，以遗忘症患者作为研究被试，发现他们能够一定程度上提取与交流同伴相关联的信息，由于遗忘症患者的外显记忆功能丧失或损伤，因此两相对照，有力地证实了交流中与特定交流同伴相关的记忆联想信息来自内隐记忆加工过程。②

总之，源于交流记忆联想的无意识认知过程是客观存在的，而且其内容或信息范畴远超过"与特定交流者相联系的信息"，当前交流社会认知研究领域中，受到交流互动研究复杂性的限制，对于该问题的探讨一定程度上还是局限于"特定交流者特征"的领域之中，实际上，特定交流者仅是现实交流情境因素之一，理论上可以认为，源于交流记忆联想的无意识加工涉及的情境因素是大量的，尽管这一过程是在无意识中发生的，但在具体交流条件下其指向的内容可能将因交流任务特点、交流目标等而不同。这也为未来的交流社会认知研究提出了新的要求：一方面应保持研究结果的科学性，另一方面应关注研究内容的现实代表性和完全性，保证研究内部效度的同时，应注意进一步提高研究的生态效度。

简言之，源于交流记忆联想的无意识认知过程，和精心推理的外显记忆过程不同，其不为交流信念、意图所支持，而是交流过程中的一般记忆线索的即时加工、检索和利用，这也是一般记忆调节过程在社会交流互动情境中的自然表现；现实交流情境中，无意识性的交流记忆联想和意识性的外显记忆加工同时发生，相辅相成。

二、源于交流情境的无意识认知

语言交流过程具有社会性，交流互动是各种社会合作活动的共同特征，这一过程体现了交流参与者共同的感知、记忆、思维和想象等过程。在交流开始阶段以及较复杂的任务活动中，交流者对交流对象的理解并不清楚，而反映交流者思想的语言也是模糊不清的，此时，交流双方需要更多地借助交流情境中的额外信息来消除歧义和达成理解的一致性，这些线索并非直接针对交流目标而形成，也不是直接有意地解释交流者彼此的意图和信念，即不是通过深思熟虑的推理过程而产生的。这样的非策略性调整过程也能够促进交流认知和行为的协调。

①　Horton, W. S., "The Influence of Partner-specific Memory Associations on Language Production: Evidence from Picture Naming," *Language and Cognitive Processes 22* (2007):1114-1139.

②　Duff, M. C., Hengst, J., Tranel, D., & Cohen, N. J., "Development of Shared Information in Communication Despite Hippocampal Amnesia," *Nature Neuroscience 9* (2006):140-146.

　　交流中的意识性认知主要体现为以语言为媒介的人际互动方式，交流双方彼此合作，语言互为指导和参照，针对共同的交流目标，完成特定交流任务，交流合作性决定了交流目标的成功实现依赖于交流者间认知和行为的协调，语言的意识性认知加工对于交流者认知和行为的协调作用不容小觑。比如，语言参照惯例对于交流对象和任务特征解释的特定性，以及对交流者间认知理解约定性、共享性的体现，语言参照惯例的同伴特定性特征决定了其对于交流共同基础支撑的核心地位，其表现和内容随着交流同伴的更换而有意识地调整和变化。语言交流过程的社会性、外显性是通过深思熟虑的精心推理过程实现的，即策略性的认知调整过程。而实际上在现实社会的交流活动中，意识性协调过程和非意识性协调过程共同促进交流目标的实现，Clark 和 Marshall（1981）概括性提出交流互动中的三种媒介：语言共享性、交流对象的共享性、彼此文化背景的共享性（表情习惯、身份特征等）。[1] 其中语言共享性对交流认知的影响是意识性、外显性的，其余媒介的影响是无意识性、内隐性的。

　　交流中语言参照惯例为代表的意识性认知协调过程尽管可以提高交流者的动机水平，促进思维发散；但是语言加工的深思熟虑过程，需要彼此时刻保持认知与行为的不断更新，对认知资源的需求较高，特定条件下过重的认知负担会抑制交流活动的效率效果。交流过程中非语言信息和语言信息总是相伴发生，对于非语言信息的高效利用可能导致语言交流的相对赘余。Brennan，Chen，Dickinson，Neider 和 Zelinsky（2008）从交流双方共享因素角度出发，比较了共享注视（在自己屏幕可以看到同伴的眼动光标）、共享注视和声音两种方式，发现共享注视条件下交流者在 "O-in-Qs 搜索任务" 中的活动效率效果显著优于后者，意识性的语言交流带来了更高的认知协调 "成本"。[2] 实验证实了语言和非语言交流的权衡假设：当交流者不能借助非语言信息交流时，倾向于依赖语言交流；反之，不依赖或较少依赖语言交流。

　　尽管上述实验中 "共享注视" 方式是通过眼动仪实现的，现实交流中难以真实发生，但至少表明，当交流中存在可以凭借的非语言线索时，交流者更倾向于优先使用，因为非语言交流表现为一种无意识过程，认知更

---

①　Clark, H. H., & Marshall, C. E., "Definite Reference and Mutual Knowledge," In A. J. Jodhi, B. L. Webber, & I. A. Sag (eds.), *Elements of Discourse Understanding* (Cambridge: Cambridge University Press,1981), pp.10-63.

②　Brennan, S. E., Chen, X., Dickinson, C. A., Neider, M. B., & Zelinsky, G. J., "Coordinating Cognition: The Costs and Benefits of Shared Gaze during Collaborative Search," *Cognition, 106(3)* (2008):1465-1477.

为节省。在真实社会交流情境下，眼睛注视尽管不能像实验室中那样通过眼动仪直观呈现出来，但依然是一种强有力的视觉交流提示线索。交流中语言的发生和理解与眼动之间有一个紧密的配合过程。例如，人们准备说出对象的名字时，总会预先注视对象，而听者也是在眼睛观察中理解语言信息。如果眼睛的注视特点与交流任务根本无关，将自觉触发交流者注意的反射性转移，进而损害当前正在发生的语言交流。眼睛注视尽管不是一般意义上的交流信号，但可以提示交流者正在思考的内容，并引导交流者的注意方向，甚至可能是比直接的语言表述更有力，反映了交流中不包含心理状态精心推理而传递交流加工信息的一种方式。Hanna 和 Brennan（2007）发现听者在消除语言歧义实现正确理解之前，先通过说者的注视来鉴别靶目标。当说者和听者的理解不一致时，听者首先朝向说者注视的方向，之后才调整不一致的理解并注视靶目标。这表明当交流者分享视觉感知信息时，他们可以依靠一个更快更简单的过程来达成理解共识，这个过程不需要他们明确严谨地推理说者的交流意图。[①]Arnold，Kahn 和 Pancani（2012）控制了交流过程中听者的非语言反馈，实验任务要求听者按照说者的指导放置相应物品，如果交流过程中说者看到听者在其指导之前预先拿起特定物品并预测其位置，说者的指导语言倾向于变得更为简洁且语速更快；反之更详细并相对变慢。[②]总之，眼睛注视可能提供了考虑交流同伴心理状态的一个外部线索，具体而言，眼睛注视信息表现出限制交流语言指示的范围，并促进交流双方认知的协调，通过这种方式沟通信息时有助于节省交流认知资源。

在各种非语言因素中，除了交流客观情境中的信息线索外，交流者的表情是一个重要的因素，如面部表情、手势表情、身体表情等，甚至于像面部表情还可以进一步细致划分，O'Carroll，Nicoladis 和 Smithson（2015）的研究采用了表情的整体性定义，即面对面交流为"共享表情"交流方式，以隔板将交流双方分开时为"不共享表情"方式，结果发现不共享表情时，交流者的语言更为丰富和复杂，此时由于缺少表情线索，交流者对于语言交流的依赖性显著增强，反之，交流者显著通过表情来表达一些言外之意，语言意识性加工的认知负担随之显著降低。[③]这种语言和表情交

---

① Hanna, J. E., & Brennan, S. E., "Speakers' Eye Gaze Disambiguates Referring Expressions Early during Face-to-face Conversation," *Journal of Memory and Language 57*(2007):596-615.

② Arnold, J. E., Kahn, J. M., & Pancani, G. C., "Audience Design Affects Acoustic Reduction via Production Facilitation," *Psychonomic Bulletin & Review 19(3)* (2012):505-512.

③ O'Carroll, S., Nicoladis, E., & Smithson, L., "The Effect of Extroversion on Communication: Evidence from an Interlocutor Visibility Manipulation," *Speech Communication 69* (2015):1-8.

流关系的现象有时还会表现为两者间的相辅相成性，比如当交流者面对难易不同的对象时，交流互动过程的特点显著不同，当交流对象更复杂时，如交流材料中的代词 she / he 指代不清楚，交流者的语言很详尽、语句更长更丰富，表情也更丰富，而当交流对象更为简单时，交流者语言变得更为简练，面部的丰富性和手势表达连贯性相应都显著降低。① 非语言线索传达的独特交流信息不单纯指向听者一方，其内隐性认知特征决定了其对于说者也具有交流启迪性和辅助性，比如交流中的手势，不仅向听者传达交流信息，同时也帮助说者完成自己的认知表达需求，甚至有些交流情境中，说者知道自己的手势听者根本无法看到，仍然继续使用手势，正如一个健全的人和一个盲人说话的时候，或者当一个屏幕挡住了听众视线的时候。交流中手势的视觉信息反馈作用于语言的听觉信息，有助于语义信息的精确恰当传达。当一个人语言描述一个点的移动方向时，他们会通过调整语速和语调以保持与手势的表达速度、方向相一致。换言之，表情交流和语言交流能够互相映射，尤其是交流对象某种特征模糊不清时，表情可以传递交流者的不同态度、推测、期望等线索。这些线索尽管可能与交流的任务目标无关，交流者也没有明确地意识到，但是它们在真正的交流情境中真实存在，影响到交流者认知的协调；这也可能使交流中语言表达中的不流利、中断等线索变得具有丰富的信息性，有助于听者理解说者潜在的心理状态。

归纳而言，表情对于交流的价值和意义在于：一方面，表情对于语言交流的促进作用表现为表情的辅助表达特征，表情和语言的集成系统理论认为交流中两者密不可分，在不同的层次上组成一个单一的互动沟通系统，彼此映射加强以促进交流的共同理解性和认知协调性。模拟行为的手势框架理论（the gestures-simulated-action framework）认为交流语言发生时，相应感知与行为的心理模拟自然形成，手势将自发传递该心理模拟过程，以配合语言交流进程，同时，语言的变化通过影响心理模拟而相应带来手势动作的变化。手势对语言交流的促进作用依赖于手势的内容、手势与语言的重叠性、交流者的经验和年龄等，表情信息共享为交流提供了更为丰富的提示和理解线索，提高了交流的效果。另一方面，表情自身具有交流性特征。表情既可以辅助语言传达相同的信息，也可以独立传达某种特定信息。交流者可以通过手势、注视等表情信息独立传达空间信息，诸如高

---

① Nappa, R., & Arnold, J. E., "The Road to Understanding is Paved with the Speaker's Intentions: Cues to the Speaker's Attention and Intentions Affect Pronoun Comprehension," *Cognitive Psychology* 70(2014):58-81.

度、宽度等，表情推动交流者侦查语言"裂隙"，并及时提供反馈信息以弥补语言交流的不足，这种低损且有力的信号，降低了语言交流精心推理过程的认知损耗和压力，并显著提升了交流双方认知与行为的协调水平。

张恒超（2017）按照交流双方间拥有的交流媒介差异，创设了"共享语言、共享语言＋对象、共享语言＋对象＋表情"三种交流方式，即以"交流共享因素"为研究变量，通过递增因素系统设置交流方式，考虑到交流的核心特征为语言交流，以此为前提不断增加共享因素，有助于比较解释两两间媒介差异对交流活动带来的影响。[①] 交流任务采用了学习任务，并随后安排一项选择性注意任务，选择性注意是学习认知中的一个代表性指标，学习中的选择性注意可以标示出学习者学习过程中，心理活动对目标内容的指向和集中，指向性和集中性是选择性注意的两个方面；选择性注意指向性指对学习内容的关注，集中性指对干扰内容的排除或抑制。同时，考虑到交流合作学习的成功进行依赖于双方认知和行为的协调特征；而协调特征在交流学习过程中表现为双方认知"冲突－协调"的矛盾运动过程，因此，实验中将双方的学习做了直接对比分析，具体依据交流双方的学习成绩，将双方分入高、低成绩组，假设不论哪种共享方式下，如果双方认知和行为协调水平显著更高，则可以表现为成绩组间无显著差异，这也可能表现于选择性注意方面。结果发现：共享方式间学习成绩差异性仅表现于每种方式下的低分组间，具体而言表情促进交流学习效果，对象可视性降低交流学习效果；共享语言＋对象＋表情方式下交流双方认知与行为协调水平更高；共享语言方式下被试选择性注意指向性水平最高，共享语言＋对象方式下被试选择性注意集中性水平最低。

另外，现实社会交流中，交流对象是否出现在交流者的面前，即对象视觉共享性，也影响交流认知特征，还有像针对书面材料交谈中的上下文信息等，都是交流情境中的非语言线索，不仅促进交流过程，而且促进交流者交流知识的理解和记忆。比如，视觉图片的共同呈现有助于交流者区别靶对象和比较对象；共同的上下文信息，有助于促进知识理解和记忆。但是在相对复杂的交流任务中，交流双方对于交流知识的掌握不是靠对象的直观感知简单实现的，有时必须通过感知特征进一步推理出隐含的知识。因此，视觉直观性并不一定提升交流知识的理解和准确把握，甚至可能恰恰相反，对象直观性视觉特征的存在不仅不利于语言加工深度的增加，反而使语言表述变得更为模糊和简单化；也就是说对象直观性一定程度上削

---

① 张恒超：《不同交流情境下参照性交流双方学习的比较》，《心理技术与应用》2017 年第 5 期，第 619—627 页。

弱了语言交流的丰富性和精心推理程度。简单化必然降低彼此沟通学习的效果，不利于通过感知特征对功能知识做出精心推理。如果相同的任务下交流者仅能通过语言交流来沟通，由于对象的直观特征不能共享，彼此就必须通过提高语言的详尽性和完整性形成认知的协调，彼此语言发生和理解的水平相应提高，认知加工更为深入。

　　交流中交流者间合作行为的协调是以注意、信念、期望等的协调为前提，注意是交流者大脑保持清醒警觉的状态，控制交流心理活动的开始、持续和终止，进而实现对信息的恰当过滤或选择，提高交流互动的准确性和效率。交流中语言对于双方共同注意的指导是有意识完成的，说者的特定语言决定了同伴注意的指向，语言的变化诱发注意的转移，语言的特定性是双方共同注意形成的基础，当交流对象具有标准结构维度时，交流者间概念同质性的形成决定于彼此对于概念关键特征的语言沟通和共同注意。但这仅仅是交流注意特点的一个方面，从交流注意的无意识过程看，不论面部表情、手势动作抑或注视特征，不仅不妨碍语言认知加工，相反可以辅助语言指导，提高彼此对对象共同注意的水平，尤其是在交流初期，交流者间认知分歧较大时，说者会通过丰富的表情变化，来取得彼此对于对象的共同理解，语言对交流者注意的引导具有显著性、直接性和外显性，而非语言因素对于交流注意的引导具有内隐性和反射性。

　　从广泛的交流情境因素看，交流中的非语言线索是相对大量的，语言和非语言信息间的作用关系也是复杂的、多样的，当前交流社会认知和语言认知研究领域尚不能做出一种一致性的解释和概括。Bezuidenhout（2013）认为从交流中交流者间认知互动的角度出发，一般性的社会交流情形下，交流开始阶段交流者的认知倾向于以"自我"为参照，这一时间段的交流信息相对更为自然"流露"，即依赖于自我认知背景对交流对象的自觉解释，随后交流者才逐渐表现出对于同伴提供的语言和非语言线索的关注。① 因为通常在交流初期交流者不可能从交流互动中获得"满意解"，一种情况是交流参与者在交流初期都不能向自己的同伴传达准确、清晰的交流信息，尽管大家都急切希望出现有效的交流；另一种情况是交流参与者不确定自己交流信息的准确性时，通常会向同伴传递一些"多余"信息，在交流初期这不仅不利于交流对象的准确认知和理解，甚至干扰了理解过程。以上两种情况都导致交流初期交流者对自我认知的关注和以自我为参照的典型性。所以，在现实交流中经常会发现人们在交流初期的"冲突性"

---

① Bezuidenhout, A., "Perspective Taking in Conversation: A Defense of Speaker Non-egocentricity," *Journal of Pragmatics 48(1)* (2013):4-16.

很明显，尤其表现在语言冲突中，随着交流时间的发展"合作协议"才逐渐达成，"自我认知－共享认知"的转换逐渐完成，此期间非语言信息对于交流的贡献不容低估。

三、交流认知中意识性和无意识性的共存

交流过程中语言信号本身可能是模糊不清的，这使得消除语言歧义以解码说者的交流意图变得必要。然而在许多情况下，典型交流模式之外的一般认知过程有助于交流双方间认知的协调和行为的一致，同时保存了对彼此心理状态推理所必须支付的认知资源。交流中语言的显著地位得到研究者们的一致认可，与个人语言认知过程相比，交流语言认知加工的复杂性和灵活性更大，这一方面在于互动语言自身，另一方面也在于交流中存在众多非语言交流媒介，并且和语言交流间存在一定程度的相互作用。在实验研究条件下对于非语言因素的控制程度使得交流实验情境的自然性不同，这一直也是研究者争论的一个重要方面。

交流中语言有促进理解的优势，但同时也为交流招致了很高的协调成本；交流中交流语言分歧、彼此的认知差异、互动压力，能激发更高的动机水平和促进思维的发散；同时交流也会消耗大量的认知资源。交流的语言协调模式提出交流中的认知负担被以不同的方式分配给交流者，然而这些认知负担可以借助交流中的非策略性认知过程而减轻，并对外部语言的产生和理解做出辅助性限制。在一定程度上交流中的多种线索可以限制和降低语言表达和理解的模糊性，而又不需要诉诸额外的认知努力和明确的推理过程。例如，当交流者可以借助共同的视觉背景（交流情境线索）时，交流过程中认知的协调变得更加容易；如果没有共同视觉背景的支持，交流者需要求助于更复杂的认知加工过程，这使得协调相对困难。即使交流过程开始阶段交流者的最初表征出现了分歧，他们也可以通过非策略性认知过程来达成理解上的一致。交流者在交流中依赖于简单的感知线索，这些线索可以引发清晰的行为调整，这种调整更适合于彼此的信息需求，这类心理表征会因为说者和听者间的交流准备性而达成一致，尽管单纯这种准备性可能对于彼此交流理解的完全协调一致是不充分的。从现实生活中的语用观点出发，交流语言的发生发展和理解始终是处于一个相对语境背景之下，交流情境特征是多样化的并贯穿在语言交流的全程中，譬如，交流者的个性特征和社会群体身份，已有的经验和知识背景，彼此的交流目的、时空条件（如，面对面交流、远程交流）等，这些因素综合影响交流

语言认知加工过程。诚然，交流语言的现实自然观察最为真实，然而现实交流复杂性极高，并且随着交流时间进程的发展交流语言认知受非语言因素的不确定性影响可能即时发生各种变化，因此，当前交流社会认知研究领域中，无实验控制的交流语言认知研究是困难的，交流实验控制允许研究者相对科学界定和解释交流语言认知特征，有助于揭示语言认知加工的一般特征和交流语言使用的一般特点；但在实验控制下探讨交流社会认知特征的同时，尽管研究的内部效度得以明显提升，却也牺牲了研究结果的外部效度或现实解释力，未来研究应考虑在保持内部效度的前提下，提升交流社会认知研究的外部效度。

本节重点探讨了交流过程中的非策略性认知调整过程，但是并不否认交流过程中明确的语言信息和反馈对于交流者彼此认知和行为的协调作用。诚然，交流者可以依靠语言反馈信息来不断侦测暂时的交流歧义或误解，一旦歧义是明显的，交流者将充分考虑同伴的信息需求以试图消除歧义，清晰的反馈信息会使交流者彼此的推理更加便利。此时的非策略认知过程的伴生，可以减轻复杂推理过程的认知损耗，提高交流效率和效果；如果没有交流语言之外各种线索的存在，将可能以短暂或者持久性的错误交流为代价。交流认知过程中，交流者依然会追求认知的节省，尤其是当错误交流带来的认知损耗极大增加时，交流者会更自然地寻求交流语言之外交流情境中的多种线索，以消除交流分歧和降低认知损耗，如上所述，当人们通过强有力的、简单的、低廉的多种交流情境线索来协调彼此的认知和行为时，几乎不表现为对彼此心理状态、信念、意图的明确推理。

第三节　交流认知意识过程的影响因素

一、关于交流认知意识过程的多角度探讨

理解他人观点的能力是许多社会交往的基石，通常涉及从自己的角度去了解别人的不同观点。这一观点采择的能力有助于推断他人的心理状态（如信念、知识、态度）或与之相关的其他观点；也有助于减少社会交往和对话时的歧义。虽然通常认为观点采择能力在个体的成年期得到充分发展，但是新的研究已经发现了导致该能力个体差异的一些因素；这些因素

包括情绪①,社会和文化关系②,抑制控制③,以及工作记忆负荷和工作记忆能力等④。进一步而言,即使是一个健康的成年人其观点采择能力也受到特定情境的限制,如交流目标因素、动机和时间限制等。此外,最近的研究还探讨了观点采择能力随时间推移的变化性,检验观点采择能力是否会促进与观点相关的预期反应(如当一个测试开始后,在语言发生之前,反应先发生),以及探查了是否只有当交流语言信息含混不清而需要通过视觉和听觉信息的输入来澄清交流信息时,观点采择的能力才会表现出来,观点采择过程才会发生作用,这一系列的认知加工过程被称为交流观点的信息整合过程。

一种观点提出,交流者最初都是以自我为中心的,按照自己的观点和知识经验来解释交流同伴传入的信息。真正从交流同伴的立场出发来考虑交流观点,可能是在交流过程稍后的某个时候才被激活,以减少交流歧义,但是这种解释在日常的社会交流环境中并不可靠。此观点的证据主要来自参照性交流任务的研究,在参照性交流任务中,通常是在视觉呈现条件下交流中的操作者根据一个指导者的语言指示来选择(如鼠标点击……)或移动(如移动/拿起……)目标物体(例如一个球)。视觉屏幕通常包括一个4×4的矩阵;某些对象是指导者和操作者共同可见的,但也有一些对象指导者不可见但操作者可见,或者反之,即双方交流中彼此间的视觉信息并不相同。这类研究表明,操作者选择错误对象的可能性范围是15%~46%,这些结果证实人们倾向于从自我中心的观点出发完成交流任务,而并没有表现出从同伴的角度加工交流观点的倾向,但是,实验中随着交流时间的不断延长,操作者逐渐表现出从同伴的角度加工交流观点的显著倾向,即逐渐意识到彼此间交流观点和认知的差异,并相应转而表现出以同伴语言信息为参照形成交流观点。在这类实验中不正确的操作行为是未基于同伴立场进行观点采择的直接证据。

然而,交流早期以自我为中心的结论已经被一些研究所质疑,这些

① Converse, B. A., Lin, S., Keysar, B., & Epley, N., "In the Mood to Get Over Yourself: Mood Affects Theory-of-mind Use," *Emotion 8(5)* (2008):725-730.

② Savitsky, K., Keysar, B., Epley, N., Carter, T., & Swanson, A., "The Closeness-communication Bias: Increased Egocentrism among Friends versus Strangers," *Journal of Experimental Social Psychology 47(1)* (2011): 269-273.

③ Brown-Schmidt, S., "The Role of Executive Function in Perspective Taking during Online Language Comprehension," *Psychonomic Bulletin & Review 16(5)* (2009):893-900.

④ Lin, S., Keysar, B., & Epley, N., "Reflexively Mindblind: Using Theory of Mind to Interpret Behavior Requires Effortful Attention," *Journal of Experimental Social Psychology 46(3)* (2010):551-556.

研究发现交流早期交流者就已经表现出对同伴观点的采择和认知推理，即使该过程对于当前交流任务的完成并不是很必要的。例如，Hanna，Tanenhaus 和 Trueswell（2003）使用了参照性交流任务，任务中，一个对象（例如一个红色三角形）被放置在 3×3 的网格视觉情境中，旁边有一个相似的竞争对象（例如另一个红三角），交流中指导者可能语言提及了竞争对象或未提及该对象，结果发现交流中听者获得了关于竞争对象的特定信息；相反，之后当用语言指导听者将另一个物体（例如一个蓝色三角形）放置到目标位置时（先前红色三角形的位置），结果发现听者不会再去关注先前的竞争对象（另一个红三角）。[①] 这些结果得到了其他研究结果的支持，如考查交流语言中尺寸形容词的使用（例如小 / 大），确定或不确定的表达式，这些词语的使用经常是处于交流互动时彼此间的换位思考。不过，这些研究也无法证实交流者基于同伴观点采择的过程中，完全抑制了自我中心的知识经验和观点。其他的研究已经探查了在交流早期交流者面对语言歧义时出现的观点采择或换位思考，当交流互动开始时，交流者就需要明确每个参与者知道什么，不知道什么。同样，任务中要求被试观察一个交流活动，并陈述自己对于交流活动中人物行为的预测，结果发现被试快速而准确地表达出了行为预测的结果，该预测是基于自己对交流人物观点的认知推理而形成的。发现交流早期即出现源于同伴观点采择的这些研究表明，交流语言是由交流中多种限制因素综合驱动的，其中之一就是观点采择或换位思考。因此，这类研究指出，至少在某些情况下，听者能够在交流语言理解过程中提前或在语言理解的早期就推断出同伴的特定观点，并利用这些知识来区分与特定观点有关和无关的对象。

　　虽然有明显的证据表明，观点采择可以在语言交流过程中自然地进行，并很快地整合到即时的交流语言认知加工过程之中，但是也有充分的理由认为，该过程部分或全部地需要交流者付出认知努力，例如，高工作记忆负荷阻碍了个体推断他人心理状态的能力。最近的眼动研究也证实，通过增加工作记忆能力和更大地抑制交流中的自我观点，能够提高观点采择的水平，即执行功能的个体差异可以预测观点采择的能力水平。Lin，Keysar 和 Epley（2010）使用参照性交流任务探查了高、低工作记忆能力个体间的表现差异（高工作记忆能力是能够记忆 4 个数字，低工作记忆能力是能够记忆 2 个数字），结果表明，高工作记忆能力个体在交流任务中

① Hanna, J. E., Tanenhaus, M. K., & Trueswell, J. C., "The Effects of Common Ground and Perspective on Domains of Referential Interpretation," *Journal of Memory and Language 49(1)* (2003): 43-61.

能够更好地排除干扰对象，证实当认知资源被分配到交流任务之外的其他方面时，个体观点采择的能力和水平相应地将降低。[①]

但是，这些研究仍然无法说明，认知执行功能的损害是如何影响交流中观点采择过程的。此外，也有研究提出了质疑。探讨认知执行功能影响观点采择的相关研究一般是采用参照性交流任务，任务中一般是要求交流被试对对象做出辨别和选择。可以说，选择行为发生在认知决策过程的终点处，因此，无法展现认知决策时期观点采择过程的全部时间进程。显然观点采择过程始于语言交流发生的那一刻。此外，虽然一些研究已经表明，执行功能的降低会导致对同伴观点理解能力的下降，但大多数被试仍然能够选择出合适的交流观点。例如上述 Lin 等（2010）的研究，低工作记忆能力被试中的错误选择行为占全部测试的 38%（实验 1），实验 2 中高工作记忆能力的被试也在 47% 的测试中出现了错误选择行为。这表现出大多数的测试中被试的行为是正确的，因此可以说，执行功能的损害不是导致观点采择能力完全失败的原因，而是影响认知决策过程中的一个（或多个）加工阶段。根据"以自我为中心的解释"，执行功能的损害可能打断了交流互动中认知的"调整"阶段，从而延长了被试对同伴观点的推理和理解，进而影响到选择正确交流行为的时间，但这并不能否认交流之初操作者就已经关注到了语言指导者的交流意图，即不能否认观点采择发生的优先性和存在性。

二、认知负荷和动机对交流认知意识过程的影响

Cane，Ferguson 和 Apperly（2017）探查了认知执行功能损害影响交流中观点采择加工过程的具体阶段（包括预期效应与整合效应的比较）。[②]该研究通过两项眼动任务的分析，探讨认知负荷是如何随着时间的推移影响交流中观点采择能力运用的。特别是探查了观点采择能力的预期作用（在这里操作性定义为目标名词消歧阶段）和整合效应，以及认知负荷和工作记忆能力对观点采择能力的影响。

该研究采用了参照性交流任务，辅以眼动观察，实验中被试根据指

① Lin, S., Keysar, B., & Epley, N., "Reflexively Mindblind: Using Theory of Mind to Interpret Behavior Requires Effortful Attention," *Journal of Experimental Social Psychology 46(3)* (2010):551-556.

② Cane, J. E., Ferguson, H. J., & Apperly, I. A., "Using Perspective to Resolve Reference: The Impact of Cognitive Load and Motivation," *Journal of Experimental Psychology: Learning, Memory, and Cognition 43(4)* (2017):591-610.

导在 4×4 矩阵中辨别竞争性对象（如"星星"茶壶），并移动目标对象（例如"斑点"茶壶）。具体实验中比较了三种条件：一种是"听者特权"（listener-privileged）条件，听者被试可以观察到竞争对象，但说者观察不到；一种是"共同基础"（common ground）条件，目标和竞争对象均同时提供给听者被试和说者；一种是"无竞争对象"（no-competitor）条件，听者被试无法看到竞争对象。在此之前的相关研究创设过"听者特权"（listener-privileged）条件和"共同基础"（common ground）条件。

　　工作记忆负荷是要求被试在参照性交流任务过程中，复述一系列数字，高工作记忆负荷条件是复述不规则数列（如 0 2 1 3 4），而低工作记忆负荷条件下是复述规则数列（如 0 1 2 3 4），这种实验方式被称为"双任务设计"（dual-task design）。基于以往的研究发现，研究者假设，如果换位思考（观点采择）需要意识性的认知努力过程，需要特殊的认知加工过程，工作记忆负荷将影响交流被试的任务选择反应过程。研究具体设立了两个实验，均采用参照性交流任务，实验一重点分析工作记忆负荷对于交流认知意识过程的影响特征，实验二重点关注了时间压力或奖励（动机）对于交流认知意识过程的影响特征。

　　结果显示：在实验一中，工作记忆负荷效应显著，高工作记忆负荷被试在选择靶对象时出现显著的延迟反应时间，且各实验条件间结果一致，因此可以认为这是高工作记忆负荷个体的一种一般性认知加工特征，而不是工作记忆能力在观点采择中的实验效应。但是，眼动数据却出现了工作记忆负载的实验效应：听者特权条件下无效应，但是共同基础条件下高工作记忆负荷被试出现注视指向的延迟效应。此外，时间过程的检验结果表明，在消歧后（语言描述后），听者特权条件的高负荷被试比共同基础条件的高负荷被试，更快地注视到了靶对象，当语言清楚指明靶对象后（消歧后），观点采择效应显著。消歧之后的观点采择效果可能会令人惊讶，因为语言消歧后，仅语言就已经提供了足够的信息来识别一个独特的靶对象。然而，如果观点采择联系于语言消歧阶段，那么，听者特定条件下的被试需要即时借助消歧语言来鉴别靶对象，但是，在共同基础条件下，观点采择无法即时准确定位靶对象。实验二在实验一设计的基础上，增加了时间压力或奖励（动机）。发现了在语言表述完成之前，听者被试对说者观点采择敏感性的实验证据。具体而言，与共同基础条件比较，在听者特权条件下，目标选择反应更快；眼动数据也揭示了被试对于靶对象更早更快的注视指向预期。但是这种注视倾向仅显著出现在听者特权条件中的低工作记忆负荷条件下；听者特权和共同基础条件下，高工作记忆负荷被试间无显著差异。研究进一步发现，听者特权条件下低工作记忆负荷被试注视目标对象的发生时间显著更早。最后，结果没有发现抑制控制（动机）影响观点采择的效应。

该研究的两个实验考察了交流意识过程的影响因素效应：时间（压力）、认知资源（工作记忆负荷）和动机（金钱奖励）。比较了三个条件下的实验效应："听者特权"条件下仅听者被试可以看到竞争性对象，共同基础条件下双方均能看到目标和竞争对象，"无竞争对象"条件下听者被试无法看到竞争对象。在实验一中，没有安排金钱奖励或时间压力。在实验二中安排了金钱奖励或时间压力，结果表明，交流情境下，当存在明确的动机或压力时，如果交流者有足够的认知资源可以利用，那么同伴观点采择过程显著表现出更为快速和明确。然而，在实验一中，当说者明确完整表达完靶对象之前，没有出现"听者特权"和"共同基础"条件间的差异效应，这表明此实验条件下观点采择发生在语言中靶对象完整表述之后（可能在此之前听者被试更为注重自我认知的推理过程），或者听者在说者语言表述完整之前也开始尝试推断说者的观点，但只不过并没有明确使用同伴的这一观点来限制自己靶对象的辨别和选择行为。未来研究需要在这两种可能性之间做出进一步的探查。

但是与实验一结果不同的是，实验二中被试在语言表述完之前就已经表现出观点采择特征，进而影响到了听者被试对靶对象的选择速度或时间，两项实验对照表明，交流中当没有奖励动机时，听者没有表现出更早（语言表述完靶对象之前）的观点采择，即观点采择行为出现得更为迟缓，此时被试更倾向于表现出"自我中心的认知加工特征"，即该研究实验一的结果；反之则不然，即实验二的结果。因此，这个发现与先前的研究均表明，在社会性语言交流互动活动中，只有存在足够的交流动机时，交流者的观点采择能力才会被显著优先激活，交流的效率效果相应显著提升。事实上，最近的研究表明，当同伴观点推理直接影响交流活动时，这种推理便倾向于优先发生，比如，交流中明确告知被试即时追踪和理解同伴交流意图、信念和期望等的重要性，或者，使被试明确交流任务的"合作性"背景与意义。

值得注意的是，在这两个实验中，被试都被明确地告知追踪说者的观点，以便准确地执行说者的语言指导。这两个实验之间的关键区别在于听者被试使用同伴观点促进任务更快完成的动机差异。因此，结果也与以往限制性交流的研究观点相一致，这表明只有在语言交流中提供强有力的交流互动限制因素，才会显著影响到交流者观点采择的动机和行为。该研究的实验一中，在没有强力动机和压力条件下，被试完全可以等到说者语言表达完整明确之后，才做出选择行为。因为，此情境下交流语言提供的明确信息比预先同伴观点采择更为准确，且认知更为节省，所以听者被试没有必要在语言表述完成之前更快速做出同伴观点采择的预期反应。然而，在实验二中，金钱奖励的强烈动机推动被试预先和快速地做出了同伴观点采择的认知加工和选择行为，表现为这种倾向性先于说者语言表述。换言之，交流情境中动机等因素影响了听者被试是否以及什么时间做出同伴观点采择的认知推理和行为反应。然而，未来研究需要进一步研究，在金钱和时间之外，其他类型的动机，如明确的交流信念、个人目标、社会目标等，对观点采择的影响特征。

上述的研究结果还表明，当动机促进被试的观点采择时（也就是实验二），工作记忆负荷影响到了被试观点采择的敏感性和行为反应速度。具体而言，听者特权条件下低工作记忆负荷被试选择靶对象的反应时，显著快于高工作记忆负荷被试；同时，眼动数据也显示，低工作记忆负荷被试在说者语言表达完靶对象之前，显著更快地注视靶对象。事实上，听者特权条件下这一注视偏好倾向又显著快于共同基础条件。从这些数据中可以看到，高工作记忆负荷打断了语言交流早期（靶对象表述完之前）的观点采择，限制听者被试的认知推理集中于自我认知加工，而阻断同伴观点采择。因此，可以说工作记忆负荷影响交流早期采用"自我中心认知加工"，还是采用"同伴观点采择加工或换位思考"，进而可以证实，"工作记忆"对于"同伴观点采择的推理加工"是必需和必要的。换言之，交流互动中同伴观点采择是客观存在和发生的，但是工作记忆负荷限制了其现实发生的时间和过程特征。未来研究需要进一步明确探查该过程的具体特征。

一个有趣的发现是，工作记忆负荷和观点采择过程彼此间的影响是双向的。高工作记忆负荷导致观点采择能力受损，反过来，观点采择的能力又影响高工作记忆负荷情境下的交流信息记忆加工的质量。比较而言，听者特权条件下高工作记忆负荷导致更差的交流记忆准确性。由于听者特权条件下只有听者可以看到竞争对象，因而说者的交流资源信息是有限的，可以假设或预期，此时同伴观点采择对于听者的选择行为是不利的。这表明交流认知加工效果依赖于交流双方间认知加工的重叠性；也证实交流中观点采择过程需要交流者付出认知努力。这一发现实际上和先前的研究结论是一致的，认知负荷影响交流者互动中观点采择的努力程度和资源付出。未来研究需要探查不同认知领域的认知负荷对于观点采择的影响差异。

总之，交流中在适当的时机下，同伴观点被用以消除交流歧义。重要的是，研究发现只有在有足够的交流动机和认知资源的情况下，该观点采择过程才是高效的。当认知能力被分配到其他地方时，交流者将减慢任务行为执行的速度，具体而言，工作记忆负荷影响观点采择的早期阶段（语言表达完整之前），将交流者的认知加工限制于自我中心过程中，而阻断了同伴观点采择的发生。此外，观点采择过程是需要意识参与的，需要认知努力的付出，需要充分的认知资源。

三、启示与展望

综合本章而言，交流过程中非策略性调整和策略性调整的认知过程并行不悖、相依共存。语言是交流的典型特征和媒介，而语言使用本质上是以交流者的共同理解为基础，语言是交流者思想的反映，以语言为媒介的协调过程是通过深思熟虑的过程驱动的，该过程中交流者需要精心推理彼此的思想信念和心理状态，精心规划语言表述和解读语言信息。这一策略性调整过程对认知资源的要求相对更高。相比之下，非策略性认知过程自发源于交流情境中的多种线索，这样就形成了交流认知中语言和非语言媒介间的相辅相成和相互制约的特征，表现为交流者间的一种无意识调整过程。两种性质认知过程的交错依存形成了交流认知过程研究的复杂性和多样性，这是一个相对庞杂的系统。一方面，应当客观对待交流认知影响因素的多样性和研究的分歧性；另一方面，随着该领域研究的不断深入，应始终考虑到交流语言认知加工过程的核心特征和媒介作用，交流语言认知的进一步探查和分析不应离开非语言因素客观存在的多样化交流背景。

未来研究中，对于交流认知的意识性和无意识性的探讨，重点需要考虑以下问题：

首先应同时从两种研究思路出发，全面扩展研究设计，综合比较探查语言交流、非语言交流信息在交流过程中彼此促进、制约的相互作用机制和模式，如，有意识的语言加工、无意识的非语言线索监控，以及感知、注意、记忆、思维等多种认知过程和机制特点。

其次，作为对交流认知过程的完整解释应该引入交流者认知加工神经机制的探查和理解。如，交流过程中记忆联想激活的神经电路以及交流中社会线索认知加工的神经机制等。同时，检验认知神经的研究结果如何证实非策略性、策略性认知加工过程的存在和特征。

最后，应该认识到交流过程是一个以多种不同子加工过程交互作用为基础的高度紧密结合的过程，感知过程、记忆提取、注意监控、思维加工、言语等过程同时发生，未来研究需要同时比较和解释行为、眼动和解剖上的同步证据，尤其是脑成像和电生理学证据。

第三章　交流语言认知

我们在日常生活中经常会遇到这样的语言交流情境：

Beta 正在厨房修理燃气灶的电子点火器，他不熟悉各种电路原件的常规名称。

Beta ："小灯泡坏了。"（玻璃保险管中的保险丝熔断了）

Alpha ："什么样子的灯泡？"

Beta ："有一厘米长的小圆灯泡。"

Alpha 还是不明白，走过来看了一下："哦，这样的小圆灯泡。我去五金店买一个。"

…………

上述例子可以看出，交流中交流者间形成的特定语言信息虽然并不准确或不专业，但是却为交流者彼此共同接受，随着交流进程的不断发展，这些语言表述在特定交流者间将表现出相对的稳定性，即交流者将继续使用该特定语言，并期望对方也继续使用。然而，如果特定交流语言不能准确指示对象，也不能为交流者彼此共同接受，那么，交流语言的内容将随着交流进程的发展而不断调整，语言表述的精确性也随之不断提高，最终交流语言特定化，并在以后的相似交流情境中重复出现。

交流是以语言为核心媒介的一种社会人际互动方式，与个人语言认知过程不同，交流互动性决定了交流语言认知过程的复杂性、灵活性。

第一节　交流语言认知特征

交流是以语言为核心媒介的一种社会人际互动方式，即基于某种目的，交流者围绕特定任务和对象进行沟通，以最终做出分类、命名、解释和抉择的行为操作或处置；交流的典型特征表现于，语言媒介的核心性、交流目的的共同性、交流认知的互动性、交流行为的合作性，以及交流责任和个人责任的共存性。语言心理学中交流语言的使用可以概括为：语言发出者或指导者（director）产生某个表述，语言接受者或操作者（matcher）对表述做出符合交流共同意图和期望的解读；语言在交流者间不断轮换和传递思想的过程（语义），功能性地解决了交流合作的共同任务或问题（语用）。与个体头脑中的个体语言不同，个体私语是个体自我认知过程的媒介；而交流语言更表现为社会性特征，是一种以交流者共同理解与使用为基础的社会行为，主要通过深思熟虑的过程驱动，交流者不仅要时刻监控交流语言过程，还要时刻参照同伴的知识、思想并推理同伴即时发生的心理状态（信念、假设、期望、意图、态度和情绪等），该过程有助于彼此交流认知的共享性和交流合作行为的限制性、共同性。交流语言的社会认知特征主要涉及三个方面：交流语言内容特征、交流语言认知加工特征、交流语言与非语言因素的关系。[①]

　　语言交流是指两个或多个人之间的语言互动。通常语言交流中至少包含两个具有不同知识背景、观点等的交流者，双方通过言语争论过程，力争通过不同证据获得同伴对自己观点的支持。从最一般意义上讲，交流中并不一定包含逻辑上、理论上或实践上的对立冲突。原则上，一个语言交流展现的是两个声音的互动，以达成共同理解的共享性观点。令人感兴趣的语言交流过程通常包含某些争论、辩论、评论、反驳等口头上的言语之争。然而，尽管如此，也有许多有趣的和无趣的交流，这些交流的目的仅仅是为了满足某种交流的最小期望性，仅从最一般用语上理解交流所表达的概念，而不存在任何的特定现实目的。诚然，语言交流中的两个声音并不仅仅为了彼此轮流交谈，对交流参与者来说，至少应该明确彼此努力交流的某种目的，这就涉及参照性语义的问题。更具体来说，语言交流关注的是什么？共同的语言交流意图是什么？明确了这一前提，我们才能够理解交流者间需要共享的最小期望，以及该共享意图是如何将交流语言表达的思想和有争议的交流对象联系起来的。

一、交流语言内容特征

　　交流语言的一个基本特征是对象的"指示性"，指示性表述是基本的交流语言单元之一，方便于交流者指代、挑选特定的对象；从交流语言内容特征出发，交流语言的指示性表现为对对象普遍或基本语义的传递，以及交流语言针对交流目的和任务的适当性表达。Grice（1975）指出交流

---

① 张恒超：《交流语言认知特征》，《心理科学进展》2018年第2期，第270—282页。

语言的内容最终依赖并决定于交流合作规则，交流者彼此期望并假定对方会遵守该规则，因为规则的违反将导致双方交流关系的不和谐，随之交流语言的表达和理解均会产生"言外之意"。[1] 进一步而言，交流语言内容特征影响到其在特定交流情境下的现实功能，具体表现在交流语言内容的信息特征、受交流情境影响的同伴特定性特征等方面。

（一）交流语言信息量

交流语言信息特征的探讨不可避免地需要考虑语言使用的情境，即从语用观点出发，交流语言绝不是在一个语境完全自由的条件下发生的；交流情境的制约性决定了语言发生和理解过程中的推理特征。交流语境一方面涉及的因素非常广泛，如交流者经验的共同性、共同或相似的团体成员身份、交流视觉信息、交流目的和方式、交流的时间、交流者间的物理距离等等；另一方面交流语境具有相对不稳定性，尤其是在陌生的交流情境下，交流语言受到交流者认知互动和交流时间进程的影响。Clark 和 Marshall（1981）提出一个概括而广泛的交流情境因素的分类系统，具体将"交流情境因素"分为：交流对象物理特征的共享性、交流语言、交流中的非语言信息；并强调交流情境限制下的语言发生和理解过程是交流者间认知和行为共享性水平的表现之一。[2] 鉴于交流情境限制下的语言认知过程和个人私语认知过程的差异性，研究者指出交流语言信息量的特征具体表现在：相对于交流对象的内涵或特征，交流语言信息过多（如详细的描述性的解释和说明）、信息过少（如使用缺少外延限定性的上位概念表达对象，或者对象及其功能等特征的表述不完整）、信息恰当；简言之，交流语言信息量的评定决定于交流情境因素明显或不明显对于语言表述的限制性。

对于交流语言信息量，一种观点支持交流语言是对交流对象的一种精细化解释，包含了相对于恰当内容或指称的过多信息；过多信息有助于向交流同伴传递多种沟通线索，也有助于消除语言交流中的歧义，并且过多信息的呈现不会导致交流同伴对说者心理状态和交流意图做额外的精心推论，相反，交流者对语言信息过少或不足的敏感性相对更高，其拒绝与同

---

[1]　Grice, H. P., "Logic and Conversation," in P. Cole & J. Morgan (Eds.), *Syntax and Semantics, 3: Speech Acts* (New York: Academic Press,1975), pp.41-58.

[2]　Clark, H. H., & Marshall, C. R., "Definite Reference and Mutual Knowledge," in A. K. Joshi, I. A. Sag, & B. L. Webber (eds.), *Elements of Discourse Understanding* (Cambridge: Cambridge University Press, 1981), pp.10-63.

伴就信息不足的语言达成认知共享。Vanlangendonck，Willems，Menenti 和 Hagoort（2013）强调这是由于实际交流中交流者并非总能很好地排除个人信息，而实现与同伴对等共享信息所导致的，设想"如果语言表达者看到尺寸不同的两个瓶子，而此时同伴看不到小的瓶子；或者交流者面对的是一个大瓶子和一个小茶杯"，表达者要求对方"递给我'大'瓶子"，尽管这样的语言表述可能会使同伴略显迟疑，但并不妨碍交流意图的正确传达。反之，如果交流情境中存在两个不同特点的瓶子，仅说"递给我瓶子"，同伴将无法做出正确的判定。[①]

另一种观点则认为交流语言相对于特定情境中对象的准确描述而言，表现出信息过少的特征，因为交流语言的信息过多将会引发交流者对交流情境的无关性推理，比较推理是人们日常交流中的一种习惯性思维过程和特点；相比之下，从交流情境的丰富性特点出发，交流者间的互动和沟通不仅通过语言实现，还通过与特定情境有关的多种可能线索来实现，交流情境线索会自觉地为交流者提供语言之外的参照信息和反馈信息，因而导致语言信息相对简约。比如，当 Alex 对 Elise 说"I need to sign this"（我需要在这上面签字），Elise 可能即时预测到并清楚对方的需求，相应作出"取笔"行为的倾向性，Alex 接下来可能表述"Can you hand me the pen?"（你能把钢笔递给我吗？）交流者间这种语言之外的互动默契性（交流情境限制、非语言信息的反馈等），决定了 Alex 不需要对笔的特征、用途等做深入澄清，甚至语言表达中会进一步弱化"the pen"的语音强度，甚至只表达"Can you hand me"。

两相对照，以往研究观点之争一定程度上源于研究方法和思路的差异：首先，考虑到交流认知研究的相对复杂性和实验控制的困难性，交流实验任务倾向于设计得简单而明确。如，交流的靶对象和比较对象同时呈现，交流者通过语言辨别并指导对方完成挑选等操作；从大量非对象中搜寻目标对象，像 O-in-Qs 视觉搜寻任务；先将交流对象（如积木）命名和分类，再用语言指导同伴组建特定模型；交流者指导同伴完成生活物品的特定摆放任务等等。此类设计便于实验控制和变量指标的探查，并且交流语言的记录和分析相对容易，共同性在于交流者明确而有针对性地对实验任务中的特定对象做出说明和界定，这样对象内涵的参照是明确的，可以

① Vanlangendonck, F., Willems, R. M., Menenti, L., & Hagoort, P., "The Role of Common Ground in Audience Design: Beyond an All or Nothing Story," Poster presented at the workshop on the production of referring expressions: Bridging the gap between computational and empirical approaches to reference (PRE-CogSci 2013), Berlin, Germany.

直观解释交流语言内容是信息过多还是信息过少，抑或信息恰当。但是，不足在于这类实验任务难以展现现实交流行为的时间进程和语言变化性、丰富性。Bezuidenhout（2013）[①]指出交流语言认知的分析应考虑两点：一是任何交流行为都不是以自我为中心的，二是简单的视觉情境范式便于聚焦于即时交流语言的分析，但不利于反映交流语言的动态变化性，这类似于"照片"和"录像"的关系。因此，交流语言信息量分析中的一个重要问题在于，时间动态进程中语言建构过程是以即时交流为基础而不断增量形成的。换言之，交流语言信息量分析应同时兼顾即时交流任务和长时交流任务的影响差异。

其次，简单对立交流语言信息过多和信息过少，即以交流对象的概念内涵为参照，特定交流语言或者属于信息过多，或者属于信息过少，二者必居其一。这实际上是实验任务简单化的必然结果。例如，将"菊花"和"康乃馨"同时呈现，交流语言描述"康乃馨"为"花"则属于信息过少，"红康乃馨"属于信息过多，"康乃馨"属于信息恰当。然而，现实中的交流情境和交流对象可能更为复杂，在一些人们不熟悉的情境中，交流语言内容可能同时表现出信息过多和信息过少，简言之，针对交流对象，语言内容可能既提及一些与交流目的无关的信息，而表现出信息过多，同时也可能未充分解释与交流目的有关的对象信息，而表现出信息过少。比如上例，还可以假定出现一种不同的语言表述"漂亮的花"，针对特定对象并置的交流语境，"漂亮"是多余信息，"花"由于无法区分"康乃馨"和"菊花"，因此信息不足。这样一个回合的交流语言可能仅仅表现出信息过多或过少，也可能同时表现出信息过多和过少。Grice（1975）的交流语言信息规则（Grice's quantity maxim）兼顾了交流者间的互动合作关系，参见表 3-1。[②]Grice 重点指出这些规则遵循了语言交流者间的合作性、互动性，合作依赖于这些规则的期望，这不仅限定了交流语言的信息特征，同时有助于交流者互动合作中对于交流语言隐含义的解释和共享。

① Bezuidenhout, A., "Perspective Taking in Conversation: A Defense of Speaker Non-egocentricity," *Journal of Pragmatics 48* (2013):4-16.

② Grice, H. P., "Logic and Conversation," In P. Cole & J. Morgan (Eds.), *Syntax and Semantics, 3: Speech Acts* (New York: Academic Press,1975), pp. 41-58.

表 3–1 Grice 的交流语言信息规则

规则 1：语言信息量	规则 2：语言信息内容	规则 3：语言信息关系	规则 4：语言信息表达
以交流需要为标准提供信息（避免信息不足）	不说你认为错误的内容	交流语言应具有关联性	避免表意不明
不应超出交流需要（避免信息过多）	不说你缺乏证据的内容		避免歧义
			简洁
			有逻辑

总之，交流语言和个人私语本质上是不同的，交流中不仅语言和对象间存在特定的限定关系，而且语言解释的限定性也源于特定的交流情境、同伴间的互动关系等。因此，交流语言不是一种静态语言，其核心在于表现为一种动态性的思想联系和交流者间的认知碰撞与契合，其在交流进程中将随时因交流情境、认知变化等而相应调整，特定交流中语言信息量恰当性的评定，不是一个孤立标准的参照过程，而需要充分考虑交流任务特征、交流目的、同伴特点等多种因素。

（二）交流语言内容的"同伴特定性"

交流语言研究的另一个焦点是语言内容的"同伴特定性"特点，这涉及交流情境下交流者利用同伴身份特征限制语言内容信息。这一领域的研究者一致认为，交流语言的同伴特定性特征来自交流中的"听者设计"（audience design）现象。"听者设计"表现为交流活动中，交流者为了联合彼此认知形成目标的共同理解，而表现出的不断调整彼此语言和行为的现象，同伴特定调整的目的在于形成共同的交流基础（共同的交流信念、期望、意图等）。具体在交流语言方面表现出说者根据听者的需要设计语言内容，听者参照与说者的"约定"解释语言信息。同伴特定性特征使交流语言以高共享的形式沟通信息，节省认知努力并提高交流效率和准确性，比如，语言"参照惯例"的形成和认知协调作用；参照惯例是交流者间彼此共享和理解的特定语言表述，其一旦形成则相对稳定地存在于特定交流者的语言互动中，并在之后相似的交流情境下在特定交流者间重复出现，语言的相对稳定有助于彼此特定理解的一致性。Brennan 和 Clark（1996）的研究指出参照惯例的交流认知含义在于，暗示了交流同伴间以一种特定方式概念化并约定对象，这种同伴特定性交流语言有助于双方交流认知和行为的协调一致，该研究要求交流被试双方观看一些抽象图形，比如交流者采用"ballerina"而不是"skater"称呼一个对象，这种约定不仅体现彼此认知的共享性，实际上包含了特定同伴间对对象形状细节的某种理解，进而影响交流记忆的编码过程，当相似交流情境再次出现时，交流语言的"同伴特定性"特点将稳定保持，表现为参照惯例在特定交流者间的重复运用。①

"同伴特定"交流语言是交流者概念化交流对象而形成的灵活协议，其映射和包含了特定情境和同伴信息，没有参与交流的个人无法分享该信息；Markman和Makin（1998）发现，在经历了2～5天的延迟后交流者在记忆中仍然保留该特定语言表述，说者再次使用该表述时听者表现出对相应知识状态的敏感性。②交流者对于同伴特定交流语言的这种敏感性被进一步证实仅发生在真实交流情境之下，Yu，Schermerhorn和Scheutz（2012）的研究中交流条件分两种，与真人交流，与人形模型交流，同时分析了眼动数据、交流语言，结果发现只有在与真人交流条件下，交流被试的语言才表现出同伴特定特征，并且被试对同伴的偶发细微行为表现出敏感性，表明特定语言内容中包含了真实交流情境下彼此共同的交流经历和记忆。③Horton（2007）先安排被试分别根据两个实验同谋给出的类别线索产生类别样例；接下来，一个同谋在场的条件下再分别完成图片命名任务，发现图片对象与在场同谋有关联时命名更快且语言简洁。④Duff，Hengst，Tranel和Cohen（2006）以七巧板为实验材料，采用遗忘症患者为被试，发现他们一定程度上也对交流同伴曾经发生的交流语言敏感，"同伴特定语言"的记忆包含了无意识的成分。总之，以上研究共同证明了：交流情境下语言"同伴特定"效应受真实交流中的一般认知过程的调节。⑤

伴随着交流语言"同伴特定"特征的探讨，部分研究着眼解释"同伴

① Brennan, S. E., & Clark, H. H., "Conceptual Pacts and Lexical Choice in Conversation," *Journal of Experimental Psychology: Learning, Memory, and Cognition 22(6)* (1996):1482-1493.

② Markman, A. B., & Makin, V. S., "Referential Communication and Category Acquisition," *Journal of Experimental Psychology: General 127(4)* (1998):331-354.

③ Yu, C., Schermerhorn, P., & Scheutz, M., "Adaptive Eye Gaze Patterns in Interactions with Human and Artificial Agents," *ACM Transactions on Interactive Intelligent Systems 1(2)* (2012):1-25.

④ Horton, W. S., "The Influence of Partner-specific Memory Associations on Language Production: Evidence from Picture Naming," *Language and Cognitive Processes 22(7)* (2007):1114-1139.

⑤ Duff, M. C., Hengst, J., Tranel, D., & Cohen, N. J., "Development of Shared Information in Communication Despite Hippocampal Amnesia," *Nature Neuroscience 9(1)* (2006):140-146.

特定"特征发生的认知过程和特点，即"同伴特定"信息什么时候进入交流语言认知加工系统的。由此产生了两种研究观点和解释，一种观点认为，同伴特定信息在交流的最早时刻就开始引导语言加工决策，该观点支持交流语言加工"基于限制"的理论：交流发生时语言即受到情境中双方特点、对象基本表征等因素的限制。另一种观点则认为，交流初期交流者的语言加工以自我为中心，交流进程不断发展，双方逐渐根据情境因素对语言内容作出调整，表现出"同伴特定性"特征，即交流语言认知加工过程的"两阶段模型"：交流即时加工期间交流者重视语境信息将导致认知的繁重性，因此不会成为交流语言一般加工策略的一部分，因此交流之始，语言加工表现出以自我为中心，交流互动角色的感知将延迟影响语言加工，这有助于解释交流前期交流者对同伴交流语言产生的"感知不恰当"现象。

归纳而言，两种观点争论的焦点在于交流语言认知过程中个人认知和共享认知间的关系问题，以往以及未来对于该问题的深入探查，有助于理解交流者如何使用交流语言加工系统。和个人私语加工系统比较，交流语言加工系统更为复杂、灵活和多样化，包含了交流互动的不同子过程：语言发生、语言理解、记忆提取、互动心理状态、交流认知执行和监控等。诚然，交流语言认知是复杂的，这种复杂性决定了交流语言字面上并不总是清晰的、明确的，交流语言歧义的消除和信息共享离不开"同伴特定性"的交流背景，也就是说，"同伴特定性"使得语言交流认知负担以不同的方式分配给交流互动的参与者，因此，交流者对于模糊语言的限制性解释，不一定必须诉诸认知资源需求和精心的意识推理，这最终使特定交流者间的语言沟通更为协调和节省，反之，如果缺乏"同伴特定性"背景的支持，交流语言认知加工过程将更为困难和复杂。

二、交流语言认知加工特征

在交流语言内容特征讨论的基础上，围绕着交流语言的"同伴特定性"特征或交流语言的"听者设计"过程和特征，以往研究对交流语言加工过程做出了一定的解释。尽管语言可以是个体头脑中认知过程的媒介，但从本质上而言，交流言语行为本身具有社会性，其以共同理解与使用为基础，语言使用成为共同活动和彼此间认知协调的一种形式。

换个角度而言，交流语言"同伴特定性"特征的形成或交流语言的"听者设计"过程，即是语言交流过程中交流者间意义和认知的协调过程。那么，该协调过程是怎样实现的呢？一种可能是语言认知协调主要通过深思熟虑或精心推理的过程驱动，该过程需要交流者互动中有意识考虑同伴的思想、观点、共同的经历等，并尝试推理同伴的心理状态，如假设、信念、期望、意图等。在这一过程中交流者需要精心规划自己的语言，并精心解释同伴的语言，使得彼此交流中的共同背景和基础显得尤为重要，共同交流基础可以限制彼此语言产生和理解的过程——说者参照与特定听者的共同基础和背景来设计语言，听者通过假定说者遵从了"听者设计"原则以解释和理解语言。很容易理解交流语言的有意识的"听者设计"过程提供了一个有力且有效的途径以最大化提高交流语言的监控和调节，从而最小化降低错误的语言交流。然而，有研究者也指出，如此精心的语言认知推理过程需要交流者时刻保持语言加工的不断更新，这既耗费时间，对认知要求又高。相比之下，交流者间语言认知的成功高效协调可能借助了交流情境中的特定谈话模式，即语言认知协调利用了交流互动中多种可能的情境线索。与完全有意产生交流语言信号不同，这些交流情境线索不是有意被关注和考虑以适应听者信息需要的，该过程表现为一种无意识认知加工过程。这样，关于交流语言认知加工过程特征形成了两种理论解释：交流语言加工的经典理论（classical theories of communication）、交流语言互动校准模型（the interactive alignment model）。

（一）交流语言加工的经典理论

交流语言加工的经典理论认为，交流语言加工过程涉及认知策略性调整，交流者互动中有意识计划和设计语言，以满足听者的信息需求，该过程是外显的。经典理论认为交流语言互动中彼此的换位思考是语言信息策略性设计的重要组成部分，人们通常会考虑到自己听者同伴的信念和知识经验来建构语言信息，互动中听者的反馈会使他们进一步调整和完善语言的这种听者设计，随着彼此交流语言共享性水平的不断提高，交流者间的合作努力逐渐降低，典型的表现是语言信息简洁性提高，最终，交流者间会形成一个特定的语言交流模式——语言参照惯例，语言参照惯例标示了特定交流者间如何标识共同的交流对象。

从交流语言加工的经典理论出发，交流语言的听者设计过程和同伴特定性特征源于交流者互动中更高的注意水平、动机水平，这有助于思维发散和启发，因此可以假设：意识性、策略性的语言认知加工过程将受到认知资源的限制和影响，特定任务条件下交流语言加工带来的认知资源的过度损耗将给交流活动带来不利影响。Brennan，Chen，Dickinson，Neider

和 Zelinsky（2008）将交流因素分为注视信息、语言信息，借助眼动仪创设了"共享注视（交流者可以在自己屏幕上即时观察对方任务搜索中的注视信息）""共享语言""共享语言和注视"的不同交流方式，在 O-in-Qs 交流任务中发现，共享注视交流方式下的任务效率最高，尽管共享注视方式现实生活中难以实现，但研究结果证实了交流语言导致交流者间更高的认知协调"成本"。[①] 张恒超等（2012）的研究通过创设三种复杂性学习材料，发现语言交流学习效率显著受到任务材料复杂性或难度的影响，具体和个人学习比较表现出，随着材料复杂性的提高，语言交流学习效率由显著更高转变为显著更低。[②]De Ruiter，Bangerter 和 Dings（2012）进一步研究指出交流情境下非语言信息互动始终相伴于语言互动同时发生，即非策略性、非意识性调整过程导致了策略性、意识性语言交流的相对赘余，由于语言交流意识性过程对于认知资源的要求较高，因此，交流者能够借助非语言信息实现交流活动时，则不借助或较少借助语言交流。[③]

其实从交流价值出发相对容易理解和接受交流语言加工经典理论所强调的"意识性""策略性"加工特点。交流互动中语言表现出的"同伴特定性调整"根本上是在于强有力地避免或最小化交流的错误性，这需要交流进程中时刻保持意识的清醒和不断更新，即对于交流语言的即时监控；如此精心的加工和推理使得交流者时刻注意区分和监控自我认知过程和交流同伴认知过程的异同和变化，这是交流者间语言协调性建立的基础，因此，交流语言加工过程的意识性特征对交流者的认知要求更高。有研究从不遵从或打破交流语言"同伴特定性"规则的交流中探查发现，如果交流者中的一方在交流互动过程中试图打破或违背语言参照惯例，交流同伴会明确认为说者在向自己传达交流对象发生了变化或更换的信息，将有意识重新更新和协调原有的认知。Rogers，Fay 和 Maybery（2013）研究的实验 1 中采用了一种不同的设计思路，检验人们是否策略性地设计交流语言以满足听者的信息需求，以语言信息长度操作性定义交流语言认知努力程度，具体而言，要求被试写出对一系列抽象形状对象的描述，语言解释分

① Brennan, S. E., Chen, X., Dickinson, C. A., Neider, M. B., & Zelinsky, G. J., "Coordinating Cognition: The Costs and Benefits of Shared Gaze during Collaborative Search," *Cognition 106(3)* (2008):1465-1477.

② 张恒超、阴国恩：《关系复杂性对关系类别间接性学习的影响》，《心理发展与教育》2012年第 2 期，第 193—200 页。

③ De Ruiter, J. P., Bangerter, A., & Dings, P., "The Interplay between Gesture and Speech in the Production of Referring Expressions: Investigating the Tradeoff Hypothesis," *Topics in Cognitive Science 4(2)* (2012):232-248.

别是针对自己和其他人，结果针对他人设计的语言信息内容显著更长，以期为交流同伴提供更为准确的语言理解，即人们策略性地为交流同伴设计语言信息，以满足其信息需求。[1]

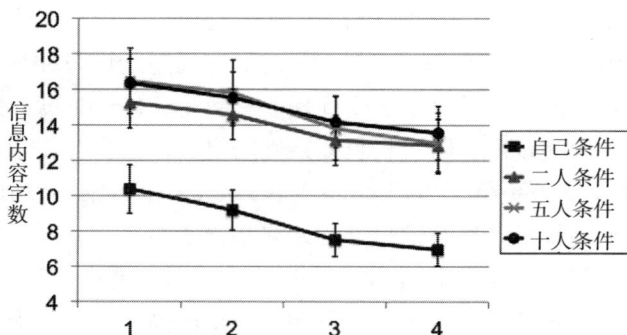

图 3-1 Rogers 等（2013）实验 1 中交流语言信息结果

诚然，交流语言加工经典理论对于交流语言认知加工过程的"意识性"解释是正确的，但是，这并不能绝对排除交流语言认知加工中的"非意识性、非策略性"过程的同时存在。交流语言认知和个人私语的最大不同在于交流情境以及交流者间认知互动过程的现实存在，言语过程的社会性特征也决定了交流语言认知加工过程不可能在一个忽视情境和同伴的单纯情形下发生，研究也证实随着交流进程的不断发展，交流者对交流情境中非语言信息的利用程度会越来越高，对于交流语言的依赖性相对降低，对于非语言信息的利用使得交流者的交流效率显著提升，且认知负担显著减少，此时，交流者对于交流语言认知加工的监控程度随之降低，但是彼此会保持交流语言模式的相对稳定和简洁，以保证不对交流互动认知和行为形成额外干扰，这种情形下，语言参照惯例的稳定性不完全代表语言信息的准确性，而更多代表了一种交流特定情境和特定同伴的关联性。

（二）交流语言加工的互动校准模型

交流语言互动校准模型认为，交流者语言的生成是自动的、内隐的，是在特定交流情境下交流者间互动引发的非策略性结果。交流语言加工经典理论强调语言认知加工过程是一个策略性的、自上而下的个人层面设计过程；而交流语言的互动校准模型则强调语言认知加工过程是非策略性、

---

[1]　Rogers, S. L., Fay, N., & Maybery, M., "Audience Design through Social Interaction during Group Discussion," *PLoS one 8(2)* (2013): e57211.

自下而上的互动层面设计过程。

相比之下，交流语言互动校准模型认为，在语言加工过程中人们几乎不会有意识注意听者的观念、知识、期望等，交流过程中说者采用特定的句法结构和表述方式，主要是为了自觉易化交流互动中内容的沟通表达；同样听者对于交流语言的解释过程也是自觉完成的，而不需意识性推理说者的信念、意图等。同样，互动校准模型针对性地指出语言参照惯例形成和持续使用的过程也是非策略性的，具体而言，交流中交流者表现出默契使用相同的语言信息、语言表达方式甚至语调等，说者生成的特定语言表述会自动激活听者的相似表征，而这些表征会自动保持在交流者的记忆之中，当交流回合持续发展，说者变为听者时，这些表征倾向于重复使用以方便双方的共同理解，因此，与策略性、意识性、认知损耗的经典理论观点不同，互动校准模型强调非策略性互动和认知节省性。与经典理论一致之处在于，互动校准模型也认为说者对听者的信念可以调节交流语言生成过程，例如，当说者知晓他们是在和电脑而不是人玩一个图片命名游戏时，出现了更复杂的语言生成过程，原因是其认为自己是在与一个没有能力的计算机进行交流互动，说者对听者交际能力的信念和推断影响了语言互动过程和特征，表明说者对于听者的知识信念会影响交流语言表达方式和信息内容的设计。两种理论的区别在于：经典理论认为"听者设计"过程是意识性、策略性的；而互动校准模型认为是非意识性、非策略性的。

Rogers，Fay 和 Maybery（2013）更倾向于整体上认可，交流语言加工过程可能存在意识性和策略性调整，也同样有可能存在非意识性和非策略性的调整，考虑到经典理论和互动校准模型对于交流语言听者设计是个体层面的策略性调整还是互动层面的非策略性调整的争论焦点，Rogers 等认为澄清问题的关键在于分析交流互动对于交流语言认知加工的影响程度和特征，因此，从两个方面改进实验设计以检验该问题，一是对比限制互动交流任务和自由互动交流任务，二是变化交流情境中互动人数的规模，这两方面与交流互动性直接相关，研究采用七巧板拼出的图案作为实验材料。[①]

图 3-2　Rogers 等（2013）交流实验材料示例

---

① Rogers, S. L., Fay, N., & Maybery, M., "Audience Design through Social Interaction during Group Discussion," *PLoS one 8(2)*(2013): e57211.

实验 1 设计了一个限制互动任务，要求被试描述一系列图片；并告知被试，他们的描述是针对自己，或针对 1 个、4 个、9 个其他人。结果表明，被试为他人设计的信息均显著长于为自己设计的，听者数量不影响语言描述，支持了经典理论的策略性语言认知加工观点。实验 2 采用了真实互动交流的实验任务，结果发现听者群体规模显著影响交流语言加工的努力程度，听者数量越多，描述语言越多，这是互动条件下的非策略性调整过程，听者数量增加导致了社会互动的增多，自觉诱发交流语言加工变化以适应小组合作交流情境。

综合归纳而言，交流语言互动中策略性调整和非策略性调整均是真实存在的，这是源于交流情境中个人认知和公共认知的共存性特征，各研究争论的焦点在于实验设计、实验任务等的差异性，并且各研究在强调一种交流语言认知加工特征的前提下，并不完全否认另一种语言认知加工特征的伴随性。此处，本书认为在真实交流互动情境中，语言加工的非策略性认知过程更为突出，因为真实交流中交流情境因素对交流语言潜在的影性更大，如交流者人数、非语言交流方式的多寡（注视、面部表情、手势等）、交流任务的复杂性程度等等，这决定了自下而上的互动层面设计过程更为显著突出；反之，在控制性不同的限制互动交流情境中，语言加工的策略性认知过程相对显现出来，因为互动水平的降低直接导致策略性的、自上而下的个人层面设计过程更为突出。诚然，现实交流情境下，交流的目的、交流方式、交流者间的人际特征等均可能存在不同程度的差异，既然是交流互动就一定存在非策略性语言认知加工过程，同时既然交流者间交流中的心理状态、个体认知、对交流活动的认识程度等差异也是真实存在的，就一定也存在策略性语言认知加工过程。

三、交流语言与非语言因素的关系

在语言心理学的实验研究领域中，当前大量研究主要关注了两类非语言因素：语言交流中的对象共享性和表情共享性（手势表情由于具有显著的非语言交流特征和可观察可量化性，成为研究的热点）。

影响交流语言认知的一个非语言因素是"交流对象的共同可视性"。当前研究较一致认为，在语言交流过程中，交流对象物理感知特征的共享将导致交流语言的显著简化，然而，对象感知特征和交流情境中的表情因素不同，其不具有独立的交流性，所以语言的简化会使交流者彼此间认知和行为的协调效率和水平显著降低。Galati（2009）的研究采用了卡片匹配任务，研究将对象可视性作为研究变量，结果发现双方是否共享交流卡片的感知特征影响交流语言认知加工的过程和特征，具体而言：交流者彼此共享交流卡片感知特征的条件下，交流语言的信息显著更少。[①]Vesper，Schmitz，Safra，Sebanz 和 Knoblich（2016）的实验任务是交流者双方通过语言交流同步移动屏幕中的相应对象，一种条件下彼此用语言交流沟通且操作中不能同时观察对方的屏幕内容（"hidden condition"，不可视条件），另一种条件下语言交流中可以即时观察同伴的屏幕内容（"visible condition"，可视条件），结果也证实：语言交流对象可视条件下，交流语言显著更为简单，信息更为片段化。[②]

A "不可视" 条件　　　　　　　　　　B "可视" 条件

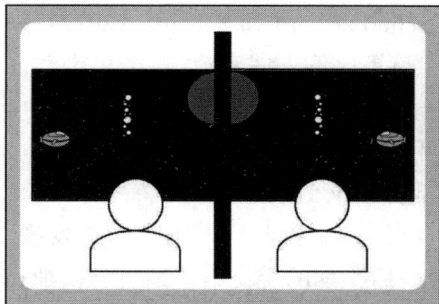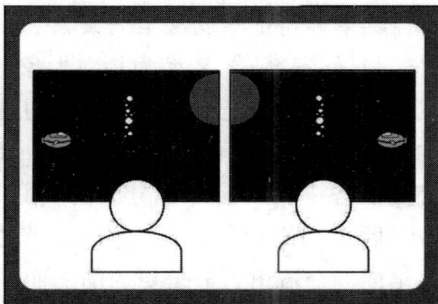

图 3-3 Vesper 等（2016）交流实验条件示例

关于交流对象共享性对语言认知的影响特点，研究者们一致性的解释为，交流语言认知在即时交流过程中时刻包含和体现了交流者的自我认知和与同伴共享信息的公共认知，两者对交流语言认知过程的影响特征和程度取决于实际的交流情境特点。具体而言，当交流者彼此共享交流对象的物理特征时，表面上这似乎有助于易化语言交流过程，而实际上交流对象的共同可视并不具有真正的交流性，并不能独立促进交流者的交流公共认知过程，相反这种共同可视性相对增强了交流者对交流对象的自我认知过程，因此，交流对象的共同可视性在弱化交流语言认知加工过程的同时，也弱化了语言媒介的交流性，由于无法提高和促进交流的公共认知过程，而使得交流者间语言认知和交流行为的协调过程相应增长。

---

① Galati, A., "Assessing Common Ground in Conversation: The Effect of Linguistic and Physical Co-presence on Early Planning," doctorial dissertation, 2009, Stony Brook University, New York.

② Vesper, C., Schmitz, L., Safra, L., Sebanz, N., & Knoblich, G., "The Role of Shared Visual Information for Joint Action Coordination," *Cognition 153*(2016):118-123.

影响交流语言认知的另一个非语言因素是"交流表情的共享性"，表情是相对概括和可以从不同方面进行精细划分的，这对于交流语言认知实验研究相对而言是困难的，部分研究以语言交流过程中"同伴可视性"来整体上操作性定义表情变量：Arnold，Kahn 和 Pancani（2012）研究中交流者面对面交流，实验要求一方（说者）用语言指导对方（听者——研究者同谋）对物品做出指定的摆放，研究者控制了听者（操作者）的任务反馈行为，以探讨指导者语言认知加工受听者反馈性表情的影响特征，结果发现：如果听者在说者语言指导前预先拿起了相应物品，说者的语言表达变得快速而简洁。[①]Brown-Schmidt（2009）的研究通过控制交流情境的真实性也证实"真人交流互动情境下"交流语言中包含了特定交流者间丰富的经历和经验信息，相反，"非真实互动情境下"（人与录音交流）语言的交流共享性特征减弱甚至消失。[②]Yu，Schermerhorn 和 Scheutz（2012）则将"与录音交流"替换为相对形象的"与等比例人偶交流"，结果仍然证实，真实互动情境下交流者语言沟通中表现出对同伴表情细节或细微动作的显著敏感性。[③]O'Carroll，Nicoladis 和 Smithson（2015）进一步在同一交流任务中将交流过程分为前后两个部分：交流前半期交流者面对面交流，后半期进行无表情交流（以隔板分开），交流前后期语言对比发现，前半期的交流语言显著更为简洁而高效，后半期的交流语言则更为精细和全面。[④]Koppensteiner，Stephan 和 Jäschke（2016）从交流语言理解性的角度也证实，当政客的演讲视频表情丰富时，有助于听者观点的理解和接受，反之则不然。[⑤]概括而言，表情整体上是一个复杂而综合的交流系统，在实际交流过程中其不仅辅助和促进语言交流，而且其自身也具有一定的独立交流性，因此对于语言发生过程和理解过程均具有显著的促进作用。

当前，大量研究关注了手势表情对交流语言认知的影响特征，交流中

① Arnold, J. E., Kahn, J. M., & Pancani, G. C., "Audience Design Affects Acoustic Reduction via Production Facilitation," *Psychonomic Bulletin & Review 19(3)* (2012):505-512.

② Brown-Schmidt, S., "Partner-specific Interpretation of Maintained Referential Precedents during Interactive Dialog," *Journal of Memory and Language 61(2)* (2009):171-190.

③ Yu, C., Schermerhorn, P., & Scheutz, M., "Adaptive Eye Gaze Patterns in Interactions with Human and Artificial Agents," *ACM Transactions on Interactive Intelligent Systems 1(2)* (2012):1-25.

④ O'Carroll, S., Nicoladis, E., & Smithson, L., "The Effect of Extroversion on Communication: Evidence from an Interlocutor Visibility Manipulation," *Speech Communication 69*(2015):1-8.

⑤ Koppensteiner, M., Stephan, P., & Jäschke, J. P. M., "Moving Speeches: Dominance, Trustworthiness and Competence in Body Motion," *Personality and Individual Differences 94*(2016):101-106.

手势表现出和语言的共同发生特点，甚至先天盲人的语言交流也会伴随大量的手势表达。语言交流中手势的使用一方面辅助揭示语言中的不明确信息，鉴于语言认知加工的"深思熟虑"特征，手势有助于澄清语言的模糊表达，或传递不便于语言解释的信息；另一方面手势不是交流语言的附属品，其拥有独立的交流特征，手势表达的自动化一定程度上可以降低语言加工的认知负荷。关于交流语言和手势关系特点的研究形成了两种观点，其一，手势的表达方式虽然不同于语言，但在特定交流活动中两者相伴发生，多角度表达相关联的交流信息。例如，Graziano 和 Gullberg（2013）实验发现：在易于交流的任务中，交流语言的流畅发生伴随着手势的自然连贯表达；反之在难以交流的任务中，交流语言模糊、赘余，且表达断续，手势也不自然不连贯。[①] 交流的"相互作用模型"（the interface model）认为，手势和语言分别由行动发生器和信息发生器计划、启动和支配，两者发生机制虽然不同，但交流中却彼此互动和限制。其二，手势具有独立的交流性，可以促进语言交流。比如语言流畅表达时，手势发生相对减少；反之，手势频繁发生，以弥补语言交流的不完整性和不准确性，手势独立的交流性表现出来。交流的"词汇性手势生成模型"（lexical gesture process model）认为，手势可以配合语言交流表达共同的交流意图，但是手势不是简单的语言伴生品，手势的发生并不总是滞后于语言的发生，其发生、发展过程甚至影响着语言的发生和理解——激活说者的语言发生过程和听者的语言理解过程，并且手势可以使交流者共享语言之外的交流信息。

　　科学心理实验技术的应用，如眼动仪，使得交流注视成为实验控制因素之一。交流注视优势假说（gaze advantage hypothesis）认为，在某些交流情境下，如陌生对象交流、视觉空间交流任务等，交流语言难以清晰而完备地解释对象，并且语言信息的展开需要耗费时间和认知努力，这便形成一个交流语言弊端，相反此时共享的注视信息更具有交流优势。Brennan 等（2008）在"O-in-Qs"视觉搜索任务中，借助眼动仪使交流者彼此实现注视共享，证实了搜寻任务中，与共享语言相比，共享注视交流的显著高效性；当仅语言交流时，交流者语言不仅复杂且表述时间更

---

① Graziano, M., & Gullberg, M., "Gesture Production and Speech Fluency in Competent Speakers and Language Learners," in Tilburg Gesture Research Meeting (TiGeR) 2013, Tilburg University.

长。[1]Hanna 和 Brennan（2007）强调尤其是在交流早期共享的注视信息提供了消除交流语言歧义的直观线索。然而，现实交流中，仅依靠注视的沉默交流不是普遍现象；并且，依赖眼动仪实现的共享注视在现实中难以完全实现（虽然像交流者共同鉴赏一幅画作等交流情境可以发生，但注视信息不可能像眼动仪那样实现直观呈现）。[2]

张恒超（2017）研究中在以往探讨基础上进一步系统性设计了交流情境中的语言和非语言因素，以交流语言为核心，通过因素递加分别创设了"共享语言、共享语言＋对象、共享语言＋对象＋表情"三种交流方式，探查了交流情境中双方共享因素对参照性交流双方学习的影响特征，结果表明：参照性交流学习过程中"共享语言＋对象＋表情"方式下交流者学习水平最高，集中表现于低成绩一方的学习效率更高，交流双方学习协调水平最高；"共享语言"方式和"共享语言＋对象＋表情"方式下被试选择性注意水平显著高于"共享语言＋对象"方式。从各因素彼此影响关系的角度证实：在交流语言互动的基础上，表情共享性显著促进参照性交流认知和行为水平，对象共享性则表现出不利性影响效应；研究进一步指出表情对于交流语言认知的影响不仅表现在交流信息的互动沟通过程，还表现在表情传递了语言之外的交流情绪特征（如：肯定、否定，支持、拒绝以及期望鼓励等），这对于交流双方语言信息的辨别、确认等互动过程至关重要。[3]

综上，交流语言认知过程是复杂的、多变的，语言交流的意识性、策略性认知过程和非语言交流的非意识性、非策略性认知过程并行不悖且相互依存。语言是交流的核心媒介和典型特征，以语言为媒介的交流认知协调过程，需要交流者精心推理彼此的认知状态并时刻更新，该策略性调整过程对认知资源提出了相对更高的要求，与此相应，非语言媒介的非策略性协调过程来自交流情境中的多种自发性线索，这样就形成了交流认知中语言和非语言媒介间的相辅相成和相互制约的特征，因此，这决定了交流认知过程是一个相对庞杂的系统，以往研究已经尝试做了一定的研究探索，一方面，应当客观对待各研究结果的多样性和分歧性，另一方面，随着该

① Brennan, S. E., Chen, X., Dickinson, C. A., Neider, M. B., & Zelinsky, G. J., "Coordinating Cognition: The Costs and Benefits of Shared Gaze during Collaborative Search," *Cognition, 106(3)* (2008):1465-1477.

② Hanna, J. E., & Brennan, S. E., "Speakers' Eye Gaze Disambiguates Referring Expressions Early during Face-to-face Conversation," *Journal of Memory and Language 57(4)* (2007):596-615.

③ 张恒超：《共享因素对参照性交流双方学习的影响》，《心理学报》2017 年第 2 期，第 197—205 页。

领域研究的不断深入，应始终考虑到交流语言认知加工过程的核心特征和媒介作用，交流语言认知的进一步探查和分析不应离开非语言因素客观存在的多样化交流背景。

如上所述，交流语言认知过程是一个复杂的过程，对于交流语言认知特征的探讨应持一个相对开放的态度。

特定交流条件下交流语言内容的信息特征方面，信息过多和信息过少可能同时存在和发生，不应该也不必要绝对化排斥一方；尽管交流语言认知过程和个人私语的认知过程存在明显的差异性，交流语言认知过程带有典型的"同伴特定性"特征，当存在交流情境便会存在交流语言的公共认知过程，但是显然，交流语言的"同伴特定性"特征不意味着交流者彼此间交流语言认知的绝对同一性，因此任何交流情境下，交流者的语言认知过程也必定带有个人认知过程的独有特征；语言交流是一种典型的社会行为，言语行为具有社会性，交流语言内容是思维过程的一种反映，因而交流语言的意识性、策略性是客观存在的，但也并不应该完全排斥语言认知过程中的无意识认知过程；交流语言认知的复杂性一定程度上源于交流互动认知的复杂性，语言是交流互动的核心媒介而不是唯一媒介，因此交流语言认知的探查，不应该忽视非语言因素的潜在影响作用，及与语言认知过程的相互作用关系。

四、交流语言认知特征的实证研究

如上所述，语言不是交流的单一媒介，交流语言认知发生过程中同时伴生了大量非语言信息和线索的同时加工，因而对于交流语言认知特征的分析和解释，应建立在充分关注和考虑非语言信息背景的前提之上。基于此，笔者开展了一项实验研究，探查了交流语境的自然性特征对交流过程中交流学习者语言内容的影响。[①] 根据交流语境自然性的特征，实验创设了三种交流学习方式——语言交流、共享对象的语言交流、共享表情和对象的语言交流，实验被试为大学生，在交流学习过程中录制并分析交流者的语言信息，具体通过分析语言中的信息内容和无关内容，解释交流语境自然性对学习过程中语言内容的影响特征。实验结果统计分析发现：当依次不断增加交流情境中的非语言因素时，交流语言内容不断渐次减少；进一步分析交流语言中无关信息的变化特点，对象共同可视性和表情可视性

---

① 张恒超：《语境自然性对交流学习语言内容的影响》，《西南大学学报（自然科学版）》2018 年第 12 期，第 155—162 页。

对于交流语言认知加工的影响特征不同，具体而言，对象共同可视性起到了阻碍作用，但表情可视性表现出显著的促进作用，语言信息的准确性水平更高。归纳而言，实验结果证实：交流学习过程中语言内容受到交流语境自然性特征的影响，总体上交流情境中的非语言因素将促使语言内容的减少，但不同非语言因素的影响作用性质不同，交流对象的共享性对语言认知加工起到负面作用，非语言媒介表情的参与交流，可以促进交流语言认知加工。

（一）研究背景

当前，研究者们一致接受交流中的非语言信息影响到交流语言信息的表达，但是，不同非语言信息或线索的影响性质和具体特征，依然存在争论。从交流语言的现实功能特征出发，现实社会中的交流语言认知加工都是在特定的相对语境下发生发展的，语境成为语言认知加工的限制因素，并贯穿于交流互动认知的全过程。

交流中语言的显著地位使得语言加工的认知研究成为焦点之一。与个人语言认知过程比较，交流语言认知过程具有更大的复杂性和灵活性，因此，交流语言认知的实验室研究方法的自然性，或者说交流语言认知实验研究中交流语境的自然性特征，一直是研究者争论的一个重要问题并饱受诟病。交流语言认知加工过程的探讨不可避免地需要介绍交流的情境，即语境特征；从语用观点出发，交流语言不是在一个语境绝对自由的条件下发生的，情境特征贯穿于交流认知的全过程，如交流者的团体成员身份，共享的经验和经历，交流发生时双方的目的、距离和时间限制等，均影响交流语言认知加工过程特征。

归纳而言，关于交流语言认知加工特征的实验探讨涉及交流实验情境的设置问题，这可以归结为两个方面：一是交流互动的时间特征。Bezuidenhout（2013）认为交流语言认知实验情境不能割裂交流双方的互动关系，交流活动应体现为一个过程，而不是一蹴而就的；并有针对性地指出简单的"视觉情境范式"不是一种很好的研究方式，比如呈现一组生活物品，描述者根据任务要求做出辨别性描述，保证同伴正确选择特定物品。因为这种交流任务聚焦于一个有限时间段内（即时交流），不能反映交流的动态过程（长时交流）。[①]Brown-Schmidt 和 Heller（2014）对此做

---

①   Bezuidenhout, A., "Perspective Taking in Conversation: A Defense of Speaker Non-egocentricity," *Journal of Pragmatics 48(1)* (2013):4-16.

出了针对性的回应，进一步指出不适合绝对对立交流的长时任务和即时任务，因为两种实验任务的着眼点不同，长时任务可以展现一个相对完整和动态的交流互动过程，但是即时任务可以提高语言记录和分析的精细化程度；两者不是对立的，如果实验中能够将即时任务放置于长时任务的背景之下，在长时语言交流的时间进程中分析不同阶段的即时语言内容，有助于准确发现交流观点形成过程中语言表征的即时特点和变化特征。① 二是创设的交流实验情境对于现实真实交流互动的限制程度。交流情境因素可以系统和广泛性地划分为三大类：交流对象物理感知特征的共享、交流语言共享、交流者社会群体身份的共享。当前大量研究进一步提出了第四大类，交流中非语言媒介的共享——交流表情共享。

　　上述这两方面问题的研究分歧，直接关系到交流语言认知实验中的实验设计问题，具体表现为两点：第一，实验中的交流任务应采用短暂的即时任务还是应创设动态发展的长时任务，第二，实验分析交流语言认知特征时，对非语言因素的限制或控制程度问题。

　　前者涉及实验研究的角度问题，同时涉及实验任务创设的复杂性和实验控制的难度等问题。即时交流任务更为适合分析研究交流语言的语法、语义等，而长时交流任务更为适合分析交流语言的互动功能性特征，比如交流观点的形成、发展和变化等，两者的界限不是绝对化的，彼此是相对部分和整体或微观和宏观的关系，具体而言长时交流任务为交流语句的精细分析带来困难，而即时交流任务相对简单，交流对象的感知和解释更为直观和容易，语言交流可能一次完成，无法呈现出交流语言认知的发生发展过程特征，而这恰是交流互动性的集中体现；但是长时交流是以即时交流为基础而不断建立的。两者既紧密关联，又存在研究的差异性。Bezuidenhout（2013）强调长时交流过程便于探查交流者彼此互动中的"观点采择过程"（perspective-taking）；Brown-Schmidt 和 Heller（2014）进一步指出争论的焦点涉及语言系统认知建构的高水平问题。从模块化的观点来看，语言首先是以独立于背景的方式加工的，其次交流情境中的非语言信息随后才被整合进语言加工中，事实上，通过即时交流，比如视觉情境任务，不同时段的即时数据可以提供交流观点如何连续整合进语言加工中的数据证据，有助于打破语言认知加工模块化理论或自我中心理论（认为语言加工之初是自我中心模块，之后融入交流背景信息）的僵化解释。关于交流时程的争论关键还要立足于研究的出发点，因此，在具体

---

① Brown-Schmidt, S., & Heller, D., "What Language Processing Can Tell Us about Perspective Taking: A Reply to Bezuidenhout (2013)," *Journal of Pragmatics 60* (2014):279-284.

的实验研究中首先应明确研究目的，进而理解需要创设何种特征的交流任务，实际上在任务对照中可以看出，即时交流中语言的记录分析相对更为容易，并且实验控制更为方便，长时交流任务的复杂性明显提高，语言信息分析带来的工作量必然增大，而且实验控制过程也相对复杂。本次研究的目的是分析交流语境自然性特征对交流过程中交流学习者语言内容的影响，因此尝试兼顾两种实验任务的不同特点，创设长时交流学习任务，并记录交流全程的语言内容，进而通过标准化交流阶段的划分分析交流语言的即时信息特征以及随交流进程的发展变化。

后者涉及实验中交流认知因素的控制程度。诚然，现实生活中交流行为的自然观察是最具有真实性的，然而交流互动认知相比个体认知具有更大的复杂性，现实交流情境随着时间发展可能瞬息万变。进一步讲，在没有采用实验控制的情况下，交流语言认知研究是有缺陷的，实验控制允许研究者探查交流表述、交流互动和交流回合特征等，或者语言认知、非语言认知等加工过程，这些在自然交流过程中很难解释，而这些研究可以为揭露语言使用一般意义基础提供机会。

当前，围绕着交流互动中语言、非语言因素及相互作用出现了大量的研究文献。概括起来交流语言认知研究中交流情境中的影响因素主要是：交流对象的可视性、表情的可视性（注视特征、肢体特征、手势特征等，手势由于其显著的非语言交流特征和可观察可量化性，成为研究的重点）。

影响交流语言认知加工的一个主要的非语言因素是"交流表情"，如交流注视特征、手势表情等等。当然表情因素相对是比较概括和可以精细划分的，这增加了实验室研究的困难，有研究整体上以"同伴可视性特征"来操作性定义表情变量。比如：控制交流中操作者的反馈行为，研究描述者语言认知加工的变化特征，结果证实操作者在描述者指导之前，预先拿起相应物品（操作者是研究者同谋，其预先知道描述者接下来所指的对象），描述者的语言变得快而简单。再如，在"真人交流互动情境下"交流语言中包含了丰富的交流经验信息，人与录音的交流语言表现出与交流情境相脱离；即便是将"与录音交流"换为"与等比例的人偶交流（人形模型）"，眼动、语言和录像数据的分析均发现，交流者在真人互动交流中对于同伴的表情细节或肢体中的细微动作显著极为敏感。有研究者还将交流时间进程按交流情境特征分为两部分，交流前半期双方面对面交流，后半期以隔板分开（无表情交流），结果前期交流中语言显著简化，后半期交流中语言精细而确凿，信息更为丰富全面。实验被试理解政客演讲视频的研究，也发现丰富的表情信息促进了观点的理解和接受。总之，表情是一个综合而复杂的交流系统，不仅对语言发生过程，也对语言理解过程产生显著的促进作用。

近年来，以单一手势表情作为变量的研究不断出现，交流中语言和手势的共同发生特点被研究者一致认可，即便是先天盲人在语言交流时，也会使用大量的手势。当人们在语言交流中使用手势的时候，一方面这些手势通常可以揭示一些语言中不能明确传达的信息，因为语言借助深思熟虑的认知过程驱动，然而手势可以配合语言的模糊表达，或传达一些不便于语言解释的信息；另一方面手势具有独立的交流特征，不是简单语言交流的附属品，因此语言交流中手势的参与，可以某种程度上降低语言加工（包括语言发生、语言理解）的认知负荷。因此，对于交流中语言和手势媒介的关系形成两种观点：一种观点是手势和语言尽管表达形式不同，但在特定交流背景下彼此相伴相生，彼此传达的交流信息应该是相关联的，比如，有研究发现交流中语言流畅（易于交流的任务中），手势连贯自然；反之语言断续、模糊或赘余（难以交流的任务中），手势减少且不连贯。这支持了"相互作用模型"（the interface model），手势由行动发生器启动、计划和支配，语言由信息发生器启动、计划和支配，两者尽管发生机制不同，但是交流中可以双向互动和限制。另一种观点是手势对于语言认知的促进和配合，表现在手势交流的相对独立性。比如，有研究发现语言流畅交流时，手势相对减少；但是语言表达困难时，手势显著频繁发生，以消除语言信息的不准确性，此时手势相对独立的交流特征显著表现出来。这支持了"词汇性手势生成模型"（lexical gesture process model），手势不是简单的语言伴生品，其发生过程和特征影响到语言发生的特征，手势的发生不是滞后的，其不仅有助于描述者激活语言，也有助于操作者理解语言，还有助于交流者共享语言之外的交流信息。

随着认知心理实验中眼动仪的采用，交流中注视因素的控制成为可能，尤其是在即时搜索的视觉搜寻任务中，双方注视共享有助于彼此高效协调交流中的时空动态。尽管"语言优势假说"（speech advantage hypothesis）认为交流中语言因素相对于非语言因素是具有交流协调优势的，任何交流语言带来的成本是低于交流收益的，导致了成绩的纯粹提高，这一理论源于在各种媒介中，增加一个语言途径会增倍交流合作效率的早期研究发现。然而，注视的优势假说（gaze advantage hypothesis）认为交流语言有时是模糊的，尤其是在面对陌生交流对象、视觉空间任务时（空间信息难于口头解释），并且语言本身需要耗费时间展开，在即时交流合作中潜在地产生了一个"语言弊端"。Brennan，Chen，Dickinson，Neider 和 Zelinsky

（2008）研究比较了"交流语言"和"交流注视"两个因素对于交流效率效果的影响作用，在一项"O-in-Qs"的视觉搜索任务，通过眼动仪将同伴的注视信息在自己屏幕上可视化，结果证实在即时空间搜索任务中，"共享注视"交流效率最高，其次是"共享注视和语言"，语言因素的加入降低了视觉搜索效率。[①]Brennan（2005）在另一项研究中对于注视和语言的关系做了一定解释，当注视信息不出现在描述方屏幕上时，描述方的交流语言显著复杂化并且语言表述过程变长。[②]Hanna 和 Brennan（2007）也证实操作者共享描述者的注视特征能为其在交流早期提供消除交流歧义的线索。[③] 但是从交流认知本身特点出发，首先交流中"语言"是核心特征，现实中仅依赖注视沟通的沉默交流不是普遍现象，其次"共享注视"是依赖于实验眼动仪实现的，现实中"共享注视"的情形可以发生，比如双方共同鉴赏一幅书法名作，但是"注视"信息是无法显著直观呈现的。简言之，共享注视的实验研究对于交流情境自然性的限制过于"苛刻"。

　　影响交流语言认知加工的另一个非语言因素是交流中"对象的可视性（对象感知共享性）"。当前较一致的观点认为，在交流情境中，对象的感知特征为双方共享时，交流语言也倾向于显著简化，但是，对象感知特征和表情因素不同，由于不具有交流性，因此语言的简化导致交流者间交流认知和行为的协调水平降低，协调过程显著变长。Galati（2009）的研究在卡片匹配任务中变化了对象的可视性，对于卡片的感知共享性显著影响交流语言认知过程：双方共享对象感知特征时，描述者语言信息显著更少。[④]Vesper，Schmitz，Safra，Sebanz 和 Knoblich（2016）实验中要求交流双方通过交流同步移动各自屏幕中的对象，如果双方在任务中随时可以观察对方的屏幕，语言交流简单而且片段化。[⑤] 研究者们对于交流语言认知的一个一致性理解是，交流过程中语言信息时刻包含了交流者自我认知

① Brennan, S. E., Chen, X., Dickinson, C. A., Neider, M. B., & Zelinsky, G. J., "Coordinating Cognition: The Costs and Benefits of Shared Gaze during Collaborative Search," *Cognition 106(3)* (2008):1465-1477.

② Brennan, S. E., "How Conversation is Shaped by Visual and Spoken Evidence," in J. Trueswell & M. Tanenhaus (Eds.), *Approaches to Studying World-situated Language Use: Bridging the Language-as-product and Language-action Traditions* (Cambridge, MA: MIT Press, 2005), pp. 95-129.

③ Hanna, J. E., & Brennan, S. E., "Speakers' Eye Gaze Disambiguates Referring Expressions Early during Face-to-face Conversation," *Journal of Memory and Language 57(4)* (2007):596-615.

④ Galati, A., "Assessing Common Ground in Conversation: The Effect of Linguistic and Physical Co-presence on Early Planning" doctorial dissertation, 2009, Stony Brook University, New York.

⑤ Vesper, C., Schmitz, L., Safra, L., Sebanz, N., & Knoblich, G., "The Role of Shared Visual Information for Joint Action Coordination," *Cognition 153* (2016):118-123.

和对于同伴共享信息的认知，两者对于交流语言的影响决定于实际交流的情境。当交流双方共享对象的感知特征时，尽管表面上似乎易化了交流过程，但实际上由于"对象的可视性"并不具有实际交流特征，对于双方认知共享性起不到任何促进作用，相反相对增强了交流者对于对象的个体认知程度，所以对象可视性在弱化语言交流的同时，实际上弱化了媒介交流的交流性，使得认知和行为的协调过程增长。

综上，关于语境自然性对于交流语言认知的影响特征的探讨，根本上与研究的具体实验情境、任务特征和研究目的密切相关，与个体语言认知过程相比较，交流语言认知过程是复杂的、多变的。因此，应当客观对待研究的多样性和分歧。从以上可见，一方面，就实验中交流任务特点而言，即时任务和长时交流任务均有其研究的现实意义和语法、语用的理论意义；本次研究在已有研究探讨的基础上，同时借鉴两种任务类型的特点，设计长时交流学习任务，同时，记录分析交流全程中的即时交流语言，从即时交流语言的分析比较中探查交流全程中的语言内容变化特征。另一方面，交流情境中包含了众多的语言和非语言因素，语言在交流互动中的核心特征决定了非语言因素的实验控制和分析不能脱离语言认知过程，基于此，本次研究在以往研究基础上，以语言交流为核心，不断增加"对象可视性""表情共享性"，创设交流情境自然性不同的三种交流方式，相对系统性地探查非语言因素的变化对交流语言认知加工的影响。

（二）研究方法

研究以全日制在读大学生为被试，采用 2 台笔记本作为实验电脑。实验材料为虚拟生物，生物有 4 个维度的身体特征，每维度 2 个值（1/0）。在维度 1~3 中设计了 2 种身体功能：维度 1、维度 2 均为 1 值，生物可以"吸收水分"，维度 1、维度 2 和维度 3 均为 1 值，生物可以"吸收水分，并产生电流"，维度 4 不关联功能，呈现方式为有或无。按照真值表筛选出 8 个生物样例。

实验任务为生物功能学习。任务在交流时间进程上分为 10 个阶段（block），每个阶段中所有生物样例随机呈现 2 次。学习任务采用交流范式：成对交流被试面对面而坐，每人面前 1 台笔记本电脑，并以网线互联，实验中程序彼此互应；当一个生物呈现后，一方（描述者／说者）观察并向同伴描述，另一方（操作者／听者）根据描述和自己的理解按键判断该生物的功能，一个交流回合的最长时限为 20 秒，之后向双方同时呈现 4

秒生物正确功能的反馈；下一回合交流双方角色依次轮换，直至交流学习结束。生物具有的三类功能分别对应","".""/"三个键。实验录制并分析被试的交流语言。

依据交流语境自然性特征，以语言媒介为核心，设立 3 种交流学习方式：第一种方式为语言交流学习，生物仅呈现于描述一方的电脑，并随着交流回合和角色的互换而相应轮换，交流学习中双方间放置一个隔板，交流者无法观察对方表情；第二种方式为共享对象的语言交流学习，同语言交流学习，但交流学习中双方电脑均同时呈现生物；第三种方式为共享表情和对象的语言交流学习，在上述方式基础上，双方间无隔板，交流者可以观察同伴表情。

全部被试同性别随机配对后随机分为 3 组进入三种交流学习方式。交流学习任务为 10（学习阶段）×3（交流方式）混合实验设计。因变量指标为交流语言内容，具体为：每个学习阶段中交流者描述的生物维度（维度 1~4）的平均数量，以及描述的无关维度（维度 4）的平均数量。

（三）研究发现

研究结果重点分析了两个方面的问题：一是不同交流语境下的语言内容特征，二是不同交流语境下语言中与功能无关内容的特征。

1. 不同交流语境下的语言内容特征

不同交流语境下语言内容特征的分析结果显示：语言交流方式下，被试语言信息显著最多，其次为共享对象的语言交流方式，共享表情和对象的语言交流方式显著最少；从交流学习过程来看，除了学习阶段 1 语言内容显著少之外，阶段 2~ 阶段 10 间语言内容表现出显著稳步递减的趋势。

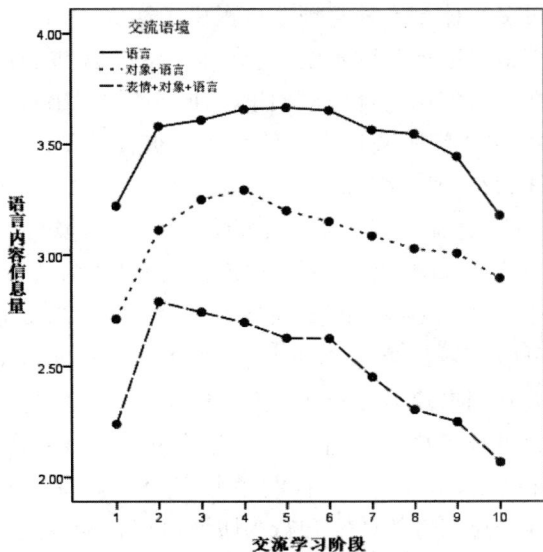

图 3-4　语境对交流语言内容的影响

　　研究发现：在当前实验条件下，随着交流情境中非语言因素的递加或者交流语境自然性的不断提高，语言内容的信息显著减少；在交流初期语言内容信息更少，增多后随交流进程而递减。

　　本次研究设计的一个特色在于，以"交流语言"为核心，系统递增非语言因素，结果证实交流情境下，非语言因素的增加对于交流语言的影响是显著的——语言内容信息显著递减。前述 Brennan 等（2008）的研究指出交流任务中交流者倾向于最小化他们的合作努力或合作中的"认知成本"；过高的交流认知协调损耗可能导致交流者对于互动过程的重新调整，甚至放弃合作而单独思考。本次研究结果从因素变化的角度证实了该观点，当交流情境中非语言因素越来越多时，其部分程度上重叠了语言表达信息的部分内容，因此"交流对象的共同可视"不需要对象描述语言的精心推理和精细描述。但是，如上所述，对象的可视性并不具有交流特征，因此语言信息的显著减少并不代表了交流学习效率效果的显著提高或者不变。从表情共享性的角度来看，本次研究结果中一个令人感兴趣的发现是：尽管以往研究证实表情因素可以辅助语言交流并且独自具有交流性，然而当前结果还表明，当表情因素介入交流情境后，交流语言信息显著进一步减少，同样如上所述，鉴于表情在交流中和对象可视性的差异，表情介入表现出的语言信息减少不代表交流学习效率效果的降低。从以往研究结果分析来看，表情因素应当促进交流语言认知。越来越多的远距离与他人互动的方式可通过多媒体技术来实现，这提供了实验干预、操作的各种可能性，交流情境因素可以依各种维度（包括交流的能见度、能听度和同时性等）而变化。在语言使用的合作框架里，研究者们提出，一个交流联合活动中的同伴监控和合作协调特征，依赖于"彼此理解或不理解什么"的基础。交流认知和行为协调过程中的"最小合作努力"（least collaborative effort）规则，强调交流中双方需要不断根据交流情境特点来评估某种信息是否是交流的共同基础，并考虑如何使得该信息成为共同基础的一部分，交流者对于交流情境多种信息的追踪是重要的，因为当交流情境缺少某种信息，交流者可能必须花费更多的时间和努力来建构交流基础。例如，一项研究中，双人共同搭建 LEGO（乐高）模型，一人描述指导，一人操作组装，如果描述者任务中能够看到组装者的操作内容，其语言显著快速。Gergle，Kraut 和 Fussell（2004）控制了共享视觉空间的不同特征来评估是否这将影响到交流双方的认知和行为协调过程，发现拥有一个共享的视觉空间，特别当任务内容是动态的（对象是不断变化的，难于描述的），交流者显著不依赖于语言交流，而依赖于彼此对于任务对象的共同感知和理解，但是该研究和以往类似研究的不同在于，共享对象情境下，任务成绩显著提高，原因在于该任务中语言几乎无法描述动态变化的交流对象，或者可以说语言交流是无效的；研究者最后指出当双方共享视觉信息时，他们减少了描述者的计划性语言，也节省了操作者对语言的评估和理解。[①]

本次研究结果显示的语言信息随着交流时间进程出现如下情形：在交流初期语言内容信息更少，增多后随交流进程而递减。从语言内容分析的角度，这证实了语言加工决策的"两阶段模型"（two-stage model），并没有支持"基于限制的语言加工理论"（constraint-based theories of language processing）。"两阶段模型"认为，交流语言最初加工是自我参照的，随着交流进程的发展而转变为与同伴的共享性参照，即交流者最初的语言发生不考虑听者需要什么信息，通常不评估语言信息的共享性特征，相反使用较简单的语言认知加工机制，比如考虑自我的习惯性表达、自我经验等；但是，随着交流进程的发展，交流者逐步意识到交流情境压力、互动中的激发效应，语言信息表现出同伴参照性特点。"基于限制的语言加工理论"认为交流之始，交流语言认知过程即表现出与同伴的共享参照性。具体而言，本次研究结果表明学习阶段 1 语言内容显著少于阶段 2~ 阶段 8，阶

① Gergle, D., Kraut, R. E., & Fussell, S. R., "Language Efficiency and Visual Technology Minimizing Collaborative Effort with Visual Information," *Journal of Language and Social Psychology 23(4)* (2004):491-517.

段 2~ 阶段 10 间语言内容表现出显著稳步递减的趋势。学习阶段 1 中信息显著更少，首先，在于交流之初交流者对于陌生的虚拟材料不熟悉，对于对象的注意范围相对狭窄，表现为语言描述对象特征的不完整性；其次，交流之初交流双方彼此陌生，只能先以自己的知识为参照，将自己对于生物功能的假设向对方传达，这一试误过程表现出认知的相对保守性和经济性，因此语言内容相对不多；最后，本次研究学习任务相比以往研究（如前所述的，视觉搜索任务、对象选择任务、视觉对象的同步操作等）更为复杂，交流之初交流者难以完整直观理解和掌握交流中的信息内容。经过学习阶段 1 中的多次互动后，从学习阶段 2 开始，语言内容出现稳步递减的特征，这一方面可能在于交流双方随着交流时间进程的发展，逐渐清晰地理解与功能有关的维度信息，并排除与功能无关的维度信息；另一方面，也可能在于随着交流进程的发展，双方对于交流中非语言因素的利用水平显著提高而导致语言内容逐渐简单化。

2. 不同交流语境下语言中与功能无关内容的特征

不同交流语境下语言中与功能无关内容特征的分析结果表明：语言交流方式与共享对象的语言交流方式中，语言中无关维度内容学习阶段 1 显著更少，阶段 2~ 阶段 10 间表现出显著稳步递减的趋势，共享表情和对象的语言交流方式下，学习阶段 1 没有表现出显著更少的特点；所有学习阶段下，语言交流与共享对象的语言交流方式间语言中的无关维度数量无显著差异，但均显著多于共享表情和对象的语言交流方式。

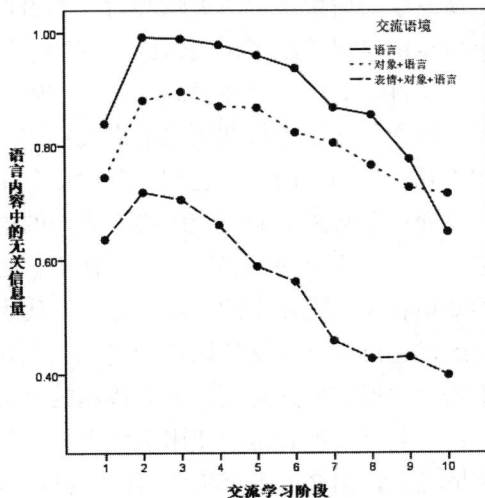

图 3-5 语境对交流语言内容中无关信息的影响

研究发现：在当前实验条件下，从交流中无关信息分析看，共享对象对于语言认知既没有产生促进作用，也未产生阻碍作用；但是共享表情因素则显著促进语言认知加工的准确性水平。

首先，从实验材料特点出发，交流语言中无关维度信息少，代表了交流者在功能学习中对于与学习无关信息的忽视或抑制；语言交流方式与共享对象的语言交流方式中，学习阶段 1 语言中无关维度内容显著更少，但是，共享表情和对象的语言交流方式下，学习阶段 1 没有表现出显著更少的特点。如上讨论，从语言信息整体来看，研究结果支持语言加工决策的"两阶段模型"，但是这一特点没有出现于共享表情和对象的语言交流方式下；结合交流学习发展阶段特征，即所有学习阶段中共享表情和对象的语言交流方式下语言中无关信息显著更少，可以证实，共享表情因素显著促进语言认知加工的准确性水平。之所以共享表情和对象的语言交流方式下没有出现语言认知由"自我中心参照"向"与同伴共享性参照"的转换，可能与实验中交流任务的设计特点有关，本次实验条件下每个学习阶段中所有 8 个样例均随机出现 2 次，共 16 个交流回合，如前所述，表情因素的介入极大地促进了语言交流的效率效果，双方认知的协调效率更高，过程更短，因此交流之初双方一定程度上能够迅速理解无关维度特征。因此，在交流学习阶段 1 中，交流双方可能就已经完成了语言认知由"自我中心参照"向"与同伴共享性参照"的转换，当以学习阶段为单元分析交流语言时，转换的特点被掩盖了。

总体上而言，所有学习阶段中共享表情和对象的语言交流方式下语言中无关信息均显著更少的结果佐证了：表情因素有助于促进交流语言认知加工水平，当前实验条件下具体表现为提高了语言准确性。这与以往交流表情的研究发现是一致的。尽管手势和语言的交流形式不同，但是它们在时间和语义上是相伴随产生的，同时表达相关联的信息；交流语言协调的观点认为交流者可以通过手势来克服交流困难，表情的这种协调特征不意味着其是语言的附属，困难交流中手势可以发生在语言之前，代表了语言无法表达的过渡性知识状态；交流中的一些关键性或代表性手势既可以促进语言的产生和理解，还可以促进交流语言的记忆。重要的是，交流者的手势使用了不同于语言的形式传达意义，手势传达的意义是全方位的，依靠视觉和模仿性想象，并且交流者是否使用手势也影响其语言中词汇的选择和难易，在视觉情境下，当交流者产生语言时，自然激活相应感知和行为的心理表征和模拟，伴随语言的手势随之产生，因为手势是心理表征和模拟的自然产物。

手势还能够传达语言所未能表达的任务信息，交流学习领域的研究发现，手势可能标示了一个学习者对于概念或问题的隐性知识，当学习者将这种隐性知识和其他明确知识同时表达时，这可能改变原有的知识状态和解决问题的策略，并帮助其经济性管理付出的认知努力；在这种情况下，常会出现手势和语言不匹配的现象，不匹配预示知识的改变，是学习者知识稳定增长的良好指标。诚然，如果手势确实有助于降低学习者的认知努力，那么节省的认知努力可能投入到学习过程的其他方面，从而促进交流学习。另外，手势集中于学习对象表征中的感知信息，问题解决过程中这些信息更容易被利用。总之，当前实验中从交流方式间交流语言对无关信息的抑制，以及各方式下学习阶段间语言中无关信息的比较和变化特点，可以证实表情对于语言认知加工的促进作用，有助于提高交流学习中语言的准确性。

其次，语言交流方式与共享对象的语言交流方式中，学习阶段 1 语言中无关维度内容显著更少，阶段 2~ 阶段 10 间表现出显著稳步递减的趋势；所有学习阶段下，两种方式间语言中的无关维度数量无显著差异。这证实：交流对象的可视性或共享性既不促进也不阻碍语言认知加工水平。这与前文所述以往研究结果不一致。采用标准互动交流范式的研究发现，交流情境中对象的共同可视性，将弱化交流语言加工，从而使得双方认知和行为的协调过程显著变长，原因在于对象可视性不具有交流性，双方对于可视对象理解的协调性或一致性最终还要依赖于语言和其他非语言信息的交流互动过程。而部分采用交流范式变式（如，实验中始终由一人语言指导，另一人始终进行操作）的研究却发现，交流对象的共享性可以易化语言交流过程，比如，语言指导者和 LEGO（乐高）模型操作者的身份角色始终不变，并且整个交流过程中指导者一直可以观察操作者的任务进度和情况，指导者对于操作者行为的追踪既使指导语言快速简洁，又节省了交流合作的时间。前述 Gergle 等（2004）的研究中虽然也发现视觉情境的共享性极大促进了双方认知和行为的协调性，但是其创设的实验任务复杂性或难度过高而且富有变化性，交流者难以进行即时语言描述。因此，后一种观点和结论可能是由交流任务和交流方式的独特性导致的。

尽管本次研究结果表现为交流对象的可视性既不促进也不阻碍语言认知加工水平，但是，结合两种交流学习方式中的无关维度数量均显著多于共享表情和对象的语言交流方式，至少可以认为，当前实验研究条件下，交流对象的可视性对于交流语言认知加工过程是赘余的，或者说是没有帮助的，根本原因仍然在于对象共享性不具有交流性，并不能促进双方共同的认知和行为水平，从这一角度分析，本次研究结果仍然支持，交流情境中对象的共同可视性将弱化交流语言加工的观点，阻碍作用的显著性可能与各研究实验设计和实验任务特点的差异有关。

综合以上，研究发现：随着交流情境中非语言因素的递加，交流语言内容显著减少；结合语言中无关信息的分析，对象共同可视性阻碍了语言认知过程，表情因素显著促进语言认知加工的准确性。

在以往研究探讨的基础上，未来研究应进一步考虑以下几个方面的问题：

首先，交流语言认知研究和传统的个人语言认知研究不同，其复杂性源于交流情境的多因素共存性和关系的复杂性，鉴于这种实验复杂性和语言分析的相对困难性，以往研究的通常思路是针对性地设计实验，集中探查某种单一因素对于交流语言认知的影响，这有助于语言认知探查和影响因素的评估，未来研究应在此基础上尝试采用多因素依次叠加的方式设计多重实验条件，这些因素可以以渐增的方式依次加入实验设计中，不仅有助于检验每个限制因素对交流语言认知的影响程度，还有助于根据多因素叠加的方式考查彼此间的影响性质和特征。

其次，对于交流语言认知机制的最终解释，需要考虑交流实验情境的自然性和现实性，只有在相对良好外部效度的实验情境下，才有助于真实解释和对照"即时交流"和"长时交流"中语言加工过程的复杂性，才有助于真实总结出语言认知加工中各种限制因素的影响等级和关系。交流语言互动的语用特征，更注重实验研究结果的现实迁移性，这是交流语言认知研究的出发点和最终归宿；这将有助于更为广泛和真实地理解现实中社会情境下的交流互动认知特征，有助于理解教育教学情境下的交流合作学习认知过程，也有助于解释和理解随着科技的发展，不同现实交流情境下的交流语言认知共同性和差异性（如电话交流、网络交流；多媒体互动教学；广告宣传等）。

最后，虽然交流语言认知和传统的个人语言认知比较，具有研究的复杂性和多样性，但是共同性在于均涉及认知过程的不同层次（感知、注意、记忆、思维、个性等），未来研究仍然需要从多种思路出发，进一步扩展研究设计，在多种子加工过程基础上完善对语言认知过程的全面理解。并进一步尝试借助眼动仪、脑成像技术等提供多角度的同步证据。

第二节　交流语言参照惯例的认知特征

交流是以口头语言为主要媒介的社会互动方式，交流者具有共同的目标和责任，重视互惠互助和集体性奖赏；交流在字面上是两人或多人的语言互动，交流者彼此具有不同的知识背景、观点等，通过交流互动力争通过不同证据获得同伴对自己观点的支持。交流中的两个或多个声音并不仅仅为了轮流交谈，对于交流参与者来说，是为了共享一个最低限度的交流意图，该共享意图可以最低限度解释交流对象和执行共同的交流任务。在这一过程中，交流者相应将形成彼此共同理解和使用的特定语言表述，其以高共享性在彼此间沟通交流信息和意图，即语言参照惯例的形成和认知协调作用。

参照惯例是交流者在特定交流互动过程中逐渐形成的针对交流对象或任务解释的某种特定语言表述，其为特定交流参与者彼此间所共享和理解，并且其随着语言交流互动形成后，将在特定交流者间保持相对的稳定特征（共同重复使用，彼此默契理解和接纳等），语言参照惯例的形成代表了交流者彼此间认知共享性的形成，在之后相似交流情境中的重复使用和稳定保持，不仅体现了特定交流者间交流认知的一致性，而且促进了交流认知的节省性。简言之，语言参照惯例是特定交流者间认知共享性的体现，是彼此间语言交流的共同基础（common ground）。例如，如果交流双方将特定交流情境中的对象称为"小蜡烛"，且彼此共同认可、共同接受和共同理解，那么在之后的重复指称中"小蜡烛"将被彼此重复使用；如果任何一方的交流语言打破或违背该参照惯例，则意味着告知同伴交流对象发生了变化或更换，彼此需要在随后的交流过程中形成新的参照惯例。

以参照惯例为核心的语言认知是交流认知的代表，参照惯例认知特征典型地体现了交流互动中的意识性认知调整过程；其与非语言因素的非意识性认知过程相互作用。参照惯例的探讨主要涉及：参照惯例的形成过程特征，参照惯例的"同伴特定性"特征，以及语言参照惯例和非语言因素间的相互作用关系。本节将围绕这三个方面进行归纳和探讨。

一、参照惯例的形成过程特征

原则上，交流过程展现的是多个声音的互动，以达成一致性理解并发展共享性观点，交流语言认知研究中，令人感兴趣的是语言交流过程通常包含某些争论、评论等争执过程。然而，从交流的共同目的性、合作性等特征出发，语言沟通的最终目的是形成针对交流对象和任务的最低限度的共同解释，即便某一特定交流不存在特定现实功用的情形下也是如此。基于这一理解衍生出了研究领域对参照惯例所感兴趣的两个问题：一是参照惯例形成中的认知对立过程，二是参照惯例形成的时间过程特征。

（一）参照惯例形成的认知对立过程

参照惯例的形成过程是交流双方认知"冲突 – 协调"过程的典型表现；如何引用各自的经验进入共同交流基础，贯穿了交流互动的整个过程。研究者指出，这个过程可以分为两方面：首先，说者提出了一个语言表述，并认为适合当前同伴的理解；其次，同伴接收后，随之将产生一些证据表明自己的理解和观念（支持 / 反对 / 疑惑或部分认同等）。一个语言表述可能或多或少地被接受，接下来交流者通过言语回合引导彼此继续交流，每一交流回合中，双方对特定语言的共同接受程度，取决于彼此的知识和与交流有关的信息，最终，双方会依交流对象逐渐达成某种程度上的一致性理解：彼此将共同关注特定语言表述，该表述能够为彼此共同理解和接受，即参照惯例的形成。参照惯例一旦形成，即成为双方交流基础的一部分，如果任何一方需要再次提到相同的对象，将重复先前的参照惯例，以提高同伴的理解性和交流的高效性。

概言之，语言参照惯例形成的最终目的和归宿是协调交流者的认知和行为，而其对认知互动的反映典型地表现于"协调"之前的"对立"作用过程，因此，参照惯例形成过程的认知特征是"对立性或冲突性"。交流过程中人们怎样选择概念来指称共同的交流对象，像钢笔或杯子等，一方面，受对象的物理特性、当前的功能，以及相关推理的影响；另一方面，受到特定交流者间的交流经历、经验的影响，而形成特定的交流命名模式。但事实上，没有单一的公式来决定真实交流中参与者所共享的参照惯例形成中的对立特征，因为，语言交流的功用性和理解性不是一个纯粹的逻辑问题，尤其是思辨交流过程中存在各种可能的选择性决策或解释。这涉及交流者的个性和认知特征、交流情境特征、团体身份或社会群体文化等多种多重影响因素。

当前，由于语言参照惯例形成过程的复杂性，对于交流者彼此语言"对立互动过程"的探讨相对不足。首先，交流情境复杂而多样，语言和非语言因素间的相互作用关系错综交叠，实验控制程度过高则不利于真实反映该"对立性"过程的自然性，如固定交流角色交流（说者和听者身份在实验中不轮换）、与人形模型／录音交流、限制情境因素交流等；而实验控制性过低又不利于澄清各因素间的相互关系特点。其次，交流认知和个人认知不同，其实验控制难度相对更高，出于实验便利性的考虑，研究者一般倾向于创设简单的交流任务，如对象匹配任务、"O-in-Qs"视觉搜索任务、对象同步移动任务等。

　　未来研究对于参照惯例形成过程中交流者认知对立冲突特征的探讨，需要考虑交流互动"真实性"和交流时间进程的创设。两种或多种声音交换不同的观点或试图解决特定问题，焦点在于概念的界定、澄清和问题的解决，这是交流经常面临的；交流可以包含交流者间观点的不一致性，交流者可以不必完全赞同同伴的观点，但是必须明确观点不一致的原因所在或针对的焦点是什么；进一步而言，不论交流者间的分歧如何，任何一个特定交流中形成的参照惯例的有效性均有一个最低限度要求，对于一个真实的交流这无法通过抽象公式来表达，通常仅仅在特定交流过程中才会有具体答案。总之，交流语言互动认知不是孤立完成的，离不开交流背景；即时交流任务更为适合交流语言内容的分析（语音、语法等），而长时交流任务适合交流语言互动性的分析，未来研究需要处理好语言认知解释中这种微观和宏观、即时和长时的关系。

（二）参照惯例形成的时间过程特征

　　参照惯例形成中的一个特征是特定的"词汇带入"（lexical entrainment），即交流者彼此尝试在特定语言和对象间建立一种共同认可的特定映射，反映了交流者间特定灵活语言协议的形成过程。交流社会认知研究领域围绕参照惯例形成时间过程的探讨，形成了两种观点：基于限制的加工模型、监测和调整理论。

　　基于限制的加工模型（constraint-based processing models）认为，在交流语言互动初期，交流者就已经开始依据特定同伴的"需求"来尝试设计和建立参照惯例，即交流情境信息从交流之初引导语言互动决策过程。该理论强调，交流最早时刻的语言加工就表现出对特定同伴和其他情境信息的优先考虑。Vanlangendonck，Willems，Menenti 和 Hagoort（2013）指出，尽管交流初期情境线索对于参照惯例的形成是一个相对弱的线索（个人自我认知参照相对较强），但是交流互动发生那一刻其便发生，并与其余信息产生竞争性和融合性。换言之，交流情境和个人活动情境不同，互动性覆盖了交流语言加工的全过程，即参照惯例的形成过程始于交流之初。具体而言，研究比较性地创设了宽容语言交流条件和强制语言交流条件，实验任务为特定对象交流选择。宽容条件下，说者一方呈现目标对象和一个竞争对象，听者一方只呈现目标对象；强制条件下，说者一方呈现目标对象和 2 个竞争对象（1 个双方共有，1 个同伴没有），目标对象尺寸始终是中等的。宽容条件下说者语言中不使用尺寸形容词也不影响同伴的判断选择；强制性条件下如果说者的语言不考虑同伴的交流需求，而纯粹依个人自我信息表达（自己屏幕），听者选择的正确率为 50%。实验结果均证实：自交流之始，两种实验条件的说者均依据听者的需求描述目标对象，支持了基于限制的加工模型，即参照惯例的建立过程始于交流最早的时刻。另外，研究结果也显示，交流者的个人信息会影响参照惯例内容的准确性，说者无法完全排除个人信息对交流语言的影响（强制条件）。①

图 3-6 Vanlangendonck 等（2013）实验中交流任务情境

综上，基于限制的加工模型认为交流初期交流者便着手规划语言参照惯例，交流之初彼此对于交流情境和对象相对缺乏确凿性参照线索，参照惯例的语言内容受到多种竞争性信息的干扰，这需要双方在交流过程中不断排除无关信息，并检验参照惯例的有效性，即参照惯例形成过程体现了交流者彼此间认知"冲突 – 协调"的过程。以往研究尚无法明确解释参照

---

① Vanlangendonck, F., Willems, R. M., Menenti, L., & Hagoort, P., "The Role of Common Ground in Audience Design: Beyond an All or Nothing Story," in the workshop on the production of referring expressions: Bridging the Gap between Computational and Empirical Approaches to reference (PRE-CogSci 2013).

惯例形成过程中交流者对于无关信息的抑制过程特征。

不同的是，监测和调整理论（monitoring and adjustment theory）认为，交流之初的语言是从自我中心的角度来设计，共享性参照惯例是在交流后期才逐渐形成的，即交流早期的语言加工赋予自我认知以优先权。该理论将交流语言认知加工过程分为两个阶段：以自我为中心的阶段和以同伴为参照的阶段。具体而言，交流初期的即时语言加工重视语境和同伴信息认知太繁重，相反，交流者倾向于采用较简单的语言加工机制，这可以解释交流初期彼此语言间出现的"感知不恰当"的现象。Brown-Schmidt（2009）指出两种理论分歧的影响因素之一是交流互动的真实性，其在研究中创设了真人互动交流、与录音交流两种情境，结果发现，语言参照惯例建立的敏感性仅出现于真人互动情境中。①

概括而言，两种理论不是完全对立的。首先，交流者彼此间的交流经验和经历影响实验的结果。如前所述，如果实验控制严苛，交流对象陌生，倾向于人为排除了彼此间一定的交流经验，这样交流之初交流者更可能先从自我认知出发尝试推理对象，并通过语言向同伴传递，结果有利于支持监测和调整理论；反之，有利于支持基于限制的加工模型。其次，交流互动实验情境的"真实性"是一个重要的影响因素。从这一意义出发，两阶段解释中的自我中心阶段并不意味着交流者完全拒绝对参照惯例的尝试探索，仅可能是因为交流线索的相对贫乏，简言之，参照惯例的建立离不开特定交流同伴、语言经验、特定情境和特定交流对象的联合加工，这又基于交流互动的真实性。

二、参照惯例的"同伴特定性"特征

言语过程本身具有社会性，尽管语言可以作为个体认知过程的媒介，但从本质上说，尤其交流语言是一种以共同理解与使用为基础的社会行为，它包含了交流者间认知和行为的协调特征。语言参照惯例对认知和行为的协调过程是怎样实现的呢？主要是通过深思熟虑的过程驱动，该过程需要交流者考虑彼此的知识经验、意图假设等，以及推理彼此的心理状态，即参照惯例的"同伴特定性"特征；参照惯例的这一沟通模式要求交流者在考虑彼此共同交流背景的前提下，计划自己的语言以及解释同伴的语言。诚然，参照惯例的"同伴特定性"特征为交流者提供了一个最小化交流错

---

① Brown-Schmidt, S., "Partner-specific Interpretation of Maintained Referential Precedents during Interactive Dialog," *Journal of Memory and Language 61(2)* (2009):171-190.

误的有力方法，但是，以往研究围绕"同伴特定性"形成了两种参照惯例的认知解释：说者特定解释、听者特定解释。

（一）参照惯例的说者特定解释

参照惯例的说者特定解释认为，"同伴特定性"特征的交流功能体现在"参照惯例 – 对象"间的特定映射能够减少交流语言的歧义，便于交流者理解，而这主要依赖于"说者语言行为的可预测性"，即"同伴特定性"集中体现为说者特定性；具体而言，说者语言受交流情境中各种因素的影响，如词汇可得性、说者认知特征、交流情境（包括听者特征）等，理论上讲，说者为了适应不同的因素，需要经常改变他们语言指称对象的方式，互动中听者同伴借助参照惯例来限制解释和预测说者的交流意图。Brennan 和 Clark（1996）指出说者建立的参照惯例相对于特定同伴而言经常不是交流情境下的最佳表达方式。[1] 参照惯例的说者特定性观点强调参照惯例联系于特定说者，交流过程中参照惯例的打破或违背效应（引发交流认知损耗）受说者特定性的影响，Metzing 和 Brennan（2003）研究发现，当说者违背他们自己的惯例并使用新表述时，听者在鉴别对象时出现延迟，相反，新说者使用这些术语，听者却没有表现出选择延迟；并且与特定说者违背参照惯例相联系的交流损耗，不会因该"新"表述曾被另一个说者先前向同一听者提及过而减轻，表明违背参照惯例带来的认知损耗不应完全归因于新映射建立的认知努力，证实参照惯例联系于特定说者，即说者特定性特征。[2]

参照惯例的说者特定解释立足于实际交流情境下参照惯例和特定说者的交流意图间存在多重映射关系。比如"高茶杯"，说者可以用其来指许多不同高度的茶杯，这需要听者在特定的交流条件下，对说者的思想做出特定解读，使用各种共现的交流情境启发来识别参照惯例，听者之所以能够理解"高茶杯"所指的特定对象，可能因为：它是交流者看到的最高的茶杯（感知共现），对象在交流的先前阶段被提及过（语言共现），或者这个特定茶杯突出了交流者特定的团体成员身份（团体成员身份共现）等。参照惯例不仅降低了说者语言的变异性，使听者可以更好地预测特定说者

---

[1]　Brennan, S. E., & Clark, H. H., "Conceptual Pacts and Lexical Choice in Conversation," *Journal of Experimental Psychology: Learning, Memory, & Cognition 22(6)* (1996):1482-1493.

[2]　Metzing, C., & Brennan, S. E., "When Conceptual Pacts are Broken: Partner-specific Effects on the Comprehension of Referring Expressions," *Journal of Memory & Language 49* (2003):201-213.

的交流意图，为减少交流问题的分歧提供了强有力的基础。进一步，当说者在交流中重复使用参照惯例时，他们意指先前相同的对象；同样，当说者没有使用参照惯例，可能表明他们语言所指的对象先前并没有提及过，听者对说者的这些交流期望有力影响交流语言的理解过程。

Kronmüller 和 Barr（2015）将参照惯例的说者特定性效应归纳为两种情形："持续惯例的相同说者优势"（same speaker advantage for maintained precedents）和"打破惯例的不同说者优势"（different speaker advantage for broken precedents）。前者是指当交流者再次面对先前对象时，相同说者重复使用特定参照惯例（将对象称为"跑车"），听者期望说者语言的一致性，并受益于参照惯例的重复使用。后者是指当交流者再次面对先前对象时，相同说者违背了先前语言参照惯例（将对象称为"法拉利"），这将超出听者的交流期望，并可能引起对象理解的混淆和识别延迟，与此对照，不同说者采用不同方式描述对象是完全正常的，在通常的交流情形下，相同说者改变特定语言参照惯例是交流不合作性的表现。[1]

Barr 和 Keysar（2002）创设了视觉交流情境（从货架上选择和排列对象），实验 1 发现听者从已经建立的参照惯例中显著获益，当惯例再次被提及时，对象搜索时间缩短了 1300 毫秒。实验 2 中一种情境下说者与听者真实互动，另一情境下说者是录音（通过耳机呈现给听者），在探测任务中，说者使用或不使用先前参照惯例。结果也证实"持续惯例的相同说者优势"，听者依据参照惯例鉴别靶目标，大约缩短了 1500 毫秒，真实与非真实互动相差 50 毫秒。[2]Metzing 和 Brennan（2003）研究中探查了打破惯例的效应，实验设计陌生交流对象，说者分别为一男一女，并且实验中是先后进出同一房间，以使听者相信两人并不共享同一语言参照惯例。结果发现"打破惯例的不同说者优势"：当不同说者打破先前说者的惯例时，听者鉴别靶对象的时间显著短于相同说者打破惯例的时间（286 毫秒）。Graham，Sedivy 和 Khu（2014）的研究以儿童为被试，也发现了相似的结果。[3]

探查参照惯例的说者特定性特征，通常涉及听者与两个不同说者间的交流互动，实验中可以使其与每个说者建立不同的交流语言共享性基础，

---

① Kronmüller, E., & Barr, D. J., "Referential Precedents in Spoken Language Comprehension: A Review and Meta-analysis," *Journal of Memory and Language 83*(2015):1-19.

② Barr, D. J., & Keysar, B., "Anchoring Comprehension in Linguistic Precedents," *Journal of Memory and Language 46*(2002):391-418.

③ Graham, S. A., Sedivy, J., & Khu, M., "That's Not What You Said Earlier: Preschoolers Expect Partners to be Referentially Consistent," *Journal of Child Language 41*(2014):34-50.

即不同的参照惯例；探查任务中使听者确信一个说者不会知道其与另一个说者建立的参照惯例，某种程度上使不同的参照惯例对应不同的说者。在这类研究中使用视觉情境交流任务是一个相对方便的方法，有助于探查听者在交流情境下的语言理解时延特征。

（二）参照惯例的听者特定解释

参照惯例的听者特定解释认为，交流过程中说者根据特定听者的特征选择和调整交流语言，即参照惯例建立中的"听者设计"特征；具体而言，说者依据特定听者的特征规划建立语言参照惯例，以联合彼此的共同认知努力形成交流对象的协调一致解释。

Galati 和 Avraamides（2013）实验中，首先，说者先观察对象，并控制说者对于同伴特征的知晓程度，创设了三种实验条件：不知晓条件（不知道接下来需要向听者描述对象），知晓条件又分两种情形，无经验听者条件（自己观察时，听者没有观察），有经验听者条件（自己观察时，听者也观察）。接下来，说者继续两个记忆任务：一是相对方向判断任务，说者观察对象并判断其相对位置。（如，花瓶在橘子的哪个位置？）二是回忆对象位置（在表中标注）。之后，说者分别向三类听者回忆介绍对象。最后，再安排记忆任务（同上）。结果证实：知晓条件下说者的语言和记忆信息体现了听者特定性特征，不知晓条件下说者最初的记忆编码是以自我为中心的，交流后也出现听者特定性特征，另外，说者预先对同伴特征知晓得越多，语言信息的同伴特定性特征越多，听者操作也越快。[1]Rogers，Fay 和 Maybery（2013）则通过变化交流情境中听者的数量规模，比较解释听者数量对参照惯例的影响性。研究发现：首先，说者在个人私语（没有听者）条件下语言信息最短（词汇量）；其次，随着听者规模的增加，参照惯例信息变得更丰富（语言表述长度增加），证实交流互动中说者根据听者规模而相应调整语言参照惯例的加工水平和特征。[2]

简言之，参照惯例的听者设计涉及意识性和策略性调整，以满足听者的交流需求，"换位思考"是语言信息策略性设计的重要过程，说者考虑听者的信念和知识而建构语言信息，听者在交流互动中的反馈会使说者进一步完善调整参照惯例，参照惯例的形成和稳定使用有助于降低交流者交

---

[1] Galati, A., & Avraamides, M. N., "Collaborating in Spatial Tasks: How Partners Coordinate Their Spatial Memories and Descriptions," *Cognitive Processing 14(2)* (2013):193-195.

[2] Rogers, S. L., Fay, N., & Maybery, M., "Audience Design through Social Interaction during Group Discussion," *PloS one 8(2)* (2013): e57211.

流合作的努力程度。

　　归纳以上，交流互动中，尤其是交流任务和对象陌生的条件下，语言模糊不清，这使得消除语言歧义以解码共同意图变得必要。交流参照惯例和语言互动协调的模式将交流认知负担以不同的方式分配给特定参与者（说者和听者）。从广泛的意义上而言，同伴特定性属于交流背景因素之一，其与其他交流情境因素共同限制参照惯例的形成和理解；参照惯例的同伴特定性特征有助于易化交流语言认知加工和互动过程，否则，在共同交流压力下，交流者需要转而求助于更复杂的个人认知过程，这将使彼此间的语言协调过程更加困难。简言之，同伴特定性参照惯例的形成和相对稳定使用可以缓和 / 减轻从事更复杂交流推理过程的认知压力。

三、参照惯例和非语言因素间的相互作用

　　交流互动中语言是核心媒介，但并不是唯一的媒介。交流认知情境和个人认知情境不同，在交流共同目标的导向下，包含了两个甚至多个个体彼此间的认知冲突和协调过程，交流公共认知不能绝对建立在某一个个体的知识经验、理解意图、信念期望或假设之上，因此互动性决定了交流语言发生、理解过程和个人私语认知过程显著不同，典型表现在语言参照惯例的认知特征上；同样，交流语言认知和个体语言认知的差异，还表现在交流互动情境中存在复杂多样的非语言情境因素，如共同目标驱动性、人际互动性、非语言交流媒介（手势、面部等）、对象可视性（面对面交流、远程交流等）、交流者认知差异性（专家和新手等）等，不仅在于以参照惯例为代表的交流语言发生发展过程不同于个人语言认知过程，还在于交流语言和非语言因素间存在错综作用关系。

　　如前所述，参照惯例形成和使用中，交流双方为了联合彼此认知共享交流对象和任务，需要彼此参照与特定同伴逐渐形成的共同交流基础（共有的目标和信念等），并相应地调整交流行为。但是围绕参照惯例的交流功能形成了两种分歧性的解释：部分研究认为，参照惯例作为特定交流者间的特定语言解释，以高共享性沟通信息，可以最小化共同交流注意过程的认知努力，降低共同意图执行的认知努力。而另一部分研究则认为，交流中参照惯例精心的推理加工过程，需要交流参与者时刻保持认知的不断调整和更新，这对认知资源的要求较高，不符合认知节省性原则，甚至特定的交流条件下，语言互动可能带来认知资源的过度损耗，抑制交流效率效果；相反，特定交流情境下，参与者认知的协调过程可能辅以一种非意

识性、非策略性认知互动过程，即交流情境中的各种可能信息均可以自觉为双方提供语言参照惯例之外的反馈信息。

也就是说，一方面，参照惯例为代表的语言认知协调过程是交流互动的典型代表，但不是唯一媒介和途径；交流情境中一定程度上始终存在某种非语言媒介和因素，其以非意识性、非策略性方式沟通互动信息。另一方面，语言媒介和非语言信息间不是隔离的，彼此随着交流互动进程而不断相互作用。因此，对于参照惯例认知特征的理解和解释，不应该脱离实际交流情境的具体特征和限制性。

鉴于以语言参照惯例为核心的策略性、意识性调整过程对于认知系统的要求较高，而非策略性、非意识性过程利于认知资源的节省。相关研究基于不同的交流实验设计，对两种认知协调过程做了分析：Galati（2009）采用了卡片匹配交流任务，以交流情境因素为标准，实验设计了共享语言、共享语言和对象的交流方式，研究发现，与共享语言和对象条件比较，共享语言交流条件下被试语言表述更多，语言中包含的观点或思想单位更多，语言修改或调整的次数更多，语言信息更丰富。[①]Brennan，Chen，Dickinson，Neider 和 Zelinsky（2008）设计共享语言、共享语言和注视（通过眼动仪实现共享注视，彼此可以在自己屏幕上观察到同伴任务中的注视轨迹）两种方式，交流任务为 O-in-Qs 的视觉搜索任务，结果发现，共享语言和注视方式下交流者搜索效率更高，但是该研究的一个不足之处在于共享注视在现实交流中不可能如此明确，但是研究结果也证实了交流情境中语言和非语言因素间相互作用关系的存在。[②] O'Carroll，Nicoladis 和 Smithson（2015）研究中以交流双方的"可视性"，即交流表情共享性，作为实验变量，发现彼此"不可视"交流情境下，交流语言的复杂性显著提高。[③]Hu，Ginns 和 Bobis（2015）的研究则证实手势可以降低交流语言认知负荷。[④] 张恒超（2017）采用交流学习范式探查交流共享因素对交流学习的影响特征，实验创设了长时交流任务（共 10 个学习阶段）并安排

① Galati, A., "Assessing Common Ground in Conversation: The Effect of Linguistic and Physical Co-presence on Early Planning," doctoral dissertation, 2009, Stony Brook University, New York.

② Brennan, S. E., Chen, X., Dickinson, C. A., Neider, M. B., & Zelinsky, G. J., "Coordinating Cognition: The Costs and Benefits of Shared Gaze during Collaborative Search," *Cognition 106(3)* (2008):1465-1477.

③ O'Carroll, S., Nicoladis, E., & Smithson, L., "The Effect of Extroversion on *Communication*: Evidence from an Interlocutor Visibility Manipulation," *Speech Communication 69*(2015):1-8.

④ Hu, F. T., Ginns, P., & Bobis, J., "Getting the Point: Tracing Worked Examples Enhances Learning," *Learning and Instruction 35*(2015):85-93.

连续进行的维度选择任务（选择性注意任务），设计交流方式为"共享语言""共享语言＋对象""共享语言＋对象＋表情"三种，结果显示，"共享语言＋对象＋表情"方式下交流者的学习效率最高，这集中表现于其低分组交流者学习效率更高且交流双方的交流协调水平最高，"共享语言＋对象"方式下交流者选择性注意水平显著最低。①

概言之，以参照惯例为代表的语言交流模式有促进交流认知的优势，但是典型交流模式之外的非语言交流有助于进一步促进语言交流过程，因此可以说，一方面，语言认知是交流认知的代表，但不等同于交流认知；另一方面，语言外显促进交流认知，但"成本或损耗"相对更高，非语言因素潜在影响交流认知，调节减轻交流认知和交流语言认知压力或负担。并且，交流中参照惯例的形成过程代表了交流者间"认知冲突－协调"的转换过程，也是参照惯例认知协调有效性不断提高的过程，这一过程中交流语言信号本身也经历了从模糊到明晰的转变，转变的效率一定程度上代表了交流认知协调的效率，诚然，使用非语言信息辅助消除语言歧义，高效建立共享性交流意图显得尤为必要。鉴于此，对于交流语言参照惯例认知特征的探讨，不应忽略交流互动中非语言因素的存在和影响性；既不否认语言认知协调作用的显著性和重要性，也不否认非语言因素的认知协调性，当人们通过这些简单和低廉的交流情境线索来协调交流认知和行为时，几乎不需要明确推理彼此的心理状态和意图期望。

四、参照惯例形成特点的实证研究

笔者的一次研究采用参照性交流学习范式，设计虚拟学习材料，创设功能预测学习任务和维度选择任务，通过语言内容分析，拟探查参照性交流学习中"参照惯例"的形成特点。② 结果发现：①从学习阶段 5 至学习阶段 10，各阶段间语言内容的杰卡德相似性差异不显著；②从学习阶段 7 至学习阶段 10，交流双方语言相似性程度差异不显著；③维度选择结果的杰卡德相似性极其显著高于学习阶段 10 中语言结果的杰卡德相似性。结果表明：参照惯例形成于参照性交流学习过程的中期，并具有稳定性；参照惯例具有情境关联性。

---

① 张恒超：《共享因素对参照性交流双方学习的影响》，《心理学报》2017 年第 2 期，第197—205 页。

② 张恒超：《参照性交流学习中语言参照惯例的形成特点》，《西南大学学报（自然科学版）》2017 年第 10 期，第 133—138 页。

（一）研究背景

参照性交流活动中，由于语言的核心作用及其媒介作用，成为研究的重要内容之一。参照性交流中基于语言的听者设计，表现为"参照惯例"（referential convention）的形成。"参照惯例"是参照性交流双方随着交流任务的进行，共同形成并彼此理解的关于任务的特定语言内容；参照惯例在交流者间以高度共享的形式表达交流意图和沟通信息。以往"参照惯例"的研究主要围绕两个思路展开：一是"参照惯例"的内容；二是"参照惯例"的作用。

首先，参照惯例的内容研究。参照惯例是在交流双方互动过程中产生的，在这个过程中，描述者努力尝试使表达适合特定的听者，听者要么接受，要么拒绝，要么重新定义特定表述。但是，关于参照惯例的内容，一部分研究认为：参照性交流是帮助双方从大量干扰对象中准确挑选出靶对象的过程，因此，参照惯例是对于对象的一种详细而特定的语言描述，为特定交流者间所共享理解；研究证实出于鉴别靶对象的目的性，参照惯例的内容表现出对于靶对象的过度、详细描述，即参照惯例包含了赘余信息的表述。另一部分研究则发现，参照惯例如果提供过多的信息可能使交流同伴迷惑不清，这可能导致同伴产生片面的观点或错误想法，即额外信息的提供可能不恰当地传达了"赘余观点"；参照惯例的内容可能是在精心推理和无意识推理的双重加工中形成的，完全精心的推理过程，要求交流者时刻根据交流进程，保持对同伴思想、信念表征的不断更新调整，这既耗费时间，对认知的要求又高；而参照性交流中存在与特定交流对象、特定交流情境有关的多种可能信息或线索，这些信息，如任务特征、双方身份等，会赋予相对简化的参照惯例特定的丰富信息，即参照性交流情境的各种特征会自觉地为"参照惯例"的内容提供语言之外的信息，因此参照惯例的内容是相对精简的。总之，关于"参照惯例"的具体内容，研究普遍认为其不绝对是对于靶对象的完全精确无误的解释。

其次，"参照惯例"作用的研究。关于参照惯例作用的探讨形成了两种观点："促进"观和"折中"观。促进观认为：参照惯例的形成是交流双方公共认知形成的表现形式，其以彼此间假设、意图、信念等的协调为前提，可以促进多水平的认知协调及提高参照性交流的效率效果，这主要表现在与个人完成相同任务的比较方面。即，参照惯例在共同活动中扮演了重要的角色，对于交流者彼此认知和行为的协调起到重要作用；这与语言研究中"语言优势假说"的解释一致，即任何交流需要的认知"成本"

是低于"收益"的,这表现出参照性交流效果的纯粹提高,语言途径可以增倍合作效率。折中观认为:参照惯例能激发交流双方更高的动机水平,促进思维发散;但也消耗双方一定的认知资源,特定学习条件下,认知资源的过度损耗可能抑制活动的效率效果。De Ruiter,Bangerter 和 Dings(2012)检验了交流中语言和非语言信息的权衡假设——当交流者不能使用非语言信息时,更多依赖语言信息;反之非语言信息能够很好地完成交流,则较少依赖语言信息。研究结果发现交流中非语言信息总是伴随语言信息同时发生,可能导致语言的相对赘余。[1]

综上,以往研究大量关注了参照惯例的内容特点和作用的探讨分析,而相对忽略了参照性交流中参照惯例形成特点的探查。

对于参照惯例内容和作用的分析,主要是创设相对简单的交流任务,从这一研究目的和思路出发,形成了已有研究的一种普遍的实验设计,即呈现一个相对熟悉的交流对象,设定对象在任务中的用途或作用,探查分析特定交流者如何在特定任务中对对象做特定的语言描述。如:Markman 和 Makin(1998)研究中要求被试对不同的 LEGO(乐高)积木进行命名,并组建不同的 LEGO 模型;[2] Malt 和 Sloman(2004)要求被试双方对人造物图片进行命名,之后在迁移任务中使用相同的人造物图片,观察特定被试双方再次面对和使用先前图片时,命名或表述的稳定性和变化性;[3] Brennan,Chen,Dickinson,Neider 和 Zelinsky(2008)设计了 O-in-Qs 的视觉搜索任务,被试通过交流从大量的 Q 中搜寻 O;[4] Arnold,Kahn 和 Pancani(2012)的研究中,描述者指导操作者对不同生活物品进行特定位置的摆放。[5]

而在以往对参照惯例的内容特点和作用探讨分析的基础上,如果要进一步探查参照惯例的形成过程和特点,则需要:一方面,创设一个参照性

① De Ruiter, J. P., Bangerter, A., & Dings, P., "The Interplay between Gesture and Speech in the Production of Referring Expressions: Investigating the Tradeoff Hypothesis," *Topics in Cognitive Science 4(2)*(2012):232-248.

② Markman, A. B., & Makin, V. S., "Referential Communication and Category Acquisition," *Journal of Experimental Psychology: General 127(4)* (1998):331-354.

③ Malt, B. C., & Sloman, S. A., "Conversation and Convention: Enduring Influences on Name Choice for Common Objects," *Memory & Cognition 32(8)* (2004):1346-1354.

④ Brennan, S. E., Chen, X., Dickinson, C. A., Neider, M. B., & Zelinsky, G. J., "Coordinating Cognition: The Costs and Benefits of Shared Gaze during Collaborative Search," *Cognition 106(3)*(2008):1465-1477.

⑤ Arnold, J. E., Kahn, J. M., & Pancani, G. C., "Audience Design Affects Acoustic Reduction via Production Facilitation," *Psychonomic Bulletin & Review 19(3)* (2012):505-512.

交流过程，该过程中为交流双方创设陌生的交流对象，要求通过交流不断了解对象的特点，相应地在交流者间会逐渐形成对于对象的特定语言表述——参照惯例；该过程典型表现为参照性交流学习过程，该设计有助于在参照性交流过程中对参照惯例的形成做出动态分析，从而为已有参照惯例内容和作用的研究结果提供不同角度的证据，并且这一动态分析有助于发现交流双方语言内容变化或稳定的特征，进而分析双方交流中彼此的认知变化特点。另一方面，对"语言参照惯例"认知特征的相对准确解释，应该是直接分析参照性交流的语言内容，这既是研究的一个难点，也是以往研究的不足之处。

基于以上，本次研究创设了功能预测参照性交流学习任务和维度选择任务，拟对参照性交流学习过程中的语言内容进行分析，探查参照惯例的形成特点。具体从三个角度分析：第一，标准化参照性交流学习阶段和交流对象维度特征，在交流进程中比较不同阶段间"交流语言的相似性程度"（阶段间语言内容差异性分析），该分析过程可以呈现出交流语言在全部交流进程中的"变化性或稳定性"特征，探查参照惯例的形成阶段和变化性特征；第二，在交流进程中比较交流双方语言内容的相似性程度，可以进一步分析，参照惯例形成和变化特征在双方交流语言相似性或差异性上的表现特点，以及随交流进程的变化特点；第三，将交流任务最终的语言内容特征和个人迁移任务（维度选择任务）中的特征做对照分析，进一步解释参照惯例在参照性交流情境下的限制特征。

（二）研究方法

研究以大学生为被试，实验材料为四特征虚拟生物。每维度（口、手、眼、脚）设定 2 个值（0/1）。在前 3 个维度间设计 2 种功能。实验安排 2 个连续任务：功能预测（学习任务）、维度选择。功能预测学习任务包含 10 个学习阶段（block），每阶段中 8 个样例随机呈现 2 次。学习任务采用参照性交流范式：参照性交流双方轮流担任描述者与判断者，任务为每次判断提供反馈。三种功能"吸水，但不产电""吸水，并产电""不吸水，也不产电"对应的按键依次为","".""/"。

学习阶段间语言内容分析：以生物的功能为标准，1~4 维度可以分为有关维度 1~3 和无关维度 4 两类；相应地，每次功能判断中被试描述中提及的维度为主观认为的有关维度，未提及的维度为无关维度；求标准类别和被试描述类别的杰卡德相似性（Jaccard similarity）——Cs=[c/

(a+b-c)]×100%，c 为标准类别和描述类别对应类中共有的维度数，a 为标准类别中的总维度数，b 为描述类别中的总维度数；再计算每阶段中 16 次描述结果的杰卡德相似性的平均数。双方语言内容分析：分别计算每位交流者在每阶段中语言杰卡德相似性的平均数，计算方法同上。维度选择由被试个人独自完成，呈现同上，不同之处：生物各特征被灰色方块遮盖，要求判断功能前，先用鼠标点击自认为必须观察的特征。该任务中各样例随机呈现 2 次且不提供反馈。计算成对被试该任务中选择结果的杰卡德相似性的平均数。

功能预测中学习阶段间语言内容分析为单因素 10 水平被试内设计。双方语言内容分析为 2×10 混合实验设计。按照阶段 10 中双方杰卡德相似性的高低，将彼此分入高相似性组、低相似性组。功能预测阶段 10 语言结果和维度选择结果分析为单因素 2 水平被试内设计。

（三）研究发现

研究分析了两个方面的问题：一是参照惯例的形成过程；二是参照惯例的任务限制特点。

1. 参照惯例的形成过程

下面从参照惯例的形成过程特征进行分析。

第一，功能预测中参照性交流者语言杰卡德相似性的分析表明：参照性交流学习中，语言内容在学习过程的初期相对稳定；中前期表现出显著的变化性；学习中期至学习结束表现出稳定性特点。研究结果发现：参照性交流学习过程中，交流双方针对任务对象的参照惯例形成于学习过程的中期，并随着学习进程的发展，表现出稳定性特点。

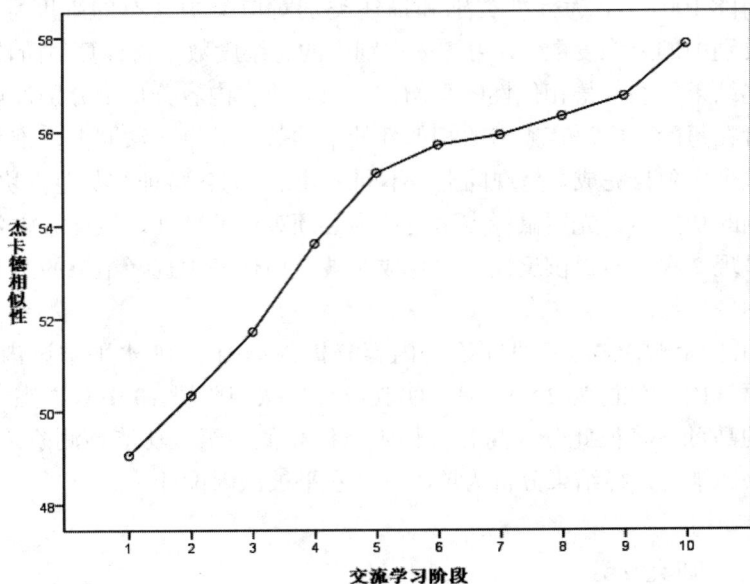

图 3-7 参照性交流过程中的语言杰卡德相似性

　　如前分析，实验在设计上做了两方面的改进：一是在以往研究基础上，创设了交流过程相对较长，交流阶段明显的学习过程。这有助于在双方交流学习进程上，清楚区分和比较交流者语言内容随着学习程度的加深，在学习阶段中的变化特点，即参照惯例的形成特点。二是对于参照惯例的指标分析方面，直接使用语言内容准确性的量化指标（杰卡德相似性）。

　　研究发现中一个有意义的结果是：参照惯例并不是在参照性交流初期就形成，并始终保持不变。从参照性交流全程的语言内容分析看，当前实验条件下，交流者的语言内容出现了"稳定—变化—稳定"明显的阶段性变化。关于参照惯例的形成阶段，存在两种观点之争：一种观点认为参照惯例形成于参照性交流的早期。该观点支持语言加工的"基于限制"的理论：交流发生时，语言即受到交流情境中众多因素的同时限制，"限制"引导语言加工决策过程，这些限制因素包括对象的基本表征、对象关联的情境特征、交流双方的熟悉性或确定性等。另一种观点认为参照性交流初期，交流者的语言表现出"自我特征"，随着交流进程的发展，彼此根据交流情境因素逐渐对语言做出修改和调整，表现出"听者设计"的特征，即参照性交流语言发生发展的两阶段模型。

　　实验结果支持了参照惯例形成的两阶段模型。1~3 阶段出现了语言内容的暂时稳定。如上所述，交流初期的语言表现出自我认知特征，交流者在面对陌生的交流对象时，首先表现出按照自我的理解和一般认知加工机制来表述交流对象，此时的语言加工较少考虑听者信息需要，也无法评估彼此信息的共享性，因此交流初期的认知机制相对是简单的，并在交流者间表现出普遍性和一般性特点。可见，参照性交流学习阶段 1~3 中，语言内容表现出的交流双方间心理表征的趋同特点，源于各自对一般或普遍认知表征的表达，而非对于彼此共同期望或假设的特定信息的表达，所以，此时语言内容的稳定性不代表参照惯例的最终形成。3~5 阶段交流者语言内容出现连续的显著变化，语言信息的准确性显著不断提高，交流者表现出围绕参照性交流学习情境中的多种因素调整和修改彼此的语言表述，语言内容的准确性相应显著不断提高。5~10 阶段交流者语言内容表现了较长过程的稳定特点，标志着交流双方语言内容的参照惯例正式形成，并在交流者间保持相对的稳定。

另外，实验结果发现的参照性交流初期语言内容的短暂稳定性，以往研究未明确正式探查和阐述，该结果的出现与实验设计特点存在一定关联。如前，实验任务的特点决定了当前研究便于从参照性交流进程中探查参照惯例的形成特点，而以往研究任务相对简单，不便于从一个相对长的纵向时间过程中详细区分和辨别不同交流阶段间语言的差异性。这可能正是以上两种观点之争的原因之一，任务简单则不便于详细区分交流阶段，因此交流者的语言在交流开始后便可能较迅速形成共识和共享，而交流任务很快结束，从这一意义上分析，本次研究结果可以为两种观点之争提供一种调和解释，即第一种观点的研究结果源于实验设计简单化的特点，导致本次研究中 5~10 阶段的结果在交流开始后便迅速出现。但是，关于参照惯例形成于参照性交流早期的观点，另一种可能在于以往研究过程相对简单，参照性交流开始后很快结束，交流者尚未有足够的时间来深入理解交流对象，因此彼此语言的相对稳定源于对交流对象较为浅显的一般认知理解和共识，这就类似于本次研究中 1~3 阶段的实验结果。进一步的鉴别分析有待于未来研究深入探查。

第二，参照性交流双方语言内容与标准信息相似性的分析表明，学习阶段 1~3，语言杰卡德相似性彼此间差异不显著，3~7 阶段彼此间差异显著，7~10 阶段彼此间差异不显著，且交流双方的语言相似性程度差异不显著。

如前所述，如上阶段性分析是将双方作为一个交流整体，从时间进程中对阶段间语言内容的差异做出分析，探查参照惯例的形成特征；而对于双方语言相似性的比较分析，目的在于进一步呈现，参照惯例形成和变化特征在双方交流语言相似性上的表现特点。

双方语言内容分析进一步发现：参照性交流双方的语言共享性出现于参照性交流学习的早期，但是语言共享性不是一次完成不再变化的，而是表现出阶段性的共享水平的提高；并且只有较高的双方语言共享性水平才能代表参照惯例的形成。

该结果对照如上学习阶段间语言内容的分析，可以证实，语境相关联的信息从交流的最早时刻即开始引导语言加工决策的观点。表明了参照性交流学习情境下，交流者从开始阶段就积极地参与交流，并力争迅速在互动中建立双方语言上的共享性，尽管如上所述，学习早期个人自我认知的影响作用较大，但并不能完全排斥掉参照性交流情境的限制作用，以及对学习和语言认知的影响作用，因为，交流早期阶段如果是单一的自我认知发生作用，那么交流阶段间（阶段 1~3 间，如上分析）可以不表现出显著差异，但是鉴于交流者个体彼此知识经验、期望等的个体差异，无法保证双方间语言内容无显著差异（此处，双方语言分析中彼此间无显著差异）。所以，此处发现双方间语言内容从交流之初至任务结束，始终表现出较高的共享性水平，即彼此间始终无显著差异，可以较有说服力地证实：从参照性交流过程的开始阶段，交流情境中的限制因素就已经开始引导彼此的语言加工决策，合作情境压力促使双方交流开始后积极形成语言的共享性，这种语言共享性作为一种反馈形式，反过来强化彼此对于共同语言的遵守和进一步共同提高，该共享性信息一定时间过程中保持于彼此的记忆系统，有助于易化彼此对于对象的即时解释和任务操作，体现出认知的节省性特点。同时，前后数据分析对照可以证实，交流情境限制下双方语言内容的共享性特征，并不是"参照惯例"的直接代表，即双方语言和认知的共享性是参照性交流情境的典型特征，但是参照惯例则应当是语言共享性相对较高水平的一种表现。因此，双方共享性特征在学习阶段上，也表现出"稳定（学习阶段 1~3）—变化（阶段 3~7）—稳定（阶段 7~10）"这样明显的阶段性变化。至于此处变化阶段为 3~7，而如上整体分析为阶段 3~5，差异源于数据分析角度的不同，但参照性交流进程中表现的总趋势是一致的。

2. 参照惯例的任务限制特点

从参照惯例的任务限制特点分析，维度选择的杰卡德相似性程度极其显著高于阶段 10，这表明：交流者在参照性交流任务结束后，在个人任务情境下对于交流对象维度的认知表达显著不同于参照性交流情境。结果证实：参照惯例形成于参照性交流情境中，并仅在交流情境中表现出相对稳定性和特定性。

研究发现：参照惯例具有参照性交流情境的关联性或限制性；参照惯例的稳定性并不完全代表语言内容的准确性。

第一，参照惯例具有参照性交流情境的关联性或限制性。以往研究证实了参照惯例是特定交流者间对于交流对象的共同语言约定，表达了彼此共同的语言解释和认知特点，其最大的特征是存在于特定交流者之间。在研究方法上是通过给某固定的交流者轮换交流同伴或交流背景，以探查参照惯例的交流同伴特定性特征。Kronmüller 和 Barr（2007）发现特定交流者间一个最近使用过的特定表述在以后的交流中会重复出现，即参照惯例表现出特定性和稳定性。[①]Yoon，Koh 和 Brown-Schmidt（2012）比较发现当变化特定交流者间交流对象的呈现背景（比较对象发生变化），参照惯例相应作出调整。[②]Yu，Schermerhorn 和 Scheutz（2012）的研究比较了与真人交流、与人形模型或录音交流两种情境，发现交流者对与真人交流情境表现出敏感性，语言内容的针对性和情境特定性较强。[③]本次研究则同时创设参照性交流情境和个人情境，通过交流者在交流情境中和个人情境中表达的维度信息内容的比较，探查分析参照惯例的情境关联性或限制性，从研究方法和思路上对以往研究作出补充和丰富，同样发现了以往研究的类似结果。由于维度选择任务不设计功能判断后的反馈，使得维度选择成为参照性交流学习任务后，知识内容的一个迁移任务，交流者在其中表现的学习程度与功能预测阶段 10 是相同的；维度选择的杰卡德相似性程度极其显著高于阶段 10，针对性地表明个人任务中被试对于对象维度的表达和参照性交流任务中显著不同，即参照惯例具有显著的情境关联性、限制性和同伴特定性特点。

第二，参照惯例的稳定性并不完全代表语言内容的准确性。张恒超等（2012）研究发现，参照性交流过程中，交流者的学习成绩表现出不断显著上升的趋势，通过不同学习阶段间的成绩上升的幅度和特点对参照惯例的形成做出间接推测，提出参照惯例的形成和学习成绩的 50% 正确率

---

① Kronmüller, E., & Barr, D. J., "Perspective-free Pragmatics: Broken Precedents and the Recovery-from-preemption Hypothesis," *Journal of Memory and Language 56(3)* (2007):436-455.

② Yoon, S. O., Koh, S., & Brown-Schmidt, S., "Influence of Perspective and Goals on Reference Production in Conversation," *Psychonomic Bulletin & Review 19(4)*(2012):699-707.

③ Yu, C., Schermerhorn, P., & Scheutz, M., "Adaptive Eye Gaze Patterns in Interactions with Human and Artificial Agents," *ACM Transactions on Interactive Intelligent Systems (TiiS) 1(2)* (2012):13-43.

存在关联性。① 与此对照，本次实验结果证实参照惯例在参照性交流学习过程中并不表现出连续的显著上升趋势，而是"稳定性和变化性"交替并存的特征。这表明参照惯例并不完全代表语言内容的准确性或学习成绩的变化特点。显然，随着学习进程的发展，交流学习者对于学习对象的学习程度不断加深，但是从学习阶段 5 开始，交流者的参照惯例却表现出了相对稳定性特点；这也表现在阶段 10 和维度选择的维度内容的显著差异上，即该差异表明当交流者离开交流情境，参照惯例的稳定性便消失，并且被试在维度选择中表现出，对于维度理解的准确性显著高于阶段 10。参照惯例表现出的与准确性的不一致性，是相对于交流对象的完整解释而言，参照惯例不完整性的另一种表现形式。一种解释为：参照性交流是帮助双方从大量干扰对象中准确挑选出靶对象的过程，因此，参照惯例的内容表现出对于靶对象的过度、详细描述，即参照惯例包含了赘余信息的表述。另一种解释认为，参照性交流中交流者不仅通过语言沟通认识，同时参照性交流情境中的众多非语言线索会辅助参照惯例对于对象的解释和理解，因此参照惯例的内容是相对精简的。

同时，研究发现的参照性交流情境中的参照惯例在个人维度选择任务中消失，证实了参照惯例的稳定性与参照性交流情境密切关联。参照惯例在交流中的形成可以促进交流者间多水平的认知协调；双方在互惠互助、共同目标的驱动下，倾向于自觉遵循参照惯例的内容规则，以保证彼此认知和行为的共享性。相反，如果一方在交流进程中尝试打破参照惯例规则，就意味着向同伴传达交流对象发生变化的信息。而且，研究也证实随着交流进程的发展，交流者对于情境信息利用程度越高，参照惯例对于对象指示的作用相对越弱，交流者对于参照惯例的依赖性越低，此时，参照惯例的稳定性不会对交流者彼此的认知和行为形成额外干扰。可以说参照惯例的稳定性并不完全代表语言内容的准确性，是参照惯例交流情境关联性的一种表现。

归纳而言，研究发现：参照惯例形成于参照性交流学习过程的中期，并具有稳定性和情境关联性；参照性交流过程中双方语言始终表现出共享一致的特征。

参照惯例在交流互动中的显著性决定了其研究的理论意义和现实价值，交流语言是交流者认知过程的外显性表达，如上分析，交流过程中语言策略性调整和非语言的非策略性调整过程并行不悖、相依共存。未来研

---

① 张恒超、阴国恩：《关系复杂性对关系类别间接性学习的影响》，《心理发展与教育》2012 年第 2 期，第 193—200 页。

究应进一步拓展思路，通过交流实验范式的不断探索和创新，分别沿着参照惯例的语义和语用两条思路，深入分析交流互动中参照惯例发生发展、形成完善，以及保持 / 打破过程中的认知机制。参照惯例的语义发展特征离不开交流语用情境的制约性，因此，实际交流中语言和非语言因素间交错依存的互动关系，才是交流认知过程的真实反映，代表了交流认知过程的复杂性和多样性。未来对于参照惯例的探讨需要进一步思考以下几个方面的问题。

第一，参照惯例的形成过程，是交流语言认知"冲突－协调"过程的展现，也是交流认知"冲突－协调"过程的代表。这包含了两层含义：一是参照惯例的交流认知意义在于"协调性"，而"冲突－协调"过程是一个维度的两端，因此，这种"变化性"是未来认知研究的重点，其背后隐藏着语言认知效率、影响因素等多重问题。二是未来研究应注重创设标准化的长时交流任务，有助于展现语言参照惯例的时间发展特征。

第二，未来研究需要进一步在"有经验背景交流"和"无经验背景交流"两种条件下，对照分析参照惯例的认知特征。现实交流情境下纯粹的无经验交流几乎是不存在的，比如语言习惯性表达、文化背景、社会团体身份、交流者间的熟悉性等，均影响参照惯例的认知互动特征，因而两种实验条件的对照分析有助于参照惯例的完整解释。

第三，从一般意义上而言，参照惯例的"说者特定性"和"听者特定性"特征在不同的交流情境或条件下均是存在的，未来研究不应强调分歧性的进一步扩大，而应通过研究设计、思路等方面的不断探索和改进，在更广泛的范畴下融合两种解释，比如，在特定交流情境下，影响"说者特定性"或"听者特定性"凸显性的因素是什么？同一交流过程中"说者特定性"和"听者特定性"是否是共存的？特定文化背景下语言表达习惯（如自动表达成句现象）和参照惯例"同伴特定性"的关系怎样？参照惯例保持与打破情形下的交流认知意义有何差异？

第四，对于参照惯例和非语言因素关系的解释尚不清楚，尽管已有研究尝试解释了两者间的相互作用关系，但具体机制和典型关系特征有待进一步探查；一方面严格控制下的因素分析具有相对的科学性，另一方面相对自然交流情境下的探查分析有助于参照惯例现实语用特征的解释。

第五，从交流社会认知角度和交流语用观点出发，语言参照惯例形成后的传递或扩散将是一个有意义的研究领域。比如参照惯例在群体中的传递机制和影响因素，参照惯例与特定文化团体中语言表达习惯之间的关系等。

第三节 交流语言 "听者设计" 的发生特征

交流互动中说者根据听者特征调整自己的语言，反过来，听者通过假定说者的这一语言表达特征而解释语言，该过程被称为听者设计。借助 "听者设计" 过程，说者通过考虑特定听者的 "交流认知需求" 来设计语言，反过来，听者通过考虑彼此对特定交流的这种默契约定（共有的知识、信念和期望，共同的目标和责任等）来解释语言；听者设计的最终目的是联合双方或多方的共同认知努力，而形成对共同交流目标的协调一致性理解，其典型特征是语言的 "听者特定性"。可以说，交流语言和个人私语的区别在于听者设计特征，即交流语言的发生需要考虑听者的交流需要，交流语言的理解也建立在听者设计的基础之上。

至目前，听者设计相关研究所关注的问题，可以概括为：交流者什么时间，怎样将听者设计信息（交流的共同基础）引入到交流语言认知过程中的；以及基于 "听者设计" 的语言交流具有什么加工特征，即本节拟探讨的交流语言听者设计发生的时间特征、交流语言听者设计发生的记忆特征，以及交流语言听者设计发生的意识性等方面。研究者们对于交流语言中存在的听者设计现象是没有分歧的。研究的多样性表现在交流者语言听者设计调整过程中，出现的情境性、互动性、个人因素的影响特征；这些因素综合影响到听者设计发生过程的上述三方面特征；基于此，本节拟从这三方面分析交流语言听者设计发生的认知特征。

一、交流语言 "听者设计" 发生的时间特征

当前，交流语言加工研究的一个焦点是语境信息对即时语言解释的制约性，其核心是交流互动发生后，交流者何时开始运用听者相关的特定信息来限制语言表达。"听者特定性" 语言的发生，又被称为特定 "词汇带入"（lexical entrainment），其与交流效率和精确性的提高相联系，在这一过程中，说者的语言表达适合于特定的听者，即语言和对象间的特定映射是交流者间的一种特定的灵活协议，没有参与交流的个体无法分享该信息。交流语言的听者设计发生于交流过程的什么时间？现在仍然存在争论，并形成了两种解释和观点：一种解释认为，交流语言听者设计随交流互动的发生即时发生——即时发生观点；另一种解释认为，交流语言听者设计并不出现于交流互动的初期，而是出现于交流过程的后期——延时发生观点。

（一）"听者设计"即时发生的观点

交流语言听者设计随交流互动即时发生的观点认为，在交流语言认知加工的最早时期，交流者就以一种随机的、基于限制的方式开始考虑特定听者的交流"需求"，因此交流语言的共享性在交流早期形成。该观点强调"听者特定性"信息以及其他交流语境信息从交流的最早时刻开始就已经引导语言加工决策，比如：交流对象的一般或基本知识表征，听者的确定性、社会身份，交流情境的具体特征和非语言媒介因素等。

概言之，听者设计即时发生的观点强调，交流者在语言加工的早期就表现出给予"听者特定性"信息以优先权。这一优先权使得语言认知加工系统表现出交流过程中的时延敏感性，即在一个给定的交流时间框架内，交流语言加工中使用任何交流情境信息都是可能的，这受到多种信息易得性的影响。但是从交流目的的现实性上来讲，语言的有效性最终决定于，恰当时间进程中从多种信息线索中获取正确的信息，否则"听者特定性"信息可能不被激活和评估，也就无法执行交流早期的听者设计过程。Metzing 和 Brennan（2003）[1]，Yoon，Koh 和 Brown-Schmidt（2012）[2] 以及 Vanlangendonck，Willems，Menenti 和 Hagoort（2013）[3] 的三项研究就指出交流语言认知加工过程中，个人自我知识和"听者特定性"知识（共享性信息）都属于语言加工的部分限制因素，而"听者特定性"信息在交流初期实际上可能是一个相对弱的线索，它很容易被其他冲突性、竞争性信息所掩盖。

Vanlangendonck，Willems，Menenti 和 Hagoort（2013）的研究采用了参照性交流任务，相对全面和有针对性地分析了交流语言听者设计发生的时间以及个人信息、"听者特定性"信息对于语言的影响特征。实验中交流双方分别面对一台电脑，彼此以隔板分开；屏幕中呈现 4×4 的矩阵，但彼此屏幕的显示不同。任务要求说者描述屏幕矩阵中的一个特定对象，听者依此做出正确的选择。实验中先让双方观察屏幕，以形成关于共同对

---

① Metzing, C. & Brennan, S. E., "When Conceptual Pacts are Broken: Partner Specific Effects in the Comprehension of Referring Expressions," *Journal of Memory and Language* 49(2003):201-213.

② Yoon, S. O., Koh, S., & Brown-Schmidt., "Influence of Perspective and Goals on Reference Production in Conversation," *Psychonomic Bulletin & Review 19* (2012):699-707.

③ Vanlangendonck, F., Willems, R. M., Menenti, L., & Hagoort, P., "The Role of Common Ground in Audience Design: Beyond an All or Nothing Story," in the workshop on the production of referring expressions: bridging the gap between computational and empirical approaches to reference (PRE-CogSci 2013).

象的认知；然后，说者电脑上会出现一个红圈，提示其对该刺激进行描述（禁止使用位置语言），听者用鼠标做出选择。

实验创设了宽容听者设计条件和强制听者设计条件。宽容条件下，说者屏幕呈现靶对象和一个干扰对象，但听者屏幕中只有靶对象；强制条件下，说者屏幕呈现 3 个不同尺寸的同一对象（靶对象、听者屏幕中没有的干扰对象、双方共有的干扰对象），靶对象始终是中等尺寸的。宽容条件下听者只能看到靶对象，因此说者语言描述中可以不使用尺寸形容词；强制性条件下说者如果不考虑特定听者屏幕显示的差异，而进行个人自我信息表达（依自己屏幕描述），听者判断正确率为 50%。实验结果中语言和眼动数据（如，说者对于共有干扰对象的注视时间和次数显著更多）均证实：说者依据听者的需求进行语言描述，并且不受实验条件的影响，支持了听者设计即时发生的观点。同时，研究也发现，尽管说者在交流之初就注意区分了个人信息和"听者特定性"信息（共享信息），但是其个人信息也影响了语言的生成加工（语言中包含了赘余信息和不恰当信息，并伴随着对于无关对象的注视），即说者在交流中不可能完全排除个人信息对于交流的影响，这些信息危害到交流效果（强制听者设计条件）。

简言之，虽然上述部分研究支持了听者设计即时发生的观点，认为"听者特定性"信息在交流初期便对语言规划产生限制作用，但是同时强调其并未绝对限制交流语言加工过程。因此，"听者特定性"信息和个人信息均影响语言的加工过程，至于两者对语言影响的具体关系，受到特定交流情境和任务特征等的限制，交流者会在交流中对两种信息作出灵活的平衡和调整，可以说，实际交流中说者对于个人信息的抑制不是绝对性的，而是相对任务目标的成功实现表现出有效性抑制。以往研究尚无法对于该抑制性过程做出可预测的解释。

（二）"听者设计"延时发生的观点

听者设计的延时发生观点提出，说者在交流之初从自我中心的角度来设计语言，共享信息语言是在交流后期形成的，此时说者注意监控自己的语言。该观点认为，监控和调整初始语言需要付出较多的认知努力，需要额外的认知加工时间；交流语言形成的认知加工过程中，时刻关注个人信息和共享信息，是认知资源的浪费，因此，交流早期的语言加工给予个人自我信息以优先权。

听者设计的延时发生观点强调交流语言认知加工的"两阶段"特征：交流之初的语言加工是以自我信息为中心的，随后逐渐发生"听者特定性"调整。具体而言，"听者特定性"信息与交流后期的回忆过程相联系，它是基于语言的双加工过程解释的，认为最初的语言加工是以自我为中心的，"听者特定性"信息的感知仅在延迟回忆过程中起作用，交流即时加工期间重视语境信息认知太繁重，不能成为常规加工策略的一部分，即交流之初交流者倾向于使用较简单的认知机制。该观点可以较好地解释交流过程中听者产生的对语言"感知不恰当"的现象。张恒超（2017）研究进一步发现，在交流学习的前半期（阶段 1~5），交流者更为关注自我一般认知过程，并试图逐渐将自我的理解通过语言向对方传达，同时也尝试逐步接受和验证对方语言传达给自己的信息；这种交流前期语言加工中的自我认知过程不仅在交流双方间表现出一般性认知特征，而且在不同交流情境（共享语言、共享语言 + 对象、共享语言 + 对象 + 表情）下也表现出一致性特征。①

Brown-Schmidt（2009）进一步指出，在探讨听者设计的即时发生观点与延时发生观点之争时，不应忽略两个问题：交流者间先前的语言互动经验、交流互动的真实性。② 如上所述的研究重点通过初次交流来解释理论之争，Brown-Schmidt（2009）则通过重复交流试图进一步解释该问题。具体而言，其研究中创设了"真实互动"（真人交流）和"非真实互动"（听者与录音交流）两种交流情境，实验任务分两个步骤，第一步通过交流建立"特定语言表述"（建立起了听者设计特征的语言），第二步再次针对对象重复交流。结果证实：如果先前已经具备了听者设计语言的交流经验，当再次交流时，交流者（主要从听者对交流语言反应的角度）即时表现出对"特定语言"的敏感性；但是对听者设计特征语言的敏感性仅表现在真人互动交流中，而不出现于非真实互动情境。

归纳而言，听者设计的即时发生观点与延时发生观点并不是绝对对立的。一方面，这受到交流双方间交流经验的影响。上述的各研究从实验控制的角度出发，主要是创设陌生交流对象。实际上人为地排除了现实生活中交流者间的交流经验，因此在交流之初双方可能更倾向于从自我认知出发来理解和通过语言解释交流对象，这种自我认知过程的一般性特点尽管可能在不同个体间具有一定的相似性，但这种相似性并不代表语言认知的协调性，这部分研究结果更倾向于支持听者设计的延时发生观点。同理，

①　张恒超：《共享因素对参照性交流双方学习的影响》，《心理学报》2017 年第 2 期，第 197—205 页。

②　Brown-Schmidt, S., "Partner-specific Interpretation of Maintained Referential Precedents during Interactive Dialog," *Journal of Memory and Language 61(2)* (2009):171-190.

支持听者设计即时发生观点的研究，其结果更倾向于受到实验过程中交流对象的熟悉性（如，以熟悉的生活物品作为交流对象）、交流者彼此一定的熟悉性、共同交流经历经验的多寡，甚至共同社会成员身份和共同文化背景等因素的综合影响。另一方面，理论之争受到交流互动"真实性"的影响。比如，与人形模型交流、旁听（实验模拟无意中听到）语言交流等情境下，交流语言在任何交流过程中均不表现出听者设计特征。简言之，听者设计语言加工优势的潜在机制很大程度上联系于特定听者、特定交流语言经验、特定交流对象等的自动联合过程，而这离不开真实的交流互动情境。

二、交流语言"听者设计"发生的记忆特征

交流语言"听者设计"的发生得到大量实验性证据的支持，但是听者设计发生的认知限制因素没有得到很好的解释；如上所述，交流语言"听者设计"的典型特征是交流中听者是语言信息检索和加工的强线索，因此，与这一认知调整有关的记忆过程成为交流语言"听者设计"发生过程的重要特征之一。如前部分，"听者设计"发生的时间之争并不否认真实互动交流情境中，交流者间语言的发生和理解与彼此的交流经历、经验密切关联。但是研究者们围绕听者设计发生过程中"记忆"特征的争议在于：听者设计发生中的记忆过程是否和一般记忆过程相同。

（一）双加工解释

双加工解释认为：交流语言加工系统包含两种模式，一种模式是基于一般记忆过程的自动表达成句，表现为交流语言的快速加工过程，是在多种交流背景线索综合作用之下而自然发生的，该模式不包含在听者设计过程之中；一种模式是基于"听者特定性"记忆的计划性语言加工过程，主要是在特定听者关联线索作用之下而发生的，表现为交流语言的听者设计过程。

基于一般记忆过程的快速和相对自动化的表述成句，不包含"听者特定性"知识，而执行自我中心的认知加工。Galati（2009）强调当在恰当的交流时间进程中"听者特定性"信息不被简单表征或即时提取时，说者快速的语言表达过程可能是自我中心加工过程相对敏感的一种表现，这和语言推理加工过程显著不同，此时说者可能失败于做出"听者特定性"调

整。[①] Clark 和 Wilkes-Gibbs（1986）提出，交流者的语言加工遵循"最小合作努力"（least collaborative effort）规则，尽管在某种程度上，一方必定比另一方付出更多的努力，这受彼此监控和协调行为差异性的影响。[②]概言之，交流语言认知加工过程中，"听者特定性"信息的评估需要认知努力来实现交流情境中资源的有效监控和不断的调整，即需要即时追踪共享性信息，当交流情境中缺乏支撑该过程的线索时，交流者就必须花费更多的时间和努力来不断建构，此时一般记忆过程的基础作用便相对凸显出来。例如，交流者语言互动中彼此错误地认定共享信息，即特定资源监控困难；工作记忆负担过重而出现自我中心一般记忆过程抑制的失败，即"听者特定性"执行功能的失败，工作记忆容量的差异能够影响人们迅速精确地协调与同伴感知的过程，以及策略的选择和使用。这均会导致交流者语言互动中对"听者特定性"信息的不敏感——听者设计的无效。

归纳而言，双加工解释对基于一般记忆过程语言加工的解释，是以交流双方听者设计语言加工困难为前提，以及以特定文化、特定群体背景下语言自动性表达为前提；典型表现为"自动表述成句"，这是交流者评估"听者特定性"信息可得性、认知资源节省性、语言加工监控和调整过程等不可实现条件下自然发生的。支持单加工解释的研究者较一致认为，语言加工中听者设计的发生过程不是以"全或无"的方式工作的，例如，交流语言听者设计典型特征为语言参照惯例的形成，"参照惯例"（referential convention）指交流双方共同约定、期望和理解的特定语言表述，其以高共享性传达交流信息，节省交流认知努力；参照惯例的形成经历了"尝试建立—调整—稳定"的时间过程。但是有一点是明确的，从交流发生时，双方认知互动性便随之发生，相应地参照惯例的探索过程即随之开始，以往研究尚无法分离和证实交流之初的语言加工完全不包含"听者特定性"信息，即听者设计过程。

（二）单加工解释

单加工解释认为：交流语言加工中的快速表达和计划性表达都是基于"听者特定性"记忆过程；认知系统以一种组合方式执行听者设计过程，实际上，语言交流中人们使用特定听者作为一种提示线索，联系于概念系

---

① Galati, A., "Assessing Common Ground in Conversation: The Effect of Linguistic and Physical Co-presence on Early Planning," doctorial dissertation, 2009, Stony Brook University, New York.

② Clark, H. H., & Wilkes-Gibbs, D., "Referring as a Collaborative Process," *Cognition 22* (1986):1-39.

统和词句表达，甚至是在缺乏明确交流意图的情况下；听者设计是通过一般认知过程而展开的，交流中听者担当了强且充足的线索，使得与共享信息相关的记忆表征出现于恰当的时间进程中。当"听者特定性"信息已经可获得或被迅速明确提示，说者的语言表达几乎或没有明显的认知计算损耗，表现为快速表达成句；当交流双方间共享信息的方式（如表情、对象可视性等）越多，将比仅共享一种信息的情境导致更强的记忆准备性，这与人们学习和记忆过程中以多种方式加工信息比以单一方式加工信息更好是一致的，这自然影响交流语言表达的准确性。

Galati（2009）研究中将参照性交流（referential communication）实验任务划分出两个阶段，第一阶段中交流者分别在共享语言、共享语言和对象方式下交流；第二阶段中探查比较重复交流中的语言特征和差异性。为克服无关经验的影响，实验材料采用陌生图片，交流者彼此间以隔板分开。①

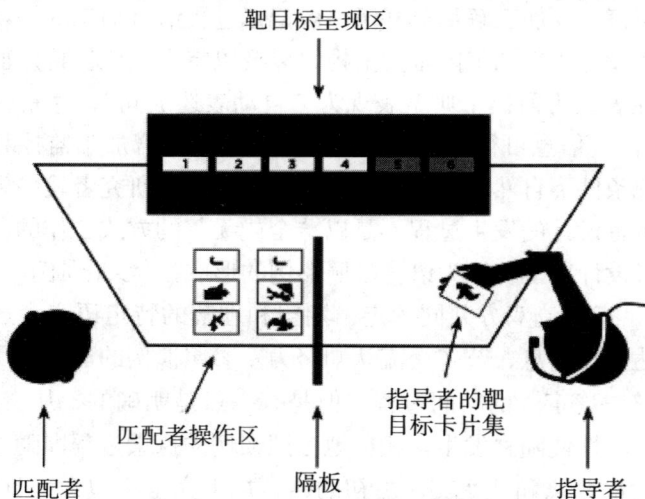

图 3-8 Galati（2009）研究中的参照性交流情境

结果发现，在第二阶段的交流中，交流者语言表现出典型的"听者特定性"特征，并且因先前交流经验的不同而不同，即交流者语言表现出对"听者特定性"的敏感性。具体而言，第二阶段中的交流语言相比第一阶段整体上更为简约，如明确表述（definite expressions）、词汇数量（number of words）、观点单元（idea units）、再概念化（reconceptualizations）等，表现出听者设计特征，并且交流语言的听者设计特征显著受到"听者特定

---

① Galati, A., "Assessing Common Ground in Conversation: The Effect of Linguistic and Physical Co-presence on Early Planning," doctoral dissertation, 2009, Stony Brook University, New York.

性经验 / 经历"差异的影响——共享语言和对象方式下的语言更为简约，其次为共享语言方式。简言之，交流语言因与同伴共享信息的方式而相应不同，这些调整受到双方共享对象的记忆过程驱动。这证实：一方面，交流语言加工中不存在两种模式的记忆过程；另一方面，说者对共享信息记忆表征检索的优先性，以及因刺激对象的不同共享经验而表现出的特定调整性，这进一步导致语言交流中的"快速"表达和"计划"表达。

　　Galati 和 Avraamides（2013）从不同实验设计的角度同样证实，在交流者知晓交流互动的条件下，交流语言相应自然地表现出听者设计过程，支持单加工解释。[①] 实验中一方（说者 / 指导者）先学习桌面上的 7 个刺激对象（存在一定的倾斜角度），共设定三种条件：不知道接下来需要向听者描述对象（不知晓条件）；知道随后需要向听者描述，一种情况下是陌生听者（无经验听者条件）；另一种情况下，知道自己学习时，听者也同时在学习（有经验听者条件）。说者学习后，完成两个记忆任务：一个任务是"相对方向判断"（JRDs），要求被试观察一个对象，并判断其相对于另一个对象的位置和方向（例如，花瓶在橘子的哪个位置）。第二个任务，要求回忆每个对象的位置，并绘图（在表中标注）。记忆测验后，说者以回忆的方式分别向三种条件下的听者描述对象。交流后，再进行记忆任务（同上，目的探查共享记忆）。结果发现，首先，当说者预先不知道接下来需要向听者描述的条件下，说者的记忆编码是自我中心的；但是，交流后，其记忆信息体现了"听者特定性"信息。其次，两种知晓条件的被试会自觉根据同伴的认知需要而有选择性地进行描述，任务中说者充分考虑了听者的信息情况。另外，研究还发现，说者描述语言的特征影响同伴记忆表征的形成，说者预先对同伴的了解越多时，其语言中使用的"听者特定性"描述相应越多，听者的反应就越快速。

　　综合而言，两种解释理论间并不是绝对对立的，尽管双加工解释强调基于一般记忆过程的自动表达成句，与基于"听者特定性"记忆的计划性语言加工过程是不同的，但是，这也是以特定交流情境下自动表达成句的"约定俗成"，或者"听者特定性"信息不被简单表征或即时提取时，再或者"听者特定性"资源监控困难、工作记忆负担过重等为前提。如上 Galati（2009）以及 Galati 和 Avraamides（2013）研究结果所呈现的，交流语言认知加工过程中对"听者信息需求"的追踪，受到交流情境特征和交流者认知结构、资源等多种因素的综合影响。进一步而言，如 Pickering

① Galati, A., & Avraamides, M. N., "Collaborating in Spatial Tasks: How Partners Coordinate Their Spatial Memories and Descriptions," *Cognitive Processing 14(2)* (2013):193-195.

和 Garrod（2004）所指出的，交流者对趋同信息表征的获取过程，不代表追踪任何特定内容；之所以在最初交流期间使用简单的语言加工机制，可能受制于交流者对于交流互动的认知理解性，此时说者尝试使用自己的认知作为"听者特定性"认知的代表和尝试推理。[①] 因此，可以说交流之初或特定交流情境下，基于简单、迅速提示性记忆表征的语言加工，可能也包含了对于听者信息需要的推理过程，尤其是在复杂的交流任务中，"听者特定性"语言推理过程在有限的时间内无法完成，在认知努力、资源需求和监控等压力下，交流语言将表现出对于对象信息灵活而相对简单的检索和加工，更倾向于表现出自我中心信息加工的特征，随着交流进程的发展和互动认知理解的深入，交流语言表现出朝向典型"听者特定性"听者设计特征的调整。基于此，本书更倾向于将交流语言听者设计发生发展过程中"所谓的自我性"和"听者特定性"看成一个维度的两端，但是并不存在绝对化的"自我性信息"，因为交流互动认知和个人认知存在本质性的区别，如共同目的性、人际互动性、个人责任和集体性奖励等，即交流互动性决定了交流语言加工的"听者特定性"考虑——听者设计过程。

三、交流语言"听者设计"发生的意识性

听者设计是语言针对听者的调整过程，而"设计"暗含了语言认知调整的意识性和策略性，但是这种调整也可能是无意识性和非策略性的。

（一）"听者设计"发生的意识性解释

"听者设计"发生的意识性解释观点认为，听者设计涉及意识性认知调整，其发生过程是交流者意识性计划语言的过程，以满足听者对交流信息的需求。该理论认为"换位思考"是"听者特定性"信息策略性设计的重要组成部分；人们考虑自己听者的信念和知识而建构语言信息，听者的反馈会使他们进一步完善这种听者设计的策略性调整；随着"听者特定性"信息共享水平的不断发展，交流者逐渐降低了彼此合作互动的认知努力；交流者间形成的语言参照惯例是共同认可和理解的一个特定交流语言模式，标示了彼此如何特定性解释交流对象。

交流语言互动具有社会性，作为共同活动的一种形式，言语过程包含了个体间的意义协调；意义协调的实现通过深思熟虑的过程驱动，需要交

[①] Pickering, M. J., & Garrod, S., "Toward a Mechanistic Psychology of Dialogue," *Behavioral and Brain Sciences 27* (2004):167-226.

流者考虑彼此的思想观念，以及推理交流同伴的心理状态（假设、期望、意图等），进而计划自己的语言表达以及解释同伴的语言。具体来说，交流者考虑彼此共同的交流背景，并利用它来限制语言的发生和理解，实现交流语言的听者设计过程。很容易理解"听者特定性"调整的意识性过程为双方提供了一个有力的最小化错误交流的方法，同理，在特定交流中针对特定对象的"听者特定性"语言表述（如参照惯例）一旦建立，交流者彼此间将在相似的交流情境下重复使用，以减少交流语言歧义并提高语言发生和理解的效率，反之，交流者打破该语言表述惯例将导致认知加工的损耗，显然，"听者特定性"的意识性调整使得交流者的语言行为更可预测。

"听者设计"发生的意识性解释观点是以交流互动的社会性特征为前提的，通常交流中至少包含两个具有不同知识背景、观点等的交流者，双方通过交流语言争论过程，力争通过不同证据获得同伴对自己观点的支持。可以说，每一个交流者都是不同的"思考者"，原则上交流展现的是两个或多个声音的互动，以发展达成共享性观点；交流过程典型地包含某些争论、评论、反驳等冲突，所以，交流中的不同声音并不仅仅为了彼此轮流交谈，对每个交流者而言，语言发生和理解过程中至少应该明确彼此努力交流的目的，这最终决定了语言认知加工的意识性特征。正如 Jacquette（2014）所指出的，一个语言交流过程不是抽象的，当我们反思交流发生的时间进程时，我们意识到这是很具体、清晰的，像一场戏剧表演，交流过程可能包含了波折的争论过程、举证过程、不同观点的是非对照，或者其他细节和结果；交流（尤其思辨性交流）不断展开的过程，即是交流者不同观点、立场明确表达和不断修正的过程，该过程很难在无意识过程中自然实现。①

然而，部分研究对于意识性解释观点的最大质疑在于，交流语言听者设计意识性所强调的交流者彼此精心的认知推理，需要彼此时刻保持认知的不断更新，同时保持自我认知表征和"听者特定性"表征间的分离，这既耗费时间，对认知的要求又高。虽然语言是交流的显著媒介，但是语言不能代表交流情境的全部，交流情境中的非语言交流总是伴随语言交流同时发生和彼此作用，甚至可能导致语言交流的相对赘余。针对语言沟通的"意识性"，研究者们相应提出了"无意识性"过程。

---

① Jacquette, D., "Collective Referential Intentionality in the Semantics of Dialogue," *Studies in Logic, Grammar and Rhetoric 36(1)*(2014):143-159.

（二）"听者设计"发生的无意识性解释

相比之下，"听者设计"发生的无意识性解释是一种无意识性、非策略性观点，认为交流语言的生成是自动的，内隐的，是交流者彼此互动引发的非策略性结果。在交流语言加工过程中，人们几乎不会有意识注意听者的观念、知识和期望，说者采用特定的句法结构，是为了易化表达而不是方便听者的理解，同样听者对于语言的最初解释，也是源于自己，而非考虑说者的观念、知识等。"听者设计"发生的无意识性解释观点提出了交流语言加工的非策略性解释，说者产生的语言表述自动激活听者的相似表征，这些表征将被自动储存，当说者变为听者时，这些表征被重复提取和使用，以便于彼此共同理解。

尽管与"听者设计"发生的意识性解释在语言加工意识性上存在分歧，但是两种观点均认可交流语言的听者设计过程。例如，当被试认为自己正在和电脑而不是人合作完成图片命名游戏时，出现了更复杂的语言生成过程，原因是其认为自己在与一个没有能力的计算机进行交流互动，说者对于听者交际能力的信念和推断影响了语言互动的过程。同样，当说者认为听者不是专家是新手时，其语言表述更为详细，表达更长，这表明说者对于听者的知识信念会影响信息的设计，即听者设计过程。

有研究发现交流语言听者设计过程的意识性和无意识性不是决然对立的，更可能是一个问题的两个方面。Fay，Garrod 和 Carletta（2000）的研究以交流者人数作为实验变量，发现与 5 人交流小组比较而言，交流者之外的人（旁听者）更容易理解 10 人交流小组讨论的观点；认为在较大规模的交流组中，说者对众多的听者更为敏感，并有意识地进行更深入的信息设计，以保证较多的听者均能很好地理解。即交流组人数规模影响到交流语言听者设计意识性程度的变化，导致旁听者更好地理解了大组交流意图，因为大组交流中涉及了与交流主题相关的更为广泛的信息。换言之，交流语言听者设计意识性程度的变化，源于小组交流和大组交流间信息沟通的动态过程不同，如大组中听者变化更多、交流回合更频繁、交流断续更多，因此语言信息设计的"听者特定性"过程更为复杂，必然引发意识性、策略性程度的变化。[1]

Rogers，Fay 和 Maybery（2013）的研究在 Fay 等（2000）研究的基础上做了进一步的探讨，研究共设计了 3 个实验：实验 1 采用了非互动交

---

[1] Fay, N., Garrod, S., & Carletta, J., "Group Discussion as Interactive Dialogue or as Serial Monologue: The Influence of Group Size," *Psychological Science 11*(2000):481-486.

流任务，要求参与者描述陌生对象，并告知描述是针对自己或针对 1 个、4 个、9 个听者。实验 2 在实验 1 基础上采用互动交流任务。实验 3 进一步增加旁听者范式。研究结果显示，实验 1 中，被试为他人设计语言的信息比为自己设计的信息更长（词语数量），然而，听者数量并不影响信息长度；证实了交流语言听者设计的意识性、策略性，但在非互动情境下不受听者数量的影响。实验 2 中，随着听者规模的增加，交流努力也极大增加，听者数量增加导致互动更多，语言信息更为丰富，长度增加。实验 3 中，旁听者可以更好理解实验 1 中被试为别人设计的更长和详尽的语言，而实验 2 中真实互动情境下被试语言信息更长，进一步易化了旁听者的理解水平，证实交流语言听者设计过程的意识性程度影响到语言的理解。[①]

　　综上，尽管以往研究结果表现出多样性和解释中某种程度上的分歧性，但是各研究观点的共性在于均接受交流语言"听者设计"特征的客观存在。"听者设计"发生的意识性问题之争并不表示意识性和无意识性的完全对立，现实交流中语言的意识性和无意识性加工可能同时存在，听者设计的意识性或无意识性水平、程度受到交流情境中多种因素的复杂影响。具体而言，任何交流都是有明确目标、明确对象和明确的交流合作伙伴的，决定了交流语言认知加工过程必定带有意识性特征；但是，任何交流中人们又不可能从始到终全身心地注意交流语言是否适合特定的听者同伴，例如现实交流中人们自然会表现出"到什么山唱什么歌，见什么人说什么话"一类的语言现象，展现的是交流语言因听者不同而相应调整变化的事实，一定程度上并不都是有意识而为之的，更多带有自觉的"反射特征"。进一步而言，交流语言"听者设计"发生的无意识特征客观上来源于交流互动的复杂性和多因素、媒介的共存性，语言是交流的核心媒介，但不是唯一媒介，如手势、面部、眼睛注视反射、肢体动作等，以及交流情境的具体特征、交流文化背景、交流者团体成员的身份、特定语言的交流习惯等。语言和非语言因素的共存和相互作用是客观存在的，即任何交流中都不能完全割裂两者间的关系和信息互通性，而非语言因素的认知加工过程具有更典型的无意识性特征，其与语言媒介的相互作用关系必然导致语言认知加工中无意识过程的客观存在。基于以上分析，本书更倾向于接受交流语言"听者设计"过程同时包含意识性和无意识性加工过程，尽管这一复杂过程的机制和相关因素的探讨有待未来研究进一步系统性探查，但是有一点是明确的，在多人互动交流中，语言听者设计过程不是自我水平的预先

① Rogers, S. L., Fay, N., & Maybery, M., "Audience Design through Social Interaction during Group Discussion," *Plos One 8(2)*(2013):e57211.

规划，而是在交流互动中不断调整的，既然这种不断调整在交流时间进程中受交流情境下多种因素的综合影响，那么这种调整必将兼具意识性和无意识性特征。

交流互动中交流者彼此需要通过语言消除分歧，协调共同意图，同时保存交流推理所必需的认知资源；交流语言听者设计过程是在交流时间进程中不断展开的，交流语言协调模式决定了交流认知负担在交流者间的分配方式。但是交流互动情境下，交流语言不是唯一的沟通媒介，语言协调压力也可以借助交流情境因素的外部限制来减轻，在一定程度上交流者总会有一个共同交流背景，他们可以依此来限制语言的模糊性。可以说，交流语言认知听者设计协调过程不是以全或无的方式一蹴而就的，同理，该过程也不是在纯净单一的交流情境下发生的，因而交流语言听者设计发生特征相对是复杂的。未来研究的进一步探讨应持一种相对开放的态度，考虑以下几个问题。

第一，对交流语言听者设计发生认知的理解和解释，不应忽视交流互动中同伴反馈的影响性。交流语言和个人私语的最大区别在于交流互动性，交流者依靠同伴的互动反馈信息来侦查即时语言的歧义或者误解，清晰的交流反馈信息将使交流者语言认知推理过程更加便利和有效。

第二，交流语言听者设计发生特征的探讨，需要尝试系统厘清和分析交流情境中语言和非语言媒介或因素间的相互作用关系。如交流者间的物理距离（面对面交流、远程交流等）、交流对象的共同可视性和抽象性／具体性，以及表情（注视、手势、面部等）互动等的影响性。

第三，结合"听者特定性"语言惯例保持、打破、传递等认知特征，思考交流语言听者设计的发生特征，这有助于进一步分析共享性信息的记忆表征特征，对照解释听者设计的时间过程，以及交流者如何在认知系统中迅速评估与共享性相关的对象记忆痕迹。

第四，当前，尚没有研究直接说明，与交流同伴共享的语言信息是如何被即时编码和译码的。

第五，尽管如上所述，部分研究尝试探查和解释了交流语言加工中的"快速表达"，未来的研究中，应进一步扩展以往的实验设计，通过系统化控制更多的与交流同伴信息关联的维度，更深层次探查"快速表达"和"计划表达"情形下，交流者是如何成功计算这些语言限制并执行恰当的"听者特定性"调整。

第六，对于交流语言听者设计发生特征的实验探讨，不应忽视研究实验控制性问题。一方面，不加控制的纯粹自然交流不利于因素影响性的分析，另一方面，对于交流实验情境的过多控制，也不利于交流语言听者设计发生特征解释的生态化，例如交流同谋的使用、交流角色的固定（说者和听者角色固定）、交流任务的简单化（如简单视觉呈现任务，不利于展现交流互动过程）。越接近现实真实互动的交流情境中，语言表述可能相对导致更大的认知效果或收益，同时最小化语言加工的认知损耗。

第七，听者设计语言的信息量特征，是以往研究忽略的一个问题，即："听者特定性"语言的共享性、恰当性和高效性，表现于语言信息量上是如何的？是信息恰当（相对于交流对象的标准特征），信息过少（简约），还是信息过多（详尽）？

第四节　交流语言观点采择过程的认知特征

一、观点采择的研究概况

当人们聚在一起交流时，他们各自带来了自己独特的生活经历、信仰和背景知识。与另一个人交流的特征和方式，取决于你对那个人知识和信仰表现的了解，这就是所谓的"观点"。人们在语言交流中考虑对方观点的过程被称为"观点采择"（perspective-taking）认知加工过程。

在口头语言交流中，这种观点采择认知过程与语言不同层面上的认知加工和表达使用密切相关：从选择说什么（决定句子结构），到选择特定的单词，甚至到在细微的韵律层次上表现单词的方式。例如，当你和你的牙医交谈时，以征询的方式询问适当的刷牙技术是合适的，但是当你和5岁的儿童谈话时，可以直接断言你在该话题上的观点，即直接陈述你想告知儿童的新信息，这样会更合适。一个特定的语言术语，如"龋齿病变"可能适合出现在牙医们彼此间的谈话中，但是当牙医和患者交谈时，牙医使用日常的惯用术语可能更有助于患者理解，即交流会更成功。另外，词的韵律特征也与说者对同伴观点的理解和采择加工过程有关，例如，面对新的交流同伴，说者可能倾向于加重并强调特定术语，因为听者对该术语是陌生的。

上面的例子，主要呈现的是语言发生过程中的观点采择过程，即表现为本章第三节中所阐述的听者设计（audience design）过程。观点采择也与语言的理解有关，因为听者经常需要根据说者的特定观点和交流立场来理解语言的各个层面上的信息。当你的牙医提出一个话题后，比如，"你今天过得怎么样？"这是一个特定性的"邀请"——请你说一下自己的牙齿健康状况，而绝不是探讨你身体其他部位的健康问题。但是如果一个普通朋友问了同样的问题，你回答说"我的一个（牙齿）填充物好像有点松动了"，这就显得非常奇怪。在每种交流情境下，听者必须利用自己对说者背景和观点的理解来解释交流语言信息的特定含义。

从二十世纪六十年代末期开始，哲学中的文献就已经认识到恰当的语言使用依赖于交流者彼此间的观点采择。这一时期的文献将交流定义为理性主体的有意行为，并指出合作关系对于交流互动的重要性，这成为后来理论探讨的一个具有先驱性和奠基性的观点。在之后的相关研究探讨中，研究者们开始关注交流中彼此间共同性知识的作用，共同性知识在交流互动过程中具有核心重要性，即是现在研究者们所广泛认可和使用的一个专业性学术术语——"共同基础"（common ground）：交流者在交流互动过程中彼此认可、理解和使用的共同知识。可以说，所有的交流互动活动都是以交流者间的共同基础为前提发生的；但是交流中交流者自己推断的信息不一定属于共同基础中的信息，同样，交流者所质疑的问题也不属于共同基础中的信息。相比之下，本章第二节中所阐述的明确的参照惯例，则属于共同基础中的信息。

此后，哲学和语言学领域开始广泛地认识到，共同基础在交流认知解释中起着核心作用，并且研究者们已经结合许多语言学现象研究了共同基础的形式和性质，包括预设（预设指说者在发生言语行为之前对听者知识状态所作的一系列假设）、语言的特定交流含义，以及特定语言术语或表达的重复使用和特指等。当前，共同基础内涵的理解重点应关注两个方面：第一，共同基础的阐释应着眼于语言认知加工的本身，如上所述的语言参照惯例等。第二，从更为广泛的意义上，交流情境中任何可以共享的信息，比如共同可视的交流画面、彼此默认的共同团体身份和角色、共同的文化和习惯，以及之前彼此间曾经发生过的类似的交流经历和经验等，均属于共同基础中所包含的信息。

在心理语言学中，大多数研究对观点采择关注的焦点是语言认知加工特征，即观点采择的信息何时以及如何影响语言的发生和理解过程。成人交流者以某种形式表征同伴的观点信息，并体现在交流语言认知加工过程之中，这一事实通常被认为是理所当然的；但是，儿童观点采择的能力则表现出了发展性的特征。关于观点采择的主要研究问题是，在语言产生和语言理解两个过程中，以及在语言表征的不同层次（例如，语音、语义、语法结构）上，观点采择是否依赖于相同的认知机制。

本书认为，语言加工中观点采择的研究还应该在心理学的另外两条研究思路下考虑。

首先，基于智力或能力的观点采择研究。比如，在第一层次的能力水平下，人们可以理解另一个人对对象的感知与自己不同，通常认为这种能力在 4 岁之前的发展早期就已经出现了。第二层次的能力水平是一种更复杂的能力，人们能够理解另一个人可能具有不同的知识。心理语言学领域中关于成人观点采择的文献，并不简单关注成人在交流中是否有能力表征同伴的观点，重点在于探查这些观点采择的表征过程何时发生，以及如何引导和影响即时的交流语言认知加工过程。

其次，基于社会心理学决策认知领域中自我中心主义现象的观点采择研究。在社会心理学研究中，一个一致的发现是，当个人被要求估计别人知道的东西时，他们的估计偏向于依赖自己的相关知识。这种以自我为中心的效应已经在非语言交流领域中被观察到，例如，估计你完成了多少家务；在语言交流领域中也被观察到，例如，分析说者在语言交流中倾向于重复什么信息，[①] 以及分析交流者对交流语言经历的记忆特征。[②] 这些效应很可能与有关个人自我行为和信念的记忆信息的易访问性有关。社会决策中以自我为中心的特征也逐步被引入到对交流语言认知加工特征的解释中，比如观点采择，认为交流初期交流者的语言表现出自我中心性，[③] 随着交流进程的不断发展而逐步表现出对同伴观点采择的过程，[④] 即交流语言认知加工的两阶段理论。

接下来，我们将根据观点采择的研究发展脉络做出一一探讨。

二、观点采择认知过程基于对交流同伴观点的即时表征

以往对于观点采择的研究分析中，一个有影响力的实验范式是参照性交流任务（referential communication task）。在该任务中，两个人通过交流

---

① Knutsen, D., & Le Bigot, L., "Capturing Egocentric Biases in Reference Reuse during Collaborative Dialogue," *Psychonomic Bulletin & Review 21(6)* (2014):1590-1599.

② Yoon, S. O., Benjamin, A. S., & Brown-Schmidt, S., "The Historical Context in Conversation: Lexical Differentiation and Memory for the Discourse History," *Cognition 154*(2016):102-117.

③ Epley, N., & Gilovich, T., "The Anchoring-and-adjustment Heuristic," *Psychological Science 17(4)* (2006):311-318.

④ Savitsky, K., Keysar, B., Epley, N., Carter, T., & Swanson, A., "The Closeness-communication Bias: Increased Egocentrism among Friends versus Strangers," *Journal of Experimental Social Psychology 47(1)* (2011):269-273.

来合作安排或操作视觉空间中的一组对象（通常是一组图片，目前研究中一般是借助计算机屏幕来呈现），任务创建了参与者语言生成和理解的特定交流情境。在观点采择的探讨中，这种范式可以便于控制交流者之间的知识匹配性或不匹配性，不匹配性可以设置为彼此视觉情境间的差异、任务中语言指导的差异，或者交流者间实验背景经验和知识的差异，再或者是已有的先前经验间的差异。交流者之间共享的信息被认为属于交流共同基础，而只有一人可获得的信息被认为是其交流中的特权基础（privileged ground）。为了分析观点采择过程，以往研究典型地是使用视觉情境交流任务，集中于分析说者产生的语言表达形式，以及听者在交流中的即时反应——其对语言信息的即时解释特征。

正如 Clark 和 Marshall（1978）所详细阐述的，要想使交流成功，仅仅假设对方知道某条信息是不够的，他们还必须假设对方也同样知道自己知道这条信息。[①] 这种逻辑出现了一个问题：因为这种循环在逻辑上应该是无限继续的，但是，显然，在我们的头脑中无法完整和全面表征这种无限循环的信息。Clark 和 Marshall 进一步指出，交流者可以依靠启发式来评估共享性的知识或共同基础。在这种观点下，交流者进而将明确的相互了解的信息和彼此认为合理的交流假设相结合，用以评估共同基础的特点。不同来源的实验证据一定程度上支持了该观点：这些明确的共享性信息，包括视觉或其他感知为交流互动提供的线索（我们都能看到某个物体或听到某个声音——物理共现）、语言线索（我们以口语谈论某事——语言共现）和文化线索（通常假定美国人都知道美国总统是谁——群体/团体成员身份）。Clark 和 Marshall 强调，彼此间相互了解的信息的证据越强，就越需要假设信息确实是共享性的。

明确性语言表述的产生和理解，涉及与特定交流同伴相关联的记忆表征，这一观点激发了一系列的相关研究。探讨交流过程中语言形式变化性特征的研究，提供了特定同伴影响语言产生的证据，如，向特定同伴重复表达同一对象将触发更短的语言表达；相反，当缺乏交流共同基础时，语言表达变得更为详细和复杂。其他的实验研究证据也同样证实了上述结果：说者在与某领域的专家或新手交谈时，相应地会根据交流同伴特征而调整他们的语言表达形式；当再次面对一个熟悉的或曾经互动过的交流同伴时，说者将继续使用某种特定的方式来谈论一个特定的交流对象，甚至

---

① Clark, H. H., & Marshall, C., "Reference Diaries," in Proceedings of the 1978 Workshop on Theoretical Issues in Natural Language Processing (Association for Computational Linguistics,1978), pp. 57-63.

该表述在当前交流情境下并不是最佳的语言表达方式，重复使用该表述是因为该表述在交流互动的早期曾被交流者共同使用过，彼此共同理解其实际的信息含义；同理，当说者面对一个与自己没有共同基础的交流同伴时，也将相应调整自己的语言表达过程和方式。共同基础知识在特定交流情境下也可以被说者用以阻碍交流互动之外某些人的理解，例如说者有意使用某些旁听者所不熟悉的表达概念或术语，目的是防止他们理解语言信息和读懂自己的交流意图。在语言理解方面，积极参与交流的听者比不积极参与交流的听者表现得更好；这与交流共同基础的建立过程有关，积极听者在交流互动中会即时努力地将交流信息添加到交流共同基础中，不积极的听者要么保持沉默，要么仅以简短的语言回复说者——"yes""ok"等。

　　总之，系列性多主题的实验研究已经证实了交流语言观点采择认知过程特征中的一个事实：交流者在交流互动中将即时表征同伴的观点，并以这些观点或知识来引导自己的语言认知加工过程，包括语言发生和理解过程。

　　在二十世纪九十年代后期，观点采择相关研究文献的重点从探讨宏观层面的语言认知加工，转向探讨共同基础心理表征是如何指导即时交流语言认知加工特征的，特别是即时的交流语言理解。相关领域的研究受社会心理学中主流观点的影响，认为语言交流认知加工过程中的推理和决策始于自我中心，在交流的稍后时期才会逐渐转而表现出观点采择的认知加工特征。比如，早期的实验研究中有研究者探查了交流参与者在即时参照性交流期间的眼动特征，以辨别限制搜索假说（restricted search hypothesis）和不限制搜索假说（unrestricted search hypothesis）间的观点之争，限制搜索假说认为交流者交流之初的搜索就受限于交流者间的共同基础；最终研究结果中观察到的眼动模式，支持不限制搜索假说。即语言理解最初是以自我为中心的，并随着交流互动的发展而不断调整，从而建立共同基础，这类的研究工作最初是受到社会心理学中相关研究领域和观点启发的。同时，这让人自然会联想起关于语境信息在语言加工中作用的争论，这与共同基础建立过程特征的研究争论大约同时发生。

　　在二十世纪八十年代和九十年代，认知心理学的一个主要观点是心理的模块概念化理论（the modular conceptualization of the mind）。模块化下的基本认知系统，包括语言及其子系统（例如，词汇、句法等），信息是按模块分别封装的，意味着每个模块中的加工是独立于其他模块（尤其是更高级的）的影响之外而发生的。在词汇访问或句法分析等领域，认知加工的初始阶段被认为独立于自上而下的语境预期过程，这些语境预期和启发过程仅在交流的稍后阶段中才被逐步集成到语言认知加工过程中。类似地，共同基础可以被看作是一种高度或高级的交流知识，这种知识的建立太费力且需要更多的认知资源，所以，在交流之初不能被纳入最初的、快速的第一阶段语言认知加工过程。事实上，有研究者认为心理的模块概念化理论虽然可以明确解释交流认知加工的运作方式，但并不能很好地解释交流互动中个体对于同伴认知和行为的推理和解释。

然而，随后的研究工作提供了来自不同领域的证据，这些证据反驳了语言加工是从更高级别的知识表征封装中开始的观点。交流中的视觉信息和语境为词汇访问和句法分析交互影响的研究提供了这方面的证据。随之，一种替代性的理论方法——基于限制的词汇理论（constraint-based lexicalist theory）在此时出现。理论假设：交流中存在多个概率性的限制因素同时引导和制约交流语言的即时加工。支持基于限制的句子加工的最早证据来自词汇和句法加工如何受到动词及其论点性质提供的多个线索，以及视觉情境同时影响的研究。其他研究将这些理论解释扩展到观点采择的研究文献中，认为听者对说者的观点知识，是在语言加工的最早时刻，是影响语言理解的线索之一。

例如，Heller，Grodner 和 Tanenhaus（2008）的研究表明，当听者解释暂时模棱两可的语言表达信息时（听者需要在可能的多个指称对象之间进行选择），使用了说者的观点信息，之后在语言互动中明确地使用了该信息以帮助在任务执行中消歧。[①] 这项研究详细分析了听者的语言解释，如图 3-9。

---

① Heller, D., Grodner, D., & Tanenhaus, M. K., "The Role of Perspective in Identifying Domains of Reference," *Cognition 108(3)* (2008):831-836.

图 3-9 Heller 等（2008）研究中的交流任务情境

　　实验中货架上同时存在和呈现了一个靶对象和一个竞争对象，听者依据坐在显示器另一侧说者的语言指导来移动对象。Heller 等研究发现并指出，交流中听者认为说者在表达靶对象时仅使用名词"碗"是不恰当的，因为情境中同时存在一个大碗和一个小碗，说者应该根据视觉情境中对象间尺寸上的比较特征，使用大小形容词，例如"大碗"，来做出修饰性的语言表述。但是研究的一个令人感兴趣的设计，如图 3-9 所示，是货架物品中两个碗和大汽车为交流者双方同时可见，因此这属于交流共同基础中的信息，但是小汽车被隐藏于说者的视线之外，即说者看不到。所以，基于说者观点采择来理解语言的听者，将表现出考虑到了彼此间的视觉差异特征。Heller 等人的理由是，如果语言指称加工最初是以自我为中心的，那么当听到一个在时延上纵向展开的语言表达式时（比如"大……"），听者会认为大碗和大车都是潜在可能的靶指称对象，因为在显示器中两者都有尺寸上的比较性或干扰性对象。然而，如果听者考虑到"说者看不到小汽车"这一客观事实，他们应该排除大汽车。的确，结果表明，听者在听到"大"后，在语音流 300 毫秒的短间隔中——名词信息出现之前，就已经产生了这样的语言期望，即认为说者指的是"大碗"，而不是"大车"。这些发现后来被多个研究在类似的设计中重复证实。这些研究反驳了"自我中心"的语言加工观点（两阶段理论）。因为研究表明：听者在语言加工过程中不断整合关于共同基础与特权基础的信息，这从交流之初就已经开始了。这些发现还为后来更细微解释的自我中心论进一步借鉴，并尝试做出协调性解释，认为交流者在交流的最早瞬间没有整合共同基础与特权基础信息的预期，具体而言，该理论认为，交流中听者将区分立足于共同基础与特权基础信息的语言表达，但是在最早的瞬间，在解释语言时不使用这些信息。

在对以往研究结果的辨析中，本书倾向于从以下几个方面做出理解归纳和解释：

首先，语言认知加工源于语言系统自身的工作方式——心智的模块概念化，即语言加工之初的词汇访问和句法分析是基于模块运行的，是自下而上的加工过程，而非自上而下的语境启发和限制过程，因此共同基础形成于交流后期；

其次，源于交流各因素限制下的认知加工对于交流认知资源的需求更高，不符合交流认知的节省性原则；

再次，交流互动中的共同基础不是完全预置的，是随着交流互动的不断加深而不断扩展、发展的，如双方彼此了解或熟悉程度的加深、对于交流情境认识程度的变化等。

如上所述，尽管更细微解释的自我中心论，想调和解释两种理论之争——限制理论和非限制或两阶段理论，但最终实际上还是属于非限制或两阶段理论。

在语言产生领域中，早期听者设计过程的相关研究，同样受到社会心理学中自我中心偏好理论的影响。例如，监测和调整模型指出，共同基础在最初的语言规划中并没有发挥作用，而只是在延迟的交流进程的第二阶段才发挥作用。在证实这一观点的实验设计中，说者可以同时看到大、小对象，而听者只能看到其中一个对象，比如听者只能看到大汽车而看不到小汽车。在这样的情形下，研究者们发现，在具有时间压力的交流条件下，仅 50% 的语言表述中，说者使用了不必要的形容词（例如，"大"）来修饰和解释靶对象。后来的研究还发现，这种语言交流现象会同样出现在了儿童（5~6 岁）和成年人的交流互动过程中。鉴于这种情况，由于研究的数据结果并没有 100% 证实任何一种观点，所以一部分研究者倾向于从该结果出发支持限制理论，而另一部分研究者倾向于支持非限制理论。

实际上最近的研究结果更倾向于折中看待该问题：交流互动中说者经常表现出对听者观点的采择，以及依此调整的特征，同时也受到说者自我特权观点的影响。例如，当说者提及自己已经学习了的陌生物体的名称时，由于听者尚不知道该名称，说者很少直接使用这些名称或概念；但是他们有时确实也偶尔在语言中使用了这些名称和相应的描述。进一步在特定交流条件下的相关研究也发现：处于交流时间压力下，当说者向他们的听者描述事情的状态，而不是向他们请求某事时，以及当说者在交流任务中的特权地位相对显著时，特权（自我中心）信息的影响可能相对更为明显。因此，虽然交流互动中说者表现出追踪彼此共同基础的显著能力，并且在他们的语言表达中使用这些信息，但是他们似乎并不完全依据听者的观点和知识做出语言调整。针对该问题的研究探讨中有趣的是，在大多数研究中，对交流语言产生中特权基础的分析，已经被用作探查说者是否在语言认知加工中遵循了听众设计过程。然而，研究者可能忽略了这样一个事实，即说者经常需要利用特权信息来辅助语言表达，以便为交流做出适当性的自我贡献，或附带有某种针对交流互动的自我提议；显然事实上，如果我们只谈论彼此已经知道的事情，谈话会相当乏味，而且似乎直到交流结束，我们可能也都不会有什么太多的交流收获。那么，听者设计的"不完整"性质是否反映了说者避免自我中心主义能力的有限性呢？或者它是否反映了一个在相对平衡中发生发展的语言交流系统呢？这仍然是一个有待进一步分析和思考解决的问题。

三、观点采择认知过程发生发展的特征

如前所述，语言加工可能最初是自我中心，这产生于社会心理学的某些观点和交流认知努力过程特征的假设，这其中可能决定于语境信息的预期性对交流语言解释的影响表现出延迟特征。然而在实证研究的各领域中，有部分研究通过确凿的证据表明，听者可以从交流语言认知加工的最早时刻便使用说者的知识状态等信息来理解语言。实际上，从观点采择探讨的折中角度出发，一方面交流之初交流者可能即开始考虑同伴的认知状态；另一方面交流情境因素的影响可能是延迟影响交流语言认知加工的。这样一定程度上可以调和"限制和非限制理论"间的绝对对立。这样关于交流语言认知加工特征问题的探讨方向，已经从人们是否可以使用观点采择，转变为何时以及如何使用这种类型的信息。

这一研究方向的转变促使研究人员开始探讨观点采择是如何影响语言加工方式和过程的。一个重要的研究思路是分析情景性交流的特征和现象，例如共同基础建立的特征，共享性经验对对象语言标签建立的影响，空间语言认知的特征，影响对共同基础和特权基础注意的认知因素和交流因素，以及多方交流的语言认知机制和多模式交流的语言认知机制等。第二个研

究思路是探查交流同伴特征是如何影响语言加工的，包括对于不同社会群体成员行为的定型观念，以及认为交流同伴具有某方面认知和语言能力或缺陷的交流情形。其余的研究重点关注了对交流同伴目标和信念的表征问题，包括错误的信念、交流同伴在情境中可能采取的行动，以及交流同伴保守秘密的愿望等。综上所述，上述的系列研究工作已经探讨了影响观点采择如何引导语言加工过程的广泛因素。

围绕观点采择认知过程发生发展特征进行探讨时，一个相关的问题是交流者的认知差异问题，它限制了与交流互动相关的信息对语言认知加工的影响特征。至目前，研究领域中已经提出的系统性限制因素主要包括记忆容量的限制性和认知控制过程特征。应当注意，还有研究者进一步提出，交流者个体间的差异性与个体间语言经验经历的差异性有关。在观点采择研究领域中，关于工作记忆、认知执行功能过程的个体差异与观点采择行为之间关系的相关研究，一种观点认为，交流者在交流互动过程中需要解决多种限制因素间的竞争性问题；另一种观点则认为，这种联系关系揭示了观点采择认知加工过程是相对"费力"的，不经济的，以至于可能导致观点采择过程有时不会常规性地出现在交流互动中而影响语言认知加工，尤其是儿童间的交流互动。然而，也有证据表明，儿童确实可以成功地在某些情况下使用观点采择过程来加工语言信息；此外，儿童交流互动中认知执行功能的发展还与儿童在语言加工中使用观点采择的能力有关。总而言之，在儿童和成人的实证研究中均有证据已经证明了，认知执行功能和观点采择之间的联系性。然而，从交流语言发生和语言理解两个方面的研究现状看，需要注意的是，已有研究未能发现成人认知功能间的个体差异与语言理解中观点采择间的实质性联系，这是交流语言认知研究中的一个相对偏颇和薄弱的方面，这可能会对早期的研究发现和适用性提出质疑，实际上，已有的研究报告中，个体间观点采择差异性探查方式的可靠性相对不高。因此，为了在这个研究问题上取得进一步的进展，有必要首先确定，保证实验研究的内部效度应该是评价和分析观点采择认知过程特征的前提。

虽然通过对文献进行整理，甚至元分析，已经明显提高了研究者们对影响观点采择过程因素的理解，但是对交流互动中自我中心认知问题的争论和进一步探查，仍然没有停止过。

（一）互动校准理论

交流互动认知的探讨中，一个有影响的理论解释是互动校准理论（interactive alignment）：语言交流中，说者和听者间将校准彼此的认知和行为。[①] 假设校准在所有的语言认知表征水平上都起作用，从句法启动（其中交流同伴更有可能重复使用先前产生的或先前听到的句法结构）到语音调整（交流双方在语音特征方面变得更加相似）等。Pickering 和 Garrod（2004）以该理论为核心指出，观点采择行为是通过相同的启动机制产生的，这导致说者和听者对语言交流有相似的认知理解和行为期望，而无需不断地计算和整合共同基础的明确表征。互动校准理论之所以有吸引力和影响力，是因为它从更一般的交流认知机制中"免费"地"购买"了观点采择认知和行为，如记忆中语言惯用或特定形式的激活。

互动校准理论可以用来解释语言交流中的某些具体现象。例如，交流语言互动中的概念约定（conceptual pacts）现象（参照惯例的建立），是指针对特定交流对象而发生的默契概念化过程，这反映在交流语言信息中特定词汇的带入过程（例如，称一个对象为"闪亮的圆柱体"还是"银管"），已经被带入到交流语言中的特定术语往往会持续出现在交流语言的互动中，这样说者在与同一同伴交谈时，将继续使用这些术语，但在与新同伴互动时使用较少。这种行为也反映在语言理解过程中，当听者的同伴（说者）继续使用他们之前开发和使用的特定术语时，他们将能够更快地解释语言的指称和表达，但是如果说者采用新的术语来指称先前的交流对象时，语言解释过程相应将减慢。概言之，在交流语言校准后，当说者产生一个特定的语言表达时，这种语言形式为说者自己和听者创造了在各个水平上认知表征的激活。这可以解释为什么说者重复使用特定术语来指称特定的对象，因为该术语已经被激活；以及为什么这种重复使用在新同伴中较少被观察到，因为该术语仅与建立语言约定的特定同伴相关联。

进而，互动校准也可以解释为某种语言理解中的"同伴特定性效应"。例如，当同一个说者重复使用诸如"闪光圆柱体"之类的语言表述时，可观察到的交流便利性被解释为在听者头脑中激活了特定语言表征的结果。当同一个说者"违反"约定或协议时，与一个新说者相比较，就可以发现交流惩罚源于同一个说者（但不是新说者）已经预激活了前一个术语（"闪光圆柱体"），但其实际的语言表述却违反了该约定。总而言之，与概念约

---

① Pickering, M. J., & Garrod, S., "Toward a Mechanistic Psychology of Dialogue," *Behavioral and Brain Sciences 27(2)*(2004):169-190.

定相关的效应可以通过概念校准的认知过程来解释，从而能够提供在不需要计算显式或明确共同基础复杂过程的情况下，如何实现观点采择认知过程和行为反应的解释。

然而，这种互动校准方法的解释力可能也是有限的。因为校准不只是在概念层面上操作的，而是在语言表达的所有层次或水平上发生的。与概念水平校准的解释相平行，互动校准认为：特定语言表达式的句法结构被激活（以及重新激活）后，将在语言对话过程中得以持续保留。但遗憾的是，这种互动校准的假设并没有得到实证结果的证实，不仅没有观察到这种持续保留，事实上，语言表达的结构通常是随着交流时间进程的发展而变化的，随着谈话的进行而不断变短，例如，从"有两只胳膊的人溜冰"变化为"溜冰者"。目前尚不清楚互动校准理论是否能够解释以及如何解释语言表达式随时间变化而发生的句法形式不断变化的现象。这是未来研究应该延伸和深入分析的一个研究内容。

（二）基于记忆框架的解释

Horton 和 Gerrig（2016）提出了一个不同的认知解释机制：观点采择过程的具体特征可能来自一般性的记忆过程。[1] 他们提出，通过共享性的交流经验和经历，人们形成了记忆痕迹，其将特定同伴与共享性的经历经验内容联系在了一起。从这个观点来看，当说者准备引用特定的语言表达式时，听者充当了该语言信息的记忆提示线索。这个过程导致说者在引用语言表达式中使用了共享性信息，例如，使用对象的共享名称（"闪亮圆柱体"）而不是非共享名称（"银管"）指称该对象。基于记忆框架的解释也很有吸引力，因为与互动校准理论一样，它衍生了基于一般性认知机制的解释观点，这不同于基于交流共同基础的解释。

实证研究的证据已经表明，观点采择过程确实与共享性的经历经验有关。例如，研究结果显示，通过与听者共享学习经历经验而获取共享性信息时，与简单地告诉说者听者共享该信息时相比，说者能更好地区分共享性语言标签和特权性语言标签。[2] 然而，并非所有的共享性信息都是基于直接经验得来的。例如，Isaacs 和 Clark（1987）研究了基于团体成员身份

---

[1] Horton, W. S., & Gerrig, R. J., "Revisiting the Memory-based Processing Approach to Common Ground," *Topics in Cognitive Science 8(4)*(2016):780-795.

[2] Gorman, K. S., Gegg-Harrison, W., Marsh, C. R., & Tanenhaus, M. K., "What's Learned Together Stays Together: Speakers' Choice of Referring Expression Reflects Shared Experience," *Journal of Experimental Psychology: Learning, Memory, and Cognition 39(3)*(2013):843-853.

的共同基础：[①] 他们让纽约人（"专家"）和非纽约人（"新手"）完成订购纽约市地标明信片的任务，这项任务执行了六次，每次他们把明信片排列成不同的顺序。尽管参与者未被告知他们对纽约商学院可能有不同的了解，但在第一次完成任务时，专家说者倾向于在与其他专家互动时使用不加修饰语的名称（例如"洛克菲勒中心"）。当与一个新手同伴交流时，则倾向于详细描述（例如，"有很多旗帜的洛克菲勒中心"），研究中引人注目的是，这种对同伴专业知识（或缺乏专业知识）的敏感性，在交流互动中很早就显现出来，甚至在首次讨论所有卡片之前就出现了，这种模式表明，说者能够迅速推断并根据同伴的知识状态做出语言调整，这可能是基于对方的口音，或者是基于他们对第一张卡片描述的反应。正如 Horton（2005）所指出的，基于团体成员身份推断共同基础的过程不是借助联想记忆机制的，而是需要记忆表征的策略性使用。[②]

针对特定听者，说者怎样以及何时计算出哪种类型的语言指称形式能够保证交流成功，仍然是一个悬而未决的问题。解决这一问题需要更好地理解关于他人知识的表征是如何存储在记忆中的，以及如何在语言产生期间访问和提取它们的。研究者们已经看到，一些反映观点采择行为的语言学现象，可以"无偿"从一般、非专用的认知过程中产生，这些过程不需要外显地计算共同基础的明确内容。然而，这些一般性的过程似乎不可能单独被用以解释迄今为止在文献中已经观察到的观点采择过程中认知和行为特征的所有方面。此外，这里讨论的两个理论解释机制均集中于共享性信息，并没有涉及和讨论语言交流中依赖于非共享性（或私有）信息的现象，实际上，这些信息在观点采择过程中也可能发挥了重要的作用，但往往被研究所忽视。

四、观点采择研究的潜在问题

观点采择过程是复杂的，因为在实际的研究中无法直接访问和了解同伴的具体观点，所以观点采择过程需要交流者推断同伴所知道的，这是在特定的交流语境中基于多个概率性线索而做出的推断。而且该过程是随着交流时间进程而不断更新变化的，很明显，语言发生和理解过程均是非常迅速和有实效的。早期的研究试图解释观点采择是如何即时完成的，认为

---

① Isaacs, E. A., & Clark, H. H., "References in Conversation between Experts and Novices," *Journal of Experimental Psychology: General 116(1)*(1987):26-37.

② Horton, W. S., "Conversational Common Ground and Memory Processes in Language Production," *Discourse Processes 40(1)* (2005):1-35.

该过程采用的是一种启发式，比如借助自己的知识替代性计算别人的知识。后来的研究尝试采取了不同的方法，承认观点采择的确发生了，但认为它是其他交流认知过程的"副产品"。这些研究思路和观点都很有吸引力，因为它们提供了各种方法和途径来理解复杂的心理表征是如何进入快速语言加工过程的。然而，单凭这些过程不可能解释观点采择的所有方面。未来，有必要更详细地发展出解释观点采择的各种认知机制。

一个重要的研究路线和思路是开发计算模型。首先，从多个概率性限制因素引导语言理解的观点出发，预测不同的信息源影响听者观点采择过程的程度，以及彼此间的交互作用关系。语用学文献中出现的一类计算模型是概率贝叶斯模型。在这些模型中，听者根据最可能影响说者语言的交流背景进行推理和计算，从而形成解释。这些模型具有几个重要的性质。

首先，这些模型的概率性质抓住了这样的一个事实：解释本身包含不确定性——听者推断说者的语言意图，但是从来都不是直接获得该语言意图的。其次，模型的概率特性还允许考虑具有干扰性的语境因素。最后，这些模型反映了关于语言理解与生产之间关系的一个清晰的假设，其中理解者对当前说者语言的推断，是以自己过去对语言生产模式的相关经验为基础的。在观点采择领域中，一个代表性的模型是 Heller, Parisien 和 Stevenson（2016）提出的，它模拟了交流同伴之间知识不匹配的不同情况下，听者对语言指称表达式的理解，该研究演示了概率方法如何能够解释，以先前语言互动经验为支撑的不同认知机制的不同定性效应。[①] 当前贝叶斯模型的一个限制是它们只能解释高度简化的交流情形，这些情形是从语言交流的许多方面或层面中抽象出来的。然而，未来需要发展一个量化的针对观点采择的理论框架，以使研究者能够对语言互动中的观点采择认知和行为特征进行定性和定量的解释和预测。这样做还可以提供一种在统一性、系统性的理论框架内，将各种研究发现融合起来的方法，也有助于解释相互对立的计算理论框架。这其中，一个重要的问题是人类在语言加工过程中是否是"理性"的或者理性是否是有限的；此外，在特定的交流领域中什么是合理的语言交流行为，值得进一步探讨。例如，

---

① Heller, D., Parisien, C., & Stevenson, S., "Perspective-taking Behavior as the Probabilistic Weighing of Multiple Domains," *Cognition 149*(2016):104-120.

Brown-Schmidt（2012）[1] 以及 Brown-Schmidt 和 Fraundorf（2015）[2] 发现交流情境中的信息并非全部进入到语言交流的共同基础中。再比如在倾听你的同伴时，点头并说"嗯，嗯"，在交流互动中是常见的，这表明听者可能无法完全理解语言中的有用信息———一种有限理性。那么，在观点采择的领域中，解释交流者是否、何时以及如何理性地采用观点采择过程的问题可能适合采用建模的方法。

　　然而，目前的计算方法并不直接涉及观点采择背后的认知机制。因此，未来研究的另一个目标将是理解观点采择过程中基于记忆表征的认知机制，以及这些记忆表征在语言加工过程中是如何产生的。例如，这可以解决以下问题：共同基础的肯否式的表征（例如，交流者表征或未表征共同基础）或梯度表征（例如，对于共同基础表征的程度有多大，交流者部分性理解共同基础）。其他表征问题包括共同基础表征是单维的，还是在多维矩阵中表征的。矩阵表征的解释源于共同基础来源的不同证据，例如，物理共现、已提及的语言、团体成员身份等。理解支持不同类型观点采择过程的神经生物学系统，有助于洞察观点采择何时和如何影响语言加工。还有对记忆机制的考虑，例如语境信息的再提取如何影响观点采择的。例如，记忆研究文献中一个众所周知的发现是生成效应，像根据三个字母提示生成一个单词，比简单默默地学习那个单词将产生更好的记忆。而交流者记忆的研究表明，说者确实比听者表现出更好的项目记忆，这些发现表明，在交流中说者和听者间认知和行为的一致性程度可能受记忆特征的限制。此外，研究还提出了一个问题，即说者和听者是否以及何时意识到彼此的记忆或记忆的限制性，因此，未来应探查研究观点采择中语言和记忆的关系。以往研究提出了这样的一个问题：一个理想的观点采择过程是基于共同的交流经历，还是基于说者和听者对交流经验的记忆，这两者是不完全相同的。

　　未来研究的另一个重要方向是扩大研究观点采择现象的范围。研究者们首先应该考虑这样的情况：有两个来自相同概念水平的对象，例如两棵树，并且听者知道它们的名称，例如，"a Sycamore tree"（一棵梧桐树）和"an Osage Orange tree"（一棵桑橙树），假设说者只知道其中的一个名

[1]　Brown-Schmidt, S., "Beyond Common and Privileged: Gradient Representations of Common Ground in Real-time Language Use," *Language and Cognitive Processes 27(1)*(2012):62-89.

[2]　Brown-Schmidt, S., & Fraundorf, S. H., "Interpretation of Informational Questions Modulated by Joint Knowledge and Intonational Contours," *Journal of Memory and Language 84*(2015):49-74.

字（例如，a Sycamore tree）。当说者说"the tree"时，尽管有两棵树，听者还是可以推断出她所指的不是 the Sycamore，那么听者是如何理解的呢？如果听者访问了记忆信息，那么这两个对象都是很好的备选对象，因为它们都符合语言描述"树"。为了找到正确的靶对象，听者必须不仅访问与对象有关的记忆信息，还需要访问与说者特征有关的记忆信息，最终执行一个计算过程，得出说者语言所指的靶对象。为了做到这一点，听者不仅需要决定在这种情况下说者最有可能使用哪种指代词，还必须计算说者对每个指代词使用的不同语言形式。这是一个复杂的计算过程，似乎需要基于过去建立的共同基础，来做出外显性推理，并且无法通过启动或联想机制来实现。

和上述例子一样，很多关于观点采择的研究都集中在语言指称方式上，特别是明确的指称表述，也许是因为在实验室里使用参照性交流任务很容易研究这些形式。虽然语言指称现象已经教会我们很多关于观点采择的知识，但是指称表达式通常编码共享性信息的事实，已经导致该领域对共享性信息在观点采择中的作用，给予了特殊或不成比例的关注，而私有的特权信息的作用，在交流认知研究中已被排除在通常的考察范围之外。未来的研究将需要扩大观点采择的研究范围，使其超越狭隘的语言指称的研究，更详细地研究和分析其他语言形式（如词汇问题），交流的其他方面（如手势和语言描述的关系问题），以及更高层次的语言决策问题（例如，根据交流的目标选择同伴：如果牙齿疼就打电话给牙医，如果想卖掉房子就打电话给房产中介；还有根据交流对象选择语言：在家里对自己的孩子说汉语，但在员工面前说英语等）。

另一个值得进一步关注的领域是交流者之间出现的知识错配或失配类型。值得注意的是，大多数研究探讨的是观点采择中的一级知识失配，即一方知道而另一方不知道特定信息的情况，这典型出现在发展性研究文献中；只有少数研究探查了二级知识失配，比如双方间的差异信息并不对等。研究的结果喜忧参半：一些研究发现这种失配引发交流者的调整性行为，而另一些研究则发现这种类型的失配更难加工。面对这种差异，虽然一些研究人员似乎将观点采择过程等同于心理理论，但也有研究者认为观点采择过程来自普通记忆过程，还有研究认为是基于简单的二分（肯否）线索。因此，研究不同类型的知识失配将有助于推动交流语言加工中共同基础和心理理论表征之间关系理论的发展。

日常语言交流是由"我们知道和不知道对别人做什么"来引导的。这些知识指导我们与谁交流，以及如何交流。理论和实证研究的重点在于交流社会认知过程，其支持语言生产和理解的具体特征，这与交流者对特权基础和共同基础的认知表征有关。研究者们对这些过程的理解受到其他心理学领域传统理论的影响，包括认知发展、社会心理学和决策学等。早期研究着眼于交流中是否可以即时发生观点采择的探讨，当前着眼于影响语言加工中观点采择的因素，未来该领域应该试图理解交流者在认知中是否也集成了交流中的干扰信息，或者利用启发式和其他非外显的认知加工机制，来简化复杂的交流认知加工过程。未来可能需要开发语言交流中观点采择的计算模型，考虑编码观点采择表征的认知机制，以及将研究领域扩展到参照性交流过程之外的语言交流领域之中。

五、启示与展望

综合本章而言，语言交流产生的认知加工过程涉及多个交流者间的共同合作互动关系，在交流社会认知的研究背景之下，通过分析语言认知加工过程和特征，不论是在实验室环境中，还是在更自然的现实环境中，探讨的中心是相对一致的，如语言参照惯例的认知特征、听者设计认知过程、交流共同基础的形成和内容等。归结为一点，交流语言认知是交流社会认知的集中体现，语言互动过程是交流互动性的显性表现，语言认知协调过程是交流者交流社会认知共享性的形成过程。

因此不难理解，日常生活中更容易理解交流语言，而不是独白语言；虽然交流语言更容易理解，但交流语言认知却相对不容易解释，这源于语言交流过程是一个协商、试误和合作的过程，在特定的交流情境下其具有发生大量可能性的特征。当前越来越多的研究倾向于关注交流合作互动和语言媒介的认知收益，相对忽略了交流语言认知的细节和一般性问题的界限。实际上，以往研究间的理论和解释差异，一定程度上源于实验变量多寡和择取的不同，以及研究方法的差异，这可能形成一种比较奇怪的现象：一方面，同类研究可能支持不同的结果和结论；另一方面，尽管不同类型的研究在研究方法等方面存在差异，但是基本数据可能支持相同的结果和结论。所以，未来研究者也应该相对关注已有结果的元分析，理想情况下，元分析也应该保证研究的可重复性和可验证性，这有助于对交流语言认知形成某种程度的共识，也为未来的进一步探查提供较为牢靠的基石。

另外，从上述所提及的交流语言认知研究的复杂性和多样性角度出发，未来研究从方法学的角度应该重视的是，交流语言认知理论的解释过程中，需要更多地考虑相对效应大小而不是仅仅关注显著性的效应。因为交流语言认知研究存在如上所述的众多干扰性问题，实验效应小可能源于某种实验因素的影响或控制，所以研究者应该增强对这类效应的关注和实验设计的进一步改进及深入探查。同时，研究者们面对一场语言交流，不论如何分割交流者间共同的参照意图和分歧意图的比例，均需要理解，任何一个特定的语言交流对于共同性的参照意图均有一个最低的限度要求，一个真实的语言交流允许多大程度的误解，是无法通过抽象公式来表达的，通常仅仅在特定交流过程中才会有具体答案。在一些有趣的交流情境下，交流参与者在找到解决争执的方法之前，他们可能需要在交流互动中充分进一步想象，以便确定争执发生在哪儿，它是怎么开始的，分歧的重要程度等。语言交流中共同意图澄清过程有利于交流者更深入地参与到交流互动过程中，从这一点出发，语言语义分歧的澄清或共同参照意图的深入建立，对于特定交流命题水平上交流观点分歧的解决是有帮助和价值的。考虑到这一点，就应该鼓励研究者在产生假设时尽可能透明地说明实验设计方法，这是提高心理研究清晰度和促进心理学可重复性的重要步骤。

第四章　交流语言认知理论

　　真实交流情境中，在交流双方身份、经历、目的性、情境复杂性等多种因素的影响下，交流者的语言信息特征表现出一定的特定性和多样性。例如：

　　桌子上摆放着一个苹果，一个桃子，我们可能会说："我想吃苹果。"

　　但是，如果要求被拒绝，为了加强语气，会说："我要吃那个大红苹果！"

　　显然，此时语言中的"大"和"红"两个修饰语，相对于水果的选择和特指而言，是多余的"语言信息"。然而修饰语的存在使得交流同伴明确了说话者需要的决心和急切性……

　　再例如：

　　桌子上摆放着一个苹果，一个柠檬，我们可能会说："我喜欢那个甜水果，不喜欢酸水果。"

　　尽管"甜水果、酸水果"这样的表述太过于宽泛，但是我们都能够轻而易举地区分苹果和柠檬，此时交流语言相对于"苹果、柠檬"两个概念而言，相对显得"信息过少"，却并不影响交流的质量……

第一节　交流语言信息理论

　　交流语言认知过程和个人自我语言认知过程显著不同，这典型表现在特定交流情境的影响性，交流语言的人际互动性，交流语言的现实功能性等，这些复杂的特征和加工过程可以集中表现和反映在交流语言信息的具体特征之中。本节将探讨的重点集中于交流语言信息方面，介绍、归纳和评述有关交流语言信息的理论和观点：Gricean 理论及发展、语言心理学理论的解释。①

---

① 　张恒超：《交流语言信息的认知理论》，《心理技术与应用》2018 年第 6 期，第 334—342 页。

交流是个体间人际互动的一种典型方式，交流参与者在人际相互作用过程中主要借助语言媒介相互沟通信息、互换经验、传递期望和建立假设等，随着交流回合的不断发展，进而形成某种共享性的交流观点和意图。在交流集体责任、合作性和共同目标的基础上，交流者通过人际互动不断实现从个体认知向公共认知的转变；这恰是交流语言互动认知过程和个人自我语言认知过程间的显著差异。概括而言，交流语言认知过程的复杂性集中体现在两个方面：一方面，交流语言的发生发展过程相对更受特定交流情境、交流人际"冲突－协调"转换过程，以及交流合作性和共同目的性等特征的限制，即交流语言认知过程表现出特定性、复杂性、多样性、变化性和灵活性等一系列特点。另一方面，交流语言认知过程的发生发展受制于特定交流情境中非语言媒介和因素的影响，也就是说，交流互动过程中语言不是唯一的媒介，交流互动媒介还包含了大量的非语言媒介、线索和因素等，像表情、交流者彼此间的特定关系、交流者特定的团体成员身份和专业知识背景等，这些非语言媒介和因素和语言媒介在特定交流情境中相辅相成，共同促进共享性交流认知和行为的建立、完善和保持，因而决定了交流语言认知加工过程的复杂性、限定性和独特性等特征。

从交流语言信息特征的角度出发，在交流语言产生和理解的大背景中，存在两个重要而显著的影响因素——交流互动的特定情境、交流者所特有的知识状态，两方面共同影响着交流语言信息的选择性加工和表达理解的方式及过程。任何现实性的语言交流互动，交流者从交流的初始阶段就已经表现出对交流的特定物理情境、交流者彼此间特定知识状态的考虑，并将相关性的信息选择和合并入语言的具体表达过程中（说者语言的发生过程），以及交流语言信息的特定解释过程中（听者语言的理解过程）。因此，交流情境和交流者的知识状态影响着每一次互动中交流语言信息的具体特征和变化性。

一、Gricean 理论及发展

针对交流语言信息特征的探讨，Grice（1975）早期提出交流者彼此间的"合作性"将引导听者假设同伴（说者）会向自己语言传达特定交流情境下的充足性信息。具体来讲，在特定的交流情境中，说者应该提供足够详尽的语言细节，以允许自己的同伴（听者）准确鉴别语言指称的交流对象，同时还应保证语言表述中不存在多余的额外信息；反过来，听者也同样使用这一语言期望性来解释说者所传递语言信息的恰当内容。进一步而言，说者对语言最佳信息量的估计如果出现错误，或者如果说者无视"交流合作性"规则，那么，听者要么需要针对"信息不足的语言"推论出遗失的信息，要么需要针对"信息过多的语言"筛选出多余的信息，这样才可以保证准确理解说者真正的交流意图和期望。显然，一方面此时的说者是"不称职"的，其忽视和违背了交流合作规则这一语言发生的前提，这对彼此交流合作互动效率效果的损害是显著的，因为语言信息表达的不恰当带来了交流认知间的分歧；另一方面此时的听者需要付出更多的认知努力，通过借助更多的交流认知资源来推理语言交流的真正含义。概括而言，"Gricean 理论"是以"交流人际合作性"为基础而提出的，其是交流语言的合作规则，体现了交流语用特征对交流语言信息的基本性假设与要求。

（一）Gricean 理论

Grice（1975）提出的交流语言"合作规则"，成为交流语用学研究领域中的一个重要和有影响力的观点，其重视交流语言人际互动中的一般性合作特征，能够提供交流者彼此间传递和理解语言中"言外之意"的合理解释。交流语言"合作规则"假设说者在互动中是理性的，方便了听者对语言信息所做的适当性推理和解释。[①]

Gricean 理论阐述了"语言合作规则"中 9 个具体化交流规则，归纳而言，涉及交流语言的四个方面：数量、质量、关联和方法，如表 4-1 所示。

表 4-1 Gricean 理论的交流语言合作规则

数量	质量	关联	方法
交流语言必须能够"提供信息"（针对交流目的），符合"交流情境的需要"	交流语言不能包含错误的信息	语言表达应具有关联性	交流语言应避免表达不明
交流语言信息不能超出"交流需要"	交流语言不能包含缺乏充分证据的信息	——	交流语言应避免歧义
——	——	——	交流语言应简洁
——	——	——	交流语言应有逻辑

---

① Grice, H. P., "Logic and Conversation," in P. Cole & J. Morgan (Eds.), *Syntax and Semantics, 3: Speech Acts* (New York: Academic Press,1975), pp. 41-58.

举一个简单的例子，如果说者语言提及"长桌子"，其听者自然会推理认为当前的交流情境中还有一个"短桌子"或"方桌子"。听者所做的语言推理是建立在说者遵循了"交流语言的合作规则"这一假设和前提之上的，故此，双方都理解说者语言中的修饰性词汇暗指出了"短桌子"或"方桌子"这一未表达的信息和潜在存在的比较性对象。这便不难看出，Gricean 理论所提出的"交流语言合作规则"，强调了交流者彼此间对语言可以提供最佳交流信息的共同期望，这使得具体语言互动过程中，听者能够合理而恰当地推理出交流语言的准确信息，该信息可能又高于和不完全等同于语言的字面义，这是未参加交流互动的个体所无法理解和分享的。换言之，交流语言信息的具体特征源于交流合作互动情境的约束性，语言与对象间的特定联系性因交流情境、交流合作目的而不断调整。

Gricean 理论同时对交流双方的语言认知和行为做出了解释，对于说者而言，语言交流过程中应当以共同的交流目的为核心遵循上述语言表达规则，同理，听者期望说者提供符合规则的正确数量的恰当语言信息，而且该语言信息的表达是正确的、相关的和清晰的，交流合作任务的顺利成功实现依赖于交流者彼此间这些共同的交流期望和假设。也正是基于上述阐述，Gricean 交流语言合作规则能够解释针对交流语言隐含义的自觉认知推理过程。譬如：

A：我们还缺少芥末酱。

B：商店现在还开着门。

从交流语句的字面内容来看，B 的呼应语似乎和 A 提出的具体问题有些脱离；但是，基于 Gricean 理论的合作规则，我们就可以明确并解释 A 和 B 双方间语言交流互动过程是合理的。A 理解并认为 B 的语言互动是恰当的，也是在合作性地帮助自己解决现实问题，不会认为 B 的语言脱离了当前的即时交流主题；更进一步，A 也完全可以自然地理解 B 语言中恰当的信息含义，需要自己进一步根据交流语言字面义和彼此间的合作互动逻辑来推理，最终 A 明白 B 在告诉自己"商店现在还开着门，你现在马上去商店，还能够买到芥末酱"。虽然 B 交流中所表达的语句，其字面义或基本义，与 A 的话语没有直接的关联，然而交流双方默契认为彼此的语言互动回合中所表达的隐含义是密切关联的，并且 A 能够即时对 B 语言的隐含义做出正确而恰当的推理，也自觉认为 B 的语言互动是合作的、友好的，这似乎也不需要付出明显的认知努力；同理，B 也自然认为自己是针对 A 的问题做出了回答，提供了自己所拥有的有助于 A 的合作性信息，自己是合作的，也自觉认为 A 会正确理解，最终交流者间的语言互动过程是协调的、成功的，彼此对交流语言互动过程均是满意的，也现实性地解决了特定的交流问题，语言交流回合也体现了 Gricean 理论中的交流语言合作规则。事实上，Gricean 理论的交流语言合作规则假设，交流互动中交流者彼此拥有的特定知识经验可以形成并有助于理解语言沟通中的隐含义，除了真正根据语句的字面来表达和理解之外，交流双方利用了 Gricean 理论合作规则中的"关系规则"来完成了隐含信息的沟通。不难看出，交流语言在字面上的看似脱离，实际上恰恰体现出彼此对关系规则的遵从，换言之，正因为交流语言在字面上"违背规则"才使得在特定的交流情境下产生了某种特定的隐含义，并引导交流同伴进一步寻找字面"违背"行为发生背后的合理原因，实际上现实交流互动中，语言中的一般性隐含义是很容易被交流者自觉推理和理解的，这最终体现了对"合作规则"的遵循。

围绕着交流语言合作规则，Grice 在之后的相关研究和理论探讨中，又进一步重申和简化了两个数量规则：

数量 –1 规则：不要表达低于要求的过少信息。

数量 –2 规则：不要表达高于要求的过多信息。

Grice 进一步强调 9 个交流规则表现出一种不平衡状态，例如"数量 –2"规则和其他的规则相比较而言就相对不重要。实际上，Grice 认为在某些交流情境下，尽管说者违背了"数量 –2"规则，即交流语言内容中包含了超出交流要求的多余信息，但是原则上也可能并没有违反语言交流的合作规则，仅仅导致彼此浪费交流互动的时间，多余信息一定程度上可能让人迷惑，甚至还可能产生某种临时性的片面或错误想法——同伴针对交流语言做出了非恰当性的认知推理。所以，语言交流互动过程中交流者如果违背了"数量 –2"规则，不会明显增加说者一方的认知负担，但可能会激发听者一方不必要的认知推理过程的发生（基于交流互动中的各种限制性因素，该过程通常会很快终止）。

语言交流过程中，相比较而言，交流者违背数量 –2 规则通常不会直接威胁到交流目的的成功达成，但是如果违背了数量 –1 规则却能够明显威胁到彼此间的交流合作目的。譬如：A、递给我苹果；B、递给我小的红苹果。

相比较，A 句子是典型的信息不足的语言表述，听者不能辨明说者所指的苹果到底是哪一个；B 句子又是典型的信息多余的语言表述，因为两个形容词修饰语分别限定了对象"苹果"的两个不同维度上的特征，尽管有一个维度是多余的，但是并不影响同伴对靶对象的辨别和选择。现实交流互动中，交流者可能对违背数量 –2 规则的语言相对更为宽容并接纳，但也可能存在某种超越了特定交流情境下数量规则的潜在性影响。再看如下的语言互动：

A：我正在操办一个晚宴，还需要四把椅子。

B：约翰家里有六把椅子。

按照 Gricean 理论，B 的呼应语似乎是违反了数量 –2 规则——A 还需要四把椅子，不是更多数量的椅子。上述的语言交流回合就需要 A 从 B 的语言中即时推理出合理的解释，该前提是 A 假设 B 是合作的、友好的和提供帮助的。当然，在现实交流中，上述语言交流情形较为常见，我们似乎也不以之为奇，因为我们理解：B 提供过多语言信息的目的不仅是告诉 A 问题该怎样解决，还潜在传递出了约翰借椅子给 A 的可能性——因为约翰拥有的椅子数量远远超过 A 所需要的数量。

每天生活中的语言交流互动都可能发生类似的情形，可以明显看到，当具有特定交流情境特征的支持时，交流者能较容易地加工和对待"提供过多信息，即违背数量 –2 规则"的语言互动现象。再如下面三个语言互动的例子：

① A：你去哪儿度假了？

B：去了法国南部，乘火车去的。

② A：她挣了多少钱？

B：500 元，我知道，因为是我做的工资名单。

③ A：这附近有车库吗？

B：拐角处有一个，但今天关闭了。

这三个例子中的每一个，B 提供的语言信息均明显超过了 A 所提问的范围。通常情况下，A 是如下对待每种语言交流情形的：第一个例子中，同伴 B 提供过多的语言信息是意在向自己表明其假期是"低碳"的——其对乘坐火车出行感兴趣。第二个例子中，B 的赘余啰嗦性解释，潜在目的是避免仅回答前半部分让 A 疑惑或引发不必要的争议。第三个例子中，B 语言中多余的补充性解释，可以现实帮助到 A，这基于 Gricean 理论中的"关联"规则，也就是说 B 知道自己的语言信息过多，但却有助于降低 A 的误解和认知努力。

综合而言，Grice 所提出和强调的 9 个交流规则处于一种不平衡的状态，其中针对交流语言信息特征的观点，Grice 认为"数量 –1 规则：不要表达低于要求的过少信息"相对来讲是更为严苛的交流语言标准；在特定的交流情境下，"数量 –2 规则：不要表达高于要求的过多信息"从字面义来看可能是属于信息过多，但是其潜在的隐含义一旦被交流者彼此间加工理解，这些看似多余的信息对于特定的交流情境又属于恰当的最佳信息。

（二）后 Gricean 理论

后 Gricean 理论以 Gricean 理论的基本观点为核心，进一步丰富和发展了 Gricean 理论的交流语言合作规则，重点是对"数量规则"做了重新阐述。代表性的是 Horn（2004）[①] 和 Levinson（2000）[②] 的研究和相关的理论观点。他们进一步精简了 Grice 针对交流语言的推理性解释，具体而言：Horn（2004）认为交流互动过程中语言的丰富性特征，根本上是源于交流者的特定交流意图；与之不同的是，Levinson（2000）指出交流语言的词汇或句法结构特征，在特定的交流情境下将引发相应的自动化的认知推理，该过程相对并不依赖交流者的特定交流意图。

从交流认知的节省性原则出发，Horn 发展和推动了关于交流语言的认知推理性解释，其理论围绕着交流语言的"质量"这一核心，提出用两个更为一般性的规则来代替 Gricean 理论中的数量规则、方法规则和关联规则。

A. 数量规则：以表述质量为核心，交流语言表达应充分。

B. 关系规则：以表述质量为核心，仅做出必要的交流语言表述。

首先，数量规则再一次强调了 Grice 所提出的"数量 –1"规则，交流互动中的语言应该充分传递彼此沟通所必需的信息；并且该规则还包含和体现了 Grice 所概括的方法规则的前两个次规则——避免语言表达含糊和有歧义，实际上在 Gricean 理论中数量规则和方法规则两个方面本身也是密不可分的。Horn 归纳的数量规则立足于听者在合作互动中应正确理解说者真正的交流意图，而这是通过对交流者的语言提出更高的要求或限制来实现的。

其次，关系规则主要包含和体现了 Gricean 理论中的数量 –2 规则、关联规则和另外两个方法规则——简洁和有逻辑。Horn 理论中的关系规则比 Gricean 理论中的数量规则更强有力，关系规则进一步限制了 Gricean 数量规则的恰当性，制约对交流语言中隐含义的认知推理程度，换言之，

① Horn, L., "Implicature," in L. Horn and G. Ward (eds), *The Handbook of Pragmatics* (Oxford: Blackwell, 2004), pp.3-28.

② Levinson, S., *Presumptive Meanings* (Cambridge, MA: MIT Press, 2000).

交流语言内容的丰富程度不应该超过交流者的真正意图。譬如，"A：你（B）能把盐瓶子递过来吗？"如果仅从语言的字面义分析，指的是同伴 B 具不具有递盐瓶子的能力，很显然，在一个恰当而平常的语言交流情境中，不需要质疑 B 递瓶子的身体能力，因而交流语言的意图和语言的字面义是无直接关系的，在即时合作互动中这类语言实际上会形成一个关系隐含义——A 正在请求 B 将盐瓶子递给自己，并要求和默认为 B 能够充分理解语言的真正意图。日常语言交流中，人们已经习惯于上述类似的表达方式，即 Horn 理论中的关系规则，B 自然可以从语言中推论出 A 真正的交流意图并合作性完成当前的行为。

Levinson 对 Gricean 理论的推动和进一步发展在于分开对待数量 –2 规则和关联规则，如上所述，Horn 通过关系规则的提出合并了这两个规则。具体而言，Levinson 提出了一个由三方面构成的语言规则体系，覆盖和包含了 Gricean 理论中的数量规则、方法规则和关联规则；并同时从交流互动合作中说者和听者的角度分别做出了阐述。

① Q 规则（Q-Principle）

针对说者一方：交流语言内容在信息量上不能比情境要求的更弱（少）。

针对听者一方：确保自己的理解与说者的表述一致。

② I 规则（I-Principle）

针对说者一方：仅表达必需的信息内容。

针对听者一方：在合理解释范畴下推理说者的语言信息内容，确保真正理解说者意图。

③ M 规则（M-Principle）

针对说者一方：要无根据地使用一个带有"标记"的表述。

针对听者一方：一个表述使用了"标记"，就是有特定意图的。

I 规则实际上体现了 Gricean 理论中的数量 –2 规则，也体现在 Horn 理论的关系规则之中。

综合以上可以看出，针对交流语言信息特征的分析和讨论，"后Gricean 理论"的核心思想还是同时强调了，交流合作互动过程中交流者应避免"语言信息不足"和"语言信息过多"。在 Gricean 理论中，Grice 指出当语言交流互动违背了上述的规则，听者会主动丰富交流情境进而保持数量规则；与 Gricean 理论相一致的是，后 Gricean 理论对交流语言信息特征的阐述，同样认为说者语言表述中信息过多相比信息不足，对交流合作互动的危害相对更少。交流语言信息不足将直接威胁到彼此间认知和行为的协调性以及交流的成功性。交流语言信息过多会招致交流互动中某种程度上的误解，代价是误导听者做出了不必要的语言认知推理，严重时多余信息可能会导致和说者交流意图不同甚至相反的认知推理过程，传递了与交流合作意图不相关的信息，进而也可能诱发出非常规性的交流情形。诚然，语言信息过多自觉诱发的无关认知推理对交流者间的合作互动是不经济的：一方面说者想表达的意图并没有被准确理解，另一方面听者又增加了不必要的认知努力来解释与当前交流合作无关的多余信息。基于以上，交流语言表述信息过少和过多的情形也均不应该被研究者忽视。

（三）关联理论

关联理论（relevance theory）是以 Gricean 理论和后 Gricean 理论的语用推理解释为基础，进而寻求更为综合性地澄清听者是如何利用说者语言表达的信息、交流情境特征以及特定的交流规则，来完整推理说者的交流合作意图。关联理论强调，交流互动中语言本身将自然创造出特定的关联性交流期望，这是现实交流合作互动中的一个事实，立足语言内容的关联性交流期望对听者准确把握和理解说者的交流合作意图是极为重要的；进一步关联理论指出关联性交流期望并不是被人为用来证实和说明某种语言加工的合作性假设，其是人类认知加工过程的一种常见反应和基本特征，语言交流互动中交流者能够自然自觉利用这一认知加工特征。关联理论还明确提出了交流合作互动中"语言加工努力"和"语言信息认知推理努力"之间的协调关系——当"语言加工努力"尽可能小时，"语言信息认知推理努力"则尽可能大；对于听者一方而言，交流语言是具有关联性和规则性特征的。

归纳而言，关联理论尝试以"关联性"认知规则和特征来代替整个 Gricean 理论规则系统，这其中，"关联性"也典型包含了 Gricean 理论中的数量规则，因为关联性直接联系于交流语言的信息数量特征，譬如：

A：你在哪儿工作？

B：在伦敦。

A：你在哪儿工作？

B：在高校，应用语言学研究中心，位于语言学院的三楼，你可以在语言心理研究所找到我。

通过比较可以看到，上述两个回合的语言互动中交流者的交流意图是不同的，数量规则和关联性间的紧密联系性，决定了关联理论认为一个恰当的关联性语言表达过程应体现出"提供信息的规则",这进而决定了交流语言表达过程应最低限度和最大限度提供特定的交流信息。关联理论注意到了交流语言认知加工努力程度和认知获益之间存在一个平衡关系,说者被期望能够生成与其交流意图相一致的最具关联性的信息,同样,一旦基于语言内容期望水平的关联性信息被正确地传递给了听者,听者也被期望不需再做出额外的认知推理,从而停止语言的认知加工过程。事实上这可以理解成,针对说者和听者两方面的期望也正是要求交流互动中语言能够恰好提供充分而不多余的交流信息。

在 Gricean 理论和后 Gricean 理论的阐述中,听者不接受提供信息过少的语言交流期望,交流者如果增加语言中额外的详细描述,听者一方将认为语言中出现的额外细节是有特定原因的,要么倾向于认为说者违背了交流互动的"合作假设",要么倾向于认为说者是想通过当前语言表述结构的即时变化来引发自己某种特定的语言推理过程。而最大的认知推理可能和最可能的方向是:当前的交流情境中同时存在另一个对象,其与语言目标对象的维度存在一定程度的不同但又具有竞争性和干扰性,这是说者语言修饰语使用恰当性的前提;如果当前交流情境中并不存在这样的竞争性条件,听者就需要重新推理和解释额外修饰语存在的其他交流意义和可能原因;如果依然无法寻求到合理的原因,拥有额外细节的交流语言典型地为听者带来了"额外"的语言认知推理,损耗了不必要的交流认知资源,既不经济也无助于交流合作互动的效率效果。一言概之,"关联理论"强调:交流语言认知推理过程来源于听者对语言修饰语的关联性探寻。

尽管围绕着交流语言的信息特征和规则,不同理论的解释角度和方式略存差异,但可以看到,Gricean 理论、后 Gricean 理论和关联理论均支持:在语言交流互动过程中,听者能够注意到明显违反合作期望的语言信息内容,这种违背将导致语言信息的认知推理解释,进而将丰富说者交流语言内容的表面义。

二、语言心理学理论的解释

不仅理论语言学领域的研究广泛地探讨了交流语言信息的特征,实证领域也出现了大量的研究做了不同角度的分析,典型的观点为:句子加工的组合式解释和互动解释,基于参照性交流情境的解释。

（一）句子加工的组合式解释和互动解释

在语言心理学领域，针对交流语言信息加工解释的一个重要的问题是：来自交流情境的信息是否在语句加工的早期阶段就被交流者所关注和考虑，简言之，非句法信息的加工是否迟于句法的加工。交流语言认知加工中表现出来的语用敏感性和交流语境信息的认知加工是交织在一起的，这密切关联于交流语言信息特征的分析。前面已经举例分析过，如果特定的交流情境中同时呈现两个对象，一个是语言交流的目标对象，一个是干扰对象，那么听者将期望说者的语言表述中使用特定的、具有辨别性的修饰词汇，以区分特定的目标对象。这和 Gricean 理论中的数量规则是吻合的，即交流者语言表达的信息充足而又不多余。换句话而言，语用敏感性对语言信息特征具有调节作用，这进而决定了交流互动中的语言认知过程考虑到了交流情境中各因素的关联性和影响性，最终决定了交流语言所提供信息的具体特征。

在当前问题的讨论中，一个相对更为细致的问题凸显出来：语言句法结构的制约性与语言认知加工中交流情境的制约性是否相同呢？研究者们传统上是采用句法模糊的语句来检验该问题，提出了句子加工的组合式解释和互动解释，相关文献最早源于词句认知的研究领域，两种解释共同认为语句句法结构的认知加工过程受到其他各层次和各水平因素的综合性影响限制，像语义、语音语调、上下文、语言背景等，以及来自语句加工最早时刻的交流互动因素。互动解释进一步具体地强调，在语言认知加工的最初阶段，优先性信息（如句法结构）最先产生影响，其他的各种信息在语言互动的过程中才逐渐被交流者深入引用，潜在导致交流语言认知加工中不断出现追踪性的再分析，进而围绕语言信息加工产生了一条"花园路径"。随着众多实证研究的不断深入推进，组合式和互动观点也逐渐被融合进入"花园路径模型"（the garden path model）之中。

"花园路径模型"假设交流语言信息加工的一系列过程是沿着两个相对独立和平行的阶段发展起来的。第一，在语言交流的初期，语言信息的增量加工和理解难以做出结构上的分析，此时语言的句法分析实际上完全是基于特定的句法规则限制而发生发展的。第二，交流互动对语言信息特征限制过程的路径，与上述过程相对独立和平行，该过程中源于交流互动的多种因素和线索会同时综合介入到句法加工过程之中，尤其是在某些情形下，语言句法组合式加工过程相对是简单模糊的，而交流互动因素和线索能够起到联合句法、语义和交流情境信息的作用，交流互动的激发和约束作用不仅限制了交流语言的产生过程,也限制了交流语言的理解过程。[①]

(二)基于参照性交流情境的解释

"基于参照性交流情境解释"的观点进一步推进了"交流互动限制语言信息特征"的解释,这一观点具体提出,交流语言互动过程体现为交流者彼此间语言互相参照的过程,交流互动中的参照性限制了语言语义和语句结构的解释,降低了交流认知和行为的分歧性,现实交流中该参照过程联系于具体的交流情境。

在语言交流中当出现一个词语和语句时,不同类型的解释随之可能同时形成,参照性交流背景最终会决定该词汇解释的特定范畴和内涵,因此,交流语言信息的具体特征决定于语言信息加工和参照性情境间的一致性。尽管 Grice 提出的理论并没有直接针对参照性交流情境做出讨论,但是 Grice 也明确指出交流者对违背信息期望的语句是敏感的,潜在地与基于参照性交流情境的解释一致,两者均强调语言交流的宗旨是交流双方准确表达和理解,语言信息明确而无歧义。

参照性交流情境对早期句子加工的影响也得到了相关研究的支持,这些研究通常使用视觉情境的交流范式。比如听者在对语言信息的认知期望和推理过程中,能够通过注视交流情境中的非指称对象,帮助消除语言中形容词的歧义,相应地排除具有某些相同特征的干扰性对象,即交流情境因素快速丰富了交流语言的语义解释,明确了修饰性形容词具体指向的对象。研究者指出对交流情境的参照,使得不同层次形容词的常规意义自动引发了具有比较性的认知解释,进而降低了交流者语用推理过程的复杂性,提高了语言理解的明确指向性。支持"基于参照性交流情境解释观点"的相关研究结论,进一步解释和佐证了:交流语言加工最早时刻出现的对 Gricean 理论规则的敏感性,实际上是关联于对交流情境的参照性。在Gricean 理论的合作规则和第 2 个数量规则假设之下,交流者期望交流语言的内容能够恰如其分地提供信息,实际上这可以借助交流合作情境中特定情境线索和因素来解释,这也是语言加工中使用一个特定修饰语来避免语言沟通无效的前提;事实上,后 Gricean 理论对交流语言的比较性推理观点与此相似,进一步,基于参照性交流情境的比较性语言信息推理还可

[①] Taraban, R., & McClelland, J. L., "Constituent Attachment and Thematic Role Assignment in Sentence Processing: Influences of Content-based Expectations," *Journal of Memory and Language* 27 (1988):597-632.

以被"关联理论"所解释，即交流语言应该是最符合交流期望的，最能提供信息的，最具有关联性的，语言中任何修饰语的使用均应体现出这种直接关联性，因为这可以促使并保证语言信息的表达和理解是独一无二的，是符合特定交流情境需要的，简言之，语言信息的关联性离不开特定交流情境的参照性。

三、交流语言信息量的实证研究

如上所述，实际上在真实交流情境中，语言信息量特征的评价很难存在一个绝对化不变的标准。一方面，从交流的社会功能看，语言信息特征不是语言内容的纯粹性分析，主要是服务于交流语言的语用特征；另一方面，从交流语言的表现形式看，在一次或一个回合的交流互动中，语言信息可以既表现出信息过少，也表现出信息过多，尤其是在交流对象或活动任务相对复杂的情形下，此时交流内容涉及多个方面或维度，信息过少表现为语言表达不完整，有未尽之意（有个别维度没有表达），信息过多表现为语言表达不简练，赘余啰嗦（有个别维度过度描述或表达），这两种特征可能同时存在。因此，针对交流语言信息量特征的实证探讨，应持有一种相对宽容、客观而又灵活的立场；现实语言交流互动过程，从交流情境、交流目的、交流方式、交流紧迫性或压力、交流角色的对等与否、交流时间进程等各方面而言，都是多元化的。①

笔者的一项研究尝试在参照性交流学习任务过程中，记录和分析交流双方的语言信息和变化特点，探查交流语言的信息量特征以及随交流互动时间进程的变化特征。为了排除日常经验和知识的影响，实验设计了陌生学习材料，安排了交流学习长时任务和迁移任务。通过数据的统计分析笔者发现：参照性交流学习过程中，交流者语言内容中的有关信息和无关信息均呈现出显著的变化性；对两个任务结果的比较显示，语言中的有关信息不存在显著差异；学习后迁移任务中的无关信息显著少于交流学习任务阶段10中语言的无关信息。结果表明：随着交流学习时间进程的不断发展，交流者语言中的有关信息在学习的后期呈现出相对过少的特点；从任务之间的比较可以看出，交流学习任务中交流语言内容的"无关信息"相对过多。

---

① 张恒超：《参照性交流学习过程中语言信息量的特点》，《心理技术与应用》2018 年第 5 期，第 274—283 页。

（一）研究背景

参照性交流互动过程中语言媒介沟通作用的显著性，使得语言内容特征的探讨成为研究者们所关注的焦点之一。现实中的语言交流互动过程具有时延上的动态性，语言信息和其指称的任务或对象间存在着某种限定关系，这种语言发生和理解认知加工中的限定性，决定于特定的交流互动情境、特定的交流同伴、特定的交流经历经验等；但这仍然不意味着语言内容与指称对象间的关系是静态联系或一一对应的，随着交流互动和交流者认知的不断发展和深入，语言内容将相应做出不断的调整。因此，对交流语言信息量的评定和解释，需要结合交流的特定背景、交流的物理情境、交流者彼此间的关系、交流的目的内容等多种因素综合考虑；而从实验研究的角度出发，应该在明确界定、控制和操纵交流变量的前提下，结合特定的实验条件和情境做出客观的解释。

以往研究在对交流语言信息量的探讨中，产生了两种观点和解释：一种观点认为参照性交流互动中，语言内容体现为对交流对象的精细化解释，相对于对象描述的标准信息而言，表现出信息过多的特征。过多的信息有助于消除语言表达中可能潜在发生的歧义，这些信息可以为交流同伴提供更多的交流理解中的线索，这些线索有时并不是为了有意进行明确的意义沟通；过多信息还可以避免因表意不足而导致听者对说者的心理状态、交流期望、假设和意图等所做的额外认知推理。相反，和语言内容信息过多相比较，被试对信息过少的语言表达更为敏感，直接表现为语言信息不足时交流者难以就交流知识、交流对象的理解等达成共识，即交流语言共享性建立的困难。已有研究发现在参照性交流任务中，成人交流者语言表述中的28%~60%属于信息过多，过多的信息可以为交流共享性的建立提供更多的佐证，不仅精细解释了交流对象和任务的各种细节特征，而且可以确保对彼此的互动认知和行为作出准确性的界定。

另一种观点认为交流语言经常表现出信息过少的特征。和对象描述的标准信息比较，交流语言信息的相对过少，并不意味着交流语言表达性不足。因为从交流语用的角度出发，交流互动中语言是主要媒介，但不是唯一媒介；语言媒介担负起主要的信息沟通过程，但语言信息沟通中并不排斥各种非语言信息的交流互动和辅助表达。语言认知加工的显著特点是意识性，交流者互动中对语言信息的精心推理和描述表达，需要以认知资源的大量付出为代价，同时，交流者需要时刻监察和控制即时交流进程，以便于不断调整彼此的认知和行为，保持彼此对交流对象认知加工的一致性和共享性水平，诚然，该过程既耗费时间，对交流者认知努力性的要求又高。交流语言中的多余信息或精细描述并不总是提高彼此间的认知共享性和行为的协调性，也会带来交流者对即时互动过程的无关性推理，这不利于交流互动的效率效果。比如，在靶对象和各种竞争性或比较性对象并置呈现的交流情境中，说者的交流语言如果过度描述靶对象，相应将引发听者更大范围和更多特征角度上的比较和推理，实际上，这种比较性推理可能源于日常语言和书面交流中的一种习惯性思维过程。相比之下，交流互动过程中交流者不仅通过语言媒介来沟通对象和任务，还自觉利用了大量的非语言信息和线索，这些信息和线索的认知优势在于无意识性加工，能够随着交流时程的发展而即时提供各种反馈，这将一定程度上释放语言意识性加工中的认知资源，语言表达随之表现出简洁经济性特征，交流互动的效率效果也相应提高。

综合而言，以往研究围绕交流语言信息特征的观点之争，主要源于实验研究的两个重要方面：

第一，在实验设计方面，以往研究倾向于采用相对简单的交流任务，任务过程中的语言互动单一直观。如前所述，有研究是在视觉呈现背景下，交流双方合作辨别和选择"靶指称对象"，语言的焦点是靶对象和干扰对象间的界定、区别，即一方用语言指导同伴，同伴依据说者的语言信息执行任务操作——挑选靶对象；[1] 有研究在视觉呈现中，交流者通过语言交流共同搜寻靶对象，如 O-in-Qs 的视觉搜索任务，语言信息的分析可以探查交流合作性特征，以及合作搜索的具体策略；[2] 也有研究通过语言交流共同命名和操作对象，如先对一些交流对象（如积木）进行合作性的命名，之后彼此默契配合利用这些交流对象来完成特定的操作，如特定模型的建构，建构过程中记录和分析交流者针对"对象"的语言内容特征，并与先前的命名任务作出比较；[3] 还有研究要求被试语言交流互动以实现物品的特定摆放，物品彼此间的摆放关系决定了交流者必须通过语言沟通来作出

---

① Gatt, A., Goudbeek, M., & Krahmer, E., "A New Computational Model of Alignment and Overspecification in Reference Production," poster presented at architectures and mechanisms of language processing (AMLaP), 2010,York.

② Brennan, S. E., Chen, X., Dickinson, C. A., Neider, M. B., & Zelinsky, G. J., "Coordinating Cognition: The Costs and Benefits of Shared Gaze during Collaborative Search," *Cognition 106(3)*(2008):1465-1477.

③ Sidera, F., Serrat, E., Serrano, J., Rostan, C., Caño, A., & Amadó, A., "Let's Share Perspectives! Mentalistic Skills Involved in Cooperation," *International Journal of Educational Psychology 2(3)* (2013):325-352.

特定的界定和限制，[①]等等。这些实验设计的便利之处在于严格控制了语言交流的实验情境、实验条件，也便于交流语言的记录，以及做出标准化的统计分析；但是，不足之处是简单的实验任务不能为研究者呈现出复杂的语言互动和信息沟通过程，即语言内容的分析相对静态化，毕竟现实情境中的交流不是一蹴而就可以完成的，甚至语言的意蕴不是单一的（这不适合以语言的简洁或丰富形式来简单评判）。如要观察语言互动的时延过程，一方面交流对象和内容不能过于简单化，因为像现实中常见对象的交流和行为操作，其背后的交流经验和经历是无法厘清和控制的；另一方面交流任务特征也相对重要，因为实验任务本身具有时延性必然决定了语言交流互动的发展变化性。基于此，本次实验研究采用了交流学习任务，交流学习对象是陌生的，有助于克服交流者已有经验的差异性，而交流过程的设计体现了时延性特征，有助于呈现交流语言的变化性。

第二，在研究立场方面，以往研究表现出简单对立和区别语言表述内容的信息过多和信息过少，这种对立性的立场或出发点，导致交流语言信息特征的评判出现如下现象：一个特定的语言表述，相对于交流实验对象的标准化信息而言，要么属于信息过多——详尽地解释或描述了对象；要么属于信息过少——笼统而简单地说明了对象。这一研究特点和实验设计方面是相互关联的，也正因为实验任务简单化，导致了语言表述的简单化。例如，共同呈现"康乃馨"和"月季"的视觉情境下，交流者将前者描述为"康乃馨"是属于信息恰当的，操作者不需做出额外的认知推理即可准确辨别和选择出语言所指的对象；但描述者如果仅使用术语"花"来指称对象，显然属于信息过少，反之"红康乃馨"则又属于信息过多。人们的现实生活中，经常可能需要面对一些陌生的情境和对象，实际上，个体彼此聚集在一起语言交流的过程，即是一种彼此互换信息、彼此参照学习的过程，因此语言内容中的信息可能在某些方面或维度上是过于详尽，而有些维度上却又表达未尽，换言之，交流语言信息的不足和赘余可以同时存在，并非对立。这便不难理解，以往实验研究中简单地以实验中设定的"有关信息"来全或无地界定划分语言信息量过多和语言信息量过少，这种标准是一种明显的实验参照标准，而非现实参照标准。诚然，对实验材料中的"有关信息"做标准化的界定是可行和客观的，但并不能以此人为强调交流语言信息是绝对围绕此标准而两分的——语言信息少于标准信息即是信息过少，语言信息高于标准信息则为信息过多。现实中我们经常

---

① Arnold, J. E., Kahn, J. M., & Pancani, G. C., "Audience Design Affects Acoustic Reduction via Production Facilitation," *Psychonomic Bulletin & Review 19(3)* (2012):505-512.

对于某对象有一定的了解，但可能并不是完全了解，同理，每个人之间了解的程度和内容也不是对应和相同的，一次语言表述中可能既包含了无关的信息，也表达了一定的有关信息，信息过多和信息过少可能同时表现出来。本次研究在实验材料的设计中，考虑到了上述问题，因此在交流对象维度的设计上，既有有关信息，又有无关信息，这样由于交流者并不熟悉交流对象，因此围绕特定目的进行交流时，语言内容中可能有有关信息，也可能同时包含了无关信息。相应地，研究结果的解释性可能更为宽容和客观。

基于上述两个方面的探讨，本次实验研究设计了功能预测的参照性交流学习任务和维度选择的迁移任务，对交流对象与功能有关的维度和无关的维度做出标准化的界定，研究的目的是分析交流语言的信息特征，并从交流任务和迁移任务间的彼此对照中，分析探查参照性交流学习过程中，交流者语言信息量的具体特点。基于以往研究的不足之处，本次研究的功能预测交流学习任务更为复杂，交流学习的对象是陌生的，这可以展现交流互动的时延过程，便于分析交流语言信息的变化特征；而且两个任务结果间的比较可以展现交流情境对于语言信息的限制特征。

（二）研究方法

研究采用了大学生被试，实验仪器为 2 台相同型号的电脑。实验材料设计为四特征（手、眼、脚、口）生物。每特征维度拥有 2 个值，在前 3 个维度间设定 2 种功能。共形成 8 个实验样例。实验共包括 2 个任务：功能预测（学习任务）、维度选择。功能预测任务共 10 个学习阶段（block），采用参照性交流范式，双方轮流担任生物描述者和功能判断者，每次判断提供反馈信息。三种功能（"吸水，但不产电""吸水，并产电""不吸水，也不产电"）对应的按键分别为"，"".""/"。

功能预测任务中，生物的有关维度为 3 个，先以 3 减去被试每次交流语言中提及的有关维度数量，再求每个学习阶段中差值的平均数，作为每个学习阶段中参照性交流语言内容缺少信息量的指标；相应地，每个学习阶段中每次交流语言中提及的无关维度数量的平均数，作为参照性交流语言内容赘余信息量的指标。维度选择任务以单人方式进行，呈现同上，不同在于：呈现生物的特征均被灰块遮盖，被试做功能判断前先用鼠标点击揭开自认为必须观察的特征，该任务只有一个阶段且无反馈。维度选择任务结果的计算方式同上。

功能预测任务的交流语言结果为重复测量实验设计；维度选择任务和功能预测学习阶段 10 为单因素 2 水平被试内设计。

（三）研究发现

研究从两个方面做出了分析，一是参照性交流学习过程中语言信息的变化特点；二是与维度选择任务比较，参照性交流学习任务中语言信息的特点。

1. 参照性交流学习过程中语言信息的变化特点

关于参照性交流学习过程中语言信息的变化特点，统计结果显示，参照性交流学习阶段的主效应显著。总体上来看，交流语言中有关维度差值平均数的变化特点是"大—小—大"；无关维度平均数的变化特点呈现出"小—大—小"的趋势。

结果分析发现：随着交流学习程度的提高或时间进程的发展，参照性交流语言中的有关维度信息逐渐增多，至交流学习后期呈现出有关信息过少的特点；同时，参照性交流语言中无关维度信息在交流学习阶段 2 表现出显著过多，之后随交流进程开始逐渐减少。

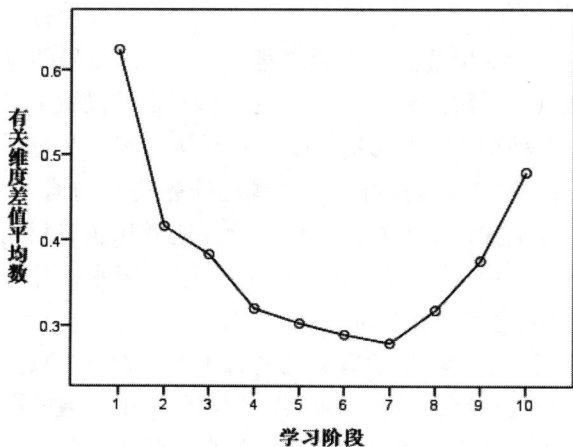

图 4-1 参照性交流语言中的有关维度

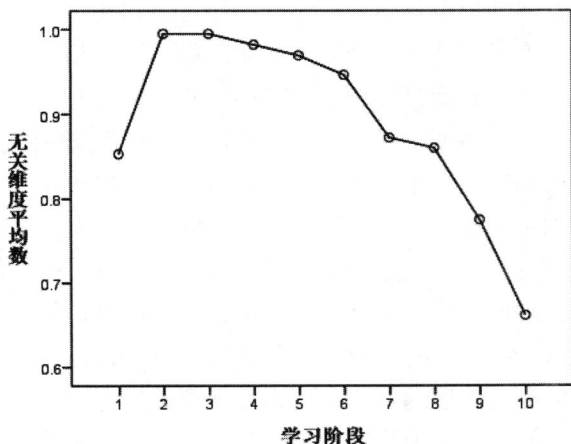

图 4-2　参照性交流语言中的无关维度

　　研究结果发现了两个有意义的内容：第一，参照性交流学习中，当前实验条件下，与交流学习对象标准维度的比较来看，交流学习者语言内容中的有关信息在学习进程的前期和中期不断增多。这表明和证实，参照性交流语言是针对学习对象的特定语言解释，其为交流者双方所共同约定、理解和期望，参照性交流学习中语言不仅是交流者间认知和行为协调的媒介，交流时间进程中语言的变化特征能够反映出彼此共同交流学习中的成绩变化特征、认知和行为的协调水平，语言信息更是交流者公共认知的表现形式。但是，无关维度信息的分析表明，从学习阶段 1 至阶段 2 出现了一次显著的增加，这可能源于交流学习之初双方间的认知特点，即参照性交流中交流者对对象假设、解释、期望共享性的建立需要一个过程，交流之始的这一时期，针对陌生的交流对象交流学习者间没有任何的可参照性交流经验，因而更倾向于注意自我信念、观念，并通过语言表达出来，这种自我认知过程使得交流者对于对象信息关注不足。如上所述，在交流前半期交流者语言中有关信息的注意广度表现出不断增加的趋势，同样对无关信息的关注也表现出相似的变化特点，交流之初学习者对于对象的理解水平相对较低，因此学习阶段 1~2 中语言无关信息的增加不直接代表了学习程度或准确性的降低，实际上仅反映了交流学习初始阶段彼此注意广度的变化特征，随着交流学习进程的发展，交流者逐渐开始不断地同时评估、检验自己和同伴的各种互动观念，同时逐渐形成对交流对象的特定共同注意，注意的认知水平相应也将随交流学习进展而不断提高。

　　第二，参照性交流学习的后期，与先前的交流阶段比较，交流语言中的有关信息相对表现出信息不足或过少的特征；与此不同的是，语言中的无关信息相对一直呈现出显著变少的变化趋势。两者相对照，研究结果展现了随着参照性交流时间进程的不断发展，语言中的有关信息表现出信息过少的变化特点。以往部分研究发现并指出，参照性交流中交流者彼此间认知和行为的协调过程，不仅仅依赖于语言媒介的沟通和互动，特定参照性交流情境中同时存在众多的非语言媒介、因素或线索，这些非语言信息线索所传达的交流意图、观点和思想是多角度和全方位的，像交流者的手势、面部表情、肢体动作、交流中的特定物理环境等，随着交流时间进程的不断发展，这些非语言信息不仅可以辅助提高语言表达和理解的准确性，同时还可以降低语言表述的复杂性和语言理解的模糊性，这对于促进参照性交流学习过程的效率至为重要。共享多种信息的交流情境提供了超过单一语言的丰富信息，有助于交流者彼此间更为准确和限制性地理解交流对象，进而促进交流学习和记忆的效果；交流学习过程中交流者对于非语言信息的利用程度将会越来越大，因为相对于交流语言的意识性精心推理过程而言，非语言信息的加工和使用更多表现为一种无意识过程，是一种非策略性的认知和行为互动调整过程，这有助于彼此交流认知资源的节省。O'Carroll，Nicoladis 和 Smithson（2015）的研究以"同伴可视性"作为操纵的实验变量，交流双方在交流互动时，一半的任务时间中彼此可以互相看到同伴，而另一半的任务时间中彼此间以隔板分开而不可互视。实验条件的比较结果表明，互视交流条件下彼此的语言表达更为简单，沟通的信息内容也相对更少，而交流任务的效率却更高；同时，彼此不可互视的交流条件下，交流语言表现得更为复杂。[①] 也有研究发现，即便是在非即时和非同步的网络视频博客交流中，博主也表现出积极采用多种非语言线索和表达形式来提高关注者对语言的理解。语言和非语言交流的权衡假设强调，当交流双方在互动中无法运用非语言信息来沟通和传达交流意图时，则表现出更多依赖于语言信息；反之，当交流双方可以更好地借助和利用非语言信息交流时，则较少依赖于交流语言信息的沟通。这可能正是当前研究中随着交流学习程度的不断提高，相反语言中有关信息表现出显著减少的原因之一，说明交流者在学习过程的后半期，随着交流学习程度的不断提高，彼此对交流情境中非语言信息的利用水平显著提高了，便逐渐表现出对语言信息意识性监控的相对不足，导致交流语言信息的相对不准确特征。De Ruiter，Bangerter 和 Dings（2012）进一步研究发现，交流互动

---

① O'Carroll, S., Nicoladis, E., & Smithson, L., "The Effect of Extroversion on Communication: Evidence from an Interlocutor Visibility Manipulation," *Speech Communication 69(3)* (2015):1-8.

中非语言信息始终伴随着语言交流而同时发生，随着非语言信息和线索利用程度的增强，语言媒介提供的信息沟通作用随之相对变弱。[①]Arnold，Kahn 和 Pancani（2012）在实验中操纵和控制了参照性交流过程中任务操作者互动中的非语言反馈信息，实验任务是要求操作者（研究者同谋）根据语言指导者（实验被试）的指导放置相应的物品，比较中发现，如果操作者在语言指导者的描述之前，就已经预先拿起了特定的物品并做出预测其相应位置的动作倾向，这种非语言信息的即时反馈将导致指导者语言的显著变化——表达的语速更快、表述更为简洁等。[②] McNeill（1992）较早就指出参照性交流中语言信息和各种非语言信息在认知的不同层面上，倾向于契合成一个单一的交流信息集合体，交流互动过程中对非语言信息的充分利用，虽然看似导致语言信息的简单化或信息量减少，但这并不会降低交流互动的效率效果，因为交流双方能够基于交流认知资源的有效利用而对两类信息做出有效的权衡。[③] 本次研究的一个不同之处在于，在同一交流学习过程的时间进程中，动态性地分析探查了交流语言信息和交流情境中非语言信息间权衡关系的发展变化特征。因此，实验结果中出现随着交流学习进程的不断发展，交流语言中的有关信息出现一定程度的减少，语言中的无关信息也逐渐减少，这是源于非语言线索利用程度的不断提高，以及交流认知资源的高效利用；换言之，交流语言中有关信息的减少是因为交流者借助了非语言信息线索的沟通，而语言中无关信息的减少则表明，交流学习者对对象各种信息辨别理解的准确性仍在不断提高，即语言中有关信息和无关信息不断减少认知加工中的心理含义是不同的。

综合而言，实验研究的结果从参照性交流时间全程出发，支持和证实了参照性交流后期语言中"有关信息"相对过少的观点。本次研究设计上进行了改进，即一方面将参照性交流作为一个过程进行分析，有助于动态性记录和分析交流语言信息量的发展变化特点，克服了先前研究对交流语言信息特征所做的相对静态性的探讨，另一方面，在实验材料设计方面的一个重要创新之处是，同时标准化界定参照性交流学习对象所具有的与功能有关的维度和无关的维度。基于这两方面，实验研究的结果便于证实参

---

① De Ruiter, J. P., Bangerter, A., & Dings, P., "The Interplay between Gesture and Speech in the Production of Referring Expressions: Investigating the Tradeoff Hypothesis," *Topics in Cognitive Science 4(2)*(2012): 232-248.

② Arnold, J. E., Kahn, J. M., & Pancani, G. C., "Audience Design Affects Acoustic Reduction via Production Facilitation," *Psychonomic Bulletin & Review 19(3)* (2012):505-512.

③ McNeill, D., *Hand and Mind: What Gestures Reveal about Thought* (Chicago: University of Chicago Press,1992).

照性交流语言信息量特点在整个交流学习过程中表现出的变化性特点，而不是从一个绝对化和相对笼统的角度出发，来严格界定参照性交流语言的信息量特征。以往各研究普遍认同参照性交流过程处于一个多种因素共同交互和彼此作用的情境，这恰是引发各研究结果存在一定差异的原因之一，也是本次实验研究对以往研究结论作出的进一步丰富和补充解释。

2. 与维度选择任务比较，参照性交流学习任务中语言信息的特点

关于与维度选择任务比较的参照性交流学习任务中语言信息的特点，实验在上述交流学习过程语言分析的基础上，进一步比较分析了功能预测学习阶段10的语言内容和维度选择结果，数据的统计分析表明：两个任务之间在有关维度信息量方面无显著性差异；维度选择任务中交流个体揭开的无关维度数量显著少于交流学习阶段10中语言提及的无关维度数量。该结果发现：和维度选择的个人迁移任务比较，参照性交流语言内容体现出"无关信息"相对更多的特点。

关于任务间的比较分析，出发点是关注和呈现参照性交流情境对交流学习语言信息的限制性。维度选择任务是由个体自我独立完成的，功能判断后不安排反馈信息，主要是为了控制交流个体在两个任务中学习程度的一致，因此，尽管任务执行的方式不同，但维度选择任务从学习的角度是功能预测任务后的一个迁移任务，这样可以便于比较交流学习阶段10和维度选择任务，不同在于，考虑到参照性交流情境和个人情境的差异，维度选择中交流个体的行为反应方式代表了其真实的交流学习认知结果，即其对对象信息的完整理解，比较中体现出的差异性恰可以反映出参照性交流情境对于语言信息量的限制特点。诚然，从实验对象维度的设计特点来看，与功能有关的维度代表了交流者交流学习理解中的正误问题，而无关维度反映的是交流者学习理解正确性的程度问题，尽管对生物功能的正确判断不能离开有关维度的分析和正确解释，但功能判断中对于无关维度的有效排除则有助于提高交流学习的正确程度。

任务比较的结果发现并证实交流语言信息量的特征受到参照性交流情境的特定限制；两个任务间比较的差异性结果表明，交流语言信息量特征和交流学习程度或效果间不存在完全一致的对应关系。交流中语言信息量的具体特点受到参照性交流情境的限制，这在本次实验结果中表现为，在同等学习程度下，参照性交流中的语言信息量和迁移任务中维度选择的结果并不一致。特定参照性交流情境中交流者间会逐渐形成针对特定交流对象的某些语言参照惯例，语言参照惯例在交流者间具有高度的共享性和特定性，其为所有交流参与者所共同接受、共同期望；因而特定的语言参

照惯例一旦形成，交流者的自觉遵循，有助于最小化双方共同任务完成中的认知努力。如上，在本次实验结果中，这仅表现在无关信息方面，如上分析，无关信息涉及交流学习的准确性程度问题，因此，任务间无关维度信息的差异性表明交流语言信息量特征和学习程度间不存在一一对应的关系，换言之，交流语言表述的准确性不完全代表交流学习认知的准确性。这直接源于交流互动情境对语言的限制或约束性，交流中的认知推理观点认为：交流的意义不仅限于语义和句法，更重要的是源于交流者在充分利用一般交流规则（合作互动规则）过程中所提取出来的附加意义；交流规则可以引导和限制交流者对语言的解释，交流过程中交流者对语言行为（参照惯例）具有共同的期望，彼此对语言惯例行为的违背是敏感的，因为语言的不断变化相应将导致认知推理解释过程的不断变化和协调（如，解释出更多的新增信息、变化信息、隐含信息等）。Yoon，Koh 和 Brown-Schmidt（2012）实验探查了交流者对交流对象的共同注意特征，当语言参照惯例形成后，交流者中的任何一方调整或改变该惯例，都可能意味着"告知"同伴交流对象的某些方面或特征发生了变化，交流语言的调整或变化随之引发同伴注意的转移和重新指向，接下来交流者需要针对对象重新形成新的语言参照惯例。[1] 因此如上的实验结果也证实，参照性交流语言规则的较大变化或调整会给交流者彼此间带来更多的认知损耗，相反，语言参照惯例的遵循和一致性保持，能够促进彼此认知和行为的协调一致；同时随着交流学习程度的不断提高，交流者对于非语言线索的利用水平不断提高，其可以一定程度上弥补语言信息随学习发展相对不够准确的不足，即非语言信息补充和配合了交流语言信息的沟通，语言媒介的交流作用也随之相对减弱。"花园路径模型"假设交流互动过程中，各个信息系统是由分离的认知系统构成的，交流之初，各认知系统均无权使用其他系统中的信息，语言媒介提供的信息具有优先发生的特征，其他类型的信息是随着交流互动的不断深入才逐渐被交流者考虑，即交流互动过程伴随着各种不同类信息的不断卷入，交流者对对象和任务的理解也逐渐变得清晰和准确，而交流语言的沟通作用相应逐渐减弱，此时交流语言的形式特征和稳定性特点更多受制于特定交流互动情境的限制。因此，当前实验结果中交流后期语言信息量的显著调整，实际上不利于交流者间认知一致性的保持和交流认知资源节省，而维度选择任务中无关信息显著少于交流学习阶段10，证实了参照性交流语言的相对稳定性和情境依赖性。这在本次实验条

---

① Yoon, S. O., Koh, S., & Brown-Schmidt, S., "Influence of Perspective and Goals on Reference Production in Conversation," *Psychonomic Bulletin & Review 19(4)* (2012):699-707.

件下具体表现为参照性交流语言呈现出"无关信息"相对过多的特点。

综合以上，本次实验研究发现：参照性交流学习过程中交流者的语言信息表现出变化性特点，交流学习的后期表现出语言"有关信息"相对过少的特点；两种任务情境的比较中，参照性交流语言呈现出"无关信息"相对过多的特点。

交流语言信息特征的探讨和理论解释不应该单纯依赖于某种单一过程或单一因素，显然，交流语言认知过程和个人自我语言认知过程显著不同，根本差异源于交流认知互动性，因此，交流语言信息量特征的探讨不应离开交流语用这一基础，未来研究应通过更为接近现实的交流情境，在自然的交流条件下，通过多因素实验设计来进一步深入探查和解释交流语言的信息特征。尤其是在具有较多要求的交流互动情境中，语言信息恰当性典型地表现和内化为追求更大的交流认知收益，以及最小化交流认知的损耗；否则，交流者就可能拒绝该语言表述的发生和持续保持。

未来研究中以下影响因素，是交流社会认知领域中交流语言认知实验设计方面需要重点考虑的，其是影响语言信息的潜在因素：

①实验任务中，呈现的刺激系列的复杂性（通过增加刺激系列中竞争性刺激的数量来实现）；

②实验任务中，需要辨别的靶对象重要性的增加（提升成功传递和理解语言信息的奖励）；

③当实验中靶对象重复呈现时，交流者语言互动中形成的参照惯例，及其对语言信息特征变化性的影响。

在多因素的实验设计中，可以以渐增的方式不断在实验设计中增加因素数量，以检验每个因素的影响强度、性质和彼此间的作用关系，未来研究应创设更为接近现实的实验情境并变化不同的影响因素，这有助于最终建立一个交流语言信息特征解释的机制，并有助于确定各种限制因素的等级排列清单，该清单具有直接的理论价值和实践指导意义。

第二节　交流语言认知加工理论

交流语言认知是交流认知的典型代表，语言是交流互动中的典型媒介。交流语言具有互动性、合作性、集体奖赏性和个人责任性等特征，这决定了交流语言认知过程特征的复杂性、灵活性和现实功用性。本节重点归纳和介绍交流语言加工的同伴特定性理论、时间过程理论、意识性理论。

交流以口头语言为特征，是人际互动中认知和行为协调过程的核心媒介，这决定了交流语言加工过程和个体自我语言认知过程的不同：交流语言加工以交流参与者的知识经验、意图期望和共同交流信念为基础；受到交流情境中多种信息线索的综合影响，如文化背景、社会团体身份特征、空间物理特征（面对面或远程交流）、非语言媒介（手势、注视、面部等）以及交流经历等，并随着交流进程而不断发展。

现实中的交流在形式上表现为两人或多人的语言互动，每个人都拥有不同的知识背景、思想观念等，语言交流过程是彼此通过列举不同的证据以获得他人支持的过程，如日常聊天、专业对话、合作学习等各种情境。一方面，各种交流情境下语言都是交流者思想的体现，交流语言的探讨是了解交流者认知和思想的一扇窗口。另一方面，交流语言认知和个人私语认知过程不同，两者的差异来源于交流的人际互动性，交流语言认知的探讨有助于揭示特定情境下的社会人际互动特征。现实交流情境具有多样性，交流语言的内容和表达也相应具有多样性，对于一次特定的交流，只有身临其境才能理解特定观点间的"协调过程"和人际互动特征；但是，各种情境交流的共同性在于语言媒介性，如果不考虑具体情境和内容的差异，语言反映出的交流人际互动特征，交流者间认知"冲突－协调"过程，交流语言认知加工特征等，又具有一定的共同性，对于这些共性的理论探讨有助于更清晰理解现实语言交流的特点，进一步的借鉴和利用可以促进现实社会交流的效率，而回避语言交流的冲突和人际损害等。

简单而言，交流是参与者间的语言互动，至少包含两个不同知识背景、经历经验的交流者，通过语言争辩过程，取得对交流对象和任务的一致解释，即共享性观点。原则上，一个交流展现的是两个声音的互动，以达成一致理解并发展共享性观点。交流语言认知的探讨涉及语义、语用等多个方面，以往研究者做了一定的研究分析并基于交流语言认知的不同角度提出了理论解释和争论，实际上，语言交流的功用性和理解性不是一个纯粹的逻辑问题，不能靠单一的公式来决定特定现实交流中的语言特征和发展特点，尤其是在学习思辨性语言交流过程中，经常包含了语言选择性决策的多种可能性。本节拟从交流语言加工的同伴特定性特征、时间过程特征，以及意识性特征三个方面，分别对相关理论进行归纳和介绍，具体而言，交流语言加工的"同伴特定性特征"的理论探讨着眼于交流语言加工和内容的人际特征，交流语言加工的"时间过程特征"的理论分析在此基础上探讨"同伴特定性特征"建立和发展的时间特点（交流语言人际互动过程的时间特征），交流语言加工的"意识性特征"的理论分析进一步探讨以上过程的意识性特征。[①]

一、交流语言加工的同伴特定性理论

交流语言具有社会性特征，以交流参与者共同理解为基础，基本特征是对象指示性和人际互动性。从交流语言内容特征出发，交流语言表现为对象语义的传递；从语用特征出发，交流语言认知过程包含了参与者间的认知和行为协调过程。如前所述，Grice（1975）强调交流语言的最大特征是"合作性"，交流者彼此期望同伴遵守合作规则，否则将导致交流互动的不和谐。[②] 当前，交流社会认知研究领域中的研究者一致认为交流语言互动的这些具体特征源于交流语言加工中的"同伴特定性"特征——交流参与者基于特定交流情境和任务要求，通过考虑与同伴的共同交流基础，生成和接收理解语言信息。诚然，交流语言加工的"同伴特定性"特征提供了最小化交流错误的有力保障。围绕"同伴特定性"研究者提出了两种认知解释理论：说者特定性、听者特定性。

（一）交流语言加工的说者特定性

说者特定性观点认为，交流情境下特定说者的特征限制了语言内容的信息特征，影响同伴交流语言的理解特征；交流双方对"语言－对象"间特定映射关系的编码和译码（交流语言共享性的达成）主要依赖"特定说者语言认知过程的可预测性"，交流过程中特定说者语言惯例的维持和违背影响同伴对共同意图的推理过程。

探查交流语言说者特定性特征的典型实验范式，一般是在相同交流任务中，安排同一听者面对不同的说者，通过交流互动，听者分别与每个说者建立不同的语言表达惯例（参照惯例，交流双方针对特定交流对象而形成的，共同理解、共同期望的特定语言表述）；之后，在探查任务中，记录分析听者对"'说者－语言惯例'一致/不一致性交流语言"理解过程的时延特征、行为反应特征等。

Kronmüller 和 Barr（2015）将交流语言说者特定性特征分成两种效应：一是"持续惯例的相同说者优势"效应（same speaker advantage for maintained precedents），指交流互动中特定说者重复使用相同的语言惯例/

---

① 张恒超：《交流语言认知理论》，《心理科学进展》2018 年第 6 期，第 1019—1030 页。

② Grice, H. P., "Logic and Conversation," in P. Cole & J. Morgan (Eds.), *Syntax and Semantics, 3: Speech Acts* (New York: Academic Press,1975), pp. 41-58.

先例（如，"跑车"），同一听者将从对说者语言一致性期望中受益。二是"打破惯例的不同说者优势"效应（different speaker advantage for broken precedents），指不同说者使用不同语言惯例指称同一对象时，并不会影响同一听者的语言理解，相反，相同说者再次交流中改变先前语言惯例（如，先使用"跑车"，后使用"法拉利"），将为同一听者带来语言理解的延迟和认知加工损耗，要么认为说者意指一个不同的对象，要么认为说者表现出交流的不合作性。[①]

Barr 和 Keysar（2002）使用了视觉交流情境任务，要求交流被试合作选择和整理货架上的对象，实验 1 证实了特定说者参照惯例的重复表达使听者受益（操作时间减少了 1300 毫秒）。实验 2 中区分出真实互动（说者为真人）、模拟互动（说者为录音，以耳机呈现）两种条件，发现真实与非真实互动情境下均出现"持续惯例的相同说者优势"，但真实互动条件下听者反应比非真实互动条件相对更快（50 毫秒）。[②]Metzing 和 Brennan（2003）研究中还发现，特定说者违背原参照惯例而使用了新的表述，将导致听者鉴别和选择对象的反应出现延迟；并且特定说者打破参照惯例所带来的交流损耗，不会因"新表述"曾被其他说者向同一听者提及而降低（新表述是其他说者与该听者建立的参照惯例），这表明打破参照惯例导致的认知损耗不是关联于"语义内容"本身，而是源于"旧说者－新惯例"间新映射需要的认知努力，即语言参照惯例与特定说者相联系，具有说者特定性特征。[③]Graham，Sedivy 和 Khu（2014）的研究以儿童为交流被试，也发现了上述相同的参照惯例说者特定性效应。[④]Markman 和 Makin（1998）创设了类概念交流学习和使用任务，证实交流语言的说者特定性特征，在交流后的 2 ～ 5 天的延迟中仍然保持得相对稳定，即交流者记忆中储存保持了特定说者的参照惯例，听者表现出对说者重复使用参照惯例的敏感性。[⑤]

---

① Kronmüller, E., & Barr, D. J., "Referential Precedents in Spoken Language Comprehension: A Review and Meta-analysis," *Journal of Memory and Language 83*(2015):1-19.

② Barr, D. J., & Keysar, B., "Anchoring Comprehension in Linguistic Precedents," *Journal of Memory and Language 46(2)* (2002):391-418.

③ Metzing, C., & Brennan, S. E., "When Conceptual Pacts are Broken: Partner-specific Effects on the Comprehension of Referring Expressions," *Journal of Memory & Language 49*(2003): 201-213.

④ Graham, S. A., Sedivy, J., & Khu, M., "That's Not What You Said Earlier: Preschoolers Expect Partners to be Referentially Consistent," *Journal of Child Language 41*(2014):34-50.

⑤ Markman, A. B., & Makin, V. S., "Referential Communication and Category Acquisition," *Journal of Experimental Psychology: General 127(4)*(1998):331-354.

概言之，交流语言的说者特定性特征体现了语言和特定说者身份、交流假设等方面的多重映射和指向。例如当说者提及"大书签"时，可以意指很多大小不同的书签，而对于特定书签的辨别需要听者根据特定的交流条件和说者特征，对语言做出特定性含义的解读，即听者对于特定说者语言的译码依赖于彼此间多种共现信息的启发和支持，包括感知共现（对象是交流者观察中最大的那个书签）、语言共现（交流的先前阶段中彼此曾语言提及该对象）、团体成员身份共现（特定的书签与交流者特定的团体身份相联系）等。语言说者特定性的交流意义在于，一方面降低了说者语言的变异性，使说者的交流意图易于推测，这是交流双方消除语言互动分歧的有力保障；另一方面，通常交流过程中，特定说者重复使用或改变参照惯例，意在向同伴传递不同的交流意图：保持参照惯例意指相同对象；打破参照惯例则意在向听者传达对象变化了的信息，或者表明随着认识的不断深入自己对先前表述的进一步修正，甚至向同伴传达自己对交流互动某种程度的不合作性。

（二）交流语言加工的听者特定性

交流语言加工的听者特定性观点认为，交流语言认知加工过程表现为"听者设计"过程，语言互动中说者参照特定听者的特征产生和调整语言，以联合双方共同意图、期望，形成关于交流对象的共享性解释。

Horton（2007）安排了两个实验者同谋，实验中分别向被试提供类别线索，被试据此生成不同的类别样例，之后，一个同谋在场的条件下被试对给定图片对象命名，结果发现：当图片对象和在场同谋有关时（先前任务中共同合作过的对象），被试命名过程中的语言表达更快也更为简洁。[1]
Rogers，Fay 和 Maybery（2013）的实验材料为七巧板图形拼出的抽象图案，实验中变化听者的数量，观察听者数量规模对于说者语言的影响，结果发现：无听者条件下，说者语言最短（词汇数量），随着听者数量的增加，说者的语言信息越丰富（语句更长、词汇更多）。这证实交流中语言加工的听者特定性特征。[2]Duff，Hengst，Tranel 和 Cohen（2006）也采用七巧板实验材料，被试为遗忘症患者，结果显示：被试语言也一定程度上表现出听者特定性特征（语言因听者特征不同而表现出敏感性变化）。这

---

[1] Horton, W. S., "The Influence of Partner-specific Memory Associations on Language Production: Evidence from Picture Naming," *Language and Cognitive Processes 22(7)* (2007):1114-1139.

[2] Rogers, S. L., Fay, N., & Maybery, M., "Audience Design through Social Interaction during Group Discussion," *Plos One 8(2)* (2013):e57211.

表明交流语言听者特定性认知加工过程中包含了无意识性成分。①

Galati 和 Avraamides（2013）实验任务中，首先，安排说者被试观察实验对象，同时控制说者对听者同伴的知识，设立三种实验条件：不知晓条件（不告知说者接下来需要向听者描述），知晓条件包含两种情形，无经验听者条件（告知听者没有和自己一同观察过对象）和有经验听者条件（告知听者和自己一同观察过对象）。其次，连续完成两个记忆任务：相对方向判断（说者观察对象并判断其相对位置，如：花瓶在橘子的哪个位置），回忆对象位置（在表中标注）。再次，说者向三种实验条件下的听者回忆描述对象。最后，重复安排记忆任务。结果发现：知晓条件下被试的记忆和语言信息均表现出听者特定性特征，不知晓条件下被试最初的记忆编码是自我中心的，交流互动后转而也表现了听者特定性特征；另外，交流语言信息中听者特定性特征受说者对听者预先知晓程度的影响，预先知晓得越多，语言信息同伴特定性特征越显著。②

Yu，Schermerhorn 和 Scheutz（2012）的研究则进一步指出，交流语言听者特定性特征受到交流互动真实性的影响。实验情境分为与真人交流、与人偶（等比例人形模型）交流，结果显示：与真人交流条件下，交流语言才会表现出同伴特定性特征，并且被试对同伴偶发的非语言行为细节更为敏感。这证实交流语言听者特定性体现的是真实互动中彼此共同的语言互动经历和相关记忆，真实互动性调节听者特定性语言认知过程。③

诚然，从交流语言互动性来看，语言参照惯例的建立及重复使用，便于听者的特定理解；同样，说者重复使用相同的语言表述，会自觉认为同伴能够再次理解该表述。在特定的交流过程中，基于听者特定性的交流语言认知加工过程，实际上反映了交流认知推理过程中高水平的"观点采择过程"，即说者倾向于以"自己的语言表述便于听者理解"为前提。这在现实交流中是比较常见的，例如，A 和 B 计划下午出去，A 想在购物中心前面和 B 碰面，但 B 不知道这个购物中心在哪里，这种情况下，A 将选择自认为便于 B 理解的表达方式来解释会面地点。如果 A 和 B 曾一起去过附近的电影院，A 可以说"购物中心非常接近我们去过的电影院"，这

---

① Duff, M. C., Hengst, J., Tranel, D., & Cohen, N. J., "Development of Shared Information in Communication Despite Hippocampal Amnesia," *Nature Neuroscience 9(1)* (2006):140-146.

② Galati, A., & Avraamides, M. N., "Collaborating in Spatial Tasks: How Partners Coordinate Their Spatial Memories and Descriptions," *Cognitive Processing 14(2)* (2013):193-195.

③ Yu, C., Schermerhorn, P., & Scheutz, M., "Adaptive Eye Gaze Patterns in Interactions with Human and Artificial Agents," *ACM Transactions on Interactive Intelligent Systems (TiiS) 1(2)* (2012):13-42.

确保了听者同伴能够理解和准确判断。

（三）基于交流语言加工同伴特定性的"语音变化假说"

围绕着交流语言同伴特定性的探讨，研究者从交流语言语音变化特征的角度提出了语音变化假说（The Acoustic Variation Hypothesis）：交流口头语言的语音显著性、变化性等特征受同伴特定性理解性的影响，典型表现为特定交流情境中交流者彼此间的可预测性使交流语言出现语音弱化特征（如较短的表达时间，减弱的语调和变化性，减弱的语音强度等），反之，语音强化导致语音显著性、丰富性和变化性特征增强。

部分研究支持交流语音变化是基于说者特定性，认为语音变化性决定于说者语言生成的便利性。比如，之前交流中曾经提及的对象，当再次提及时自然会更容易，因为语言发生的许多水平（如，语义、语音等表征）先前曾被激活过，表现在语音上即为弱化特征；反之则不然。部分研究支持交流语音变化是基于听者特定性，认为说者根据听者的知识、意图、目标和假设等选择语言表达形式，即语音变化受听者的交流需要驱动，这源于交流高效性的要求。Arnold，Kahn 和 Pancani（2012）研究中采用了参照性交流实验范式，被试（说者）指导一个研究者同谋（听者）将物体放置在一个具有 6 个颜色点的木板上，双方面对面站在桌子的两边，听者背后有一个计算机屏幕，呈现每个物体放置的位置，实验中被试据此用语言指导同伴放置每个物体于正确的位置，但是听者不能看到计算机屏幕，被试只语言指导而不允许接触或用手指点物体。实验中听者分别处于两种条件下：一是"期望条件"，当被试语言指导之前，听者就已经预先选择出并拿起了靶对象；一是"等待条件"，听者每次都是听完被试语言之后，才选择出靶对象。结果发现：听者反馈影响说者交流语言语音的变化性，具体而言，在说者表述之前听者预先将对象挑选出来（听者表现出对靶对象的期望性），说者语速更快，词汇发音更短，变化性更少，即语音变化表现出听者特定性特征，证实听者理解性促进语言生成过程。[①]

---

① Arnold, J. E., Kahn, J. M., & Pancani, G. C., "Audience Design Affects Acoustic Reduction via Production Facilitation," *Psychonomic Bulletin & Review 19(3)* (2012):505-512.

图 4-3　Arnold 等（2012）的交流任务

　　实际上，在现实交流互动情境下可能难以区分语音变化性受特定说者和听者的影响程度及界限，语音变化的出现可能在听者理解性和说者语言生成效率方面存在一个平衡。两种观点的实验证据更多来自实验设计思路和具体任务特征的差异。未来研究需要给予交流实验情境自然性更多的考虑，这有助于相对更真实地观察交流语言发生和理解过程的认知特征，促进两种观点的融合性解释。

　　归纳以上，"换位思考"是交流语言同伴特定性加工过程的一种表现，有助于交流者降低交流认知努力程度，尤其是在陌生的交流情境下，彼此消除语言歧义建立共同交流意图显得尤为重要，语言互动同伴特定性协调模式有助于交流认知压力在交流参与者间协调分配。实际上，交流同伴特征本身也是交流情境因素之一，与其他因素一起共同限制和易化交流语言生成和理解的认知过程，否则，交流者就必须求助于个人认知过程和其他交流因素，这将导致交流认知和行为的协调过程更加困难，因为毕竟语言媒介是交流互动中核心而显著的媒介。概言之，交流语言同伴特定性认知加工过程降低了复杂交流认知推理过程的压力，便于交流活动的高效进行。基于以上分析可以说，交流语言加工中的"换位思考"决定了同伴特定性特征可能表现为"说者特定性"，也可能表现为"听者特定性"，甚至交流的"互动性"决定了该过程更可能表现为一种混合特征，即同一交流过程中语言加工的"说者特定性"和"听者特定性"是共同存在、相伴发生的。

二、交流语言加工的时间过程理论

至目前为止，交流社会认知领域的研究者一致认为交流语言认知互动过程是交流参与者认知"冲突－协调"的转换过程，交流语言同伴特定性调整过程不是一蹴而就完成的，代表性的如交流学习任务；虽然交流过程中交流者间经常形成特定的语言参照惯例，但是语言参照惯例的产生也不是一个全或无的过程，而是随着交流者间认知"冲突－协调"过程的发展，经历了"建立—完善—保持"的不断调整过程。然而，研究者对于交流语言认知加工时间过程解释的分歧在于："同伴特定性"考虑是在语言互动过程的什么时间被引入的？简单而言，在交流语言认知"冲突－协调"过程的共同前提下，一种理论观点认为，从交流之初交流者的语言加工即表现出"同伴特定性"特征；一种理论观点认为，交流之初的语言加工是"自我中心"的，"同伴特定性"特征是随着交流互动的发展才逐渐被引入到交流语言认知加工过程中的。相应地形成两种理论：基于限制的加工模型、监测和调整理论。

（一）基于限制的交流语言加工模型（constraint-based processing models）

基于限制的加工模型认为，从语言交流互动发生那一刻，交流者即以一种随机、限制的方式考虑交流同伴的特征和交流需要，并以同伴特定性特征限制语言发生发展过程，交流语言共享性的探索始于交流之初，即与交流同伴相关联的信息从交流的最早时刻引导语言加工决策。

Vanlangendonck，Willems，Menenti 和 Hagoort（2013）的研究以参照性交流任务探查了交流语言同伴特定性特征的发生时间。实验中交流双方并排而坐，彼此以隔板分开，分别面对一台电脑，任务要求一方用语言指导另一方辨别和选择对象。每个测试中语言互动前说者电脑上会出现一个红圈，标示需要描述的靶对象，但禁止直接使用位置语言（实验中双方屏幕呈现并不相同），听者据语言描述使用鼠标做出相应操作反应。[①]

实验区分了宽容性交流条件和强制性交流条件。宽容性交流条件下，每个测试中，说者一方会同时呈现一个靶对象和一个竞争对象，听者一方

---

① Vanlangendonck, F., Willems, R. M., Menenti, L., & Hagoort, P., "The Role of Common Ground in Audience Design: Beyond an All or Nothing Story," in the workshop on the production of referring expressions: bridging the gap between computational and empirical approaches to reference (PRE-CogSci 2013).

仅呈现靶对象；强制性交流条件下，每个测试中说者面对 3 个不同尺寸的同一对象，一个是靶对象，一个是双方共有的竞争对象，一个是听者没有的竞争对象，所有测试中，靶对象保持为中等尺寸。因此，宽容性交流条件下使用尺寸形容词与否，不影响听者反应；强制性交流条件下，若说者仅据自己屏幕进行语言描述，即语言表达自我认知，而不考虑特定同伴，听者反应正确率为 50%。实验结果显示，说者在考虑同伴特征和交流需要的基础上产生交流语言，且跨实验条件表现出一致性。研究支持了基于限制的交流语言加工模型。但是，研究也指出，尽管说者在交流任务中始终注意区分个人信息和同伴信息，但个人信息一定程度上干扰了语言生成过程（语言中包含了一定的赘余信息和不恰当信息），尤其是强制性交流条件下显著影响到交流的效率效果。

Metzing，Brennan（2003）[①] 以及 Yoon，Koh，Brown-Schmidt（2012）[②] 在研究中均指出，个人自我认知和同伴特定性认知并存于交流语言认知加工过程中，是语言加工中的两类限制因素，在现实交流情境下，当交流之初交流者对任务、对象相对陌生的情形下，"同伴特定性"信息可能是一个相对弱的限制线索，这种认知的不清晰性、不确定性，使其很容易被其他竞争性信息所掩盖。

概言之，基于限制的交流语言加工模型强调：交流之初的语言加工就已经表现出对同伴特定性特征的考量。该理论重视同伴特定信息在交流语言加工中的优先权，体现在交流语言认知的时延敏感性上；同时，并不排斥交流语言认知加工过程中任何语境限制信息，甚至个人自我认知过程的影响性，这一定程度上取决于不同信息的易得性和与交流目的的关联性特征。或者说，基于限制的交流语言加工模型在强调"同伴特定性"显著影响性的前提下，更为包容性地接受如下结论：交流语言认知加工过程是多线索、多信息的综合作用过程；交流目的的现实性、语言交流的有效性最终决定不同交流时程中不同信息的恰当获取；而同伴特定性语言认知过程不绝对排斥和抑制自我认知过程的影响作用，尤其是当无法完全正确评估、监测和控制同伴特定性信息的条件下。

---

① Metzing, C., & Brennan, S. E., "When Conceptual Pacts are Broken: Partner-specific Effects on the Comprehension of Referring Expressions," *Journal of Memory & Language 49*(2003): 201-213.

② Yoon, S. O., Koh, S., & Brown-Schmidt, "Influence of Perspective and Goals on Reference Production in Conversation," *Psychonomic Bulletin & Review 19* (2012):699-707.

（二）监测和调整的交流语言加工理论（monitoring and adjustment theory）

与基于限制的交流语言加工模型不同，监测和调整理论认为交流语言加工在时间进程上表现出两个阶段的不同认知过程，交流之初表现出自我中心性特征，同伴特定性信息或共享性信息是在交流后期逐渐表现出来并显著影响交流语言认知。

监测和调整理论指出，交流语言认知的同伴特定性调整与交流后期的记忆提取过程相关联；因为交流即时加工过程中，关注并推理交流同伴信息和交流语境信息将导致认知负担的繁重性，尤其在交流之初交流双方间以及对交流情境均相对陌生的条件下，这难以成为常规语言加工策略的一部分，因此表现出自我中心性特征，即一种相对较简单和便利的语言认知加工过程，这也可以解释交流语言互动中经常出现的彼此语言"感知不恰当"的现象。张恒超（2017）的研究创设了交流学习任务并安排了标准化的 10 个学习阶段，从交流学习过程的比较分析发现，交流学习前半期（阶段 1~5），交流者更为关注自我一般认知过程，语言加工的这种自我认知过程，一方面在交流参与者间表现出相对普遍性、一般性特征，另一方面，交流语言认知加工两阶段特征跨不同交流情境（共享语言、共享语言＋对象、共享语言＋对象＋表情）表现出一致性。[①] 总之，交流之初语言加工中监控同伴特定性调整过程对认知资源的要求相对较高，此时同时监控个人自我信息和同伴特定性信息将导致认知系统负担过重，因此，交流早期的语言加工给予自我认知过程以优先权。

Brown-Schmidt（2009）提出对于交流语言认知加工时间进程特征的实验探讨，应当考虑两个方面的重要问题：交流互动实验情境的真实性、交流者间先前的语言互动经验。[②] 他在研究中对比安排了两种交流情境：真实性语言交流（真人间的交流互动）和非真实性语言交流（听者与录音交流），实验任务分两个阶段，第一阶段中，双方通过交流形成特定语言表述，第二阶段中，再次重复交流。结果显示，交流者先前已经获得了特定交流经验（通过第一阶段形成特定语言表述），当再次重复交流时，交流者（主要评价和分析了听者对交流语言的反应特征）即时表现出对同伴特定性语言的敏感性；但是，在两种交流情境对比中他也发现，对同伴特

---

① 张恒超：《共享方式对参照性交流学习过程和选择性注意的影响》，《心理学探新》2017 年第 4 期，第 307—312 页。

② Brown-Schmidt, S., "Partner-specific Interpretation of Maintained Referential Precedents during Interactive Dialog," *Journal of Memory and Language 61(2)* (2009):171-190.

定性交流语言的敏感性，仅表现于真人语言交流情境中，而不表现于非真实语言交流情境。

　　归纳以上，一方面，两种理论均接受交流语言认知加工过程体现了交流者间认知"冲突－协调"过程的转换；另一方面，两种理论之争集中于交流语言加工过程，尤其是交流之初，是否存在同伴特定性信息的参照，相比较而言，监测和调整理论认为交流之初不包含这种调整过程，纯粹体现为自我认知参照，而基于限制的加工模型相对更为包容，在强调同伴特定性语言调整即时发生的同时，并不否认自我认知信息的影响性。实际上，以往研究尚无法完全厘清交流之初语言加工中，自我信息和同伴特定性信息的影响程度，正如 Brown-Schmidt（2009）所指出的，这与各研究实验目的、角度和设计特点均存在关联性，首先，如果提高实验控制性，创设陌生交流实验情境，这将人为排除交流者间可能存在的语言互动经验，更有助于支持交流语言加工之初的自我认知特征，反之，交流对象的熟悉性（如生活物品）、交流者彼此间的熟悉性、文化和团体背景因素等，均有助于支持交流语言的同伴特定性参照；其次，交流互动"真实性"是影响理论之争的一个重要因素，比如，与人偶交流、旁听语言交流（不参与语言互动）等情境下，交流语言加工不表现出同伴特定性特征。基于此，未来研究中交流实验情境的创设应尝试对以上方面做到综合考虑，既有助于协调理论之争，也有助于交流语言认知解释的自然性。

三、交流语言加工意识性理论

　　语言是交流互动的核心媒介，语言互动过程是交流者间认知协调过程的表现，但是这一过程是如何实现的呢？一种可能是通过精心推理和深思熟虑的过程实现，这要求交流者在语言交流中时刻考虑并推理同伴的心理状态、知识经验，精心规划语言并精心解释语言，很容易理解交流语言的意识性、策略性加工过程可以最大程度监控和调节彼此间的互动过程，以求最小化降低交流语言的错误性。然而，如此精心的语言推理需要交流者时刻保持语言认知的监控和不断更新，既耗费时间，认知压力又大。另一种可能是，交流语言认知加工借助了交流情境中可能存在和利用的多种线索，这些线索可以无意识、非策略性地为交流者提供语言加工之外的反馈信息，进而促进语言认知加工的无意识和自动化过程。围绕交流语言加工的意识性特征，以往研究提出了两种理论：经典理论（classical theories of communication）和互动校准模型（the Interactive alignment model）。

（一）交流语言加工的经典理论

经典理论认为，交流语言加工过程是一个意识性、策略性调整过程，交流者意识性计划和理解语言，换位思考是这一过程的典型特征，最终建立共同的交流基础，语言参照惯例（交流者间针对交流对象形成的共同理解、期望和假设的特定语言表述）是共享性语言的典型表现。

经典理论的意识性解释是以语言互动交流的社会性为前提的，不同特征的交流者通过语言争论过程，力争通过不同证据取得彼此的理解和支持，交流者是各个不同的"思考者"，语言互动及共享性的建立过程，始终包含了某些认知冲突性，所以，交流语言轮流发生和理解过程中双方应明确语言互动努力的目的性，即语言认知加工的意识性。Jacquette（2014）指出当交流者反思语言交流过程时，将清晰地意识到该过程具有具体、明确的条理性、逻辑性，如波折的争论、不断的举证、观点的修正过程等，这尤其表现在思辨性交流过程中，是无法在无意识过程中自动完成的。[1]

Brennan，Chen，Dickinson，Neider 和 Zelinsky（2008）在交流实验中创设了"共享注视（借助眼动仪实现）""共享语言""共享语言和注视"三种交流方式，交流任务为 O-in-Qs 搜索任务（从屏幕中呈现的字母 Q 中搜索靶字母 O），共享注视对靶对象的自觉引导和合作搜索（双方自觉分割搜索大约一半的目标），促进了搜索效率，证实交流语言对彼此认知和行为的意识性协调过程会导致更高的认知"成本"。[2] De Ruiter，Bangerter 和 Dings（2012）进一步指出语言交流过程中始终伴随着非语言信息的同时影响，在特定交流条件下，对于非语言信息的高效利用，将使语言的意识性调整过程显得相对赘余，因为语言交流意识性过程对认知资源的要求过高，因此，特定交流条件下，交流者如果可以借助非语言信息成功交流，将可能较少借助语言的意识性、策略性交流过程。[3]

诚然，交流语言互动的意识性在于最小化交流错误，这一点典型表现在如上所述的打破"同伴特定性"语言惯例的情形下：如果交流中一方试

[1] Jacquette, D., "Collective Referential Intentionality in the Semantics of Dialogue," *Studies in Logic, Grammar and Rhetoric 36(1)*(2014):143-159.

[2] Brennan, S. E., Chen, X., Dickinson, C. A., Neider, M. B., & Zelinsky, G. J., "Coordinating Cognition: The Costs and Benefits of Shared Gaze during Collaborative Search," *Cognition 106(3)*(2008):1465-1477.

[3] De Ruiter, J. P., Bangerter, A., & Dings, P., "The Interplay between Gesture and Speech in the Production of Referring Expressions: Investigating the Tradeoff Hypothesis," *Topics in Cognitive Science 4(2)* (2012):232-248.

图打破或违背先前阶段建立的语言惯例，同伴相应会明确认为说者语言所指的对象发生了变化，彼此将重新调整和更新语言认知。Rogers，Fay 和 Maybery（2013）研究中所发现的，交流者根据是否存在听者而相应调整语言表述的结果，支持了交流语言加工的意识性特征。[①]

从交流的共同目的性、合作性、集体奖赏性、人际互动性等特征出发，经典理论对语言认知的意识性解释是科学的，但是并不能完全排除语言认知中的非意识性成分。交流语言和个人思维过程头脑中的语言媒介不同，即互动性的存在，实际上，研究者们也逐渐意识到：交流互动不是纯粹的语言互动，语言认知不是交流认知的全部；交流语言认知加工中的某些特征可能代表了无意识过程，如自动表达成句、习惯用法等。

（二）交流语言加工的互动校准模型

互动校准模型强调了交流语言认知加工过程中的非意识性过程，交流语言的生成和理解包含了自动化、内隐性特征；具体而言，在交流语言加工过程中，交流者不会有意识参照同伴具体特征和知识经验，语言发生过程的句法特征，是出于易化表达而非方便听者；同理，听者对于语言的理解和解释，源于自我知识经验，而非推理说者的特定特征；在互动过程中，说者的语言将自动激活听者的相似表征，随着交流回合的发展，交流角色的不断互换，这些表征将被不断地存储和重复提取使用，进而促进彼此共享性的交流认知。

和经典理论一致的是，互动校准模型不否认交流者对同伴的信念调节交流语言生成和理解过程，有研究发现，当交流者知晓自己的交流同伴是电脑而非真人时，在图片命名任务中，交流语言生成过程更为复杂，因为被试潜在认为计算机不具备交流互动的能力，这种信念影响了语言认知加工特征。同样，交流同伴是专家还是新手的身份特征也影响交流语言认知过程，面对新手语言更为详细和丰富，面对专家语言显著简洁。可以说，两个理论解释的分歧在于基于同伴特定性信念前提下，对语言发生和理解过程意识性特征的解释。互动校准模型倾向于将交流者间交流语言内容、表达方式、语调等的重复使用，视为特定交流情境下的自动激活和记忆储存、提取过程，这符合交流认知的节省性原则。

部分研究者倾向于折中看待交流语言认知过程的意识性和非意识性特

---

① Rogers, S. L., Fay, N., & Maybery, M., "Audience Design through Social Interaction during Group Discussion," *Plos One 8(2)*(2013):e57211.

征。Rogers 等（2013）通过变化实验范式和特点，认为交流语言加工认知过程可能同时存在意识性和非意识性调整特征，研究设计上，一是比较了限制互动交流（要求被试用语言描述对象，并告知描述针对自己，或针对 1 个、4 个、9 个听者，实际上听者不存在）和自由互动交流间的差异，二是不断变化交流互动中的人数规模，这两方面都与交流互动性相关。结果发现说者为听者设计的语言均显著更长，且不受听者数量影响，这倾向于支持了经典理论的意识性解释；进一步，在真实互动交流中，发现听者规模显著影响了交流语言特征，听者数量越多，语言越详尽，听者人数的增加相应导致语言社会互动性和互动复杂性增强，无意识诱发交流语言信息的变化性，这是交流语言适应交流情境的自然变化。Fay，Garrod 和 Carletta（2000）在研究中设立了交流旁听者，从旁听者对交流语言理解的角度，发现旁听者更容易理解 10 人交流小组语言讨论的观点（相比 5 人小组而言）。[①] 总之，折中观点倾向于认为，交流语言信息沟通动态过程不同，如互动人数导致互动变化性更多、交流回合更频繁发生等，所带来的交流语言认知加工的变化性，同时包含了意识性和非意识性特征。

归纳以上，交流语言互动中意识性和非意识性共存是客观存在的，正如交流认知中个人认知和公共认知共存性一样，基于交流语言互动性、社会性和合作性而言，交流语言认知加工的意识性解释是合理的；同时，基于交流情境的复杂性和多元性特征，任何一个交流过程中，语言和非语言信息间都一定程度上存在相互作用，相互作用和交流情境线索带来的启发性将引发语言认知过程的非意识性调整。如上所述，在对两种理论意识性特征之争的思考中，有一点值得重视并需要未来研究进一步尝试解决：以往研究对于交流语言认知加工无意识性特征的探查，没有区分出语言认知本身的无意识过程和交流情境中非语言因素所诱发的自觉性语言认知过程，以及如何区分语言认知中的无意识成分和非语言因素无意识影响性间的关系，未来研究应通过实验思路和设计的改进进一步深入分析。

四、交流语言加工时间过程及注意特征的实证研究

笔者进行了一项实验，实验研究重点在于探讨交流语言加工时间过程及注意特征。[②] 实验范式为参照性交流范式，安排功能预测的交流学习任

---

① Fay, N., Garrod, S., & Carletta, J., "Group Discussion as Interactive Dialogue or as Serial Monologue: The Influence of Group Size," *Psychological Science 11*(2000):481-486.

② 张恒超：《参照性交流学习中语言内容和选择性注意的变化特点》，《心理技术与应用》2017 年第 7 期，第 385—393 页。

务，记录交流互动过程中的语言内容，分析参照性交流学习时间进程中语言内容和选择性注意的变化特征。实验结果显示：第一，参照性交流学习过程中，交流学习者的语言内容表现出变化性特征，但是在局部的交流学习阶段上也表现出稳定性特征。第二，交流语言的选择性注意整体水平呈现出平稳增高的趋势；交流进程的前半期增长相对更快，交流进程后半期趋于稳定。第三，交流语言选择性注意指向性水平迅速提高，并表现出稳定性特点；交流语言选择性注意集中性水平表现出不断变化的特点。

（一）研究背景

以语言实现信息的沟通互换是参照性交流学习的核心特征，典型的如学生间的交流合作学习，以往研究者们一致认为交流者彼此间为了实现交流对象认知理解上的共享性，需要不断调整彼此的认知和行为，建立共同的交流基础，这集中表现于交流者对对象语言描述的共同性和特定性，即语言"参照惯例"（referential convention）的形成。但是，关于交流语言或语言参照惯例内容特征的理解，研究者间存在观点上的分歧：一部分研究者认为，参照性交流过程中交流者将逐渐形成关于交流对象的特定语言解释，该语言解释一旦形成，可能并不准确，但随着交流互动进程的不断发展会表现出相对稳定的特征，因为语言参照惯例的不断变化，将损害交流者彼此间认知和行为的共享性和默契性，造成更大的认知损耗。另一部分研究者则认为，参照性交流过程中，交流语言内容将随着交流时间进程的发展而不断调整变化，语言表述的精确性也相应不断提高，这将一直延续至交流任务的结束，此时交流者对交流对象的语言解释最终特定化，并为交流参与者所共享，以后的相似交流情境下该表述将重复出现，为交流者彼此间保持使用。

语言在参照性交流合作学习中的核心作用还体现在，交流语言外显性地引导交流者对学习对象的选择性注意，进而在不同层次上实现认知和行为间的多水平协调；如果交流对象或交流情境发生变化，相应能够诱发交流语言的变化，语言变化指引交流者对学习对象重新作出特定的选择性注意。与个人学习相比较，选择性注意在参照性交流学习中的影响作用更为显著，张恒超等（2015）的实验结果证实：和个人学习相比较，参照性交流学习者的选择性注意水平显著更高，集中表现于选择性注意的指向性水平方面；且不受学习内容复杂程度或难度的影响。[①] 语言心理研究领域的相关结果发现：交流者彼此间学习的同质性产生于参照性交流学习过程中彼此对学习对象某些特征或特征关系吸引区的共同性注意；参照性交流学习中交流双方对对象的语言解释，可以以高共享的形式引导彼此间的共同注意，实现共同学习和共享性理解；该交流合作学习的特点还将进一步影响到参照性交流学习者对对象记忆的共同性特点，即交流合作学习中交流者对学习对象形成的群体性记忆。

随着交流认知特征研究的不断深入，研究者们逐渐认识到参照性交流学习过程不是一次性完成的，不是一个单纯简单的过程，交流互动中特定语言表述的形成受到多种交流线索和因素的共同影响。比如：交流互动同伴的特定性、之前的交流经历和经验、特定群体记忆特征、特定交流情境特征等。特定参照性交流学习情境下，语言内容可能不表现出绝对化的稳定性，也可能不是完全的无规则；这影响到交流者合作学习中选择性注意的具体特征和变化性。Arnold，Kahn 和 Pancani（2012）的实验研究指出，参照性交流情境下交流者的选择性注意特征将集中反映于交流语言的内容之中，这具体体现为交流语言倾向于更为精炼简洁和快速。[②] Shintel 和 Keysar（2009）研究发现，参照性交流学习情境下交流者选择性注意的优势特征，有助于彼此间学习分歧的解决，进而达成针对学习对象的认知共享性。[③] Yu，Schermerhorn 和 Scheutz（2012）的研究进一步将真实交流情境和非真实交流情境做出对比探查，眼动、语言和录像的数据同时表明，交流者在真实交流情境中对交流对象的注意表现出更为精细和敏感的特点。[④]

综合而言，参照性交流学习过程中记录和分析语言内容具有代表性意义和价值，语言内容特征可以集中体现交流学习者语言选择性注意的具体特征；学习心理结构中的一个重要认知指标是选择性注意，可以反映高效率学习的认知特征，选择性注意体现了心理认知加工的三个典型特征：警觉、控制和选择；归纳而言，高效的学习依赖于脑唤醒状态的保持，以及

---

① 张恒超、阴国恩：《不同关系复杂性和学习程度下参照性交流与个人学习的比较》，《心理学探新》2015 年第 1 期，第 24—29 页。

② Arnold, J. E., Kahn, J. M., & Pancani, G. C., "Audience Design Affects Acoustic Reduction via Production Facilitation," *Psychonomic Bulletin & Review 19(3)* (2012):505-525.

③ Shintel, H., & Keysar, B., "Less is More: A Minimalist Account of Joint Action in Communication," *Topics in Cognitive Science 1(2)*(2009):260-273.

④ Yu, C., Schermerhorn, P., & Scheutz, M., "Adaptive Eye Gaze Patterns in Interactions with Human and Artificial Agents," *ACM Transactions on Interactive Intelligent Systems (TiiS) 1(2)* (2012):13-43.

对认知活动的有效控制，进而实现对学习信息的有效性评价和选择，具体体现为，特定学习活动中，学习者依据学习目标对学习对象有关信息的关注（注意指向性），同时对干扰学习的无关信息的有效抑制（注意集中性），使其不干扰学习过程中有效的认知加工，即选择性注意表现出的指向性水平和集中性水平。可以如下理解，参照性合作交流中学习的效率效果不仅依赖于交流者彼此对与学习有关信息的选择能力，也依赖于对与学习无关信息的辨别和排除能力；从选择性注意的脑加工机制看，学习中的选择性注意依赖于脑对各种信息的过滤和筛选功能的实现，在允许学习信息进入意识过程的同时，还必须阻止干扰学习信息的进入，如果大脑的这种综合注意功能减弱，那么干扰或无用信息就会进入学习认知加工过程中，干扰学习者对学习信息的加工，并降低学习的效率和效果。

　　归纳而言，以往研究在对交流语言内容的分析和探讨中存在以下不足之处：一是重点关注了交流学习者在较短时间内或一次性学习后的语言内容特点，之后在相似的交流情境中考查交流语言重复出现的特征和稳定性，交流学习任务的简单化不利于从学习时间过程中动态性记录、分析语言内容以及解释选择性注意的具体特征；二是对于交流中选择性注意的探查，倾向于做整体性解释，没有细致性分析选择性注意的指向性和集中性特征。基于以上，本次实验研究在参照交流合作学习过程中，记录交流互动语言内容，分别分析交流语言内容的变化特征，交流学习过程中学习者语言的选择性注意整体性水平、指向性和集中性水平，以及随交流时间进程的变化性特征。

（二）研究方法

　　研究公开招募大学生被试。设计四特征生物实验材料。各特征维度具有 2 个值（1/0）。前 3 个维度间创设了 2 种功能——吸收水分，产生电流；吸收水分是产生电流的前提。维度 4 与功能无关，以"有/无"呈现。

　　参照性交流学习任务为生物功能预测任务，被试同性别随机配对，共 10 个阶段（block），各阶段中每个样例随机呈现 2 次。学习范式为参照性交流范式，交流双方轮流担任描述者、判断者，每次判断后呈现 4 秒反馈信息。"吸水，但不产电"按","键；"吸水，并产电"按"."键；"不吸水，也不产电"按"/"键。

　　学习任务采用单因素（学习阶段）被试内设计，因变量指标包括：第一，每个学习阶段中描述者描述的生物维度的平均数量（语言内容分析：

全部维度之和）。第二，每个学习阶段中语言描述的维度平均数量（选择性注意分析：有关维度和无关维度之差。具体计算方法：描述一个与功能有关的维度计为 +1，描述一个与功能无关的维度计为 -1，再将两者相加，求平均数）。再分别求语言中有关维度（指向性指标）和无关维度（集中性指标）的平均数。

（三）研究发现

研究结果分析了两个方面的内容：一是参照性交流学习中语言内容的变化特征；二是参照性交流学习中的选择性注意特点。

1. 参照性交流学习中语言内容的变化特征

参照性交流学习各阶段语言内容的分析显示：参照性交流功能预测过程中，随着交流学习的不断深入发展，交流语言中的维度内容呈现出变化性的特征；但是在交流局部的不同学习阶段中也呈现出不同程度的稳定性特征。实验发现表明：特定参照性交流学习过程中，语言内容的稳定性和变化性特征是共存的。

首先，从参照性交流学习时间进程中的变化性来看，本次实验条件下，语言内容出现了三段显著性的变化：交流学习阶段 1 →阶段 2~8 →阶段 9~10。具体分析来看：学习阶段 2~8，语言内容中包含的维度数量显著最多。在参照性交流的合作学习中，语言是学习者彼此间认知和行为协调的重要媒介，交流者学习中的共同目的性和彼此依赖性，促使彼此精心规划和推理语言的信息内容，这是通过深思熟虑的意识性过程驱动的。实验结果中语言的变化性特征表明交流学习者间语言的共享性没有出现于参照性交流学习阶段的早期，共享性语言的实现和形成依赖于交流初期交流者对学习对象的一般性记忆表征以及关联于特定同伴记忆表征的初步尝试性建构；进一步而言，参照性交流早期，交流学习者更多关注个人自我拥有的知识和假设，伴随着学习的不断深入，彼此间会逐渐形成对于特定学习对象的共同注意。并且交流学习阶段 8 和阶段 9 间的第二次显著性变化，表明特定交流语言在交流互动全程中不是形成之后不再变化的，而是随着交流学习过程的不断深入，出现进一步的完善，能够体现出交流者围绕学习对象认知加工中的再次协调过程。尽管如上所述，部分研究者认为交流语言内容的变化将给交流者带来某种程度的认知损耗，但是本次实验结果中，第二次变化前后语言内容中维度数量，交流学习阶段 9 和 10 分别为 3.40、3.18，但是交流学习阶段 2~8 中最高值为 3.67，最低值为 3.55。本次实验材料的设计中生物具有的与功能关系有关的维度共有 3 个，因此，不难看出这一次的显著性变化，虽然可能为交流者带来短暂性的认知损耗以实现认知的进一步重新协调，但是这次再次协调却代表了交流学习精确性的进一步提升。因而可以推理发现，交流学习阶段 1 和 9、10 间不存在显著性差异，但两者所显示的心理加工特征是不同的，交流学习阶段 1 语言内容中的维度数量少，呈现的是交流者在互动学习初期首先借助个人自我知识和假设尝试初步理解学习对象，此时对对象特征维度表达得相对不够全面，但不表示双方认知的协调一致性；与此对照，交流学习阶段 9 和 10 中却展现了交流者间认知上更高水平的协调一致性特征。这一结果补充和丰富了先前研究的相关结论。

其次，参照性交流学习中语言内容表现出的局部稳定性，典型出现于交流学习阶段 2~8 和阶段 9~10。语言内容的稳定性展现出的是交流学习者间的相互依存性和协作性，但是稳定性特点仅相对存在于特定的交流学习程度下，当交流者彼此对学习对象的深入理解累积到一定程度时，对交流对象认知上的质变必然会表现出交流语言的变化性特征，以及交流者间"语言协议的重新建构"，以提高交流学习水平，并为后面的交流学习阶段节省认知资源，这是参照性交流学习中交流者彼此间认知重构性和互动合作共同目的性的综合体现。参照性交流学习中语言的相对稳定性特征，也从不同的角度证明，学习者交流互动中形成的特定语言内容虽然可能并不准确，但是随着交流合作学习进程的不断发展却为交流者所保持和相对稳定地重复使用，已经形成的特定语言表述一旦变化，将打破交流学习者彼此间认知和行为的相对协调性，进而引发更多的认知分歧，并带来交流学习中更多的认知资源损耗。而本次实验发现进一步将该结论补充为：语言稳定性仅保持在一定的交流互动学习水平之内，当交流学习水平显著提高后，语言稳定性的打破相反能为之后的交流学习带来更多的认知节省性。

2. 参照性交流学习中的选择性注意特点

首先，交流语言选择性注意整体水平的分析发现参照性交流学习过程中，交流者的选择性注意水平整体上呈现出逐渐平稳增高的趋势，具体而言，在交流学习进程的前半期增长速度相对更快，后半期趋于相对的稳定。从参照性交流学习的全程来看，交流者语言选择性注意水平的逐渐平稳增高，便于特定交流学习者以共享的形式实现对交流学习对象的共同理解，这种相对平稳的特点，还可以节省彼此间共同注意不断显著变化以及重新协调所带来的认知资源损耗。Yoon，Koh 和 Brown-Schmidt（2012）研究证实当参照性交流者意识到情境中交流对象出现了相对变化时，将主动通过语言变化来重新建构彼此间的共同注意。[①] 但是应该注意到，交流对象特点和任务特征变化所引发的语言变化，相应将造成交流者一定程度的认知损耗，并将抑制参照性交流的效率和效果。本次实验结果在一个完整的参照性交流学习时程中，从语言选择性注意水平变化特点的角度证实了这一观点；但是，在细致分析不同交流学习阶段后，实验结果进一步补充发现，在参照性交流学习的前半期，交流者学习水平相对较低的情况下，语言选择性注意水平的增长速度显著更快，其变化相对更为明显，一个重要的原因在于，当交流学习水平相对较低时，交流者彼此间在交流互动初期建立的针对交流对象的共同注意水平相应较低，随着交流学习认知的不断深入发展，交流者原先持有的共享注意的假设不能持续为彼此带来较好的学习效果；交流互动中学习反馈带来的认知压力，能够显著促使交流者对已有的共享性注意做出某种修正和重构。对参照性交流者记忆特征的研究发现，交流中交流者对特定交流对象所形成的特定记忆表征，同时兼具"一般性"和"特定同伴性"特征，也就是说，特定记忆表征不仅具有记忆加工的一般性特点，同时也表现出针对特定交流同伴的独特性特点，这与不同的交流同伴采用的不同认知策略相关联。本次实验的结果与以往结论相对照，更好地表明参照性交流学习过程中，尽管交流者基于共同目的、互惠互助、集体奖赏等方面的互动压力，力争最大程度取得彼此学习中的认知协调性，但是交流者各自的认知独特性和彼此间的差异性是客观存在的；参照性交流发生发展的时间序列过程中，在不同的时间段内对恰当特定信息表征的提取和利用，是参照性交流学习高效进行的基础和前提。而这在特定参照性交流学习条件下，必然首先以共同的学习目的和共同的学习效果，作为共同注意变化与否和变化程度的基础，因此，本次实验结果出现，当交流互动学习水平随着时间进程不断提高时，参照性交流学习的后半期，交流者选择性注意水平保持相对的稳定性。

不论是从交流语言选择性注意水平的整体发展特点来看，还是从交流学习前半期和后半期的具体变化特征来分析，实验研究的结果证实了参照性交流学习过程体现了交流者彼此间认知"冲突－协调"的转换特点。

其次，研究者对交流语言的选择性注意指向性和集中性水平进行分析，结果发现：参照性交流学习过程中，交流者针对有关维度的共同注意建立迅速，并表现出稳定性特点；而交流语言中无关维度的内容却表现出了不断变化的特点。即，交流者对学习对象有关维度共同注意指向的建立过程

---

① Yoon, S. O., Koh, S., & Brown-Schmidt, S., "Influence of Perspective and Goals on Reference Production in Conversation," *Psychonomic Bulletin & Review 19(4)* (2012):699-707.

相对迅速，并能够保持相对的稳定；而对无关维度的抑制（选择性注意的集中性）过程表现出不断变化的特征。

参照性交流语言表现出的对有关维度注意指向的特点表明：交流学习初期（交流阶段 1~2），交流者优先建立起了针对有关维度的共享性，之后随着交流学习水平的进一步提高，彼此还会不断地根据学习效果的提升，强化对有关维度共同的注意指向，以保证交流互动学习的有效性和高效性，因此，交流语言的选择性注意指向性水平保持了稳定不变。张恒超等（2015）的实验研究也证实，与个体独自学习相比较，参照性交流学习者的选择性注意水平显著更高，这集中表现在选择性注意的指向性水平上。[①]尽管大量的研究均证实了参照性交流学习的顺利成功开展，依赖于交流语言对交流者间共同注意的引导，进而实现交流认知不同层面上的多水平协调；但是本次实验结果却进一步补充发现，这首先表现在选择性注意的指向性方面，进而证实，交流者间学习认知的同质性，来自参照性交流学习过程中彼此对于学习对象某些特征或特征关系吸引区的共同注意。

参照性交流语言对与功能无关维度的抑制或注意集中性特征的表现为：在交流学习阶段 2、6、9、10 中，分别出现了四次显著性的变化。不论是交流合作学习还是个人自我学习，学习特点和效果的评价，不仅依赖于学习者激活与学习有关信息的能力，还依赖于学习者抑制与学习无关信息的能力，抑制可以界定为一种基本的认知压抑过程，其能够阻止与学习活动无关的信息进入工作记忆的认知加工过程之中，或者说，将无关信息从工作记忆的认知加工过程中排除出去，进而可以保证学习的精确性。从第一次显著性的变化来分析，交流学习阶段 2 语言中的无关维度数量显著高于学习阶段 1，由于本次结果数据分析中采用的是反向计数，这表明阶段 2 中语言选择性注意集中性水平不仅没有提高，相反出现显著降低。这一结果证实参照性交流学习中交流者对对象的共同注意并不出现于学习过程的初期，因为此时交流者面对的是全新或陌生的学习对象和内容，初次观察、理解和语言描述时，交流者倾向于更多地考虑个人自我的知识与假设；随着交流学习进程的不断进行，特定的共同性注意逐渐形成。研究结果中之后出现的三次显著性变化，均表明交流学习者语言选择性注意集中性水平不断显著提高，意味着交流学习的精确性在不断提高。张恒超等（2015）实验分析了参照性交流互动过程中学习成绩的变化特点，结果发现随着交流学习的不断深入，参照性交流学习成绩出现不断上升的趋势；

---

① 张恒超、阴国恩：《不同关系复杂性和学习程度下参照性交流与个人学习的比较》，《心理学探新》2015 年第 1 期，第 24—29 页。

该趋势在本次实验结果中既表现在参照性交流学习中语言选择性注意整体水平的变化特点中，又显著表现于语言选择性注意集中性水平的不断变化特点之中。

比较交流语言中的有关维度和无关维度的结果显示：交流学习阶段1~2间，语言中的有关维度数量显著增高，即选择性注意指向性水平提高；语言中的无关维度数量显著增高，即选择性注意集中性水平（抑制性）显著降低。彼此对照表明：交流学习之初，交流者在尝试对陌生学习对象做出功能解释并进行检验时，其首先关注与功能关系有关的维度信息，通过交流语言实现彼此间的共同理解和共同接受；之后，交流双方尝试对无关维度信息表现出了更明显的注意倾向（交流学习阶段2中的数量为"1"），暂时出现了对交流学习内容理解方面的最大不准确性。而交流学习阶段2语言内容中有关维度信息和无关维度信息表现出来的不同特点，表明在交流学习阶段2中有关维度的注意指向性迅速显著达到了较高的水平，而对无关维度信息的抑制水平从交流学习阶段2开始才逐渐呈现出显著的提高。因此，在参照性交流学习中，交流者在对学习对象尝试假设以及验证的过程中，首先针对的是与交流学习内容有关的信息，而对与学习无关信息的认知抑制相对滞后，交流语言认知加工的这一特点，尤其是在交流学习的前期，有助于交流学习者在完全不理解学习内容的情形下，迅速提高交流学习的成绩或效果，交流学习表现得更加有效率，之后，交流者会更深入尝试检验与学习内容无关的干扰信息，以进一步提高交流互动学习的精确性。这两方面综合起来，就表现出语言中有关维度数量的稳定性特点，但是语言中无关维度数量则多次出现显著降低，呈现出变化的特点。

对语言中的维度数量、有关维度数量和无关维度数量综合对照比较，结果证实交流语言选择性注意水平在交流互动学习前半期的相对显著变化性，如前面所讨论，重要的一个原因是，交流学习前期交流者对对象有关维度信息和无关维度信息的不同注意特点，以及相对较大的不稳定性和不确定性；而从交流学习的时间全程看，这主要源于语言中无关维度信息的不断显著变化性，但是交流学习的后期，由于交流者彼此对于学习对象已经能够较好地理解，进而对于有关维度信息的指向性水平稳定不变，但对于无关维度信息的注意特征不断显著调整，即注意的抑制性水平不断显著增强，这使得无关维度对有关维度注意指向稳定性的干扰作用逐渐地显著减弱，因此，整体上不再影响交流语言选择性注意水平在学习阶段后半期的稳定性特征。

对本次研究结果讨论归纳，得出研究结论如下：在参照性交流学习时间进程中，交流者的语言内容整体上表现出了变化性的特征，但是在局部的交流学习阶段上也表现出稳定性的特征；在参照性交流学习过程中，交流学习者语言选择性注意水平整体上呈现出平稳增高的发展趋势，在交流学习过程的前半期增长相对更快，在交流学习的后半期趋于稳定；交流学习双方交流语言的选择性注意指向性水平迅速提高，并呈现出稳定性的特点，而交流语言的选择性注意集中性水平则表现出不断变化的发展特点。

纵观交流语言认知理论的多角度阐发，简单而言，交流语言发生和理解过程呈现的是两个或多个声音在交流时程上的互动，最终将发展出某种共享性交流观点，即对交流任务和对象的某种最低限度共同性解释，这是交流现实功能实现的保证。虽然交流语言认知的研究者们关注了语言的这些具体特征，但是应当承认交流语言认知加工系统比个体语言过程更为复杂而灵活，这不仅涉及语言发生、发展、理解、反馈等方面，还涉及交流注意、记忆和元认知过程等方面。因此，未来研究应进一步同时关注实验研究思路的广度和深度，充分考虑实验控制严格性和交流互动情境自然性间的平衡，尽管交流互动认知研究的实验复杂性更高，但是交流者们应努力尝试实验范式的新探索，以及各种理论间融合性的探讨，因为正是交流互动认知的这种复杂错综和多元化的特征，决定了不适合武断地、全或无地解释交流语言认知特征。具体来讲，未来研究对交流语言认知特征的探讨，应进一步考虑以下几个方面。

第一，对于交流语言认知特征的探讨，应充分关注交流语言的现实互动特点，比如，远程交流和面对面交流、多媒介交流（涉及面部表情、手势等）和单媒介交流、经验差异性交流（如教师和学生）等，而不应单纯从实验控制的严格性角度来设计实验，这种自然化或现实化考虑的实验设计对于消除交流语言认知理论间的分歧是有帮助的。进一步而言，以往研究对于交流语言认知的探讨主要是在严格控制的实验条件下进行的，较高的内部效度有助于特定变量关系的客观解释，这也是出于现实情境下交流语言认知研究复杂性、多样性和困难性的考虑；但是，过于严格的实验控制在降低语言交流复杂性、多样性和解释困难性的同时，也损害了交流语言的完整性、丰富性和真实人际互动性特征，交流语言认知和个人自我语言认知的差异不仅在于语言的内容（如语音、语法、语义等）特征，而主要在于交流语言认知的人际互动性和特定情境下的应用性（语用特征），这决定了交流语言认知研究自然性或现实性的重要意义，一方面研究的自然性，如交流情境的真实化、真实交流语料的选择和分析、交流者语言互动的自然性等，有助于更为真实地反映、解释和集中呈现交流语言认知的现实特点，另一方面研究现实性的考虑也有助于打破严格控制条件下各研究间实验条件差异造成的结果隔阂和分歧，可能更有助于协调和融合各理论的解释。该问题的克服需要未来研究在研究思路、设计和范式上做出新的尝试和探索。

第二，以往对于交流语言说者特定性、听者特定性间的争论，与实验设计思路密切关联。验证说者特定性的研究典型的是变化说者语言，而观察听者语言理解变化性特征；反之，变化听者特征，观察说者语言发生特征的变化性，有助于支持交流语言的听者设计特点。显然，各研究在实验思路上各执一端，一方面这是考虑到了实验控制的科学性和可操作性，即降低交流互动的复杂性；另一方面却人为割裂了交流互动的真实性和自然性。换言之，交流互动特征不等于简单的"说者特征＋听者特征"，这必将导致对于交流语言认知过程特征复杂性、灵活应变性和现实功用性等的解释不足。

第三，未来交流语言认知的探讨应明确一点，交流语言认知不等同于交流认知的全部，因此对于交流语言认知的分析，不应离开非语言因素的考虑，即交流的具体情境特征。

第四，以往研究对于交流语言认知加工时间特征的探讨，习惯创设简单的视觉交流情境，如上所述，O-in-Qs 搜索任务、图片匹配任务、对象命名任务、物品摆放任务等，这不利于从时间进程上观察交流语言认知的变化性，因而研究结果的解释力必然受到影响。因此未来研究应尝试创设标准化的长时交流任务，在交流时间进程中分析不同阶段即时交流语言发生和理解特征的变化性。

第五，未来研究应进一步探索交流实验范式和任务的创新，注意通过实验辨别交流语言认知本身的无意识过程和交流情境中非语言因素所诱发的无意识性语言加工过程；以及区分语言认知中的无意识成分和非语言因素无意识影响性间的关系。

第三节 交流语言认知理论研究的实验问题

本章第二节中，关于交流语言认知理论之争，一定程度上源于交流语言认知实验的具体特点。概括而言，这涉及两个方面的问题：

一是交流语言认知实验中假被试的使用问题。假被试或研究者同谋的使用是社会心理学中社会认知研究的一个传统，语言交流的形式是两人或多人间的人际互动，因此如果从特定的研究目的出发，将交流双方中的一方安排为假被试，则有助于通过假被试的预设交流行为针对性地诱发和引导真被试的交流互动方向，进而针对性地探查交流语言认知的某些特定方面。但是，也应该看到交流语言认知实验中假被试的使用并不总是有力的，因为这一定程度上限制了交流语言互动过程的"自然性"，实际上假被试不再是语言互动中真实的交流角色，更接近于交流情境中的研究"道具"。①

二是交流语言认知理论探讨中的实验任务特征问题。和传统个人认知的实验研究不同，交流语言认知实验研究具有更大的复杂性和困难性，因此，结合现实语言交流的特点，研究者们在实验室研究中发展出了多种不同的实验任务方式和内容，这些不同的任务一定程度上均代表了现实语言交流的某些典型方面，因此可以有针对性地说明现实语言交流的具体特点。同样，正因为不同实验任务着眼于交流语言认知的某个方面特点展开分析，这也成为基于不同任务类型建构的交流语言认知理论彼此间争论和分歧的一个重要根源。

一、交流语言认知理论研究中假被试使用的利弊

交流语言认知研究中，假被试的使用不仅是方法论问题，也涉及交流理论的建构和解释。此处重点归纳和探讨了假被试使用的利处与弊端，具体为：

假被试使用的利处表现在，诱发交流被试的特定行为，降低研究的复杂性；有效收集实验数据，提高数据分析的客观性。

假被试使用的弊端表现在，假被试的使用违背了交流的互动性特征；假被试的意识性降低了交流情境中非语言信息的真实性和丰富性；被试对假被试身份的意识性影响了实验的科学性。

心理语言学对语言认知的研究，第一种思路是在个人语言认知过程（如阅读认知）中实现的，第二种思路是在语言交流互动过程中实现的。"口头语言的媒介性"是社会交流互动的典型特征，交流中可以直观外显地展示出语言的发生发展过程，因而具体研究中可以实现直接记录交流语言内容，并针对性做出量化分析；和个人语言认知过程相比较，交流语言认知过程可以体现更为丰富的社会互动心理特征。

① 张恒超：《交流语言认知研究中假被试的使用》，《心理技术与应用》2018年第3期，第169—176页。

交流语言认知实验和个人语言认知实验显著不同，前者实验任务的执行中至少需要两个被试同时参与——说者、听者。这恰好造就了两种不同的研究方式和研究思路，一是采用真实的交流被试，如被试两人配对组成交流对；二是采用假被试，如交流角色中的一方是假交流同伴——研究者的实验助手，假被试和真被试共同匹配为交流对参与实验。假被试的使用在社会心理学研究领域中不是新事物，较早便出现并成为社会心理研究的传统之一。假被试使用的便利之一是，研究者可以在实验中根据研究的目的而针对性地设置某种"预定行为"，该行为实际上是"实验的刺激因素或特定情境"，典型地可以用作实验情境下的某种"异常行为"，便于针对性诱发真实被试的特定行为并集中采集数据；当然假被试使用的一个明显不足是便利研究者的同时，影响到了实验研究结果的生态（外部）效度。交流社会认知的以往实验研究中，常见的假被试介入方式有：真被试与预置的录音（假被试）交流；面对玩偶（人物模型）交流；与真人假被试（按研究者预置的特定语言交流方式执行）交流等。归纳而言，在交流社会认知研究中假被试的采用能够引导和诱发特定的交流情境，典型的特点是假被试可以作为真交流被试的不同类型的交流反馈。交流社会认知实验研究中，假被试的采用不单纯是一个方法论的问题，也关系到交流社会认知理论的建构和解释。

语言心理学领域对语言认知的研究，开始越来越多地关注交流语言，实验情境下交流同伴的安排不仅是交流互动的需要，也成为实验研究方法的一个重要部分。当采用假的交流同伴时，其和真交流被试明显不同，假交流者在实验任务执行过程中实际上充当了研究助手的角色，其辅助研究者按预置的交流计划、实验目的来完成交流合作任务。尽管假被试的采纳是社会心理学研究领域中的一个传统——通常假被试是作为实验研究中的主要刺激变量，按计划做出和完成特定的实验行为，这方便激发真实被试的特定行为反应，方便研究者收集实验数据，实验研究的针对性随之显著提升；然而，在交流社会认知实验中，尤其是交流语言认知的分析中，假被试的存在并不总是有利的，假交流者的行为（包括非语言和语言）可能和自然交流互动中真正交流者的行为显著不同，进而歪曲了交流互动发生发展的过程，也因此改变了真实交流被试一方的语言和非语言行为特征。诚然，上述情形将会显著损害交流语言认知实验的外部效度，也并不一定有助于提高内部效度。基于此，当前部分重点在于分析和阐述交流语言认知实验中假被试使用的典型特点，分析探讨交流互动中假交流被试的采纳可能履行的实验作用和价值，以及相应可能存在的实验危害性。

（一）交流语言认知理论研究中假被试使用的利处

1. 诱发交流被试的特定行为，降低研究的复杂性

出于实验研究的便利性，部分研究者采用了假交流被试，这易于诱发真实被试的特定交流行为。当实验关注语言发生的交流认知机制时，可以使用假听者被试，听者可以按照研究者预置的交流要求和计划来扮演互动中的角色，此时假听者成为说者被试语言交流互动的投射对象；反之，当关注交流语言理解的认知机制时，可以使用假说者被试，假说者按照预先的"交流计划"做出特定的语言表达，不需考虑真实听者被试交流互动的反应特征。Ferreira 和 Dell（2000）在实验研究中安排了假听者被试，交流中其向说者被试施加压力，比如通过沉默、动作等来评定说者的语言清晰性，实验探讨交流压力是否能够促使说者精确地用语言表达特定交流对象。[①]Brown-Schmidt（2009）的实验则设定交流被试和录音交流，结果发现由于缺乏真实的互动同伴，交流被试语言中没有出现同伴特定性的语言交流模式，被试显著表现出对交流情境中的各种信息或线索相对不够敏感。[②]Arnold，Kahn 和 Pancani（2012）在实验中主要控制了假交流者的非语言反馈行为，实验中真说者被试负责指导假听者同伴摆放特定的物品，如果假听者按照"计划"在说者语言指导之前就已经预先拿起了特定的物品，并相应作出预测其摆放位置的动作时，说者语言表达过程显著变得简洁快速，反之，语言表达过程详尽而冗长。[③]社会促进理论指出假被试的采纳能够提高真正被试的行为表现，可以按实验计划保证交流被试做出特定的交流互动模式。

交流语言认知的实验研究中，假被试的采用不仅便利于实验条件的控制以及提高研究的针对性；而且，在特定的实验目的下，假交流被试的安排可以诱发自然交流中某些小概率行为的发生，在自然交流情形下，这需要通过观察和收集大量的数据资料进行筛选才能够实现，对人力和物力资源的耗费相对较大，比如，借助假说者被试，能够方便在句子认知加工实验研究中，分析探查交流语言中词汇或语法形式对真听者被试的影响特征。还原论的研究观点认为社会领域中复杂的行为，像交流互动，可以通过分

---

① Ferreira, V. S., & Dell, G. S., "The Effect of Ambiguity and Lexical Availability on Syntactic and Lexical Production," *Cognitive Psychology 40* (2000):296-340.

② Brown-Schmidt, S., "Partner-specific Interpretation of Maintained Referential Precedents during Interactive Dialog," *Journal of Memory and Language 61(2)*(2009):171-190.

③ Arnold, J. E., Kahn, J. M., & Pancani, G. C., "Audience Design Affects Acoustic Reduction via Production Facilitation," *Psychonomic Bulletin & Review 19(3)*(2012):505-512.

解其各部分的总和来模拟解释，正如假说者被试安排的目的是为了解释听者的交流认知与行为特征；相反，若要观察说者一方的交流认知与行为特征，也可以安排并操纵控制假听者被试。交流互动中假被试的设立是为了控制和操纵一方的实验行为，进而方便分离出交流的某些基本成分，人为地将交流降低到特定的子过程或基本功能，这对于诱发、记录和分析小概率的交流行为是极为方便的。Yu，Schermerhorn 和 Scheutz（2012）的实验中除了真被试间的交流互动条件外，还对比性安排了假交流被试参与的条件——与录音交流、与人形模型交流，这样可以从特定实验目的出发，依此分离出交流互动中的语言、眼睛注视（依靠眼动仪记录）、表情等媒介和线索的特征。[①]

虽然交流互动中假被试的采用可以提高研究的目的性和针对性，同时便于交流语言微观特征的分析；但部分交流语言认知研究者坚持拒绝在实验中引入假的交流同伴，而是采用自然观察法收集、记录日常生活情境中的交流语言数据，如记录公共场所的自发谈话，办公室中的语言交流，家庭成员就餐中的话语，学术交流情境下的语言探讨等。交流语言的自然观察所得，可以展现交流语言发生发展的基本组织顺序，此类数据的收集整理过程不受人为实验操纵的限制，也不存在特定的先验性假设。

诚然，非控制性研究条件下交流语言的记录和分析是有代价的，日常生活中自发语言的发生范围相对巨大，而且不同生活、工作情境下的交流语言多种多样并灵活多变，这导致研究者难以将两次或多次交流活动直接进行对比，也不方便推理出一致性的交流语言认知研究结论。如果简单立足于某个实验探究的特定目的，交流语言的认知分析和解释通常是集中于语言的生成或理解过程（而非交流活动本身），基于该目的性的研究者采用假交流同伴实际上是具有明显的研究优势，假被试的介入可以保持真交流被试的交流行为和表现，在特定的实验条件下具有可比性和可度量性，同时真交流被试的交流互动认知和行为一定范围内仍然是自然和真实可靠的。概言之，假被试是交流实验内容的一部分，其交流认知和行为的控制可以帮助研究者在不同的实验条件下标准化记录、解释真被试的交流语言认知和行为，也可以说，假交流同伴的预置性是实验中的一个刺激变量，真正交流者的交流认知和行为是实验探查和分析的目标变量。

2. 有效收集实验数据，提高数据分析的客观性

假交流被试使用的另一个优势是便于高效采集数据。交流认知实验和

---

① Yu, C., Schermerhorn, P., & Scheutz, M., "Adaptive Eye Gaze Patterns in Interactions with Human and Artificial Agents," *Transactions on Interactive Intelligent Systems 1(2)*(2012):13-43.

个人实验不同，被试的招募和使用至少需要交流者成对参与，任何实验研究均面临着被试可得性和研究经济性的问题，因而假交流被试的使用可以将实验被试的数量减半，实验过程相应更为经济易行；同时，与个人认知实验不同，交流认知实验中成对被试参与实验还存在时间安排的一致性问题，即交流双方必须在同一时间参加实验，这样假被试的采用能够避免交流者彼此间实验时间不同一为实验安排和执行带来的不方便。最关键的是，假交流被试的采用可以使研究者在相对严格的实验控制条件下分析交流语言数据。在特定的实验情境下，假交流被试会按研究者的要求作出特定行为，如生成或接受语言指导，这就可以使真交流被试的行为局限在特定的交流主题和目的上，标准化了真正交流被试的语言反应范畴，方便对不同实验条件被试的语言特征做出比较性分析，进而解释交流语言认知机制或因果关系效应。

对交流语言认知加工过程的解释观点中，代表性的像"交流的双过程理论"（dual-process theory），其强调交流语言认知加工的开始阶段是以自我为中心的，交流者对同伴的交流需要、观点和期望等的关注和考虑，发生在交流过程的相对较后时期。张恒超（2014）的实验结果发现，交流合作学习的初期交流双方间的学习成绩没有显著性差异，当彼此开始面对陌生的交流学习对象时，更倾向于依据自我先前拥有的知识、经验、观念、期望等来做出解释，较少注意交流同伴的心理状态和认知需求，此时的交流认知加工更倾向于表现为个人的一般性学习认知过程。[①] 简单而言，"交流的双过程理论"认为，交流互动最初阶段的语言加工是独立于同伴知识、交流期望等线索之外的，随着交流时间进程的不断发展，交流语言才逐渐表现出根据同伴的期望等做出相应的调整，这一额外的认知推理过程是为了进一步修正和调整最开始阶段的交流特征，体现出交流语言的再加工过程特征。

交流的双过程理论隐含的假设是交流之初交流者"核心"的心理过程和个人独白时的心理过程不存在显著差别，因而，如果研究者需要分析探查交流认知加工中第二阶段的心理特征，才有必要在实验中安排真正的交流同伴，此时真交流同伴能够提供交流理解中的反馈，当交流同伴表现出对语言的误解时，说者就必须改变和调整自己的语言特征；同样，如果研究者的目的是探查语言在个体认知加工中是如何发生发展的（无论语言产生或理解），即交流语言认知加工中第一阶段的特征，那么真交流同伴的

---

① 张恒超：《参照性交流双方学习过程与选择性注意的比较》，《心理发展与教育》2014年第1期，第55—60页。

参与相对多余，假交流同伴的采用是恰当和经济的，有助于高效采集交流语言实验数据。如果换一个角度来思考，从验证双过程理论的角度出发，研究者也可以做出如下设计：第一，创设长时交流时间进程，真实交流时间阶段间的实验比较，有助于直接展现和解释"两阶段"的真实存在与否；第二，对照安排真实交流和控制交流（采用假交流同伴）两种实验条件，对照分析也可以探查"两阶段"是否真实存在。上述两种研究设计和思路有待于未来研究的进一步探查。

（二）交流语言认知理论研究中假被试使用的弊端

1. 假被试的使用违背了交流的互动性特征

交流认知的典型特点之一是交流参与者彼此间的人际互动，交流者在共同交流目标的驱动下，通过语言媒介和非语言线索等，达成对交流任务的共同理解，而实现彼此认知和行为的一致协调；为此，交流双方在交流互动过程中需要不断建立共同的交流基础——共同的知识、共同的理解、共同的观念、共同的期望和假设等，且即时参照与特定同伴的共同基础，该过程体现了交流中的听者设计（audience design）特征。

交流认知不同于个人认知，其是公共认知的一种形式，交流任务的成功完成需要以互动过程中双方间认知和行为的默契或协调为前提。所以，交流语言认知实验不应该人为剥离掉交流的人际互动特征，假交流同伴的采用实际上是孤立记录和分析交流一方（真交流被试）的认知与行为，总之，假交流被试的采用一定程度上违背了交流互动性这一典型特征。进一步而言，在极端的交流情形下，假交流被试仅可以被理解为实验中的一个道具，交流任务执行中真被试相对是积极的，但假被试相对被动而未参与彼此间的人际互动，语言交流过程更接近一种"特殊的独白"，此时，语言交流回合中的信息是单向传递的，交流情境也是相对静态性的。Brown-Schmidt（2009）在比较非真实交流（人与录音）和真实互动交流两种情境时，发现的显著差异特征是：真实语言交流互动中，交流者的语言内容中包含有彼此的特定身份信息、交流经历经验信息等；而非真实交流情境下的一个典型特点是，交流中没有出现听者设计的语言交流模式。比较中进一步还发现，真实交流互动信息还会成为彼此间的某种共同记忆表征，存储在交流者的交流互动经历和经验中，进而影响未来彼此间的交流互动特征。①

在对假被试使用方面，应该明确一点，交流互动远不止于简单的语言交换或说与听的互换，交流者交流互动中彼此拥有特定的集体性、合作性责任，需要对彼此间认知与行为的协调负责，语言交流过程体现的是个人责任和集体责任的相依共存。互动中交流者彼此间的语言应努力做到即时且恰当，能够相互共同理解和接受，这是交流互动的基础。具体而言，交流双方都对交流合作过程做出贡献，在共同努力的潜在影响下交流语言自发地发生和展开。从语言交流互动中彼此相互影响的角度出发，交流实验中假交流同伴的使用就有必要对相关的影响做出仔细的权衡。如果假交流同伴的行为是研究者预先设立的，需要按照特定的计划来发生，那么实验中交流语言的记录和分析应该是无效的。假说者不会推理而是忽视听者任何的交流需求做出特定言语行为，与真实语言交流相比较，不仅是不真实的，而且给真实听者带来的直接影响可能是莫名其妙。与此不同，真实说者会认真考虑听者的信息需求，并不断尝试调整自己的交流语言特征；同样，真实听者在语言交流互动过程中自然会将自己的认知需求、理解特征以各种不同方式传达给真实说者，这同时表现于语言和非语言表达之中，而且听者还倾向于帮助说者共同加工形成特定的语言表达内容和方式。

可见，真实交流互动中，当交流者不说话时，并不一定代表正在被动地听取，即使交流者仅是在倾听，其也会自然做出某些积极的互动反应（像身体动作、面部和手势表情等）。基于上述同伴合作性、交流互动性的立场，交流社会认知实验中使用假交流被试，尚存在各种问题和不足，这些问题集中反映于交流语言发生发展的丰富性、多样性、即时变化性等方面，尤其会干扰语言认知加工过程中交流者彼此间认知和行为"冲突－协调"转换过程的特征。

2. 假被试的意识性降低了交流情境中非语言信息的真实性和丰富性

语言交流互动过程中，交流者彼此间实现认知和行为协调的主要媒介是语言，另一种信息来源是非语言媒介和线索，即语言交流情境中同时存在的各种与交流物理环境、交流者特征等相关联的线索或信号。非语言信息的多重性、丰富性和灵活变化性能够自觉为交流者从不同的角度提供语言沟通之外的信息。基于非语言信息认知特征的分析不难理解，假交流被试的采用将引发特定的实验倾向性，假被试按照特定的实验设定做出交流互动反应，可能间接性暴露出研究者的特定实验期望或意图，这会同时表

---

① Brown-Schmidt, S., "Partner-specific Interpretation of Maintained Referential Precedents during Interactive Dialog," *Journal of Memory and Language 61(2)*(2009):171-190.

现于假被试语言或者非语言信息的沟通过程中，如语音语调、肢体表情或自觉表现出来的态度立场倾向等，还有像语言明显不合当前的交流逻辑、习惯，或语言交流让真被试莫名其妙等。这些信息一旦为真正被试所接受，将诱导或暗示其表现出按照研究者实验假设的方向，做出交流语言表达或其他相应的行为表现。

为了防止人为塑造研究结果，研究者实验中若要使用假交流同伴，应该尽量保持使假被试不知晓实验研究的真正目的，即采取双盲实验设计方式。实际上，有时这也是很难理想做到的，因为研究者一旦有意要求假被试按照特定的实验要求来表现自己的非语言和语言行为，必然会在某种程度上泄露出实验的真实意图，或者假被试交流行为的僵化必然会诱发真实被试的疑惑。譬如，实验中对假被试的眼动、头部运动或肢体动作等做出模式化的限制，或训练假交流同伴在整个交流互动过程中使用无变化的平淡语调等。毋庸置疑的是假被试身份带来的交流认知偏见性，必然会影响到整个实验结果；当前研究者们尚无法完全探查、厘清和解释这些影响特征，所以，使用真实的交流双方是克服假交流同伴弊端的最佳途径。

接下来，再从交流双方比较分析，语言交流互动过程中假交流者和真交流者的明显差异是：假交流者相对表现得"无所不知"。真实的语言交流情境中，交流双方共同知识的建立和增长是伴着交流互动进程的不断发展而逐渐形成和表现出来的，当说者进行语言陈述时，其沟通的是自己个人所拥有的知识；当其询问时，旨在表明自己相关信息的匮乏。然而，实验中假被试的存在完全改变了这一交流特征，因为其实际知晓的信息或具有的相关知识远超出现实语言交流情形下其应有的真实特征和真实角色。一方面由于其了解当前的特定实验程序和要求，可能自然形成了某种特定的交流倾向性，另一方面出于研究的便利性，假被试通常是重复参加相同的实验任务，很容易自觉地向真实交流被试传达出实验任务的某个潜在假设或要求。整体而言，假交流被试拥有的知识和其交流身份不匹配，导致出现与当前交流需要无关的行为，进而影响到真实交流被试的正常认知和反应，但是应该注意，此类无关性行为和真实语言交流情境中自然发生的非语言线索显著不同。

当假交流同伴担任听者角色时，对交流实验过程和结果的影响更大，在语言交流互动过程中，假听者可能无意中会通过各种信号或线索向真实说者反馈传达一些超出研究者实验控制的额外信息，这些反馈信息将潜在影响说者的认知，导致说者对假同伴心理状态和心理需要的评估错误，实际上说者此时很有可能对假听者的所谓"信息需求"不做任何反应和呼应，因为说者知道自己的交流同伴实际上无任何交流需求；同理，在交流态度和情感等方面，假听者信息过多的特征也间接传达出其"交流的信心水平更高"，这会影响到和真实交流被试间认知、行为的协调特征。Kuhlen（2010）的实验结果具体表明，当真实说者面对一个"不严肃"的听者（不互动的假交流同伴）时，说者的语言表达随之不生动，相对照，当假听者表现出"严肃认真"时，说者的语言表达变得更生动。①总之，假交流同伴知晓得过多将干扰真实的语言交流过程，进而污染实验数据的结果。

基于上述探讨的一系列问题，部分研究者为了杜绝实验中假被试意识性带来的暗示效应，以及对交流行为的不可预测或不可控制性，尝试将假交流同伴的语言和其他行为固定化。但随之出现的新问题是，标准化的交流语言极其不自然，假交流者的语言表达过程更像是在全程朗读，用词、句法、言语节奏和语句衔接等均很刻板，违反了现实语言应用的规范和真实特征。标准化交流语言最大的问题是没有真正嵌入即时的语言互动过程中，现实交流情境中，说者会自然根据听者的即时情绪、态度和变化性等，相应调整自己的言语行为，像重复表达，修改语句，使用相同的词汇、短语、句法等，诚然，假交流同伴标准化的交流语言缺乏这些特征，所以归纳而言，假交流被试的标准化语言，使得真实交流语言的灵活性和自然性成了规则性，不利于真实观察并推理出现实互动中交流语言的认知加工特征。

3. 被试对假被试身份的意识性影响了实验的科学性

意识性对交流语言认知实验的影响，不仅表现在假被试知道过多的实验假设或情形，还在于真正的交流被试可能猜测出或觉察到了交流同伴的"假"交流角色。真交流者一旦发现了假同伴的身份，自己的实验行为将表现出不自然的特征。在交流社会认知的实验中，如果实验数据和结果是借助假被试的预设或非真实行为而产生的，实验结果的解释力随之将减弱，因为真实被试能够很容易意识到同伴行为的非正常性，并推测出这是由研究者提前设计的，真实被试是否知道假被试的角色特征，将直接影响到实验中认知和行为的差异性。具体而言，真实交流被试的这种意识性带来的可能影响有两方面：一方面，当其发现假同伴不真实和不可信时，交流实验数据的有效性将受到显著影响；另一方面，当其意识到假同伴的交流身份后，可能会更关注实验的评价，故而有意识采取某种特定的实验反应行

① Kuhlen, A. K., Assessing and Accommodating Addressees' Needs: The Role of Speakers' Prior Expectations and Addressees' Feedback doctoral dissertation, State University of New York at Stony Brook, 2010.

为，这种意识性所导致的实验反应中的倾向性行为，严重影响到实验结果的科学性和客观性。

关于真被试在交流认知实验中的意识性问题，部分研究者提出，交流语言认知实验中若真的必须使用假交流同伴，应尽力隐藏假同伴的身份。在具体的实践中，可以考虑假交流同伴的被试变量特征和真实被试相同，像年龄、种族、性别、团体成员身份等，必要时可以提前对假被试进行培训，目的使其在正式实验中可以自然表现自己并按要求高质量完成实验任务；并且，在正式实验之前，可以安排某种情境或预实验，让真假被试双方进行某种接触，目的是使真被试认为同伴也是真被试。比如：安排假交流者在正式实验之前的被试见面会中有意迟到，或者研究者有意表现出对假被试名字的关注，以向真实被试表明彼此间是陌生的。正式实验中，尽管交流双方的角色是预先安排的，但是实验者可以假装随机安排双方的交流角色，也可以安排假交流者向实验者提出指导语的澄清要求，或是让假交流者在语言交流中有意进行提问或表现出犹豫、疑惑等特点，甚至偶然出现错误。当正式实验结束后，进一步通过发放问卷，向真实被试调查假交流同伴的可信性，或者让真实被试猜测假交流同伴的身份，并提供相应的奖励；但应该注意一点，由于上述方法收集的数据都是基于被试的自我报告，因而数据的有效性可能受很多因素的影响，像真实被试的责任心，所提问题的表述方式，社会评价性或期望性等，实际上至目前为止，对真实交流者对假同伴身份意识性的实验效应，研究者们无法做出更客观的评价和分析。有研究发现47%真实被试认为自己的交流同伴接受了某种经济酬谢，能够猜出交流同伴的虚假身份。关于真实交流者意识性问题的讨论中，也有研究者认为不需要隐藏假交流同伴的身份，尤其像语言交流互动的早期阶段，交流认知体现为自我中心性，此时真实交流者实际上并不关注假交流同伴的认知和行为特征，也不从假同伴的交流视角出发解读交流语言。

归纳以上可以看出，交流语言认知实验研究中使用假交流者的明显不足是：任何采用假同伴的实验中，首先假同伴知道的信息是存在差异的，这是实验结果差异的重要原因，该差异也是真实交流者意识性差异的基础。对两方面进行权衡，为实验者提出的问题是：假交流者对实验目的了解而形成的干扰，是远大于真实交流者对假同伴身份了解而形成的干扰；或者也可以说，假交流者的意识性恰是真实交流者意识性的根源，这综合污染了研究数据的具体特征以及实验结果的特定含义。

（三）交流语言认知理论研究中假被试使用的建议

通过对交流语言认知实验中假交流者使用的优势与不足来看，对假被试实验价值的评价不可简单做出肯否的定论。关于具体实验中如何来确定假交流同伴的采用与否，采用时如何进行实验任务和角色的特定部署，根本上取决于实验的具体问题、目的和思路。基于上述讨论，本书的建议具体如下：

首先，实验研究中若有必要安排假交流同伴，实验者有必要预先结合实验目的和任务特征，对假交流者使用的具体特点进行客观界定和评估，并且考虑到假同伴在交流互动中可能出现无法预料的行为倾向和偏见，应在正式交流实验任务之前，对假交流者进行针对性的训练，以保证其在交流实验过程中自然和一致性地表现特定的交流行为。

其次，交流语言认知实验中，研究者应当尽量不安排假同伴做出显失公平和有违交流常规的交流互动行为，假交流者如果做出了此类显然不合理、欺骗性或不合作的行为，将很容易泄露真实的实验目的和自己的角色特征，真实被试的交流认知和行为相应将显著受到诱导和偏见性的干扰。一句话可以概括为：真实交流者对真实交流互动的体验，是其交流语言认知和行为真实表现的前提，也是实验解释可靠性和有效性的基础。

再次，如果交流语言认知实验的目的是激发并探查某个相对罕见的行为或小概率行为，假交流同伴的设置相对是可行的。例如，在交流语言语法学的研究思路下，实验者可以预先录制特定的交流语言，并以之作为实验中的刺激材料，这便于针对性分析真实被试语法认知中某个单一而特定的加工过程，录音语言可以提高实验研究的针对性和控制性；与此对应，在交流语言语用学的研究思路下，假交流同伴使用中的问题相对更多，也更为复杂，如上所述，即使是真实交流者没有意识到假交流同伴的实验身份，假被试的非自然性交流互动也潜在影响到了真实被试的语言认知加工过程，此时对真实被试即时语言认知过程的探查也存在明显的不足。如前所述，真实语言交流互动中语言和众多非语言因素的认知加工过程和特征是复杂而多变的。

最后，建议研究者在交流语言认知实验中，优先考虑在不使用假交流同伴的条件下，力求对实验情境作出客观严格而又科学的控制。当实验情境中不得不采纳假被试时，实验者需要在实验报告中详细列出假被试采纳的详细背景和具体情形，包括假被试对实验目的、实验安排、实验条件、实验过程以及实验假设的了解程度；详细介绍假被试反复参加相同实验的频次，这有助于研究者和同行评估假被试的实验经验性；还应列举出假被试交流中标准化的语言和其他行为，报告实验者预先对其是如何培训的；实验后，还应该让假被试自己报告实验中出现过哪些非标准化的语言和行为，以及自己在语言交流互动中所感知到的异常问题，实验者可以借助这些信息评估交流语言实验过程的有效性，进而对交流实验数据结果做出客观的评价和解释。

未来对交流社会认知的研究，可能会广泛采用假被试这一实验角色，因而，研究者预先必须对假被试使用中的利弊做出综合权衡，从特定的交流实验意义和目的出发，决定假被试使用与否，以及使用的程度等。不论如何使用假被试，研究者应保证假被试的采纳可以提高交流认知和行为的系统化记录分析、探查监控等，即假被试的采纳对实验本身而言必须是积极的和有特定实验作用的。不论安排假被试担任说者或听者，甚至有时在交流语言互动回合中兼而有之，均应该首先保证假交流者的实验行为和其语言交流互动中所扮演的角色行为是一致的。

二、交流语言认知理论探讨中的实验任务特征

语言作为交流互动的核心媒介，成为交流认知研究关注的一个焦点，由于现实中语言交流的方式相对多样，因此以往交流语言认知实验研究的任务特征也表现出多样化的特点。在此我们重点归纳和探讨了交流语言认知实验任务的三个方面特征：交流语言认知实验的即时任务和长时任务，交流语言认知实验的单向交流任务和双向交流任务，交流语言认知实验任务的媒介控制特征。

交流形式上是两个或多个人之间的语言互动，由于多个人在知识背景、经历经验，以及态度观念等方面具有差异性，因此现实生活中的交流互动通常表现为交流者彼此观点、思想或期望等不断展开、争辩，最终相互融合的过程。交流的显著特征是以语言为主要的沟通媒介，语言交流过程体现为参与者相互间人际互动作用过程。这使得交流语言认知特征成为研究者们关注的一个焦点，但是交流语言认知的实验研究和传统个体语言认知研究显著不同：

首先，从语言认知加工本身看，交流语言研究的目的不仅仅是探讨语言内容的词法、句法、语义和结构等，更为重要的是探讨特定情境下交流语言发生发展变化的过程，以及该过程体现出的交流者间观点冲突或协调的特征，这是交流人际互动性在交流语言中的具体体现，即交流语言的语

用认知特征，交流语言的外显表达特点为语用研究提供了更大的便利性。虽然个体语言是个人认知尤其是思维加工的媒介（沉默性的私语过程），但是交流语言和个体自我语言功用性的最大区别在于人际互动性和社会性。简言之，自我语言是个人认知加工的媒介，而交流语言是社会互动认知加工的媒介。这决定了交流语言认知过程的复杂性、丰富性和灵活变化性，相应给交流语言认知实验研究带来相对更大的挑战性和困难度，比如，某些情境下交流语言认知特征的展现不是在一次或一个回合交流中实现的，而需要一个不断发展的时间过程。

其次，传统个人私语认知实验研究的针对性相对单一而明确，但交流语言认知实验研究的针对性相对更复杂。具体来讲，自我语言加工过程集中于一个个体，不论是语言的发生还是理解均集中于个人认知之中；交流语言由于担负着人际互动、观点沟通、情绪态度表达等多种社会功能，使得交流语言认知加工的探查必须同时关注两个或多个个体，语言的发生和理解不是集中于单一个体认知中的。基于此，对于交流语言认知特征的实验研究至少应关注两个方面，一是说者发出语言的认知过程，二是听者接受语言的认知过程，不难理解一次现实性的交流活动想要体现出真正的人际互动性和交流合作性，说者表达特定信息时就需要考虑交流同伴的具体特点，如交流需要、不同的观点、社会身份等，同样听者若要正确理解说者传递的语言信息，也必须考虑说者在特定交流情境下的这些具体特点。以往研究从不同的研究目的出发，在分析交流语言认知特征时，要么倾向于关注说者，要么倾向于关注听者，要么两者兼顾。这也形成了实验情境下语言交流任务互动方式上的不同具体特征。

最后，和个人语言认知过程比较，交流语言认知过程研究的复杂性不仅在于人际互动性，还在于现实交流情境的复杂性。诚然，语言是交流互动的核心媒介，但不是唯一媒介，比如特定交流情境和任务下，交流者不仅通过语言外显沟通，还会通过表情内隐沟通，还有诸如交流对象的呈现或存在方式（面对对象的现场交流、远程交流等）、交流物理环境特征等，均会影响到包括交流语言认知在内的交流认知特征。这也成为摆在交流语言认知实验研究领域的一个现实问题，一方面，对于语言交流情境和语言交流行为不加任何限制的纯粹的自然交流难以进行科学的因素解释，这对于实验研究方法是不可行的，比如观察现实生活中自然真实发生的语言交流现象；另一方面，实验研究方法是以追求更高的内部效度为前提的，这对于交流语言认知特征的研究而言，必将一定程度上损害到实验结果的外部效度，而交流语言认知研究的根本意义和价值恰恰在于功能性、人际性和现实性。总之，这反映在具体实验任务特征上，就形成了不同的实验任务形式和行为反应要求。

围绕上述交流语言认知实验研究三个方面的问题，笔者从三个方面归纳和阐述了交流语言认知实验任务的具体特征：交流语言认知实验的即时任务和长时任务，交流语言认知实验的单向交流任务和双向交流任务，交流语言认知实验任务的媒介控制特征。

（一）交流语言认知实验的即时任务和长时任务

总体而言，以往交流语言认知实验研究是沿着两个方向展开的，一是交流语言的语义语法特征，例如，双方对面前呈现物品的具体特征进行语言描述和说明，以方便交流同伴的辨别和选择；一是特定交流情境下交流语言的使用特征，即社会互动的功能性，例如，先让交流被试针对特定对象进行交流并完成任务，之后再次安排交流任务，比较分析语言交流过程的稳定特征或变化性。基于两种不同的研究目的，在交流语言认知实验研究中形成两种任务类型——即时交流任务和长时交流任务。

1. 交流语言认知实验的即时任务

交流语言认知实验的即时任务一般采用和设计简单的视觉呈现任务，语言交流的时间相对短暂，但有助于清楚地展现交流发生时语言的具体特征，因此方便了交流语言即时发生和理解认知特征相对精准的探查。Vanlangendonck，Willems，Menenti 和 Hagoort（2013）的实验任务是对视觉情境下的物品进行描述辨别，通过观察语言内容特点来分析双方交流语言的信息量特征，实验中向语言描述方呈现尺寸不同的两个瓶子，向同伴呈现一个瓶子，交流语言中如果使用了"递给我'大'瓶子"，修饰性形容词"大"证实交流者倾向于基于自我认知表达交流需求，反之证实交流者倾向于基于交流同伴的特征加工语言；但是就交流情境而言，不论形容词"大"使用与否，都不影响交流同伴完成"递"的合作任务。[1] 再如，视觉情境中当被试听到不完整的语言信号"Click on the can..."时，立刻（300 毫秒以内）转向关注与名词音节相匹配的图片——candle 和 candy。[2]

---

[1] Vanlangendonck, F., Willems, R. M., Menenti, L., & Hagoort, P., "The Role of Common Ground in Audience Design: Beyond an All or Nothing Story," poster presented at the workshop on the production of referring expressions: Bridging the gap between computational and empirical approaches to reference (PRE-CogSci 2013), Berlin, Germany.

[2] Allopenna, P. D., Magnuson, J. S., & Tanenhaus, M. K., "Tracking the Time Course of Spoken Word Recognition Using Eye Movements: Evidence for Continuous Mapping Models," *Journal of Memory and Language 38(4)*(1998):419-439.

　　显然，即时语言交流实验任务的创设，为词句发生和理解的认知过程提供了一个相对清楚、精细且简单化的检测平台，交流语言和个人私语一样也是由一系列即时发生和理解的词汇构成的，在简单化的即时任务中通过分析一个交流回合中的词汇、句子和语法结构，便于集中分析语言发生时的内容特征和交流同伴的理解特征，进而借助语言内容的分析解释交流者对特定语言信息的敏感性。以往使用即时交流任务的研究一致性使用了相同的研究逻辑：分析即时发生的语言可以即时推断交流观点的倾向性和语言交流意图、期望等。毕竟在现实交流中，不是所有的语言加工特征都需要很长的时间过程来展开，尤其是日常熟悉的交流情境、生活事件和物品等。因为交流对象、任务等为交流者所共同理解，不需要长时间重复进行定义、内涵解释和外延限定。考虑到现实语言交流任务的多样性，以往研究者们也创设了多种不同的实验任务。

　　Barr 和 Keysar（2002）的研究设计了靶对象和竞争对象并呈的图片任务，记录分析交流者向同伴进行语言描述时语言的信息量特征，例如，同时呈现"康乃馨"和"菊花"，说者的语言使用"康乃馨"时，属于信息恰当，使用"花"则表现出信息过少（无法准确区分"康乃馨"和"菊花"），使用"红康乃馨"则属于信息过多。[1] Dahan，Tanenhaus 和 Chambers（2002）探查了交流者语言解释旧对象或新对象时音节的重读特征，也是对交流语言词汇即时发生特征的分析。[2] Brennan，Chen，Dickinson，Neider 和 Zelinsky（2008）的实验中安排了"O-in-Qs"视觉搜索任务，任务中交流者双方每人一台电脑，面对面坐下交流，彼此屏幕呈现的内容相同，结果发现交流合作搜索中彼此可以共享同伴的注视点（通过眼动仪将交流过程中彼此的注视光标即时显示在同伴的屏幕中）时，交流语言中的句子显著更短、结构更简单、表述更快速，反之亦然。[3] Arnold，Kahn 和 Pancani（2012）设计了物品摆放任务，交流被试面对面坐下，中间放置一张桌子，由被试（说者）用语言指导同伴（听者——研究者同谋）对桌面物品做出特定的摆放，结果发现当听者在说者语言指导之前就预先拿起目标对象时，说者的语言显著快速而简洁，对于

①　Barr, D. J., & Keysar, B., "Anchoring Comprehension in Linguistic Precedents," *Journal of Memory and Language 46(2)*(2002):391-418.

②　Dahan, D., Tanenhaus, M. K., & Chambers, C. G., "Accent and Reference Resolution in Spoken-language Comprehension," *Journal of Memory and Language 47(2)*(2002):292-314.

③　Brennan, S. E., Chen, X., Dickinson, C. A., Neider, M. B., & Zelinsky, G. J., "Coordinating Cognition: The Costs and Benefits of Shared Gaze during Collaborative Search," *Cognition 106(3)*(2008):1465-1477.

"the"一类的词汇发音更短且轻，证实了同伴的反馈行为促进说者语言表达中语音的弱化。[①]Rogers，Fay 和 Maybery（2013）通过交流语言句子的长度来分析语言交流认知努力程度，实验任务是描述抽象形状的对象，要求被试分别针对自己和他人做出描述，结果发现针对自己（类似于个人私语）的描述语言简单、片段化，而针对他人的语言更为详尽，句子更长，后续任务进一步发现交流同伴越多（1、4 和 9 人），交流语言表述越复杂。[②]Vesper，Schmitz，Safra，Sebanz 和 Knoblich（2016）的实验任务是屏幕对象的同步移动任务，交流双方通过语言沟通来同步移动彼此屏幕中的对应对象，实验分成"不可视条件"（任务中彼此无法看到对方的屏幕）和"可视条件"（任务中可以即时观察同伴的屏幕），交流语言的分析也发现可视条件下彼此的语言表述更为简约和不连贯，不可视条件下交流语言解释显著详细，语句表达更长且复杂。[③]

显然，交流语言认知实验研究中即时任务的优势在于方便分析交流语言中词汇、语句的特征和加工方式，以及交流的观点。即时任务也更便于实验控制和操纵，可以相对明确地探查每个交流回合中语言的加工特征和变化性，而长时交流任务将带来更复杂的实验控制和数据分析压力。可以说，即时任务揭示的交流语言认知加工的各种信息，就像是一幅幅的"照片"，能够清楚描绘出交流者交流过程中"共同交流基础"的具体特征，即时展示交流者互动中彼此交流观点的共同性和差异性，为进一步解释现实交流语言认知特征奠定了基础。然而，即时任务也存在一定的研究缺陷而受到部分研究的诟病，现实交流的一个显著特征是交流参与者彼此间通过语言互动相互传达交流观点、意图、假设等，同时对同伴语言传达的观点等做出评判，随着交流时间进程的不断发展，彼此间的观点不断趋于集中，最终形成针对特定交流情境和交流对象的特定语言解释，即共同交流基础的形成。比如，交流语言参照惯例的形成特征，交流语言互动中的"听者设计"特征，以及交流语言互动中认知"冲突－协调"的转换特征等。简言之，即时任务无法展现交流者语言互动中的这一观点采择过程，其仅聚焦于一个短暂的时间段内或时间点上，不能反映交流的动态过程，而该动态过程恰是交流语言功用性和人际互动性的集中体现。

① Arnold, J. E., Kahn, J. M., & Pancani, G. C., "Audience Design Affects Acoustic Reduction via Production Facilitation," *Psychonomic Bulletin & Review 19(3)* (2012):505-512.

② Rogers, S. L., Fay, N., & Maybery, M., "Audience Design through Social Interaction during Group Discussion," *PLoS one 8(2)*(2013):e57211.

③ Vesper, C., Schmitz, L., Safra, L., Sebanz, N., & Knoblich, G., "The Role of Shared Visual Information for Joint Action Coordination," *Cognition 153*(2016):118-123.

2. 交流语言认知实验的长时任务

交流语言认知实验的长时任务一般采用两种方式，一是直接设计一个相对长的交流时间过程，二是划分先后进行的两个或多个具有连续目的的交流任务，即重复交流任务。和即时任务比较，长时任务可以完整探讨语言交流时间进程中不同观点引入争辩和协调的具体特征，或者说，某种特定的交流观点最终可能为交流参与者共同接受和理解，但是每个人接受和认可的时间过程可能是显著差异的，有人在交流开始后就期望该观点的接受和使用，但是有人是在交流相对较晚的时期通过彼此间认知冲突后才逐渐接受的，而且即便如此每个人接受和使用的程度也可能是不同的。

长时任务的特点对于交流语言认知实验研究是重要的，因为这涉及交流语言加工的高水平建构特征。例如在交流语言认知加工特征的理论之争中，基于限制的加工模型（constraint-based processing models）认为从交流语言互动发生之初，交流者就开始采用"换位思考"的方式来限制语言的发生和理解过程，即交流语言的发生和理解均是以交流同伴的交流需求、心理状态等为前提的，交流互动信息从交流之初就开始引导语言认知加工过程。监测和调整理论（monitoring and adjustment theory）则认为交流之始的语言加工是以自我认知为参照的，随着交流时间进程的不断发展，才逐渐转变为以同伴认知为参照，这涉及与特定交流同伴相关联信息的记忆提取过程，因为在交流语言即时加工中交流者关注交流同伴和交流情境的特定信息，并以此为基础进一步做出交流认知推理，必将带来认知负担的加重和认知资源的过度损耗，尤其是在陌生交流情境（如交流合作学习）中尤为典型，因此难以成为常规性语言加工的一部分，现实交流中在开始阶段经常出现的交流者对同伴交流语言"感知不恰当"的现象，即是交流语言认知加工以自我为参照的一种外在表现。显然，理论分歧的关键和探查过程无法通过交流语言认知实验的即时任务来实现，因为这关联于交流语言使用的时间过程，需要动态性分析交流观点和语言加工的整合过程；从更为广泛的意义而言，各研究既然接受交流语言认知加工体现为人际互动特征，且表现为人际合作性，那么语言沟通中共同交流基础的探讨必然需要建立在交流时间进程分析的基础之上。

张恒超（2017）的实验研究创设了长时交流学习任务，分析了交流学习中语言参照惯例的形成特点。具体而言，实验设计陌生学习材料，安排长时学习任务，共 10 个学习阶段，每个阶段中所有学习样例随机呈现次数相同，实验记录了交流全程中的交流语言内容，重点分析了不同阶段间交流语言信息的杰卡德相似性和交流双方间语言信息的相似性。结果支持了交流语言参照惯例形成的两阶段解释，即监测和调整理论，从长时任务全程看，交流语言参照惯例形成于交流学习过程的中期，其标志之一是交流双方间较高的语言共享性水平。[1]Markman 和 Makin（1998）的实验采用了重复交流任务的方式分析了交流语言中概念的表征特点，在实验的第一阶段中交流者通过语言交流，使用乐高玩具组块来共同建构乐高玩具，任务结束后 2 ～ 5 天的时间间隔后，双方再次完成该任务，实验目的是观察前后语言交流中特定交流双方针对乐高组块命名的变化性或稳定性，结果证实了交流语言的"特定同伴"特征，即特定交流者在延迟交流任务中相对稳定地重复使用了先前交流语言中彼此创设和使用的概念术语，该术语仅为特定交流双方所共同理解和接受。[2]Brown-Schmidt（2009）在实验研究中也是采用了重复性交流任务，重点比较了真实（被试与真人）互动交流和非真实（被试与录音）互动交流两种情形下交流语言的不同特征，实验任务的第一阶段中也是交流者通过交流形成特定的语言表述，之后重复交流，结果进一步发现，交流语言的"特定同伴"特征仅出现于真实互动交流情境下。[3]Metzing 和 Brennan（2003）采用重复性交流任务探讨特定交流者违背语言参照惯例的效应，第一阶段的交流任务中特定交流者针对陌生对象建立了特定的语言参照惯例，之后一方离开房间，同时第三人进入房间，被试自然认为第三人并不了解先前发生的交流内容，结果发现了"打破惯例的不同说者优势"：当不同的说者针对特定对象采用不同于先前参照惯例的语言表述时，听者辨别选择靶对象的时间显著短于同一说者打破参照惯例的情形。[4]

概言之，从语言交流的人际互动作用过程看，长时任务对于剖析语言认知加工过程的特征具有明显的优势，有助于解释交流参与者间共同交流基础形成过程中，语言使用的机制问题，即交流语言的语用特征。此处，通过对照性的归纳分析，我们更倾向于建议在交流语言认知的实际实验研究工作中，即时任务和长时任务不是决然对立的，不应该形成鱼与熊掌不可兼得的对立局面。如果从交流语言认知研究的两大思路来看，即时任务

---

① 张恒超：《参照性交流学习中语言参照惯例的形成特点》，《西南大学学报（自然科学版）》2017 年第 10 期，第 133—138 页。

② Markman, A. B., & Makin, V. S., "Referential Communication and Category Acquisition," *Journal of Experimental Psychology: General 127(4)* (1998):331-354.

③ Brown-Schmidt, S., "Partner-specific Interpretation of Maintained Referential Precedents during Interactive Dialog," *Journal of Memory and Language 61(2)*(2009):171-190.

④ Metzing, C., & Brennan, S. E., "When Conceptual Pacts are Broken: Partner-specific Effects on the Comprehension of Referring Expressions," *Journal of Memory & Language 49*(2003):201-213.

对于交流语言语义语法分析实验的便利性和经济性是显而易见的，即时任务中语言交流过程相比长时任务更为简单，数据编码和统计分析也更为方便；同样，长时任务对于交流语言语用过程的分析更为客观，但实验的困难表现在语言内容的丰富性导致了数据分析过程更为复杂，而且从实验控制的角度出发，即时任务中更容易控制和操纵交流实验情境，长时任务则更可能受到语言交流过程中不可预料的交流情境因素的干扰。之所以不应该对立两种任务类型，是因为各有利弊，对于实验研究而言，一个精细，一个粗糙；一个关注时间点，一个关注时间段。同时还应该注意两类任务又相互联系，长时任务一定意义上是由即时任务连续组合而成的，长时任务的目的在于解答交流语言认知建构的过程和功能特征，此时如何能够兼顾即时语言加工特征和变化性的分析，则有助于解答交流语言认知建构过程中的基础性、细节性问题。换言之，语言交流过程中，不同时间段的即时语言数据可以提供交流双方观点连续不断地整合的过程特征，有助于更准确、科学地澄清交流语言认知理论间的分歧，这是未来研究应该尝试考虑的问题，而落实到具体的实验研究中则要综合考虑研究目的、角度和研究过程的复杂性，实验可控性和可行性。

（二）交流语言认知实验的单向交流任务和双向交流任务

语言交流过程的典型特征是互动性，诚然，不加任何实验控制的纯粹自然交流难以进行因果关系解释，因此，以往交流语言认知的实验研究都属于限制性交流，例如，限制交流者的交流身份、限制交流任务和交流对象，以及限制交流情境特征等。尽管如此，实验情境下的语言交流仍然一定程度上保持了互动性特征，从交流互动的形式上，以往的实验研究任务可以归纳为单向交流任务和双向交流任务两种形式。单向交流任务中，根据语言认知的研究角度可以分出针对说者语言发生认知的研究和针对听者语言理解认知的研究，相应的交流任务要么指向和分析说者的语言发生过程，要么是听者的语言理解过程；双向交流任务中同时分析交流语言的发生和理解过程特征。但需要指出，虽然单向交流任务中相对更大程度上限制了交流双方的语言交流行为，但是并没有完全排除交流互动性，说和听的交流角色也是清晰存在的。

1. 交流语言认知实验的单向交流任务

交流语言认知实验的单向交流任务基于研究目的和实验控制的针对性，不要求交流者在实验情境中不断轮换交流角色进行互动，一般是固定交流双方"说者"和"听者"的角色：一种情形下是以"说者语言特征"为自变量，观察听者对说者语言的反应特征；另一种情形下是以"听者特征（通常是听者的身份或对交流语言的反馈等）"为自变量，观察说者交流语言的变化特征。具体来讲，当变化说者语言的发生过程时，实验目的是观察听者的理解过程；同理，控制和操纵听者交流互动特征时，目的是观察说者的语言发生过程。

Metzing 和 Brennan（2003）在研究中发现，当特定交流双方在初次交流中针对特定对象建立了语言参照惯例，那么随后再次交流中如果说者违背该惯例，听者对靶对象的辨别和选择将出现时间上的延迟。[①] Drijvers 和 Özyürek（2017）的研究中让被试观看女性讲解动词的视频，围绕语言媒介这一核心，通过增加不同的非语言媒介，共创设了 5 种语言讲解条件，重点探查被试对于不同交流语言的理解特征和差异，结果发现语言交流过程中如果伴随更多的非语言媒介或信息，听者对于语言的理解水平和准确性更高，即非语言媒介的数量影响交流语言的理解。[②] Yu，Schermerhorn 和 Scheutz（2012）的研究则控制了听者的特征，当被试和真实同伴（听者是真人）语言交流时，交流语言才会出现"同伴特定性"特征，相反，当面对人偶交流时，交流语言的这一互动特征相应消失。[③] Arnold，Kahn 和 Pancani（2012）的研究使用了听者同谋，控制语言交流中同谋手势的反馈特点，结果发现当听者积极通过手势提供反馈信息时，说者被试的语言表达发生显著变化，典型表现为交流语言语音出现"弱化现象"——语速变快、词汇发音更短等。[④] Rogers，Fay 和 Maybery（2013）的研究则发现语言交流中听者的人数规模显著影响交流语言信息特征，具体表现为听者人数越多交流语言信息越丰富（语句更长、修饰语更多等）。[⑤]

就交流语言互动过程而言，交流语言认知加工过程是一个"基于限制

[①] Metzing, C., & Brennan, S. E., "When Conceptual Pacts are Broken: Partner-specific Effects on the Comprehension of Referring Expressions," *Journal of Memory & Language 49* (2003):201-213.

[②] Drijvers, L., & Özyürek, A., "Visual Context Enhanced: The Joint Contribution of Iconic Gestures and Visible Speech to Degraded Speech Comprehension," *Journal of Speech, Language, and Hearing Research 60(1)*(2017):212-222.

[③] Yu, C., Schermerhorn, P., & Scheutz, M., "Adaptive Eye Gaze Patterns in Interactions with Human and Artificial Agents," *ACM Transactions on Interactive Intelligent Systems (TiiS) 1(2)* (2012):13-42.

[④] Arnold, J. E., Kahn, J. M., & Pancani, G. C., "Audience Design Affects Acoustic Reduction via Production Facilitation," *Psychonomic Bulletin & Review 19(3)*(2012):505-512.

[⑤] Rogers, S. L., Fay, N., & Maybery, M., "Audience Design through Social Interaction during Group Discussion," *Plos One 8(2)* (2013):e57211.

的过程"，语言的发生和理解是基于交流情境特征和交流互动的限制的，说者和听者特征也是众多限制因素中的一个方面，"交流语言的限制性"使得交流过程中各种线索均被赋予一定可能性的权重，最终对于语言加工特征的各种解释之中，最能够满足多种线索联合性的解释将胜出。

实际上，交流语言认知实验的单向交流任务的目的，是为了基于某种研究假设分离并解释某特定线索对于交流语言认知加工的影响；和双向交流任务比较，实验控制的严格性和明确性有助于做出更为客观的因果解释。但不可避免留下质疑的声音：单向交流任务主观限制了交流双方中的一方，对于双方互动的自然性损害极大，因为单向研究人为取消了互动的灵活性和变化性，更为重要的是互动双方中的一方并没有真实互动，客观上更接近于交流"道具"，具体实验中，这是否会为真实被试带来意料之外的交流"疑惑"呢？这种疑惑如果真实存在，将潜在危及研究者真实的实验目的，也就是说被试反应实际上并不在研究者实验设计考虑的范畴之内，并且研究者可能根本无法预料、评估其对交流语言认知加工的损害程度，也不可能完全弥补损害的结果。当前各研究对于交流语言认知加工中交流者"交流观点采择机制"的解释仍然是不清楚的，其中的问题之一就是在于各研究实验任务的各异性上，从单向交流任务自身看，毕竟现实语言交流过程是一个双向的过程，即便是权威专家指导新手完成某项任务，新手也可能不断提出交流疑问，因此概括而言，单向交流任务带来实验研究便利性的同时，必将损害交流互动性，互动性的减弱相应带来交流语言认知加工各类真实效应的减弱。

2. 交流语言认知实验的双向交流任务

和单向交流任务不同的是，双向交流任务更大程度上保持了交流语言互动特征，实验情境中允许交流双方轮流语言互动，相应地，对于交流语言认知的探讨不是仅局限于交流者中的一方而是同时兼顾双方；交流语言和个人语言认知最大的差异在于互动性，交流语言互动不仅影响交流语言认知特征，还影响交流认知的其他方面，如注意、记忆等，因此交流互动性应该是交流语言认知分析的关键和基础。鉴于双向交流任务的复杂性和控制难度，以往研究中相对运用得更少，部分研究将其用于研究交流语言认知加工，也有部分研究用于研究交流行为效率效果。

张恒超（2017）围绕着语言参照惯例形成特点的探讨，创设了双向互动的交流学习任务，成对的交流被试相对而坐，轮流向同伴描述屏幕中的学习对象，每一个语言交流回合中双方均分别担任学习对象的描述者与对象功能的判断者，一次交流回合限时 20 秒，每个下一回合彼此交流角色互换一次，循环至交流学习任务结束。实验记录交流语言内容并分析，结果发现，交流学习过程中交流者针对学习对象的语言参照惯例形成于交流互动学习过程的中期，形成后随学习进程的发展保持相对的稳定性，从交流学习全程看，交流语言内容在交流时间上表现出"稳定—变化—稳定"的发展特征；从交流双方间语言内容的对照分析发现，交流者间的语言共享性特点在语言交流学习的初期就已经表现出来，之后双方间的语言共享性水平随交流进程表现出阶段性的不断提高，双方间较高的语言共享性水平才能代表语言参照惯例的形成。[①]Knutsen 和 Le Bigot（2017）的实验目的是探讨交流者对交流对象的特定概念化，以及特定概念的重复表达特征，首先交流双方通过语言交流互动过程将交流对象引入共同的交流基础中（语言参照惯例的建立），但是对于交流对象的共同概念化对交流双方不是平等的，该概念要么倾向于最初自我生成的概念，要么倾向于同伴生成的概念（相对不符合自我命名的方式和习惯），结果表明倾向于自我概念时，更容易保持于交流者的记忆之中，但是这并不影响交流中特定概念的重复使用和共享性理解。[②]Brennan，Chen，Dickinson，Neider 和 Zelinsky（2008）的研究任务是靶目标的搜索任务，双方每人一台电脑，呈现内容彼此相同，实验中要求通过语言交流共同发现靶对象（字母 O），实验中交流双方不仅可以语言互动，而且可以借助眼动仪实现彼此搜寻注视轨迹的共现共享，结果证实非语言媒介的互动可以促进语言互动交流过程，但是该实验研究并不是以交流语言直接作为分析对象，重点关注的是搜寻任务的完成效率和效果，以及语言认知和非语言认知过程间的关系特点。[③]

从任务的比较看，不难发现单向交流任务仅适合从交流角色中的一方（说者或听者）的角度来解释交流语言认知加工特征，而双向任务则同时从双方的交流互动角度做出解释；并且单向交流任务中由于交流角色在整个任务中是固定不变的，一定程度上剥夺了交流同伴对于语言发生或理解的反馈性。从交流语言语义语法研究的角度，双向交流任务带来了实验分析的复杂性，但是单向交流任务却将交流双方置于不平等的交流角色和地

① 张恒超：《参照性交流学习中语言参照惯例的形成特点》，《西南大学学报（自然科学版）》2017 年第 10 期，第 133—138 页。

② Knutsen, D., & Le Bigot, L., "Conceptual Match as a Determinant of Reference Reuse in Dialogue," *Journal of Experimental Psychology: Learning, Memory, and Cognition 43(3)* (2017):350-371.

③ Brennan, S. E., Chen, X., Dickinson, C. A., Neider, M. B., & Zelinsky, G. J., "Coordinating Cognition: The Costs and Benefits of Shared Gaze during Collaborative Search," *Cognition 106(3)*(2008):1465-1477.

位中，这导致语言交流中彼此知识的表达、传递和理解是不平等的，相当于在设置了一个交流同伴道具的条件下，分析交流角色一方的语言认知特征，因此实验结果的现实解释力和推广程度难以让人信服；同理，从交流语言语用研究的角度，以往研究一致认为交流语言认知加工的时间过程，反映了交流双方认知"冲突－协调"的转换过程，这样单向交流任务实际上已经人为削弱甚至剥夺了双方认知"冲突"的机会，更不可能动态性展现交流双方认知"冲突－协调"的转换特点，只有在双向交流任务条件下才能为双方提供平等的交流互动机会，双方可以从交流之始即针对交流对象分别表达自己的理解和期望，之后在交流合作目的的共同前提下，逐渐走向观点融合，即建立共同的交流基础，形成共享性交流观点。以往实验研究领域中，单向交流任务仍然是主流方式，双向交流任务尽管相对能够更为客观地展现交流语言互动性特征，但是实验设计的相对繁杂、因素控制的相对困难等问题是不可避免的，这也是具体实验研究对其望而却步的原因之一。本书建议未来研究应更多关注双向交流任务，这是探讨交流语言互动特征的必然方式，也是借助实验成果理解现实各种社会情形下语言交流认知过程的重要保障，甚至能提供切实可行的语言交流指导策略。

（三）交流语言认知实验任务的媒介控制特征

交流语言认知实验的一个取向是直接探查交流语言的特征，另一个取向是控制和操纵交流语境中的非语言因素，以观察其对交流语言认知的影响特征。两相对照，从非语言因素的控制角度，前者是非限制性语言交流情境，后者是限制性语言交流情境。在交流认知的讨论中，研究者们一致认为语言是交流的核心媒介，但是任何交流情境下也都不可否认存在某些非语言媒介或因素，现实交流中两者彼此交融，相互间的关系、作用无法严格解释。在实验研究领域中，以往考虑的非语言因素主要涉及表情（面部、手势、注视等）、交流对象感知特征呈现方式（面对面现场交流、远程交流等）等。通过对非语言媒介的不同控制，形成了各具特点的交流语言认知实验研究任务，相应形成了对于语言和非语言媒介关系特点的更为清晰而准确的理解。

首先，语言交流中非语言媒介中的一个重要的交流体系是表情，表情和一般的交流情境因素不同，表情具有一定的交流性，这不仅表现于表情可以辅助、促进语言交流过程，而且表现于表情特定情形下可以表达某种语言无法言明的信息、态度、情绪和期望等。因此，表情对于交流语言认知的影响受到研究者们的关注。O'Carroll，Nicoladis 和 Smithson（2015）的研究代表了整体上操作性定义表情的一类实验任务，以交流者语言交流中彼此是否"可视"，区分了"表情交流"和"无表情交流"（彼此间以隔板分开），通过对比发现，语言交流中存在表情沟通时，语言表述更为简洁，语言沟通的效率效果相应也提高；反之，由于没有表情互动，交流语言表述显著更为详尽和完整，这证实表情交流可以辅助和促进语言交流。[①] Koppensteiner，Stephan 和 Jäschke（2016）的实验着眼于听者语言理解性的角度分析了说者表情的影响性，任务要求被试观看政客的演讲视频，视频人物表情丰富的条件下，被试对其语言表述的观点理解得越明确，接受的可能性也越大；反之则不然。[②] Brennan，Chen，Dickinson，Neider 和 Zelinsky（2008）的研究只是控制了"注视"变量，实验通过眼动仪使得交流同伴的注视信息可以即时出现在自己的屏幕中，证实在靶对象搜索任务中，注视变化信息可以提高语言交流效率。[③] Arnold，Kahn 和 Pancani（2012）的研究中使用了听者同谋，实验中当交流双方合作摆放物品时，控制了听者手势反馈的预期性（说者没有进行语言表述时，听者是否已经倾向于用手移向靶对象），结果发现手势传达出的交流合作默契性可以弱化语言交流的努力，表现为语句的简洁且快速。[④]

其次，语言交流中另一个典型的非语言因素是交流对象共享性，即共同可视性。现实生活中交流者不共享对象感知特征的情形是普遍的，比如电话交流时一方可能拥有对象，另一方可能不面对；即便是现场交流中也是常见的，比如两人在厨房中共同准备午餐，一人需要从两个"锅"中选择一个并递给同伴，但不清楚是哪一个，而同伴正忙于炒菜而无暇顾及，此时围绕"哪个锅"展开语言交流（一方询问和一方描述、澄清）时，语言交流双方并不共享对象（锅）的感知特征。以往一致的观点是，对象感知共享性仅提高了交流中感知的直观性，相应交流者的语言描述会一定程度上简化，但对象感知共享性并不具有交流性，尤其是当交流者需

---

① O'Carroll, S., Nicoladis, E., & Smithson, L., "The Effect of Extroversion on Communication: Evidence from an Interlocutor Visibility Manipulation," *Speech Communication 69*(2015):1-8.

② Koppensteiner, M., Stephan, P., & Jäschke, J. P. M., "Moving Speeches: Dominance, Trustworthiness and Competence in Body Motion," *Personality and Individual Differences 94*(2016):101-106.

③ Brennan, S. E., Chen, X., Dickinson, C. A., Neider, M. B., & Zelinsky, G. J., "Coordinating Cognition: The Costs and Benefits of Shared Gaze during Collaborative Search," *Cognition 106(3)*(2008):1465-1477.

④ Arnold, J. E., Kahn, J. M., & Pancani, G. C., "Audience Design Affects Acoustic Reduction via Production Facilitation," *Psychonomic Bulletin & Review 19(3)*(2012):505-512.

要推理对象的某种内在特点时，语言简化可能弱化了语言认知沟通的作用。Galati（2009）在研究中安排了卡片匹配交流任务，以卡片共同可视性为变量，发现双方共享对象的感知特征时，语言中的信息显著减少。[①] Vesper，Schmitz，Safra，Sebanz 和 Knoblich（2016）的实验中交流双方并排坐下，分别面对一个屏幕，实验任务是通过语言交流同步移动各自屏幕中对应的目标对象，实验分成"不可视条件"（彼此间以隔板分开，保证同步移动交流任务中彼此无法观察到同伴的屏幕信息）和"可视条件"（同步移动交流中彼此可以即时观察到同伴的屏幕信息），结果也证实：语言交流对象可视性降低了语言交流的丰富性，甚至语言交流的信息是片段化和不连贯的，因为有些语言交流信息在共同可视条件下不言自明。[②] 张恒超（2017）的研究中同时将"表情"和"对象可视性"纳入实验变量中，以语言为核心，通过因素递加的方式，依次创设了"共享语言、共享语言＋对象、共享语言＋对象＋表情"三种语言交流方式，从语言交流学习的效率效果上，再次证实，表情促进语言交流，对象共享性（共同可视性）降低了语言交流的效用。[③]

应该看到，交流语言认知实验任务的媒介控制特征和前述两个方面的任务特点略有不同，如果说前述的两个任务设计问题主要涉及任务特点的差异性，以及相应引发的交流语言认知理论建构的分歧；那么，任务中的媒介控制特征主要涉及交流语言认知解释的情境关联性，换言之，现实语言交流中语言的发生和理解过程都不是在完全纯净的情形下呈现的，根据交流者间的交流时空条件、交流任务要求、交流角色的差异性、交流知识的不平衡性、交流社会身份的不对等性等特点，语言交流的方式可能发生很大的变化。因此，交流语言认知实验任务的媒介控制特征以及相应的实验探查，与现实语言交流关系更为密切，比如学生间的课堂交流合作学习和师生间的语言交流互动是不同的；面对面语言交流和远程语言交流是不同的；即时语言交流和录制音频、视频的延时交流是不同的；近距离的语言直接交流和借助网络手段的语言交流也是不同的。因此对于交流语言认知实验任务的媒介控制特征的思考，更多涉及交流语言认知理解的完整性、多样性和现实变化性、发展性的问题。

① Galati, A., Assessing Common Ground in Conversation: The Effect of Linguistic and Physical Co-presence on Early Planning, doctorial dissertation, 2009, Stony Brook University, New York.

② Vesper, C., Schmitz, L., Safra, L., Sebanz, N., & Knoblich, G., "The Role of Shared Visual Information for Joint Action Coordination," *Cognition 153*(2016):118-123.

③ 张恒超：《共享因素对参照性交流双方学习的影响》，《心理学报》2017 年第 2 期，第197—205 页。

（四）关于交流语言认知实验任务的思考

以上围绕交流语言认知实验任务特征所作的三方面的讨论，不是孤立存在的，是从三个侧面对以往研究的实验任务特征做了不同角度的厘清和分析，在实际的实验研究中，三个方面的任务特点是同时并存、相互关联的，共同影响交流语言认知实验结果的具体特点。从以上分析可以看出，三个方面的任务特点不存在简单的优劣上下之分，对于交流语言记录和分析的便利性、实验控制的科学性，以及实验结果解释的现实性等问题而言，均是各有所长，但是对于交流语言认知实验任务特征的分析目的，在于明确而有条理地理解各自的特点，并且笔者建议未来研究通过实验创新来力争融合各任务特征间的界限，以达到取长补短的目的，这是未来研究结果合理、客观地融合解释现有理论之争的有效途径之一。在此，结合上述讨论，本书进一步提出几点思考和建议。

第一，以往研究通常沿着交流语言语义语法和语用两个思路展开实验探讨，从实验的便利性角度出发形成了即时任务和长时任务两种类型，如前所探讨，即时任务和长时任务不是对立的，语义语法研究和语用研究也不是割裂的，或者说语用过程需要借助语义语法来逐步体现，而语用背景是语义语法表达的前提。因此未来研究应该将即时任务和长时任务兼顾考虑，将即时任务放在长时任务背景中可以避免实验研究进行孤立的语义语法分析，而将长时任务具体化为即时任务的组合变化过程，可以更为精细地探查交流语言认知的发生发展过程特征，可以更为敏感地考查到特定交流语境的影响特征。

第二，未来研究应更多关注双向交流任务方式的探索，相比单向任务其实验困难性是客观存在的，因此实验任务设计、实验中语言交流方式的创新探索，是克服实验困难的唯一途径。否则，对于交流语言认知特征的实验探讨将始终无法逾越"互动性"这一交流自然性的现实屏障。

第三，未来研究需要进一步考虑交流语言的现实语用认知特征，更深入关注语言交流情境的影响性，即非语言因素对于语言认知的影响性，这是一个相对更为广阔的研究领域。同时，应该注意非语言因素对于语言认知的影响是客观存在的，但是多种非语言因素的同时影响效应是否是多种因素简单叠加的效应？进一步围绕这一个问题的思考，对于现实生活中一些新生的、主流的现代语言交流方式的研究将具有很好的现实价值。

三、启示与展望

　　综合本章而言，日常语言交流是由"人们知道或不知道对别人做什么"来引导的。这些知识指导人们与谁交流，以及如何交流。理论和实证研究的重点在于交流语言的认知过程解释，而对这些过程的理解受到其他心理学领域的传统理论的影响，包括认知发展、社会心理学、语言学和决策学等。

　　未来研究应试图理解交流者是否在交流互动中集成了干扰信息，或者，在语言认知意识性基本特征的基础之上，是否利用了某种启发式和其他非外显的认知加工机制来简化复杂的认知加工过程。未来可能需要开发语言交流中观点采择的计算模型，分析和模拟验证编码中观点采择的认知机制，以及将研究领域扩展到更为广泛和现实的社会语言交流领域中。

　　在交流语言认知理论的研究传统中，学者普遍认为交流中观点的敏感性源于期望、记忆和注意等过程，进而推动和塑造特定的交流行为，即通过这种意识性的"一般认知过程"解释社会合作协调活动。然而，交流社会认知的复杂性使得研究者们不应该忽视，交流中对交流同伴心理状态推断、储存或使用的可能性取决于交流者自身的性格特征、动机以及他们的合作特征；一旦这些信息被表征进入交流语言认知过程中，将可以充当针对特定交流观点的配重，这最终将影响到上述交流互动中交流者对"共享性观点"或"自我中心观点"特殊优先权的利用。

　　交流语言认知理论未来研究的另一个问题是交流效率问题，尤其是交流语言结构如何随着时间的推移而改变，例如，随着任务的进行语言是否变得更短，或者是否出现更多的校准？怎么解释呢？以往研究倾向于使用简单的交流任务，决策性能评价的基础是一个单一的靶目标，那么，现实交流情形下，涉及多个靶目标的更复杂的决策任务很可能显示出更有趣的认知校准过程的动态性发展变化特征，也就是说，双方可能不断根据当前的尝试和对任务的不断深入理解，而表现出校准或错位等的变化性语言认知过程。这类研究将针对以往语言交流认知理论模型提出新的挑战和理解。

第五章　交流手势认知

　　假设我们正在房间中谈论家具的布局，你可能使用两只手摆出特定的姿势，一个手势表示沙发，一个手势表示椅子，手势的移动说明物品摆放的位置和角度。

　　同样，现实中如果你要告诉别人足球是怎样滚落山下的，你会一边解释，一边用圆形的手势和连续的动作描摹当时的情境。

　　让一个儿童用语言解释杯子的高度时，他可能同时也使用手势直观展示出杯子的宽度。

　　…………

　　人们在日常交流过程中会频繁使用大量的手势，手势在任何时间的交流和思考中均扮演了重要的角色。对交流中手势特征的探讨不仅为洞察交流者的认知提供了一扇窗口，也有助于指导现实交流情境中的手势使用，如教育过程中教师手势和学生手势的使用特征。社会交流互动中手势使用的恰当性和现实交流意义表现在：手势对交流语言认知的促进作用，手势具体的交流性特征，个体手势使用的差异性，伴随语言发生的手势交流的无意识性等。

第一节　交流手势认知理论

　　手势是交流互动中一种重要的非语言媒介，手势不仅可以辅助语言交流，而且具有独立的交流性；作为和语言共同发生的非语言媒介，手势交流有助于降低交流认知负荷。本节重点归纳和总结了基于手势和语言关系的交流手势理论、交流手势激活理论、交流手势的认知节省理论。

　　交流是以口头语言为典型媒介，辅以多种非语言媒介和线索（如，手势、面部、注视、对象可视性等）的人际互动方式，以共同目的性、合作性、集体奖赏和个体责任等为主要特征；交流互动回合中，交流者彼此轮流担任说者和听者的角色，随着交流进程的不断发展，实现认知和行为的"冲突－协调"转换过程，进而实现共同的交流目的。

交流情境中众多的非语言因素中，手势的交流性尤其受到研究者们的关注，在各文化背景的语言交流中手势均会频繁出现，甚至从未见过任何手势表达的盲人，交流中也使用手势，手势成为语言交流不可分割的一部分。手势可以为口语交流增加想象空间，因为手势不像口头语言那样以语法规则为基础线性发生，尤其在语言难以传达交流信息时，手势将表现出交流意图表达的潜力；不论手势表达交流的表面义还是隐含义，手势均具有交流参照性（例如，当表达心或爱时，双手合并形成心形），手势对交流者来说具有许多现实交流功能，包括重复强调、明示语言含义等，甚至预先表达交流计划。概言之，手势是交流参与者实现共享性交流认知的重要手段，尤其是具有代表性、典型文化性的手势，以及便于直观表达的模仿性手势；尽管手势和语言表达形式不同，但是彼此在时间上和语义上互相伴随，相辅相成表达关联性的交流信息，手势传达的意义是全方位的，依靠视觉和模仿性想象，而语言传达的意思依靠词汇和语法规则。

以往研究对于交流手势认知特征做了一定的分析探讨，并提出了不同的理论解释，典型的如：增长点理论（the growth point theory）、信息封装假说（the information packaging hypothesis）；词汇性手势生成模型（the lexical gesture process model）或词汇检索假说（the lexical retrieval hypothesis）、模拟行为的手势框架理论（the gestures-simulated-action framework）、图像激活假说（the image activation hypothesis）；共同范围模型（the interface model）、认知负荷降低假说（the cognitive load reduction hypothesis）。归纳而言，"增长点理论"和"信息封装假说"立足于交流过程中手势表达和语言表达间的关系，即两个理论分别关注了相对于语言表达，手势表达认知过程的共同性和互补性，"词汇性手势生成模型或词汇检索假说"，以及"图像激活假说"和"模拟行为的手势框架理论"立足于手势的认知激活过程，具体而言，前者强调手势对语言认知加工的激活作用，后者强调手势对具体化感知表征的激活和模拟并促进语言认知过程。"共同范围模型"和"认知负荷降低假说"立足于交流手势的认知加工机制和无意识性。三者是交流手势认知同一过程的三个方面。本节将对交流手势认知理论做出逐一的归纳和解释。①

---

① 张恒超：《交流手势认知理论》，《心理科学进展》2019 年第 3 期，第 499—507 页。

一、基于手势和语言表达关系的交流手势理论

交流中手势和语言总是相伴发生，在共同的交流目的下，彼此间相互作用和沟通，形成了统一的信息交换系统。交流手势的增长点理论和信息封装假说，分别从交流互动中手势和语言信息沟通的关系上，解释了手势的交流认知特征。

（一）交流手势的"增长点理论"

McNeill 和 Duncan（2000）提出了交流手势的"增长点理论"，认为手势和语言构成了交流中的集成系统，手势的"视－空"表现形式和语音、语义、语法的线性规则表达形式，在交流认知的不同层面上组建交流信息增长点或整体合成结构，促进交流信息内容的不断发展和丰富。[①] 所谓的增长点是对交流认知中多线索合成信息不断递增发展的形象解释，该理论重视手势和语言信息的合成性、共同性，表达方式和过程的分层性、联合性。

Graziano 和 Gullberg（2013）研究中探讨了交流手势和语言互动的关联性，实验材料为卡通图片故事，研究共招募了三种类型的被试：三个年龄组的儿童被试（4~5 岁、6~7 岁、8~10 岁），本国语成年被试，第二语言成年被试。儿童组条件下，被试先听故事录音，之后向成年人复述（成年人是其亲人或老师），儿童讲述期间，成人持有对应的卡通图片故事材料，不打断儿童的讲述，但可以提供反馈。本国语成年被试条件下，使用相同的材料，随机两两配对，其中一人先看卡片故事，再向另一人讲述。第二语言成年被试（学习第二语言法语 4 年）条件下，要求其向法语母语听者讲述故事。结果显示，不同被试条件下，尽管语言表达能力不同，但是一致的特点是语言表述流畅，手势相应更多，流畅和不流畅表述条件下手势数量差异显著。而从流畅和不流畅语言表述间的对比看，流畅语言表述时的手势主要是完整性手势，而不流畅语言表述伴生的手势主要是不完整性手势。[②] 这证实了：流畅语言交流中手势也连贯完整，不流畅语言交流中，手势表现出断续不连贯特点；不同被试条件下的不流畅语言交流过

---

① McNeill, D., & Duncan, S., "Growth Points in Thinking-for-Speaking," in D. McNeil (eds.), *Language and Gesture* (Cambridge, UK: Cambridge University Press, 2000), pp. 141-161.

② Graziano, M., & Gullberg, M., "Gesture Production and Speech Fluency in Competent Speakers and Language Learners," in Tilburg Gesture Research Meeting (TiGeR) 2013, Tilburg University.

程中，手势几乎都没有完整性的表达；当语言交流停止时，手势也相应停止，因此手势和语言是一个集成交流系统，作为两种不同的交流媒介，彼此关联性地表达共同的交流内容。

从交流互动性特征来看，增长点理论所强调的手势和语言间的表达关联性和共同性，可以从手势对于语言理解促进性方面的实验结果中得到支持，即手势和语言的共同发生特征有助于促进听者对于语言信息的理解，Hostetter（2011）进一步指出，手势对于交流语言理解的影响效果，受交流对象和任务特点、手势和语言间的重叠特征等方面的综合性影响。[①] 但是，有一点是明确的，手势对于语言交流的促进影响，最终决定于交流互动过程中交流参与者彼此间共享多种线索，比单一交流媒介（语言）所提供信息更为丰富，传达的交流意图、期望更为确凿，有助于交流互动效率效果的提高。

可见，交流手势的增长点理论强调交流手势和语言间的共同表达性，显然，多媒介共同交流有助于交流共享性的建立，并且该理论有助于说明多种线索对于交流信息的增量解释。但是，增长点理论的不足之处在于只着眼于手势和语言媒介间的相似性、关联性，而无法解释手势和语言媒介间的区别性，换言之，手势不应仅仅是语言的重复表达，或者说仅仅从属于语言沟通的需要，不论是表达的方式、机制还是意识性等，手势和语言认知加工过程存在显著不同的特点。所以增长点理论对于交流手势认知的解释有其合理性和便利性，但是存在将手势交流简单归为重复性语言交流的倾向。

（二）交流手势的"信息封装假说"

与交流手势的增长点理论不同，Kita 和 Özyürek（2003）提出了交流手势的信息封装假说，认为交流过程中手势和语言间的关系是互补的，手势主要组织和封装了交流中的空间视觉信息，以适应交流语言编码过程，其对信息的展现与线性发生的语言模式相匹配。[②] 该理论强调两点：一是手势表达的信息是空间视觉表征（比如穿衣戴帽方式、桌椅摆放位置等的直观描摹），交流语言在描述这些复杂空间信息方面相对不足；二是当语

---

① Hostetter, A. B., "When Do Gestures Communicate? A Meta-analysis," *Psychological Bulletin*, *137(2)*(2011):297-315.

② Kita, S., & Özyürek, A., "What Does Cross-linguistic Variation in Semantic Coordination of Speech and Gesture Reveal? Evidence for an Interface Representation of Spatial Thinking and Speaking," *Journal of Memory and Language 48(1)*(2003):16-32.

言交流复杂信息时，手势有助于将信息条理分解成适合语言发生的小段信息，比如手势帮助将小段信息组合进入语言从句的编码过程中。手势本身是个人的空间行为，在选择和组织视空信息单元方面具有更大的表达便利性，例如，当语言描述房间布局时，说者可能使用两只手分别代表沙发和椅子，直观描摹它们在房间摆放的确切位置和相对方向关系，语言相应指示"沙发和椅子这样面对面摆放"，手势信息和语言信息互补性"封装"并综合表达。

交流过程中手势易化语言表达并丰富补充语言信息的观点，在以往研究中得到证实。和交流手势的增长点理论不同，交流手势信息封装假说认为交流手势不是语言交流的附属，Kelly 和 Church（1998）[1] 以及 Ping 和 Goldin-Meadow（2008）[2] 的两项研究要求儿童被试观看儿童讲解皮亚杰守恒任务的视频片段，之后被试对语言信息做出判断，比如一个视频中，解说语言只表达了容器的高度，同时手势描摹展现了容器的宽度，被试一致认为讲解者表达的是容器的高度和宽度，结果表明：讲解者通过手势将语言信息一起"封装"编码，听者也是将手势和语言信息合并解码。Hostetter，Alibali 和 Kita（2007）的研究使用了点子图作为实验材料，任务为点子图描述任务，实验中说者向听者描述的条件分两种：一种条件下，只呈现点子，说者对其描述（困难描述条件，说者自己决定是什么形状）；一种条件下，呈现的点子被线连接成几何图形（容易描述条件）。结果发现，当点子已经明显连接为几何形状时，语言描述更容易，说者手势显著更少；反之，当点子图无任何提示时，语言描述困难，说者手势数量显著增加，以辅助语言交流过程。[3]

---

① Kelly, S. D., & Church, R. B., "A Comparison between Children's and Adults' Bility to Detect Conceptual Information Conveyed through Representational Gestures," *Child Development 69(1)*(1998):85-93.

② Ping, R. M., & Goldin-Meadow, S., "Hands in the Air: Using Ungrounded Iconic Gestures to Teach Children Conservation of Quantity," *Developmental Psychology 44(5)*(2008):1277-1287.

③ Hostetter, A. B., Alibali, M. W., & Kita, S., "I See It in My Hands' Eye: Representational Gestures Reflect Conceptual Demands," *Language and Cognitive Processes 22(3)* (2007):313-336.

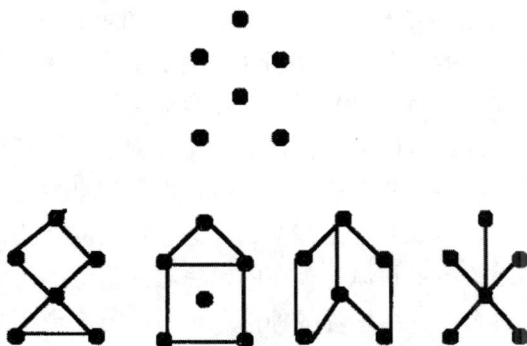

图 5-1 Hostetter 等（2007）实验中的点子图交流材料

　　Trofatter，Kontra，Beilock 和 Goldin-Meadow（2015）研究指出手势和语言交流的互补性有助于表达某些言外之意，实现听者对交流信息的完整理解。[①]Koppensteiner，Stephan 和 Jäschke（2016）研究中使用政客政见演讲视频作为实验材料，实验控制视频人物的交流手势，从听者理解性的角度也证实，手势交流影响交流语言中抽象观点的理解性和支持性。[②]Cook，Duffy 和 Fenn（2013）在学习情境下也发现，知识的语言讲解中有无手势指导显著影响学习成绩。[③] 手势交流对于语言的互补性，源于语言认知过程同时具有抽象性和具体性表征特征，交流语言认知加工过程不仅涉及抽象语言规则的解码过程，即语言加工中的抽象符号性，还涉及感知经验的重现。交流语言认知过程的混合性是手势和语言交流互补性的前提。另外，语言交流的社会性决定了语言认知过程的意识性、策略性特征，即语言认知加工是通过深思熟虑过程实现的；与此对应，语言交流中手势的发生发展体现为无意识性过程，因此，手势的互补性不仅表现在交流意图的沟通，还表现在降低语言认知加工的认知负荷。Alibali，Kita 和 Young（2000）还指出手势的认知影响性不仅表现在和语言的共同发生过程中，还有助于促进交流语言信息的储存和提取。[④]

---

① Trofatter, C., Kontra, C., Beilock, S., & Goldin-Meadow, S., "Gesturing Has a Larger Impact on Problem-solving than Action, Even When Action is Accompanied by Words Language," *Cognition and Neuroscience 30(3)* (2015):251-260.

② Koppensteiner, M., Stephan, P., & Jäschke, J. P. M., "Moving Speeches: Dominance, Trustworthiness and Competence in Body Motion," *Personality and Individual Differences 94*(2016):101-106.

③ Cook, S. W., Duffy, R. G., & Fenn, K. M., "Consolidation and Transfer of Learning after Observing Hand Gesture," *Child Development 84(6)*(2013):1863-1871.

④ Alibali, M. W., Kita, S., & Young, A. J., "Gesture and the Process of Speech Production: We Think, therefore, We Gesture," *Language and Cognitive Processes 15* (2000):593-613.

归纳而言，交流认知是一个综合性、复合性和动态发展性认知过程，因此，交流的共同目的性、人际互动性，决定了手势和语言共同发生过程的关联性和共同性；同时手势和语言认知表征特征的差异性决定了两者在信息沟通中的互补性。可以说，在特定交流过程中，增长点理论所关注的手势和语言间的共同性、联合性和集成性，以及信息封装假说所强调的手势和语言的互补性，客观上都是存在的。进一步还应该注意到，手势和语言在交流中的作用关系不是孤立存在的，一方面手势不仅可以表意，现实情境下还可以表达态度、情感等多种信息；另一方面现实交流中还存在大量的情境因素，比如交流者间的物理距离，交流对象的共同可视性，交流者的现实社会身份，交流文化习惯等等。未来研究应进一步拓展研究思路，基于交流认知的社会性和现实多样性，应在实验控制严格性和自然性间做到适当的平衡，在相对更为宽松和自然的实验情境下探查交流手势的认知特征，这有助于克服和协调不同理论观点间的隔阂和分歧。

二、交流手势激活理论

手势和语言是人类交流在视觉形态和听觉形态上的两种表现形式，两者表达形式尽管不同，但是在共同的交流背景和目的下，手势和语言间互相伴随发生并随着交流时间进程而彼此映射，有研究者关注了这一映射过程中手势的激活作用，词汇性手势生成模型或词汇检索假说侧重强调手势对语言抽象性表征的激活，表现为促进语言的发生过程；图像激活假说和模拟行为的手势框架理论侧重强调手势对于具体化感知心理表征的激活和描摹。

（一）词汇性手势生成模型或词汇检索假说

Krauss，Chen 和 Gottesman（2000）的词汇性手势生成模型或词汇检索假说，认为手势影响交流语言词汇的选择和表达的难易，交流手势对于语言认知加工起到激活作用，同时表现在对语言发生过程和理解过程的易化作用，即手势有助于促进交流者内心词汇的激活，尤其是空间语义表征的激活，从而方便词汇的提取和理解。[1] 例如，当说者准备表达"球滚下山"时，会做出一个圆形的手势，并交替旋转双手，这有助于促进"滚"

---

[1] Krauss, R.M. Chen, Y., & Gottesman, R. D. McNeill (eds.) "Lexical Gestures and Lexical Access: A Process Model," in *Language and Gesture* (Cambridge, UK: Cambridge University Press, 2000), pp. 261-283.

这一表征的激活，说者更容易表达，听者也更容易理解。以往研究发现，交流过程中如果禁止被试使用手势，说者语言显著不流畅，断续更多；当交流者语言表达困难时，手势表达的频次相应增多。

　　手势广泛出现于各种时空条件下的交流过程中，如上所述，其可以关联性表达（澄清界定、强调、直观展现等）语言信息，还可以互补性表达语言未尽之意；然而，手势互动的根本目的仍然是增进共同理解和默契，以及促进交流的高效性，表现之一就是手势有时先于语言，尤其在模糊语言交流情形下，手势起到激发语言发生和理解的作用。

　　Beaudoin-Ryan 和 Goldin-Meadow（2014）实验研究中对比设立了允许手势组和禁止手势组，实验任务要求儿童被试解释抽象的道德推理问题，研究结果发现，在语言解释过程中允许使用手势的儿童表达了更多的复合性观点，而禁止使用手势的儿童表达的观点单一和片面；任务完成后，研究者再次向被试问及类似的道德推理问题，发现允许手势组儿童语言中的观点数量显著更多，也更综合化。[1] 该实验的一个不同之处在于没有采用易于手势表达的空间表征问题（如家具摆放、容器形状等），而是采用了抽象问题的交流情境，相对更好地区分和观察了简单的手势描摹和对语言发生过程的激活。Broaders 和 Goldin-Meadow（2010）的实验研究则通过控制听者的手势特征，观察听者手势对于说者语言的激活作用，实验情境中被试模拟担任现场目击证人，研究结果也发现，当目击证人被试被问及现场的一些细节问题时，如果讯问者使用了相应的手势，将有助于激活促进被试的语言报告过程，比如，当被问到"他穿戴了什么"时，讯问者自然做出"戴帽子"的手势，目击证人被试显著倾向于使用"帽子"回答问题。但是，研究结果中出现了一个令人感兴趣的例外：讯问过程中，目击证人被试语言交流中自发产生了大量的手势动作，但是讯问者却忽视了这些手势交流传达的信息。[2] 这也为未来研究带来新的启示：某些相对敏感和特殊的实验情境是否会影响到手势和语言交流间的关系特征。Arnold，Kahn 和 Pancani（2012）的实验采用了参照性交流范式，创设了物品交流选择和匹配任务，交流对中听者为研究者同谋，实验中说者被试负责以语言指导听者，在一个标有 6 个颜色点的木板上选择并放置物体，交流者彼此对面站立，听者身后设有一个电脑屏幕，依次呈现任务中需要选择和摆

①　Beaudoin-Ryan, L., & Goldin-Meadow, S., "Teaching Moral Reasoning through Gesture," *Developmental Science 17(6)* (2014):984-990.

②　Broaders, S. C., & Goldin-Meadow, S., "Truth is at Hand: How Gesture Adds Information during Investigative Interviews," *Psychological Science 21(5)*(2010):623-628.

放的靶对象，双方中间桌子上放置了操作区。实验要求被试只能以语言进行指导不能使用手直接指示或接触物品。实验条件区分了"期望条件"和"等待条件"，前一种交流中在被试进行语言指导之前，实验者同谋听者就预先用手选择出了靶对象并做好摆放的准备，后者是当被试语言指导结束后，同谋听者才按照指令选择出靶对象。结果发现：同谋手势影响被试说者交流语言的发生，具体表现为语速更快，词汇发音更短，语音弱化且变化性小，这从不同的角度证实听者手势激活说者的语言生成过程。[①]

（二）图像激活假说和模拟行为的手势框架理论

图像激活假说认为，手势表达和描摹出与交流有关的视觉空间图像；同时，手势图像性表征的保持有助于语言发生过程更好地传达信息。与此对应，模拟行为的手势框架理论认为，当说者产生语言时，自然激活与之相应的感知状态和行为的心理表征与模拟，手势随之发生。综合而言，两个理论均强调手势对于具体化感知表征的激活和模拟，该过程伴随着语言交流自然发生，并对语言认知过程产生促进作用。

手势对交流认知的促进过程很大程度上源于手势表达的动作化、直观性和具体化特征，有助于引导交流者集中注意于交流问题表征中的感知操作信息，相对于语言的抽象性符号表达过程，有助于易化交流情境的理解和推理过程。Alibali，Spencer，Knox 和 Kita（2011）的实验任务是预测齿轮组中某个特定齿轮的运动方式，比如，"如果齿轮组中的第一个齿轮转动到一个特定方向，那么某一特定齿轮随之将会怎样运动？"一组被试进行语言解释时允许使用手势，另一组不允许，结果发现，手势组被试通过使用手势动作模拟齿轮的运动规律，显著使用感知操作策略推理齿轮的运动方式，语言中几乎没有出现抽象策略的描述（通过计算齿轮组中齿轮的奇偶特征来推算特定齿轮的运动方式）；禁止手势组则反之。[②] Goldin-Meadow（2015）使用数学等式问题情境，要求儿童在解决等式过程中将思维过程以语言外显表达，譬如，"我想让左边等于右边"（等价策略）。被试分两组，一组只能使用语言，另一组使用语言的同时，鼓励手势模拟，譬如，"在等式的左边挥动手，然后在等式的右边也做挥手动作"，学习任务结束后，将两组中掌握等式问题的被试选择出来，再完成迁移任务，但

---

① Arnold, J. E., Kahn, J. M., & Pancani, G. C., "Audience Design Affects Acoustic Reduction via Production Facilitation," *Psychonomic Bulletin & Review 19(3)*(2012):505-512.

② Alibali, M. W., Spencer, R. C., Knox, L., & Kita, S., "Spontaneous Gestures Influence Strategy Choices in Problem Solving," *Psychological Science 22(9)*(2011):1138-1144.

迁移任务中不要求使用手势表达解题过程。fMRI 的数据结果显示，手势组儿童迁移任务中感觉运动区域显著激活，这表明学习任务中手势表达促进感觉运动表征的激活，尽管迁移任务中不再使用手势，但是感觉运动表征仍然被重复激活。[1] Grenoble，Martinovic' 和 Baglini（2014）认为，尽管语言交流过程中，交流者会自觉产生手势动作，但是实际上人们并未对语言表征和手势表征有意识做出明确区分，交流中对于两种表征的时刻监控也不符合认知节省性原则，从这一意义出发，手势所激活的图像性表征和语言的抽象性表征间的配合特征一定程度上影响了交流的效率效果，两种不同交流表征形式的并置，使得手势成为一种有力的交流工具，不仅可以将语言信息具体化、形象化，而且可能对交流语言认知过程起到某种索引作用。[2]

对照以上两种理论，不论是手势对语言抽象性表征的激活和促进，还是手势对于感知运动心理表征的激活和描摹，均反映了交流手势认知互动过程的多样性、复杂性，这两个过程是相辅相成不可分割的，即手势对感知运动表征的激活是进一步激活和易化语言表达的前提。交流互动过程中，语言不单纯是一组抽象的符号和规则，这些符号仍然需要与感知动作、情感等相联系，这是手势直观性、具体化表征激活、促进语言抽象性加工，以及和语言表达相辅相成过程的重要基础，手势激活过程导致交流认知从抽象性表征向具体化表征转变。换言之，交流手势的激活作用为交流认知中多种心理表征的联合提供了一种机会，比如，当用语言表达"把牛肉反复油煎后，夹在面包中间"，语言概念简单的抽象联合是"牛肉＋油＋煎锅＋面包"，但是伴随性的手势动作，如"两手反复翻转＋合上夹住"，同时激活了人们感知运动表征和相关经验，也激活和易化了语言讲解的流畅性、便利性和理解性。诚然，手势交流激活作用的关键在于充分调动了视觉、动觉等综合性表征，甚至可能包括特殊情绪情感的同时表达，有助于指向和联系交流者记忆中的相关经历和经验。正如 Louwerse（2011）所指出的，手势对交流认知的影响源于对客观世界中交流对象多种模式的共现。[3]

[1] Goldin-Meadow, S., "From Action to Abstraction: Gesture as a Mechanism of Change," *Developmental Review 38*(2015):167-184.
[2] Grenoble, L. A., Martinovic', M., & Baglini, R., "Verbal Gestures in Wolof," in R. Kramer, L. Zsiga, & O. Boyer (Eds.), *Selected Proceedings of the 44th Annual Conference on African Linguistics* (Somerville, MA: Cascadilla Press, 2014).
[3] Louwerse, M. M., "Symbol Interdependency in Symbolic and Embodied Cognition," *Topics in Cognitive Science 3(2)*(2011):273-302.

三、交流手势的认知节省理论

交流手势的认知负荷降低假说认为手势降低了语言认知加工对认知资源的需求；Kita 和 Özyürek（2003）在此基础上提出了"共同范围模型"，认为手势是由行动发生器计划组织的，口头语言是通过信息发生器计划组织的，由于手势和语言分属于不同的交流认知系统，因此交流过程中两者信息彼此间互动沟通，既提高了交流效率又降低了认知负荷。①

归纳而言，交流手势降低交流认知负荷源于两个方面：一是手势是身体动作，手势交流根植于感知运动系统的认知资源，手势参与交流使交流者有更为丰富和充足的资源来管理交流认知努力，即降低交流认知负荷，节省的认知努力可以投入到交流的其余方面，对于交流认知的深入发展是有益的。Goldin-Meadow，Nusbaum，Kelly 和 Wagner（2001）研究中要求被试解释自己对一系列数学问题的解题思路，并要求同时记住一些无关联的刺激项目，实验条件划分出使用手势组和不使用手势组，结果显示，手势组被试回忆无关项目的数量显著更多。② Novack，Congdon，Hemani-Lopez 和 Goldin-Meadow（2014）采用数学等式问题作为实验材料，通过手势组和无手势组学习比较，进一步发现，手势组被试对数学等式问题的概括化水平显著更高，迁移性解决问题的水平显著更高。③

总之，手势交流降低认知负荷或表现出的交流认知节省性，根本上源于手势动作本身和语言交流的显著不同，手势是以身体动作表达抽象思维过程。尽管交流系统作为一个整体，手势和语言交流方式彼此关联，但是手势是不同于语言的视觉交流系统，是一种直观表征性的动作行为。现实交流情境是复杂的，交流认知中包含了大量不同层次和特征的心理表征，共同组成特定的交流认知环境，因此，交流过程中信息的传递不能一味简单地仅借助于语言词汇和语法水平的相对抽象性表达，手势交流的参与有助于调节交流认知环境中抽象表征和具体表征的相对灵活表达。虽然至目前为止，研究者们尚没有就手势交流的认知机制形成一个一致而系统的认识和解释，但是可以明确一点，作为非语言交流媒介的一种重要方式，手

---

① Kita, S., & Özyürek, A., "What Does Cross-linguistic Variation in Semantic Coordination of Speech and Gesture Reveal?: Evidence for an Interface Representation of Spatial Thinking and Speaking," *Journal of Memory and Language 48(1)* (2003):16-32.

② Goldin-Meadow, S., Nusbaum, H., Kelly, S. D., & Wagner, S. M., "Explaining Math: Gesturing Lightens the Load," *Psychological Science 12*(2001):516-522.

③ Novack, M. A., Congdon, E. L., Hemanilopez, N., & Goldin-Meadow, S., "From Action to Abstraction: Using the Hands to Learn Math," *Psychological Science 25(4)*(2014):903-910.

势交流集中于表现对象的一些具体化表征的细节，而这些信息通常并不总是便于语言规则的条理性组织和表达。简言之，正是因为手势认知资源的相对独立性、表征的具体直观性，以及手势表达的便利性，使得交流手势的发生降低了交流认知负荷程度。

二是手势交流具有无意识性或内隐性特征。Novack 和 Goldin-Meadow（2015）的研究指出，交流者的手势传达的思维过程信息不是语言信息的重复表达，其超出了交流语言的信息范畴，手势信息往往表现为隐含的、不断变化的和压缩式的，但是现实交流中交流双方通常可以即时捕捉到并进行明确性解码；交流者的手势时常透露出某些语言之外的新信息，这些新信息尚处于语言表达的"呼之欲出"的状态，接下来可能会明确进入语言交流的信息中。[①] 不同思路和目的的研究从不同的角度均发现，当人们出声思维或解释思维过程时，手势会无意识表达语言抽象规则之外的视觉空间策略或时空运动表征；手势还可以潜在地启示语言表达之外的新策略；或不自觉启发了解决问题的隐性知识。因此，手势交流的内隐性特征是交流认知负荷降低和交流认知资源节省的重要影响因素。

可见，手势是以直观的方式在特定交流情境下凸显某些动作元素，如前所述，不论是在空间问题表征，抑或抽象道德问题表征方面，手势在激活内隐性观点上都表现出独特的优势，这可以说明手势动作在交流互动中不仅仅是对交流者注意的简单指引，手势动作表征性特征和日常一般操作对象的动作行为不同，其目的不是处置和改变对象，而是直观描摹和展现认知过程。从这一意义出发，一方面手势发生机制不同于语言发生机制，另一方面特定交流中当交流者同时使用手势和语言，表达交流情境中的隐性知识和显性知识时，隐性知识很可能也很容易拓展语言认知的意识性范畴，即隐性知识的激活可能打破原有的明确的知识状态，手势对于多元化信息的促进和发展，不仅降低了交流认知负荷，也促进交流认知整体上向更深入的层次发展。概言之，交流手势降低交流认知负荷的效应源于多种不同类型的表征形式的并列使用。

综合以上，人们在说话时自然而然地产生手势，有时甚至在静静思考时也会不自觉地使用手势。虽然交流手势在互动中扮演着重要的角色，但手势不是单纯的动作输出，它以身体动作方式展现了已存在的某种交流心理表征。从以上阐述可见，不论是手势和语言的关系，手势对于语言表征和图像表征的激活，以及手势使用对于交流认知负荷的降低，都表明交流

---

① Novack, M., & Goldin-Meadow, S., "Learning from Gesture: How Our Hands Change Our Minds," *Educational Psychology Review 27(3)*(2015):405-412.

手势不是一种简单的挥手动作，其具有重要的认知导向功能。尽管各交流手势认知理论阐述的着眼点不同，但各理论对于手势认知的解释都是围绕手势的交流性特征展开的。未来研究应进一步思考以下几个方面的问题：

第一，交流手势认知特征的实验研究，需要考虑其他非语言交流线索的影响。交流认知实验研究相对于个体认知研究而言更为复杂，以往研究在以手势为研究变量的同时，并没有对交流情境中的其他因素做出严格的控制或排除，比如以往研究在创设"手势组"和"非手势组"时，并没有排除"肢体表情、面部表情"等因素的存在和影响。

第二，交流手势认知的以往探讨，典型立足于语言交流的辅助性和独立交流性两个方面，实际上现实交流情境下存在更多的交流背景因素，比如以往研究重点关注了手势和语言间的关系，那么手势和面部表情间是否存在相互作用关系？远程交流和面对面交流情境下的手势认知特征和功能是否是一样的呢？

第三，交流认知的典型特点是互动性，如上所述，以往研究倾向于在对交流双方做出相对严格实验控制的条件下，探讨手势认知特征，比如，控制说者手势分析听者反应或说者的认知变化性；采用研究者同谋等。对于交流互动性的实验控制一定程度上排除了手势交流的复杂性和灵活性。未来研究应进一步尝试交流实验范式的创新和探索。

第四，交流手势实验研究的现实意义明显，未来研究应进一步尝试探查和解释手势交流的现实特征和功能，比如教育教学情境下教师手势、学生手势的特征和认知心理意义；手势交流对社会人际互动的促进作用；手势交流所表达的情感、情绪特征；交流者个性特征与手势交流特点间的关系等。

第二节　交流手势认知特征

手势是语言交流过程中的一种重要的非语言媒介，其不仅与语言互动间的关系密切，而且具有不同的交流认知特征。本节重点探讨手势和语言交流的关系，手势相对独立的交流特征，教育情境中的手势交流。首先，手势和语言的共同表达促进了语言的发生和语言的理解、整合和记忆；其次，手势一定程度上具有独立的交流性，手势和语言的"不匹配性"反映了交流信息的变化和交流认知的改变；最后，教育情境中教师的手势表达可以引导学生的注意并澄清语言信息，学生的手势交流有助于促进学习认知过程。

　　交流是以语言为核心媒介的社会人际互动过程，交流过程体现了交流者间认知和行为"冲突－协调"的相互作用特征。交流认知是一种基于交流者心理状态和共享知识的推理过程，特定情境下的交流认知反映了从脑加工到社会人际互动、语言使用等的一系列复杂过程。尽管交流媒介中语言具有显著代表性，但并不是唯一媒介，交流互动认知的复杂性也表现于非语言媒介的互动性和交流性，以及与语言媒介间的相互关系。因而，人类的交流不仅表现于听觉形态也表现于视觉形态，典型的如手势交流，手势和语言的形式虽然不同，但是彼此在时间和语义上互相伴随和映射，共同表达相关的交流信息。伴随语言发生的手势是交流中的一种视觉形态，其与语言的声音形态在交流信息互动过程中形成了一个紧凑的整体，然而，其又不同于聋哑人使用的手语。手语是一种展现各水平语言结构并全面发展的自然语言，通过系统化和习俗化的手、面部、身体的移动进行语言表达，产生了严谨的语义，形成了完整的言语过程，手语的发生过程具有和口语类似的神经基础。

　　现实生活中，当人们交谈时通常会做出一些手势，即便是电话交流方式下，人们也习惯性使用手势，尽管另一端的对方根本看不到；同样，交流中的信息接收者不会漠视互动中的手势信息，当语言和手势信息不协调时，人们将表现出疑惑不解而需要对方进一步澄清，甚至手势会像语言一样主导认知理解。比如，先天性盲人从未见过任何手势动作，在交流中仍然频繁使用手势交流；当询问"还有什么适合男人穿戴"，同时"移动双手仿佛戴上帽子"，回答者将自觉关注"帽子"而非其他衣饰。

　　交流认知领域中，手势交流的探讨不仅是理论上的，其更具有现实研究意义，不同文化个体在交流中都会使用手势，手势因无处不在而为口语交流增加了想象空间，并且手势不必像口语那样以语法规则为基础线性发生，当语言传达信息困难时，手势观点表达的潜力更为凸显，总之，双手在人际互动沟通中扮演了重要角色。本节将围绕三方面内容对交流手势认知特征做出阐述：首先，手势和语言交流的关系，手势虽然不具有完整连贯的交流特征，但是交流中手势的发生过程始终伴随并影响着语言的发生和理解过程；其次，手势相对独立的交流特征，鉴于手势不具有语言媒介完整和连贯交流信息的典型特征，这种交流性是"相对独立的"；最后，教育情境中的手势交流，这是以往研究探讨交流手势认知特征的主要领域，也是"手势和语言交流的关系、手势相对独立的交流特征"在教育情境中的应用体现。[①]

一、手势和语言交流的关系

手势表达普遍存在于不同时空条件下的语言交流中，既可以表达语言未清楚表达或没有表达的思想和观点，又可以增进交流意图、期望的理解，有助于交流公共认知基础的形成，这使得手势成为语言交流之外，展现交流者思想的一扇窗户。交流语义协调观点认为手势克服了语言交流的困难，不仅表现在手势和语言的相伴发生，有时手势先于语言发生，激发语言理解的准备性，这尤其出现在模糊或过渡性知识的语言交流中。总之，手势和语言对于相关信息的共同表达，促进了语言发生的认知加工过程，同时，有助于语义的理解、整合和记忆。

（一）手势和语言发生的关系

交流中手势使用对语言生成过程的影响，归纳而言，表现于两个方面：一是手势和语言表达的联合性，即手势表达和语言沟通特征的一致性、共同性；二是手势和语言表达的互补性，即手势表达弥补语言交流的不足或缺乏。Graziano 和 Gullberg（2013）在实验中招募了儿童被试、母语成人被试、第二语言成人被试，实验过程中被试先听配有图片的故事，之后向同伴转述，结果显示：从手势使用的绝对量看，当交流者语言交流流畅时，手势数量更多，从手势表达自然性看，语言流畅时手势连贯，语言不流畅时手势表达中的停顿更多，而且在不流畅的语言交流过程中，手势几乎都不是完整的表达，这两个特征跨被试组表现出一致性；但是，他们在第二语言成人被试的交流中发现，语言表述不流畅时手势动作显著更多，即在语言交流困难时手势表达的努力程度显著增加。[②] 可以说，一方面，从交流相关性上，手势是语言交流的辅助手段，表达特征上两者是相似的；另一方面，手势又是语言表意的一种补偿手段，相比于语言交流对词汇和语法的依赖，手势交流更多借助了视觉和模仿性想象，其表意方式更为直观而且是全方位性的。

---

① 张恒超：《交流手势的认知特征》，《心理科学进展》2018 年第 5 期，第 796—809 页。

② Graziano, M., & Gullberg, M., "Gesture Production and Speech Fluency in Competent Speakers and Language Learners," in tilburg gesture research meeting (TiGeR) 2013, Tilburg University.

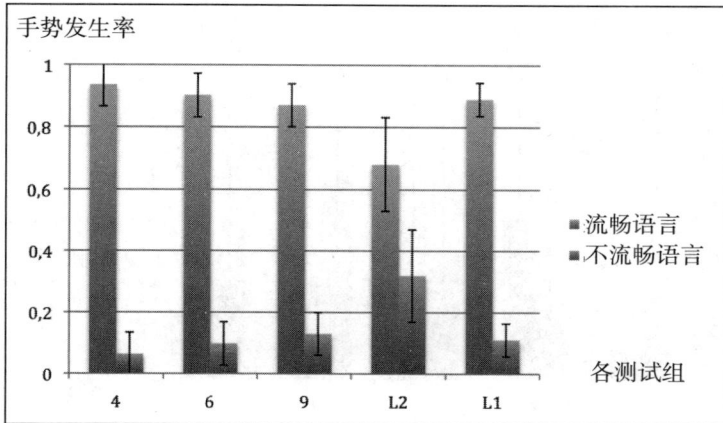

图 5-2 Graziano 和 Gullberg（2013）研究中"伴随流畅或
不流畅语言的手势"

注：4/6/9 为儿童组，L2 和 L1 为第二 / 第一语言成人组

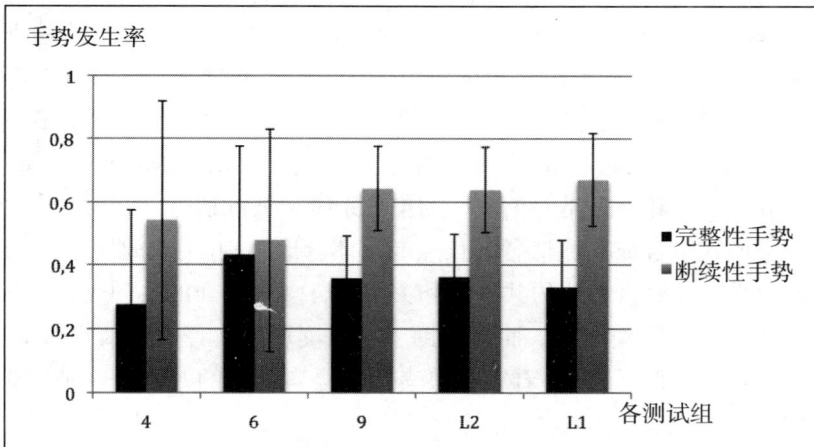

图 5-3 Graziano 和 Gullberg（2013）研究中
"语言不流畅情形下手势的发生特征"

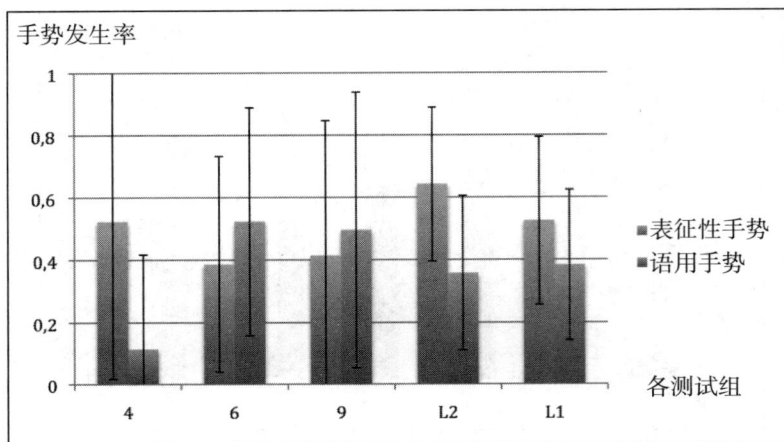

图 5-4 Graziano 和 Gullberg（2013）研究中
"语言不流畅情形下手势的功能"

　　围绕着手势和语言表达间的关系，研究者提出了不同的解释理论："增长点理论"立足于手势和语言表达的共同性，"信息捆绑假说"立足于两者间的互补性，"词汇性手势生成模型"强调手势对于语言发生的激活性，而"模拟行为的手势框架理论"则强调语言发生时激活了手势表达。

　　McNeill 和 Duncan（2000）的"增长点理论"（the growth point theory）认为交流中手势和语言是一个单一的集成系统，彼此通过"视–空"和语音的分层形式组合成交流信息增长点或整体合成结构。[①] 该理论倾向于关注交流中手势和语言表达的共同性和关联性，多种媒介的共同表达不仅有助于交流意图的明确传递，而且有助于多角度增量解释和澄清交流对象；但是，"增长点理论"过于看重手势表达和语言表达的共同性，则产生了手势成为语言交流附属的弊端（意指不利影响），诚然，从表达的形式、机制以及意识性等特征上，手势和语言认知过程均有显著的差异，因此从理论所强调的多媒介对于信息的"增量表达"角度，潜在接受了多媒介表达不等同于手势和语言简单的重复性表达。

　　Kita 和 Özyürek（2003）则提出了"信息捆绑假说"（the information packaging hypothesis），明确指出手势表达不同于语言沟通，交流中手势帮助语言表达者组织和封装了空间视觉信息，其与线性、顺序发生的语言模式相匹配，该理论强调手势表达的空间视觉表征不同于语言表征的认知

---

　　① McNeill, D., & Duncan, S., "Growth Points in Thinking-for-speaking," in, D. McNeill(eds.), *Language and Gesture* (Cambridge, UK: Cambridge University Press,2000), pp. 141-161

加工，交流语言在描述复杂空间信息方面存在不足，如多种物品的摆放位置和不同的操作处置，此时信息的准确表达需要进行单元性分解和序列性描述，手势在选择和组织视空单元信息上表现了明显的便利性，可以即时适合和促进语言信息传递。[①] 检验信息捆绑假说的简单方式是创设视空操作条件，观察手势表达特征以及对语言交流的促进性，例如，Hostetter，Alibali 和 Kita（2007）向被试呈现一些"点"，要求被试描述点系列的特征，发现当点明显可以连接为几何形状时，语言表述更容易，手势显著更少，反之，语言描述困难，手势量增加。[②] 简言之，语言表述过程简单容易时，与之匹配的手势表达也相应简单减少；反之则不然。

　　总之，信息捆绑假说对于手势且便于视空信息表达的解释是客观的，但是仅从视空信息角度出发略显狭隘，并且现实交流中，手势经常可以表达非视空方面的信息，如确定性态度、情绪特点等，进一步而言，即便是在语言流畅交流中手势表达也并没有消失，同时对于交流双方而言又并不显得赘余。另外，在视空交流情境下，手势和语言关系的复杂性还表现在，尽管手势便于视空信息单元的分解，但是信息的序列性表达或组合仍离不开语言的线性表述，或者说，此时手势表达片段性，而语言描述表现出困难性和残缺性，手势对于语言交流的促进表现于交流者对于不完整和不准确的语言描述做出了完整而准确的解码，手势语言间的这种契合机制是怎样的，也有待于进一步探查和解释。尽管 Özyürek，Kita，Allen，Brown，Furman 和 Ishizuka（2008）进一步指出，交流中手势是由行动发生器计划的，语言是由信息发生器计划的，手势和语言是由不同的系统产生的，当语言概念化和组织交流信息时，两个系统双向沟通和互动，但是仍然不能获得令人满意的解答。[③] 值得肯定的一点是，该理论已经摆脱了增长点理论所片面强调的手势和语言表达上的共同性，而重视两者间在信息表达中的互补性。

　　如果说"增长点理论"和"信息捆绑假说"是着眼于手势和语言的表意关系方面（交流信息的表达）；那么"词汇性手势生成模型"和"模

---

① Kita, S., & Özyürek, A., "What Does Cross-linguistic Variation in Semantic Coordination of Speech and Gesture Reveal?: Evidence for an Interface Representation of Spatial Thinking and Speaking," *Journal of Memory and Language 48(1)*(2003):16-32.

② Hostetter, A. B., Alibali, M. W., & Kita, S., "I See It in My Hands' Eye: Representational Gestures Reflect Conceptual Demands," *Language and Cognitive Processes 22(3)* (2007):313-336.

③ Özyürek, A., Kita, S., Allen, S., Brown, A., Furman, R., & Ishizuka, T., "Development of Cross-linguistic Variation in Speech and Gesture: Motion Events in English and Turkish," *Developmental Psychology 44(4)* (2008):1040-1054.

拟行为的手势框架理论"则是着眼于手势和语言发生时的认知沟通特征（两种交流媒介认知加工过程彼此沟通和相互作用的关系）。Krauss，Chen和Gottesman（2000）提出了"词汇性手势生成模型"（the lexical gesture process model），认为交流中人们的手势使用影响语言词汇的选择和语句的复杂性特点，交流中手势对于语言表达产生激活作用，既易化语言发生过程，也易化了语言信息的理解过程。① 例如，交流者在表达"球滚下山"的同时，做出了一个圆形的手势，这将促进词语"滚"的激活和理解。在语言表达和理解变得困难时，交流者手势的发生频率相应提高，相反，当禁止手势表达时，交流者语言将变得断续、赘余而不流畅，即语言表达困难复杂时，手势的激活过程相应也困难和复杂，表现出发生频率的提高；当交流中禁止交流者的手势表达时，由于缺少手势的激活，语言相对变得不流畅。这为该理论提供了较充分的实验研究证据。

与此相对应，Hostetter和Alibali（2010）提出的"模拟行为的手势框架理论"（the gestures-simulated-action framework）却认为，交流过程中，语言的发生自然激活了与之相应的感知状态、行为的心理表征和模拟，使得伴随语言的手势自然产生，交流语言影响手势表达的形式和内容，这是通过影响语言发出者的心理模拟特征而实现的，简言之，语言交流中包含了感知和行为的心理表征和模拟，而手势是心理表征和模拟的自然产物。②

综合对照分析可以看出，这两种理论分歧的焦点在于"交流表征"的争论，语言作为思维的工具和思想沟通的媒介，典型具有抽象性特征，但这不是语言加工的全部特征，语言加工过程存在一定的感知动作心理表征的加工，这样语言加工才不会脱离具体的外界交流情境和事件。因此，从这一意义出发，不论是强调手势对于语言激活和表达易化，还是强调语言自然引发手势动作的发生，共同之处在于认可语言认知加工涉及交流对象、事件等心理表征的联合建构，交流语言的发生和理解是在特定的具体化的情境下实现的，并伴随特定交流目的的最终实现（如执行某种动作），语言认知加工的行为预期性使得语言信息的传递和沟通处于一个可具体化的认知互动过程中，所以，手势的发生是这种可具体化认知互动的一种自觉的外在表现，其最终服务于交流目的的实现和交流行为的准确实施。概

---

① Krauss, R.M., Chen, Y., & Gottesman, R., "Lexical Gestures and Lexical Access: A Process Model," In D McNeill(eds.), *Language and Gesture*, (Cambridge, UK: Cambridge University Press, 2000), pp. 261-283.

② Hostetter, A. B., & Alibali, M. W., "Language, Gesture, Action! A Test of the Gesture as Simulated Action Framework," *Journal of Memory and Language 63(2)* (2010):245-257.

括而言，特定交流表征是抽象的又是具体的，交流的目的是实现交流者公共认知的具体化，交流语言加工过程可能是相对抽象的，但是交流语言的最终功能是具体的，是某种特定操作的成功实现，这是"词汇性手势生成模型"和"模拟行为的手势框架理论"的共通之处，因而，可以说这两种过程在具体的交流情境中可能均存在，而表现上的差异可能与具体交流特征、交流情境等存在关联。

具体化认知理论认为语言认知加工是以感知和运动过程为基础的，特定的交流情境涉及某些具体化的感知和行为的执行，因此，语言将诱导感知运动神经的激活，该过程是相对自动实现的，在具体交流中即表现出语言和手势的同时发生；但是也有观点认为，这些感知运动区域的激活不单纯受语言的影响，也受交流语境特征的调节，例如，研究发现语言中的动作动词显著激活了运动区域，而非动作动词则表现出混杂的结果，即一定程度上也激活了运动区域，因此，感知运动区域的激活是自动关联于语言表达，抑或是也关联于交流的具体情境，则有待于未来研究具体辨别，这涉及上述语言和手势关系的理论之争。但是有一点是明确的，在采用fMRI的研究中发现，当语言明确表达动作行为信息时，运动区域的激活水平显著高于表达非动作信息的条件。Goldin-Meadow（2015）在儿童解决数学等式问题的情境中，要求被试使用语言表达策略或语言和手势同时表达的策略，fMRI的数据结果显示，使用语言和手势策略被试的感觉运动区域激活水平显著更高，并且该条件下的被试在迁移任务中即便不再使用手势，其感觉运动区域也表现出显著的重复激活。[①] 尽管这些结果尚无法明确说明，手势和语言的表意关系（"增长点理论"和"信息捆绑假说"之争），以及语言和手势的发生关系（"词汇性手势生成模型"和"模拟行为的手势框架理论"之争），但是可以明确证实，语言和手势交流的认知神经过程存在差异性，但在特定交流目的和情境下，彼此间又相互沟通和关联；未来认知神经研究的关键不仅需要区分彼此的差异，而且需要与两者共同发生时的认知神经过程相比较，这既有助于说明交流中语言和手势的关系，也有助于澄清上述的理论之争。这一过程是相对复杂的，正如Newcombe（2010）研究发现，手势的发生不仅伴随感觉运动区的显著激活，而且前额叶区域也显著激活，而前额叶与高级思维相关联。[②]

---

① Goldin-Meadow, S., "From Action to Abstraction: Gesture as a Mechanism of Change," *Developmental Review 38*(2015):167-184.

② Newcombe, N. S., "Picture This: Increasing Math and Science Learning by Improving Spatial Thinking," *American Educator 34(2)*(2010):29-43.

（二）手势和语言理解的关系

交流认知研究逐渐发现手势表达影响同伴的语言理解过程，例如，当说"我的朋友正在戴帽子"时，手同时做出握着帽檐的动作，同伴潜在地自然理解为那个人戴的是一顶"长舌帽子"。以往研究针对"手势对语言理解影响性"的探讨，从交流任务特点上，可以归纳为以下三类：一是观看剪辑视频，Koppensteiner，Stephan 和 Jäschke（2016）通过向被试呈现具有表情比较性的"政客演讲视频"，发现手势等表情因素的丰富性影响交流语言的理解性，具体表现为政见的支持和接受程度；[①] 二是参与交流互动，Cook，Duffy 和 Fenn（2013）对比了在有无手势参与指导的学习情境下，学习成绩的显著性差异；[②] 三是交流互动情境真实性的比较，Yu，Schermerhorn 和 Scheutz（2012）对比了"真实交流"和"与等比例人形模型交流"的不同，语言、录像和眼动数据均表明，真人互动交流中交流者对彼此的表情细节更为敏感，[③] Arnold，Kahn 和 Pancani（2012）在使用研究者同谋的条件下，也发现同谋的特定手势动作影响被试的交流认知以及后续的语言表达和理解效率。[④] 各类研究的指标包括：回答与语言交流有关的问题，重申交流语言，通过评估被试下一交流回合中的语言表达来分析其对同伴语言的理解，评估被试的行为反应。

首先，从交流互动的功能性方面分析。手势对于语言理解的促进性表现于：手势有助于降低语言信息的模糊性，传达一些语言不便于清楚说明的信息，手势沟通过程体现为一个无意识、非策略性过程，在某种程度上可以降低语言理解的认知负荷，手势可以配合语言互补性地表达某些语言未表达的信息，从而促进交流者对语言信息的完整理解。概括而言，手势对于语言理解的促进性，一方面表现在手势表达和语言表达间的关联性和配合性，另一方面在于手势表达相对于语言表达的互补性，即当手势表达语言本身的信息时，手势有助于语言的准确理解，当手势表达语言未表达的信息时，可以弥补语言信息的不完整性，同时语言交流作为一种社会行

---

① Koppensteiner, M., Stephan, P., & Jäschke, J. P. M., "Moving Speeches: Dominance, Trustworthiness and Competence in Body Motion," *Personality and Individual Differences* *94*(2016):101–106.

② Cook, S. W., Duffy, R. G., & Fenn, K. M., "Consolidation and Transfer of Learning after Observing Hand Gesture," *Child Development 84(6)*(2013):1863-1871.

③ Yu, C., Schermerhorn, P., & Scheutz, M., "Adaptive Eye Gaze Patterns in Interactions with Human and Artificial Agents," *Transactions on Interactive Intelligent Systems 1(2)*(2012):13-43.

④ Arnold, J. E., Kahn, J. M., & Pancani, G. C., "Audience Design Affects Acoustic Reduction via Production Facilitation," *Psychonomic Bulletin & Review 19(3)*(2012):505-512.

为，具有意识性、策略性的特征，即通过深思熟虑的过程驱动，手势表达一定程度上弥补了这一不足。具体而言，手势对于语言理解的促进效果，受到交流内容特点、手势和语言的重叠性、交流者的年龄和身份等因素的综合影响；语言交流过程中，手势对于语言理解的促进作用，最终源于多种共享信息的情境比单一语言信息情境提供了更丰富和更强的认知理解线索，使得交流效果显著更好。

其次，从交流语言理解的认知特征方面分析。手势对于语言理解的促进，源于语言理解认知过程是抽象符号表征和具体化表征共存的混合认知过程。最初，语言理解的"抽象符号认知理论"假设认为，交流语言理解认知加工过程涉及一系列解码规则的运用，这些规则操作的对象是抽象的语言符号；之后，"具体化认知理论"假设提出，交流语言理解认知加工过程涉及经验的重现和重组，这是通过大脑感知运动和情感系统建立起来的，所以语言理解过程表征的符号是具体的；当前，交流语言理解的"双编码理论"进一步针对抽象性和具体化的理论之争做了协调性的解释，提供了一种多元化的观点，强调语言理解过程中抽象和具体化符号的共存性，语言理解认知过程不是单一过程，而是混合认知过程。

具体而言，语言认知过程不能单纯作为一组自由浮动的抽象符号和规则而存在；这些符号需要与感知动作、具体经验和情感等联系在一起，这是手势表达促进语言理解的前提。交流中语言符号表征的理解依靠概念联合加工和相应意义的激活，激活过程导致语言理解认知实现从抽象符号向具体化表征的转变。Mahon 和 Caramazza（2008）指出该过程主要依赖于大脑中枢的感觉运动区。[①] 交流中手势为语言理解认知过程中多种心理表征的联合建构提供了一种机会和便利性支持，如在预测、推理、问题解决以及决策等交流互动过程中，手势和语言的伴随呈现，有助于交流者彼此间将抽象的思维过程具体化表征出来。比如理解一个简单的语句"把牛肉反复油煎后夹在面包中间"，概念的联合加工即时实现（红色的鲜牛肉、油、煎锅、面包等），同时观察到语言发出者两手反复翻转的动作，有助于激活和易化人们对于烹饪过程的具体化理解。诚然，手势对语言理解过程的促进，不能否认语言抽象性特征的典型性，语言理解过程从抽象到具体化的转化，也不可能仅依赖于手势具体化或感知动作的片段表达；手势促进语言理解的关键在于视觉、听觉、触觉等多模式的综合表征，甚至包

---

① Mahon, B. Z., & Caramazza, A., "A Critical Look at the Embodied Cognition Hypothesis and a New Proposal for Grounding Conceptual Content," *Journal of Physiology-Paris* *102*(2008):59-70.

括特殊感受和情感的传递，使得语言解码过程联系于交流情境中的特定主体、对象和事件，并有助于指向记忆系统中的特定相关知识经验。可以说，手势对语言理解的促进基于客观世界中交流对象的多种共现模式。交流语言理解过程和个人私语认知过程不同，在现实交流语言理解过程中，人们产生大量的心理表征，这形成了一个交流的环境，超出了简单的词汇水平的理解，尽管语言中的动词词汇等一定程度上也可以引发感知运动区的激活，但是这种孤立的激活过程形象性相对减弱且具有跨越不同交流情境的一般抽象性，而交流情境中的手势等因素的共现使得人们集中关注特定交流细节的表征，这些表征可以伴随语言时间过程的发生和信息的纵向展开，而不断输入和即时更新，具体化表征激活的程度决定于语境的具体特点。研究者们指出手势表达和对于语言理解的必要性，决定于语言交流的情境特征，联系于交流者对于手势感知运动角色、语言理解的抽象性和具体性表征特点的某种潜在预测。

二、手势相对独立的交流特征

在交流过程中手势不是语言表达时的附带现象，手势一定程度上具有独立的交流性。Kelly 和 Church（1998）采用了儿童讲解皮亚杰守恒任务的视频片段，要求儿童被试对语言表达的推理过程做肯否判断，在一个视频短片中，语言中提及容器的高度，但手势表达的是容器的宽度，被试观看后一致认为讲解者在同时解释容器的高度和宽度，该结果证实听者将说者手势独自传达的信息合并进入了语言信息之中，即说者是同时使用语言和手势交流媒介表达信息，而听者也是同时根据语言和手势信息来理解说者的完整交流意图，[①] 该结论进一步得到 Ping 和 Goldin-Meadow（2008）儿童交流实验研究结果的支持。[②]

[①] Kelly, S. D., & Church, R. B., "A Comparison between Children's and Adults' Ability to Detect Conceptual Information Conveyed through Representational Gestures," *Child Development 69(1)*(1998):85-93.

[②] Ping, R. M., & Goldin-Meadow, S., "Hands in the Air: Using Ungrounded Iconic Gestures to Teach Children Conservation of Quantity," *Developmental Psychology 44(5)* (2008):1277-1287.

图 5-5 Ping 和 Goldin-Meadow（2008）研究中的手势交流

　　归纳而言，手势独立的交流特征，表现于三个方面：一是，当双方在彼此可见的交流情境中，交流者的手势更多；反之，手势显著更少。二是，当要求语言表达者向不同的听者重复相同的交流信息时，其手势表达的频繁性并不下降，手势表达表现出服务于信息交流。三是，语言交流中手势经常表达一些语言不包含的信息。这些研究结果和交流现象反映出交流语言和手势间在信息沟通过程中的"不匹配性"特点。

（一）手势和语言的"不匹配性"反映了交流信息的变化性

　　手势和语言不匹配的现象是有趣且有意义的，因为这有助于了解语言明确表达信息的"言外之意"。但是手势自身不是语言，手势视觉信号离不开复杂语法结构，使得口语交流中手势和语义彼此形成了一个紧凑的信息整体。[①] 两者间表达方式的明显差别使手势不仅可以传达与语言信息相关的联合义，也可以传达语言之外的模糊义，如不确定性推测、直觉等，手势对可能性交流信息或交流信息变化性的表达反映了认知理解的不断深入和变化性。

---

① Kelly, S. D., Özyürek, A., & Maris, E., "Two Sides of the Same Coin: Speech and Gesture Mutually Interact to Enhance Comprehension," *Psychological Science 21(2)*(2010):260-267.

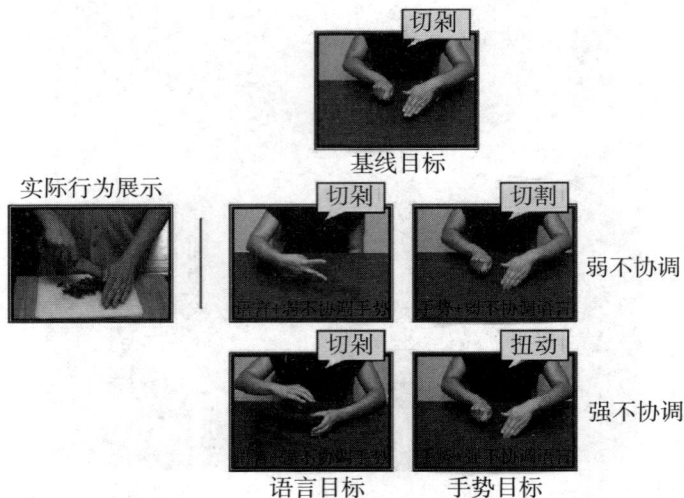

图 5-6 Kelly，Özyürek 和 Maris（2010）的交流实验情境

　　手势揭示的交流信息变化性，可以更丰富深刻地展现交流者独到的思维过程。如上所提到的，儿童不能理解液体质量守恒的概念时，相信当把水从高的、细的容器中倒入短的、粗的容器里，水的数量变化了；当要求解释时，儿童可能会说"这个容器比另一个容器高"，但与此同时却也通过一个 C 形手势来揭示了容器的粗细差异性，换言之，儿童在语言上强调了容器的一个维度（高度），但是手势清楚地表达了他正开始模糊思索的第二维度（宽度），传达了不同于语言的变化性信息。Novack 和 Goldin-Meadow（2015）指出，交流者通过使用手势传达了其思维中所理解的超出交流语言信息范畴的不同信息，这些信息通常是不稳定的、压缩式的和隐含性的，但是这些信息在明确的语言信息背景下可以为交流双方即时准确地捕捉到。① 然而，鉴于手势不受口语惯例和规则限制的特点，交流者可以通过手势灵活表达出不同于语言的新信息或新假设，这种信息的变化性是交流者知识理解过程中过渡状态的一种直观形象的表达，也是接下来可能准备明确进入语言内容中的相关信息，因此，对于交流者而言，手势表达出的变化性信息是一种标记，标示出交流者正处于交流推理中的某种重要思维过程中。

　　反观该问题，如果手势对于交流信息变化性的表达是交流认知过渡性的一种表现，而且这种过渡性倾向于成为语言认知深入发展的一种准备状

---

① Novack, M., & Goldin-Meadow, S., "Learning from Gesture: How Our Hands Change Our Minds," *Educational Psychology Review 27(3)*(2015):405-412.

态，那么，交流过程中有意识控制或指导被试交流手势的运用，是否可以对于语言交流过程产生促进作用呢？或者说，鼓励交流者使用手势是否可以促使那些隐含的观点浮现出来呢？Broaders，Cook，Mitchell 和 Goldin-Meadow（2007）的实验要求儿童解释他们不正确的数学问题解题思路，然后再要求解决一组相似的数学问题；鼓励一半儿童边解释思路，边使用手势。结果发现，要求使用手势的儿童采用了一些新的解题策略，但是这些策略只能在手势中观察到；未被鼓励使用手势的儿童没有在手势和语言表达中出现这些新策略；重要的一点是，使用手势增加独特新策略的儿童在相似数学问题中表现出更高的解题水平。[①] Beaudoin-Ryan 和 Goldin-Meadow（2014）在研究中使用了道德推理问题，与未鼓励使用手势的儿童相比，鼓励使用手势的儿童在道德困境解释过程中，通过手势表达出了不同的复合观点，反映其对于多重因素具有更好的理解，而且，任务结束后，当向被试再次提及类似道德问题时，其语言中的观点数量显著增加，观点的综合性更强，尽管此时其不再高频率使用手势。[②] 总之，不论是在适合于空间表征的知识领域（如数学问题），还是在非适合于空间表征的问题情境（如道德问题），手势均表现出有助于激活内隐而正确的观念，从而为进一步语言交流做了充分的准备和过渡；这也表明交流中手势的作用不是仅简单体现为对交流者注意的指引，手势的操作性行为可以将交流者的注意指引于问题对象的细节上，进而影响到问题的抽象概括，促进更深层次交流的发生发展。简言之，手势和语言间的不匹配性是交流者交流信息变化的良好指标，代表了交流互动认知的一种过渡状态。

可见，手势不是一个随意的挥手动作，是一个交流媒介和桥梁，是抽象思想沟通和发展的一个有力工具。其一方面表达了交流者对于交流情境、任务和问题的观念，另一方面改变了交流者的思想；手势促进交流思想的传达，并促进观点的萌生和发展，事实上，手势是一种特殊的直观动作，在特定交流情境下能使特定的动作元素突出，这些直观性元素进而促进抽象性思维的沟通和发展。有研究者也指出，手势的这一交流特征在现实中有时可能对交流产生不良的影响作用，Broaders 和 Goldin-Meadow（2010）研究中模拟了目击者证人的询问过程，与一般交流情境比较，该情境的敏

---

① Broaders, S. C., Cook, S. W., Mitchell, Z., & Goldin-Meadow, S., "Making Children Gesture Brings Out Implicit Knowledge and Leads to Learning," *Journal of Experimental Psychology General 136(4)* (2007):539-550.

② Beaudoin-Ryan, L., & Goldin-Meadow, S., "Teaching Moral Reasoning through Gesture," *Developmental Science 17(6)*(2014):984-990.

感性相对更高，研究者控制"讯问者"的语言内容不具有暗示性（因为暗示性问题可能鼓励"目击证人"报告出不真实和不正确的现场细节），但是"语言讯问"中使用了一些具有信息性的手势，比如，当问被试"他穿的什么衣服"时，同时做了一个"戴帽子的手势动作"，结果发现手势将原本开放性的交流问题变成了目标性问题，被试显著表现出使用"帽子"回答了该问题，"讯问者"的手势提示并误导了"目击证人"；同时研究者也发现，"目击证人"交流期间也自发地产生了一些手势动作，但有趣的是，这些手势通常传达的是其交流语言中未传达的有关事件的真实信息，相反，在"讯问情境下"讯问者经常忽视被试的这些重要手势信息。[①]

（二）手势和语言的"不匹配性"导致交流认知的改变

手势和语言的"不匹配性"不仅反映了而且引发了交流者交流认知的改变，具体而言：

首先，手势可能表现为交流者对于交流问题对象的隐性知识，当交流者同时表达这种隐性知识和其他明确知识时，这些想法的激活可能会破坏他们原有的认知状态，从而更容易接受交流情境中的多元信息（语言和非语言的情境信息），导致解决问题策略的改变。Brooks 和 Goldin-Meadow（2015）指出，手势不仅仅反映交流者拥有的初始想法，还有助于交流者发展和表达新想法，换句话说，交流者产生手势过程带来的认知变化过程多种多样，人们能通过简单的手势为认知的新发展奠定基础。[②] 交流中手势和语言两种形态的媒介可以加强交流者的问题表征，反过来这有助于交流者进一步利用手势的沟通优势；然而，两种形式的交流媒介并不是简单的形式并列，而是并列使用了两种不同类型的问题表征形式（语言的明确抽象表达和手势的形象模仿）。

Grenoble，Martinovic' 和 Baglini（2014）认为，在多数语言交流情况下，交流者都会自觉使用双手来互动，其实人们在认知中很难将两种表征形式做出明确的区分。[③] 从这一意义出发，手势和语言的"不匹配性"与交流认知、交流效率效果直接相关，两种"不匹配"交流表征形式的并置，

---

① Broaders, S. C., & Goldin-Meadow, S., "Truth is at Hand: How Gesture Adds Information during Investigative Interviews," *Psychological Science 21(5)* (2010):623-628.

② Brooks, N., & Goldin Meadow, S., "Moving to Learn: How Guiding the Hands Can Set the Stage for Learning," *Cognitive Science 40(7)*(2016):1831-1849.

③ Grenoble, L. A., Martinovi' M., & Baglini, R., "Verbal Gestures in Wolof," in *selected proceedings of the 44th annual conference on african linguistics* (Cascadilla Press Somerville, MA, 2014), pp. 110-121.

让手势成为一种有力的认知工具，因为手势的影响在于能添加第二个表征形式到交流者的认知技能中去，而不仅是一个动作形态；进而，这为后续的研究工作留下了开放性的思考，"不匹配"是交流认知敏感性和过渡性的良好指标，手势将"动作性表征"引入交流心理表征中，反映了其交流认知的一种倾向性，这可能是交流者在语言沟通之外向另一种意义上认知索引转移的标志。

其次，手势可以帮助交流者管理交流认知努力，手势有助于降低交流者的认知努力，节省的认知努力可能投入到交流问题的其他方面，从而促进交流认知的深入发展。Goldin-Meadow，Nusbaum，Kelly 和 Wagner（2001）发现，当要求被试解释自己系列数学问题的解题思路，并同时记住一些无关联的刺激项目时，使用手势的被试比不使用手势的被试回忆得显著更多。① Novack，Congdon，Hemani-Lopez 和 Goldin-Meadow（2014）通过数学等式问题研究发现，手势组被试能做到知识理解的一般化或概括化，能迁移性地解决问题；因此研究者强调手势对于认知节省性的影响源于手势本身是一种身体动作，实现了身体动作对抽象思维过程的表现。②

关于手势表达的认知机制特征的探讨，行为数据的解释相对间接而模糊，辅以脑成像技术的研究可以提供一种相对更为直观的理解。Goldin-Meadow（2015）要求儿童被试在解决数学等式问题过程中做出语言表达，如"我想要一边等于另一边"（等价策略），一组被试仅通过语言表达，另一组被试语言表达的同时，产生传达相同信息的手势（如，在等式的左边挥动手，然后在等式的右边做同样的手势），之后将两组中学会解决问题的被试筛选出来，并提供迁移任务，该任务不需要任何被试采用手势表达思维过程，fMRI 的数据结果显示，手势组被试感觉运动区域显著重复激活，表明手势促进认知的机制涉及与问题情境相关的感觉运动表征，并且这些表征在之后不用手势解决相似任务的过程中，也可以重复激活。③ Newcombe（2010）在 fMRI 观察中发现使用手势的被试不仅感觉运动区显著激活，而且前额叶区域也显著激活，前额叶与高级思维相关联，但是，无关动作不会激活被试的前额叶区域，因此手势对于交流认知的影响性不

---

① Goldin-Meadow, S., Nusbaum, H., Kelly, S. D., & Wagner, S., "Explaining Math: Gesturing Lightens the Load," *Psychological Science 12(6)*(2001):516-522.

② Novack, M. A., Congdon, E. L., Hemanilopez, N., & Goldin-Meadow, S., "From Action to Abstraction: Using the Hands to Learn Math," *Psychological Science 25(4)* (2014):903-910.

③ Goldin-Meadow, S., "From Action to Abstraction: Gesture as a Mechanism of Change," *Developmental Review 38*(2015):167-184.

同于一般的肢体动作。①

　　归纳而言，手势交流对于认知的促进作用，以及认知节省性特征，可能源于手势表达的具体化、直观性能够促进认知的一般化过程：手势不仅使交流者集中注意于知识的具体细节，还能使交流者集中注意于知识的迁移过程。

　　最后，手势可以集中交流者注意于问题表征中的感知或操作性信息，而交流问题解决过程中这些信息更容易被利用。Alibali 和 Kita（2010）研究中要求儿童被试解决一系列皮亚杰守恒问题，允许使用手势的儿童比不允许的儿童表达了更多的对象感知状态信息；② 之后的另一项研究中，Alibali，Spencer，Knox 和 Kita（2011）发现，要求成人被试预测"如果第一个齿轮被转动到一个特定方向，齿轮组中的某一个齿轮将会怎样运动"，允许使用手势的被试显著使用感知操作策略（表象和模拟各个齿轮的运动）来解决问题，几乎不使用抽象策略（基于齿轮的总数是偶数或奇数来推算某个齿轮的运动）。③

　　尽管手势关联于语言系统，不是一个完全独立的视觉交流系统，但手势是一种表征性的行为，不同于针对对象的操作行为，操作行为体现的是执行功能而非表征功能，这种差别决定了手势对交流认知独特的作用特征。在现实交流过程中，人们产生大量的心理表征，形成一个交流的认知环境，这不是简单仅通过词汇水平来表达的，认知环境是调节抽象表征和具体表征相对影响作用的一个主要潜在因素。尽管当前研究对于交流表征类型的激活机制没有定论，但是有一点是明确的，手势表达集中关注交流对象的具体化细节表征，这些细节通常无法从语句中获取，或者说，语言认知表征可以是具体化的，但不可能是过度详细的；同时，手势交流的易于利用性还在于，交流语境一般不会约束交流认知始终激活某特定表征，即交流具有动态性和发展性，手势的直观表达使得表征理解的轮替和分割变得形象可视。可见，有关交流抽象性和具体性表征之间交互作用的问题不能脱离交流语境孤立地回答。

　　总之，手势和语言的"不匹配性"导致交流认知的改变，涉及不同的过程和机制。例如，在紧急情境中手势可以连接急于表达的断续的抽象概

① Newcombe, N. S., "Picture This: Increasing Math and Science Learning by Improving Spatial Thinking," *American Educator 34(2)*(2010):29-43.

② Alibali, M. W., & Kita, S., "Gesture Highlights Perceptually Present Information for Speakers," *Gesture 10(10)* (2010):3-28.

③ Alibali, M. W., Spencer, R. C., Knox, L., & Kita, S., "Spontaneous Gestures Influence Strategy Choices in Problem Solving," *Psychological Science 22(9)*(2011):1138-1144.

念，手势可以降低认知负荷，因为手势是身体的一个动作，它对交流认知的影响至少部分源于感知运动系统的认知资源，手势可以增强口语交流的表达性等。在具体交流过程中，手势的具体化表征和语言的抽象表征都很活跃，两者间的复杂关系，一方面是在一个立体网络结构中交互作用和制约，另一方面交流互动中存在从抽象表征到具体表征的不断转换，这些决定了两者间的某种"不匹配性"特征。

　　归纳以上，手势交流不同于语言交流，不具有完全的独立交流性和表意的完整性。同时，手势在交流中具有和语言不同的交流认知作用和特征：一方面，手势和语言以一种协调方式共同表达交流信息，手势表现出对于交流认知的增强作用，换言之，交流手势的发生部分源于说者增强交流的期望性。另一方面，手势不是语言交流的附属，其一定程度上具有相对独立的交流特征，即手势具有一定相对独立的认知过程和表达性；有研究者称其为"手势的自我认知导向功能"，交流中的手势互动是以肢体动作方式展现已存在的心理表征，该表征不同于语言心理表征，但与语言和思维中正在加工的心理表征密切关联。总之，交流手势的认知特征与语言认知相关，但又不局限于语言信息表达范畴；手势不仅可以表达与语言和思维推理有关的时空运动信息，也可以通过隐喻性方式表达某些抽象性交流信息，并启迪语言的外显性交流。

　　以往研究主要是在一般文化背景下探讨了交流手势的认知特征，但有研究者较早就指出文化背景或群体身份特征，如国籍、母语、民族、团体等，可以引导交流知识的推理过程，文化提供了针对交流者心理状态的有价值的参考性信息，其影响性具体表现于交流互动调整过程。Quinto-Pozos 和 Parrill（2015）研究发现英语交流者手势表达方式具有相似性，[1] Perniss 和 Özyürek（2008）发现德国人和土耳其人手势表达方式显著不同，认为这根源于手势交流依赖于语言交流，人们无法单一利用手势的视觉空间特征来表达完整连贯的交流信息。[2] Brentari，Renzo，Keane 和 Volterra（2015）也发现美国和意大利交流者在使用手势表达静态对象和动态事件中均存在差异，并且两国被试手势表达的差异一定程度上和语言表达差异

---

① Quinto-Pozos, D., & Parrill, F., "Signers and Co-speech Gesturers Adopt Similar Strategies for Portraying Viewpoint in Narratives," *Topics in Cognitive Science 7(1)*(2015):12-35.

② Perniss, P., & Özyürek, A., "Representations of Action, Motion, and Location in Sign Space: A Comparison of German (DGS) and Turkish (TD) Sign Language Narratives," *Signs of the Time: Selected Papers from TISLR* 8 (2008), pp. 353-378.

相一致，文化背景影响交流者手势表达的习俗化特征。[1]Perniss，Özyürek和 Morgan（2015）认为文化背景影响交流者的交流认知基础，比如，和美国人相比，印度人手势表达中手形的区分更加详细，表明丰富的文化使得印度人对手势的形式特征和含义具有更高的敏感性。[2]尽管文化对交流手势的具体影响过程仍然不清楚，但是文化的影响可能部分地通过基于文化和社会身份的记忆过程来实现。

三、教育情境中的手势交流

当前，关于手势对教学和学习过程的影响，逐渐受到研究者的关注，这也是现实手势交流在教育情境中的表现，手势交流在教育情境中的表现也具有一定的独特性，例如，有研究发现，教育情境下特定的手势表达会和先前的知识经验产生交互影响，有时手势是有效的，有时可能是无效的，甚至可能阻碍学习，手势的交流作用和特征可能随年龄而变化。就教育角色而言，手势表达的主体可以是教师，也可以是学生，对于教师是教学工具，对于学生是学习工具。手势的方便灵活性特点，具有促进教学和学习的潜力。

（一）教师手势交流的认知特征

从教师讲授的角度而言，教师的手势表达可以捕捉和引导学生的注意，并充分澄清语言讲解中的信息。

一方面，如前所述，手势表达的独特认知特征不仅辅助教师的语言表达，而且促进学生的语言理解，同时潜在丰富性表现语言讲解的深层内涵。例如，教师使用手势来模拟形状的对称，帮助学前儿童学习双边对称的概念，这种效用产生于手势实现了对抽象语言的形象表达；研究还发现，在教学对象未直观呈现的条件下，手势仍可以促进学习，Ping 和 Golding-Meadow（2010）给 5~7 岁的儿童讲授皮亚杰的守恒问题，实验条件分有手势表达和没有手势表达两种条件，手势条件下教师会使用手势模拟表现两个杯子的相对宽度和高度，结果发现，目标存在和目标缺失情境下，手

---

[1]　Brentari, D., Renzo, A. D., Keane, J., & Volterra, V., "Cognitive, Cultural, and Linguistic Sources of a Handshape Distinction Expressing Agentivity," *Topics in Cognitive Science 7(1)* (2015):95-123.

[2]　Perniss, P., Özyürek, A., & Morgan, G., "The Influence of the Visual Modality on Language Structure and Conventionalization: Insights from Sign Language and Gesture," *Topics in Cognitive Science 7*(2015):2-11.

势条件被试的学习效果均显著高于无手势条件被试，证实手势不仅可以引导和集中学习者的注意力，而且向学习者传达了学习观点。[①]

　　另一方面，教师在教学中使用手势可以向学生提供多种解决问题的策略和方法。Singer 和 Goldin-Meadow（2005）研究发现教师讲授中同时使用两种交流策略（"语言 + 手势"）时，学生数学课程学习效果显著优于"语言→语言"策略（语言表达的两种策略是序列发生的），指出手势交流的作用至少部分源于其与语言的同时发生性。[②]Congdon，Novack，Brooks，Hemani-Lopez 和 Goldin-Meadow（2017）的研究进一步发现，在手势表达和语言表达的关系上，手势和语言同时发生条件（"语言 + 手势"）下学习者对于学习内容的归纳概括和记忆保持效果均显著优于手势和语言序列发生条件（"语言→手势"），手势和语言序列发生条件（"语言→手势"）、语言和语言序列条件（"语言→语言"）间无显著差异，这证实手势和语言同时发生时（"语言 + 手势"）对学习的促进作用高于手势和语言序列发生条件（"语言→手势"）。[③]

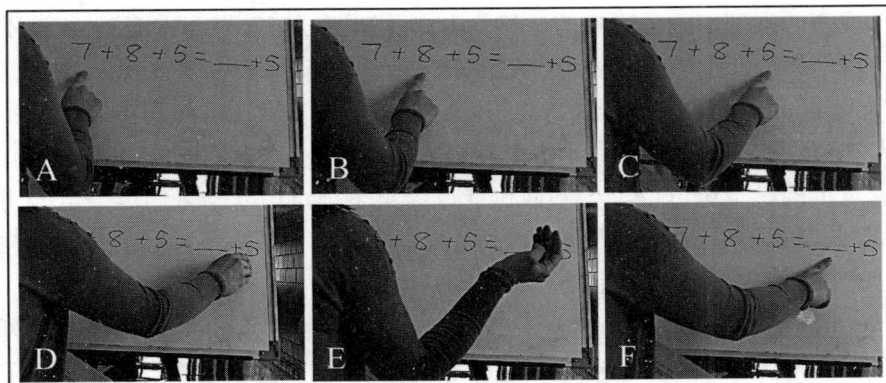

图 5-7　Congdon 等（2017）的交流实验情境

①　Ping, R., & Goldin-Meadow, S., "Gesturing Saves Cognitive Resources When Talking about Nonpresent Objects," *Cognitive Science 34(4)*(2010):602-619.

②　Singer, M. A., & Goldin-Meadow, S., "Children Learn When Their Teacher's Gestures and Speech Differ," *Psychological Science 16(2)*(2005):85-89.

③　Congdon, E. L., Novack, M. A., Brooks, N., Hemani-Lopez, N., O'Keefe, L., & Goldin-Meadow, S., "Better Together: Simultaneous Presentation of Speech and Gesture in Math Instruction Supports Generalization and Retention," *Learning and Instruction 1* (2017):1-10.

儿童正确解释训练问题的效果测试

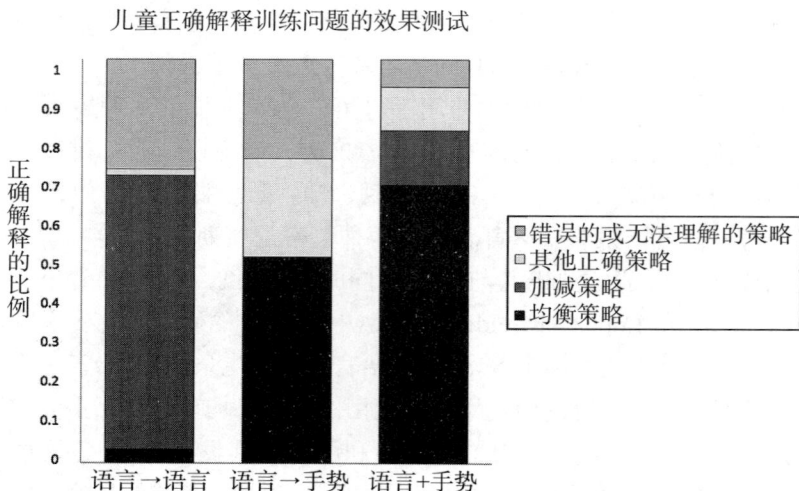

图 5-8 Congdon 等（2017）研究中三种交流条件间的比较

许多研究也表明，教学中教师使用手势可以推动更深层次的学习（如，出现新的推理形式、更高的迁移能力以及知识记忆效果等方面），相比不使用手势的课堂教学，表现了更多的优势。例如，Church，Ayman-Nolley和 Mahootian（2004）研究指出一年级学生学习皮亚杰守恒任务时，学生在"手势＋语言"讲授课堂中学习得更为深入（相似问题理解水平更高），这也出现于英语母语学生和西班牙母语学生被试中（均采用英语语言讲解）。教师的手势沟通能对学生的学习认知和行为产生重大影响，教师在较难内容的教学中使用手势，有助于易化学习内容。[1]

由于教师的手势表达会影响学生从课堂学习到的知识，也由于教师可以根据自己的想法改变他们的手势交流方式，因此教学中教师有意识使用手势是有益的，有意识使用体现了有计划、有目的地强化教授内容的多样化方式。Stieff 和 Raje（2010）强调，在现实课堂教学环境中，当不能使用别的教学辅助手段时，手势显得尤为重要和有用，手势可以表达那些语言讲解中具有难度和挑战性的观点与问题。[2]另外，教师手势的使用也会促进教学过程中学生手势表达的增加，即教师乐于在课堂上使用手势，学生也更倾向于使用手势，反过来，使自己从课堂学习中受益。简言之，教

---

[1] Church, R. B., Ayman-Nolley, S., & Mahootian, S., "The Role of Gesture in Bilingual Education: Does Gesture Enhance Learning?" *International Journal of Bilingual Education and Bilingualism 7(4)*(2004):303-319.

[2] Stieff, M., & Raje, S., "Expert Algorithmic and Imagistic Problem Solving Strategies in Advanced Chemistry," *Spatial Cognition & Computation 10(1)*(2010):53-81.

学过程中教师手势的使用不仅提高了课堂教学的讲授质量，而且也营造出使用手势的独特课堂文化和教学风格，这对于教与学的双方均是有益的。

（二）学生手势交流的认知特征

从学生学习的角度而言，手势交流有助于促进学生的学习认知过程和水平。教师通过提问学生，并鼓励学生解释时使用手势，为学生的手势表达提供了一个机会。

一方面，学生的手势往往可以显示他们未表达于语言中的思维信息，同时向教师传达了自身学习认知状态的重要线索。此时，教师需要留意学生手势传达的信息，据此改变向学生讲授知识的方式，如果老师只留意学生的语言信息，将错过学生手势传达的独特见解和知识，因此这一过程有助于教学更好地贴近学生认知实际。如前所述，手势和语言间的不匹配性是一个较为可靠的学习准备性指标，教学互动的交流情境中，使用不同于语言信息但又关联语言信息的手势并不罕见，有意义的是，手势和语言表达的不匹配性是预测学习者从学习任务中获益的一个良好指标，第一个原因在于，手势和语言表达的不匹配性导致学习者偶尔成功解决问题，这是学习过渡状态的一种表现；第二个原因在于，学习者是为了通过不匹配手势来辅助语言回应教学互动交流情境中的特定问题对象。

Goldin-Meadow 和 Singer（2003）的研究显示，在解释如何解决数学等式问题时，如果教师指导的学生是手势和语言不匹配表达的学习者，教师也自然会产生手势和语言不匹配的讲授方式，但是，教师的不匹配性和学生的不匹配性存在两点差异：一是，教师通过手势和语言传达的解题策略都是正确的；二是，教师在他们不匹配的手势中所表达的策略经常出现于高水平学习者的语言策略中，即该策略既适合于手势表达也适合于语言表达。与此相反，学生手势和语言表达的策略都不是完全正确的，并且，学生不匹配手势表达的策略因其不是完全正确或恰当，而不出现于语言解释中。[①]

不论如何，学习者手势和语言的不匹配性表明，其能同时注意学习任务和对象的更多相关性信息，这些相关知识使得不匹配学习者处于一个有利的、准备性的并有助于促进的学习准备状态。同时，也可以看出，学生和教师互动中彼此出现的手势和语言不匹配现象存在本质差异，教师作为

---

① Goldin-Meadow, S., & Singer, M. A., "From Children's Hands to Adults' Ears: Gesture's Role in the Learning Process," *Developmental Psychology 39(3)*(2003):509-520.

学科"专家"，其交流互动中的不匹配性反映了他们在回应和指导学生时的沟通调节能力，其目的是为了回应学生的认知需求和知识掌握，相反，学生教学互动中出现的手势和语言不匹配现象，反映的是他们为学习而做出的认知准备性特征，这种准备性是进一步学习和认知发展的一种推动力。

另一方面，学生手势行为本身可以促进自身的学习认知和行为，教师应鼓励学生自己主动产生手势和表达思想。手势是其隐性知识的重要表现，这种隐性知识的表达可以改变自身的认知输入和加工过程，进而改变原有的知识状态，即手势表达可能成为学生知识进一步发展的"脚手架"或"支架"，鼓励学生的手势表达在激活其隐性知识的同时，也使其更易于接受课堂讲授。Cook 和 Goldin-Meadow（2006）发现，学生会在数学课上模仿他们教师授课时的手势动作，反过来，手势的恰当表达表明他们成功掌握了相应的数学问题类型，教师的手势可以促进学生的手势表达，反过来又促进了学生学习认知和行为的改变。[1]

手势促进学习认知中的"新想法"可能源于两个方面：一是学习者可以从他们产生的手势中提取问题意义，这也是学习者对他们特定教学互动情境下的重要手势感到敏感的原因之一。二是学习者因为做了手势或移动了他们的双手，而自觉促进了学习认知和理解，如前阐述，手势不仅反映学习者准备学习的状态，它也能促进学习过程，手势对认知变化的影响源于身体动作本身，其将动作表征引入人们的问题认知表征中，一定程度上同时兼顾了问题抽象性和表达性的特征，进而成为推动学习认知的有力工具。

为了进一步分析学习者自己的手势可能对学习认知产生的影响，需要在实验研究中对手势做出特定的实验控制，Broaders，Cook，Mitchell 和 Goldin-Meadow（2007）在实验研究中告诉儿童被试，当解释他们针对数学等式问题的解题方案时移动他们的双手，研究结果发现，与没有被告知使用手势的儿童被试相比较，被告知使用手势的儿童通过使用手势产生了更多新的、正确的想法。更为有趣的是，被告知使用手势的儿童在手势上产生这些新的和正确想法的同时，继续错误地用语言解释问题解决策略，然而，之后再次向儿童提供类似的问题时，与没有被告知使用手势的儿童

---

[1] Cook, S. W., & Goldin-Meadow, S., "The Role of Gesture in Learning: Do Children Use Their Hands to Change Their Minds?" *Journal of Cognition and Development 7(2)*(2006):211-232.

相比较，这些使用手势的儿童更好地解决了问题。① 因此，手势信息尽管未被语言明确而正确的表达，但是却能启发学习者的学习思维过程，进而引导和促进了学习认知过程和水平。后续的研究中，Cook，Mitchell 和 Goldin-Meadow（2008）进一步发现，通过告诉儿童如何移动双手来学习新问题能够提高他们的认知技能，而且根据指导移动双手的儿童对最近学习知识的保持效果显著更好，即手势指导增强了新知识的记忆。② 可见，手势表达的指导帮助学习者集中注意力于问题对象的关键特征上，有助于学习者提取解决问题的关键信息。

综合来看，人们语言交流时会使用手势，手势在任何时间段的交流中均扮演了重要的角色，诚然，手势反映了交流者的思想，且经常是那些语言没有明确表达出来的思想，因此手势成为了解交流者认知和思想的一扇窗口。手势不仅是表达者自我认知表现和发现的过程，也帮助交流同伴更好地理解交流意图和期望；在交流的媒介中，手势提供了语言建构和沟通的前提，是语言创造过程的可靠基石之一，由于手势和语言交流的相辅相成性和相伴发生性，使其成为交流认知研究的一个重要方面。未来研究需要进一步探讨以下几个方面的问题：

首先，从手势和语言交流的关系看，语言交流中的手势互动不仅帮助语言发出者表达思想和期望，而且有助于语言理解者做出正确的交流认知推理和互动反馈，并且手势提供了可用于语言构造的信息组块，因此，未来研究需要进一步思考手势对于语言交流互动或交际功能的履行机制和程度等特点，比如，语言互动能力较低的儿童和成年人、专家和新手在交流中手势表达特征差异，以及利用手势为语言交流提供信息组块过程的差异性。

其次，从手势相对独立的交流特征看，手势是通过片段式动作的分割和组合来传递针对性的信息或对象的关键特征，因此，未来研究应关注语言交流过程中的手势交流优势特征，这是手势交流启蒙新思想和改变交流认知的关键切入点，但是手势表达的这种特有认知机制和影响因素均尚不清楚。

再次，从教育情境中的手势交流特征看，手势对于知识的讲授和学习

① Broaders, S. C., Cook, S. W., Mitchell, Z., & Goldin-Meadow, S., "Making Children Gesture Brings out Implicit Knowledge and Leads to Learning," *Journal of Experimental Psychology General 136(4)*(2007):539-550.

② Cook, S. W., Mitchell, Z., & Goldin-Meadow, S., "Gesturing Makes Learning Last," *Cognition 106(2)* (2008):1047-1058.

具有重要的现实意义，但是，课堂教学中教师相同的手势，是否对于所有层次和不同特征的学生具有同等的意义和作用，比如，不同发展阶段学生的语言能力是不同的，而同阶段学生间也具有众多的学习认知差异。同样，手势表达是否受学习科目和任务的不同影响，如上所述，以往研究更多采用了空间任务或数学问题情境等，这些交流情境相对较适合于手势的表达和互动。另外，未来对于教学互动中教师和学生手势交流互动高效性认知机制的探讨，将有重要的现实借鉴和指导价值，甚至进一步影响到对教学认知心理、传统教学方法和经验的深入理解，以及是否可以探索建立教师有效使用手势进行教学表达的方法或建议。

最后，鉴于手势交流研究的相对复杂性，以往研究未对手势交流的影响因素做针对性的探讨和归纳，该领域的深入分析研究将有利于交流手势相关理论的建构和完整解释。进一步将涉及交流手势的一般特征和个体差异问题，比如，交流中有的个体相对更容易产生手势交流；同理有些现实交流情境（如演讲）更容易出现大量的交流手势；还有像某些特殊儿童（如自闭症儿童）可观察的交流手势显著更少，这是否是其特异性表现抑或语言交流的关联性表现。

第三节 手语和交流手势

对我们人类而言，交流和使用语言的能力不仅表现于声音形态的媒介上，也表现于视觉形态的媒介上。本节对手语和手势的关系特点做了说明和阐释。手语，指聋哑人使用的语言，手语沟通是通过系统的、习俗化的手、面部和身体的移动来进行的语言表达。手语表达中尽管没有声音语言，但却产生了严谨的语义，暂时性地形成了言语交流过程。手势和手语貌似相似，但实际又存在显著的不同，视觉形态上的手势交流可以通过习俗化或惯例化的使用演化进程，从而转变为具有自然语法规则的手语。这种变化过程有助于我们更为深入地理解视觉形态的手势交流对于语言交流的影响特征。手语和手势之间的关系给我们提供了一个人类多重水平表达能力的平台，这是一个系统化、层次化的交流体系。

一、手语和交流手势之间的关系

手语是一种语言，是一个连贯系统的面对面互动的交流体系，和声音语言一样表达人们的思想内容，在交流中实现人际互动和信息传递，语言交流过程是一种多模式、多层次的信息沟通过程。两者间的不同在于声音语言和视觉语言形式上的差异，但很显然声音语言和手势应该是处于一个统一的语言框架之内的。

而手语和手势的共同点在于两者都具有视觉形态，但是手势不是一种语言，仅是一种视觉信息沟通的方式。目前，研究领域中最有争议和最受关注的是两个问题：一是手势（伴随或不伴随言语过程）多大程度上类似于语言符号；二是从手势到手语的习俗化演化过程是怎样发生的。

关于手语的语义性研究开始于半个世纪之前，尽管手语在形式上一定程度上类似于手势，但手语远不止一系列手势的简单表达。手语是一种展现了各种水平（语音的、语言符号或形态的、语法的）语言结构并全面发展而成的自然语言，手语的发生过程被证实具有和口语类似的神经基础。以往研究领域，一方面较一致地认为手语和手势间在语义表达、符号性质、习俗化特征方面是不同的；另一方面认为从语言结构和言语认知加工过程特征上，视觉形态的手语和声音语言间是相似的。

手语和手势关系的探讨涉及语言信息的理解方面，两者由于都具有视觉形态特征，因而手语者和手势者在通过手部运动交流时具有某些相似性，这涉及手语和手势在交流功能和形态上的异同。手语和手势之间，均具有手动作的发生特征，使得两者在视觉动机，对象、事件和空间关系的表达方面，从形式到意义上都显示出高度的相似性。两者在这些类型表征方面具有的相似性，对于一些交流社会认知理论问题的探讨具有重要的价值，如两者拥有共同的概念系统和心理表征；在语言认知加工过程中，均表现出感知运动系统的参与；两者均体现了语言进化中形象性角色的发展特点。

手势与手语（视觉符号语言）相似还是不相似？手势和手语使用了相同的形式，即在视觉空间里使用手，并且彼此共享视觉呈现的方法和途径，甚至视觉形式表达的某些功能，包括对对象、动作以及二者之间关系的表达，尽管现实表达中人们可能采用单一形式，也可能采用更复杂的多形式交流方式的组合建构。然而，这些都不能否认手语和手势间在许多重要方面是不同的。在手语交流中视觉信号是单一甚至唯一的交流方式或途径，并且这些视觉信号本身就是复杂语法结构中的一部分，手语认知特征的洞察有助于理解不同交流背景下语言认知加工中视觉特征的作用。简单理解可以认为，手语和手势本质上是不同的，体现在语言和非语言间的界限；但是手语和手势又拥有一定共同的认知基础，可见，两者间的差异不仅表现于具体的视觉形态差异，更重要的是表现于交流认知的差异方面。

正如 McNeill（1992）最初提出的，手语和交流手势的对比可以使手势和语言在交流表达上的相互作用清楚地显示出来。[①] 在口语中，手势和语言语义形成了一个紧凑的整体，由于在不同的通道产生，因此它们仍然能清楚地彼此分开。手语仅通过手势表达语义，也具有了语言相似的特征，但是手语的视觉表达对于这些元素的共同发生具有重要的作用：一方面，手语者用手势传达语言信息；另一方面，许多手语被认为同时表达了语言和手势的联合义。

然而，手语与手势的具体比较至今还是颇有争议的。Kendon（2008）就告诫不要轻而易举地就对"手势"的本质特征下结论，而且强调不要简单探讨口语手势和手语间的某种关系，更应该注意对两者的差异进行分别探查，比如，是手势的话，就表明其是一个和口语相联系的系统；是手语的话，则是一个完全独立的视觉语言交流系统。[②] 既然承认手语和手势具有共享的视觉认知系统，那么两者又必然具有相似之处，这就需要我们必须在两者视觉表征发生时，关注彼此具有的不同交流认知背景。

许多研究探讨了手语者和口语者所用手势间的相似性和不同点。在 Quinto-Pozos 和 Parrill（2015）[③] 以及 Perniss 和 Özyürek（2008）[④] 的研究里，他们围绕着两大核心领域，对手语和口语手势进行了比较：事件表征和参照指示特征。Quinto-Pozos 和 Parrill 研究比较了美国手语和英语口语，发现他们手语和口语手势所使用的表达观点的方式有很强的相似性，证明了两者在表达观点的方式和表达事件表征方面是一致的。但研究普遍认可两者在视觉形态表达方面存在显著的不同，Perniss 和 Özyürek 比较了德国人的手语和德国人的口语手势，对两者视觉形态特征进行了比较，发现手语者和口语手势者均表现出使用视觉交流情境中某个位置上的交流对象来标记或解释交流情境，然而，两个系统在视觉空间情境表达的特征和类型方面显著不同。这种差异表明了两者具有交流符号特征上的差异：手势者可以依赖语言交流，但手语者必须全部依赖于手的视觉形态特征，其充分利

---

① McNeill, D., *Hand and Mind: What Gestures Reveal about Thought* (Chicago: University of Chicago Press, 1992).

② Kendon, A., "Some Reflections on the Relationship between 'Gesture' and 'Sign'," *Gesture 8(3)*(2008):348-366.

③ Quinto-Pozos, D., & Parrill, F., "Signers and Co-speech Gestures Adopt Similar Strategies for Portraying Viewpoint in Narratives," *Topics in Cognitive Science 7(1)*(2015):12-35.

④ Perniss, P., & Özyürek, A., "Representations of Action, Motion, and Location in Sign Space: A Comparison of German (DGS) and Turkish (TD) Sign Language Narratives," *Signs of the Time: Selected Papers from TISLR 8* (2008), pp. 353-378.

用手的视觉空间功能来表达连贯的语义。也有观点提出在手语学习的早期阶段研究手语学习者观察教授者使用的形式，有助于发现手语是怎样表达语义结构的。具体来说，可以以手语的成人学习者为被试，比较他们听口语空间描述和观察先天聋人手语表达的不同特点。探查手语中手势表征的特征，有助于了解手语习俗化表达的特点。相关研究领域一致认为手语和手势表达中一些相似的方面最容易学习，如方位表达等，手势中几乎不出现的手语动作是最难学习的，像表达不同类型对象的形状，手语学习者表现出典型的以手语和手势间的共享动作表达观点的倾向性。

　　理解手语视觉形态是怎样表达语言结构的一个比较好的方法是比较手语和沉默手势（没有口语发生的手势）。手势可以分出与口语相关的手势和沉默的手势，交流手势认知的研究中将二者区分开来很重要，因为它们表示了极其不同的使用环境以及蕴含着的某些联系性。口语手势是说话时天生的伴随物，是被说者在说话时不知不觉加以使用的。沉默的手势，脱离了口语表达的支配及影响，所以其表达模式与口语手势不同。没有口语时的手势呈现出类似于手语的结构，例如，表达事件成分的发生次序。

　　Padden，Meir，Hwang，Lepic，Seegers 和 Sampson（2013）[1] 以 及 Brentari，Renzo，Keane 和 Volterra（2015）[2] 两项研究比较了不同文化和同一文化说者的沉默手势，分别与手语者的手势表达进行了比较分析。沉默手势的研究有助于理解当视觉形态表达成为说者仅有的表达方法时，为了传达交流信息，说者使用的视觉策略。这种情形下，沉默手势的使用一定程度上近似于手语的表达特点。

　　Padden 等（2013）描述了美语手语者表达人造工具的两个策略：一是操作策略——手举或抓一个物体；一个是方法策略——用手表达对象形状或维度。当要求非手语者仅用手势表达时，其也使用了相同的两个策略。此外，他们发现两种被试在表达图片中或视频中的对象时，均交替使用了两种策略。证实了在区分和表达目标对象时，两类被试具有共同的认知基础。然而，手语者策略表达的水平比沉默手势者更系统化，这表明"模式化的视觉形态"服务于语法目的（手语手势更为语法化和语义化），并基于此区别出不同的词性等。

---

①　Padden, C. A., Meir, I., Hwang, S. O., Lepic, R., Seegers, S., & Sampson, T., "Patterned Iconicity in Sign Language Lexicons," *Gesture 13(3)*(2013):287-308.

②　Brentari, D., Renzo, A. D., Keane, J., & Volterra, V., "Cognitive, Cultural, and Linguistic Sources of a Handshape Distinction Expressing Agentivity," *Topics in Cognitive Science 7(1)* (2015):95-123.

Brentari 等（2015）研究了美国手语者和意大利手语者中的成人和儿童以及相应国家的手势者，探查静态事件和动态事件描述的手形。结果与 Padden 等（2013）的发现相似，证实了手语和手势表达中共享的认知基础有助于这些相似手势动作的习俗化和固定化。他们还发现了文化的影响作用：印度手势者相比于美国手势者，手形的区分更加详细，这表明丰富的文化使得印度手势者对手势的形式含义具有更高的敏感性，意大利手语者与美国手语者间的表达差异可以通过语言语义表达差异来解释。

二、从手势到手语的习俗化进程

了解群体使用中手语的出现过程，以及世界上不同地方手语类型的划分特点，有助于解释手语的习俗化形成过程特征。具体来讲，这些分析和比较可以使视觉形态中语义结构的习俗化从非语义手势中清楚地区分出来，差异性就是手势成为手语的基础。探索从手势到手语的过程，需要考虑包括暴露的时间、有关习俗化进程的因素，以及用视觉形态作为交流的主要模式所花费的时间，还有交流群体数量、类型的影响（如使用群体的大小、聋－聋与聋－非聋的不同作用过程）等。此外，手语在使用者中的代际传递，使得手语的习俗化实现从上一代传到下一代，这是手语出现和延续的重要因素。

关于手势到手语的发展过程，从习俗化的角度比较手语与手势，以及探究习俗化的程度，可以对手势词汇化及语法化的进程有更深层的揭示。Goldin-Meadow（2003）给出了一个从手势到手语习俗化过程的一般性解释。[①] 文章阐述了沉默手势者会根据当下任务要求创造特定的手势；手语者创造手势后会终身使用；手语学习者会从其他手语者身上学习手语的表达特征。Goldin-Meadow 尤其指出手势逐渐在使用中最终形成手语，这一过程中使用者的群体至关重要，最终手语得以在特定的群体中稳定下来，进而代代相传。

研究手语和手势之间相似点和不同点，可以呈现出人类交流中的多重表征能力，交流手势到手语，再到习俗化手语交流体系的形成，是人类多重表征系统的不断展现。在不同的交流体系中，不管何种交流通道是主要的或次要的，我们人类的语言能力本质上是多模式的，在不同的符号和水平上传递交流信息。

[①] Goldin-Meadow, S., *The Resilience of Language: What Gesture Creation in Deaf Children Can Tell Us about How All Children Learn Language* (New York: Psychology Press, 2003).

总之，为了交流沟通，口语者的手势动作和手语者视觉形态的语言表达向我们展现了人类多重水平交流方式和系统间的相互作用，大量研究已经证明了在视觉领域表达信息时，手势（伴随或不伴随口语）和手语表现出了很大的相似性，这可能是由于手势和手语间共享了某种视觉认知过程，包括时间的、空间的、运动的等。但是，我们又必须承认手语和手势之间的差别，交流中手语是唯一的视觉形态交流方式，承载了交流的全部认知负荷；而手势在交流中仅仅是口语交流复合系统中的一个部分。现实中不同地域建立的手语，不同口语语言背景下建立的手语，不同民族的手语等均具有一定的差异性。

当前，手势和手语的认知研究尚处于早期阶段，我们需要更多关于手语和口语手势的相关研究来更好地解释在多重交流模式形式下，人类交流社会认知能力的基本特点和多样化特征。

三、启示与展望

综合本章而言，人们在说话时自然而然地产生手势，有时甚至在静静思考时也会发出手势。虽然手势，特别是交流中的手势，在交流互动中扮演着重要的角色，但其不是单纯的"输出系统"，它以身体动作方式展现已存在的心理表征（语言和思维中正在加工的心理表征）。进而，本章认为手势具有重要的自我导向功能：一是，根据语言和思维的目的，手势激活、操纵、封装和探索时空运动表征；二是，手势系统化组织交流信息，该系统化过程塑造了手势的这四种功能。本章归纳指出手势是由一般动作发生系统启动的，手势的影响并不局限于时空运动信息的语言表达和推理，也延伸到通过隐喻性手势表达的抽象领域；手势的影响不仅限于说者，说者手势导致的信息系统化也影响听者的思维过程。总之，手势在人类交流社会认知中起着重要作用。

任何文化和任何年龄的说者在表达中均会使用手势，即使从来没有见过任何手势的先天盲人在语言交流中也会使用手势，手势因此也成为语言交流过程中的一个强大的媒介，绝不是盲目的挥手，它不仅反映思想，而且可能改变听者和说者的思想，手势还是一种交流工具，学习者、教师和研究人员均可以使用其来发现新的思想。作为和语言认知研究相并列的一个研究领域，以往手势认知的研究尚存在一定的局限性。

以往研究的实验设计思路和方法，使研究人员能够通过实验控制、跨组比较提高结果的内部效度，但仅将实验结论用于理论检验和探讨，而没有做出现实推广。因此，问题不仅仅是实验使用的被试是否与现实人群相似，问题是被试群体是否适合探查和检验现实性的交流手势认知理论。进而，理论本身有哪些重要的边界条件限制了它适用于其他特定交流情境和群体呢？这是一个重要的问题，因为现实世界中的情形与实验室、现场实验之间的差异是复杂的。这值得未来研究进一步思考和探索。

另外，交流手势认知的多样性还表现在种族、性别等的多样性方面。未来研究可以从不同角度对种族和性别多样性进行概念定义和操作性定义，以了解和解释交流手势认知加工的文化差异。

第六章　交流情境认知

　　交流情境下，面对一个新的共同活动，交流者会迅速集中于特定的语言约定，这些特定的约定使活动环境中的物体、事件等分别列入某个公共类别系统中，以便双方在交流中可以彼此参照、理解和良好互动。然而，个人活动情境下，个体将失去许多互动沟通、分享的机会。交流的共享性来自交流双方针对交流物体、活动和事件的最小化共有注意和意图的认知努力。

　　交流情境和个人活动情境下主体认知和行为的差异特征，不仅表现于两种情境间的平行比较，也体现于相同的活动任务背景下，同一个体在两种情境下的不同表现，该表现的情境差异性代表了活动情境对于个体认知行为的制约性和影响特征。比如，个体在交流中形成的类概念不同于自我类概念的形成特征，不仅体现于类概念形成的效率和方式，也体现于类概念的内涵和外延，交流情境下公共类别化过程中形成的类概念绝不是同等数量个体自我类概念表征的简单相加。交流认知过程联系于交流中语言和非语言因素的共同影响和制约。交流语言惯例因此而不同于日常个人的行为习惯（如，靠左驾车或靠右驾车的惯例是强制性和武断的），受到人类概念系统的限制和支配。一些限制来源于个体之外，如，交流对象自然展示的结构规律，双方的交流经验、经历等，一些限制来自个体内部，包括记忆和选择性注意的限制、个人知识的限制等。

第一节　概论：交流情境的认知视角

　　交流情境是一个有争议的概念。语言哲学、语言学和认知科学的研究表明，语言的交流内容并不局限于所说的内容。交流情境影响交流语言的语义，是语用研究中的一个重要因素，其将研究关注的焦点从语义引向说者的意图，这种研究范式和思路的变化，可以追溯到 20 世纪 90 年代的语言哲学研究领域。在交流语用的研究框架中，语用学逐渐开始探讨语言使用的意图等认知方面。研究者们认识到，交流情境的内涵和作用并不仅局限于语言词汇义的解释，如交流中语言词汇的索引、限制和指称等。一般意义上，在一个交流活动中，交流情境一定程度上是交流者间的共同交流基础。[1]

从交流情境认知的角度来看，交流是一种基于心理状态和共享知识的推理过程。交流情境有助于解释语言之外的交流行为，具有更广泛的交流认知含义。直观地说，交流情境是交流理解的背景，这种背景是交流发生的前提，具有重要的认知研究意义。事实上，交流情境是交流研究中不可回避的概念，也是至今该领域研究中所尚不完全明确的一个概念。没有上下文的交流情境，交流中的语用认知就无从谈起。

本章的探讨，不期望完全和完整性地找到和阐述交流情境的最终定义，或通过一句话解释清楚交流情境。本章尝试对该领域的相关研究作出分析，并尝试解释交流情境的典型性认知特征。本章所探讨的内容，一定程度上倾向于从不同的角度探查交流情境的心理学认知含义。

一、交流情境的认知结构和成分

Faber，Araúz，Prieto Velasco 和 Reimerink（2007）[2] 以 及 Araúz 和 Faber（2010）[3] 的研究，提出了对交流情境的一种理解性和详细性的解释。他们提出了交流情境的一个限制性分类解释：

首先，交流情境的局部解释。交流情境是当前发生的词汇之前或之后的 5 个词汇范畴。

其次，交流情境的整体解释。交流情境包括所有的交流背景或整个交流环境（不仅限于语言本身）。

他们的解释将交流情境的具体内涵区分出了句法、语义和语用，但是他们对不同水平交流情境因素的解释和界限划分仍然是模糊不清的。即便是如此，他们对交流情境的解释一定意义上揭示了一般性交流情境的具体结构。

为了进一步澄清交流情境的组成成分，García-Carpintero（2007）认

---

[1] Stalnaker, R., "Common Ground," *Linguistics & Philosophy 25(5/6)*(2002):701-721.

[2] Faber, P., Araúz, P. L., Prieto Velasco, J. A., & Reimerink, A., "Linking Images and Words: The Description of Specialized Concepts," *International Journal of Lexicography 20(1)*(2007):39-65.

[3] Araúz, P. L., & Faber, P., "Natural and Contextual Constraints for Domain-specific Relations," in the workshop semantic relations, theory and applications, (Valletta, Malta, 2010), pp.12-17.

为仅基于交流共同基础的解释来界定交流情境存在一定的不足，因为这仍然无法解释交流语言丰富的语用特征，即仅有共同基础无法完全替代交流情境的全部涵义，并且也掩盖掉了语音层面上可能存在的多层次多维度的特征，交流情境包含了交流者间的共享性因素，但其可能不局限于此范畴。进而 García-Carpintero（2007）强调交流情境还应包含：指令、疑问、惊讶等语气，以及借口、婉拒、厌恶等语言表达的情绪情感特征等。[1]

值得注意的是，García-Carpintero（2007）明确强调交流情境应包含交流者的情绪情感状态。在此基础之上，Marques（2015）进一步又提出交流情境中还包含了个人品味、审美和道德价值观等。[2] 当前，研究者们对于交流情境的解释尚存在很大的分歧。但是有一点是明确的，交流情境可以消除交流语言的歧义；关于交流情境的讨论，Marques（2015）认为交流中的分歧可以通过非观点性交流情境信息的灵活运用和解释加以解决；很明显，交流者中任何一个个体个人独特性的增强将扩大交流分歧。

Frápolli 和 Villanueva（2016）提出，Marques（2015）的观点过于相对化，并指出交流情境的影响主要体现在两个方面：组块建构和模型组织。[3]

组块建构突出强调交流情境影响交流认知加工规则中的组合原则。这和 Marques（2015）的观点一致，即强调交流情境影响的相对性。

模型组织强调组合而成的交流情境的独特、整体影响特征，即强调交流情境自身对于交流互动认知的表达性，而不仅是对交流认知的相对限制性或影响性。

目前为止的相关研究主要着眼于分析交流情境对语言中语义的影响性，以及展现的丰富的交流认知过程或交流互动心理现象，如，交流情境对交流认知影响的一般特征，交流情境信息在交流认知中是如何建构和提取的。

二、交流情境认知的理论建构

针对交流情境认知加工特征，Sperber 和 Wilson（1986）提出了交流认知中的关联理论，以此解释交流者在交流认知加工过程中，对于交流情境信息的加工特征，强调与交流互动具有关联性的情境信息为交流者所

---

[1] García-Carpintero, M., "Bivalence and What is Said," *Dialectica 61(1)* (2007):167-190.

[2] Marques, T., "Disagreeing in Context," *Frontiers in Psychology 6*(2015):257-268.

[3] Frápolli, M. J., & Villanueva, N., "Pragmatism, Propositional Priority and the Organic Model of Propositional Individuation," *Disputatio 8(43)* (2016):203-217.

自觉加工。[1] 之后，Mazzone（2011）深入阐述和发展了这一最具有发展性的认知语用学理论——关联理论，阐发了关联理论对语言认知理解中交流情境信息建构过程的解释。同时，Mazzone（2011）也指出关联理论对于交流中特定交流情境信息的选择机制依然解释不清，基于此，Mazzone（2011）进一步提出一个自下而上的交流情境信息激活图式，该过程和交流目标导向的自上而下的交流情境信息激活图式相辅相成，共同发生。[2]

在理论探讨过程中，Attardo（2000）认为关联理论所强调的交流情境信息认知加工过程，是寻找交流语言理解满意解的过程。他强调关联的本质是溯因，而语言信息提取和运用的认知过程不是简单靠关联性扩展可以完整解释的，这需要考虑和分析之外的交流情境认知加工机制；Attardo（2000）认为，这种结合机制也可以更好体现满意解的寻找和辨别过程。[3]

交流情境认知角度的探讨，即交流情境的认知理论解释，涉及信念、目标、对他人的感知等多个方面和层次。交流者加工交流情境的能力对于理解交流语言又有多重要呢？Kissine（2014）[4] 和 Cummings（2007）[5] 对此问题的解释截然不同。Kissine（2014）认为对交流语言相关含义提取和解释的策略，存在不同的等级或层次，像"以自我为中心的关联"（egocentric relevance），属于较低的层次水平，不需要或不涉及交流情境的心理理论。Cummings（2007）则认为，交流语言的解释高度依赖于语言使用者的认知和情感等心理状态，进而提出交流者将结合"提取了最佳内涵"的交流情境，对交流语言做出理性的、特定意图的、整体性的解释。Angeleri 和 Airenti（2014）考察了儿童产生和理解不同形式幽默语言的能力，提出儿童对于交流特定情境或背景的理解，使其能够进行幽默性人际互动，尽管其还不具备幽默性语言的表达能力。[6]

三、交流情境认知的语用探讨

对于交流情境的认知观点和解释，除了可以增进我们的理解，还具有

[1] Sperber, D., & Wilson, D., *Relevance: Communication and Cognition* (Oxford: Blackwell,1986).

[2] Mazzone, M., "Schemata and Associative Processes in Pragmatics," *Journal of Pragmatics 43(8)* (2011):2148-2159.

[3] Attardo, S., "Irony as Relevant Inappropriateness," *Journal of Pragmatics 32(6)* (2000):793-826.

[4] Kissine, M., "Pragmatics as Metacognitive Control," *Frontiers in Psychology 6* (2014):2057-2067.

[5] Cummings, L., "Pragmatics and Adult Language Disorders: Past Achievements and Future Directions," *Seminars in Speech and Language 28 (2)*(2007): 96-110.

[6] Angeleri, R., & Airenti, G., "The Development of Joke and Irony Understanding: A Study with 3-to 6-year-old Children," *Canadian Journal of Experimental Psychology 68*(2014):133-146.

重要的应用价值，一些研究基于此在实验语用学领域中做了不同角度的关注和探讨。

Agosta 等（2010）分析了词汇学习中韵律线索的作用，在自然情境下，学习者必须借助语言情境在一系列的声音中确定词汇义，并将其与特定的指称对象相联系；发展性研究表明，成人使用夸张的音高可以引起婴儿注意特定交流情境中的元素，从而指导其学习；研究还发现，成人处于人工语言的不同实验条件下，均显著表现出利用增强的音高作为语用线索。[1]

Cummins 和 Rohde（2015）认为语调是语用解释的重要指标或线索。[2]前面章节中所述的 Gricean 语用学关注了交流语言之间的关联性，认为交流中的隐含义关联于当前语言交流的目的性。这种关联性被称为"正在讨论的问题"（question under discussion）。Roberts（2012）做了三个实验，研究结果表明，交流过程中听者会使用语调来标记和强调"正在讨论的问题"，这涉及语言不同层次的含义、假设和指代等。[3]

Domaneschi，Carrea，Penco 和 Greco（2014）分析了交流情境带来的认知负荷对交流语言认知的影响。[4]事实上，认知努力可能会影响交流假设的激活过程，他们的研究表明，这影响到不同条件句的选择和理解。Janssens 和 Schaeken（2013）的研究也探讨了认知努力对交流语言丰富性解释的影响。[5]然而，他们的研究显示，工作记忆负荷并不影响包含"but，so 和 nevertheless"等词汇的语句的理解水平。他们还发现，对交流情境的观点或理解在语言解释中扮演重要角色，这些交流情境观点在语言解释过程中起到基础性作用。Dupuy，der Henst，Cheylus 和 Reboul（2016）在研究中探讨了交流情境对交流语言不同层次解释的影响。[6]他们特别重

---

[1]　Agosta, F., Henry, R. G., Migliaccio, R., Neuhaus, J., Miller, B. L., Dronkers, N. F., Brambati, S. M., Filippi, M., Ogar, J. M., Wilson, S. M., & Gorno-Tempini, M. L., "Language Networks in Semantic Dementia," *Brain 133(1)* (2010):286-299.

[2]　Cummins, C., & Rohde, H., "Evoking Context with Contrastive Stress: Effects on Pragmatic Enrichment," *Frontiers in Psychology 6* (2015):1779-1789.

[3]　Roberts, C., "Information Structure: Afterword to Roberts (1996)," *Semantics and Pragmatics 5(7)*(2012):1-19.

[4]　Domaneschi, F., Carrea, E., Penco, C., & Greco, A., "The Cognitive Load of Presupposition Triggers: Mandatory and Optional Repairs in Presupposition Failure," *Language, Cognition and Neuroscience 29(1)*(2014):136-146.

[5]　Janssens, L., & Schaeken, W., "'But' How Do We Reason with It: An Experimental Investigation of the Implicature Stemming from 'But'," *Journal of Pragmatics 57*(2013):194-209.

[6]　Dupuy, L. E., der Henst, V., Cheylus, A., & Reboul, A. C., "Context in Generalized Conversational Implicatures: The Case of Some," *Frontiers in Psychology 7*(2016):381-390.

点分析了交流者对于语言中"some"一词的语用解释，重点探查了两个因素：一是实际信息的存在性，这些信息有利于交流情境背景下语用解释的计算，如，数量领域中的基数；二是交流情境造成语义和相关语用解释间差异的事实。研究结果表明，促进语用解释的主要因素是对比的关联性，对比会提高基数的显著性。

Bambini，Resta 和 Grimaldi（2014）[①] 以及 Bambini，Bertini，Schaeken，Stella 和 Di Russo（2016）[②] 的两篇文章使用事件相关电位（ERP）电生理技术，分析了交流情境在语言理解中的两种重要语用现象——隐喻和歧义。比如，研究在不同的交流情境下呈现隐喻表述，一种交流情境促进隐喻意义的理解，另一种交流情境不影响隐喻意义的理解，研究结果显示，两种交流情境下的 ERPs 数据结果显著不同。基于这些数据，研究者认为，支持性的交流情境信息降低了检索隐喻词汇含义的认知努力，但不会降低随后发生的语用解释过程的认知努力，以保证正确获得说者语言表达的本意。

总之，特定交流情境下的交流认知反映了从脑加工到社会互动、语言实际应用（语用）等的一系列复杂过程，交流语言的语义研究到语用研究反映了研究者对于语言哲学、语言学、认知科学、认知神经科学等多领域知识、方法的尝试探索和综合整合运用。

第二节　交流情境的一般特征

一、什么是交流情境

设想一下："你为什么写这个？"老师问。"因为我觉得这可能是一个很好的例子。"学生回答。乍看起来，这似乎是一个平常的语言交流互动现象，其实只有人类才具有这种语言交流的能力。通过使用一系列的声音（语音、语义），按特定的顺序（语法规则）串连起来，学生和老师能够互相表达他们的想法。这种几乎可以表达人们所有想法、思想的交流能力，可以让别人理解你的语言，也让你理解别人的语言，该过程揭示了我们语

---

① Bambini, V., Resta, D., & Grimaldi, M., "A Dataset of Metaphors from the Italian Literature: Exploring Psycholinguistic Variables and the Role of Context," *Plos One 9(9)* (2014):e105634.

② Bambini, V., Bertini, C., Schaeken, W., Stella, A., & Di Russo, F., "Disentangling Metaphor from Context: An ERP Study," *Frontiers in Psychology 7*(2016):559-572.

言交流的三个基本方面。首先，语言是非常多产的，因为它能够表达新奇而不同的各种思想。第二，语言发生时的表达方式不是简单的随机序列；它们是系统的和按规则发生的。最后，即使在简单的语言互动过程中（比如，教育教学情形下为了充分理解老师的问题，以及学生的回应），你需要知道语言交流发生的交流情境特征。

交流情境中语言独特的结构和组织形式问题在语言学和哲学领域中有一个悠久的研究发展历史。其中一个核心的问题是：交流语言为什么以某种特定方式结构化而不是以另外的一种方式出现呢？问题的回答最终将有助于解释交流语言是如何出现的，交流互动的特征是什么。诚然，交流语言形式和功能之间的吻合程度是人类生物进化和文化发展共同作用的结果，其具有一定的复杂性和发展性特征。从一个广泛的领域中，我们可以认为人类进化发展史、文明的发展史等，就是交流互动最为广阔的背景，即社会性交流的交流情境。近年来，文化进化理论在探索交流语言起源和演化方面取得了长足的进步，从宏观交流情境的角度展现出语言结构如何通过不断的重复学习和使用而实现从弱规则到稳定形式的发展演变。然而，很少有人注意到交流情境在语言的历史性演化过程中的作用，以及语言交流中认知沟通是如何在特定交流情境下互动发展的。

以往研究中，心理语言学、语用学、历史语言学以及认知语言学的研究已经证实，人类的知识背景是人类发生和理解交流行为的一个重要组成部分。本节的主要目的是利用文化进化理论框架来从宏观的角度阐述交流情境、交流认知和语言之间的因果关系。在此之前，首先需要明确什么是交流情境，以及它如何与交流行为，尤其是言语行为，相互作用的。至目前为止，研究领域中的争论还是相当激烈并存在大量分歧的。正如 Clark（1993）对于交流情境和交流者互动中共同基础（common ground）的解释：[①]

　　……在交流语言认知的研究领域中，研究人员一再呼吁通过"交流情境"来解释交流语言发生、理解、互动发展的现象特征。但是存在的问题是，他们从来没有澄清自己所说的"交流情境"到底是什么，尽管大家都意识到"交流情境"内涵和外延的定义对于他们研究中交流认知，尤其是交流语言认知的解释至关重要……心理学研究者们只是笼统地向自己以及别人解释交流情境效应的存在，而没有具体

---

① Clark, H. H., *Arenas of Language Use* (Chicago: University of Chicago Press,1993).

说明交流情境的内容是什么。既然无法解释清楚，那么我宁愿避开使用"交流情境"这一危险的术语……

Clark（1993）的观点是对于以往交流情境、交流认知研究领域的说明，一定程度上是客观的，但我们不能简单而绝对化地否认交流情境的客观影响，对于交流情境这一问题，不仅不能回避或让步，而且研究领域中应当努力争取正确剖析交流情境，因此客观上交流情境是有用的，是交流社会认知解释的支撑点，这是不容否认的。本节首先尝试对交流情境做出定义，之后结合相关领域的实验研究，探讨交流情境如何在语言交流中不断发展演化；交流情境如何限制交流语言的学习和使用；如何操纵交流情境来影响交流中的说者一方，并进一步探讨听者一方是如何基于交流情境来理解语言信息的。这样，总体解释交流情境的认知特征，及其现实交流功用性。

交流情境是众多学科领域中共同使用的一个概念——心理学、语言学以及计算机科学等。那么，什么是交流情境？难以给出一个一致的答案，不同学科的解释也不同。而凌驾于各学科之上，给出一个超越各学科的定义，又太模糊笼统，如"交流情境可以指整个宇宙"。有研究者指出"交流情境经常性存在和使用，但是难以解释"，还有人认为是"各种概念的集合"。有研究者基于语料库中的150多个定义，提炼出交流情境的几个参数："交流情境是特定任务中影响交流行为的一系列限制因素"。[1]

正如上述研究者所指出的，交流情境是解决一系列语言问题的关键，但他们并没有解释清楚这些因素是什么，以及怎样限制交流行为，尤其是外显言语行为的。因此，Sperber 和 Wilson（1995/2005）进一步给出交流情境的解释：[2]

交流情境是一种心理结构，是交流者对外在世界各种假设的集合。当然，正是这些心理假设而不是世界的实际状态，影响了交流者彼此的语言认知加工过程。从这个意义上讲，一个交流情境并不局限于直接的物理环境或语言本身的字面信息，对未来的期望、科学假设或宗

---

[1] Bazire, M., & Brézillon, P., "Understanding Context Before Using It," in *International and interdisciplinary conference on modeling and using context* (Berlin,Heidelberg: Springer-Verlag, 2005), pp. 29-40.

[2] Sperber, D. & Wilson, D., *Relevance: Communication and Cognition.2nd Edition* (Oxford/Cambridge: Blackwell Publishers, 1995/2005).

教信仰、记忆、一般文化假设、对交流同伴心理状态的信念，都可能在交流认知加工和解释中起到作用……

像其他的定义一样，Sperber 和 Wilson（1995/2005）的定义包括了一系列的举例，重要的是其明确将交流情境作为一种心理学上的建构。类似的，还有研究者认为交流情境是神经系统中的一种心理现象，交流情境是"一个人在特定情境下对特定互动过程的一种理解"。这些定义将交流情境联系于外部客观世界、特定环境和个人的思想。而且，作为一种心理建构，交流情境深深地嵌入到交流认知加工过程之中，生成一个针对客观世界的具有可预测性的心理模型结构。

对交流情境的认知特征，可以结合图 6–1 做一理解。

图 6-1 情境对字母和数字解释的影响

图 6–1 是一个靶对象的语言解释情境。当从上到下阅读时，中心对象被理解为数字 13，而从左到右阅读时中心对象被解释为字母 B。这个简单的认知理解过程表明把相同的对象放在不同的情境下会对我们的解释产生不同的影响。从这个角度看，语言理解情境通过一个特定的解释框架，从而将感知和认知解释结果联系在一起，可以说，认知解释来源于生成某个认知假设的情境中各因素的感知关系。

如果将情境看成一个解释框架，可以分离出三个部分内容：语言的目标对象（靶对象解释）、语言基础（解释靶对象的即时信息，即语言解释的客观情境），和背景知识（主体已有的知识经验，即认知基础）。在图 6–1 情境下，中心图形是靶对象，解释情境是字母或数字呈现方式，背景知识是个体关于数字和字母的已有知识经验。因此，靶对象的解释取决于语言情境框架和对于当前所有信息的整合。因此，生成一个语言假设模型不仅取决于靶对象所在的物理环境，还取决于个体的认知基础，以及这些因素组合在一起形成一个语言解释框架的方式。

　　首先，要注意的是语言解释的情境框架，它突出了支持假设的相关信息。为了做到这一点，个体必须能够从语言情境结构中检测和提取相关信息，"从大量的信息中缩小和提炼出针对时间、对象或布局的最小化、最优化的特定信息"。对于上图情境，一个人必须使用他的感知系统来感知字符笔画，并将这些笔画结合起来形成一个整体特征，然后才能区分这些字符序列之间的关系。

　　其次，进入语言加工整体解释框架的因素中，也包括个体先前的知识经验。这就相当于在以前语言加工框架和当前语言加工框架间搭建了一个因果桥梁。这里指的是已有经验知识的分类与当前语言加工框架间相似性的匹配过程。例如，根据我们的经验，我们储存了英文字母 B 的记忆，按一定的顺序（字母交流情境），通常认为中间是 B，这便建立了一个强烈的认知解释假设。

　　所有上述的情境因素共同导致了一般性的认知解释结论，即建立一个语言情境框架会产生一种认知解释假设倾向性的压力：确定什么是有用的信息而什么不是有用的信息，这帮助减少了认知解释中的不确定性。个体通过不断强化从交流情境框架中整合出的信息，并不断排除与此无关的信息，最终形成某种倾向性的认知解释假设。通过进一步关注某些信息并学会忽略与任务无关的信息，个体可以随着时间的推移不断改进自己的假设预测。这样的情境加工策略得到大量文献的支持，并且这广泛存在于高度不确定的语言解释情境下，交流情境信息可以帮助主体实现使用更少的信息或更精简的认知计算过程来更精确地解决问题。

　　Lloyd 和 Leslie（2013）展示了一个老鼠走迷宫的实验。[1]老鼠走迷宫的例子说明了任务情境信息是怎样影响老鼠行为系统的：情境框架会形成一系列的观点（比如有两条路径），老鼠在感知这两条路径以及彼此间的关系时，其先前的经验知识决定了其更倾向于选择哪个路径。在首次尝试选择中，其选择的路径具有一定的偶然性，老鼠只知道有两种选择路径，并且猜测能够获得终点奖励的路径是哪个。即使在这种简单的情形下，老鼠也关注情境中的某些显著方面或特征（重点指向两条路径的信息），而忽略不相关的信息（例如，迷宫壁的颜色）。在连续的尝试中，老鼠知道奖赏地点总是通过左边的路径到达，所以相应地调整它的探索行为，进而选择左边的路径。如果此时在随后的几个测试中将奖励地点换成右边的路径，老鼠也相应根据新的尝试结果来更新其对正确路径的判断，并逐步将

---

① Lloyd, K., & Leslie, D. S., "Context-dependent Decision-making: A Simple Bayesian Model," *Journal of the Royal Society Interface 10(82)*(2013): 69.

选择偏好从左边的路径转移到右边的路径。老鼠不断的路径调整行为，决定于迷宫的情境线索，如果老鼠预测奖励在左边，结果反馈是错误的，这将使其假设或确信奖励在右边。

老鼠走迷宫的例子说明，认知和行为偏好在任何感知任务中都是存在的，因此对于任务情境的偏好性反应是独立于语言和其他交流行为之外的，当然这也并不否认现实中交流目的性也能够驱动交流认知偏好的取向，进而影响交流认知加工过程特征。总之，可以简单地理解：交流情境是在特定交流互动活动中作为语言为代表的交流认知加工和行为解释的一个框架，在交流互动过程中其与交流认知和行为即时关联，并敏感反应于交流社会认知和行为过程之中。

二、交流情境和交流语言认知间的关系

语言互动是交流行为的典型代表，并且语言交流具有外显性，因此成为研究者们关注的焦点之一。在交流语言认知研究领域中，交流情境和语言认知关系的问题是一个重要的研究领域。与其他交流行为一样，交流语言也借助于交流情境信息来消除歧义。设想一个简单的英语句子，如"she passed the mole"，不借助交流情境，该语句的表意是不清楚的——动词表达的是运动形式还是给予动作呢？名词"mole"是指小动物，还是从事间谍活动的人？还是一种墨西哥沙司？还是指堤道呢？某种意义上，交流情境可以成为即时的语言信息环境（例如，"Maria was riding her bike and she passed the mole which was burying into the ground"），交流情境使交流者不至于将该话语理解成"冷战时期的间谍活动"。

交流情境是语言表达和理解的一个框架，其对交流社会认知过程做出限定。这是很重要的，因为交流情境的限定，创造了一个排除无关解释的压力，进而判定什么是正确的解释方式。总之，交流情境提高了某种特定语言解释的可能性，相应降低了其他解释的可能性。当然，上述情形下，我们首先至少要在语言使用、语言结构和交流情境之间建立起特定的限定关系，之后再讨论这种关系是怎样以及为什么被交流参与者所优先解释的。事实上，交流情境帮助澄清交流语言信息（如语言信息的模糊性）的现象和作用，常常被研究者作为交流情境认知特征解释的代表性例子，可以说明语言本身相对于特定交流功能而言并不总是一种"信息恰当性"的交流工具或媒介，正如著名的语言心理学家 Chomsky（2002）指出的：[1]

---

[1]　Chomsky, N., *On Nature and Language* (Cambridge University Press , 2002).

……一直以来对于交流语言认知的探讨始终围绕着：语言是否是因交流功用而设计的（交流语言发生过程）？典型的语言理解是否是基于交流功用而解释的（交流语言理解过程）？我认为这是个错误的问题。交流功用可能是一种特定现象。我的意思是，实际上我们对于交流语言系统了解得并不多。所以我会问道：人们如何使用语言交流系统？现实实践可能会证明些什么？实际上我们使用的交流语言相对于特定的交流功用而言并不是最佳的表达方式。如果你想确保我们在交流互动中从不误解对方的交流语言，那么你会发现围绕着特定交流目的而发生的交流语言设计，并不总是那么完美而恰当的，交流语言本身通常具有某种模糊性或歧义性特点。

但是，也有许多研究者认为，Chomsky（2002）的解释落伍了，交流语言模糊性不仅是一个容易解决的问题，也是高效交流系统所期望的，因为交流中我们参照了交流情境信息，并使用了我们的认知推理能力。事实上，实际语言交流中真正发生歧义的情形很少见，再或者语言交流歧义总能够被交流者迅速地解决掉，所以，现实中以语言为代表的最佳有效的交流系统本来就是模糊的，Piantadosi，Tily 和 Gibson（2012）强调：[1]

……当交流情境具有信息性时，任何良好的语言交流都会"将交流情境已经提供的信息遗漏掉"……只要交流情境可以解决某些信息歧义，高效的交流系统将通过模糊的语言形式使信息交流过程更容易和便捷。

交流情境、语言加工之间的关系可以看作是交流情境填补了语言表达的空白，如果交流情境中已经包含了某种期望性的交流信息，那么就没有必要通过语言来显性表达，语言的认知加工要求进而决定了语言结构的具体特征。这种关系为交流情境和语言结构之间的契合提供了一种交流功能性的解释：语言具有交流情境依赖性，因为这样语言才能实现交流的高效性。100 多年前，Paul（1890）就已经做过类似的解释和探讨：[2]

① Piantadosi, S. T., Tily, H., & Gibson, E., "The Communicative Function of Ambiguity in Language," *Cognition 122(3)* (2012):280-291.

② Paul, H., *Principles of the History of Language,* Translated by H. A. Strong from the 2nd German Edition. (Reprinted by College Park, MD: McGrath, 1970).

……表达某种思想的交流语言的经济性或丰富性决定于交流的需要……在任何交流情形下，我们都发现语言表达方式是在"受限制"的条件下发生和存在的，这些表达方式只包含了交流表达和理解的必要条件。每一次交流中交流者所使用语言材料的数量均和前次不同，但是交流者们的交流认知趋向于一个共同的心理状态。

尽管交流情境依赖性能够利于交流语言的设计和表达，但是这并不能解释交流过程中这种关系的优先性问题。后来的研究逐渐证实，优先性问题是通过文化传递的过程实现的，也形成了交流情境在语言加工中被优先使用的认知加工特征。

要理解交流情境和语言结构之间的关联关系，我们必须认真考虑一些链接性的问题：人们其他的交流行为如何与语言的组织方式和结构联系在一起的呢？也就是说，虽然语言具有交流情境依赖性，并且这有助于语言交流的效率，但是我们仍然不知道语言互动作为一种交流行为是如何在人类行为系统得以发生发展的。要想解决交流认知系统的复杂性解释，就需要把语言交流作为一个"复杂的适应系统"（complex adaptive system，简称 CAS）：[1]

（1）该系统由多个交流者彼此间的互动构成。（2）系统具有自适应性或调节性，也就是说，交流者的行为是建立在他们过去互动经验和经历的基础上，当前和过去的互动经历经验共同作用于未来的交流行为。（3）交流者的行为是从个体感知机制领域到交流社会动机领域中各种因素竞争的结果。（4）交流语言结构是从经验、社会互动和认知加工过程的相互关联模式中形成的。

最重要的是，交流语言被看作是"思想和数据间的互动"，语言存在于两者相互依存的时刻，由个人言语方式（语言使用个体所独有的"语言形式和意义"间的映射）和共同语言（交流者所共享的交流语言惯例）所构成。这两方面都是重要的，个人言语方式来源于个体过去多次重复性交流互动中语言使用的经验，共同语言则是某个具体交流中交流者双方通过互动而即时形成的。个人语言和共同语言间的这个反馈环路表明，交流语

---

[1] Beckner, C., Blythe, R., Bybee, J., Christiansen, M. H., Croft, W., Ellis, N. C., Holland, J., Ke, J., Larsen-Freeman, D., & Schoenemann, T., "Language is a Complex Adaptive System: Position Paper," *Language Learning 59*(2009):1-26.

言与个体行为之间的联系是由一个额外的动力系统来体现的：文化传播系统。

具体而言，这意味着个体言语方式影响共同语言（参照惯例等）的形成特征；反过来，每次即时形成的共同语言（参照惯例等）也将进一步影响和融入个体言语方式中，进而丰富了个体言语方式；这两个过程循环影响和发展，即体现了文化的传播。因此，此处所谓的"思想"主要是指之前形成的个体言语方式或语言经验，"数据"则是指当前交流产生的特定交流经验，两者的互动即是个体言语方式和共同语言间的不断互动和影响过程。

文化传播成为交流语言互动理论的核心，语言是文化进化过程的结果。在不同学科领域中，生物系统、语言和其他文化系统被认为是进化形成的，这是因为它们符合繁殖、遗传变异和变异扩增的要求。但是和生物进化（涉及 DNA 的直接复制）不同，交流语言和其他交流行为的文化传播是间接的，是通过一个迭代学习过程实现的：交流中一个人会基于同伴行为的观察而做出归纳，而同伴的这一行为也是建立在之前观察和归纳的基础之上，这依次不断发展而实现了"迭代传播"。

把交流认知，尤其是交流语言认知，作为一个文化传播系统，可以解决许多交流社会认知的解释性问题：解决即时交流需要的短期行为，可以被用于解决眼前的交流需要，在反复的交流互动中，逐渐塑造出特定交流群体的共享性交流行为方式。个体语言行为是什么？这些交流互动过程又传递了什么呢？……这些问题都有待于从文化传播系统中具体分离和探讨。但是，有一点是明确的，从说者向听者传递信息过程中个人交流社会行为的重要单元是语言交谈："对交流语言加工过程的合理理解是基于文化和交流情境特征嵌入语言使用者语言行为过程中而言的"。

正如上面的引述所指出的，一个话语强烈地与它的使用情境相联系，我们应认识到语言行为的本质特征是交流性。当比较交流情境和包括感知在内的其他交流行为时，在讨论交流情境及其与语言的关系时，应引入一个重要的区别：[①]

　　　　有些内在交流情境（如，用于完成某一特定任务的直接相关信息）与大多数其他内在交流情境不同。例如视觉领域，交流共同基础（common ground）的概念是难以定义的，因为一般性交流因素的影响

[①]　Clark, H. H., & Carlson, T. B.,"Context for Comprehension," *Attention and Performance IX* (1981):313-330.

力很难超过感知信息的影响，这就可以说对象共享性对于交流认知的影响是最为直接、力量最为强大的。因此，如果从共同基础的角度来定义内在交流情境，只能局限于交流的某些过程。因此，交流情境不能为所有心理学领域一致性对待和解释。事实上，在交流语言认知的理解过程中，内在交流情境是非常特殊的。

因此，从共同基础的标准出发，本书认为交流情境可以分成两种：源于自我认知的交流情境（直接感知信息、个人经验等），和源于共同基础的交流情境（在交流互动中基于交流合作性和交流压力而共同形成的一致性认知）。从更为广泛的意义上讲，交流情境中存在大量的信息，这些信息如果进入到共同基础中，则提高了交流共享性、默契性水平；如果没有进入到共同基础中，则可能出现两种情形，一是双方各自均加工了某种交流情境信息，但并没有通过互动将其引入共同交流基础中，此时假如各自的认知理解恰好一致或吻合，也将提高交流共享性、默契性水平，反之，此时假如各自的认知理解不一致或不吻合，将妨碍到交流的共享性和默契性水平。

因此，许多感知领域交流情境的作用在于协调个体行为与外在客观物理环境的关系，这就可以解释，为什么对象感知共享提高了个人认知的影响，同时可能损害了共同的认知水平，但是语言不同，语言是协调交流双方彼此间关系的重要而显著的手段，也就是说语言的本质是协调双方的交流认知，以提高共同或共享性的认知水平；就这一角度而言，语言是直接外显协调彼此的认知，但交流情境因素由于是内隐的，其被双方各自感知和理解，因此交流情境若要促进双方的协调，必将是间接的，可以通过语言来间接实现，即语言明确或间接表达了交流情境信息，也可能通过交流合作行为反应来间接实现，行为反应间接表明了个体对于交流情境的理解立场或观点。可以说，在生成和理解语言时，说者和听者共同参与了交流合作活动，他们利用共享性的情境知识和对象知识来校准彼此的交流认知解释。如果我们认为意义或信息仅仅存在于语言解释的行为中，而交流情境是通过建立一个框架来促进这一解释过程的，那么这就提供了一种交流互动的认知机制，通过这种机制，交流语言可以继承和传播某种特定的解释，因为交流语言是在传播过程中形成和被感知理解的，交流语言的传播过程包含了交流情境框架的理解和态度。

在该解释观点下，交流语言的意义并不是"预先包装好的信息组块"（prepackaged chunks of information），语言编码"更像信息解释的显性线索，而不是明确的内容"。重要的是，语言的产生和理解过程决定于竞争性的交流社会认知机制和过程的限制，这些限制因素来源于思想观点加工机制、自觉感知机制，以及认知的和语用的因素。在这个意义上，一个限制因素本质上是一种引导性或诱导性因素——限制行为变化或探索的范围空间。因此，在语言使用过程中什么因素将进入交流情境框架取决于与语言传播有关的限制因素。

文化进化的观点成功展示了竞争性因素在交流社会互动过程多个时间段上的互动。以往相关研究关注了两个限制因素：一是与域无关的简单化认知倾向（a domain-independent cognitive bias for simplicity），二是交流表达的特定任务倾向（a task-specific bias of expressivity）。简单化认知倾向使语言以压缩而简洁的方式出现，从而减少了交流认知加工系统算法的复杂度，即交流认知加工系统的描述长度短于"信号－意义"间映射的可能长度。交流表达的特定任务倾向对应了交流的特定任务目标，这可以降低交流情境提供意义的不确定性。当话语从说者向听者传播时，语言结构相应产生于这两个加工倾向性间的互动和权衡，同时，这些倾向性的影响也就被具体化为交流语言认知加工系统的特性：[1]

语言学习者的简单化倾向压力来自表达倾向性，而表达倾向性压力来自交流中语言的使用或功能性。至关重要的是，两者都必须发挥作用，两者中任何一方均不可能独自促使语言结构的形成。语言的结构设计特征是简单化和特定任务表达性得以实现的途径，是文化进化过程中的一种解决方案。

语言学习领域的研究发现，单一的简单化倾向性压力将导致语言结构的退化，此时任何一个可能的语言含义都可能通过模糊的语言信号传达出来。然而，当使用语言进行交流时，如果放大或过于强调特定任务表达的倾向性，这导致语言表达的丰富性（语言形式不是简化的压缩的，语言描述长度等于"信号－意义"映射的可能长度）。两种压力的权衡最终导致特定交流语言结构的形成：一个简化压缩的语言形式表达了明确的交流任务目的——信号和意义间准确映射，实现了语言交流的现实功能。

接下来的第三节，针对语言学习和语言交流领域中交流情境因素是怎样影响两个倾向性准则间权衡关系的问题，提出三个交流情境和语言间关

---

[1] Kirby, S., Tamariz, M., Cornish, H., & Smith, K., "Compression and Communication in the Cultural Evolution of Linguistic Structure," *Cognition 141*(2015):87-102.

系的问题：（一）为了鉴别交流情境的期望义或辅助解释的各种可能含义，认知系统需要做什么样的区分（辨别力）？（二）交流认知系统是如何概括或归纳新意义和交流情境的（归纳力）？（三）说者意图和听者的理解是如何校准的（协调力）？

三、交流情境影响语言准确性的实证研究

笔者对比做了一项研究，研究重点在交流学习过程中，记录和分析交流者的语言内容，从交流情境和语言认知关系的角度，探讨交流情境对语言准确性的影响。① 实验安排了交流学习任务和学习后的迁移任务，控制了交流情境特征，设置了语言交流互动的三种情境，比较分析交流情境对交流学习双方语言准确性的影响特征。数据统计结果显示：首先，三种交流情境中，交流者仅依赖语言媒介交流时，语言的准确性水平最高，交流对象的共同可视性表现出对语言准确性提高速率的阻碍，交流者彼此间的表情可视性降低了语言的准确性水平；交流者中语言相似性水平高的一方，语言准确性水平提高的效率和效果均高于语言相似性水平低的一方。其次，交流学习任务中，当交流者仅借助语言交流时语言的准确性水平最高，交流学习后的个人迁移任务中，对象共同可视情境下交流者维度选择的准确性水平最低；和交流学习任务相比较，双方语言相似性水平高的交流者，个人维度选择任务中的准确性水平更高。

上述结果综合证实：交流互动学习过程中，语言认知不是交流认知的完整代表，交流对象的共同可视性阻碍了交流语言认知和交流认知水平，交流者彼此间的表情可视性则辅助语言互动共同提高了交流认知水平。

（一）研究背景

交流中语言信息表达的显性特征，决定了其作为交流媒介的核心特征，也因此成为交流社会认知研究的焦点。从交流语言认知加工的角度而言，交流过程是交流双方间语言解释交流对象，并彼此传递思想、观念、意图和假设等的过程，即语义信息的沟通和传递过程（语义性）；同时共同完成特定的交流任务，实现交流合作的共同社会性目的，即语言社会功能的实现或执行过程（语用性）。当前，研究者们已经明确意识到交流语言认知加工的复杂性，以及交流语言和非语言信息间的错综交互性，这样，关

① 张恒超：《交流语境对学习双方语言准确性的影响》，《心理发展与教育》2018 年第 5 期，第 523—532 页。

于交流语言加工认知特征的探讨逐渐分化出两个方面的显著问题：一是交流互动中语言内容的具体特征，即交流语言的信息特征，二是交流语言认知和非语言认知或交流情境因素间的关系特征。简单而言，交流认知同时体现在交流语言认知和非语言认知两个领域中，两个领域中的信息在特定交流认知加工过程中彼此沟通、相互关联、交互影响。而交流情境因素或线索（非语言因素），即便是在严格控制的实验情境下，也不可能被完全排除，实验控制仅是体现为一种相对标准化的操纵，可以说不存在纯粹的单一语言交流情境，对于交流语言认知的研究分析也就不应离开特定的交流情境特点。

首先是关于交流语言信息特征的探讨。交流语言和个人私语的不同之处在于交流语言的合作性背景，交流者间交流的目的是互相传递特定信息，以及沟通各自的思想和观念等，最终为了合作性解决特定的交流问题。Grice（1975/1989）针对交流语言内容特征，提出了交流语言信息规则（Grice's quantity maxim）（参见第三章，表 3-1），规则的前提是交流互动中的合作性关系，Grice 认为交流合作关系决定了交流者彼此对于交流语言规则的遵循，该规则不仅针对性提出和解释了交流语言信息的具体特征，而且强调这还有助于交流者对语言隐含义的共同理解，相反，如果交流者在互动中违反了语言信息规则，将带来交流合作关系的不默契或不协调，随之语言中出现的"言外之意"易于形成彼此间的交流分歧。[①] 如前所述，从交流语言信息规则来看，Grice 所强调的交流语言应"避免信息不足和避免信息过多"，根本上是强调在特定交流情境条件下，语言内容应表现出表达的"恰当性"，既不缺少也不多余，而这种恰当性应以交流的特定情境为转移。

然而，相关的研究领域却在交流语言信息特征的实验结果分析和解释中出现了较多的分歧，归纳而言，一种观点认为，从交流互动性和合作性的角度出发，交流语言的主要特征是信息的共享性和同伴特定性特征，交流语言是交流互动共同基础建立的重要手段，因此交流语言经常表现为针对交流对象的精心解释和推理，这种语言认知的精加工可能体现为语言信息量在某种程度上的"赘余"，"赘余"的信息特征一方面可以提供交流者对象理解中更多的佐证线索，促使交流互动歧义的消除；另一方面研究者强调这种语言认知的精心加工过程，不会损耗交流同伴额外的认知资源来推理语言发出者的心理状态。与此对应，另一种观点认为，既然交流语言

---

① Grice, H. P., "Logic and Conversation," in P. Cole and J. Morgan (eds.), *Syntax and Semantics 3: Speech Acts* (New York: Academic Press,1975), pp.41-58.

不是在一个绝对纯净的情境中发生的，即任何语言交流均是置于特定复杂的交流情境之中，那么语言和非语言信息间相互关联、彼此配合的交流表达过程，决定了交流语言信息相对简洁的特征。交流情境中的非语言因素和线索可以为交流语言即时提供特定的信息参照以及认知互动的反馈，该过程是一种非策略性、无意识性认知过程，有助于交流者认知资源的节省；同时交流语言的简洁性，能够降低交流同伴对语言信息作出无关性推理的可能性，毕竟现实交流中，交流者围绕语言和非语言信息作出各种可能的比较性推理是一种习惯性思维过程。

概括而言，尽管存在围绕交流语言内容准确性或信息恰当性的研究分歧，但是有一点应该是明确的，交流语言兼具语义和语用两种特征，决定了不可能从纯粹的语义出发来解释交流对象或任务内容，可以说，交流语言绝对恰当的表达是一种相对理想假设，既然现实交流情境丰富、多样甚至富于变化，那么交流语言信息的"恰当性"含义就应该相对灵活多样而宽容。应该认识到，交流语言互动是一个动态性过程，该过程中交流者彼此间的思想和认知相互碰撞和关联，这要求交流语言随着交流时间进程的发展而做出相应不断的即时调整，语言的即时调整和变化便是交流合作不断增进的过程，因此，评价交流语言认知的具体特征不适合采用一个静态的孤立标准。

其次，关于交流情境特点或非语言因素和语言认知间的关系。从社会交流的语用观点出发，交流情境限制了语言发生和理解的过程。广泛而言，交流情境涉及交流时空条件、交流的社会文化背景、交流者的人格特征等不同的层面。

O'Carroll，Nicoladis 和 Smithson（2015）在实验研究中同时创设了两个变量，一是交流者的外倾性和内倾性，一是交流中彼此间的表情可视性（任务前半期彼此可视，任务后半期彼此不可视），综合分析了变量对交流语言的影响特征，实验结果发现：外倾性交流者交流语言信息的总量显著更多于内倾性交流者；交流互动的前半期交流者可以互视时，语言表述显著简洁高效，后半期当交流者不可以互视时，交流语言表述更为详尽和完备。[①]Graziano 和 Gullberg（2013）从实验控制局部表情因素的角度出发，分析了交流互动中的手势对交流语言信息的影响，发现当任务易于语言交流时，交流者的手势表达自然连贯，语言表达也流畅而完整，当任务难

---

① O'Carroll, S., Nicoladis, E., & Smithson, L., "The Effect of Extroversion on Communication: Evidence from an Interlocutor Visibility Manipulation," *Speech Communication 69*(2015):1-8.

以语言交流时，手势表达混乱不自然，语言表达也模糊不条理。[1]Arnold，Kahn 和 Pancani（2012）研究中创设了特定物品的摆放任务，面对面交流中的听者（操作者）一方是研究者的同谋，交流互动中按照预先的实验设计有意识做出特定的交流手势反馈动作，比较结果发现，当同谋操作者（听者）在说者被试语言指导前就已经预先拿起了相应的特定物品时，说者语言表达过程显著快速，表述内容显著简洁。[2] Brennan，Chen，Dickinson，Neider 和 Zelinsky（2008）借助眼动仪在实验中分离和控制了交流者彼此间眼睛注视的共享性特征，任务为"O-in-Qs"视觉搜索任务，比较结果证实交流者彼此间的注视信息共享性可以促使交流语言表述的简化。[3]Galati（2009）安排了匹配卡片的交流互动任务，实验变量为交流对象的共同可视性，发现交流对象物理感知特征的共享性导致语言信息显著变少。[4]Vesper，Schmitz，Safra，Sebanz 和 Knoblich（2016）的研究设计了交流者屏幕中相应对象的同步移动任务，实验结果显示交流者交流中无法即时观察到同伴的屏幕内容时（不可视条件），交流语言的表达过程更为复杂，相反，彼此交流中可以即时观察同伴的屏幕内容时（可视条件），交流语言的内容信息相对片段化、简约化。[5]

关于表情（面部、注视、手势、肢体等）共享性对交流语言的影响，研究者们认为这源于表情自身所具有的交流性，表情和语言均为交流媒介，交流互动过程中彼此相互配合、相互影响，在现实交流中表情交流和语言交流的共存是典型而常见的交流互动方式，即面对面交流。但是，交流对象的共同可视性本身不具有交流性，其对于语言信息的影响特征根源于交流对象感知特征的直观展示性。

综合而言，当评价交流语言信息的恰当性或准确性时，不应脱离语言和交流情境特征的关联性，基于上述分析，本次研究的目的在于探查交流情境特征对交流语言内容准确性的影响。以往研究虽然从不同的角度分

[1] Graziano, M., & Gullberg, M., "Gesture Production and Speech Fluency in Competent Speakers and Language Learners," in Tilburg gesture research meeting (TiGeR) 2013, Tilburg University.

[2] Arnold, J. E., Kahn, J. M., & Pancani, G. C., "Audience Design Affects Acoustic Reduction via Production Facilitation," *Psychonomic Bulletin & Review 19(3)*(2012):505-512.

[3] Brennan, S. E., Chen, X., Dickinson, C. A., Neider, M. B., & Zelinsky, G. J., "Coordinating Cognition: The Costs and Benefits of Shared Gaze during Collaborative Search," *Cognition 106(3)*(2008):1465-1477.

[4] Galati, A., "Assessing Common Ground in Conversation: The Effect of Linguistic and Physical Co-presence on Early Planning," doctorial dissertation, 2009, Stony Brook University, New York.

[5] Vesper, C., Schmitz, L., Safra, L., Sebanz, N., & Knoblich, G., "The Role of Shared Visual Information for Joint Action Coordination," *Cognition 153* (2016):118-123.

别做了分析和解释，但也表现出三方面的不足：第一，交流语言的最显著特征是人际互动性，而人际互动性是交流者彼此间认知和行为逐步协调的过程，需要时间过程来逐步展现。以往研究所倾向于创设的较为简单的交流任务，不利于展现这种互动时间进程，如上述所提及的 O-in-Qs 视觉搜寻任务、卡片匹配任务、屏幕相应对象的同步移动任务、特定物品摆放任务等，也不利于展现交流情境因素对语言信息特征的影响过程。Bezuidenhout（2013）针对交流任务创设的方法论观点是，交流社会认知实验应设计长时交流任务，这是解释交流语言认知动态发展性特征和人际互动性的前提；[①] Brown-Schmidt 和 Heller（2014）则进一步提倡，研究应根据具体的目的兼顾即时交流任务和长时交流任务，因为即时交流任务便于记录和解释即时语言信息，也便于交流实验条件的控制和操纵；而长时交流任务的优势是展现交流语言随时延的动态发展变化性。[②] 第二，以往研究出于实验研究的便利，倾向于根据特定研究目的在实验中控制变化某个单一的非语言因素，正如语言媒介和非语言媒介、线索等构成了一个相对庞杂的交流互动系统一样，实际上交流情境中的多种非语言因素彼此间也构成了一个复杂的系统，因此单一因素的实验控制和解释不利于系统探查非语言因素对语言认知加工的综合影响特点。第三，以往研究传统上是将交流双方或多方作为一个交流个体来对待，显然，交流认知的互动过程典型表现在交流者彼此间的认知和行为相互作用方面，若将交流者作为两个或多个个体进行对照分析，更有助于精细和直接说明交流双方或多方间的语言认知协调过程特点。

鉴于上述分析，首先，本次研究创设了长时交流学习任务，但记录并分析交流互动中的即时语言内容，具体而言，将交流全程标准化为 10 个阶段，记录交流被试交流全程中的语言内容，通过即时语言分析，展现长时交流全程中语言内容的准确性特征和变化性；其次，本次研究通过非语言因素依此递加的方式，创设出语言交流、对象可视的语言交流、表情和对象可视的语言交流三种交流情境，对照解释交流情境对于语言准确性的系统影响特征；再次，本次研究对照分析交流双方的语言内容，解释交流互动过程中彼此间语言准确性的一致性特点；最后，考虑到交流语言和个人自我私语过程的差异，即交流语言的情境限制性，本次研究在交流学习

① Bezuidenhout, A., "Perspective Taking in Conversation: A Defense of Speaker Non-egocentricity," *Journal of Pragmatics 48*(2013):4-16.

② Brown-Schmidt, S., & Heller, D., "What Language Processing can Tell Us about Perspective Taking: A Reply to Bezuidenhout (2013)," *Journal of Pragmatics 60*(2014):279-284.

任务后安排了交流者个人独自完成的迁移任务，比较交流任务最后阶段中交流者的语言准确性水平和个人迁移任务中认知理解的准确性水平，探讨交流语言认知对于交流认知的代表性特点。毕竟，语言是交流互动的核心媒介，但不是唯一媒介；因而交流语言信息的准确性不能完全代表交流认知理解的准确性，这种比较恰可以反映出语言认知和非语言认知过程间的关系特点，语言交流代表了一种意识性和策略性认知过程，而非语言媒介和线索的交流过程代表了一种无意识性和非策略认知过程，其在辅助和弥补语言信息交流的同时，相应降低了交流认知的努力，节省了交流认知资源。因此，本次研究中，交流学习任务和个人迁移任务间的比较，不仅仅展现了交流语言认知对交流认知的代表程度，还可以在非语言因素的系统控制条件下，分离解释交流情境中"对象可视性"和"表情可视性"对语言认知的影响性质。这有助于更好地理解交流语言认知、交流社会认知的复杂性和丰富性。总之，本次研究安排了交流学习任务和个人迁移任务，采用因素递加方式创设了三种交流情境，探查交流情境因素对交流学习双方语言准确性的影响特征。

（二）研究方法

研究以在读本科生为被试，设计虚拟生物作为实验材料，生物身体有"手口眼脚"4 个特征维度，每维度 2 个值，维度 1~3 关联两类功能特征。实验共两项任务：交流学习任务和个人迁移任务。实验电脑为 2 台笔记本。交流学习任务分为 10 个标准化阶段（block），每个阶段各样例随机呈现 2 次。任务采用交流范式，交流双方轮流担任"语言描述者"与"功能判断者"，为每次判断提供正确功能的反馈信息。

根据交流语境的不同特点，区分出三种不同的交流方式。①语言交流：仅描述一方电脑上呈现的生物，随着交流回合的进行和交流角色的互换，两台电脑的呈现方式相应轮换；并且交流中双方之间安置了一面隔板，使得彼此不能互视。②对象可视的语言交流：同上，但交流中双方屏幕同时呈现生物。③表情和对象可视的语言交流：同上，但交流中双方之间不设置隔板。

个人迁移任务由被试单人操作，呈现方式同上，但呈现生物的特征被灰块覆盖，任务要求被试在功能判断之前，先使用鼠标点击揭开"自认为"需要观察的特征。迁移任务只有一个阶段且无反馈。

交流学习中，被试语言描述的维度为主观认为与功能有关的维度，未描述的为无关维度，即主观的"有关维度和无关维度"两类；生物的 4 个标准维度分为有关维度和无关维度两类。求主观维度类别和标准维度类别的杰卡德相似性；再计算每个交流阶段中，交流双方每人杰卡德相似性的平均数。个人迁移任务结果的分析与此相同。

交流学习任务中，根据阶段 10 交流双方杰卡德相似性的高低，将被试分别分入高相似性组、低相似性组，交流学习任务实验设计为 3（交流情境）×2（相似性组）×10（交流阶段）的混合实验设计。交流学习任务阶段 10 和个人迁移任务为 3（交流情境）×2（相似性组）×2（任务类型）混合实验设计。

（三）研究发现

研究讨论分析了三种交流情境下交流学习双方语言准确性结果，三种交流情境下交流学习双方阶段 10 和个人任务结果。

1. 交流情境对交流双方语言准确性的影响

对三种交流情境下交流学习双方语言准确性的比较结果发现：一方面，三种交流情境中，交流者仅依赖语言媒介交流时，语言的准确性水平最高，交流对象的共同可视性表现出对语言准确性提高速率的阻碍性，交流者彼此间的表情可视性降低了语言的准确性水平。另一方面，交流者中语言相似性水平高的一方，语言准确性水平提高的效率和效果均高于语言相似性水平低的一方。

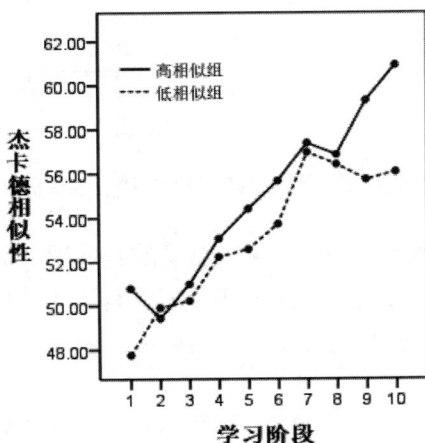

图 6-2 语言交流条件

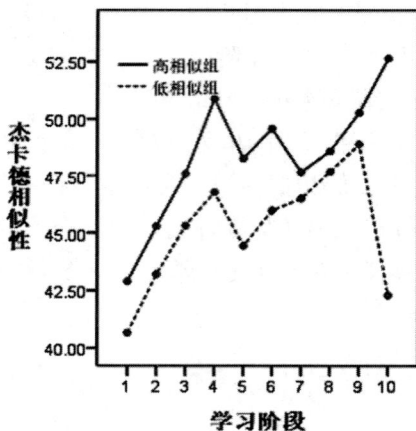

图 6-3 对象可视的语言交流条件

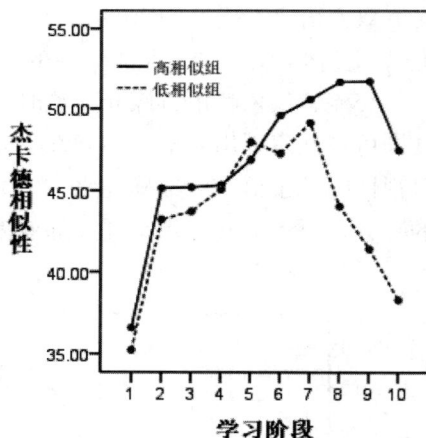

图 6-4 表情和对象可视的语言交流条件

首先，研究结果中出现了一个有意义的新发现：随着交流情境中非语言因素的逐步增加，交流语言准确性水平不断降低，其中对象可视性表现出降低了语言准确性提高的效率，表情可视性表现出降低了语言准确性的实际水平。

交流互动中语言经常是模糊而不准确的，交流者又必须在互动中消除语言歧义以正确解码共同的交流意图。现实交流的许多情况下，语言沟通模式之外的互动认知过程可以支持语言意义的协调和共享，同时节省彼此交流互动中认知推理所付出的大量资源。换言之，交流认知和行为互动模式提出的语言认知负荷被以不同的方式分配给了交流参与者，之后交流者借助交流情境中的各种外部限制因素，来减轻语言产生和理解认知过程中的负荷和努力，而不是一味诉诸语言认知加工中的沉重资源需求，以及精心的意识性推理过程；诚然，如果没有共同交流背景的支持，交流参与者只能求助于更复杂的意识性认知推理过程，交流认知协调过程将变得更加困难重重。本次实验结果首先证实了交流情境中非语言线索或因素影响交流语言的信息性，表现为促进语言内容的简约化；但从非语言因素依此递加产生的影响效应来看，本次研究进一步发现，对象可视性和表情可视性对交流语言信息性的影响特征不同，对象可视性表现出延缓了交流语言准确性水平提高的速率，表情可视性表现出在交流后期降低了交流语言准确性的实际水平。

从交流情境间的差异和比较来看，当实验条件中不存在对象可视性、表情可视性因素时，交流双方通过显著增强语言认知加工的努力程度来协调沟通，语言认知加工过程需要意识性的参与，交流双方使用的典型语言互动策略是认知中的换位思考，彼此间提供的语言信息互为参照和反馈，即交流者通过参照同伴的心理状态来构建自己的言语发生和理解过程，随着交流时间进程的不断发展，彼此间的语言共享性水平和准确性随之不断提高，可以说，彼此互动中语言准确性的不断提高，来自彼此交流互动中不断提高的动机水平和彼此不断激发的思维启发性。本次实验在语言交流的基础上增加对象可视性因素后，交流者语言准确性上升的速率显著降低了，但是其在整个交流时间进程中仍表现出平缓上升的趋势。交流中当可以共同观察对象时，对象所提供的物理感知特征是直观和形象的，一方面交流者一定程度上会默认为彼此能够共同看到的内容就不必要再花费额外的认知资源来进行语言沟通和解释，而另一方面交流者以往各自的经验经历决定了其对于对象的感知方式和内容可能不完全相同，物理感知特征的视觉直观性不代表彼此间的认知共享性，并且当前实验中生物的感知特征不能解释背后存在的功能特征。简单来说，交流互动中对象可视性仅提供了大量的个人认知加工中的信息，而非公共或共享性认知加工中的信息；但是当对象感知特征共同可视时又不可避免导致交流者语言解释的惰化，即相应降低了从事复杂语言认知推理加工的必要性——对象可视性增强了个人认知加工的直观性和直接性，但却可能以短暂甚至持久出现的表浅性语言加工互动为代价，在本次实验结果中表现为对象可视性降低了语言准确性提高的效率。当交流情境中再进一步递加表情可视性因素后，交流语言准确性相应出现了先上升后下降的变化特点。当比较表情因素和对象因素时，可以发现两者对于交流认知的涵义是不同的，以往研究一致认为非语言媒介中的核心代表是表情，表情媒介尽管和语言媒介的表达方式显著不同，但在具体的交流互动过程中彼此却是相伴发生、彼此配合的，分别从不同的角度联合表达了关联性的交流信息。交流的"相互作用模型"（the interface model）解释认为，表情和语言认知加工过程分别是基于行动发生器和信息发生器，虽然两者彼此间计划、启动以及支配的发生发展机制不同，但是彼此间却互为限制、相互作用。Alibali 和 Nathan（2012）在研究中指出，交流互动中表情媒介配合了语言媒介的交流，但表情不是语言的附属品，特定交流条件下表情经常在语言之前发生，进而对语言发生和理解过程起到了激活作用，并且由于交流中表情具有一定的相对独立性，因而还可以表达某些语言之外的隐含义和未尽之意。[①] 因此，本次实验结果中语言准确性"先高后低"的变化特征，实际表明当交流互动开始后，交流者对语言和表情媒介利用过程中出现此消彼长的相互作用关系，随着交流进程的发展，交流双方对于表情媒介的利用程度会越来越高，从而相对降低了对语言媒介互动沟通的依赖程度。从认知加工特征看，这一定程度上源于表情等非语言媒介交流过程和语言交流的不同，其更体现为一个非策略性和非意识性过程，交流是一个相对自动触发的认知过程，交流中对于非语言媒介的高效利用有助于交流认知的节省性。

总之，通过在交流情境中不断递加非语言因素影响到了语言准确性的变化，并且证实对象可视性和表情可视性对语言认知的影响特征显著不同，对象可视性仅直观提高了对象物理特征的共同感知，其本身并不具有交流性，因而对象可视性对整个交流认知水平的提高并没有显著贡献，实验结果显示相反其降低了语言认知加工的程度；表情由于本身具有交流性，其所表现出来的导致语言准确性降低，实际代表了表情媒介和语言媒介的共同表达过程，即交流者表情媒介利用性的相对显著提高，配合和补充了语言信息的沟通过程，节省了语言认知加工的努力，同时提高了整个交流认知水平（本次实验条件下，交流认知水平特征主要表现在，个人迁移任务中表情条件下维度选择准确性显著高于对象条件；但和语言条件间无显著差异，原因之一在于本次实验是在对象可视性基础上再递加的表情可视性）。

其次，交流者中高相似一方语言准确性水平提高的效率和效果均显著高于低相似一方。传统研究倾向于关注和认为交流互动认知过程是交流者

---

① Alibali, M. W., & Nathan, M. J., "Embodiment in Mathematics Teaching and Learning: Evidence from Students' and Teachers' Gestures," *Journal of the Learning Sciences 21*(2012): 207-215.

彼此间认知"冲突－协调"的发展转换和相互作用过程，即交流者通过交流互动以联合认知形成对任务和对象的一致性理解，这需要彼此交流中时刻考虑建立、完善和参照共同的交流基础（共同的知识、意图、信念和目标等），这便形成了交流互动中彼此间认知和行为的不断参照和调整过程，典型表现为交流中的听者设计过程（audience design）。当前实验结果在对交流双方直接比较中进一步发现，交流认知共享性不是相同性，其不代表双方交流语言认知、交流认知的相同性，具体表现为：三种交流情境下，双方的语言准确性水平均呈现出差异特征。一方面，如前所述，交流语言认知过程和个人私语认知过程不同，交流互动过程是交流者个人认知向公共认知的转化过程，语言的作用不仅是沟通信息或内容，还在于协调人际互动关系和实现共同的交流目的，该过程在人际协调水平的另一个"面"上即表现为交流双方间认知一定程度上的冲突性。另一方面，本次实验结果还表明，交流双方互动中一定程度上的认知共享水平是交流合作任务成功实现的基础和保障，从非语言因素的影响结果来看，显然，共享性水平受交流情境特征的影响，个人认知差异性始终伴随和存在于交流互动认知过程中。概括而言，交流认知体现的是交流者个人认知和共享认知的共存。

2. 三种交流情境下交流学习双方语言准确性和维度选择准确性间的比较

笔者通过三种交流情境下学习双方语言准确性和维度选择准确性间的比较发现：一方面从任务角度来看，交流学习任务中交流者仅借助语言交流时，语言的准确性水平最高；个人迁移任务中交流者在对象共同可视情境下维度选择的准确性水平最低。另一方面从交流双方的角度来看，高相似个体的准确性水平显著高于低相似个体，且高相似个体个人任务中的准确性水平高于交流任务中的语言准确性。

首先，任务间的比较证实语言条件下交流者的语言认知水平是最高的，而对象条件下交流认知水平是最低的，表情媒介提升了交流认知水平。任务间的比较结果再次证实了上述的讨论分析，对研究结果的讨论应始终注意实验设计的两方面特点，第一个方面，交流任务中记录的是学习结束时的语言认知准确性水平；个人维度选择任务则是学习后的迁移任务，其结果代表的是交流者个人交流认知准确性水平。比较结果显示的是，交流互动中当学习者相对更借助语言交流时（语言条件），语言认知的准确性水平和加工程度是最高的，但即使是当前实验中的语言条件也是一个实验控制中的相对条件，不是绝对单一性的语言交流，也存在实验设计中所未考虑的其他非语言因素和线索，因此交流学习中的语言准确性不等同于交流认知准确性。所以，结果出现交流任务中语言条件语言准确性最高，但在交流认知准确性方面，和表情条件间无显著差异，仅对象条件显著最低。这就需要注意第二个方面，本次实验设计中表情因素是在对象可视性条件的基础上递加而创设的，那么结果中表情条件显著高于对象条件，就直接可以证实个人任务中表情媒介参与交流互动后，交流认知准确性水平相对于对象条件显著提高，并表现出和语言条件间无显著性差异，即语言条件和对象条件间交流认知准确性的差异因表情因素的介入而消失，因此表情媒介提升了交流认知的准确性水平。

通过如上分析，本次研究可以概括如下的结论：交流语言认知是交流认知的一个代表性指标，其在交流认知中的代表程度或具体作用决定于交流情境中非语言因素和线索的认知特征，以及其与语言媒介间的相互作用特征。也就是说，语言认知的代表特征随交流情境认知特征的不同或复杂性而变化，可以肯定的一点是，特定交流情境中当存在多种非语言因素时，语言的交流性随之发生显著变化，当前结果呈现的是一种弱化倾向，这种弱化存在两种不同的表现和特点：对象可视性不具有交流性，其引起的语言认知弱化，进而引发交流认知水平的下降；表情因素因具有交流性，其引起语言认知弱化的同时，又弥补了语言信息交流的不足之处，进而共同促使了交流认知整体水平的显著提高。归纳而言，交流情境中非语言因素的认知特征是多样而复杂的，在弱化语言认知加工的同时所带来的交流认知的变化效应也随之不同。

其次，交流双方中高相似个体的准确性水平高于低相似个体，且高相似个体个人任务中的准确性水平高于交流任务中的语言准确性水平。一方面高相似个体准确性高于低相似个体的特点不受任务类型的影响，进一步说明交流者的认知体现的是个人认知和公共认知的共存，这是彼此间认知和行为差异性的重要原因之一。另一方面高相似个体个人任务的准确性高于交流任务中语言准确性，再对照高相似个体语言认知准确性和交流认知准确性均高于低相似个体这一结果，可以综合证实：交流学习互动过程中，高相似个体不仅交流语言认知水平显著更高，其对于交流情境中非语言因素的利用水平也显著更高，低相似个体则相反。这正是高相似个体交流认知水平显著高于语言认知水平的原因之一，即其对于交流情境中多种媒介因素的高利用水平导致其语言认知水平对于交流认知水平的代表程度相对显著降低；相反，低相似个体语言认知水平、非语言认知水平以及交流认知水平均显著更低的特点，使得语言认知代表性程度的差异性未表现出来。

通过对当前实验结果不同方面的分析，可以综合看到，交流语言认知过程不仅复杂而且表现的具体特征是多样的，这一定程度上源于现实中交流情境的多样性和复杂性，诚然，多样性表现为实验研究带来了困难，也提出了更高的要求，交流认知实验研究中采用单一的因素控制，以及当前实验中一定程度上采用的多因素依次叠加的方式，依然不可能完整展现交流语言认知和交流认知的丰富性，未来的研究应当考虑在保证实验探查内部效度的前提下，争取不断提高实验情境的现实自然性，即实验研究的外部效度，这有助于深入、真实和全面观察交流语言的特定语用特征，比如，课堂教学的现实情境中教师"教授"过程中的交流语言认知特征，合作学习中学生"学习"过程中的交流语言认知特征等；更进一步还可以分析"教与学语言交流"中更为丰富和复杂的情境认知特征，如面对面交流、多媒体交流等。同时还应该注意到，虽然交流语言认知和个人语言认知显著差异，但交流语言认知过程也存在认知加工的不同层次，如感知、注意、记忆、思维、想象，甚至个性等，所以，未来研究需要广设实验研究的思路，在横向和纵向上同时注意拓展研究设计，立足于认知加工的不同子过程来详尽和完整地理解、解释交流语言认知特征。

最后归纳本次研究结果，实验发现：第一，交流学习过程中，语言条件下交流者的语言准确性水平最高，对象可视性阻碍了语言准确性提高的速率，表情可视性降低了语言准确性水平；交流者中高相似个体语言准确性水平提高的效率和效果均高于低相似个体。第二，语言条件语言准确性最高，对象条件个人任务的准确性最低；高相似个体准确性水平高于低相似个体，且高相似个体个人任务准确性水平高于交流任务的语言准确性水平。

第三节　交流情境和交流认知的辨别力、归纳力、协调力

一、交流情境和交流认知的辨别力

如图 6-5 所示，可以把交流情境作为调节认知加工中辨别压力的一种解释框架：决定了哪些信息降低了解释的不确定性，而哪些信息则没有。为了了解交流情境这种辨别力是如何与语言互动的，不妨看一下图中简单的玩具情境：在这里，一个人面对一组对象（彩色形状），交流情境信息

是对象两两间的感知关系，任务是要求以语言将对象彼此两两辨别开。在这种情况下，内容是语言（例如，*miko*），情境是三个对象，背景是语言的先前知识经验以及如何对三个对象两两辨别。蓝儿童是弱辨别力的例子，此时存在多种提供信息的维度——颜色和形状；橘黄儿童是强辨别力的例子，只有一个提供信息的维度——形状，另一个维度（颜色）是纯粹的背景。

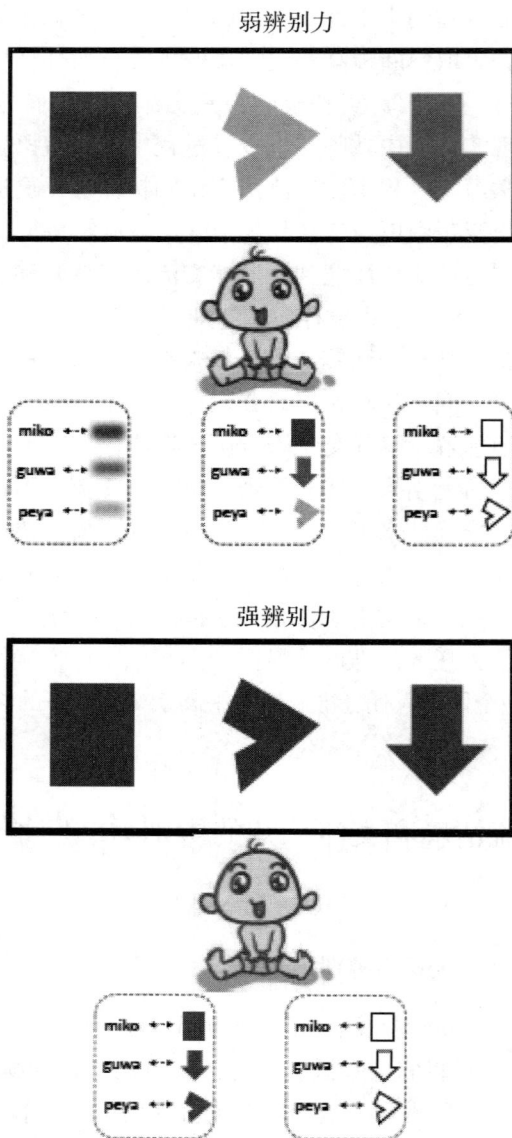

图 6-5 交流情境与交流认知的辨别力

当语言交流时说者和听者将面临两个问题。第一，说者需要将靶对象和干扰对象区分开，即语言必须具有表达目的性。第二，当听者面对"参照不确定"（referential uncertainty）问题时，其必须接收语言并推理语言所指的明确信息：语言提及了指称对象的哪些方面？交流情境通过辨别任务中的可提供信息的对象特征和不可提供信息的对象特征，从而帮助解决了这两个问题。对于说者这意味着"最大限度地发挥语言的作用，成功地传达和说明每一个对象"。同时，听者借助交流情境信息，期望语言尽量减少指称的不确定性。

重要的是，辨别力的强度取决于交流情境。当交流情境框架明确地聚焦于可提供信息的对象特征以及不可提供信息的背景时，强辨别力相应便产生了；而弱辨别力源于交流情境中存在多种复杂的提供信息的特征（均不是背景）。简言之，交流情境提供的信息有助于排除语言的不确定性，也就是说，当辨别力很强时，语言表达的信息量比辨别力弱时要低。

二、交流情境和交流认知的归纳力

辨别力不是一次性完成和实现的，说者和听者必须通过多次反复的语言互动（语言发生和理解过程）来实现。交流语言若要保证表达的针对性和目的性，一组交流语言就需要解决信息的不确定性问题：当前认知预测和输入的感知数据之间的差异是什么。现在的挑战是借助以前的互动知识使用语言解决眼前的任务，同时表达接下来的期望。在这种情况下又可能出现新的感知数据而带来新的交流问题，如出现新的对象、新的情形等，这将降低交流期望的正确性程度，即对象两两间的辨别力降低了。如果语言仅是为了最大化表达的目标性，语言可能过于详尽和精细加工，语言形式和意义间的映射并没有体现出对新数据的归纳概括，即归纳力。

归纳力的一个解决方案是产生压缩式语言。图 6–6 基于前面辨别力的示例来说明这一点。假设一个说者在交流时间 1 产生辨别性语言（例如，以"红方块"指称 *miko*）。此时，说者面对的是弱归纳力情境，很容易归纳出交流时间 1（t_1）的数据和交流时间 2（t_2）相同，说者语言表达足以辨别对象。然而，当面对一个强归纳力的情境时，同样的语言就会表现出不具备如上的对象辨别力，即在交流时间 1（t_1）中的交流语言对于交流时间 2（t_2）情境而言不具有相同的归纳力。因此，归纳的难易程度与数据的暴露特征有关，弱归纳力（容易归纳）情境下，当前语言可以更好地归纳和预测未来交流情境中的感知数据，而强归纳力（难以归纳）情境下，则反之。重要的是，归纳力特征直接关联于交流情境中所曝光或呈现的感知数据，当然也受到交流者记忆能力和认知加工能力的限制。

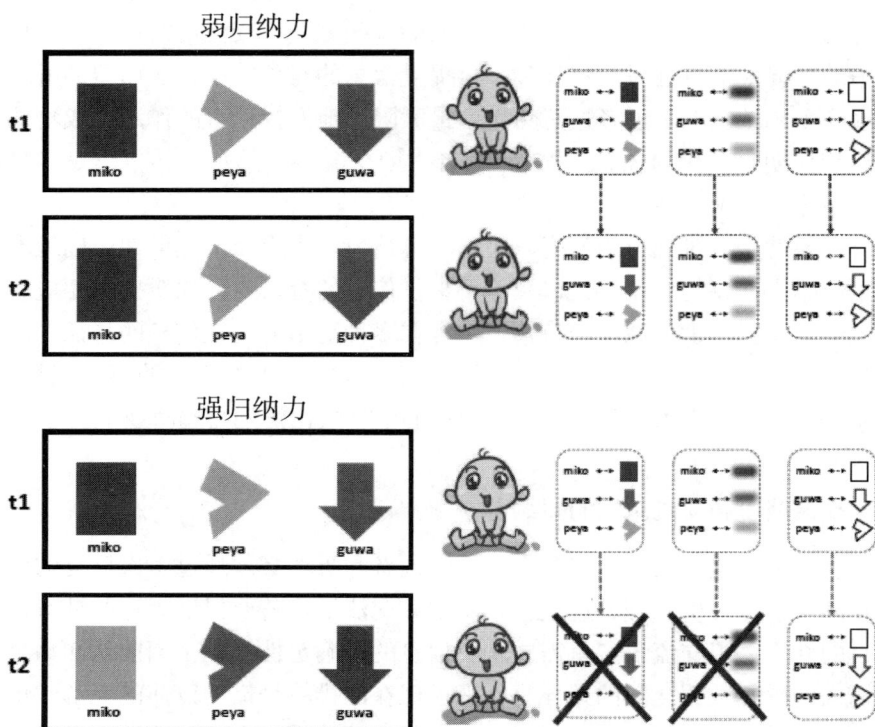

图 6-6 交流情境与交流认知的归纳力

三、交流情境和交流认知的协调力

到目前为止，我们已经探讨了交流情境如何形成语言解释框架，从而调节语言辨别力，以及重复交流过程中，交流情境不断展现对象的感知数据，从而形成不同的语言归纳难度。然而，正如前面提到的，包括语言在内的交流认知不仅仅是个体的一个内部系统，探讨交流社会认知时，"交流和社会互动"是不可忽视的重要因素。比如，如果语言是用来交流的，那么说者和听者需要校准彼此的共享性交流系统。没有一个共享性的系统，彼此对于交流情境框架的解释将表现出不一致，相应彼此交流认知和行为的协调性水平更低。

协调问题是指两个或多个个体必须校准彼此的交流认知，即具有相同的交流和问题解决策略，才能共同实现合作任务。多种形式的交流活动均可以被理解为协调问题（如，两个舞者配合完成探戈表演），但交流活动中的协调问题尤为突出，当有许多种方式和可能性解释某个交流语言时，交流者将难以解读同伴的交流意图和思想，即彼此间的交流认知理解分歧明显。因此，每一个交流情形均会面临协调问题，说者试图通过语言传达自己的意图，听者试图正确理解和解读说者的语言信息。

解决协调问题就需要说者和听者形成一些语言参照惯例，以校准彼此的交流认知。某种程度上，无法简单预测和界定特定交流情境下交流者间建立的共享性参照惯例，遵循参照惯例意味着交流者彼此遵循先前达成的语言约定，这一过程也与语言表达的辨别力和归纳力相联系：说者和听者需要沟通彼此的共享性交流系统，而形成特定的语言参照惯例；前提是语言必须具有表达的辨别性和归纳性。事实上，这些系统是说者和听者之间通过零星的争执互动而逐渐形成的，这一过程也包含了交流过程中的某些偶然的认知提示和启发过程，先前的互动、源于互动而出现的解决方案，均影响和限制未来的交流结果。结果导致，过去的交流解决方案可能使得交流认知系统仅停留在交流问题解决的"次优"状态下，因为交流者倾向于遵守先前的交流语言参照惯例，也是说，参照惯例一旦形成，交流者有遵循的惯性，而先前的参照惯例一方面并不一定是完全正确的，另一方面随着交流进程的发展，交流情境也可能出现某些方面的新变化，但交流者的参照惯例却没有即时敏感地做出相应调整，这也导致了参照惯例的不准确。Millikan（1998）阐述道：[①]

> 任何形式的参照惯例（一个或一系列），其核心意义是代表了个人的语言交流经历和经验，而不是其与什么相匹配的问题……参照惯例的形成是由于先前交流中的某些语言实例被赋予了更高的权重，因而逐渐常规化或固定化，进而延续到后来的交流情境中（该情境可能与先前的情境并不完全相同）

交流者间校准共享性的交流惯例，依赖于两个一般性的资源。第一个是交流互动反馈：交流者彼此为同伴提供信息，以确定彼此的语言解释是否是正确的，从而使一方或双方在接下来的语言交流中不断调整自己的认知和行为。有了反馈，说者可以在不断澄清交流意图的过程中，也相应据

---

① Millikan, R. G., "Language Conventions Made Simple," *The Journal of Philosophy 95(4)* (1998):161-180.

反馈不断调整自己的行为，进而不断精炼而准确地使用交流情境因素。相反，听者也可以依据反馈不断调整自己对于语言的理解——语言形式和信息意义间的映射，进而将自己的语言解释和说者的语言意图相校准，实现语言信息的准确解码。

第二个是交流者所持有的指向同伴的共享性知识和信念。准确评估共享知识的程度是至关重要的，因为这决定了说者语言适合听者需求的程度。例如，当描述一个特定的对象时，如果同伴是计算机，而不是真正的人，说者更倾向于重复使用计算机先前使用的描述方式，因为被试认为自己不可能和计算机共享特定的交流共同基础，重复表达最不容易导致交流互动过程的混乱。同样，如果一个说者认为听者是同一团体的一员，那么就可以假设彼此共享某些惯例性的经验和知识，此时说者的语言不仅仅是为了表达共同的交流意图，也表达了彼此共同的交流基础，例如，当交流者提及"美国帝国大厦"时，不仅仅表达了语言的直接信息，还暗指了其位于纽约，是个 102 层的摩天大楼，坐落于第五大道西 33 和 34 街区——这些是交流者先前具备的交流共同基础。

图 6-7 说明了协调力，以及其与辨别力、归纳力间的关系。两个人逐渐建立起一套语言交流系统，并形成了彼此理解的语言形式和意义间的映射。从 *t1* 到 *t3* 的交流进行得很顺利，交流语言很好地辨别和归纳了交流对象特征。在这一系列的交流互动中，协调问题可以借助交流情境信息顺利实现，即交流者只交流形状而忽视颜色就可以顺利而准确地相互传达交流信息和意图。然而，在 *t4*，颜色也成了辨别性信息。为了解决这个协调问题，橙色主体借鉴以前的互动经验和知识，并增加了一个新的信号（颜色）来传达交流意图。当使用了一个新的信号后，听者依靠彼此先前的互动经验和知识，相应地推理认为语言的变化意指交流对象的不同或出现了新的变化。有趣的是随后的影响：在 *t5* 中，由于受到 *t4* 的语言交流经验影响，交流者语言保持了 *t4* 中的语言惯例——黄色长方形，语言出现了信息赘余。因此对于交流语言信息量的探讨，不适合简单从语义、语法角度分析，因为信息量受到交流互动性的影响。

总之，语言的辨别力、归纳力和协调力都关联于交流情境的具体特征。

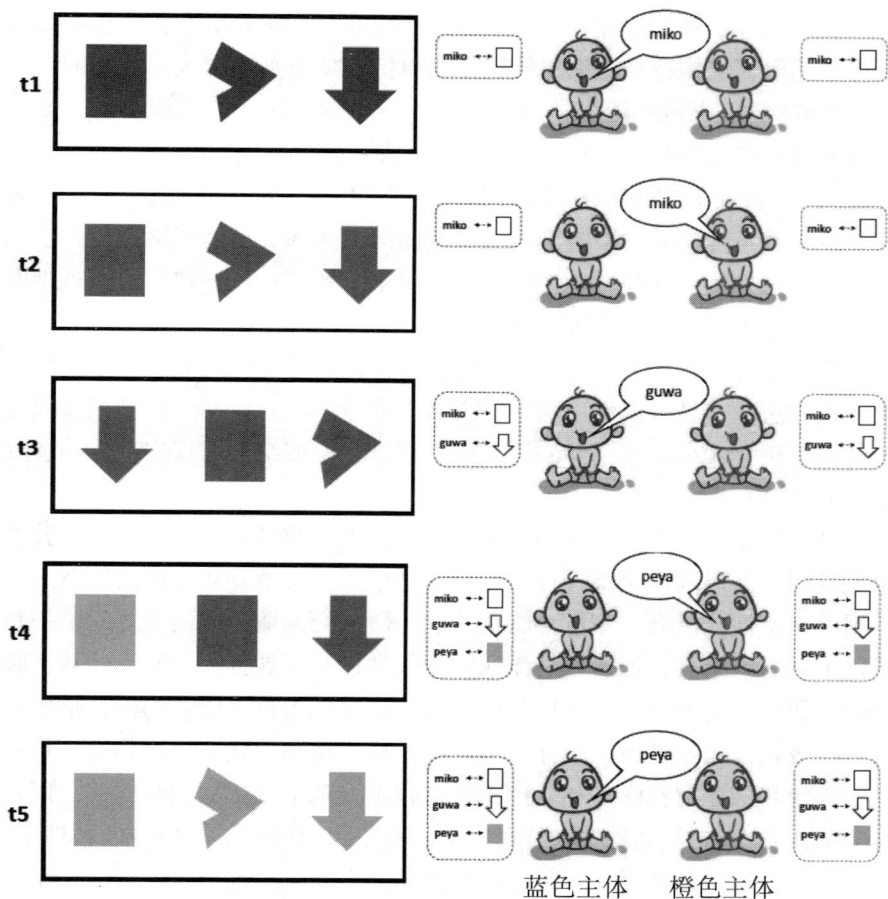

图 6-7　交流情境与交流认知的协调力

四、交流情境和交流认知关系研究的方法问题

研究交流情境对交流认知，尤其是语言认知的影响，可以归纳出以下研究途径。

第一个途径是使用统计技术研究语料库与跨语言数据库的相关性。2000 年以来这种技术已取得了突出的成就，越来越被视为研究语言结构问题的一个可行的方法。这种统计驱动的方法的明显优势是，数据可以更准确地反映自然环境中的语言，使我们能够探查语言跨结构的变异性和相似性程度。Lupyan 和 Dale（2010）的研究是这种跨语言方法的一个代表性例子，探查了社会交流情境和语言形态复杂性的关系。[①] 在这里，研究者比较的语言结构特征是在包括三个人口统计变量交流情境下进行的，分析了 2000 种语言后才得以完成，具体而言包括：说者的人口数量、地理分布和邻近语言的数量。在这种情况下，某些人口统计学特征，如人口数量的大小，可以用来获取语言结构上的竞争压力。关键的立足点是，社会背景或交流情境的差异影响到交流者彼此间文化和交流情境信息的共享性特征。尽管如此，这种方法在试图推断因果关系时有一些缺陷。执行难度较大，难以排除各种无关影响因素。

计算模型提供了另一种研究途径：以清楚和可量化的方式探索实验参数。该方法较容易以模型中的参数来展现交流情境。然而，模型很大程度上依赖于研究人员的简单性假设，因此很难将模型结果与现实世界的现象完美地联系起来。

诚然，实验方法的优势在于探讨因果关系，与其他方法一样，实验法也有其固有的局限性，统计技术分析的结果无法展现真实交流情境下语言数据的丰富性。然而，不可否认实验法为研究交流情境和语言之间的关系提供了有力的工具，如研究交流认知迭代学习和发展特征，交流游戏实验的相关研究。这类实验研究通常使用人工语言作为自然语言的简化抽象形式，探查在什么条件下，在什么情况下，语言从一种状态过渡到另一种状态。这使我们能够在学习和使用语言过程中发现个体认知的倾向性，以及对交流语言系统结构出现的影响。在有效控制和操纵交流情境的条件下，参照性交流游戏还提供了一个有价值的研究方式：操纵交流情境——靶对象和比较对象间的关系——可以探查对语用推理认知过程的影响，参照性交流语言的形成过程特征，等等。

第四节　交流情境认知影响语言信息加工

一、交流语言加工的情境敏感性

现代认知功能语言学的基本原则之一是，词义具有高度的交流情境敏感性，因而随交流情境而变化。在解释特定的话语时，语言使用者不仅依

[①] Lupyan, G., & Dale, R., "Language Structure is Partly Determined by Social Structure," *PloS one 5(1)* (2010):e8559.

赖语言形式编码的意义，还依赖从交流情境信息中推断出的含义。这种观点在 Grice（1975）早期的研究中就已被明确地证实和接受，即语言信号的意义和交流情境意义相关联。[①] 语言信号意义指的是存储在语义记忆中的意义，是交流者语言知识的一部分。交流情境意义是以语言信号意义为基础，在即时交流过程中借助交流者的推理能力而形成的。简单地说，有意义的语言认知编码包含了语言的本身义和一些来源于交流情境的推理义。

从这个意义出发，交流情境大致成为语言解释的前提，语言解释中除了包含语言信号的本身意义，还包含了由个人假设所构成的特定心理结构。比如"mole"这个词，除了指穴居动物鼹鼠，也可以指间谍活动，或者一种胎记，再或者化学物品，等等。这些认知解释都储存在语义记忆中，它们的具体使用和特定解释就需要由交流情境的认知特征来支配和决定。单纯一个词语义的解释，如"mole"，可能并不具有交流功能。然而，在特定交流情境中，通常很容易区分一种意义和另一种意义。对交流情境有特定的了解和参照，也使听者能够改变对给定词语实际意义的期望。换句话说，当交流情境信息是明确的，将相应减少语言认知加工的不确定性。

交流情境作为一种减少语言不确定性的资源，它可能会改变我们对于最佳交流系统建立的观念。例如，Levinson（2000）认为，我们的认知能力偏好交流系统，而交流对语言的影响又主要表现在听者努力推理说者的语言意图。[②] 同时，Pinker 和 Bloom（1990）指出语言为交流而设计，因为这能够"最大限度地在交流情境条件下降低语言的模糊性解释"。[③] 交流情境的作用具体表现在，影响交流者的语言结构，以及语言语法表现出对于交流情境和同伴交流需要的敏感性。此外，交流情境的这些直接即时的交流需要能进一步影响交流语言的长期模式：说者语言的语用设计方式，以及听者理解语言的语用特征，在语言互动历史过程中扮演着重要的角色，如语法化。

不同的语言交流任务和情形下，有许多不同类型的交流情境。目前的研究特别关注情景交流情境（situational context）：语言处于即时交流情形下，分析交流情境如何影响说者交流需要的传递。在实验条件下，可以通过变化刺激类型和组织方式来控制情景交流情境。例如，研究形容词怎样

---

①　Grice, H. P., "Logic and Conversation," in P. Cole & J. Morgan (Eds.), *Syntax and Semantics 3: Speech Acts* (New York: Academic Press, 1975), pp. 41-58.

②　Levinson, S. C., *Presumptive Meanings: The Theory of Generalized Conversational Implicature* (Cambridge, MA: MIT Press, 2000).

③　Pinker, S., & Bloom, P., "Natural Language and Natural Selection," *Behavioral and Brain Sciences 13(4)* (1990): 707-727.

被使用于参照性交流表述中，Sedivy（2005）发现，当两个对象共有一个特征维度时，说者更倾向于使用一个形容词（例如，一个蓝色的杯子和绿色的杯子），但两者属于不同类别时，则不会使用形容词（例如，一个杯子和一个玩具熊）。[①] 同样，Ferreira，Slevc 和 Rodgers（2005）发现，当交流者面对概念模糊条件时，如必须区分两个蝙蝠（飞行的哺乳动物），他们会使用一个相关维度来辨别（例如，根据交流情境区分出大蝙蝠和小蝙蝠），而当交流情境中概念差异明显时，则不必做出语言上的辨别（例如，a baseball *bat* and an animal *bat*）。[②]

　　如果情景交流情境在语言结构的组织中起着基础性的作用，那么何种意义被编码，何种意义被推理出来，就成为开放性的问题：（1）情景交流情境在多大程度上影响语言系统中特征的编码呢？（2）情景交流情境的作用是怎样影响语言结构的呢？为了帮助回答这些问题，研究者们研究了情景交流情境如何影响语言系统的出现。通常使用一种人工语言范式，实验模拟成对被试语言交流中的文化传播现象。具体而言，被试学习一种人工语言，它是一组带有标签的图片。这些刺激在形状上各不相同，每一个对象具有一个独特的、特殊的元素。学习完语言后，被试与同伴进行一系列的交流互动游戏，轮流描述彼此的图画。可以调整交流语言的情景交流情境，如操纵形状维度是诊断性特征或不是，例如，有些被试面对的情景交流情境是，形状可以区别对象，而其他人面对的情景交流情境中形状不具有辨别性或诊断性。最后，这些被试被安排到语言传播任务中，探查前一次交流中的语言是如何出现或影响后一次交流语言的。这种方法允许研究人工语言是如何变化和发展的，以及如何根据交流同伴的需要调整语言的或者语言是如何在交流者间逐渐传递的。例如，不同类型情景交流情境中的语言结构将有如下特点：

　　当形状特征在成对对象间始终是不同的，那么其将成为诊断性或辨别性的特征，可以预测随着语言的传播，形状将成为语言唯一编码的维度信号——指定性语言。

　　当形状特征在成对对象间始终是相同的，那么其不会成为诊断性或辨别性的特征，可以预测，整体性语言将出现，该系统中每一个对象都具有

①　Sedivy, J. C., "17 Evaluating Explanations for Referential Context Effects: Evidence for Gricean Mechanisms in Online Language Interpretation," *Approaches to Studying World-Situated Language Use: Bridging the Language-as-Product and Language-as-Action Traditions,* 2005, p. 345.

②　Ferreira, V. S., Slevc, L. R., & Rogers, E. S., "How do Speakers Avoid Ambiguous Linguistic Expressions?" *Cognition 96(3)*(2005):263-284.

一个特殊的标签，该标签编码了其独特性的特征——整体性语言。

当形状特征有时具有诊断性，有时不具有诊断性时，可以预测，语言将被系统性结构化，将同时编码形状维度（成为一个类别标记）和特殊的特征（一个独有的特征）——系统性语言。

二、交流情境影响语言加工的研究特点

此处，针对交流情境影响语言加工的研究特点，重点归纳三个方面的内容：

首先，迭代学习与交流游戏：一种研究交流语言产生和演化的方法。

语言不仅传递文化信息，本身也是社会学习和文化传播的体系，一个人的语言知识是其他人语言行为观察和再创造的结果。这个过程可以采用迭代学习（iterated learning）实验范式探查：个体学习者在语言学习和使用中形成的数据（语言认知加工经验和结果），接下来会通过与"下一代语言学习和使用者"的交流互动而传递下去。

使用这种方法，研究者已经证明，文化传播可以解释语言加工设计方面的一些特征，包括主观特征、规律特点，双重结构性和系统的组成结构等。这类实验通常先让被试参与训练（例如，人工语言学习），然后在交流任务中测试其再现所学知识的能力，并将测试中展现的知识作为下一个被试学习的内容，这就形成了交流链（迭代学习模式）。

这一领域的研究表明，文化传播可以展现交流系统的结构。特别是，交流系统与语言学习过程中的各种限制相一致，个体记忆和认知加工能力等一般性的限制决定了语言的易学性，即语言学习的难度不是在于重复，而是在于改变。采用迭代学习范式的最新研究表明，情景交流情境的参照可以改变语言编码某些特征的难易程度。Silvey，Kirby 和 Smith（2015）的研究表明，采用传递链（transmission chain paradigm）范式，在词汇学习中被试有选择性地保存词义的现象很显著。这可以使用虚假交流任务，研究中被试需要辨别靶意义和干扰意义，研究者进一步可以操纵维度特征（如，形状、颜色和运动）的诊断性或相关性。如果一个维度的背景特征，因为对学习不具有诊断性，被试将表现出不加工该维度特征；相反，语言将聚焦于具有辨别性或诊断性的维度特征。[1]

然而，语言交流不是被动地记忆和再现一组形和义的任务。语言交流

---

[1]　Silvey, C., Kirby, S., & Smith, K., "Word Meanings Evolve to Selectively Preserve Distinctions on Salient Dimensions," *Cognitive Science 39(1)*(2015): 212-226.

是一个合作行动的过程，即，语言本质上是一种社会互动现象，具有使用、交流和协调的特征。实验性交流游戏任务已经被用于研究这些特征的组合和各自的独特性，如手势符号中出现的主观表征，以及共同基础在初次交流中建立的程度。总之，迭代学习和交流游戏的研究表明，学习和交流共同促使语言结构的形成。

其次，链接的问题：语言策略和语言系统的出现。

探讨交流情境如何进入语言结构的，需要我们考虑链接的问题。个人认知机制与我们观察到的语言特征之间没有直接的联系，但是，我们面临着一个附加的动力系统：社会文化传播（socio-cultural transmission）。把语言作为一个复杂适应系统（complex adaptive system）解决了两者间链接问题的解释，因为我们可以思考和研究被用于满足即时交流需要的短期（short-term）语言策略是怎样通过长期的学习和使用模式最终产生语言交流系统的。

狗	狗	猫	猫
达尔马提亚狗	贵宾犬	暹罗猫	虎斑猫
斑点狗	棕色狗	灰猫	条纹猫

A

狗

B

达尔马提亚狗
斑点狗

图 6-8 交流情境示例

说者选择的一种语言策略，使听者能够确定其意图，不仅取决于可获得的参照性信息，而且取决于语言所处的交流情境。以图 6–8 中简单的交流情境为例，这里，语言使用者可以使用几种语言策略来传达意图。在交流情境 A 中，使用语言标签"狗"就可以实现对象间的辨别，然而，交流情境如果存在另一只狗（如交流情境 B），语言标签"狗"将无法提供有效的辨别信息。此时，必须采用其他的语言策略，如提供一个更为专业且独特的语言标签（Dalmatian——达尔马提亚狗）或创建一个复合信号，同时包含特质性和一般性的成分，如"SPOTTED DOG——斑点狗"（SPOTTED——特质性成分，DOG——一般性成分）。

因此，实验探讨在情景交流情境中实现成功交流的短期策略如何影响不同类型语言系统的出现，具有重要的理论意义和现实解释价值。比如上述的三种语言系统的演变是怎样发生和演化的：指定性语言、整体性语言和系统性语言。在实验情境下，这具体表现为交流语言是如何编码某些特征而忽视另一些特征，从而抽象出对象的典型特征。上面的例子，"狗"（指定性的信号）无法区分斑点狗或褐色狗。相反，达尔马提亚狗、贵宾犬、暹罗犬、平纹犬是整体性的信号，因为它们体现的是一对一的映射：整体性信号服务于个性化的目的（是一种专有概念）。最后，在形式和意义间的系统性映射中，语言信号中还可能包含了具体的元素（不像一个整体性的映射，每个信号和其他信号绝对无关），系统性语言由复合信号构成（例如，斑点狗），其中既有一般性的类别（如，狗），又有个性化的元素或成分（如，斑点）。

为探查情景交流情境效应，研究者们使用了不同的任务内容，如图6-9 是一个猜谜交流游戏（实验使用了 8 个刺激。每个图片均由两个部分组成：基本的形状——星形或团块；次级水平特征——独特特征）：[①] 任务是要求将靶对象和竞争对象进行两两辨别。材料是形状不同的图片。基于以下两方面创设了三个实验条件：（一）形状特征是否具有辨别性或诊断性，（二）当形状特征一致时，刺激对特征一致性的程度。在"形状不同"的条件下（实验条件 1，不同形状两两配对），形状始终具有辨别性或诊断性。因此实验假设在形状不同条件下，语言将可以根据形状辨别两大类，但无法区别类中的不同对象。此交流情境下，一个不明确或完备的类语言标签就可以满足交流成功性的要求。相反，在"形状相同"条件下（实验条件 2，同形状两两配对），成对对象始终具有相同的形状，差异之处在于具体的次级特征。因此，形状维度与辨别无关，因此此交流情境下指定性语言（形状——五星或团状）是无效的。因此，实验假设整体性语言将出现，每个对象将有一个独特的语言标签，以映射其特有特征。最后，对

---

① Silvey, C., Kirby, S., & Smith, K., "Word Meanings Evolve to Selectively Preserve Distinctions on Salient Dimensions," *Cognitive Scienc 39(1)*(2015):212-226.

于混合条件（实验条件3，混合配对），实验操纵了各测试中情景交流情境的可预测性：一些测试中成对对象拥有相同的形状，另一些测试中拥有不同的形状。该交流情境下，实验假设语言将表现出系统结构性特征，被试同时编码一般类标签，即形状，以及每个刺激对象的个性化特征信息。进而，实验假设，一般类标签进入语言参照惯例的时间要早于个性化的特征信息，被试先采用一个宽松的辨别标准来满足即时交流需要，尝试以最小的认知努力实现最大的交流成功；因此被试先关注形状（既减少认知努力，又确保交流情境中形状交流的成功），之后关注8个独特特征（更精细的辨别，此时形状不具有辨别力）。

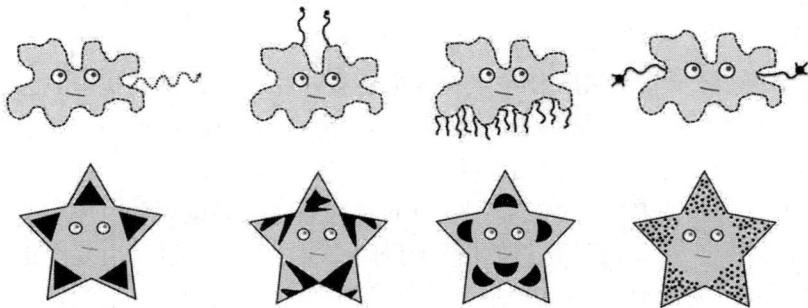

图6-9 猜谜交流游戏

再次，生态敏感性、学习倾向和历史或然性（偶然性）解释。

为了探讨该问题，实验将操作情景交流情境，引发语言的变化，该过程被称为生态敏感性（ecologically-sensitive）。在这一观点下，语言以类似生物有机体适应环境变化的方式，随交流情境而变化和调整：社会文化环境决定了语言出现的类型和结构特征。生态敏感性解释得到了实验证据的支持，社会结构模式决定了语言结构的差异；词频决定于人们的日常话题；互动限制性和交流的基础条件决定了语言形式的文化趋同性；客观情境中的对象和事件决定了语言词汇的辨别性学习；语言的长度模式决定于意义表达的复杂性；语言表达结构决定于需要沟通意义的结构特点。

其他两种理论观点与生态敏感性的解释形成了对比，它们对情景交流情境和语言系统出现之间的关系作出了不同的解释。第一个是学习倾向解释。该观点认为交流语言结构决定于先前（交流）期望和语言学习"偏见"。该观点与生态敏感性观点不同，它认为交流语言类型或特点决定于个体的主观倾向，个体的主观倾向决定了交流语言发展变化的特征。进而历史偶然性解释认为，语言结构特征变化是由语言传递继承过程中的变异因素导致的，"当前语言系统的状态塑造和制约了其未来的状态"。

Winters，Kirby 和 Smith（2015）的研究探讨了交流情境如何将不同类型语言系统的短期使用与长期出现联系起来。[①] 实验中，72 名被试随机分配到 12 个交流链中。每个交流链由一对初始被试和两对连续被试组成，连续被试学习了前一对被试的交流语言，总共产生了 3 个交流代。12 个交流链进入三个实验条件。实验刺激为图片和目标语言。被试学习一种外来语言，由小写字母和图像组成。共 8 张图片，它们的形状不同——4 张团形，4 张五星，每个图像均有 1 个独特的、特殊的次级特征；每张图片都有 3 个词语标签。初始交流对随机学习其中的一个，后面的交流对学习先前交流对的语言。参见图 6–10。

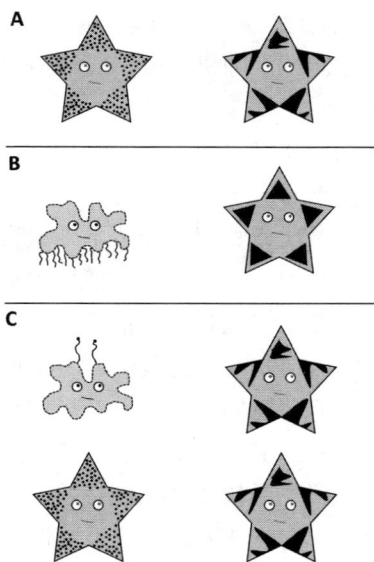

图 6-10　Winters 等（2015）的实验材料

被试在联网的计算机上独立地完成实验。实验分为两个主要阶段：训练阶段和交流阶段。在每一阶段开始，被试详细接受指导语，并且被告知在实验中不能使用英语或任何现有的语言进行交流。在训练学习阶段，被试是单独分别接受任务的，只有在交流阶段，他们才通过计算机网络进行远程的互动交流。

训练（学习）阶段：在每个测试中，呈现词汇标签和两个图像——目标对象和干扰对象。被试被告知，外星人希望他们选择与标签相符的一张

　　[①]　Winters, J., Kirby, S., & Smith, K., "Languages Adapt to Their Contextual Niche," *Language and Cognition 7(3)*(2015):415-449.

图片。一旦被试选择图像（单击鼠标），立刻提供正确与否的反馈，时间2秒，然后进行下一个测试。目标对象和干扰对象随机呈现，但做了如下限制：一是目标对象和干扰对象的配对方式因实验条件不同；二是在训练阶段，每个图片均有三次作为目标对象。实验的训练阶段包括4个block，每个阶段中24个测试，图片呈现顺序随机化。

交流阶段：被试轮流担任指导者（director）和匹配者（matcher）。指导者——向指导者呈现两个图片，靶对象以绿框标注，指导者输入标签词汇，该词汇通过互联网发送至匹配者一方。匹配者——匹配者屏幕呈现的图片和指导者相同，屏幕下方呈现指导者传来的词汇标签，并点击选择正确的图片。在每个测试中，均向被试提供匹配者反应结果正确与否的反馈（反馈呈现的是指导者描述的图片和匹配者选择的图片），各实验条件下，图片随机配对，并在每个测试中随机呈现。交流阶段共2个阶段，每个阶段的长度因实验条件而不同。

交流情境的控制形成三个实验条件：形状相同条件、形状不同条件、混合条件（兼具前两者特点）。

实验结果证实，在学习任务和交流任务下，语言结构特征均表现出符合语言情境的特征。在实验中，语言在迭代使用中逐渐演变，演变体现在逐渐完整和准确地编码与交流情境相关的信息，以保证交流的成功，这具体表现为：不同交流情境条件下，交流语言的特征是不同的，共同之处在于均表现出对于相应交流情境的符合——在形状相同的条件下，语言是"整体性语言"；在形状不同条件下，语言是"指定性语言"（指向形状）；混合条件下，语言同时编码了形状类别和独特特征，出现"复合性语言"。这些不同语言结果，均来自交流情境特征的限制性。

总之，该项研究实验探查了情景交流情境在不同类型语言系统出现中的作用。通过操纵刺激相互配对的方式，发现情景交流情境可以决定语言中哪些是或不是编码的重要因素。研究结果展现了情景交流情境如何影响语言的文化进化。情景交流情境的类型和交流者传达意图使用的交流策略相关联，由此产生的语言认知加工特征（上述的三类语言系统）反映了交流情境的限制特征。实验中的主要发现是，交流语言类型及其演化变化受交流情境的影响和制约。交流互动中的即时或短期语言策略和语言系统或类型的长期发展变化相一致，影响到真实的语言加工和演化，如语法化。单向性假说（the unidirectionality hypothesis）认为语言变化模式和类型是可以预测的，但重要的是需要解释这些变化的发生过程——交流情境对即时语言交流策略的影响如何扩展到整个语言加工系统中的。现实社会中自然语言的发生发展和使用，是处于一个更大和更多样化的交流情境之下，未来一个关键的问题是，实验结果能够在何种程度上推广到自然语言系统中。

本节旨在探讨情景交流情境如何影响语言交流系统。特别是通过创设不同的交流情境证明：利用情景交流情境，可以直接影响交流者思想中的语言解释框架，具体而言，针对语言形式和交流意图间的映射，界定了交流对象的哪些维度是诊断性的，哪些不是诊断性的。更广泛地说，语言是一个复杂的适应性系统，交流中语言结构是多种"压力因素"相互作用的结果。情景交流情境的变化可以决定和影响交流语言中的诊断性表述，这是通过影响语言的辨别力实现对语言结构的影响的。而辨别力又与其他的两个动机因素相互作用：学习和交流。对于学习而言，记忆容量的瓶颈是客观存在的，这决定了交流者不可能在学习中记住所有的信息，形成了归纳的压力，这迫使交流者的语言既要概括又要具有表达力。对于交流而言，交流者必须及时解决交流的问题，在对象间做出准确的辨别，还需要在交流进程中与同伴建立一个共享性的交流系统，即协调压力。当语言和意义间映射建立起来时，就意味着在交流情境限制框架下，语言获得了具有辨别性的归纳能力，并在交流者间协调性解决了现实的交流问题。

第五节　交流情境预测性与语言信号表达性

Clark（1993）在著作 *Arenas of Language Use* 中，指出交流互动中说者语言遵循最佳设计原则（principle of optimal design）：[①]

> 说者遵循最佳设计原则，并相信这将便于听者理解其交流意图……最佳设计原则以交流共同基础（common ground）——交流者共享的知识、信念、假设等——为前提……说者在交流互动中力争让每位听者都能够实现基于共同基础理解交流意图和信息。

Clark（1993）认为，交流语言通过在交流双方间创建"形式 – 意义"映射，来建立彼此共同的交流基础。通过语言来建立共同基础的过程，是以说者表达努力和听者理解推理努力间的平衡为前提的。这是通过操纵交

---

① Clark, H. H., *Arenas of Language Use* (Chicago: University of Chicago Press,1993).

流情境特征探查交流双方间认知努力的平衡过程特征来分析的，说者在表达过程中如何估算听者可以借助理解的交流情境信息。特别是，交流情境预测性和语言信号的独立表达性间存在因果关系，语言信号独立表达性可以定义为在不借助交流情境信息条件下语言信号的解释力。因此，减少交流情境的可预测性将导致语言信号独立表达性的增强。也就是说，如果交流情境潜在提供信息越多，语言信号的独立表达性就越低，即解释的明确性和全面性降低；反之则不同。即交流情境信息越丰富对于交流传递的信息和意图展现得就越明确，此时语言不必要过于详尽而全面地解释，因为一是太赘余啰嗦，二是不利于认知节省。

一、交流情境特征决定语言信息损失特征

上一节阐述了操作交流情境导致语言对于视觉图片信息辨别的差异。以往研究实验结果证实交流中语言出现从非结构化向结构化的转变，证实"语言派生于非语言"。

我们在交流时间历史中观察到了语言结构化的过程，如果我们实验研究的目标是模拟这样的变化，那么就需要重点关注语言在什么条件下发生了结构性的变化。应该注意到一点，以往研究关注的都是结构如何进入语言中的，而很少关注结构消失的问题，历史语言学经常关注个体语言和意义映射建立过程中消失的结构，即交流情境特征决定语言信息的增损。

例如英语名词橱柜（cupboard），最早包括两个独立的语素：杯和板（cup-board），组合成一个复合名词，指的是一块放杯子的木板（便于与其他类型的板，如洗衣板和菜板等区分）。如今，cupboard 指储存空间，从一个复杂形式简单化。这类演化在汉语中也大量存在，如"地主"，古时的"地主之谊"指"主人"，后来"地主老财"指"占有土地的人"（时代贬义词）。英语的演化历史中有很多这样的例子，从复合词进而词汇化，以符合语言习惯（例如，kick the bucket，指死去）和语法结构的形式出现。

这些例子中都存在一个问题，即语言建构的损耗问题。"语言建构"指的是"一个表达方式的意义是其组成部分的意义和语法组合方式功能的共同体现"。从这一点来看，建构损耗指的是部分义和整体义间的不匹配或不对等性。回到上述例子，"John kicked the bucket"字面义是"约翰踢桶"，非字面解释是"约翰去世"。第二种解释中存在语言建构的损失，听者不能直接从字面义中解读说者的真正交流意图。这在汉语语言表达中也是常见的，如"×××老了"这是直观的字面义，非字面解释意指

"×××死了"。

　　语言建构损失问题涉及语言的再次使用、组块化，和交流情境的影响性。此处重点探讨交流情境的影响性。尤其是，交流情境在语言形式和意义映射中引发了认知理解上的歧义，进而引发语言的再分析，导致语言建构损失现象的出现。

　　大量的研究已经证实了语言建构损失的存在。在此，我们将语言建构机制概括为两个方面：重新解释（reinterpretation）和组块化（chunking）。

　　第一个机制是重新解释，包括语义创新的各种解释机制，如类比、类别化、隐喻等。可以将重新解释定义为语言认知中的一种推理创新，将先前语言形式映射到新的推理解释中。因此，重新解释研究关注的是交流语言建构损失的功能，即关注的是如何将一个本义（例如，杯+板：放杯子的板）解释为新义（例如，橱柜：存储空间）。重要的是，重新解释包含了一些认知机制原理，包括语义变化、概括化、专业特指、隐喻和引申义（例如，蓝领：穿蓝色衬衫的工人，某一特定类型的工作）。语言中词汇的例子说明，重新解释不必局限于语言的建构结构，其是涉及语义创新和变化的一般机制。

　　第二个机制是组块化，是组织记忆的一种方式，我们使用小单元组建成更大的单元。一个非语言的例子是数字组块记忆，序列 4-9-7-5-2-5 容易分解存储为 497-525。在语言中，将一些词或词素组合为一个单元，被认为是信息结构化的主要机制。仅依赖组块化不足以解释语言建构的损失，例如搭配式结构刀和叉，可以组块，但意义并没有改变。只有当重新解释和组块化两个机制一起发生作用，我们才能观察到交流语言的建构损失，"机制导致语言建构的改变仅体现在改变句法认知模式，并不改变语言的表面结构"。总之，词或语素序列的调整，使其重新成为一个单一的、有凝聚力的组块，使语言的潜在意义发生变化，是新形式与意义创造性映射的结果。

　　为什么有些建构有损失而有些没有呢？与砧板（cutting board）或书架（bookshelf）相比，橱柜（cupboard）有什么特别之处？语言的变化是多方面的，演化历史中的偶然性因素是关键，其作用不可低估。然而，语言学家已经确定了语言建构损失的一些影响因素。词的频率效应，特别是相对频率，通常被认为是重要的影响因素。相对词频是指与语言的基本词（例如，mortal）的频率相比，派生词（例如，immortal）的词频。形态衍生词的词频往往大于基础词词频，成分衍生词的词频往往小于基础词词频。

相对频率只是影响因素之一，语言建构中语义和语用的转变，受到词频或词语重复使用性的促进，但它们的作用来源于包含复杂因素的交流情境。即语言建构的损失最终还是决定于，特定交流情境下语言学习和使用者的认知推论。人们早已认识到交流情境可以丰富语言的解释。例如，"To bank money at the bank on the river bank" 这一句子中，bank 有三个不同的意思——存储、银行、河岸，每一个 bank 的解释都是由语言内部交流情境决定的。在脱离交流情境的情况下，bank 的含义就是不明确的。交流情境也可能引发歧义。例如，"the man with the binoculars" 的句意是明确的，但当设定一个交流情境时，如 "the boy saw the man with the binoculars"，我们的理解可能出现歧义：一是男孩用望远镜看到一个男人，二是男孩看到一个带望远镜的男人。

因此，交流情境也可能导致语言的不确定性解释，在某些情况下，这种解释的不确定性可以通过反复的推论而成为语言常规意义的一部分。语言学家提出两种类型的交流情境：诱发交流情境（onset context）和孤立交流情境（isolation context）。诱发交流情境将新解释带入语言中，带来语言的增量建构和认知加工的损失。孤立交流情境是不同的，其限定了语言的明确解释而非增量解释。

综合以上，可以说语言解释的不确定性是导致语言不断建构的推动力，进而带来认知建构的损失，但是引发不确定性推理的关键因素又来自交流情境。在这一过程中，第一步是语言组块化和诱发交流情境的促进，这使得新解释的形成成为可能。第二步是新解释与组块结构有关，并进一步受到孤立交流情境的限制，语言形式和意义间的原始映射，转变为与新意义间的新映射和新解释。

简言之，一般的假设是，操纵交流情境可导致语言建构的损失。如果初始映射具有可建构性，并且存在高不确定性解释，那么听者理解初始映射关系的可能性降低，需要建立新的映射关系。

二、交流情境预测性决定语言信号的独立表达性

一个好的交流系统应体现为降低交流意图的不确定性。为了实现这一目标，说者和听者需要相互配合，不仅依赖于语言惯例的建立和传承，而且借助交流情境信息。没有交流情境，语言系统，如英语，将变得模糊不清楚，比如 she passed the mole，passed 是指"通过"还是"给予行为"，mole 是指鼹鼠、间谍还是一种墨西哥酱。总之，交流中情境信息有助于

降低语言信息交流的不确定性。

在这一意义上，交流情境是彼此间语言互动的认知环境，是语言认知解释的一个框架，交流情境可以决定哪些语言信息是明确的，哪些是不明确的。交流情境中包含了语言交流的靶对象，语言交流中的即时信息、背景信息（先前的交流经验等）。而且，与任何环境一样，交流情境也会有所不同：一些交流情境是规则的和可预测的，而另一些则是不可预测的。可以说，交流情境是一个变量，它决定说者对于语言发出的评估，以及听者利用交流情境信息解释语言的程度——交流情境的可预测性。

例如，如果一个说者要告知听者到最近商店的方向，那么交流情境包括周围环境的信息（如商店相对听者当前位置的大方向），以及听者理解当前语言的先前交流经验等。可预测的交流情境是指说者可以利用的、有助于降低交流语言意图不确定性的相关信息，如果商店附近有一个公园，双方又共同知晓，那么说者可能说"商店离这里大约五分钟的路程，邻近我们星期一玩橄榄球的公园"，这足以保证听者找到商店。但是，如果听者是个陌生人，便无法保证上述语言的恰当性，因为无法确定双方是否共享"公园"这一交流情境信息（例如，听者是旅游者，不知道附近的公园）。

交流情境、信息和不确定性之间的关系使得交流语言系统的认知加工过程表现为一个各类因素的权衡过程。三者间的关系不同决定了语言的独立表达性特征不同，语言信号独立表达性（signal autonomy）是指语言信号不借助隐喻、文化、交流情境知识等的情形下自身的解释力。非独立表达性的语言表达，需要借助交流情境信息、语用信息和语言信号共同表达交流意图。简单而言，独立表达性语言信号独自表达交流意图，不借助其他信息的辅助。独立表达性语言信号的优点是减少了语言信号对于交流情境等信息（包括社会性信息、感知性信息等）的依赖性。

这一研究领域的观点认为，交流情境预测性和语言信号独立表达性间存在因果关系，例如，让被试使用人工语言进行交流，高度可预测交流情境决定了语言信号的非独立表达性，即产生交流情境依赖性语言，但降低交流情境的可预测性时，语言信号的独立表达性相应提高了。值得注意的是，这种因果变化特征，与说者语言发生过程的认知努力和听者语言理解过程的认知努力间的权衡有关，即交流语言基于特定交流情境的独立表达性体现了交流双方语言认知加工努力程度间的权衡关系。

没有一种自然语言在交流中属于完全独立表达性的信号；交流情境总是或多或少影响交流语言认知加工过程，表现为语言信息的确定性程度不同（简繁程度不同）。如图 6–11 示例，描述情境 A 和 B 中左边的对象可以使用"金属杯"——这种表达在两种情境下均有效。然而，基于长期的交流认知心理的研究历史，只有在 B 交流情境中，使用"金属杯"才是恰当的，A 交流情境下不必要使用形容词修饰语"金属"。基于听者设计的相关研究发现并指出，当前交流情境下当听者的感知信息相对更少时，说者的语言表达倾向于更为复杂，语句也更长，并且修饰性语言的使用还决定于交流双方是否共享相同的交流情境。

图 6-11 语言交流对象的不同情境

事实上，我们日常语言的使用都会涉及语言信号的独立表达性程度问题。比较如下交流情境依赖性强和弱情形下的语言独立表达性特征：如果以今天为参照，英语使用者以"tomorrow"指代下一天，而不使用具体的日期来表达，如果不以今天为参照，将使用具体日期表达方式。两者都是正确的表达方式，但交流者优先借助了共享性知识和交流情境信息。又如，James lives on this street，如果缺乏"这条街"的参照性信息，交流者将表达：James lives on Milton Street。这些例子展现了交流情境预测性的差异，表明日常社会性的交流中说者利用了交流情境信息来减少听者语言理解中的不确定性。

交流情境可预测性可以被看作是交流语言的一个组织原则：当交流情境是高度可预测的，语言形式的独立表达性水平相应降低，反之则不然。然而，独立表达性的差异不仅表现在交流情境信息的利用方面，还表现在语言结构自身的特征上。例如，对比具体名词（例如，dog 和 computer）和模糊名词（例如，stuff 和 thing），计算机是相对自主的，我们有具体的认知理解，但是 thing 的理解则需要交流情境信息来限制和丰富，否则说者的意图难以准确传达。这种独立表达性的差异还表现在词性上：名词比动词和形容词具有更高的独立表达性水平。而且，在更高组织水平中，语法比词汇具有更低的独立表达性水平，因为语法更依赖交流情境。

交流情境和语言独立表达性的关系也影响到语言信号变化特征的解释。语法变化特征发生在交流历史时间进程中，可以提供交流情境可预测性和语言信号独立表达性相互作用关系的证据。语法化的一个典型例子是"be going to"的演化发展。早期语言中，"be going to"仅指到某地做某事，现在还意指人的主观意向和未来发生的可能性。随着适用范围的扩大，"be going to"的独立表达性在逐渐降低，在特定交流情形下"be going to"的具体含义必须借助具体的交流情境来解释，否则将带来更多的交流歧义。例如，"the leaves are going to fall off the tree"很明确指向一个即将发生的事件，交流情境信息对于"be going to"含义的限制是明确的。但也有一些情况是含糊不清的，例如，"I am going to take a nap"，很难解释这意指一种"休息形式"还是"未来事件"，这就是交流情境低预测性导致了语言信息的不确定性。解决歧义的一个办法是用额外的语言信息来丰富其具体含义，正如"Maria is going to go to London"，将"未来意图"和"动作事件"分开表达，使语言结构具有更高的独立表达水平；另一种方法是使用一个更自主的语言表达形式，比如使用词语"gonna"，可以明确地意指未来的事件，例如，"The leaves are gonna fall off the tree"。语言独立表达程度也具有变化性，这决定于交流者共享知识的具体特点，共享性知识可以提高交流情境的可预测性，如果说者和听者对某一特定交流主题有共同知识，而这种知识足以区分不同的解释，那么就不必在语言系统中显式地表达这些信息。

因此，语言使用、变化和类型学的证据均表明，交流情境可预测性的差异导致了语言信号独立表达性的差异：高交流情境可预测性会降低语言信号的独立表达性，而低交流情境可预测性提高了语言信号独立表达性。然而，这仍然给我们留下了一个问题：导致语言可预测性和信号独立表达性间因果关系的基本机制是什么？ Wray 和 Grace（2007）给出了一个答案：[1]

> 当然，任何交流语言中的个人话语在独立表达性程度上都不同，这是因为交流中说者总是会判断与听者共享多少知识，出于语言交流的简洁性和经济性，语言信号将不会提及与共享性知识有关联的信息。

如上所述，不同的独立表达性水平与竞争或权衡动机有关，这种竞争或权衡压力，决定了其对减少说者语言加工认知努力以及最小化听者语言

---

① Wray, A., & Grace, G. W., "The Consequences of Talking to Strangers: Evolutionary Corollaries of Socio-cultural Influences on Linguistic Form," *Lingua 117(3)*(2007):543-578.

理解不确定性的影响。即减少说者的认知加工努力和尽量减少听者理解不确定性间的竞争动机或压力。

探讨独立表达性和交流情境可预测性间关系的基础机制，需要考虑短期语言策略和长期语言模式间的关系问题：个人行为如何引发语言的特定结构特征？对于这种关系，具体而言，需要考虑解决即时交流需要的短期语言交流策略，如何引发学习和使用中交流语言的长期模式。交流者双方间的竞争动机决定了短期语言交流策略。说者需要以最小的认知努力实现语言表达目的（语言精简化），听者需要以最小的认知努力实现语言的理解（语言信息丰富化），这两者间需要达到平衡。要想同时满足双方的语言交流需要，彼此需要校准认知系统：权衡说者最小化认知努力和听者最大化语言理解的明确性。关键立足点在于，说者高效地向听者提供共同基础信息、交流情境信息和当前任务相关信息。

交流过程中的竞争或权衡压力可以清楚展示语言信号独立表达特征和交流情境可预测性间的关系。当交流情境可预测性低时，交流者相应期望语言信号独立表达性的提高。这是因为说者无法将交流情境信息传递给听者，而必须在语言信号中明确地编码更多的信息（增加听者正确解释的可能性）。相反，当交流情境可预测性很高时，说者语言信号的独立表达性将降低，说者可以依靠交流情境获得一些交流信息，允许他们减少交流语言加工的认知努力，并且语言中编码的信息显著减少（不会对听者的正确理解产生负面影响）。

最小化说者的认知努力和听者的理解推理，从而形成了一个优化的语言交流系统，将呈现出一个低成本、高收益或高功用的语言交流模式。看一个例子，这是一个关于语言词长、模糊性和交流情境可预测性的例子。研究表明，代词通常被用于更可预测的交流情境下的指称对象，而直接概念和完整的表达则通常出现在不可预测的交流情境中。在相近的词对间，如"exam"和"examination"，长词提供的语义信息更为丰富和明确。概言之，如果较少的语言信息即可以表达交流意图，那么语言将变得更简洁——语句更短、信息更少更概括。

以往研究结果支持了如下解释：交流情境可预测性使得说者减少了语言加工的认知努力，同时又不对听者的语言认知推理造成负担。但是，对于这一理想权衡过程的解释，各研究间存在差异。例如，Levinson（2000）认为，一个最佳的交流系统应该表现为减少说者的努力，而牺牲听者的不确定性，他的理由是"推理便宜，发音昂贵，因此语言交流系统是一个最大化听者语言推理的系统"。[①] 同时，听者设计观点和调节理论（accommodation theory）认为：语言交流中观点采择机制（perspective taking mechanisms）是认知核心，在这里，观点采择机制所强调的是，说者使用听者信息来优化语言信息表达过程。

对这两种观点的折中解释是语用学，当一个人进入交流互动时，其与同伴间的语言交流行为不是默契的，但是彼此在交流互动过程中会围绕交流功能和目标信念，而不断调整彼此的语言交流行为，最终实现默契交流。该过程需要交流双方反复协调彼此的语言交流策略，从而建立交流的共同基础（共享性语言交流系统），保证双方成功交流。

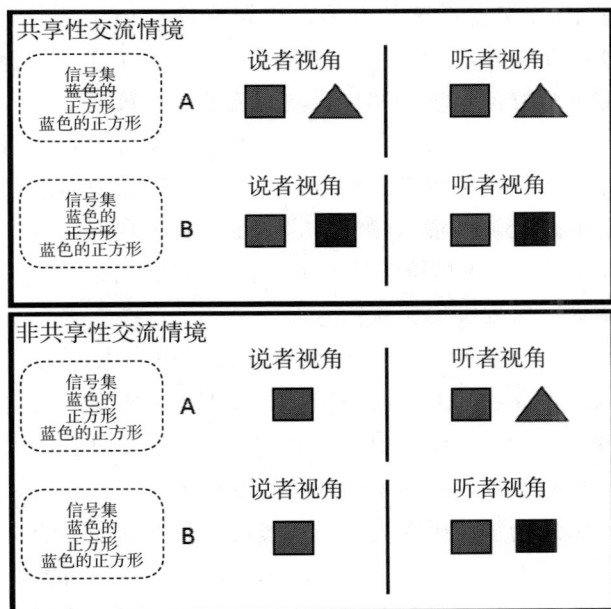

图 6-12 语言交流游戏实验材料

语言交流游戏对于探查语用策略是有效的。图 6-12 呈现了一个简单的语言游戏，说者必须在两种不同的交流情境（A 和 B）中表达相同的意图。交流情境 A 是颜色相同但形状不同，交流情境 B 是形状相同但颜色不同。在共享性交流情境中，说者和听者都拥有相同的交流情境信息，而非共享性交流情境中，说者只看到需要语言指称的对象。可以看到说者有

---

① Levinson, S. C., *Presumptive Meanings: The Theory of Generalized Converzational Implicature* (Cambridge, MA: MIT Press, 2000).

三种表达对象的方式：蓝色、正方形、蓝色正方形。在共享性交流情境中的最佳解决方案是尽量减少语言表达的认知努力，只传达必要的信息，在交流情境 A 中使用正方形，在交流情境 B 中使用蓝色。这是因为交流情境具有可预测性——说者和听者共享有关的交流情境知识，而说者不需要花费更多的努力使用更具独立表达性（详尽、完备）的语言形式，就可以成功交流。然而，在非共享性交流情境下，说者只能看到靶对象，无法获得与听者一样的交流情境信息。为了确保语言交流的成功，说者需要花费更多的努力，倾向于同时使用两个维度特征描述靶对象。即说者通过使用更具独立表达性的语言形式，如蓝色方块，可以确保两种非共享性情形下均正确传达交流意图。

为了探查语言交流系统的发展，以及交流情境预测性的调制作用，Winters，Kirby 和 Smith（2016）的实验使用了一种人工语言范式。[①] 特别是探讨了在参照性交流情境中实现成功交流的短期策略如何影响语言系统的出现，从而解释语言信号独立表达性和交流情境可预测性间的关系。该实验立足点是交流情境依赖性和独立表达性。研究假设当语言信号限制于交流情境信息时，交流情境依赖性语言系统将会出现，以减少语言认知加工的努力性；在脱离交流情境的情况下，语言的独立表达性系统发展起来，语言需要明确而完整地编码交流信息。

实验创设了交流游戏任务。被试首先接受模糊人工语言的训练或学习，然后进入一个非互动交流游戏中，双方被分配固定的交流角色——说者、听者。说者和听者共同完成一系列的猜谜游戏：听者借助说者提供的语言信号辨别靶对象和干扰对象。对象间变化的维度是形状和颜色。实验使用非互动交流是为了明确探查交流情境可预测性如何影响说者的语言行为。如果被试进行真实互动，彼此上一回合的互动语言将影响下一回合的互动语言，即语言变化不是仅源于交流情境变化，因此不便于实验控制影响语言变化的无关因素的干扰。

为探查交流情境可预测性对语言独立表达性的影响，实验做了两种控制：一是共享性交流情境和非共享性交流情境；二是交流情境类型（形状不同条件、混合条件）。首先，关于交流情境共享性，在共享性交流情境条件下，双方交流情境相同；而在非共享性交流情境条件下说者只看到靶目标，听者看到靶目标和干扰对象。其次，关于交流情境类型，探查在多

---

①   Winters, J. A. M. E. S., Kirby, S. I. M. O. N., & Smith, K. E. N. N. Y., "Signal Autonomy is Shaped by Contextual Predictability," in the evolution of language. *Proceedings of the 11th international conference*, 2016, pp. 605-606.

个连续测试中，特定维度（例如形状）多大程度上影响交流成功性。形状不同的条件下，靶对象和干扰对象颜色始终相同，但形状不同。混合条件下，一半测试中靶对象和干扰对象形状不同颜色相同，另一半中颜色不同但形状相同。在形状不同条件下，编码形状足以保证听者辨别对象；在混合条件下，一些测试中需要编码形状，另一些需要编码颜色。这样交流情境共享性和交流情境类型共组合成四个实验条件：形状不同＋共享性交流情境、形状不同＋不共享性交流情境、混合＋共享性交流情境，混合＋不共享性交流情境。

从交流情境可预测性方面看，形状不同＋共享性交流情境下，交流情境可预测性水平最高，将导致语言独立表达性水平最低。说者能够减少语言加工的认知努力，因为他们可以使用一个单一的信号指向双方的一个共同特征，此时听者也可以通过使用一致性的交流情境信息来正确理解语言信号。另一极端实验条件是混合＋不共享性交流情境条件，这具有最低的交流情境可预测性，为了确保正确传达自己的交流意图，说者必须使用提升语言信号独立表达性水平的策略，比如，在每个测试中都同时编码形状和颜色两个维度。形状不同＋不共享性交流情境、混合＋共享性交流情境两种条件下，交流情境可预测性水平处于前两者之间。

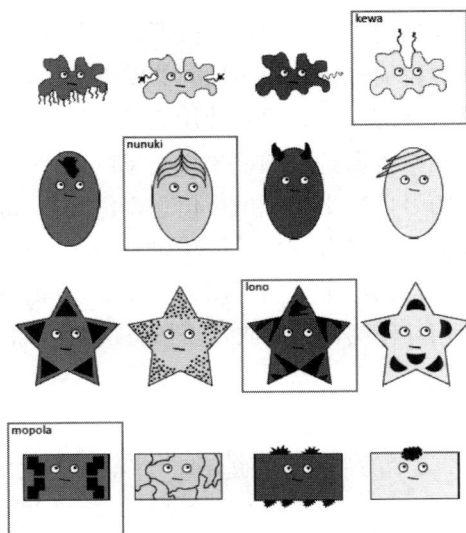

图 6-13 Winters 等（2016）的实验材料和情境

120 名被试参加了实验，随机分入四种条件，先学习人工语言，再完成交流任务。

刺激材料图片由小写字母和图形组成，共 16 个，沿着三个维度变化：形状、颜色和唯一标识符。随机挑选 4 张（带绿框）进行训练学习——每一个颜色和形状都能精确地再现一次，因此这 4 幅图像中的每一幅都不同于其他图像的颜色和形状。实验结果证实了交流情境可预测性决定语言信号的独立表达性，和以往研究发现一致，支持了语言认知加工是以交流情境特征为前提和基础的。

一个好的交流系统需要平衡说者的交流需求（减少认知努力）和听者的需求（说者需要提供必需的语言信号，以保证自己能够准确理解，即最大程度降低语言理解的不确定性）。通过操纵交流情境共享性和交流情境类型，上述实验发现交流情境可预测性决定了语言信号独立表达性的程度。当交流情境是可预测时，说者使用交流情境信息来减少他们语言信号加工时的努力，产生了低独立表达性，语言信号依赖于交流情境信息来消除歧义。然而，当交流情境可预测性降低时，说者越来越依赖语言信号本身，通过提高独立表达性（更丰富、全面、详尽）来减少语言表达和听者语言理解的不确定性。

建立交流共同基础需要说者和听者在交流过程中逐渐建立"语言－意义"间映射的惯例。该映射过程的增量特征，受到辨别力、归纳力和协调力两两间互动关系的影响。本章先探讨了辨别力和归纳力，进而探讨了交流情境共享性和交流情境类型怎样影响交流语言的协调力。探讨分析了交流情境可预测性和语言信号独立表达性间的因果关系。

当交流情境是可预测的时，说者使用交流情境信息来减少他们加工信号时的努力程度，同时也保持对预期含义信息的最小要求。这导致了语言的低自主性：语言信号依赖于交流情境信息来消除歧义。然而，当交流情境在可预测性上降低时，说者越来越依赖语言信号本身，以减少对预期含义的不确定性理解，从而产生更高程度的自主性。综合起来，辨别力、归纳力和协调力彼此相互作用，共同决定了语言的组织加工和结构形式。

第六节　交流情境塑造参照性语言选择过程

通过前面所述，关于交流情境可以简单而直观地思考这样一个问题：交流过程中，说者如何让其他人明白自己在说什么呢？显然，孤立从语言表情达意的角度出发，除非我们能够借助语言媒介完整而全面地表达和指称现实中的思想和事物，并让其他人准确理解这些信息，否则语言交流是不会成功的。然而，人类的能力不仅是有限的，而且是复杂的；交流能力的体现之一是，说者和听者首先要关注彼此所处的交流情境，交流情境决定了哪种语言表达方式最合适，最合适的不等同于也不要求是最全面的，最完整的。

本节探讨分析了交流中情境对于语言指称选择和信息表达影响的研究。首先，介绍和说明交流中语言指称选择的问题，即说者如何从各种可用的语言表达中进行选择。其次，从理论的角度，述评交流中说者对参照性语言表达的选择，说者的语言选择如何影响听者。再次，分析交流情境对于语言选择的影响。最后是未来需要关注的问题和方向。

一、交流情境是参照性语言选择的评判标准

据前面章节的探讨，归纳而言，交流语言的本质属性之一是选择和指称客观世界上的各种事物。指称表现了客观对象和语言表达式之间的某种特定关系。当说者计划交流发言时，他们迅速决定如何确切地指称对象，以作为预期信息的一部分。对于每个对象的表达，可以使用高度显式的修饰性短语（详尽表述），也可以使用不太显式的指称概念或代词（简练指代），最终组合得到一系列表达式。比如，面对一个熟悉的、具体的、共同呈现的对象，你可以称之为：我最喜欢的条纹杯子、杯子、这个杯子或它。尽管这些选择就语义而言，都是可以为交流同伴接受的，但是它们在语用上的适当性是不同的，适当性评判的标准即是交流情境特征。

此处，重点关注说者如何选择语言表述来指称事物。交流过程中，说者深受交流情境的影响，进而对某些参照性语言形式表现出强烈的偏好。例如，当对象不是交流情境中的一部分或者不是自己听者所知道的杯子时，说者不太可能直接说"它是红色的"。同理，基于特定的交流情境，听者也表现出对他们所遇到的语言参照形式存在某种期待。可以说，交流双方甚至多方，对参照性语言选择的适当性是敏感的，并且在具体的交流互动过程中，彼此将努力寻找恰当的语言表述，并针对意外或者不恰当的表达式提供额外的解释。

许多研究者已经注意到，交流语言的表达存在一些维度上的差异。这是特定交流情境下，说者在不同表达维度上选择的结果，如下表 6-1所示。

表 6-1 参照性语言的选择

指称维度	示例
修饰语 – 无修饰语	红色的杯子 – 杯子
明确性描述 – 指代	公司经理 – 他
特指 – 泛指	这个苹果 – 苹果
概念 – 描述	王 ×– 公司经理

本节主要关注了两种指称选择的维度："修饰语 – 无修饰语"(是否需要使用比名词概念更多的词来表达指称对象)和代词的使用(是否能用代词而不是更明确的概念来表达)。这两个方面对于成功的交流都是至关重要的,因为提供太少的信息可能导致交流者彼此间的误解,同样,使用过于特定化的表达可能啰嗦赘余,并干扰听者的准确理解。

在下一部分内容中,我们重点回顾和分析参照性语言形式产生的理论探讨,各种理论思路的一个共同点是,均强调说者的语言选择高度受限于特定交流情境特征。这涉及说者语言选择的认知过程问题,以及这些语言决策过程对交流互动的影响等问题。

二、交流情境影响参照性语言形式产生的理论探讨

(一)Gricean 准则

第四章阐述了 Grice(1975)交流理论中提出的四个交流准则:数量、质量、关联和方法。其中,与交流语言信息性最为相关的是数量准则:交流语言必须能够"提供信息"(针对交流目的),符合"交流情境的需要";交流语言信息不能超出"交流需要"。也就是说,相对于交流目的所必需的信息,说者不希望提供更少或更多的信息。例如,当花园中种植了许多不同种类的花时,"称职"的说者在描述和指称某种花时,应该向听者提供足够的信息,通过使用比基本水平概念"花"更具体的语言描述来表达对象,以便他们的听者能够明确地识别出对象,例如"牡丹",或者通过改变语言的表达方式,以使语言所指对象区别于花园中的其他花,例如"粉红色的大花"。上述语言表达,遵循了 Grice 的理论:说者的语言表达符合了听者的交流期望,即他们会根据交流情境的需要作出恰当丰富的信

息表达。反之，如果花园只有唯一一种类型的花，听者就不希望说者提供上述明确程度的语言细节。因此，在 Grice 的理论解释下，说者的语言表达应该在尽可能经济的同时，做到传达所有的必要信息。如果一个说者的交流语言符合了这些标准，那么听者就没有必要在语言的字面意思之外进行额外的语用推理和解释。

因此，交流语言的合作原则并不是规定适当的语言行为，其作用在于通过比较预期的语言内容和实际听到的语言内容来解释交流语言的派生含义。例如，如果说者未遵守数量准则 1，在同时存在许多其他类型花的交流情境中，使用"花"来指代特定类型的花，那么听者可能会推断认为该语言表达的信息是不充分的，或者认为说者不知道花的特定下级概念，或者认为交流情境的其他方面可能帮助弥补说者未表达的信息（如，此处是先前特定表述的再次引用）。如果说者不遵守数量准则 2，在仅有一朵花的交流情境中使用"粉红色艳丽的大花"，那么听者可能会自然据此做出比较性推断，即假设存在非粉红色、不艳丽的小花。或者，他们可能针对说者的语言行为推断认为，对花的更详细的描述在当前的交流情境中是至关重要的或具有某种必要性。

虽然 Grice 的交流理论并没有具体解释听者理解话语的心理过程，但是他的研究和观点，在两个重要的方面影响了参照性交流语言的认知研究领域：一是为后来参照性语言模式的研究提供了理论支柱；二是激发了后来的实验性研究进一步检验他的哲学性思想。

（二）信息性

1. 什么是信息性

与 Grice 的交流合作原则相一致，后续的交流语言信息性的研究，在其观点的基础之上，解释了说者如何基于"信息性"选择参照性语言表达。基本的假设是，说者通过提供适当的语言信息来合作互动，进而保证交流互动的成功，其中"适当"是由交流情境界定的。信息性的定义取决于交流情境（包括情境中的视觉特征、说者的意图等）与参照性语言表达之间的相互作用。也就是说，随着交流情境的改变，交流语言的信息量相应受到影响。因此，交流语言的信息性可以定义为特定交流情境中语言表达的属性或特征，表现为更有信息性的语言表达将匹配于特定交流情境中更少数量的指称对象（语言表达的针对性、特定性更为明确）。

例如，在单个杯子的交流情境中，表达"杯子"已经属于信息丰富了，但是随着更多的杯子被引入到交流情境中，"杯子"的信息性随之降低，歧义性也随之增加。进一步，虽然"大杯子"在单杯交流情境中也属于信息丰富，但其并不恰当（根据 Gricean 理论），因为修饰语"大"是多余的，并且该语言表达存在导致听者做出错误比较性推理的风险。随着更多的小杯出现在交流情境中，"大杯子"随之变得更为恰当。但是应该注意，添加修饰语"大"的语言表达式的信息性，并不会随着引入更多的小杯子而增加，因为它在 单杯和多杯的交流情境中都可以指明特定的交流对象。基于上述情形，可以采用三层分类法来分类交流语言的信息性：最佳或最低限度的信息（例如，当两个杯子大小不同时，语言表达为"大杯子"），信息过少（例如，当两个杯子大小不同时，语言表达为"杯子"），或信息过多（例如，单个杯子情境中，语言表达为"大杯子"）。

尽管上述例子中的指称语言的信息水平和不同特征相当直观，但研究者们已经逐步认识到，现实多样性和变化性的交流情境中交流语言信息的评价并非如此简单，并着手探查交流情境的限制性是如何为交流者所计算，并发生于说者语言表达的选择和听者的语用推理等认知过程的。当前的研究中，Frank 和 Goodman（2012）[①] 以及 Pogue，Kurumada 和 Tanenhaus（2016）[②] 将信息性定义为，在给定的存在潜在竞争对象的交流情境中，交流语言表达式减少指称不确定性的程度。这种意义上的信息性，在解释和模拟人类交流语言行为的研究中的有效性令人惊讶。这是从信息论的观点出发，衡量了一个词在何种程度上减少了说者表达信息的不确定性。诚然，该讨论依然是以 Gricean 理论的期望或规则作为明确的参照标准的。

研究者们将信息性同时作为语言指称表达的属性和说者的属性来探讨。如果说者用适合所指对象的词语来组织他们的语言表达过程，并且不包含/包含少数其他词，此时，语言信息是丰富的。如果说者习惯性地使用信息量大的术语和语言表达方式，这种言语行为则被认为是交流者自身的一种交流特征（如，出于特定的目的、独特的交流经验经历等）。将两方面联合来看，如果一条交流语言信息包含了说者在特定交流情境中的意图，那么该语言表述是具有信息性的；听者理解说者语言交流意图的不确定性将会明显降低，交流更可能成功，交流互动过程也将更为流畅。因此，

---

① Frank, M. C., & Goodman, N. D., "Predicting Pragmatic Reasoning in Language Games," *Science 336(6084)*(2012):998-998.

② Pogue, A., Kurumada, C., & Tanenhaus, M. K., "Talker-specific Generalization of Pragmatic Inferences Based on Under-and Over-informative Prenominal Adjective Use," *Frontiers in Psychology 6* (2016):102-119.

交流语言只有符合了交流情境的要求（例如，比较性干扰对象的存在）和说者的意图（例如，让听者唯一地识别出语言指称的靶对象和/或体现出更大或更小的特定重要性）时，才会在交流互动中提供充分的信息。总而言之，信息性是参照性语言表达、说者和交流情境彼此关联中交流功能的具体体现。目前，其他的一些交流语言信息性的解释或观点，在基本观点方面，与上述解释一致。例如，交流中语言的模糊性指称表达也可能是有效和令人满意的，因为交流情境的作用之一即是隐性传递某些特定的交流意义和提供语言解释的某种限制性，但是，在没有这些交流情境成分或因素的情况下，不可能有语言信息量的客观和科学的度量。[①]

2. 交流语言产生中信息性的实证研究

近十年来，实验语用学和心理语言学对交流语言信息性特征的发生率和影响因素展开了大量的研究。许多研究采用功能主义的方法来理解交流语言的信息量特征，这与 Grice 关于说者为了交流而做出信息选择的观点相一致。这一类研究倾向于表明听者期望在交流中得到恰当的语言信息表达，而说者对此基本上是理性的和有意识的。在普遍的研究方法上，研究者们使用了参照性交流游戏、视觉情境范式，甚至 ERPs、fMRI 等，以操纵交流情境的各个方面和因素，并分析听者对语言指称表达的即时解释特征。

例如，电脑屏幕的视觉呈现中可能包含有两个相同类型的对象（一个大苹果和一个小苹果），或者只有一个对象。在前一种情况下需要带有修饰语的语言表达方式来消除对象指称、选择的歧义，而在后一种情况下则不需要。此类实验研究，典型地分析说者所产生语言的信息水平和/或交流中说者的眼动模式。这些方法可以成功地在控制性交流情境中，探查语言的自发发生过程，以及基于说者和听者视角的认知加工特征；还可以揭示交流情境变化带来的说者语言调整过程。例如，Brown-Schmidt 和 Tanenhaus（2006）发现交流早期即存在比较性对象的交流情境，与说者交流语言中前修饰语的使用显著相关；交流后期存在比较性对象的交流情境，和语言中后修饰语的使用显著关联，因此发现说者在交流互动过程中，显著根据交流情境的变化即时修改语言加工和表达计划。[②]

---

① Piantadosi, S. T., Tily, H., & Gibson, E., "Word Lengths are Optimized for Efficient Communication," *Proceedings of the National Academy of Sciences 108(9)*(2011):3526-3529.

② Brown-Schmidt, S., & Tanenhaus, M. K., "Watching the Eyes When Talking about Size: An Investigation of Message Formulation and Utterance Planning," *Journal of Memory and Language 54(4)*(2006):592-609.

　　研究已经表明，一般来说，成人在交流过程中更倾向于产生具有信息性的语言表达，即语言表达符合 Gricean 规则。例如，当同时呈现大星星和小星星对象时，成人通常使用带有修饰语的表达式（"大星星"）。类似地，上述 Brown-Schmidt 和 Tanenhaus（2006）的实验 1 中，创设了带有或不带有三角形的正方形的两种语境——具有比较性对象、不具有比较性对象，发现在带有三角形的正方形的语境中，说者 98% 的语言表达中使用了修饰性词汇，比如"带三角形的正方形"，以描述和识别靶正方形；相比之下，单个正方形的呈现情境中下降为 27%，并且当呈现内容越简单时，两种条件下的信息差异越显著。

　　虽然说者的交流语言通常是信息丰富的，但他们的言语行为有时也会表现出不符合这种交流期望。例如，他们可能没有注意到交流情境中还有另一个对象，并且该对象可能与靶对象相混淆；相反，当说者已经注意了交流情境中的竞争对象时，使用修饰语的可能性更大。另外，研究还发现一个现象：交流者通过语言辨别靶对象和竞争性对象时，所使用的修饰语的特征存在差异，比如当同时呈现了两个"蝙蝠"时，说者更倾向于通过尺寸修饰语来辨别两个对象——大蝙蝠、小蝙蝠，而不是使用像"飞行的蝙蝠、静止的蝙蝠"这类修饰性表达方式。未来研究尚需要更为细致地解释此类交流语言使用现象。总之，交流情境知识或交流者对情境因素的注意，调节了参照性交流语言的选择过程。

　　从交流的功能而言，说者似乎是基于交流成功性的大目标来决定语言中修饰语的使用特征，而不仅仅是对交流情境中竞争性对象的简单反应。例如，如果双方的语言对话已经注意和集中在一个特定对象上了——一个看起来像滑冰者的图形，那么说者可以使用一个更简单的表达，如"滑冰者"，即使此时交流情境中可能还存在大致符合这种描述的其他竞争性的图形。Brown-Schmidt 和 Tanenhaus（2008）研究中的实验 2 发现，交流语言中将近一半的指称表达属于模糊性表达。[①] 例如，说者要求听者将一个对象"放在红块之上"，但是交流情境中存在多个红块，在这种情况下，"红块"被认为是信息不足的表达式，但交流双方却认为该表达是合理的，这是因为交流情境的各方面特征已经帮助交流者排除了其他的备选方案——只有一个红块的上面有空余的位置。因此，尽管说者通常都遵守语言表达的信息性期望，但是由于从交流情境中整合了额外的交流线索，

---

① Brown-Schmidt, S., & Tanenhaus, M. K., "Real-time Investigation of Referential Domains in Unscripted Conversation: A Targeted Language Game Approach," *Cognitive Science 32(4)* (2008):643-684.

从而使得表面看来信息不足的表达方式，并不一定会给听者带来理解和交流的困难。

研究者们还发现，说者有时会提供比实际交流需要更多的信息。例如，交流情境中包括上面摆放了一个苹果的一条毛巾、单独一条毛巾、一个木偶和一个空盒子。说者通常会说"把毛巾上的苹果放到另一条毛巾上"，这相对于"把苹果放到另一条毛巾上"，属于信息过多的指称，但是听者对两种表达方式都同样满意，尽管第一种表述更为明确。然而，也应该看到，这种"冗余"的表达还可以用于其他目的，例如帮助听者解释复杂的交流场景，特别是当"冗余"信息很突出时，比如，场景中的毛巾有多条，以及目标对象有多个。因此，这些情况可能不代表说者真正违反了Gricean 规则中的数量准则 2。似乎有许多交流属性引导人们在交流时提供貌似"冗余"的信息。这一语言现象已经在自然语言交流中被证实。

3. 交流语言理解中信息性的实证研究

交流中当说者正在按计划即时展开一个语言表达过程时，听者已经开始尝试作出快速的语言推论。例如，在加工带有修饰语的名词时，首先会从名词前形容词中征集信息，以限制语言的潜在指称范围，这不仅限于解释形容词所直接编码属性的那些对象，而且还包括形容词可能合理指向的那些潜在对象。这一类的经典研究结果表明，当说者说出"高大的玻璃"时，其语言表述绝不仅是针对单个高大的玻璃（因为使用形容词的目的仅是为了描述和强调单个对象的特征，这可能过于特殊），说者的一个重要目的是期望听者能更快地分辨出对象间的比较性特征。在交流语言互动的一些其他形式中也是如此，例如，当谈话内容中涉及两个女性主角时，模棱两可的代名词"她"的使用，可能触发语言加工的修正过程——听者随着语言互动过程的时间纵向展开而努力克服错误的预期。实际上，在现实情境的交流中，上述语言认知加工过程的复杂性并不一定给交流者带来交流问题，即使说者偏离了预期的语言表达形式，听者也能够通过运用交流情境中的某些方面来限制语言的理解过程。简言之，这就是交流互动中语言的语用加工过程，说者是否有意或无意地偏离了预期的语言形式（例如，当他们误判了交流对象，并且提供了不恰当的语言指称表达方式时），听者最终会结合交流情境因素来解决语言指称中的问题或疑惑。接下来，我们将讨论，听者听到预期之外的语言表达时，所可能为交流语言理解加工过程带来的影响。

首先，信息不足的语言表达对听者有什么影响呢？如前所述，当交流情境的各个方面限制了语言指称范围时，说者所产生信息不足的语言信息，仍然可以有效地排除竞争性对象的干扰。该类研究发现，当交流情境可以有效参照解释交流语言时，听者被试仅在 7% 的模糊性测试中，向说者同伴提出了语言的澄清请求，即被试一般不会对语言表达产生困惑（眼动分析证实，被试能够显著地注意指向靶对象）；但是，如果语言指称的范围没有受到交流情境的限制，那么这些语言将会形成真正的交流"困境"。这些研究提供的证据表明，听者能够很好地利用语言外的信息辅助解决语言表达的模糊性。当遇到歧义代词时，成年人能够利用之前交流中出现过的信息帮助消除歧义，例如将代词映射到最突出的语言指称对象上，听者同时从语言和非语言来源中招募信息，如果这些来源的信息最终还是不能帮助消除语言歧义，他们可以提出澄清语言内容的要求。但是，即便如此，在进一步的探讨中，研究者们还是发现，在非即时交流互动条件下，被试对信息不足语言表达可接受性的判断率，显著低于对信息恰当语言表达可接受性的判断率。作为一种交流互动现象，在自然语言交流中，要求澄清语言信息是一种常见的交流互动策略，Clark 和 Wilkes-Gibbs（1986）将这一现象描述为"相互责任原则"，即交流中交流者可以利用信息不充分的语言表达，实现最小化语言指称的认知努力，因为他们知道如果需要的话，他们的交流同伴（听者）会要求自己进一步澄清更多的语言细节。[1]

其次，过度指称（信息过多）的表达对听者有什么影响呢？交流中说者可能会产生超出听者期望的更精细化的语言，例如以"棕色兔子"来指称单个兔子。在这种情形下，听者将自觉进行比较性的语言推断，即他们假定在交流情境中还存在竞争性的干扰对象。在一项卡片交流游戏任务中，研究者探查了比较性语言推理的发生率，约 80% 的听者推断认为，说者提及"棕色兔子"是因为说者面前还有一张隐藏的卡片（听者无法看到），上面的图案是一只白色的兔子。[2] 因此，成年人交流互动中经常使用具有丰富涵义的修饰性话语，听者随之将进行必要的认知推理；如果听者明确说者之所以采用修饰语是由于先前交流测试中曾经使用过，或者已经明确理解说者语言可能是不准确的，那么相应地听者认知加工中发生的比较性推理过程可能随之停止。非即时交流任务分析结果与这一观点一致，研究显示，与信息量极少的语言表达相比，对过度指称表达的可接受性判断率

---

[1]　Clark, H. H., & Wilkes-Gibbs, D., "Referring as a Collaborative Process," *Cognition 22(1)* (1986):1-39.

[2]　Kronmüller, E., Morisseau, T., & Noveck, I. A., "Show Me the Pragmatic Contribution: A Developmental Investigation of Contrastive Inference," *Journal of Child Language 41(5)* (2014):985-1014.

更低，尽管交流中它们带来的交流问题比信息量少的表达更少。

最近的文献争论集中在过度指称表达是帮助还是阻碍了语言指称问题的解决。例如，一些研究发现，这些过度指称的表达可以导致听者更快地识别目标参照物；相反，其他研究已经得出结论，过度的精细化表述会损害语言的理解。未来需要进一步深入分析该问题，以往研究矛盾分歧的一种可能性是各研究方法间的差异。例如，实验材料相对简单的研究中，像语言描述"红圈"，听者必须根据修饰性语言表达，从 2 个对象中识别目标，过度指称的语言表达导致听者反应时间显著变长，这表明其语言理解受到损害；而一些相对复杂的实验研究中，这种效应并不显著。

另外，支持过度指称有助于语言理解的研究，往往来自对书面语言的分析；而支持过度指称损害理解的证据则来自对口语的研究。使用视觉材料的即时口语交流实验，发现过度指称损害了语言理解和对象的选择判定，而使用语篇（书面语言）作为实验材料的实验，发现过度指称会促进语言理解。在视觉情境中，当面对信息不足的表达时，听者会利用多模态资源来解释说者的话语，但是在阅读或单模态听力任务中听者无法使用这些策略。

（三）参照性语言形式的理论与实证探讨

直接探查交流情境对于语言的影响特征，是交流认知领域中的一个重要研究传统。理论和实证分析集中于语言表达是如何受到交流情境制约的，交流情境是怎样影响语言的信息特征的。

这类研究首先提出如下的假设前提：说者和听者拥有对语言和交流情境的心理表征，但是双方这些表征中的信息特征在认知状态上存在差异性。信息状态最广泛的特征之一是给定信息和新信息之间的不同，物理上存在或在语言上被提及的事物被认为是"已知的""旧的"或"给定的"信息，而未被交流情境"唤起"的信息则是"新的"信息。给定信息和新信息之间的区别已经被用于解释参照性语言的选择和表达，例如使用确定性（例如"the cup"）与不确定性（"a cup"）表达方式，或在形式上显著的（"the CUP"）与简化的（"the cup"）表达式之间的区别。

然而，特定交流中所有给定的信息并不是对等的。某些事件和实体可能被交流者认为是更显著的、受关注的、可访问的或突出的，它们都指向认知状态的某些维度。该领域的研究者们提出，认知状态特征决定了恰当的语言形式。例如，高度简化的表达式，如代词（he, she, they, it），专门用于高度可访问的参照对象。另一方面，特定的表达方式，比如"我的三年级钢琴老师"，通常是针对非常难以访问和理解的听者表达的，此时语言指称的对象通常是属于交流认知中的新信息。

所谓的可访问性（accessibility），是指交流信息在听者意识中激活的程度。指称对象可以是激活的（处于当前意识的焦点中）、半激活的（在边缘意识中，即先前交流过的主题）或不激活的（新的交流对象）。真实交流中，说者开始选择语言表达的同时，特定的语言术语便开始向正在寻找对象的听者发出信号，即，对象可能是当前的焦点，也可能相对边缘化。从这一意义出发可以说，修饰性名词短语信号属于最不可访问的信息，而代词信号属于高度可访问的信息。围绕该问题，Gundel，Hedberg 和 Zacharski（1993）提出了"已知性等级理论"（givenness hierarchy），认为代词形式——如"it"，表明指称者的认知状态是"它是语言交流的当前话题"，因此容易被交流者的认知访问，而名词短语带有非特指限定词（例如"a cat"），通常被用于识别具有最低认知状态的指称对象。①

许多交流研究领域的理论家认为，交流语言的突显性/可访问性可以用注意的方式来解释。比如，有研究者认为说者根据自己对听者同伴的注意假设来选择语言表达中的指称形式，还有研究者认为说者使用词序和其他语言手段来表达自己交流互动中的注意焦点。

基于对话的框架理论（the discourse-based framework）解释了代词和其他简化的表达方式在某些语言环境中被更经常使用的事实。例如，代词最有可能是最近提到的指称对象。这些模式出现在书面文本和叙事作品的分析中。Arnold（1998）分析了代词在书面故事中的使用，发现在 86% 的情形下，代词代表了上一个句子中提到的对象；只有 32% 的情形下，指代了先前间隔 2~5 个句子的对象，这种频率模式体现了最容易理解的语言交流条件。②Clark 和 Sengul（1979）要求人们读一些故事，比如：A broadloom rug in rose and purple colors covered the floor. The light from a small brass lamp cast shadows on the walls. In one corner of the room was an upholstered chair. The chair appeared to be an antique.（译：地上铺着玫瑰色和紫色的宽幅地毯。一盏小铜灯发出的光投射在墙壁上。房间的一角是一张软垫椅。这把椅子似乎是古董。）研究者重点探查了最后一个句子的阅读时间，当指称对象出现在前一个句子中时，无论是特指名词短语（the

---

① Gundel, J. K., Hedberg, N., & Zacharski, R., "Cognitive Status and the Form of Referring Expressions in Discourse," *Language* (1993):274-307.

② Arnold, J. E., "Reference Form and Discourse Patterns," dissertation, Stanford University, 1998.

chair）还是代词（it），阅读时间都比指称对象出现在之前的两或三个句子中时更快。研究得出结论，前一语句在记忆中拥有特权或优先地位。[①]

句法位置对交流语言中代词的使用也有很强的影响。最有力的证据之一是，当指称对象接下来再次被提及时，代词往往更常出现于主语位置，而非宾语位置，这在交流语料库分析中和交流语音激发实验中均得到了证实。视觉情境下的眼动追踪研究表明，当听者听到歧义代词时，他们表现出偏好注视前一个句子所描述的主题图片，并且这种偏好最早出现在代词开始后的 400 毫秒。阅读研究发现，当代词指代前句对象时，阅读速度更快。此外，当理解者面对比交流需求更为明确的语言表达时，也会遇到理解问题。例如研究者们发现，当重复性的名字（名词）反复表达一个非常突出的对象时，读者会减慢阅读速度。也就是说，读者在随后的重复指称中，期望说者使用代词，而不是反复使用名词，因为这听起来很不自然。并且，当代词及其先行词处于平行的语法角色时，语法角色的作用尤其强烈。此外，代词通常被认为应该出现在句法中的焦点位置。

交流情境的关联性和制约性通常以指称对象的话题性为特征，即语篇中对于某个或某些对象的指称多于其他对象。代词的使用可以通过模型的构建来直观展现，例如，代词通常指代前一句的主语，因为它的主题性很高，向心理论（centering theory）指出主题意味着"注意中心性"特点，这些均是基于语法功能和话语中的回指联系关系来体现的。有研究者使用了诸如"持久性"的概念来解释主题性，"持久性"是指对象被继续提及的句子的数量。

归纳以上可以看出，对于交流语言特征的研究，典型地是围绕两个核心展开的：交流语言信息性特征的研究、基于交流语言的宏观语篇（交流情境）的研究。

与信息性研究领域一样，语篇研究领域中的一些学者提出，对于交流语言认知加工特征的分析，应该基于可预测性角度考虑交流情境的约束特征。对于前述提到的"给定性"的定义，实际上即属于宏观交流情境的范畴，或者说"给定性"和"新的"信息的区分是以交流情境为基础界定的。"给定性"体现在三个方面：一是可提取性／可预测性；二是显著性；三是听者知识，这三个方面是相互关联的。同样，在语法功能层面上，向心理论提出，"给定性"交流语言对象通常被排列在主要的句子成分中（主语优于宾语，宾语优于状语或补语）。例如，"狗将骨头埋在院子里"一句

---

① Clark, H. H., & Sengul, C. J., "In Search of Referents for Nouns and Pronouns," *Memory & Cognition 7(1)* (1979):35-41.

中，排名最前的"狗"是"首选中心"（主语），最有可能是下一句中的中心对象，可能以代词重复指称。交流语言的中心对象在延续可能性方面的特点，强调了语言指称可预测性与语篇连贯性之间的关系。此外，交流语言的语料库分析表明，当指称语最近被提及时，或在显著的句法或语义位置时，它在下次话语中再次被提及的可能性更高。可访问性的语言线索是彼此相关的，因为它们指示出持续进行重要会话的可能性。

相关研究领域针对交流语言可访问性和显著性问题做了一定的探讨。针对交流语言的理解，研究者一致认为，当交流情境增加了对象被指称的可能性线索时，语言的理解会变得更容易。这些研究大多来自交流语言语义结构影响对象指称可预测性的证据。例如，"Sandy admired Kathryn because..."人们期望 Kathryn 是事件的起因，当要求被试完成这个故事时，他们更可能首先提到 Kathryn 而不是 Sandy。类似地，"Sandy sent a letter to Kathryn, and then..."当要求被试完成这个故事时，他们也更可能首先提到 Kathryn 而不是 Sandy。也就是说，交流者语言的主题角色与指称的可预测性相关。这种期望引导了交流者代词的使用和理解，因此交流者对于可预期对象的指称和理解速度也相应更快，并且更有可能优先选择和判定出预期的参照对象。

但是，研究者们就可预测性是否影响说者使用代词或名词的问题展开了争论。一方面，一些研究人员发现，对于因果型的句子，语义推理对代词的选择没有影响，而说者只是使用代词作为句法上的重要指代。这部分研究者强烈主张说者使用代词的决策过程，只受句法和话题因素的驱动，而不受语义因素的驱动。另一部分研究者认为代词的产生受语义上可预测性因素的影响。本书更倾向于折中看待该问题，一方面可预测性可以影响语言指称的决策过程，但另一方面它可能不是唯一具有影响性的交流情境因素。

（四）信息性研究方法与语篇研究方法

着眼于信息性的研究和基于交流语言语篇的研究，侧重于不同的语言现象，但它们都提出了相同的一般性主张：语言指称形式的适当性，受特定交流情境中交流成功性的制约。这两个研究传统均证实，当指称对象明确的时候，不具体的表达是可以接受的；也都认为交流情境制约着指称表达的具体化或详尽程度，并且都认为这些制约与交流者的交流目的有关。

这两种研究传统的研究者都认为交流情境是很重要的，因为它有助于听者预测说者的交流意图。当说者的意图在给定的交流情境中是明显的，它便具有高度可预测性，不太明确的语言输入可以促使交流成功。因此，信息性研究和语篇研究两种思路，均认可交流情境效应，并共享了一些理论上的观点。然而，每个研究思路强调了语言发生过程的不同维度。信息性研究关注的是如何实现成功的交流，也就是说，说者是否提供了足够的细节（信息）让听者能够挑选出正确的靶对象，但语言又不太冗长。这主要集中在交流物理情境中的竞争性对象的存在与否。而语篇研究则侧重于语言指称表达的功能和作用，比如，代词不仅仅是建立参照词，它们还提供了一种信号，表明当前的语言应该与先前的语言信息相联系，这是一个交流目标，而不仅仅是指一个靶对象，这一目标受到语言结构的显著影响。这两种方法之间也存在概念上的差异。例如，在信息性研究中，知觉显著性与新的、高度对比的或令人惊讶的事物相关联；而语篇研究领域中，显著性则与旧的或可预测的事物相关联。应该注意不要把两者彼此混淆。

三、现实交流情境限制参照性语言的选择

基于信息性和基于交流语篇的研究思路，均表明交流情境和说者语言提供多少信息的选择之间具有规律性的对应关系。然而，现实生活中的交流对象经常存在于广泛变化的交流情境之中，那么交流情境的理论解释和模型计算需要多精确呢？它是否包括听者所知道的知识，或者仅仅是说者自己的知识？在选择语言表达式时交流情境是如何应用的？这个过程是如何受到个人（例如，说者的目标）或情境（例如，参照惯例；情境中因素的显著性）差异的影响的？指称对象本身是否影响语言指称的选择？接下来我们将评述和探讨以下一系列的问题。

（一）交流情境是什么？信息的语言来源和非语言来源

如果想让你拿起一个摆在我们面前桌子上的苹果，我如何选择合适的语言表达方式呢？在心理计算中，我将使用哪些方面的交流情境信息呢？因为可能同时有多个情境维度在起作用，包括物理的、语言的和人际的。一个完整的指称语言的产生理论需要明确哪些因素是有关的，以及它们是如何相互作用的。

基于语篇的研究途径，主要关注了语言、语境的制约性。事实上，一些模型（比如，基于文本分析）重点关注了语篇情境（基于语言的情境），假设说者选择代词来指代前句的主语。另一部分研究者一致认为非语言情

境信息也很重要，非语言情境显然会影响语言中修饰语的使用偏好。通过研究非语言情境如何影响说者的语言选择，研究者可以独立地回答关于情境特征如何影响交流语言的问题，以及说者和听者共同或独立地知道什么的问题。下面，将讨论每种类型的情境约束或限制。

（二）源于交流者的制约因素

1. 共同基础

研究者一致认为，情境限制了语言指称的方式。这其中来源于交流者间共同基础的作用不容忽视。共同基础（common ground）是指交流者间相互知道的信息——也就是说，如果你能看到桌子上的杯子，我知道你看到了那个杯子，你知道我知道你看到了那个杯子，我们认为这种知识是共同的。对于许多理论家来说，共同基础界定的是一种相关性的情境。例如，如果我没有假设你知道"它"指什么，我就不能对你说"它是蓝色的"，说者的目标是以一种允许自己听者能够识别对象的方式，对一个共享性对象进行分类。

从这个观点出发，探讨语言指称形式的选择和理解过程必须考虑交流者间的共同基础。例如，交流者需要快速评估同伴对某一交流主题的专业水平，并据此设计他们的谈话；当同伴是该领域的新手时，将提供更多的描述性语言细节，如果同伴是该领域的专家，将提供更多专业化、简练的语言表述。交流者还将在交流过程中及时追踪同伴的交流反馈特征，并根据反馈和交流需要不断调整他们的语言和交流行为。例如，Clark 和 Krych（2004）研究了说者如何用语言指导听者构建乐高（LEGO）模型，当交流情境是两个人都能看到操作空间时，交流者会在任务中寻求同伴的反馈，例如听者在放置特定的乐高组块之前会暂停一下，说者随即对这些手势迅速作出相应的语言反应。[①] 其他研究也显示交流者对基于文化、传统、团体组织等建立的共同基础表现出显著的敏感性。此外，交流者还会通过提问的方式，积极地寻找和确认自己同伴的知识；并且任务目标特征决定了人们考虑同伴观点的程度。

在共同基础观点的基础上，研究者们还进一步指出，在交流互动的即时过程中，追踪同伴知识和观点的认知过程可能很苛刻，这有可能限制交流时间进程中交流者做出实时选择的程度。例如，必须基于各种交流线

---

① Clark, H. H., & Krych, M. A., "Speaking While Monitoring Addressees for Understanding," *Journal of Memory and Language 50(1)*(2004):62-81.

索，才能推导出交流者知识状态中的可用信息并表征该信息，例如视觉背景、文本距离、听者反馈等。研究发现，当说者的知识与听者的知识发生冲突时，他们并不总是忽视自己的信息。总之，交流者追踪共同基础需要认知资源的付出，有时，语言发出者可能没有注意到自己的语言中存在潜在的交流歧义。例如，实验中说者和听者彼此拥有的交流信息可能是不对等的，说者可以看到隐藏的对象（大三角形），而听者看不到该对象，交流双方对共同基础的认知理解是存在差异的，因此说者自然会用语言表达"小三角形"，但是该修饰性表达对于听者而言，不是最为恰当的。

2. 社交线索——注视、手势等

语言指称的目的是为了交流，也就是说，说者要让听者能够准确地识别出交流对象。正如上文所讨论的，对象的可访问性／突出性有时被解释为对这些对象更多的注意。如果认为是注意驱动了语言指称形式的选择，那么，交流中的其他注意引导线索或方式也应该是重要的，属于交流情境中的重要线索。一个主要的线索是手势或眼睛注视，其可以将注意指引到物理共现的特定靶对象上。

交流中，听者会注意说者的目光，并借此辅助理解模糊的语言表达。例如，Hanna 和 Brennan（2007）的研究中，听者被试在说者注视语言指称对象的同时，能更快地理解和解决诸如"有五个点的蓝色圆圈"之类的表达。[①]Goodrich 和 Kam（2012）的研究表明，听者也可以跟随说者的手势，从而注意交流视觉空间中的靶对象，并借助手势来解决歧义代词。[②]此外，发展性研究已经证实，2~4 岁的孩子就已经会检查和分析交流者的目光，并试图确定成人语言中新词所指的两个可能对象中的一个。更小的时候，13~18 个月大的婴儿在观看两个新事物，而不是一个新事物时，更注意观察说者的目光。

Nappa 和 Arnold（2014）探查了交流者注视如何影响歧义代词的理解，以及注视信息如何与情境中其他信息相互作用。实验中被试观看一个女人在桌子旁的视频，桌子两边各有一个动物，中间有一个物体；视频中，她讲了一个故事，这个故事是关于小狗和熊猫的，"小狗和熊猫正在吃一些比萨。它想要一个意大利香肠切片"。下一屏呈现中提出了一个问题，"谁

---

① Hanna, J. E., & Brennan, S. E., "Speakers' Eye Gaze Disambiguates Referring Expressions Early during Face-to-face Conversation," *Journal of Memory and Languagle* 57(2007):596-615.

② Goodrich, W., & Kam, C. L. H., "Pointing to 'Her': The Effect of Co-speech Gesture on Pronoun Resolution," *Language and Cognition 4* (2012):75-98.

想要一个香肠切片",被试做出按键反应以选择答案。在控制条件下,约80%的被试倾向于选择小狗,表现出上述的第一位主语偏好性代词的使用。在注视条件下,注视是一个潜在的提示线索,当视频中说者盯着小狗表达时,被试对代词的判定依然支持主语偏好;但是当说者盯着非第一位主语熊猫表达时,听者相应选择了熊猫。注视的注意指向具有显著的影响性,导致强烈的对象选择偏好,甚至不受交流情境中其他线索的影响。[①]

这些研究结果充分支持了语言表达受到交流者注意约束的观点。然而,Nappa 和 Arnold(2014)研究中的实验 2,却发现代词理解不是由注意唯一驱动的。实验操纵了一个突然出现的视觉提示线索:当说者说代词时,在一个字符上出现一个黑色正方形。如果注意是唯一重要的影响因素,那么无关的注意捕获将会影响代词的解释和对象选择,然而,结果并没有支持这一假设。Arnold 和 Lao(2015)通过研究补充指出,交流中听者的自我中心注意可能部分导致其偏好某个对象,但这仅短暂出现于即时交流语言的理解中,其研究结果的最终解释和结论是:交流行为主要是由公共的、共享的、与语言相关的信息(交流情境本身)驱动的。[②] 总之,可以明确一点,这些实验表明语言的可访问性与注意有关,但不能仅归结为注意的影响。相反,代词解释是由说者的意图驱动的,而目光注视反映了说者的注意,但这仅与说者的意图部分相关。

3. 概念约定

交流语言的产生和理解受特定说者和听者共同经验的影响,例如,当一个人称一个对象为"三角架",而其他参与者也相应采用了该名称。如果说者从特定的角度来看待指称对象,并使用特定的表达方式,而听者对该指称做出正确的反应,那么在特定的交流情境下,它就成为"约定性概念"。这方面的研究工作主要集中于,与特定同伴保持惯例的认知收益以及打破惯例的认知成本损耗。例如,如果一个现有的说者使用了一个新的表达方式——从使用"闪亮的圆筒"变化为"银管",那么听者看指称对象的速度要比新说者(未参与先前交流的人)产生新表达时显著更慢。当前不同的理论解释了这种特定于同伴的语言使用现象:一是社会认知基础的解释,即听者先前已经表征了特定同伴的交流观点,并期望在后来的交

① Nappa, R., & Arnold, J. E., "The Road to Understanding is Paved with the Speaker's Intentions: Cues to the Speaker's Attention and Intentions Affect Pronoun Comprehension," *Cognitive Psychology 70*(2014):58-81.

② Arnold, J. E., & Lao, S. Y. C., "Effects of Psychological Attention on Pronoun Comprehension," *Language, Cognition and Neuroscience 30(7)*(2015):832-852.

流中语言表达保持一致；一是一般领域中的情节／情景启动解释，说者的一个特定表达是与特定情景相关联的记忆线索。

有关参照惯例的研究文献倾向于证明，对说者语言表达一致性的期望可能超过基于最小信息量的交流语言期望。虽然参照惯例背后的确定性认知机制，仍是当前研究领域中争论的一个焦点，但可以确切地认为，交流情境的计算和语言信息形式的产生可能不仅是一个语用的、Gricean 规则的过程，相反，可能会有更多基于记忆的自动化认知加工的影响过程在起作用。

4. 说者目标

根据意向性语言学理论（linguistic theories of intentionality），说者不仅产生交流语言，而且希望自己的语言产生一定的交流效果，例如，使听者的注意力集中到特定的指称对象或指称对象的特定方面，以指导或说服听者，并尽快结束交流互动过程。这些交流语言目标已被证实影响到参照性表述的选择。在一项操纵说者目标的研究中，在要求说者向听者传授长期技巧的条件下，与听者只需要执行一次动作相比，过度的语言表达显著更为常见。同样，交流任务的重要性影响语言的过度指称特征，即，被试在高重要条件（如远程医疗手术）下描述对象时，比在低重要条件下描述对象时，显著出现更为详细的语言表达。

虽然这些研究发现可能是比较直观的，但是却证实说者目标影响到语言认知加工过程，在上述示例的特定条件下，说者的交流语言提供了更多的互动信息，尽管这可能导致更高风险的交流误解，但是另一方面也反映出说者在此条件下追求交流信息的精度优先性，实际上这是一种更高水平的交流语言特征，所以可以说，说者的目标被集成到影响交流语言选择和表达的综合影响因素之中。

实际上不难理解，当交流信息必须被精确性地传达时，说者将认为信息更难掌握，因此使用了更明确的形式是相对安全和稳妥的。如果进一步从说者目标的认知角度思考，这样的认知评估过程也可能涉及交流者间共同基础的考量，例如，团体的共同成员身份，如果一个听者和说者同属于一个群体，说者可以将一个语言指称表达式中包含的信息减少，因为她可以假定自己的听者可以集成彼此共同基础（团体的共同成员身份）中的相关信息。在以这种方式评估和调整语言信息时，语言表达和交流将变得更有效率。

（三）来自指称对象的限制

任何参照性交流情境中的关键部分均是对象本身，以及与之相关的竞争性对象。交流情境的各种因素中，如共同基础已经被广泛探查和证实属于高水平方面，但是指称对象自身特征的作用迄今为止较少受到研究者们的重视。毋庸置疑，要构建一个全面的交流语言理论，需要理解每个限制因素的多样化特征。此外，从认知加工的角度来看，研究指称对象本身的特征，可以揭示说者如何选择最终编码到语言表达中的特定修饰语。那么，说者如何将特定类型的信息识别为最具指称价值的呢？例如，如果您想在普通的黄色杯子和蓝色斑点杯的情境中提到一个黄色条纹杯，您将如何加工语言或怎么表达呢？基于信息性的解释认为，最佳表达方式是"条纹杯"，尽管说者通常也会对颜色进行编码。

基于语篇的实证研究认为，指称对象在概念上越容易接近，其信息形式就越不明显。例如，一旦一个指称对象被引入到交流语言互动中，接下来说者就被授权使用"代词"来引用它。然而，在语言情境之外，有时指称对象由于其感知的显著性而具有高度的可访问性，而正是这种特征显著性（例如，其亮度、大小或颜色）将导致说者将相关的显著特征一起编码到语言表达之中，尽管严格来讲，在该特定交流情境中其是多余的。例如，当提到对象的尺寸特征时，说者偏好颜色特征更胜过尺寸特征，尽管此时颜色属于低水平特征，但颜色是显著性特征，特别是当它与背景中的变化显著不同时，这导致其显著性是一个绝对的，而不是一个相对的特征，因此，说者在语言表达时自然提及了对象的颜色属性。Tarenskeen，Broersma 和 Geurts（2015）指出，因为颜色的显著性，颜色更可能被编码进语言表达中；再者，也是源于颜色相对于名称类别或概念（例如衣服和办公用品等）而言，其是修饰性的信息；还可能由于交流对象缺乏其他特征等，总之，这是一个综合影响过程。[①] 研究已经证实了，说者在其没有任何歧视性偏见时，语言表达中会提到颜色特征，特别是当对象具有非典型性颜色特征时。除了颜色，特征的重复性也会提高特征的显著性或可访问性，导致说者在语言指称时使用了特定的修饰语。

综上，通过呈现色彩来增加指称对象的感知显著性，使得颜色对指称

---

①   Tarenskeen, S., Broersma, M., & Geurts, B., "'Hand Me the Yellow Stapler'or 'Hand Me the Yellow Dress'：Colour Overspecification Depends on Object Category," Howes, C. and Staffan Larsson, S. (Eds.), *Proceedings of the 19th Workshop on the Semantics and Pragmatics of Dialogue (SemDial)*(University of Gothenburg, 2015), pp. 140-148.

对象本身更重要，包括颜色是对象的非典型性特征，或在显示的其他项目之间重复出现，均增加了说者语言表达的可能性。研究表明视觉对比不仅比语言对比更容易被检测，而且这些对比很容易被编码进入语言表达之中，从而出现"压倒"Gricean 理论规则的交流现象，并生成过度指称的语言表达形式。[①]

影响语言表达选择性的另一个因素是对象的显示密度。当在电脑屏幕中寻找两个靶目标而不是单个靶目标时，说者往往会过度指称。此外，当视觉场景混乱时，交流者更有可能在语言表达中使用冗余性的修饰；当呈现的对象具有更多的特征时，类似的过度指称效应也会出现；当说者处于时间压力之下时，也是如此。由于上述情境下，说者需要更大的认知努力来计算目标和多重干扰物之间的显著特征，所以可能会自然绕过这种计算过程，过度指称不会对语言交流造成严重威胁，而且又可以节省认知资源和努力。换言之，在现场即时交流压力下，说者可能会牺牲 Gricean 规则，同时保持听者识别目标所需的必要信息量。

来自指称对象限制的这些影响，已经从说者和听者的角度分别进行了解释。例如，在基于效率的分析中，说者不需要在靶对象和杂乱的干扰对象之间计算出精确的区别性特征，而是通过将颜色的显著特征作为优选特征来采用，颜色也可以减少听者的搜索空间，并且说者也没有花费太多的认知成本。另一方面，基于听者的解释强调，说者应使听者能够从颜色提供的溢出效应中获利。最后，交流语言互动过程是"合作"过程的观点，还提出了"说者－听者解释"，鉴于双方间的共享性，过度指称在交流中是有效的：对于说者来说显著的东西，对于听者也同样是显著的。

（四）总结交流情境对语言指称的限制

综上所述，对语言指称及其变化性的解释，需要理解交流情境中的多重约束因素如何不仅影响语言的选择，而且影响语言选择的中介因素，如注意。除了交流语言研究角度的研究者们全面研究了大量的语言限制之外，交流情境中还存在广泛的非语言压力在同时起作用。此处所讨论的每个因素在功能层面上都被研究者们认为是重要的，因为它们涉及对交流目标、交流者知识状态和交流者感知等的认知推断。它们影响成功交流语言的产生和理解过程，因为它们影响与语言使用相关的基本记忆和注意等认知

---

① Ferreira, V. S., Slevc, L. R., & Rogers, E. S., "How do Speakers Avoid Ambiguous Linguistic Expressions?" *Cognition 96(3)*(2005):263-284.

过程。

当前分析给未来研究带来了更为深入和广泛的思考，如果研究的目的仅仅是为了识别影响交流语言选择的某个因素，这类研究是相对简单的；而探查各因素间相互作用关系和相对影响是一项更为复杂的工作。此外，尽管诸如语言可访问性或共同基础等变量的存在，能在一定程度上预测说者对语言表达的选择，但语言的最终形式仍然是概率性的。当前交流语言发生模型面临的一个挑战是，同样的交流情境下，说者之间语言选择的差异性是很大的。不同的说者在讲述一个简单的小故事时，会选择不同的语言表达方式；同样，同一个说者在不同交流场合下讲同一个故事时，在词语选择上也会显著不一致。

以往研究虽然已经从多个角度分析和研究了影响交流语言选择和解释的多种因素，但研究领域还没有对语言表达问题作出全面的描述。未来为了推动这样一个解释，必须解决几个突出的问题，此处仅列举一些典型方面。

首先，探查个体差异。这是一个需要考虑的新因素，例如个体认知限制性——加工速度和记忆容量等；在此基础上还应该探索创新性的实验研究方法，可能有助于该领域的更全面理解。

其次，探查目标与过程。回顾以往研究，语言产生理论必须解决两个重叠的问题：交流情境限制性如何影响说者的目标？交流情境限制性如何调节实现这些目标的认知过程？例如，颜色特异的物体（紫香蕉）可能会改变交流目标，增加说者注意颜色的期望。同时，色彩的显著性可以吸引说者的注意，并调节语言线索的可访问性。

再次，探查语言与非语言信息来源。交流情境因素中物理的、语言的和人际的各因素是如何相互作用的？汇集这些限制因素有可能进一步提高我们对语言表达变化性的理解。例如，显示密度、最近提及的和说者目标之间是如何交互作用的？

最后，探查交流语言的决策过程。当研究者研究语言产生特征时，他们通常只研究语言形式选择方面的一个维度，如代词与更明确的概念、修饰与未修饰的表达方式，或声音上显著的与简化的表达方式。然而，这些因素实际上是同时发生在说者的语言决策过程中的，建议未来尝试建立一个完整的模型，以力求同时考虑所有方面的特征。

四、交流情境影响参照性语言选择性注意过程的实证研究

结合上述分析讨论，笔者进行了一项研究，探查了交流情境对参照性语言选择性注意过程的影响特征。依据交流情境的具体特征，实验分离出语言媒介、对象可视性、表情媒介三个方面，相应创设出语言交流、共享对象的语言交流、共享对象和表情的语言交流三种交流情境或交流方式，实验采用交流互动范式，记录和分析了交流语言内容，探讨交流情境对学习过程中交流者语言选择性注意的影响特征。结果具体表明：在语言交流情境下，学习者的语言选择性注意整体水平显著最高，不同交流情境下语言选择性注意的整体水平均随着交流时间进程而不断增高；语言交流情境下学习者语言选择性注意指向性水平显著最高，共享对象和表情情境下最低，但语言选择性注意集中性水平最高，总体上，语言选择性注意指向性和集中性水平随着学习进程相对不断稳定增高，但语言交流情境下与共享对象情境下交流阶段 1 的集中性水平显著高于中间交流阶段。基于此，实验结果发现并证实：交流情境不同时，不同非语言因素对语言认知加工产生的影响作用显著不同；交流学习双方的认知协调过程同时受语言和非语言因素的共同作用和影响。归纳而言，非语言因素降低了交流学习者语言选择性注意的整体水平和指向性水平；但表情因素提高了语言选择性注意的集中性水平。[①]

（一）研究背景

语言由于是交流互动媒介的典型代表，使得其成为不论是交流语言语法语义研究还是语用研究的焦点之一。交流实验研究的具体思路和方法相应呈现出了多样性特点，Bezuidenhout（2013）认为交流社会认知的实验研究任务和具体的实验范式设计都应该突出"交流情境的自然性"特征。首先这是因为交流者的认知加工过程，不同于个体自我认知的加工过程，交流者在人际互动中展现了一种非自我中心的认知加工过程和特征；其次是因为探讨交流社会认知的人际互动性，需要借助一个交流的动态时间进程，简单的视觉情境下围绕熟悉对象的即时交流不具有典型性和代表性，比如，为交流双方呈现一组生活物品，描述者（说者）指导操作者（听者）做出特定的摆放和布置。[②] 对此，Brown-Schmidt 和 Heller（2014）针对 Bezuidenhout 阐述的第二点——交流实验任务和具体的范式变式问题，提出即时交流任务和长时交流任务在交流语言认知实验研究中实际上各有

---

① 张恒超：《交流语境对学习过程中学习者语言选择性注意的影响》，《心理发展与教育》2019 年第 3 期，第 320—328 页。

② Bezuidenhout, A., "Perspective Taking in Conversation: A Defense of Speaker Non-Egocentricity," *Journal of Pragmatics 48*(2013):4-16.

利弊。① 交流互动过程中交流者不断建构和发展特定的共同基础,比如共享的语言参照惯例,虽然相对较长的交流时间过程和相对复杂的交流互动任务有助于展现交流者彼此间的认知协调过程和语言认知加工模式,然而并不能完全否定即时交流任务的某些实验方法优势,简单任务的即时交流能够揭示特定交流时间"点"上的语言模式和特征,另外应该注意到,长时交流过程也是以即时交流为基础而不断增量产生的。换言之,长时交流和即时交流在研究任务特征和方法上互为补充,长时交流可以相对完整地全面揭示交流语言认知加工过程的变化性,以及语言认知观点的形成过程,即时交流便于精细化记录和分析语言,两者间的关系接近于"录像"和"照片"间的关系。

交流社会认知实验"自然性"的另一个方面表现在交流实验情境的控制性。如本书所阐述,交流社会互动认知过程具有复杂性和多样性,这决定了不做任何实验限制的纯粹性自然交流任务和方式不适合实验探讨交流认知,尤其是相对更为复杂的长时交流进程的探查。因此,控制性实验条件的优点是,研究者可以根据不同的研究目的并结合交流情境的具体特点,分离出不同类型的交流因素,进而创设不同的实验交流情境,方便有目的、针对性探查交流语言和非语言认知特征。譬如交流语言、交流注视、交流对象(感知特征)共享性、表情等,这些众多的因素是在纯粹自然交流中无法客观分离、实验记录和统计分析的。

Brennan,Chen,Dickinson,Neider 和 Zelinsky(2008)的实验设计了即时交流任务——O-in-Qs 视觉搜索任务,研究发现,共享注视情境下(交流者可以在自己屏幕上即时看到同伴搜索过程中的注视点变化轨迹)搜索任务的完成效率最高,相反共享注视和语言情境下,语言互动带来的认知损耗表现出降低了搜索任务的完成效率。② Brennan(2005)实验中要求交流者按照呈现于联网计算机屏幕上的相同地图校准彼此的任务对象,也发现当交流操作者的信息不出现于描述者的屏幕上时,描述者语言交流的时间过程将增长,交流任务完成的效率效果也显著降低。③ 但是上

---

① Brown-Schmidt, S., & Heller, D., "What Language Processing Can Tell Us about Perspective Taking: A Reply to Bezuidenhout (2013)," *Journal of Pragmatics 60* (2014):279-284.

② Brennan, S. E., Chen, X., Dickinson, C. A., Neider, M. B., & Zelinsky, G. J., "Coordinating Cognition: The Costs and Benefits of Shared Gaze during Collaborative Search," *Cognition 106(3)* (2008):1465-1477.

③ Brennan, S. E., "How Conversation is Shaped by Visual and Spoken Evidence," J. Trueswell & M. Tanenhaus (Eds.), *Approaches to Studying World-situated Language Use: Bridging the Language-as-product and Language-action Traditions* (Cambridge, MA: MIT Press, 2005), pp. 95-129.

述注视因素的实验控制存在不足之处，即共享注视情境在现实交流互动中很难发生，难以独立分离并直观呈现。Galati（2009）实验安排了卡片匹配任务，结果发现对象感知特征的共享降低了交流者语言的准确性和复杂性。[①] Vesper，Schmitz，Safra，Sebanz 和 Knoblich（2016）研究中要求交流者力求同步移动各自屏幕上的对象到指定的位置，也发现共享同伴视觉对象信息条件下交流任务完成中的协调过程显著更长。[②] 综合而言，交流中交流者注视信息的可视化，可以促进彼此间认知和行为的协调；而共享交流对象时，共享性视觉信息相反弱化了语言交流，阻碍了彼此间认知和行为的协调过程。通过实验结果的对照，可能的解释是注视信息可以直接指向任务目标，指明任务操作，有助于交流者彼此间注意、意图和期望等的协调一致；但是当共享交流对象时，共享性视觉信息无法提供像注视信息那样的针对性、明确性信息——即时的注意特征和变化性。

还有大量的实验研究分析了交流者"表情因素"对交流语言认知加工过程的影响特点，典型的如手势表情。部分研究认为虽然手势和语言的表达形式不同，但它们在时间和语义上是相伴发生的，同时表达关联性的信息，因而当语言交流困难时，手势随之将显著更频繁发生，相反当语言可以流畅沟通时，手势表达也相应减少了。然而，Graziano 和 Gullberg（2013）的实验结果支持交流中语言媒介和手势表情是一个集成系统的观点，交流者在困难和容易的交流情境下，语言流畅相应伴随着手势的流畅表达，语言的不流畅同时伴随手势的停顿和不连贯性，而当语言停止时，手势表达相应也停止。[③] 围绕该问题的分析，Krauss（1998）提出了"词汇性手势生成模型"（lexical gesture process model），指出交流中手势的使用影响到语言中词汇的选择和难易，换言之，手势激活词汇，使词汇更容易表达和被理解。[④]Kita 和 Özyürek（2003）进而在以上理论的基础之上，提出"相互作用模型"（the interface model），强调手势是由行动发生器计划的，语言由信息发生器计划，尽管两者产生于不同的认知加工系统，但

① Galati, A., "Assessing Common Ground in Conversation: The Effect of Linguistic and Physical Co-presence on Early Planning," doctorial dissertation, 2009, Stony Brook University, New York.

② Vesper, C., Schmitz, L., Safra, L., Sebanz, N., & Knoblich, G., "The Role of Shared Visual Information for Joint Action Coordination," *Cognition 153*(2016):118-123.

③ Graziano, M., & Gullberg, M., "Gesture Production and Speech Fluency in Competent Speakers and Language Learners," in Tilburg gesture research meeting (TiGeR) 2013, Tilburg University.

④ Krauss, R. M., "Why do We Gesture When We Speak?" *Current Directions in Psychological Science 7(2)* (1998):54-60.

交流互动中两个系统会双向互动和彼此限制。[①] 当前，从手势在交流沟通中的角色来看，实验研究支持两种观点：一是手势辅助和配合语言表达，二是手势具有相对独立的交流性，可以弥补语言信息的不足。O'Carroll，Nicoladis 和 Smithson（2015）以交流同伴可视性界定表情变量，实验发现彼此不可视条件下交流语言精细确凿，信息量更大；而彼此可视条件下，交流语言简化，信息量少。[②] Koppensteiner，Stephan 和 Jäschke（2016）则研究发现肢体动作表情对于语言表达的政治观点的理解和接受程度具有显著的影响作用。[③] 概言之，表情媒介是交流互动中重要的非语言线索和信号，其不仅具有相对独立的交流特征，还对语言认知加工过程产生显著的影响作用。

如上所分析，交流社会认知具有复杂性和实验研究的困难性，这决定了交流语言认知的分析探查需要参照和基于特定的交流实验情境来做出客观性解释。在先前研究的基础上，本次研究基于"交流语境自然性"特征，从两个方面变化实验思路和设计方式，以进一步分析"交流语言认知"的具体特征：首先，从交流实验任务的安排上，同时借鉴"即时交流和长时交流任务"的不同特征，创设了交流学习任务。具体而言，交流学习任务在整体上设置为一个长时交流任务，有助于在交流时间进程中动态性记录和解释交流语言认知特征和变化特点；同时，将交流时间过程标准化为10 个阶段，实验中记录并分析交流者的即时语言，目的是对照交流不同时程中交流者语言信息特征的变化性和差异性。其次，从交流互动中因素控制的角度出发，创设了三种交流互动方式。鉴于交流中语言的核心地位，实验以语言交流为核心，不断递加非语言因素，依此生成语言交流、共享对象的语言交流、共享对象和表情的语言交流三种交流情境和方式。这样，本次实验一方面兼顾即时交流和长时交流的不同特点，另一方面又系统性逐步变化交流中的因素；实验考虑到选择性注意是高效率学习认知中的重要因素和代表性指标，以及考虑到交流中语言对交流者注意引导和协调的媒介作用，实验的因变量指标设计为交流语言信息的选择性注意水平。

① Kita S., & Özyürek, A., "What Does Cross-linguistic Variation in Semantic Coordination of Speech and Gesture Reveal? Evidence for an Interface Representation of Spatial Thinking and Speaking," *Journal of Memory and Language 48*(2003):16-32.

② O'Carroll, S., Nicoladis, E., & Smithson, L., "The Effect of Extroversion on Communication: Evidence from an Interlocutor Visibility Manipulation," *Speech Communication 69*(2015):1-8.

③ Koppensteiner, M., Stephan, P., & Jäschke, J. P. M., "Moving Speeches: Dominance, Trustworthiness and Competence in Body Motion," *Personality and Individual Differences 94*(2016)：101-106.

（二）研究方法

研究设计具有标准维度的虚拟学习材料，创设交流学习任务，标准化学习阶段并记录交流者的语言内容，探查交流不同阶段和全程中语言选择性注意特征，以及受交流中非语言因素的影响特点。基于以往研究发现，本次研究假设：一方面，随着交流时间进程的不断发展，交流学习者学习认知和行为准确性将不断提高，相应地，学习者语言的选择性注意水平也将不断提高；因此，不论哪种交流情境下，该总体趋势将保持不变。另一方面，如上分析，虽然表情因素具有交流性（辅助语言交流，以及独立交流性），对象共享性不具有交流性，但是交流过程中，非语言因素均一定程度上影响或弥补、配合语言沟通信息；因此，交流情境中，非语言因素的存在将导致交流学习者语言选择性注意水平的相对降低。进一步，本次实验还将细致探查，随着非语言因素的依次递加，交流语言选择性注意指向性水平、集中性水平等的具体变化特征。

实验以大学生为被试，实验电脑为 2 台笔记本。实验材料为拥有 4 个身体特征的虚拟生物。每个特征设定 2 个值（0/1），在 1~3 维度中设计了 2 种交流学习的功能。实验任务为交流功能学习任务。全部任务共包含 10 个功能学习阶段（block），每个阶段中 8 个样例各自随机呈现 2 次。交流学习过程采用交流实验范式，交流学习双方轮流担任生物描述者和功能判断者，对每次判断提供反馈。三类功能对应的正确按键为","."."/"。

实验根据交流情境特征，创设 3 种交流条件。语言交流：交流学习中，仅描述方的电脑呈现生物，电脑呈现随着交流角色相应互换；并且任务中彼此以隔板分开，交流学习中双方不仅无法同时观察生物，也无法看到对方。共享对象的语言交流：同上，不同在于交流学习中彼此可以同时看到生物。共享对象和表情的语言交流：在共享对象的语言交流基础上，彼此可以互视。

实验中，所有被试先同性别随机配对，再分别随机分成 3 组参加三种交流条件的任务。交流学习任务为 3（交流条件）×10（阶段）混合实验设计。一个交流回合中，描述者语言提及一个有关维度计为 +1，反之，提及无关维度计为 -1，求和，之后求每个阶段的平均数，作为选择性注意整体水平的指标。同理，以有关维度和无关维度的平均数分别作为指向性和集中性水平的指标。

（三）研究发现

研究分析讨论了不同交流情境下语言选择性注意整体水平特征，不同交流情境下语言选择性注意指向性和集中性水平的特征。

1. 不同交流情境下学习者语言选择性注意整体水平的特征

对不同交流情境下语言选择性注意整体水平的分析结果显示：交流学习者语言选择性注意水平在语言交流情境下显著最高，共享对象的语言交流情境与共享对象和表情的语言交流情境间无显著差异。从交流学习阶段的发展变化角度分析，语言选择性注意水平的增长变化经历了三个阶段：交流学习阶段 1、交流学习阶段 2~3、交流学习阶段 4~10。

从交流情境因素控制的角度看，实验结果发现：交流学习过程中当交流者彼此间仅能通过语言媒介沟通时，语言信息或内容表现出对交流对象选择性注意的整体水平是最高的。本次研究中，实验设计的目的是从控制交流情境自然性角度出发，分析反映在语言内容中的语言认知加工特征，实验结果证实了当交流者彼此仅以语言作为唯一交流媒介时，语言认知加工的深度最为显著。诚然，此处语言认知加工的程度不代表语言交流情境下交流者的学习效果和效率是最优的，毕竟另外两种情境下交流媒介或因素更为多样化，这可能一定程度上削弱了语言媒介的重要性，从而表现出语言内容的相对简单化或表浅性。

正如前面所述，当交流学习者同时借助多种媒介沟通信息时，从交流认知的节省性出发，交流学习双方应当优先选择最为经济和高效的信息沟通方式，或者交流媒介彼此间的某种最优组合方式。尽管 Brennan（2005）[1]以及 Brennan，Chen，Dickinson，Neider 和 Zelinsky（2008）[2] 两项研究中共享注视的交流情境在现实交流互动中可能并不会发生，但实验结果本身能够证实，在视觉交流任务中注视信息能够最准确、最直观地标示出同伴的认知目的和行为特征，所以，此时语言互动就显得赘余，而且不利于交流认知加工的高效性和经济性。这样从不同的研究角度和本次研究结果互为对照，即本次研究结果中出现仅依赖语言媒介交流时，交流者的语言信

---

[1]　Brennan, S. E., "How Conversation is Shaped by Visual and Spoken Evidence," J. Trueswell & M. Tanenhaus (Eds.), *Approaches to Studying World-situated Language Use: Bridging the Language-as-product and Language-action Traditions* (Cambridge, MA: MIT Press, 2005), pp. 95-129.

[2]　Brennan, S. E., Chen, X., Dickinson, C. A., Neider, M. B., & Zelinsky, G. J., "Coordinating Cognition: The Costs and Benefits of Shared Gaze during Collaborative Search," *Cognition* *106(3)*(2008):1465-1477.

息最为丰富，但相对于另外两种交流情境而言并不一定是最高效的。张恒超等（2012）的两项实验研究对照证实，选择性注意是学习认知的一个代表性指标，但不是学习成绩的直观反映，也不是学习认知的全部，在交流互动学习和个人独自学习的比较中，随着学习材料复杂性或难度的不断提高，交流互动由促进学习逐渐表现为阻碍学习；[1]但交流学习者的选择性注意水平却始终高于个人学习者，也就是说，结果中出现了学习效率效果和选择性注意水平间的分离效应。[2]简言之，当前实验中语言交流情境下，语言作为唯一的交流媒介，表现出了最大程度的丰富性和完整性。

共享对象的语言交流情境与共享对象和表情的语言交流情境下，由于对象的共同可视性，表情交流的同时存在，一定程度上弱化了语言媒介的交流作用，从而表现出语言选择性注意整体水平的显著降低。Galati（2009）指出当在交流对象感知特征共同可视的情境下，语言信息将显著减少，语言简化而不精确，甚至出现交流者重复说明或修改先前语言表述的情形显著增多。[3]而Vesper，Schmitz，Safra，Sebanz和Knoblich（2016）研究中所强调的，共享交流对象感知特征时交流者间认知和行为的协调过程将显著增长，可能来源于视觉感知信息对于语言沟通过程的弱化。[4]毕竟共同的视觉感知信息，不论是来自视觉对象或来自整个交流视觉情境，其不像交流者的注视信息那样能够明确指示出同伴即时发生的注意认知和行为意图；视觉信息的内容相对是笼统和概括的，尤其如本次实验对象中包含与学习内容无关的维度信息时，交流双方一味弱化或摒弃语言信息，转而依赖共同的视觉信息，反而不利于交流对象的学习和交流任务的高效完成。结合以往研究的结果，可以归纳出，共享对象视觉感知信息既降低了交流语言的精细性和全面性，又不利于学习精确性的提高，因为共享的感知视觉信息毕竟不代表与学习直接有关的信息。

同理可见，在共享对象和表情的语言交流情境下，由于对象和表情因素的加入，也相对弱化了语言媒介沟通的显著地位；但表情的交流作用和共享对象感知特征不同，尤其像手势表情的交流作用。交流互动中，手势

---

[1] 张恒超、阴国恩：《关系复杂性对关系类别间接性学习的影响》，《心理发展与教育》2012 年第 2 期，第 193—200 页。

[2] 张恒超、阴国恩：《关系复杂性对关系类别间接性学习中选择性注意的影响》，《心理科学》2012 年第 4 期，第 823—828 页。

[3] Galati, A., "Assessing Common Ground in Conversation: The Effect of Linguistic and Physical Co-presence on Early Planning," doctorial dissertation, 2009, Stony Brook University, New York.

[4] Vesper, C., Schmitz, L., Safra, L., Sebanz, N., & Knoblich, G., "The Role of Shared Visual Information for Joint Action Coordination," *Cognition* 153(2016):118-123.

随时存在和发生，不同文化中的交流者在互动中都会使用交流性的手势，即使是从未见过任何手势的先天性盲人，在交流中也会使用大量的手势。如上所讨论，手势在互动中一方面可以辅助配合语言交流，其依靠视觉和模仿性，所传达的交流意图是全方位的，因而帮助语言媒介沟通了完整的交流意图，弥补了语言交流的某些不连续性，手势的这一交流特征在交流记忆信息的探测中也获得了证实。另一方面，交流学习双方可以通过手势来传达彼此思维中所理解的超出语言表达范围的不同信息，这些信息通常是一些不是很明确或独特的隐含知识，甚至是一些难以通过语言表达而手势便于传递的信息；而且手势不像语言受特定的规则限制，对于交流学习者，手势还可以成为一种认知标记，其在交流中标示出交流学习者学习中所处的某种重要思维过程和阶段，相应降低了交流社会认知负荷。这样可以说，虽然共享对象和表情的语言交流情境也像共享对象的语言交流情境一样，语言信息的选择性注意整体水平间不存在显著差异，但这并不意味着两种情境下交流者的学习认知特征、学习行为水平也是一样的，依据上述前人的研究发现，可以推测共享对象和表情的语言交流情境下交流者的学习效率效果可能更优。

最后，从交流学习阶段的发展变化看，语言选择性注意水平随交流时间进程不断提高，一方面在交流学习中再次证实了选择性注意是学习认知的一个代表性指标，另一方面，从交流学习情境间的对照而言，语言选择性注意在特定的交流情境下不一定是交流学习认知的一个敏感性指标，尤其是当前实验是以标准化的交流语言信息来操作性定义选择性注意的内涵，其仅反映了交流互动中语言对于交流者注意的指引，并不代表交流情境下选择性注意的多重表现和量化。或者说，当前在语言交流情境下，交流互动学习仅依赖语言对于有关维度信息的激活和对无关维度信息的抑制；而共享对象的语言交流情境、共享对象和表情的语言交流情境下，还包含了共同的视觉信息、互动性表情对彼此注意的激活和抑制特征。从这一意义上讲，交流语言信息所操作性定义的选择性注意指标对交流学习反映的相对不敏感性，一定程度上来自实验考查指标（交流语言注意）对于交流注意的全面代表性问题。

2. 不同交流情境下学习者语言选择性注意指向性和集中性水平的特征

对不同交流情境下语言选择性注意指向性和集中性水平的分析结果显示：首先，从交流学习情境间的差异来看，语言交流情境下语言选择性注意指向性水平最高，共享对象的语言交流情境次之，共享对象和表情的语言交流情境最低。所有交流学习阶段下，语言交流情境和共享对象的语言交流情境间，语言选择性注意集中性水平无显著差异，且均显著低于共享对象和表情的语言交流情境。

学习活动同时依赖于激活有关信息的能力（指向性），和抑制无关信息的能力（集中性）。鉴于本次研究设计和因变量指标的特点，可以做出如下理解：实验以语言信息来操作性定义选择性注意，或者说实验探讨的是交流语言对于注意的引导，因此，如上语言选择性注意整体水平的分析，在语言交流情境的基础上，随着交流情境中非语言因素的依次递增，交流语言对交流者注意的指引作用相应递减。这直观表现于语言信息量随非语言因素的增加而减少，这导致当前结果中语言选择性注意的整体水平和指向性水平不再是交流学习效率效果的代表性指标，原因即在于对象可视性、表情同时参与了交流互动的注意过程。然而，当前实验条件下，语言选择性注意的集中性水平仍然是一个相对较好的学习评价指标。简单而言，当对象共享因素、表情因素加入语言交流情境之后，部分与交流学习有关的信息可以不通过语言来直接表述，而通过共享性的视觉或表情来交流，然而反过来，随着交流学习进程的不断发展，交流学习者的学习水平相应不断提高，其不可能通过语言表达已经理解到的无关维度信息，综合而言，交流学习者理解的有关维度信息可以同时借助多种交流媒介和因素来表达，但其理解的无关维度信息则不会通过任何媒介表达出来。因此，本次研究条件下，语言选择性注意集中性水平相对可以作为交流学习效率效果的一个良好指标。实验结果中所有交流学习阶段下，语言交流情境和共享对象的语言交流情境间，语言选择性注意集中性水平不存在显著差异，且均显著低于共享对象和表情的语言交流情境，研究证实交流学习中表情因素的加入使得交流学习者语言选择性注意集中性水平显著提高，即交流学习的准确性显著提高；而这并不出现于共享对象的语言交流情境中。Vigliocco，Perniss 和 Vinson（2014）的研究指出，交流者彼此间面对面的交流体系是一个连贯的多模式的互动沟通体系，交流社会认知的探讨不仅需要将语言认知和视觉认知同时考虑在内，还需要考虑语言和视觉信息间的互动认知过程和模式。[①] 当人们使用表情媒介参与交流互动学习时，将借助感觉运动区，这是手势、面部、肢体等表情促进学习的认知基础。研究者借助 ƒMRI 的有关研究发现，当要求儿童在解决每一个数学问题的前后说"我想要一边等于另一边"（等价策略）时，一种条件下儿童只表达

---

① Vigliocco, G., Perniss, P., & Vinson, D., "Language as a Multimodal Phenomenon: Implications for Language Learning, Processing, and Evolution," *Philosophical Transactions of the Royal Society B 369*(2014):20130292.

这个句子；另一种条件下表达这个句子的同时，还产生表达相同信息的手势——在数学等式的左边挥动一下手部，然后在数学等式的右边做出相同的手势。实验结果证实，手势激活的感觉运动区域将会在接下来的迁移任务中被显著重复激活，该研究结果表明，手势促进学习的认知机制涉及建立与学习任务相关的感知运动表征；这些感知运动表征在之后不用手势解决类似任务的情境下也可以被重复性激活。本次实验的结果从语言选择性注意指向性和集中性水平的比较中，也同样证实了交流学习中表情因素对于学习认知和行为的促进作用。

其次，从交流学习阶段的变化性分析，语言选择性注意的指向性方面，交流学习阶段 1 和 10 间不存在显著性差异，且均显著低于其余阶段，交流学习阶段 2~9 彼此间不存在显著性差异。语言交流情境下，语言选择性注意的集中性水平出现了 5 个阶段的变化：阶段 2~5、阶段 6~8、阶段 9、阶段 10 这四个阶段的集中性水平不断出现显著性增高，但是，阶段 1 显著高于阶段 2~6。共享对象的语言交流情境下，语言选择性注意的集中性水平出现 3 个阶段的变化：阶段 1 高于阶段 2~5，阶段 2~7 低于阶段 8~10。共享对象和表情的语言交流情境下，语言选择性注意的集中性水平出现 3 个阶段的变化：阶段 1~4、阶段 5~6、阶段 7~10 依次增高。

对交流学习过程中语言选择性注意的指向性水平变化趋势和整体水平比较，阶段 2~9 相对平稳，但是阶段 10 出现了显著降低。从上述的分析可见，这可能源于受到交流情境中非语言因素的影响，尤其是共享对象和表情的语言交流情境，语言的指向性特征在语言交流情境下相对能较好地代表交流注意特点，但是当多种非语言因素同时介入交流互动过程时，这一定程度上将分散语言的注意水平，所以语言的指向性水平不再是交流整体注意特征的一个敏感性指标。如果非语言因素，像表情，具有一定程度的独立交流性，可以更为高效地协调交流者的学习认知，并节省交流认知资源，那么语言因素就相对显得赘余，可能导致阶段 10 指向性水平出现降低。Beaudoin-Ryan 和 Goldin-Meadow（2014）使用了道德推理学习任务，同样也证实了上述结论。在对道德困境问题的解释过程中，一种条件下的儿童使用手势，一种条件下的儿童不使用手势，结果发现，手势组的儿童通过手势和语言表达出了复合性的观点，表明当儿童处于道德困境时，多重性的因素具有更好的表达性和理解性。同时，在道德课程结束之后，当儿童再次用语言提及类似的道德困境问题时，手势组儿童的语言信息量和观点数量等均出现显著的增加；这些观点在先前的学习过程中相对难以通过语言来说明，但手势促使这些观点的理解更为条理和明晰。研究者进一步强调：通过鼓励儿童使用手势来激活内隐性的观点，为儿童的语言交流学习做出了更好的准备。①

　　而在语言选择性注意的集中性水平上，三种交流情境下尽管彼此的增速不一致，但总体上随着交流学习进程的不断发展，集中性水平也均相应不断增高。但此处的一个令人感兴趣和有意义的结果是：语言交流情境和共享对象的语言交流情境下，阶段 1 的语言选择性注意的集中性水平均显著高于中间阶段，而共享对象和表情的语言交流情境下，集中性水平却表现出依次稳定性增高。交流者认知互动的"监测和调整理论"（monitoring and adjustment theory）认为，交流语言认知加工过程中，在交流之初交流者是从自我中心的角度来设计语言的，也就是以自己的知识为参照来不断做出假设检验，这一过程中交流者如果同时关注个人信息和共享性信息，是认知资源的浪费，是不经济的；随着交流时间进程的不断发展，交流者才逐渐增量关注同伴的信息，以及彼此共享的信息，并以此增强自己交流语言的监控。这是语言交流情境和共享对象的语言交流情境下，阶段 1 的集中性水平均显著高于中间学习阶段的原因之一，简言之，交流者交流之初先是以自我知识为参照，采用简单的假设策略来尝试检验交流学习内容的正确性，交流学习阶段 1 中语言选择性注意的集中性水平特点受到假设检验的随机性、简单化策略的影响而出现了增高的特征，实际上这并不代表交流学习者在交流之初就已经很好地掌握和理解了学习对象的功能特征。

　　交流认知的"基于限制的加工模型"（constraint-based processing models）进一步补充解释指出，交流者在交流的最初时刻就已经注意到交流情境中多种非语言因素的存在，并尝试以此引导交流认知加工的决策过程。该观点认为，交流之初个人知识和共享知识均是客观存在于交流互动情境中的，同时显性或隐性地成为语言认知加工的部分限制因素，而从认知选择节省的角度出发，当交流者的个人知识对交流决策是显著的时候，更可能表现出"自我中心"的认知加工特征；同样，当某种交流情境信息，比如手势等，表现出显著性时，一定程度上将产生对个人知识的相对抑制，综合而言，交流认知变化或选择的标准服务于交流任务的目的。因此，当前实验结果中共享对象和表情的语言交流情境下，语言选择性注意的集中性水平表现出依次稳定增高，这可能源于表情因素对于交流语言认知加工的潜在引导，一是在交流学习之初，表情因素即表现出对于语言交流的配

---

① Beaudoin-Ryan, L., & Goldin-Meadow, S., "Teaching Moral Reasoning through Gesture," *Developmental Science 17(6)* (2014):984-990.

合、补充和促进，二是表情因素，尤其像手势等，具有相对独立的交流特征，其相对于语言交流传达了一定的内隐认知理解成分，但却能够对外显交流语言的精心加工和推理过程做出潜在的限制。

归纳本次研究结果，实验发现：在语言交流情境下，学习者的语言选择性注意整体水平显著最高，不同交流情境下语言选择性注意的整体水平均随着交流时间进程而不断增高；语言交流情境下学习者语言选择性注意指向性水平显著最高，共享对象和表情情境下最低，但语言选择性注意集中性水平最高，总体上，语言选择性注意指向性和集中性水平随着学习进程相对不断稳定增高，但语言交流情境下与共享对象情境下，交流阶段 1 的集中性水平显著高于中间交流阶段。非语言因素降低了交流学习者语言选择性注意的整体水平和指向性水平；但表情因素提高了语言选择性注意的集中性水平。

在回顾和述评基于信息性的研究文献和基于语篇的研究文献时，本节将两个高度相关，但先前截然不同的理论方法结合在一起，探讨了它们的主要假设和关切点。已经可以看到，无论是基于信息性，还是基于语篇的方法，均提供了一个系统的关于语言指称选择特征的解释。从实证上讲，Gricean 理论关注了不同视觉情境下的信息性和恰当性，发现尽管说者经常产生包含信息和恰当的语言表达，但是还是存在偏离 Gricean 理论的大量实验证据和交流互动现象，而偏离预期形式的原因是根植于复杂的语用过程的，该语用过程包含了多源信息的综合影响。基于语篇的研究采用了功能主义的语言生成观，探讨了在不同的交流情境条件下哪种语言形式是适当的。从实证角度看，这些研究旨在表征出影响语言形式的交流情境，还考察了交流情境与语言表达形式选择的关系，以及交流情境与注意、共同基础等心理认知机制的关系。

本节分析了语言指称选择的限制因素，即交流情境如何影响说者的表达方式，强调更为广泛的限制因素，这些限制因素从广义上均来自语言外的交流情境、来自语言本身，以及来自语言的认知表征过程。本节的目的是提高对两个既定研究传统（基于语篇和基于信息性）的研究问题、假设、方法和结论的认识，并期待着未来研究者们能够综合两个研究领域，最终建立一个全面、完善、有效的交流语言生成模型。

第七节　交流情境认知研究的多层次性

一、研究方法层面

从研究方法的角度分析，在对交流情境认知特征的探讨中，应当注意一点，实验并不是研究交流情境和语言结构之间关系的唯一途径。有研究者指出了不同的方法传统。一种被称为具体化研究方法，指的是对特定具体现象的狭隘关注，通常采用案例研究、非结构化观察和其他定性方法作为研究的手段。用定性的方法来研究交流情境对语言影响的一个原则是：没有两个交流情境是相同的，语言的使用具有变化性，研究工作主要集中于对语言丰富性特征的分析。

相比之下，常规方法是利用大规模的调查、实验，通过统计分析做出一般性、规则性的解释。特别是自 2010 年以来，这类研究的数量在大量上升，来探查语言结构和非语言变量间的关系。Lupyan 和 Dale（2010）提供了一个例子来说明如何去探查语言结构和交流情境的关系。研究者使用了三个人口学变量：人口规模、地理分布和语言接触程度，这些是社会交流情境的代表。[①] 这些都将影响语言学习和交流使用的具体特征。有时，实验研究和统计分析更像是生成假设而不是假设检验，实验法对于自然语言的研究是存在弊端的，尤其像跨文化语言现象的比较等，难以通过实验方法和实验结果来真实解释。

但是，使用大规模的跨文化分析来研究交流情境和语言结构之间的关系将面临几个挑战。这些挑战包括：一是需要找到一个可以分析的语言数据库，以便于研究能够操纵的交流情境，实际问题是，跨文化的自然语言数据库是巨大的，同时可能是不完整和混杂的，各文化中语言资料的收集标准也可能极不一致；二是控制无关因素，实际面临的困难是文化背景中的无关因素很多，甚至很多因素是研究者所没有预料和意识到的，因此因果关系解释极难，与语言独特的结构和组织有关的问题在语言学领域有着悠久的历史。语言解释不是在空洞中发生的，需要结合交流的当前状态、物理情境和对世界的共同知识来对语言做出丰富解释。因此，对语言结构和交流情境之间的关系进行建模对于语言的文化进化解释至关重要。

---

① Lupyan, G., & Dale, R., "Language Structure is Partly Determined by Social Structure," *PloS one 5(1)* (2010):e8559.

二、研究内容层面

从研究内容的角度分析，为什么交流语言的组织和结构具有交流情境依赖性呢？一种观点是，语言如果缺少了交流目的性，将不会发展演化或进化。因此，交流歧义是交流语言的障碍，交流情境可以辅助解决该问题。另一个观点则相反，语言之所以具有交流情境依赖性，这是取决于交流效率的要求。不管人们对这些问题的态度如何，这两种观点都强调了解交流情境、认知和交流之间的关系对洞察交流认知的演化发展是至关重要的。

从上述分析可见，探讨交流情境的认知特征，首先得明确"交流情境"的定义，本章的定义是，交流情境是交流语言最佳的解释框架。在这一意义上，交流情境包括一个对象（解释的目标），一个基础（影响语言的即时信息），以及一个背景（从先前框架中获得的经验知识）。对于交流语言认知特征，交流情境可以弥补语言信息间的"裂隙"。交流情境作为语言信息解释的框架是重要的，基于这一定义，我们才能方便探讨语言结构和交流情境之间的关系，确定什么交流情境信息有助于降低语言信号的不确定性。

另外，重要的一点是，语言结构和交流情境之间的联系表现于文化进化过程之中，交流语言的辨别力、归纳力和协调力彼此作用；交流语言通过建立一套具有表达性和压缩性的表达方式，实现"形式－意义"间的映射，进而表现出这三种特征。

概言之，交流情境被认为是学习和使用语言的一个重要组成部分，它在语言结构文化进化解释中的作用一直被研究者们所关注。交流情境在我们学习和使用语言中起着基础性的作用，交流情境将语言系统的短期使用与长期出现相联系。人类交流的核心是减少交流意图的不确定性，需要交流双方在交流过程中校准共享性交流系统，实现交流过程的协调。决定说者语言表达和听者理解推理认知努力的是交流情境的可预测性：说者多大程度上估计交流情境，以及听者多大程度上利用交流情境解释交流语言。交流情境和交流压力之间的这种关系对语言结构有着重要的影响，离开交流情境，语言信号的解释力相应出现增损变化特征。这些均表明，交流情境因素影响交流者的语言交流互动系统，交流情境认知是交流社会认知解释的前提和基础。

实际上在各学科的研究领域中，交流情境是一个有争议的概念。语言哲学、语言学和认知科学的研究表明，语言的交流内容并不局限于所说的内容。交流情境影响交流语言的语义，是语用研究中的一个重要因素，其将研究关注的焦点从语义引向说者的意图，这种研究范式和思路的变化，可以追溯到早期的语言哲学研究领域。在这个框架中，语用学探讨语言使用的意图等方面。交流情境的内涵并不局限于索引词和指示词等词汇义的解释。一般意义上，在一个交流活动中，交流情境一定程度上是交流者间的共同交流基础。

三、认知层面

从认知的角度来看，交流是一种基于心理状态和共享知识的推理过程，有助于解释语言之外的交流行为，具有更广泛的交流认知含义。直观地说，交流情境是交流认知的背景，这种背景是交流发生的前提，具有重要的认知研究意义。事实上，交流情境是交流社会认知研究中不可回避的概念，也是至今研究所尚不明确和统一的一个概念。没有交流情境，交流认知的功能性就无从谈起。

本章没有期望找到交流情境的最终定义或通过一句话解释清楚交流情境，仅对该领域的相关研究作出分析。本章分析的相关领域的研究，从不同的角度、使用不同的研究方法一定程度上探查了交流情境的心理学含义。以往各研究，提出了对于交流情境的一种理解性和详细的定义或解释，提出了一个限制性分类的交流情境解释：①局部解释，交流情境是当前发生的词汇之前或之后的 5 个词汇范畴；②整体解释，交流情境包括所有的交流背景或整个交流情境（不仅限于语言本身）。这些不同层次的解释将交流情境的具体内涵区分出了句法、语义和语用，但是研究者对不同水平交流情境因素的解释界限是模糊不清的。尽管他们对交流情境的解释一定意义上模式化而武断，但一定程度上揭示了一般交流情境的具体结构。

为了进一步澄清交流情境的组成成分，研究者也意识到仅围绕共同基础（common ground）的解释在一定程度上是不足的，无法解释交流语言丰富的语用特征（仅共同基础无法完全替代交流情境），也掩盖掉了语言可能存在的多层次多维度特征，可以说交流情境包含共享性因素但不局限于此。Marques（2015）进一步又提出交流中的个人品位、审美和道德价值观等都包含在广泛的交流情境因素中。① 研究者们对于交流情境的解释存在很大的分歧，有人指出交流情境认知解释的分歧可以通过交流情境信息的灵活运用和相应的变化性解释加以解决，然而，这可能进一步带来各研究结果分歧扩大的风险。还有研究者提出交流情境的影响主要体现在两

---

① Marques, T., "Disagreeing in Context," *Frontiers in Psychology 6*(2015):257-269.

个方面：组块建构、模型组织。前者突出强调交流情境影响交流认知规则中的组合原则，即强调交流情境影响的相对性；后者强调组合而成的交流情境的独特、整体影响特征，即强调交流情境自身对于互动认知的表达性，而不是相对限制性或影响性。

四、启示与展望

综合本章而言，目前为止的相关研究主要着眼于分析交流情境对语言认知的影响性，展现了丰富的交流语言心理现象或认知过程，交流情境信息在语言认知中建构和提取进而对整个交流认知系统产生影响。从交流语用认知理论出发，这是一个自下而上的交流情境信息激活图式，该过程和交流目标导向的自上而下的信息激活图式相辅相成共同发生。关联理论强调交流情境中各种信息的相关性对交流认知的影响，即交流认知加工过程是一个从信息网络中寻找满意解的过程。关联的本质是溯因，而交流信息提取和运用的认知过程主要是靠关联性扩展的。

交流在字面上是两个人的语言互动。通常交流中至少包含两个具有不同知识背景、观点等的交流者，双方通过交流争论过程，力争通过不同证据获得同伴对自己观点的支持。交流参与者是不同的思考者，只有身临其境才有助于理解不同观点的表达和互动，就像剧本作者只有亲身登临舞台才能切身理解剧本中任务的实际思想是一样的。从最一般意义上讲，要产生交流互动最需要的是什么呢？至少需要两个不同的人，他们在不同的时间、基于不同的性格或假设而产生争辩。现实中，似乎交流中并不一定包含逻辑上、理论上或实践上的对立冲突，原则上，一个交流展现的是特定交流情境下两个声音的互动，以达成并发展某种共享性的交流观点。令人感兴趣的交流过程典型地通常包含某些争论、辩论、评论、反驳等语言和非语言冲突。然而，尽管如此，最令人感兴趣的是这些交流的目的并不一定是消除彼此间的所有认知差异，实际上交流者只要满足了某种最小期望，即可代表交流过程的成功实现。交流情境认知的实际意义和价值就在于其一定程度上决定了这种最小期望性交流认知的具体特征和形成变化过程特点，即交流情境特征限制了交流所表达的概念内涵、意图和期望的具体内容，当交流中的两个个体开始轮流交谈互动时，双方至少应该明确彼此努力交流的某种目的和方向，这离不开交流情境信息的参照和引用。更具体来说，交流认知关注的是什么？共同的交流意图是什么？这些都与交流情境的认知相关联。事实上没有一个单一的公式来决定真实交流中交流者对于交流情境的认知程度和彼此间的一致性理解程度，导致了交流者间最低限度的共享性认知解释，无法通过一个纯粹的逻辑过程来具体化展示。简言之，一个真实的交流互动过程中允许多大程度的认知误解，无法通过抽象公式来表达，通常仅仅在特定交流情境下才有具体评价的意义和价值，也才会有具体的解释答案。

交流情境认知的探讨除了增进我们的理论理解，还具有重要的现实应用价值，例如，在自然交流情境下，语言学习者必须借助交流情境在一系列的声音中确定词汇义，并将其与特定的指称对象相联系。儿童发展性的研究表明，成人使用夸张的音高引起婴儿注意特定交流情境中的元素，从而可以指导其学习语言。研究还发现，成人处于人工语言学习的不同实验条件下，显著表现出利用增强的音高作为语用线索。Cummins 和 Rohde（2015）认为语调是交流情境语用解释的重要指标或线索。[1]Domaneschi，Carrea，Penco 和 Greco（2014）的研究分析了交流情境带来的认知负荷对交流语言认知的影响，事实上，交流情境带来的认知负荷可能会影响假设的激活过程，他们的研究表明，这影响到不同条件句的选择和理解，他们还发现，对交流情境的观点或理解在语言解释中扮演重要角色，这些交流情境观点在语言解释过程中起到基础性作用。[2]ERPs 的电生理技术分析也证实交流情境的理解对语用现象，如隐喻等认知解释的作用。比如，不同的交流情境下呈现隐喻表述，一种交流情境促进隐喻意义的理解，而另一种却不影响。基于这些数据结果，研究者们认为，支持性的交流情境信息降低了检索隐喻词汇含义的认知努力；但不会降低随后发生的语用解释过程的认知努力，以保证正确获得说者语言表达的本意。

总之，特定交流情境下的交流认知反映了从脑加工到社会互动、语言实际应用（语用）的一系列复杂过程，交流情境认知特征的研究涉及哲学、语言学、认知科学、认知神经科学等多领域知识、方法和理论建构的尝试探索和综合整合运用。

---

① Cummins, C., & Rohde, H., "Evoking Context with Contrastive Stress: Effects on Pragmatic Enrichment," *Frontiers in Psychology 6* (2015):1779-1790.

② Domaneschi, F., Carrea, E., Penco, C., & Greco, A., "The Cognitive Load of Presupposition Triggers: Mandatory and Optional Repairs in Presupposition Failure," *Language, Cognition and Neuroscience 29(1)* (2014):136-146.

第七章　交流合作认知

　　某种意义上，Gricean 规则下的交流必然是一个合作或联合行动的形式与过程。这一合作交流观点（cooperative communication view）体现的是 Gricean 规则下的交流本身有助于解释交流者间共同行动的可能性。实际上，Gricean 规则仅仅为交流认知的解释提供了一个相对宏观的框架——交流的合作性特征，之后的研究中，不同的理论观点从不同的角度对人类交流认知理论的发展做出了不断的推动和贡献。研究者们的一个普遍共识是，如果我们要了解人类交流认知根源性的特征，无论是在个体认知上还是在群体认知上，我们都必须更广泛地看待交流本身并将其纳入人类的合作性活动之中。

　　交流合作性强调由多人一起执行和完成特定任务，多人一起行动通常有如下意指：

　　首先，多人组成的群体围绕共同目标行动；

　　其次，群体的成员愿意彼此帮助，通过合作互助以实现共同目标；

　　再次，群体成员之间拥有某种共同的知识。

　　上述第二点是交流合作互动的核心特征，体现了合作互动中的努力。它规定了交流合作活动对参与者的要求，要求群体成员愿意为彼此做出牺牲，共同努力实现合作目标。

　　本章将重点放在阐述和探讨交流互动的合作性认知特征和研究领域中的观点之争，并尝试阐述交流合作认知理论模型。

第一节　交流的合作性

一、交流与合作

现实中，虽然某些类型的活动可以由个体单独完成；但有些活动本质上是需要个体间彼此合作的，它们只能依赖群体的共同行动。诚然，合作性的群体行动需要借助交流互动来实现。交流理论的基本观点强调，人们在没有对交流同伴产生预期的情况下，是不可能执行共同交流意图的。简单而言，交流是一个多元化的行为过程，依赖于多个个体间认知和行为的默契配合。

语言作为交流互动的核心媒介，语言对话可以直观展现出交流的合作性特征：说者和听者共同努力实现信息的互换、协调，交流认知的协调性意味着交流双方彼此能够理解和接纳对方的交际意图，并能够做出敏锐的反应，进而实现共同的交流目标，付诸默契的交流行动。例如，下面一段简短的交流语言互动协调过程：

A：（用手指着柜台）请给我拿一个。

B：牛角面包还是黑巧克力？

A：请给我一包牛角面包。

…………

上述语言交流过程表明，交流者在即时互动过程中可能会互相打断对方，要求澄清含糊不清的话语，"澄清要求"是交流者共同努力和意图的一种体现，即交流的合作性。

Grice（1991）在文章中曾阐述：[①]

　　……交流的特点至少是某种程度的合作，每个参与者意识到在某种程度上彼此拥有一个共同的目标，或至少是一个双方都能够接受的交流发展方向……

Grice 认为交流是典型的合作活动，听者可以使用合作假设来解释说者模糊话语的交流意图。

交流通常是一个合作性的联合行动是没有争议的，本章在此处强调合

---

① Grice, H. P., *Studies in the Way of Words* (Cambridge: Harvard University Press, 1991).

作性是日常交流互动的典型人际特征，但是并不否认某些交流互动过程是非合作性的，想象一下，当 A 正在辱骂一个陌生人 B 时，这种交流是合作性的吗？显然答案是否定的，但是，这并不能否认此时的交流依然是一种特殊的"联合"行动，有"共同"的交流问题和意图，狭义而言，交流者的人际关系是非合作性的。

研究者们指出 Gricean 规则下的交流本质上就是合作性的，合作动机在某种意义上就是交流的本质特征。与上述对"辱骂"事件的狭义解释不同，Jankovic（2013）认为，任何交流互动过程和行为均包含 Gricean 理论中所强调的共同交流意图，"辱骂""打斗"交流过程也不例外，交流者中的双方甚至多方均能够意识到彼此的意图是什么，并采取相应的行为反应，因此从广义范畴出发，交流过程典型特点是互动性，互动中的参与者必定拥有某种共同的意图，这便是"合作性"，只不过交流中的当事双方（如"敌对双方"）的关系不是友好的。①

归纳以上内容，本书此处强调，如果认为交流互动中参与者彼此共同参与，具有共同的交流意图（不论是友好抑或是敌对），围绕共同的交流问题和目标而发生共同的认知和行为，那么交流的本质特征便是"合作性"。如果认为"合作性"仅限于交流者间的人际关系——友好、敌对，那么"合作性"便只能是交流的本质特征之一。

这样便不难理解，实际上，标准的 Gricean 规则下的交流本质上是一种有共同意图的，体现人际合作的联合行动过程。这样关于交流"合作性"外延和内涵之争，实际上属于研究中的操作性定义范畴，是观念和观点之争；这些争论均不能否认交流的"互动性"特征，只要"互动性"客观存在，交流参与者彼此间便不是孤立存在的，便是具有共同的交流目标和意图，相应地，彼此的交流认知和行为必然是相互关联的。

二、交流合作中的注意

意识性是交流合作活动中重要的认知特征，意识性交流的成功离不开说者和听者共同的认知努力。交流互动的最小单位包括两个参与者的合作，其中一个对另一个说，另一个对说者的话语表现出合作性和呼应。交流中的共同注意可以保证听者认真仔细加工说者的话语，否则他将无法理解说者的交流意图。

---

① Jankovic, M., "Communication and Shared Information," *Philosophical Studies 169(3)* (2014):489-508.

人类交流不能被描述和模型化为任何简单的代码，因为说者编码和听者解码语言需要注意和推理加工过程。人类的交流中，说者以语言符号或符号组合的方式，表达出自己的交流目的；听者以相同的方式解码语言符号，并努力推断出说者的交流目的，这体现出交流中注意的功能性。在真实交流互动中，即便语言是完全确定的代码，说者的表达意和语言的常规意义之间也是存在差距的，而这恰是说者试图沟通的真正意图。由于这种客观的差距（语言字面义和说者真实义之间），除非听者愿意付出认知努力，试图找出说者的交流意图，否则他将不能理解说者真实的语言含义。即有意交流中听者总是需要对说者的交流目标做出推理，这使得交流切实成为一个联合的行动过程。

可以说，即使是在最低成功性的有意交流的情形下，注意和推理也是语言加工的先决条件，这保证了交流参与者间从事的是一项共同行动，在这一语言认知加工的层面上，甚至是争吵中双方的交流也是一种特殊的共同联合行动，也是意识性的、存在注意和推理过程的互动行为。

三、交流合作中的亲社会动机

Grice 提出交流的合作性——联合行动之后，Tomasello（2010）做了进一步的补充：因为交流是一种联合行动形式，合作性还必须包含第二个含义——说者必须和同伴共享交流目标，这样交流中的亲社会动机是必要的，因为交流具有"明示推理"的性质。[①]

Tomasello（2010）认为，由于听者需要通过认知努力和资源的付出，才能推断出的交流的意图，那么他必须得到一定的激励才能开始这一解码过程。激励是交流合作的一个背景假设，即说者的语言对听者是有利的。基于此，人类交流中彼此间的语用隔阂才能够通过交流互动消除掉，因为交流是合作性的——双方交流过程将是双方共享或分享有价值信息的过程。

在 Tomasello（2010）的观点中，说者知道听者必须受到激励才能开始语言解释过程，通过公开表达他们的语言，来传达他们的意识性交流意图。Tomasello（2010）强调了交流中的语言表达至少存在部分合作性、互惠性、期望性意向：

　　……因为交流者知道，他的同伴期望自己提供有用的交流信息，

---

① Tomasello, M., *Origins of Human Communication* (Cambridge, MA: MIT Press, 2010).

所以他要确保听者知道自己在有意图地进行语言交流，好像在说"你会想知道这些"。……这附加了一种交流意向性层面——我想让你知道，我想从你那里得到什么信息，你会从我这里得到什么有价值的信息。这对于交流绝对是至关重要的过程，通常称为 Gricean 交流意图……

在期望性的合作背景下，听者接收说者的交流语言意图，并愿意付出认知努力以解码语言信息，因为他们期望得知说者的真实交流意图。在这种交流方式和情境之中，说者和听者一起打开了共享性的交流信息。这个过程是建立在交流双方彼此信任和合作的交流动机基础之上的，即交流互动中的亲社会动机。

Tomasello（2010）的观点使得 Gricean 规则下的交流合作性，体现在两个方面。

首先，交流合作是一个联合行动过程，这种合作中说者和听者在交流互动中各有自己的角色。即在交流语言形成和解释层面的合作：说者拟定话语，以便于听者理解；听者通过认知努力解释说者的语言信息。

其次，如果解码的过程开始，必须假定双方的合作动机相互存在。即交流语言内容层面的合作：假设语言交流互动开始时，说者提供了听者将获得的信息。这是交流互动中亲社会动机的典型特征。

四、交流合作性观点带来的争议

Tomasello（2010）认为 Gricean 规则下交流的合作基础是重要的，这有助于进一步阐明人类发展史上独特交流形式的出现和发展特征。从交流是一个意识性、亲社会性的联合行动的观点出发，这并不反对交流语言认知过程有时是自动化的。本书认为话语理解并不总是需要有意的行动，它并不总是一种意识性的联合行动。但是，在交流社会认知理论的探讨和发展过程中，仍然存在几个方面的不足和争议。

（一）交流认知和行为的内容必须是亲社会的吗？

Tomasello（2010）认为，由于交流意图的解释是费力的，需要较高要求的认知努力，听者必须有一定的动机，才可能积极地去参与交流。这成为其对交流互动亲社会性解释的基础，事实上，这并不是说听者的动机只能通过对交流回报的期望来激发。举一个反例，他们也可以出于避免伤害的动机来积极解释说者的交流语言和交流目标。

本书建议应该采取一个较弱的交流动机解释方式，这方便于对听者的交流行为做出积极的语用解释。针对 Tomasello（2010）的亲社会性动机的解释，Sperber，Clément，Heintz，Mascaro，Mercier，Origgi 和 Wilson（2010）则提出，交流互动中，听者对交流的期望通常是获得一些真实和相关的信息，而并非直接和明显的利己性。[①] 显然，这一提法更为包容，因为 Tomasello（2010）强调交流的利他动机是合作动机的根本；但是 Sperber 等（2010）只强调听者期待交流语言的内容是与自己"相关的"，因此相对削弱了语言"亲社会动机"的绝对化解释。

Tomasello（2010）和 Sperber 等（2010）共同支持的另一个交流假设，当前也受到部分研究者的质疑。他们认为，由于交流中语言解释的代价高昂，所以需要由预期的交流报酬激励交流者，以及借助交流进程的不断发展。虽然这在现实交流中的某些情境下可能是真实存在的，但是我们也应该注意到（详见前面章节的阐述），交流语言解释的成本并不总是"昂贵的"，话语解释有时也可能是"廉价的"。因为语言解释有时会对注意的要求很微小，即语言解释有时不是注意的结果，听者可以即时迅速掌握说者语言的信息内容，而不必去反思和推理她所说的语言，此时，语言理解过程可能以简单化的方式发生了，表现为自动化认知加工过程。如果是这样的话，交流语言理解并不总是需要有意的注意和刻意的行动。依此就可以假设，预期的交流收益可能是听者解释语言的前提条件：在语言解释成本高的情形下，听者相应需要有高度的交流动机来支付这些"费用"；反之则不然。

事实上，在某些交流情境下，交流语言解释成本的评估过程可能为交流者轻松完成。但是，在理论领域中，如果承认交流语言解释成本可能并不总是绝对高的，将会进一步影响对交流合作观点的理解和解释。比如，上述自动化语言交流过程，是否还属于真正意义上的联合行动，如果不属于，那么这种语言交流过程还是否是合作性的呢？未来研究还需要在更为广泛的意义上，对此问题做出更为深入、更为具有包容性的探讨和理论解释，这将进一步涉及交流社会互动的多样化应用领域。

---

① Sperber, D., Clément, F., Heintz, C., Mascaro, O., Mercier, H., Origgi, G., & Wilson, D., "Epistemic Vigilance," *Mind & Language 25(4)*(2010):359-393.

（二）交流语言的"解码"总是需要意识参与吗?

首先是注意在交流语言解码中的作用。现实交流中，有时成功交流的最低要求包括听者针对说者语言的合作意图，此情形下，听者是有意识参与交流互动和语言解释的。然而，在有些情况下，这种观点似乎是不准确的，有时听者解码语言并不需要意识性的努力。例如，如果我听到一个含糊的叫喊声从我背后传来，然后我的反应可能是无意识的。实际上，现实交流中，有时即使听者没有注意到语言，说者也可以采用一些方式帮助和促使听者解码语言，例如，向听者做出手势，并靠近听者，和其眼神接触，同时发出语言。在这些情况下，虽然听者能够听到说者的语言（或看到她的手势），但却不需要故意而为之。

其次是反思推理在交流语言解码中的作用。有时听者会反射性地解释说者的语言信息。这意味着，虽然语言解释有时需要彼此一致的注意和认知推理，然而有时却不需要。因此，虽然交流互动有时可能采取意识性联合行动的形式，但语言解释不一定是意识性的联合行动。如果这一解释是正确的，那么交流合作观点就存在一定的模糊性和包容性：尽管通常情况下意识性交流表现为一种联合行动的形式，但不是必然形式。这一观点或结论实际上可能是重要的，因为它可以更好地解释研究间针对交流语言认知的一些分歧。

（三）多元化的理论解释

上文所述的观点可能低估了交流的语用解释，比如，Sperber 和 Wilson（2010）提出了交流语言模块化加工的假设：如果我们对一个语言句子的解释是由快速有效的模块化加工所支持的，即使听者意识不到，但听者可能仍然从事了认知努力的活动。[①] 许多支持关联理论的观点，提出交流语言理解中的关联特征：听者对按照说者交流意图采取行为的"明示线索"的硬关联表现出高敏感性。

基于此有两点需注意，第一点是，语用解释的存在并不意味着意识性交流需要联合行动。因为如果语用解释是由产生语言解释的非个人化模块来加工的，则不需要反思性的注意和推理过程，那么有意的交流仍然可能并不表现为联合行动过程。第二点是，即使交流语言解释是由个人的次认

---

① Sperber, D., & Wilson, D., "Pragmatics, Modularity and Mind-reading," *Mind & Language 17(1-2)* (2010):3-23.

知机制来加工和完成的，也可能存在多样性的过程和表现。

（四）没有联合行动的交流

最后，本书认为有很多交流，实际上没有意识性努力的参与，更倾向于源于语用的解释，即某些语用性的语言解码无认知压力。一是，用符合文化、传统和习惯的固定而明确的方式开展语言交流。二是，表达性行为。表达性行为表现出个体的心理状态和这些心理状态所指向的环境特征，包括情绪表达，如愤怒和悲伤；以及凝视和注意的模式，例如，如果一个人盯着环境，并配合一个害怕的表达特征，那么环境中的其他人会感到恐惧，因为他们理解该个体表现的意义，并理解其心理状态；还有手势等非语言表达方式的并现。三是，符号性手势与交流意图的展示。符号性手势通过视觉上的信息来表达说者的交流内容。因此，为了告诉你如何打开水龙头，个体可能会以摆弄自己手的方式来表达。符号性手势的解释过程是一个简单的关联过程。四是，词汇习得。使用现有的词汇并不一定总是需要反省的、有意的语用解释，那么词汇习得过程可能也是这样的无意识过程，如儿童语言习得。

第二节　交流合作中的共同基础

现实交流互动中，语言或其他媒介、方式和线索的交流经常是含糊不清的，这就为交流者彼此间的合作过程带来了阻碍，因此交流合作过程需要某种形式的共同基础来指明话语的预期意义和现实针对性指向。研究者们所提出的理论解释通常集中在成人之间的交流互动，并考虑交流共同基础的建立过程，认为交流者彼此间递归式的语言和思想解读是共同基础建立的先决条件。

哲学和心理学理论经常把某种形式的共同基础称为人类交流的组成部分。由于语言本身固有的歧义性，语言和其他方式的交流过程均需要交流双方思维推理过程的参与。交流者所共享的共同基础可以在交流互动过程中限制交流推理过程发生的边界或程度。发展性研究理论也强调共同基础对早期儿童的非语言交流和语言习得过程是重要的。然而，在成人研究和发展性研究文献中，共同基础的具体认知和动机成分仍然无法完全解释清楚，进一步，也不能完全清楚解释形成共同基础的交流能力是如何发生发展的。本节归纳和提供了一个针对共同基础的相关解释，尽管可能并不完备，但仍然支持共同基础约束交流认知推理过程的观点。

几乎所有关于共同基础的解释或观点均认为，交流者使用递归式的交流理解过程来评估自己与交流同伴共享哪些认知状态（例如，知识、信念等）。虽然一些解释认为，递归过程可能是无限发展和趋向完善的，但是更多的研究表明，它可能局限于几个递归的具体化步骤。本书重点强调共同基础的理解应建立在认可共同基础是社会互动属性的观点和前提之下，共同基础不是个人认知中递归推理的结果，是两个（或更多）个人之间交流互动的结果。虽然在交流中个人可能会反复思考自己的心理状态，但是不可否认交流认知推理主要是以交流互动为先决条件的。交流中共同基础使用的前提是，交流者期望交流同伴的行为符合彼此间的共享性经验。因此，交流是有风险的，需要特定的认知能力来评估和假设某事物是共同基础的一部分，该认知过程对于交流社会互动的顺利和成功完成是必要的。这些能力在儿童的发展过程中将得到不断的提高，使儿童逐渐可以更有效和高效地与同伴交流互动。

本书认为，共同基础既有认知成分又有动机成分。认知代表一个人与另一个人共享特定对象。动机表示一个人期望和另一个人共享特定对象；基于交流对象，个体期望同伴以与自己相同的方式"理性"互动。这两个组成部分是联系在一起的，因为认知部分中对特定对象的共享是由动机部分的期望所决定的。

一、共同基础的合作性认知特征体现为语言参照惯例的建立

前述的第三章第二节已经探讨了交流语言参照惯例的认知特征。参照惯例是过去社会语言互动行为中的某种规范，使人们能够更高效和默契地协调彼此的认知和行为。参照惯例通常是合乎交流规则的，它们总是被在特定的交流情境中观察到。可以说，参照惯例帮助交流者解决了交流合作中的协调问题，进而成为交流互动中共同基础的一部分，为了解决交流互动信息意义上的不确定性，交流者必须依靠共同基础；实际上反过来也可以说，共同基础是交流者基于参照惯例进行交流的先决条件。句法规则、词汇及其意义、音素等，从广泛的语言交流的范畴看，都可以成为一种惯例。

（一）语言参照惯例的宏观和微观理解

交流语言使用的惯例性意味着什么呢？可以说语言参照惯例是社交互动的模式之一，就像生活中的一些惯例行为，如右侧开车或右手握手。与此不同的是，语音学家、词汇学家和语法学家所研究的语言是抽象的、多层次的系统，而且这类系统在社交互动中与握手或靠右驾驶的模式相似，只不过是并不明显和直观地呈现出来。Lewis（1969）针对语言的合作性交流互动提出如下观点：①

> 语言交流实践中，我们可以在某种范围内使用任何语言。只要他和周围的人都用同一种语言，并且能很容易地交流。参与语言交流活动的每个人都是合作性的，必须基于交流同伴对语言的期望选择语言：英语交流者选择英语，威尔士语交流者选择威尔士语，世界语交流者选择世界语，等等。

正式而言，"语言"是句子和句子意义间的映射（例如，语言表达一个命题），这使得"语言交流"成为一种社会性活动。Lewis（1969）针对语言交流提出的问题是：语言和语言表达间的关系是怎样的？ Lewis（1975）在后续的研究中解释了另一种语言交流的现象：P 群体中的个体使用"L 群体的语言"来交流，群体 P 的成员使用 L 群体语言进行交流，出现于 P 群体成员对 L 群体的信任。②这些交流语言使用的某些倾向实际上也是参照惯例的一种另样表现，也是交流互动合作性的表现。

Lewis（1969; 1975）的观点受到其他一些研究者的反对和批评，这部分研究者认为其观点未能为人们使用语言时的一些现实交流互动问题提供令人满意的答案。归纳而言，可以如下看待该问题的探讨：

首先，如果立足于 Lewis（1969; 1975）的交流语言观点，从语言生成性的立场出发，那么说者就根本不存在自我生成和使用语言的问题，因为在 Lewis（1969; 1975）的交流语言观点中，语言是宏观性的，小到非正式群体语言，大到不同国家和种族的语言差异，而实际上，提出质疑的研究者们更在意和关注以语句为基础的语言交流特征，语言的生成和理解更着眼于词汇、句法等的生成和理解过程，除此之外，还关注人们对特

---

① Lewis, D. K., *Convention* (Cambridge , MA: Harvard University Press, 1969).
② Lewis, D. K., *Languages and Language, in Minnesota Studies in the Philosophy of Science* (Minneapolis: Minnesota University Press, 1975), pp. 3-35.

定语言情境的依赖、歧义澄清的方式，以及不同交流者之间的语言差异、变化的具体特征和影响因素等。所有这些问题都不是 Lewis（1969; 1975）的宏观语言理论所能够详尽解释的，或者说，后来的研究者们想知道其语言理论对于一个词、句法结构，或语言惯例的应用模式等是怎样解释的。Lewis（1969; 1975）并没有明确阐述这一点是什么或不是什么；事实上，他倾向于否认语法和语义的规则是惯例的；其目的仅仅是指明一个人群使用语言的条件，而不考虑句子等下一级组成单元的认知加工和使用特点。

如果来精细地辨别语言惯例的宏观和微观问题，可以这样理解语言惯例的微观现象：从音素、单词、结构、语调等着手，进行自下而上的语言加工。像右侧行驶和右手握手一样，这些语言组块调节了人们的特定社会性交流活动。实际上这更像是右手握手，而不是右侧行驶，因为它们是特定的交流情境下简短的语言交流实例，这可以作为未来语言交流的特定惯例。

（二）围绕语言惯例的理论探讨和争论

在上述 Lewis（1969; 1975）的阐述中，一个惯例的目的是解决一个协调问题，例如：人们共享交通规则，有两种明显的方法来调节交通，以最大限度地提高交通通行效率和最小化人们生命和财产的损失，即人们在同一方向行驶时，要么保持在左侧，要么保持在右侧。不管采用哪种解决方案都无所谓，前提是只要所有人都是一致遵守的，大多数司机坚持右侧行驶肯定不行，一致遵守才是最好的。最后，每个人都希望坚持右边行驶的人给自己一个充分的解释理由，让自己也可以遵守在右侧行驶。从上述惯例的理解中，Lewis（1969）阐述了如下分析：[①]

> 行为规则 R 是群体 P 中的一个惯例，P 群体成员之间合作性的共同基础是：
> 每个人都遵守规则 R；其他人遵守规则 R 的信念成为促使每个人遵守规则 R 的决定性理由；P 群体成员普遍存在对规则 R 的共同一致性的偏好；规则 R 并不是满足上述所有条件的唯一的可能性规则——惯例具有选择性和多样性。

尽管 Lewis（1969; 1975）的理论饱受后来研究的争议，但是总体而

---

① Lewis, D. K., *Convention* (Cambridge, MA: Harvard University Press, 1969).

言，其理论框架一定程度上还是经受住了时间的考验，其理论的主要缺陷是在某些方面的解释过于狭隘。换句话说，至少其阐述的惯例是一个重要的特殊情况。此处，围绕语言参照惯例的解释，讨论分析 Lewis（1969；1975）理论受到批评的三个主要的方面。

首先，Lewis 基于共同基础的参照惯例理论遭到抨击，因为 Lewis 称之为"共同知识"。共同基础通常是在交流者共同信念的基础上定义的：A 是交流者之间的共同基础，交流者相信参与交流的每个人都理解。这种无休止的多级关联已经引起了一些研究者的担心，有研究者提出定义交流互动中的共同基础是困难的，如果不可能完整地定义这个概念，最好完全抛弃。然而，Lewis 自己已经解释过，这种担心是毫无根据的，关键点是这种多级关联的意义链，并不是任何人实际认知推理中的明显步骤；而在现实的交流互动中如果没有共同基础的潜在存在，语言参照惯例是不能存在和反复发生的，所以在这一点上，Lewis 关于语言参照惯例的观点和立场至少是正确的，也为后来的研究提供了一个理论前提和基础。

其次，根据 Lewis 的理论解释，语言参照惯例是协调交流认知互动中各种问题的解决方案之一。从定义上看，语言交流互动中的协调问题具有各种各样的表现情形，它会迫使具有广泛一致利益的交流者做出相互依赖的决策：一种语言互动方式的组合，在这种组合中，交流者可以更好地一致行动。但是，应该明确以交流协调决策和行动为前提，交流者间可能采取的协调方案却可以是多种中的任意一个，这受特定交流情境和活动的影响。Lewis 列举的协调问题的例子主要包括一些常见的问题，比如交流者共同决定在哪里见面、游玩（如划船），以及聚会的着装问题等。因此，Lewis 对于语言惯例的解释相对广泛，而实际上现实交流中的具体情形可能还要比此广泛得多。研究者们在争论和讨论中均应该承认一点，语言参照惯例通常是服务于交流行动协调这一最终目的和归宿的，但行动协调概念所涵盖的范围比 Lewis 所阐述的范围更广。总之，语言参照惯例服务于交流互动的目的，偶尔也可能出现，几个语言参照惯例服务于相同交流目的的情况。

第三，应该看到，语言参照惯例不一定是特定群体中所有人间一致的约定，即所有成员间的共同一致性，这也不应该强制归结为语言参照惯例的本质特征。也就是说，一致性遵循和使用特征是语言参照惯例的一种表现，但是事实上，现实交流中交流者未必均严格和完全遵循该惯例。在 Lewis 的分析中也提及了该特例现象，语言参照惯例的一致保持中偶尔会出现特例，即违背或打破参照惯例。至今为止，大量的研究均发现，语言参照惯例的共同一致性并不是强制性的。例如，一些更常见的英语表达方式，像"Good bye""Bye""See you""See you later / soon / tomorrow"等。这些语言的表意是相同的、重叠性的，但是说者很少会觉得自己是有意识地选择了其中的哪一个。

在更一般意义上而言，同义词和近义词（以英语为例，"couch / sofa""large / big""sad / blue""heart attack / myocardial infarction"等）的存在掩盖了语言参照惯例本质上是一种规则的观点。再举一个现实的例子，考虑当前人们交流媒介方式的多样性，如果一个人想告诉他的母亲，他已经通过了驾照考试，他可以选择面对面或电话告知她，他也可以写电子邮件告知她，也可以在 Twitter 或 Facebook 上留言，等等。所有这些都是信息共享的一些习惯表达方式，在大多数情况下，似乎不适合说哪个选项优先于其他的，更不适合强制要求了。

因此可以说，交流中语言参照惯例的基本特征是一致性，其基本功能是保持交流认知和行为的协调性，也很容易证明语言参照惯例的实际表现常会出现不一致的特例。如果每个人都遵守同一个参照惯例，这是上述 Lewis 所关注的，语言参照惯例可以上升达到规则的地位。这样，可能产生两种惯例形式：规则性惯例和条件性惯例。规则性惯例也可以看成是条件性惯例的一种，规则性惯例和条件性惯例之间的区别是很重要的，因为这两种惯例以不同的方式影响交流者的认知和行为。虽然某些类型的语言惯例是规则性的，但是，有些是条件性的，比如，将词形与意义、句子形式与言语行为联系起来的感知或观念性的惯例，感知惯例是不确定的，在交流者间存在一定的争执。无论是规则惯例还是条件惯例，都是交流认知和行为规律的表现。假设交流者们都在北京，一致同意在天安门广场见面。这种安排在交流者间多次重复出现——一个惯例便可能成立了，惯例是逐渐出现的，有时并不能确定其最初出现的时间，惯例的形成基于交流者反复使用某个特定的先例。

语言参照惯例是过去发生过的，使交流者们能够塑造现在的交流认知和行为；这就是语言交流互动中交流者间彼此默契保持参照惯例的出发点和目的。有些情形下，尽管一个最初使用的语言先例并没有随后形成参照惯例，但一个先例可能足以解决目前交流中的一个问题。从 20 世纪 60 年代中期开始，Glucksberg，Krauss 和 Weisberg（1966）[1] 以及 Krauss 和

---

[1]　Glucksberg, S., Krauss, R. M. & Weisberg, R., "Referential Communication in Nursery School Children: Method and Some Preliminary Findings," *Journal of Experimental Child Psychology* 3(1966):333-342.

Glucksberg（1977）^①利用参照性交流任务进行了一系列的研究，实验参与者必须在交流任务中识别出一些不寻常的对象，这些图形被设计成简单描述所无法表达的形状。在这些实验情境中，说者和听者彼此间以屏障隔开，说者面前显示了一组拥有编号的对象，听者也可以看到相同的对象，但是对象的排列方式不同且没有数字。交流实验任务是让说者使用数字来指称每一个对象，以便听者可以据此对其进行编号。由于每个对象均会出现在若干个测试中，这样的设计使得研究者能够在短时间内记录和分析交流者语言指称表达方式的产生和发展特征。

研究结果显示，交流者在参照性交流任务上表现得非常出色，说者很容易产生"沙漏"或"杯子"之类的即兴标签来指称任务中的对象，并且在若干个 trail 中重复使用该术语。在一些情形下，交流者需要一个以上的 trail 来就特定的语言标签达成协议，比如：Looks like an hourglass with legs on each side ... hourglass with the legs ... hourglass-shaped thing ... hourglass ... hourglass ... hourglass。^②但即使如此，特定语言标签通常也是很快就建立起来了。

在上述的两个实验中，交流参与者面对特定的交流问题可以用许多不同的语言表达方式来协调彼此的认知和行为，并解决特定的交流任务。然而，其中的某一个解决方案可能特别显著，因为它发生在先前的 trail 中，并且如果这样的解决方案已经在先前的语言中出现过，那么接下来的语言交流过程中其将倾向于被再次重复使用。基于此，研究者们指出显著的语言先例通常将发展成为参照惯例。为什么人们经常把黑桃牌称为"黑桃"，因为黑桃牌经常被称为"黑桃"。但显然，语言参照惯例的出现必然涉及一个发展形成期，在此期间，最初语言先例的显著性还不完全是由其频率而决定的。因此，交流者可以通过最初的语言先例来协调交流认知和行为，该先例若要成为语言参照惯例，前提是其对于交流互动而言应该足够突出和显著，现实交流情境中经常可以看到，一次发生的先例足以使其进一步成为参照惯例。

从交流中语言参照惯例的形成和保持使用特点看，口语交流通常涉及特定语句的传递行为。当前从分析词、句法结构等惯例性的角度，需要强调的是，交流者说出某个复杂的语言表述，从来不会是凭空出现的。举例

---

① Krauss, R. M. & Glucksberg, S., "Social and Nonsocial Speech," *Scientific American 236(2)* (1977): 100-105.

② Krauss, R. M. & Glucksberg, S., "Social and Nonsocial Speech," *Scientific American 236(2)* (1977):100-105.

来说，如果 A 告诉 B：Theresa 喜欢草（Theresa is fond of grass）。这样一个平常的例子中，A 语言中的"Theresa"，首先帮助双方共同校准"Theresa"是一只"山羊"，然后才能共同理解"喜欢草"这一后续表达。

显然，参照惯例的形成和保持使用根本上源于特定的交流目的，具有共同交流目的的行动是合作性的，因此，这就不难理解前面章节中探讨的 Gricean 理论所强调的交流互动中的"合作性关系"，交流合作性可以帮助交流者杜绝语言术语间的混淆，那么进一步从这个角度出发，交流中的 Gricean 合作性推理是从词汇层面上开始，进而拓展到语句层面和语用解释层面。

从语义层面本身看，可以很抽象地把词看成是词形和词义间的简单配对和对应，词汇本身并不是惯例性的。然而，词汇可以出现于交流者个性化的语言之中，并且由于语言交流是一种互动行为，而互动行为可以在特定交流者间成为一种特定的惯例，所以这就可以理解一个词被交流者以这样或那样的方式（句法结构、语调、语法等）用作语言参照惯例。在此举一个例子来形象说明该问题，在口语对话中，交流者间的角色（说者和听者）经常彼此轮流互动，如下面的例子：①

A：That tree has, uh, uh, ...

B：tentworms.

A：Yeah.

B：Yeah.

……

像这样的语言交流互动在日常生活中是常见的，简短的语句互动却明确展示出交流者间的合作性，很明显，上述的交流过程两人彼此是合作配合的、默契互动的，也可以看出，最终信息的交流沟通过程是很成功的。"tentworms"这一词汇在第一个交流回合中，便顺利地进入到 A 和 B 两人的参照惯例中，也有理由相信，在后续的交流过程中交流者彼此间将保持使用该参照惯例，因为其为双方所共同理解、接受和期望，其包含了双方在交流互动中的认知"合作性"。从更深层次的语用角度而言，"tentworms"对于特定的交流双方，已经不再是一个简单的名词词汇，准确而言，其是特定交流双方所共同建立的一个概念，这是言符其实的，因为交流双方之外的任何人均不能够完整理解其全部的交流含义。概言之，交流语言表述不是由说者一方所单独决定的，而是由交流双方之间的共同基础所决

---

① Clark, H. H., & Wilkes-Gibbs, D., "Referring as a Collaborative Process," *Cognition 22(1)* (1986): 1-39.

定的。

这些研究结果和示例表明，语言指称对象和意义间的映射既不是由说者的意图决定的，也不是简单由交流者的民族语言惯例所决定的，而是由交流者对社会情境、语言事实和对象等的共同信念（共同基础）所最终决定的。反之可以说，共同基础是交流互动合作性的集中体现，脱离共同基础之外建立语言参照惯例是不现实的，即便能够建立也将阻碍交流互动。

（三）语言惯例和语言先例

本节在此处提出且并置理解了两个概念：语言惯例和语言先例。从字面上，惯例更倾向于强调习惯化特征，而先例更倾向于强调先前或最初的发生性和存在性。联系起来可以说，惯例（convention）是不同类型先例（precedent）的集合，先例通过频繁使用而成为惯例。因此，为了理解语言参照惯例在交流认知加工中是如何工作的，必须首先理解先例是如何工作的。

从语言先例和语言惯例间的关系看，其基本的联系很简单：普通交流者之间的一个语言表达式，可以是语言先例，在之后的语言交流中该语言先例可以被彼此重复使用来指称特定的对象或内容，从而成为参照惯例，但也有可能基于某种原因，交流者改用其他的语言表达方式来指称先前的对象，先例便不成为惯例。但正如前面所探讨的，语言先例可能有很多个，一个特定的语言先例只有足够突出，才可能成为语言交流中的参照惯例。换言之，交流者可以针对特定对象使用多种表达方式（先例），但是只有基于共同基础的先例才可能是显著的，才可能被重复使用而成为稳定保持的语言参照惯例。

基于上述探讨，本书归纳并提出以下两个问题：

首先，本书认为共同基础基于两点限制了语言先例的重复使用：第一，共同基础限制了先例的范围，否则各种可选用先例的数量将过多，这也不符合交流认知的经济性原则。第二，共同基础有助于交流者共同排除交流中的歧义，没有共同基础，基于先例的再次互动是不能实现的。基于这两点，语言先例可以划分出不同的类型，这些类型即是一组先例的集合，特定先例因某种交流显著性，进而会转换成参照惯例。语言参照惯例可以定义为一种特殊的语言先例类型，尽管这是一个相对粗略的定义。

其次，本书认为，实际上，从交流语义和语用两个方面出发，语言参照惯例可以表现为两个方面的特征：一是语言特定表达形式的惯例特征——形式惯例，一是语言特定交流功能的惯例特征——感知（观念）惯例。通俗而言，前者是语言表现出的词汇形式，后者是词汇在特定交流情境下所表达的交流意图。形式惯例是交流合作性的一个标记，目的是使交流者在交流内容上进行协调，形式惯例的目的是形成一个彼此共享性的语言表达式。这也就是为什么语言参照惯例的表达形式倾向于要求做到在交流者间的共同一致性。在这个意义上形式惯例是元惯例，通过限制语言表达的形式，从而限定了感知（观念）惯例的认知解释和推理范围。

实际上，语言参照惯例的形式惯例和感知（观念）惯例是彼此紧密关联的，两者间的关系反映了，交流互动过程中交流者彼此间词汇校准和语言认知过程校准之间的关联关系。

首先，在交流语言认知加工过程中，交流语言信息的特定解释决定于语言的表达形式，即词汇校准是语言认知校准的前提。关于词汇认知解释，有一点是为研究者们所共同接受的，即日常语言中所使用的词汇均不止有一种以上的认知解释，其实，语法和韵律等的认知解释也是这样，正如早期研究者 Searle（1969）所称：在任何给定的交流情境中，话语的语言形式都会约束但不决定其语言认知，即一个词的形式限制但不决定其言语过程中的真正表意。[①] 事实上，语言交流中还存在其他影响语言认知理解的限制因素，比如语法性情绪在某些语言交流互动过程中足以辅助完整解释不确定性言语行为的表意。

其次，一个词通常可以具有各种意义，而各种意义又通常是相关的。例如，"桌子"这个词可能指的是一件平顶的家具，也可以指一组桌子，也可以指各种各样的平面物品，等等。同样地，再如"学校"这个词也有各种各样的常识性解释，各种解释均通过特定的客观知识而联系在一起。离开词汇，更为复杂的语言形式是语句，语句也会以这样的方式来实现交流语言的功能性。一个陈述句可用于表达各种相互关联的交流意图：陈述、承诺、威胁、警告、投诉等。因此，陈述语气的交流表意特征和词汇的多重表意特征是一样的。但是应该注意一点，此处所探讨的所谓"一词多义""一句多义"是指一种交流认知的功能性特征，而非传统意义上的纯粹的词典语义生成系统；典型的区别在于这种交流功用中的"多义性"是特定交流者间的一种语言表达惯例——词汇意义的转变是由"交流互动合作性"所实现的：从一个既定的词义出发，一个足够显著的交流相关意义可以被推导出来，从而成为特定交流者彼此间所共享的语言参照惯例。

---

①   Searle, J. R., *Speech Acts: An Essay in the Philosophy of Language* (Cambridge: Cambridge University Press ,1969).

综合而言，语言互动认知和行为需要以特定的语言形式为载体来传达：语法结构、词汇、韵律模式等，什么形式适用于什么交流目的，这存在着惯例性的限制。本书的观点是，交流互动中的合作性具体表现为交流者间的共同基础，共同基础决定了语言参照惯例的可能范围。根据这一观点，上述所探讨的感知惯例本质上是不规范、不固定的，其似乎完全取决于交流语境的特征和限制性；交流者会基于交流语境建立共同基础，进而限制了参照惯例的认知解释范围。

人具有社会性，经常需要协调彼此的社会性行为，交流成为人们彼此间协调特定社会性认知和行为的典型方式。在很大程度上，人们通过重复使用以前的交流解决方案来完成当前的交流互动过程。像世界上的其他动物一样，人们也具有习惯性，但是人们社会交往的多样性迫使自己在交流互动中更为灵活；每个人都站在社会的舞台之上，都已经积累了对过去交流的某些记忆，这些记忆聚集成纵横交错的不同交流类型和子类型，并成为人们未来交流互动的先例和惯例。

二、共同基础的合作建立过程是观点采择的心理读取过程

关于交流互动观点采择过程中心理或思想读取的研究主要关注了儿童心理理论的发展[1] 和成年人心理读取的神经关联性。[2] 然而，越来越多的基于心理读取认知基础的研究证据更符合心理语言学对共同基础的关注。整合这些研究需要明确交流互动中人们根据他人观点做出调整表现出多种方式，以及接纳不同研究方法提供的不同理解和解释。关于共同基础合作建立和心理读取过程的相关研究文献相对比较零散，但是相关研究结果之间存在关联性和重叠性。

可以理所当然地直观认为，交流中当人们对彼此观点上的差异敏感时，他们将可能取得更成功的交流。那么人们是如何做到这一点的呢？当交流开始后，交流者可以提出彼此的信仰、知识、愿望和意图，根据这些观点来生成语言并解释同伴的语言；或者，通过记忆和注意的"一般性过程"，交流者可能变得对彼此的观点敏感。以上交流认知加工过程是可能的，因为在许多情况下，从启动信息、自动记忆过程检索的信息，以及注意提示追踪到的信息，均与交流同伴特征存在紧密关联，因此这可以用于

---

① Wellman, H. M., *Making Minds: How Theory of Mind Develops* (Oxford University Press, 2014).

② Molenberghs, P., Johnson, H., Henry, J. D., & Mattingley, J. B., "Understanding the Minds of Others: A Neuroimaging Meta-analysis," *Neuroscience & Biobehavioral Reviews 65* (2016):276-291.

协调交流者之间的互动沟通过程。从心理语言学的共同基础出发，研究者们得出的最令人印象深刻的结论之一是，记忆和注意过程在推动交流者彼此间认知和行为的协调方面，确实起到了重要的作用。关于交流互动中心理读取的研究文献通常认为对同伴心理状态的表征过程支持交流社会认知协调过程。

然而，交流情境对记忆和注意的影响并不能完全解释说者和听者之间的认知协调问题。例如，对于共同呈现信息的记忆是共享性知识的有力提示，但它忽略了在共同呈现下交流者所看到或听到内容的差异性，这当然会影响到其在交流互动过程中的所知、所想或所感。同样，虽然存在与说者所见所闻相关的提示线索，例如眼睛注视、身体方向或动作方向，这些提示线索一定程度上可以预测其正在说什么（例如，一杯葡萄酒），但是这些提示线索所提供的信息有限，或者没有提供有关其如何感知的相关信息（例如，半满或者半空）。因此，交流者之间的认知协调不仅取决于共同基础所包含信息的最低限度，而且可能涉及彼此间观点上的差异程度和特征，而这些差异不能简单基于共同基础这样一个表征来概括。虽然基于交流情境线索的记忆可以使交流者在某些情形下对同伴的观点敏感（这是客观发生的），但交流的真正成功需要对同伴观点做出恰当的表征，并要求将彼此观点间的差异始终作为彼此间协调的提示因素。实际上在探讨的同时，一个关键的问题是这些信息是否能够以足够快的速度和效率提供给交流者，以即时影响快速发生发展的语言认知加工过程。基于心理读取认知基础的新兴文献对这个问题做了一些解释，表明这种信息的可用性是相对复杂的。

以往的研究中，研究者们对交流互动中的心理读取有什么了解呢？心理读取过程特征并非是一成不变的，交流者通常为了当前的交流目的，将区分并推断交流同伴的观点，存储这些信息，以及未来的某种特定交流情境下还将再次使用这些信息，该过程相对完整地展现了共同基础的合作建立过程。为了观察共同基础的建立，展现观点采择的心理读取过程，研究者们广泛使用了参照性交流范式进行实验研究：交流中一方遵循指导者（同伴）的语言指示来完成特定交流操作任务，指导者的观点与被试自己的观点不同。① 比如，在视觉交流情境下，指导者从摆放物品货架的后面发出语言指令（例如，"将带条纹球向下移到下一个格子中"），其中一些物品对象是交流双方彼此可见的（属于交流共同基础中的信息），而另一

---

① Keysar, B., Lin, S., & Barr, D. J., "Limits on Theory of Mind Use in Adults," *Cognition 89(1)* (2003):25-41.

些则被挡在被试的视觉之外。在探查测试中，指导者特权拥有的对象与共同基础（共同可视）中的对象被同样描述；问题是，被试是否能够表现出有效选择或判断出特权对象。如果是，那么他们是否是通过"预期使用它"来限制语言信息的解码和理解；他们是否是在必须整合共同基础与指导者的语言指示时才这样做的；或者他们是否是基于指导者的特权地位来换位思考的，进而认为自我中心的选择是错误的。值得注意的是，交流中指导者在整个任务中通常都在场，这些潜在的特权语言指导并不能帮助被试识别对象和建立共同基础，从而支持了如下假设：交流是否成功取决于被试对指导者观点的正确表征，以及对指导者观点的敏锐性。关于心理读取的研究可以帮助研究者在这些交流任务中区分出不同的语言认知加工阶段或过程，例如，可以区分出推理、贮存和使用同伴观点的过程和具体特征。

首先，对同伴观点的推理。人们在什么条件下推断别人的观点呢？一种假设是，心理读取的推理过程类似于其他的"桥接性推理"（bridging inferences），即超越了给定的信息来理解话语或语言情境。事实上，有证据表明，像经典的桥接推理一样，心理读取推理经常自发地发生和进行。例如，一方不能看到对象的视频时，同伴并不推断其信念，只有共同可视时才积极探测和推理同伴的心理状态和观点。与其他桥接推理一致，对同伴观点自然推断的速率取决于交流情境和交流者间的社会互动动机。①

至少一些心理读取的认知推论过程显示出更多的自动性，即使当从事无关的交流任务时也可以发生，在认知负荷情形下交流中简单的错误信念也可以在没有明确指导的情况下，被交流者自动计算出来，甚至被试自身并没有明确意识到。当然，目前对这些结果的解释仍然存在争议，但可以假设的是，该过程反映了交流者对其他人的"最小"的心理读取过程，使得其对交流中的某些（更简单）事实，而不是其他事实，做出表征。

也许心理语言学研究的最重要结论是，虽然人们在交流互动中可以并且确实表征了他人的观点，但是不能理所当然地认为，这些信息一定可以作为对语言认知加工的限制。在交流实验任务中观察到的语言交流中的预期效应，确实可以表明关于同伴观点的推断确实是预先做出的，并且偏向于围绕建立在共同基础之上的对象而发生和展开。然而，与心理读取的其他研究文献证据一致，交流中预期效果的存在确实取决于被试动机和认知

---

① Elekes, F., Varga, M., & Király, I., "Evidence for Spontaneous Level-2 Perspective Taking in Adults," *Consciousness and Cognition* 41(2016):93-103.

资源的限制。[1] 交流互动中，对同伴心理的推理过程通常出现在简单的观点方面（例如，指导者是否看到过物体），但不是复杂的观点（例如，他是否知道对象的真实情况）。

其次，对同伴观点的贮存。交流互动过程中，记住一个与人们自身直接冲突的观点会产生什么后果呢？Apperly，Back，Samson 和 France（2008）的实验向被试提供了关于盒子中真实内容的口头陈述和一个人对盒子中内容的错误信念——例如，"他认为桌子上的球是红色的，桌子上的球实际上是蓝色的"，这消除了被试对信念推理的任何必要性。在 2~5 秒的时间间隔之后，被试看到对信息的视觉探查测试——例如，一个画有思想泡泡的男人照片，其中桌子上的物体是蓝色的。因为被试既不需要推断他人的心理状态，也不需要预测行为或告知其他的推断，所以这个任务可以体现出有选择地针对他人观点的存储。与基线条件相比，被试在错误信念条件下对信念和现实冲突情境的探测反应显著更慢，这表明了由于信念和现实信息之间存在冲突，干扰导致被试认知加工成本的加重。[2] 关键一点是，目前还不清楚是否有类似的效应也发生在长时记忆过程中。对于基于共同基础的心理语言学研究，上述证据表明在需要观点读取的情形下，相关的认知成本可能影响语言认知加工过程，而不论该观点信息最终是否被使用。

再次，对同伴观点的使用。大多数研究交流中心理读取的实验任务均要求被试使用其他人的思想信息来预测最终的行为、情绪或其他心理状态，但是很少有研究者试图将这种要求与交流者自己的交流信息需求和使用分开，或者探讨这些信息的分离存储问题。事实上，在参照性交流任务中，任务指导者和实验被试（操作者）之间的视觉呈现差异意味着，针对同伴必须做出的心理读取推理过程不应该对交流任务的执行产生强烈的限制或阻碍。此外，当参照性交流任务中被试必须结合指导者的观点信息和正在展开的语言输入信息执行任务操作时，交流时间过程需要一个认知中的"整合"阶段。这进一步表明，在具体交流任务评估和执行中，被试使用的信息和观点是超过对同伴心理读取中推理或分离存储的信息。尽管参照性交流实验任务可能倾向于高估了真实口语交流中的错误率，尤其是因

---

① Cane, J. E., Ferguson, H. J., & Apperly, I. A., "Using Perspective to Resolve Reference: The Impact of Cognitive Load and Motivation," *Journal of Experimental Psychology: Learning, Memory, and Cognition 43(4)* (2017):591-610.

② Apperly, I. A., Back, E., Samson, D., & France, L., "The Cost of Thinking about False Beliefs: Evidence from Adults' Performance on a Non-inferential Theory of Mind Task," *Cognition 106(3)*(2008):1093-1108.

为这种实验任务设计故意剥夺了被试的大多数交流线索，而这些线索可以使他们在不表征指导者观点的情况下对任务执行观点更为敏感。然而，这些实验任务中的错误率指标在孤独症和精神病患者[1]、自我报告的抑郁症状被试[2]，以及诱发积极情绪的被试[3]中更高，这表明错误率指标是社会交流效果或绩效变化的有效指标。此外，研究还发现，错误率和／或其他指标，例如与干扰对象相比，目标偏好的决策时间和变化率受到交流动机的正性影响，并且同时受到工作记忆负荷、指导者指称复杂性的不利影响。

如果一个人知道杯子里有酒，但另一个人不知道，那么这个事实就属于个体的特权基础知识范围，而且交流互动过程中个体有被这个信息所错误引导的危险。如果另一个人也知道杯子里有酒，那么个体会对此信息表现出很敏感，这就是交流的共同基础。但是如果同伴认为酒是白色的，但自己认为它是玫瑰色的呢？在这里，这杯酒是共同基础，但交流者对它有不同的观点，因而导致了双方均有"特权基础"的知识。此时交流中会产生一种现象——交互干扰，因此，当自己的观点与同伴的观点发生冲突时，被试在判断自己的观点时，将变得更慢，也更容易出错。由此情形可见，在交流互动过程中，交流者会出现非自我中心的偏见，即同伴的特权信息会对自己的目标判定反应造成干扰。请注意，如果认为共同基础仅仅基于自我记忆和注意过程对被试自我表征的影响作用，那么同伴特权的概念就可能显得是荒谬的，但如果接受共同基础中既有被试表征的自我信息，又有同伴信息，那么就应该承认同伴特权的影响。这指向了需要澄清的一个重要观点：共同基础是"以他人为中心的"。交流者确实喜欢"以他人为中心"而表征同伴的观点，但是交流者会把这些表征和自己的观点放在一起，共同基础最终是这两组观点的交叉和融合。

在共同基础上的心理语言学研究，通过展示交流互动中观点采择的心理读取过程这样的"一般性认知过程"，实际上对交流社会互动认知协调过程的研究是至关重要的，这样可以防止将"婴儿与洗澡水一起倒掉"风险的出现。Heyes（2014）指出"亚投射"（submentalizing）通常使得交流

① Abu-Akel, A. M., Wood, S. J., Hansen, P. C., & Apperly, I. A., "Perspective-taking Abilities in the Balance between Autism Tendencies and Psychosis Proneness," *Proceedings of the Royal Society B: Biological Sciences 282(1808)* (2015).

② Nilsen, E. S., & Duong, D., "Depressive Symptoms and Perspective-taking within a Communicative Context," *Cognition & Emotion 27* (2013):335-344.

③ Converse, B. A., Lin, S., Keysar, B., & Epley, N., "In the Mood to Get Over Yourself: Mood Affects Theory-of-mind Use," *Emotion 8(5)* (2008):725-730.

者对别人的观点更为敏感，[①] 但未来研究应该注意一点，区分交流互动过程中交流者对同伴观点的敏感性与交流者的实际观点表征，这仍然是至关重要的。

总之，人们有时在交流互动过程中表征他人的观点，而关于这一心理读取过程的研究为这一情况的发生提供了可靠的证据。最重要的是，其他人观点的表征不能被视为对语言指称决策的限制，其他人的心理状态将被交流者的认知所推理、储存或使用，这些可能性取决于交流者自身的性格特征、动机和其认知资源限制性；但是一旦这些信息被表征，它可以充当对其他观点的重要的配重，并和其他观点交融在一起，这样就不会有任何绝对性的特权信息完全占有交流者的观点。

第三节　交流合作认知理论模型

第六章重点探讨了交流情境的认知特征，口语交流研究中的核心问题之一是，交流者如何从交流语言形式中获得特定语言情境的解释。对于该认知过程加工机制的解释是具有挑战性的，因为在特定的交流情境下语言和交流者的交流意图间存在多重映射关系。比如"小蜡烛"这样的表述，可以被说者用来指许多不同大小的蜡烛。这种语言表述指向特定的实体，这需要交流者对特定同伴的思想做出特定的解读。从根本上而言，交流合作认知的特征主要表现于交流语言互动过程中，而这具有相对的复杂性。实际上围绕该问题，众多学科的研究者均做了不同角度的探讨，例如，灵长类动物学家在研究中提出，人类的祖先通过形象感知表达的方式进行语言交流，最后逐渐形成了完全成熟的语言交流方式；古人类学家、考古学家、遗传学家通过人类遗迹和文物发掘的方式来研究早期语言交流的证据；语言学的计算模型则是通过计算机模拟解释简单的人工语言使用和交流过程。这些研究结果均得到了自然观察研究和实验研究结果的支持和补充。自然观察研究考察了交流语言的自然发生和变化特征。例如，通过观察尼加拉瓜手语（Nicaraguan Sign Language）的产生，研究人员已经开始理解没有共同语言的人们是怎样共同创造了一个交流系统。发展性研究跟踪分析了驱动婴儿语言习得的社会认知过程，而历史语言学家研究了语言随时间的变化特点。

---

① Heyes, C., "Submentalizing: I'm Not Really Reading Your Mind," *Psychological Science* 9(2014):121-143.

　　虽然研究者们尝试在实验室控制条件下，使用现代人为研究对象，探查了影响人类语言建立的因素和因素关系，这些因素和关系对于语言形成、发展、进化和交流使用影响深远。例如，通过研究人们如何使用语言针对新对象创建新标签，进而分析和理解影响语言变化的因素；考察影响语言创造和进化的重要因素；甚至有的研究中，被试被禁止使用他们现有的语言，而必须从头开始创建一个新的交流系统。但是，尚缺乏研究直接探讨建立交流合作认知理论模型，本节将尝试从一个相对比较宽泛、相对概括性的角度，归纳概述人类交流合作系统可能出现和动态发展的理论模型，此处的探讨可能是尝试性的，相对比较笼统的，未来研究需要更为精细化厘清交流合作互动中的各个阶段和环节，以及随交流时间进程出现的发展性特征。

　　概括而言，人类交流系统可能产生和发展的过程，体现在三个子加工过程中：第一，意义明确而有激发性的信号直接促进交流者彼此间认知的校准，从而提高交流的成功性；第二，认知校准促进交流者间信号和信息间的校准，即行为校准；第三，通过互动反馈，交流者的交流信号进一步精细化，以提高不断发展的交流系统的合作互动效率。这可能是人类交流系统产生和发展过程的简单模型，是人类高效和共享交流系统所具有的一般性特征。

　　在第一个过程中，激发性信号的使用促使交流者间彼此了解对方的交流意图。激发性信号分两种：形象具体的信号和检索性信号，前者比如一个苹果形状的描摹直接指向一个苹果，后者比如烟的气味让人想到火。非激发性信号具有更大的个人主观性，在交流中其不会被双方自然理解，因此信号发出者必须对其进行详细而有针对性的进一步解释。激发性信号可以促进交流者认知一致和校准，进而启动人类的交流合作系统。随后，探讨交流认知校准进一步促进交流行为校准。最后，探讨交流合作同伴的反馈如何提高交流符号效率，并促使抽象性交流符号出现。

一、激发性信号触发交流合作系统

　　交流合作系统的基本要求是交流信号可以被理解。在现代语言中，语言形式和意义之间的关系是主观赋予的，理解交流信号含义的一种方法是根据我们先前存在的信号（例如词典中的定义）来定义它们。例如，一个不熟悉信号"狗"的语言使用者可以用他们已经存在的语言（例如"毛茸茸的四条腿的动物"）来描述它的特点。然而，用这种方法教婴儿或儿童新信号有很多的困难，因为他们的语言经验太少，无法理解这种定义。这就引出了一个问题：人类的祖先在没有预先语言的条件下，如何能够产生相互理解的语言信号呢。有研究者相应提出表征的建立问题，认为人类的祖先不可能像我们今天一样，交流中可以使用抽象性表征的交流系统。

关于表征的建立问题，研究者们认为语言中具有激发性的信号和对应意义间的关系不是主观和任意的。因为激发性的信号把交流意义引入思想中，可能是通过具体化的表征，也可能是通过某种自然联系的抽象性表征，可以说激发性的信号是表达形式和交流意义间的一个桥梁。在交流合作系统中，激发性信号的产生是语言为核心的交流互动的第一步。激发性信号有助于交流者彼此间认知的校准或一致协调（相互理解），从而有助于引导随后动态发展的成功的交流过程。

自然观察的研究表明，激发性信号有助于交流合作互动系统的启动。例如，在现代口语中的词是任意链接到其意义的，词汇在发展早期，例如动物拟声词，像"哞哞"，更有交流激发性，后来逐渐进入词汇中。这表明激发性信号有助于语言习得。手势交流中也有同样的模式：孩子们学习激发性手势比抽象表征性手势更快，手语学习者学习激发性手语比抽象表征性手语也更快。

研究已经发现，如果让成年人在实验室建立新的交流系统，他们首先使用激发性的信号来表达。Garrod，Fay，Lee，Oberlander 和 MacLeod（2007）的研究要求被试通过 3 个交流回合来沟通，例如"想家"，这一想法，3 个回合中彼此分别反复表达了 3 次，实验中要求被试通过白板画图来反复沟通，不允许口语或书面语交流，结果绘制的图画显示：指导者（the Director）向匹配者（the Matcher）首先画图表达了自己的想法，并在第一幅图中使用绿色墨水标注了"泪水"（悲伤表情），以期明确表达自己内心的想法——想家，随着交流互动的进行，图中的细节逐渐消失，第 5和 6 幅图片中，想家含义的表达相对更为抽象——人物消失了，房子简化成轮廓，已经没有门和窗户了。①

---

① Garrod, S., Fay, N., Lee, J., Oberlander, J., & MacLeod, T., "Foundations of Representation: Where Might Graphical Symbol Systems Come from?" *Cognitive Science 31(6)*(2007):961-987.

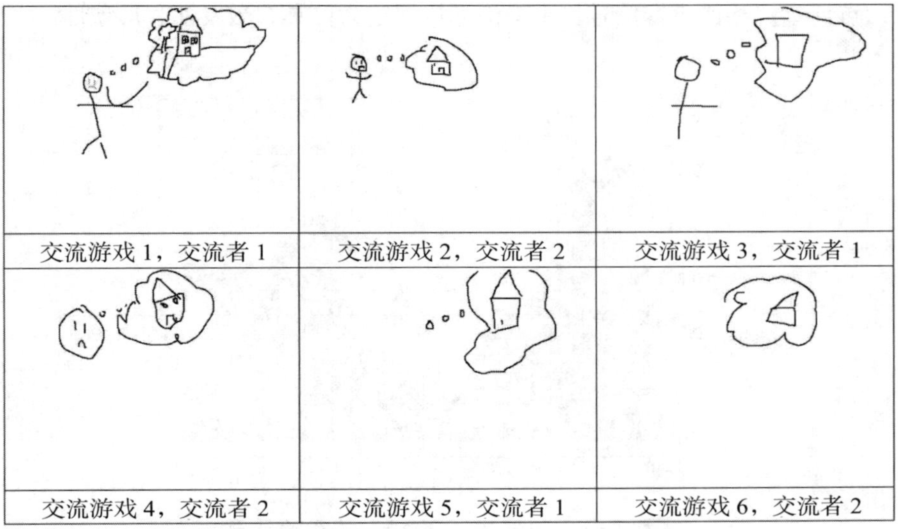

交流游戏 1，交流者 1	交流游戏 2，交流者 2	交流游戏 3，交流者 1
交流游戏 4，交流者 2	交流游戏 5，交流者 1	交流游戏 6，交流者 2

图 7-1　Garrod 等（2007）研究结果示例

与口语交流相比，手势更自然地表现为激发性信号。例如，很容易想象通过肢体形象（激发性信号）来表现"跑""累""苹果"等意义，这比无语言意义的纯粹声音容易表达得多，可以说，手势相比无语义的声音将是一个更好的交流方法。Fay，Lister，Ellison 和 Goldin-Meadow（2014）比较了手势和无语义的声音两种交流方式，假设手势比声音在交流中更为有效。实验中要求被试通过手势或声音（不允许使用语言）交流，结果证实通过手势沟通（情感、动作和对象等）比单纯的声音更为有效。[1] 这些研究结果表明，激发性的信号有助于新交流系统的建立，因为它们有助于交流者间的相互理解，即认知一致。

虽然 Fay 等（2014）证明了激发性信号交流比单纯的声音交流更为有效，但并没有针对性量化分析激发性手势信号。Lister，Fay，Ellison 和 Ohan（2015）通过一个类似的研究，检验了激发性信号和交流成功性间的关系。[2] 他们具体使用了 1000 个名词、动词和形容词，探查每类词汇的激发程度。研究发现假设手势比单纯声音的激发性更好，认为这就是为什么手势更适合促使语言形成。实验要求被试对每类信号进行李克特量表的

---

① Fay, N., Lister, C. J., Ellison, T. M., & Goldin-Meadow, S., "Creating a Communication System from Scratch: Gesture Beats Vocalization Hands Down," *Frontiers in Psychology* 5(2014):1-12.

② Lister, C. J., Fay, N., Ellison, T. M., & Ohan, J., "Creating a New Communication System: Gesture Has the Upper Hand," in proceedings of the 37th annual meeting of the cognitive science society (2015).

六点评定。相比声音信号，手势信号被评定为更具有激发性和形象性。

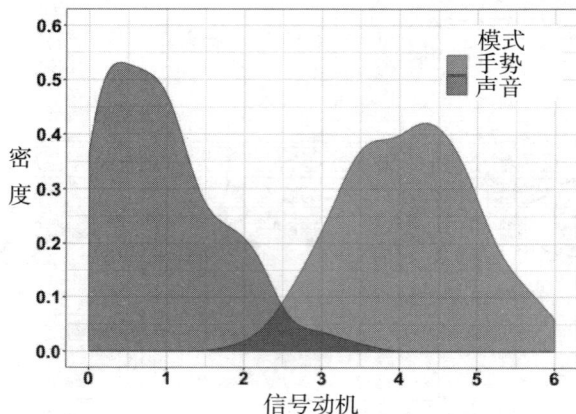

图 7-2 Lister 等（2015）的实验结果

根据 Fay 等（2014）的研究结果，用手势交流的被试比那些使用声音交流的被试表现出更大的交流成功性（他们表现出更大程度的认知校准）。此外，在这两种方式上，手势被评定为更可能促使匹配者正确猜出指导者的交流意图。这些研究发现表明激发性信号和认知校准之间存在直接的联系关系。此外，研究结果还补充证实，当激发性信号受阻时，交流成功率随之显著降低。

总之，激发性信号有助于引导人类的交流系统。具体表现为激发性信号的产生是交流合作互动的第一步，其关联于交流认知的校准。

二、交流认知校准促进交流行为校准

当人们交流时，他们协调各种各样的语言和非语言行为，这种协调过程称为校准，并且被认为是成功交流的基础。交流社会认知领域的研究表明，当说者和听者的认知过程校准时，即变得相似，有效的交流才会发生。交流中的校准典型表现于交流者彼此间的语言反应，语言校准体现在许多方面：交流者默契使用相同的句法结构，采用相同的方式描述对象或表达思想，彼此的语言倾向于集中在同一语言话题上。校准不仅表现于言语行为中，也可以发生在非语言行为中。例如，两个人以相似的方式移动肢体而一起工作和默契配合，在视觉交流情境中交流者彼此以同样的方式分配自己的视觉注意（实验情境中的注视校准，是交流者彼此共享视觉注意的一种方式），交流者语言交流中可能伴随广泛的非语言反应，比如点头和微笑。

基于校准的交流认知理论，如互动校准模型（the interactive alignment model）的核心观点是，交流互动中交流者间更多的认知和行为校准将导致和促使更大程度的任务成功性，尤其是交流者间言语行为的校准。综合而言，大多数交流认知模型假设互动性促进校准，校准将促进任务的成功。现有的交流认知研究文献已经提出了多种具体的互动校准模型：使用一系列认知机制（如预期）的解释性校准，特定同伴定向调整校准，交流双方间的彼此适应性调整，基于感知运动联结的低水平机制的校准，等等。尽管这些具体的理论解释间存在一定的差异或分歧，但所有这些理论都共同认可交流互动性在交流的动态发展过程中起着基础性的作用，鉴于此，上述理论共同假设互动性调节交流行为和认知的校准，并提高交流任务的效率效果。

此处，需要进一步理解的一个问题是：交流信号系统是怎样在交流群体中实现共享的呢？诚然，人们在重复循环和动态发展的交流互动过程中，将倾向于始终保持交流信号使用的一致性。交流互动认知的校准将推动一个共享性交流系统（认知校准推动行为校准，例如语言校准）最终建立和不断完善，即人们使用相同的交流信号来传达相同的交流意图和内容。

而基于共享性交流信号系统的行为校准，接下来将促进交流者彼此间交流认知的进一步校准，并减少交流认知的努力，最终促进交流效率效果，促进交流任务的成功实现，因为认知和行为校准下的交流者表现出只需要记住一组"信号－意义"间的映射关系。

此处可将上述过程解释为交流认知校准促进交流行为校准。这个过程被引入成为模型中的第二个阶段的子加工过程：交流认知校准将产生一个共享性的交流信号清单，这会增强交流行为的校准或一致性程度；一旦人们在交流互动中心有灵犀——认知校准，其行为将更为一致协调，之后彼此将默契表现出使用相同的交流信号来准确表达相同的交流信息。实际上，现实交流中这两个过程并不是一次实现不再变化的，而是体现为一种双向沟通和反馈，即随着交流互动过程的不断发展，"认知校准"和"行为校准"将会相互循环，不断加强。

交流行为校准的好处是什么呢？Garrod 和 Pickering（2004）提出交流中人们之所以校准彼此的语言行为，是因为这将使交流过程更容易。[1]

---

[1] Garrod, S., & Pickering, M. J., "Why is Conversation So Easy?" *Trends in Cognitive Sciences 8(1)*(2004):8-11.

想象一下，如果你和你的同伴使用相同的行为来传达相同的意思，那么你和同伴将自然共享了相似的心理表征（也就是说，他们在认知上也是校准的）。当然，这要求人们不得不在交流互动过程中反复推断同伴的大脑认知加工状态，并且彼此将认为同伴也是这样做的。因此，交流认知校准有助于交流行为校准。

这一子加工过程已经为实验研究结果所证实。当交流者使用相同的交流信号传达相同的交流含义时，他们会享受到更为成功的交流体验。为了摒弃现实交流信号对交流实验结果的潜在威胁，大量研究要求实验中的交流被试创设新颖的交流信号，并完成特定的交流任务，结果也一致支持了交流认知校准有助于交流行为校准。例如，在交流任务中，交流被试必须通过绘画的方式来创设新的交流系统，或通过手势动作来交流，或通过声音（不是语言）交流，但是，这些研究的共同点是不允许交流被试使用现存的口语或书面语进行交流。

这些研究均正面表明交流认知校准和交流行为校准之间的关联，有研究者也在此基础上尝试证实两者间的因果作用关系，比如设计猜谜式的交流任务，成对的交流者轮流在白板上按照实验者提供的信息向同伴传达，然而，一种条件下，告知交流被试不允许复制同伴的交流信号，其目的是消除交流者间行为校准的机会和可能，另一种条件下不限制，实验结果正如假设的那样，与被允许校准的交流对相比，不允许校准的交流对表现出了显著更低的认知和行为校准性或一致性。这项研究表明交流认知校准和交流行为校准之间存在因果关系，因此认知校准会驱动行为校准的程度。

应该注意，本节所提出的交流认知校准有助于交流行为校准，是认为这一因果关系在两个方向上运行，即，认知校准驱动行为校准，行为校准反过来会进一步驱动和加深认知校准。换言之，交流认知校准和交流行为校准之间存在着相互促进的关系。

三、交流信号的再提炼推动抽象化

在上述的第一个子加工过程中，强调在建立一个新的交流系统过程中，激发性或形象性的信号有助于建立共享性交流意图。现代语言的相关研究表明，人类的语言信号并没有激活性，即使是形象性的语言；研究还发现一些被视为高激活性的、形象性的交流信号系统，一旦被交流主体抽象化或符号化，其激活性将明显不足。但是，研究者们强调，语言信号或符号是在先前曾经具有激活性的信号的基础上发展形成起来的，比如具体化或形象化的语言。那么，是什么驱使激活性的信号进入抽象性表征的呢？转变后，抽象性表征又具有什么交流优势呢？

从激活性信号到抽象性表征语言符号的转换可以在现实交流背景中观察到。例如，自 1816 年美国手语创立以来，美国手语已经逐渐失去了激活性或具体形象性，而变得越来越抽象符号化。第五章已经阐述过"交流手势"和"手语"间的关系和异同。同样的，早期（例如，古代中国、古埃及等）的文字和现在的语言相比较更有激活性，现在的语言更为抽象化、符号化。例如，中国古代汉语中的"象形字""会意字"等，其激活性特征是明显和典型的。早期的研究者已经注意到，一个语言版本越是古老，它的激活性就越强（例如，罗马数字比阿拉伯数字更具有激活性）。如果你回顾的语言发展历史足够久远，你可以发现许多语言系统激活性的最初起源版本。

实验研究也观察到了类似的具体化到抽象化的转换。在口语交流研究中，实验参与者描述对象的语言在重复的交流互动过程中逐渐变得更简洁，激活性水平更弱。例如，在 Clark 和 Wilkes-Gibbs（1986）的研究中，实验参与者反复向同伴描述各种几何形状。[①] 最初，参与者用精细化、具体化的方式来描述表达对象，但在反复的交流互动过程中，对象的描述不断变得更加简洁抽象。例如，"它看起来像一个滑冰的人，它把两只手臂向前伸出来滑动"，重复交流后变为"溜冰"。图 7–1 呈现的结果与此类似。在反复的交流互动中，具体化的信号逐渐变得简单化，更具有抽象的象征意义。这一转换现象在许多交流任务中都被证实。虽然有激活性的信号有助于引导并建立人类共享性的交流系统，但随着时间的推移，信号将逐渐变得抽象化。

是什么推动了激活性信号向抽象性信号的转变呢？答案是交流同伴的交流反馈，即双方间每个交流回合中的即时反馈。从激活性信号到抽象性信号的转变是这种互动反馈的结果。当信号变得更简单，就意味着信号中对于交流不重要的一些元素被逐渐地剔除掉了，随着交流时间的发展，互动的持续，保留信息中具体化的信息要素越来越少，最终剩下了抽象性元素，因此交流信号的激活性便降低了。Garrod，Fay，Lee，Oberlander 和 MacLeod（2007）的研究结果支持了上述过程，他们在图形交流任务中，操纵了同伴的反馈，结果强调了同伴反馈对交流系统抽象化、符号化的重

---

① Clark, H. H., & Wilkes-Gibbs, D., "Referring as a Collaborative Process," *Cognition 22(1)* (1986):1-39.

要性。① 他们具体发现：允许实验参与者直接互动并向其提供同步反馈时，交流任务中产生了越来越抽象的信号；相比之下，那些没有从同伴那里得到反馈指导的参与者产生了越来越复杂和混乱的交流信号，研究发现证明了交流中的互动反馈对于交流信号精炼化和抽象化的作用。此外，类似的结果在语言参照性交流的实验研究中也被证实。总之，这些研究令人信服地表明交流互动过程中的即时反馈对于交流信号精炼化的重要性。随着交流信号的精炼和抽象化，交流信号逐渐变得更具有象征意义，从而导致一个越来越高效和稳定的交流系统出现。

从激活性信号转变为抽象表征性信号的好处是什么呢？这应该体现在两个方面。首先，它使交流更有效率。最小化交流合作努力规则（the principle of least collaborative effort）认为人们倾向于建立一个需要最少加工努力的交流系统。简单的信号需要较少的认知努力来表达和感知，因此，一旦人们相互理解，简化他们的交流信号对减少合作努力程度是有益的。其次，过渡到一个更具有象征性的信号有利于词汇的扩展。在抽象表征性的语言中，人们可以清楚地区分相关的语义概念（例如，"跑""慢跑""快跑"等）。语义相关的概念很难用激活性的信号来区分。计算机模拟的结果表明，激活性信号对于单一词汇的表达更有效，可以降低概念间的混淆，但是随着同一语义领域中词汇的不断扩大和增多，抽象性信号随之成为交流的首选。可以说，高效交流的压力加上词汇扩展的机会，为交流信号进一步精炼和抽象化提供了机会。

此处探讨了从激活性信号到抽象性信号的不断精炼和转换，从"交流认知和行为校准"到"信号精炼化"的加工过程来看，一旦交流者间认知和行为校准，他们的信号系统就不需要再保持高激活性和形象性，然后交流信号将变得更具抽象性和象征性，随着每个信号的再精炼，交流同伴间将继续在简化后信号理解的基础上进一步校准彼此的行为和认知。这是由"信号精炼化"到"认知和行为校准"（两个子过程间）的循环过程。信号精炼化依赖于交流同伴的即时反馈。因此，同伴的即时反馈通过信号的精炼化和抽象化，提高了交流系统的效率。

本节重点根据交流认知领域的各类研究，阐述了一个交流互动认知加工的推导性的理论模型，描述了人类交流系统是如何通过社会交流互动产生和发展的。本节重点描述了三个关键的子加工过程，这些过程有助于推动共享性、抽象化信号系统的演化发展。首先，激活性信号允许人们直接

① Garrod, S., Fay, N., Lee, J., Oberlander, J., & MacLeod, T., "Foundations of Representation: Where Might Graphical Symbol Systems Come from?" *Cognitive Science 31(6)*(2007):961-987.

将交流形式与交流意义联系起来。这有助于引导交流，易于交流互动同伴间的互相了解。其次，一旦相互了解建立起来（认知校准），人们往往付诸行动（行为校准），导致了"信号 - 意义"间映射的建立。此外，行为校准反过来又增强了认知校准。第三，在认知和行为校准建立之后，人们倾向于进一步精炼和抽象化他们最初具体形象的激活性信号。该过程提高了交流系统的效率，便于语言中词汇的扩展、丰富交流表意。基于以上过程，一个新的交流信号系统便建立起来了，并且是共享的、高效的。换句话说，通过这些交流认知加工过程，交流系统才变得适合于现实交流使用了。

交流系统的出现过程得到了广泛的研究，但目前还没有建立支持交流信号建立和演化基本过程的复杂化、精细化的结构模型。本节所阐述的包含上述三个子加工过程的理论模型不是一个固定单一的模式，该模型允许描述交流信号系统逐渐建立的过程，并逐步发展为概念化的语言。

四、交流合作认知理论模型的再思考

（一）交流互动中的校准

尽管交流认知领域的研究在主流观点上认为，交流认知和行为的校准可能支持成功的交流互动过程，但部分研究文献所提供的证据并不完全支持该观点。当交流者彼此通过语言互动来合作识别不熟悉的形状（如七巧板匹配任务），或合作完成路径追踪任务（如迷宫或地图任务）时，如果交流者在互动中能够聚焦于一组共同的语言表达式或重复使用相似的句法结构，交流可能是成功和高效的。然而，语言校准似乎不能预测所有类型交流任务的成功性。例如，Fusaroli，Bahrami，Olsen，Rees，Frith，Roepstorff 和 Tylén（2012）的研究显示，在合作搜寻任务中不加选择、广泛性的校准，和针对交流目标的特定而适当的校准相比，任务的执行效果更差。[1] Ireland 和 Henderson（2014）发现语言风格匹配水平更高的交流同伴表现出更显著的交流参与性，但这也不太可能成为成功协调彼此的充分条件。[2]

---

[1] Fusaroli, R., Bahrami, B., Olsen, K., Rees, G., Frith, C. D., Roepstorff, A., & Tylén, K., "Coming to Terms: An Experimental Quantification of the Coordinative Benefits of Linguistic Interaction," *Psychological Science 23(8)* (2012):931-939.

[2] Ireland, M. E., & Henderson, M. D., "Language Style Matching, Engagement, and Impasse in Negotiations," *Negotiation and Conflict Management Research 7(1)*(2014):1-16.

　　此外，互动性可以操作性定义为交流者提供反馈的可能性，似乎在交流者间认知和行为的校准中起着关键性的作用。例如，当被试独自完成七巧板任务时，他们无法得到有效的参照性语言表述，这就不存在认知和行为校准的问题。因此，互动性对于交流来说至关重要，但目前还不清楚它是如何影响交流结果的，或者当双方合作解决交流任务时互动性对行为协调的好处。例如，在七巧板任务中，当双方能够不断交换反馈信息时，彼此将减少自己的语言，并从交流对象的物理共现中受益，这有助于加强双方共享性知识的基础，并因此增加任务的成功性。以交流反馈为例，交流者互动的能力对于任务的成功实现是至关重要的，然而，更多的交流互动并不自动意味着更强的交流认知和行为校准。可以想象，特定任务下，交流双方可能利用反馈来不断调整互动反应而非行为的校准。例如，Brennan，Chen，Dickinson，Neider 和 Zelinsky（2008）的研究要求交流双方以远程合作的方式来识别复杂场景中的"靶目标"，研究者操纵了交流双方可以共享的反馈数量和类型（没有交流、声音、注视，或者声音＋注视），结果发现当交流双方可以互动时，其任务的错误率显著降低了，至关重要的是，多种交流反馈的同时存在导致交流双方注意反应的不校准性提高，因此，交流反馈互换有助于双方通过多样化的方式提高他们的交流表现，但对彼此的影响程度和具体特征可能是不同的。[①]

　　Coco，Dale 和 Keller（2018）的实验研究针对性探查了交流中的校准是否是一个更成功的交流策略，研究创设了"靶对象的位置差异任务"，要求交流双方判断彼此观看的视觉情境是否相同，实验在三个条件下操纵了交流互动性，三种条件依次增加了交流者之间共享的信息量（无反馈、最小反馈、完全反馈），使用递加的量化分析来探查交流者之间搜寻模式的校准特征。结果发现，无反馈的交流者更倾向于校准彼此的注视，并且在这种情况下增加注视校准与降低任务的成功性相关，相反，当有交流互动反馈时，交流者利用反馈，通过多样化的视觉注意更好地组织了他们的联合搜索策略，最小反馈和完全反馈条件间的比较证明了这一点，并且研究还发现，只有完全反馈交流条件下的被试，在交流时间进程中增加注视校准时，才能获得更为成功的成绩。这些结果表明，交流中的校准本身并不意味着交流成功性，相反，校准的效果取决于校准的类型、任务的目标

① Brennan, S. E., Chen, X., Dickinson, C. A., Neider, M. B., & Zelinsky, G. J., "Coordinating Cognition: The Costs and Benefits of Shared Gaze during Collaborative Search," *Cognition* 106(3)(2008):1465-1477.

和反馈的存在。[①]

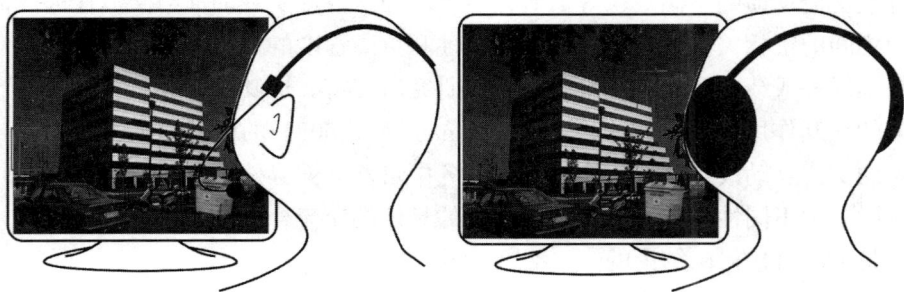

图 7-3　Coco 等（2018）的实验研究

　　交流社会认知的相关研究经常假设，交流者倾向于在互动中将他们的认知过程校准以最大化相互理解。校准典型出现在语言交流方面，如聚焦于一个共同的词汇，采用共同的非语言反应（如挥动手势），或视觉注意的一致性等。当前大多数的交流认知模式都认同交流者之间的互动线索有助于双方间共同基础的形成，有助于个体认知努力的管理，有助于彼此感知运动的协调，以及有助于抽象交流系统的发展。

　　本节所探讨的交流合作认知理论模型，是基于以往研究的一种主流观念和共识，即交流互动中交流者间更多的校准，有助于彼此更好地相互理解，应该能够促进更有效的联合行动。因此，交流双方在需要共享信息以进行联合决策的任务中，增加彼此间认知和行为的校准应该可以预测更高的任务成功性。这一假设在以往的参照性交流任务中被广泛证实，典型表现于交流语言的校准方面，例如，前面提及的地图／迷宫任务或七巧板任务，但是各研究结果也并不是完全一致的。比如以交流语言中词汇带入现象为例，一方面，特定交流词汇的带入使得交流者间的交流效率更高，错误更少。另一方面，过度的词汇带入又将导致双方知识的大量重叠，进而导致彼此犯更多的错误。其他的交流范式变式研究，也揭示了类似的矛盾性发现。交流合作性使得交流互动比个体行为更有效，但在语言互动中不加任何辨别的大量词汇的校准，也会导致交流效果的降低。这也为未来交流合作认知理论模型的进一步完善指出了方向。

　　交流者之间的互动性也是任务效果或成绩的重要组成部分。研究者们通过对互动性进行具体的操作性定义并探查过该主题，如比较交流参与者

① Coco, M. I., Dale, R., & Keller, F., "Performance in a Collaborative Search Task: The Role of Feedback and Alignment," *Topics in Cognitive Science 10(1)*(2018):55-79.

和旁听者的认知差异、探讨交流者间的物理共现认知特征，以及分析不同种类交流反馈的不同效应等。研究结果较为一致证实互动性与交流任务成绩之间的正相关。然而，更多的互动性和更高程度的校准将自动暗示出更精确任务成绩的假设，并不为所有的研究所支持。这其中存在多种因素之间的交互作用关系，例如，前述 Brennan 等（2008）的研究，证实了与同伴的交流互动改进了交流合作搜索任务中目标的搜寻效率效果，然而，交流中多种不同性质因素的互动性带来的具体的交流合作任务效率和效果似乎是无法直接得出结论的。

综合而言，上述存在分歧性的研究对"基于校准的理论"，如互动校准模型，提出了重要的挑战。校准本身可能不能作为有效交流的代表性指标，比如，事实上交流双方间的注视校准是为了弥补反馈（互动性）的缺乏，其对交流中的人际协调起到了显著的作用。上述 Coco，Dale 和 Keller（2018）的实验研究中，完全反馈条件和最小反馈条件比较，互动性使得交流同伴能够采用一个有效的分工策略，从而使得视觉场景搜索任务执行得更为高效，在这种情况下，校准是互动类型和任务特征相结合的结果。这一解释不同于先前研究简单直接提出的"校准促进交流效果的理论假设"（如互动校准模型）。

实际上，越来越多的交流认知研究文献，正在寻求一种更灵活的理解机制：实验室中和更自然的现实生活交流任务中交流者是如何实现交流合作协调性的，因为研究的具体领域不同，可能涉及不同层次的分析。例如，音乐协调的能力，在二重奏中，合作者不仅仅是"获得正确音符"的问题，而是涉及使用各种多模态信号来引导和构造彼此共同音乐行为的问题。但是这些非语言交流合作领域，在多大程度上可以借鉴当前语言领域中的发现和结论呢？诚然，不同的交流互动任务均需要"校准 – 错位（不校准）"间某种程度上的平衡，这表明交流任务的成功取决于交流参与者间交流行为和认知策略的混合和契合。例如，在音乐合作活动中，校准太多可能听起来很奇怪，像在爵士乐即兴创作的研究中，通常参与者会在特定的音乐模式上校准，但在即兴创作过程中参与者彼此还采用了新的和不同的方式，出现远离校准模式的现象，然而这种交流合作却很是默契，欣赏起来也很自然。①

从未来研究的角度出发，本节阐述的交流合作认知理论模型中的校准加工问题（交流认知校准促进交流行为校准），也旨在为未来研究提出新

---

① Walton, A. E., Richardson, M. J., Langland-Hassan, P., & Chemero, A., "Improvisation and the Self-organization of Multiple Musical Bodies," *Frontiers in Psychology 6(6)*(2015):313-321.

的课题和方向，本节最重要的还是针对语言校准这一核心，而部分研究发现的分歧，主要关注的是非语言校准的问题。未来的研究应该在这两个方面有意识做出权衡和比较。

总的来说，本节交流合作认知理论模型的讨论对校准问题做了归纳和评述，涉及了交流互动性，并尝试阐明校准和互动性间的关系，这也为未来交流认知模型的进一步构建提供了基础，并提出了新的挑战和理解。

（二）交流语言加工中的具体化和抽象性

在本节所阐述的交流合作认知理论模型中，第一和第三子加工阶段（激发性信号触发交流合作系统、交流信号的再提炼推动抽象化）均涉及交流语言加工中的具体化和抽象性问题。这仍然涉及交流的核心媒介——语言认知加工的问题，关于交流语言认知加工的是抽象信号还是基于具体感知的信号，这一争论一直在持续，不同研究无法在观点上达成一致。尽管本节在交流合作认知理论模型中，探讨了交流信号具体化和抽象性的关系和发展转换特征，但是，毫无疑问在交流互动的任何时刻和阶段，交流信号的具体化和抽象性特征均在一定程度上是共存的，也就是说不存在绝对具体化或抽象化的交流信号，也不存在绝对具体化或抽象性的交流认知表征。为了协调各观点，本书更支持多元化的认知观点，这种观点同时支持抽象性和感知具体性的交流信号。实际上，交流语言认知加工中抽象性表征和具体化表征间的相对关系和作用，需要考虑语言交流的具体情境特征，涉及语言表述和交流情境的重合程度等问题。

根据人类思维认知的传统观点，语言过程是思维过程的反映，思维认知涉及抽象信号或符号的操作。自 2000 年以来，有研究指出，思维认知也可能基于大脑的感知运动和情感系统而发生，尤其是在语言认知加工的研究中，该观点受到大量研究的支持。当前，两种观点之争尚无法达成完全一致。本节提出的协调解释是，应该结合交流语言使用的具体情境特征来理解该问题。因此，本节阐述的交流合作认知理论模型中，第一和第三子加工阶段，更具有相对意义，也就是说，在交流的任何时刻均不能绝对化否认交流信号（包括语言信号和非语言信号）具体化特征和抽象性特征中的任何一个方面。

有时交流语言加工可以脱离具体的外界环境，成为一种纯粹的抽象性表征，但这不是语言加工的全部特征；有时交流语言加工过程可能需要依赖于感知动作心理表征。这一定程度上受到交流情境特征的影响，比如针对道德问题和针对视觉情境问题的交流，交流信号的抽象性或具体化程度必然不同，因为，在交流互动过程中，以语言信号为例，语言加工涉及语言输入／输出和相应交流对象／事件心理表征的联合建构，语言认知加工位于一种特定的环境中，并且伴随着思维中特定的目的而发生，随后可能还需要交流者去执行一个具体而特定的联合操作反应。所以，有时操作行为是即时的，但有时它是预期性的（有效地提取信息到长期记忆中，以至于它能在以后的行动或思考中被检索和使用）；有时人们理解交流信息时完全与当前环境断开联系，并且进入一个抽象的认知世界。可见，交流信号的抽象性和具体化问题不可一概而论，只是相对而言，实际上，本节在交流合作认知理论模型的阐述中，也是着眼于交流互动的动态发展过程而言的，也就是说交流信号不断变化和转换中的具体化和抽象性是相对而言的。

语言认知加工的抽象符号认知理论假设，认知加工过程涉及一小组的规则，这些规则操作一大组抽象的符号。具体化认知理论假设认知加工过程涉及经验的重现和重组，通过大脑感知运动和情感系统建立起来，这些具体表征符号是多样和具体的。问题在于这两种观点一定是不相容的吗？抽象性理论和具体化理论各自强调了认知表征特点和形态的一个方面。双编码理论同时强调了抽象性和具体化符号的共存，强调语言认知加工过程应该是一个混合认知过程。

Zwaan（2014）根据语言交流情境蕴含信息的五种水平，区分出语言认知加工的五种水平。[①] 蕴含水平是依据交流情境和语言描述之间的重复程度来划分的。语言表述通常包含主体、对象和事件等一体的时空框架。交流语言中的每个句子都传达了一种情形，当蕴含水平达到最大时，语言表述的情形完全与交流情境相重复。语言表述的情形越少，与交流情境的重复程度越低，交流者就需要越多地依赖长时记忆来激活交流互动中所涉及的主体、对象、事件等的心理表征。

图 7-4 呈现的是 Zwaan（2014）所提出的五种交流语言水平。这五种语言水平很少以纯粹单一的方式发生，交流语言在时间进程上发生时更多是混合采用多种水平的蕴含形式，并且现实中的交流者已经高度习惯和掌握了在这些水平间的不断转换。这有助于解释交流信号中抽象表征和具体化表征间的相对作用关系。

---

① Zwaan, R. A., "Embodiment and Language Comprehension: Reframing the Discussion," *Trends in Cognitive Sciences 18(5)*(2014):229-234.

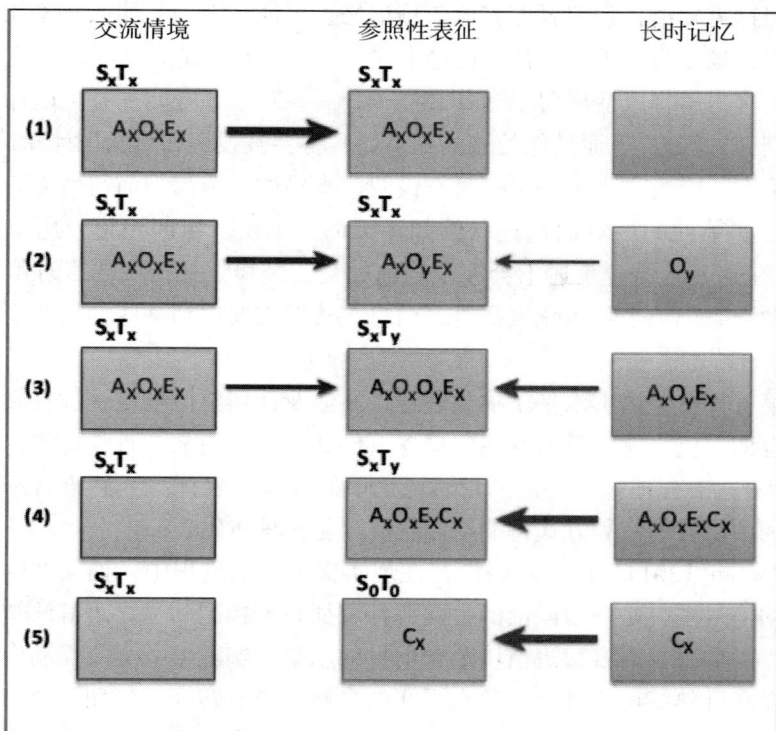

图 7-4 Zwaan（2014）提出的五种交流语言水平

第一种交流语言水平：详细描述是交流语言的完全信息蕴含水平，主体、对象和行为在语言交流情境中完全呈现出来。试假设，一个烹饪节目中，厨师一边演示厨艺，一边做出语言解释，比如，他正在谈论甜椒的切法，同时正在切甜椒。如果语言中使用了像"这儿""现在""你们""甜椒""切"等包含了"时空""主体""对象""事件"等信息，那么语言和情境完全重合了。

第二种交流语言水平：介绍说明的语言表达信息稍微不同于语言交流情境。这个厨师可能告诉他的助手去取一棵欧洲萝卜。为了完成任务，助理厨师需要借助长时记忆的具体化表征——欧洲萝卜长什么样，然后从冰箱中的一堆蔬菜中辨认它。

第三种交流语言水平：跨时间投射，是在当前语言情境条件下推测一个过去或未来的情境。因此，它们保留了当前交流情境中的空间元素，但是有一个不同的时间元素——过去或者未来。一个导游可能会解释古罗马竞技场在全盛时期的样子，这里曾经充满了观众、熊、角斗士、盾牌和剑，但这需要语言理解者更多地依赖记忆去表征，因为主体、对象和事件等（竞技场本身的重要特征）已经消失不见了。相似地，一个承包人可以向他的客户解释改造后房子是什么样子，一些对象和空间关系可以保持不变（例如，窗户），而其他的（例如，墙）将会被毁坏和重新设计建造。

第四种交流语言水平：跨时空说明，指描述一个与当前情境无关的情境，就如单纯的面对面讲述（例如，笑话、小说、新闻报道、历史记载等）。在这儿，语言表述不会涉及当前的交流情境。这需要语言理解者完全借助长时记忆来具体化表征语言信息，甚至需要用到某些抽象性概念的表征。

第五种交流语言水平：抽象表达，不涉及任何具体情境，没有具体的时空框架，仅描述一系列的抽象概念（例如，科学论文、哲学思想、法律文件等）。语言理解主要借助长时记忆中的抽象性表征。当然语言理解者可以利用语言的修辞方式将抽象性表征转化为具体化表征。

Zwaan（2014）进一步假设，在现实交流互动过程中，抽象性的和具体化的信号系统是同时激活的，而哪种表征系统控制和主导语言认知加工过程，则取决于语言交流情境蕴含信息的水平。实际上，交流互动中交流者可以高度熟练地实现这五种水平间的自然、自觉转换。例如，通过手势和规则的使用，以及图示和涂鸦的使用，抽象概念能即刻转换成详细的语言描述。抽象概念能通过利用隐喻等修辞方法，引起交流者认知加工中具体化的心理表征。然而，重要的是，尽管详细描述和隐喻可以实现对抽象概念的转换使用，以及以后在特定的情境下重新提取到工作记忆中，以帮助"重新模仿"抽象概念，即详细描述和隐喻本身能被作为一个有利的记忆储存方式，但是对于抽象概念的完整和深刻理解是需要远离具体化转换的。

综上，交流认知加工过程不是一个简单的全或无的过程。人们是否在详细的语言和非语言描述期间，使用具体化或抽象性信号来构建心理表征取决于他们的认知加工目标，他们的交流技能和知识，他们的感觉运动经验等。例如，如果人们仅仅是为了放松而观看一个烹饪节目，他们可能不会构建非常复杂的心理表征，而放任感觉运动过程（视觉、听觉等）去做大量的认知加工工作，简单地吸收交流信息而跟随节目进度。然而，如果人们为了学习如何煮一盘好吃的菜而观看烹饪节目，他们可能需要认真构建一个更复杂的心理表征，这个表征将会在长时记忆中储存起来，以允许人们在未来的某个时刻准备出美味的食物。

另外在上述主题的探讨中，还应该注意一个常见的现象——专家和新手的经验差异，与新手相比，如果某些人在一个领域有着丰富的经验，交流中更多的具体化表征可能被激活。对同一个语言描述（涉及许多具体化表征），一个专家可能形成一个全面的心理模拟；一个领域的新手可能会形成一个浅层的心理表征，并且仅联系于词汇和语言的基本表面义，这其中可能包含更多的错误理解。

总之，本书对于交流语言加工中的具体化和抽象性问题的阐述，一方面，不是为了尝试去发现证据支持或者反对一个特定的理论框架，而是着眼于不同类型的交流认知加工过程和表征是如何相互作用的。另一方面，在于强调本节对于交流合作认知理论模型的尝试探讨和建构，不是对交流信号的具体化和抽象性特征问题绝对化地执其一端，而是在特定交流情境之下，相对、发展性地看待该问题，应该从语言交流情境蕴含信息水平的分析中，解释语言认知加工中的感觉运动过程、具体化和抽象性表征的相对作用关系。

未来研究还应进一步思考，语言交流情境蕴含信息水平如何影响语言认知加工中具体化表征的作用？具体化表征在语言认知加工中会变得更加详细吗？交流者怎样能在语言交流情境蕴含信息水平中来回转换呢？交流认知在这些转换中花费和收获了什么？交流者形成了超过语言理解的更多细节表征吗？

五、交流合作双方一致性特征的实证研究

笔者进行了一项研究，安排了不同难度或复杂性的交流学习材料，探查交流合作学习过程中双方学习一致性的特征。[①] 实验范式为参照性交流范式，被试是全日制在读本科生，设计了陌生的学习材料，设立了功能预测的交流学习任务，实验将交流双方按照交流学习成绩水平分别划分入高分组和低分组，并作出对照分析和解释。实验结果的分析显示：交流学习成绩组在学习阶段 1 和 2 中差异不显著，从学习阶段 3 开始高分组的交流学习成绩显著高于低分组，并且差异随交流学习进程而不断扩大；成绩组和学习材料关系复杂性间不存在交互作用。该结果表明：参照性交流过程中，交流双方间的学习过程具有不平衡性特征；这从参照性交流学习初期的成绩上就逐渐表现出来，同时不受学习材料难度或复杂性的影响。

---

① 张恒超：《参照性交流双方学习过程的不平衡性》，《西南大学学报（自然科学版）》，2013 年第 12 期，第 104—110 页．

（一）研究背景

面对陌生的交流对象，参照性交流过程是交流双方相互学习探索的过程，针对这一过程中双方学习特点和认知机制的研究总体可以归纳为两个研究路线，形成了两种研究观点：强调参照性交流中语言的有意识认知协调作用，强调非语言线索或信号的无意识认知协调作用。支持前者的研究认为，参照性交流双方互动中认知和行为的协调过程，主要是通过交流语言实现的；交流过程中双方彼此考虑对方的知识经验、心理状态、期望意图和观念等，并有意识地精心规划、明确表达自己的语言以及解释同伴的语言，该过程通过深思熟虑的推理过程驱动。支持后者的研究认为，以语言为中介的有意识的认知推理，对认知资源要求较高，认知资源的过度损耗可能抑制交流双方认知和行为的一致性；尤其是在参照性交流之初和较复杂的交流任务中，交流双方思想的不清晰更可能反映为语言信号的模糊不清和语言理解中的分歧，因此，参照性交流中双方认知协调和互动的一致性源于交流情境中非语言信息的运用，这一过程表现为一种无意识、非策略性的认知过程，既有助于认知协调、行为一致，还有利于节省认知资源。

综合而言，研究证实参照性交流学习过程中双方认知过程的意识性和无意识性在一定研究条件下表现的程度和特点不同，而又共同存在于同一交流过程之中。观点之争和各具体研究间的差异则明确表明：参照性交流过程中双方的认知和行为发生发展，以及双方彼此间的互动是一个复杂的过程，受到交流中多种因素的共同作用。以往各研究设计的思路、指标含义等的差异是研究结果差异的原因之一，张恒超等（2012）的系列研究分别从参照性交流的学习过程[①]、学习结果[②]、学习中的选择性注意特点[③]三方面对参照性交流学习的具体特征做了探查，研究指标、研究目的的不同导致彼此间研究结果的不同，参照性交流学习的学习过程、学习结果受到学习材料复杂性程度的影响，随着复杂性程度的增高，交流学习成绩和效果逐渐降低，但是选择性注意水平不受学习材料复杂性的影响。其次，以往研究对于参照性交流认知过程的探查主要从两个方面进行：一是对参照性交流学习和个人学习进行比较研究，一是将参照性交流双方作为学习中的

---

① 张恒超、阴国恩：《关系复杂性对关系类别间接性学习的影响》，《心理发展与教育》2012 年第 2 期，第 193—200 页。

② 张恒超、阴国恩：《关系复杂性对关系类别间接性学习分类的影响》，《西南大学学报（自然科学版）》2012 年第 8 期，第 138—144 页。

③ 张恒超、阴国恩：《关系复杂性对关系类别间接性学习中选择性注意的影响》，《心理科学》2012 年第 4 期，第 823—828 页。

一个个体，着眼于交流学习过程和学习结果特点的分析，进而讨论参照性交流中双方认知和行为的一致性或协调性问题。以上两方面的原因导致对参照性交流认知过程探查的间接性，因此，研究参照性交流中双方认知、行为特点和发展变化过程的较为直接的方法是，在同一交流学习过程中，将交流学习双方作为两个个体，对彼此交流学习过程做出直接的比较分析，同时可以变化交流情境中的因素，进一步探查影响因素对交流学习双方以及交流学习进程的影响特点。总之，参照性交流学习过程是一个复杂的过程，该过程受到交流情境中多种因素的综合影响，而交流学习双方在交流中的认知和行为变化特点也不是一个单一的过程，在某些条件下和某些学习阶段中交流双方的学习过程可能表现出一致性特点，而在不同的条件和阶段下交流双方的学习过程也可能表现出不一致性特点。

基于上述分析，本次研究通过采用参照性交流学习范式，创设复杂性或难度不断变化的学习材料，安排功能预测的交流学习任务，依据交流学习结果将交流双方分别分入高分组和低分组，对参照性交流双方学习过程进行直接对照比较和分析，探查参照性交流学习中双方学习过程的一致性和差异性特点。

（二）研究方法

研究以大学生为被试，设计三种虚拟外星生物实验材料。材料1关系复杂性较低，共有4个维度的特征，每个具有两个值。前3个维度间设计了两种功能关系：简单关系（吸水）、复杂关系（产电）。吸水（一阶）嵌套于产电（二阶）中，即吸水是产电的前提。维度4与功能无关，以"有/无"呈现。共筛选出8个样例。材料2为具有复杂关系加二阶同功能简单关系的六特征生物，关系复杂性较高。前3个维度同材料1。维度4和5间设计了二阶同功能简单关系产生电流（与前3个维度的二阶关系相同）。维度6与功能无关。筛选出16个样例。材料3为关系复杂性高的六特征复杂关系加二阶异功能简单关系生物，仅将材料2二阶同功能简单关系（产生电流）设计为二阶异功能简单关系（产生食物）。

实验任务为功能预测，共10个学习阶段（block），每个阶段中每个样例随机呈现两次。被试同性别随机配对后再随机分为3组，分别学习3种材料。具体采用参照性交流范式，交流双方轮流担任描述者和功能判断者，每次判断后提供反馈信息。材料1："吸水，但不产电"按"，"；"吸水，并产电"按"."；"不吸水，也不产电"按"/"。材料2："吸水，并产电；但两者无关"按"空格"；"吸水并促使产电"按"M"；"吸水并促使产电，同时不需吸水也产电"按","；"不吸水，但产电"按"."；"不吸水，也不产电"按"/"。材料3："吸水，但不产电；产生食物"按"空格"；"吸水并促使产电，产生食物"按"M"；"吸水并促使产电，不产食物"按","；"不吸水更不产电，产生食物"按"."；"不吸水更不产电，不产食物"按"/"。

学习成绩为功能预测正确率，按照阶段10的成绩，将参照性交流双方分别分入高分组、低分组。实验为3（关系复杂性）×2（成绩组）×10（学习阶段）的混合实验设计。

（三）研究发现

研究比较了参照性交流双方的学习过程，不同复杂性学习材料下参照性交流双方学习过程的不平衡性特点如下：

1. 参照性交流双方的学习过程特点

实验结果的统计分析表明：整个参照性交流过程中成绩组主效应极其显著，学习阶段主效应极其显著，成绩组和学习阶段间交互作用极其显著。具体表现为：学习阶段1和2成绩组间差异不显著，学习阶段3至6高分组显著高于低分组，学习阶段7至10高分组极其显著高于低分组；高分组条件下各学习阶段两两间差异显著，低分组条件下1至6学习阶段两两间差异显著，6至10学习阶段两两间差异不显著。

研究结果中第一个有意义的发现是，整个参照性交流学习过程中成绩组主效应极其显著，即将参照性交流双方作为两个个体进行比较分析表明，交流双方的学习认知过程并不具有一致性。以往研究将参照性交流双方作为一个学习个体的前提下，发现参照性交流学习方式有助于促进双方认知的协调，而依据主要是与个人学习过程的比较而言，参照性交流学习成绩上升过程和学习的最终效果显著更高。如前所述，以往研究从不同的角度发现，参照性交流者间在参照性交流过程中形成的类别一致性显著高于个人学习者间，参照性交流学习方式促进交流者对交流对象共同特征的理解和掌握；视觉搜寻任务的眼动分析发现参照性交流者表现出比单人搜寻者更有效率；参照性交流者实验任务完成的高效率和高效果来自彼此对大量丰富背景信息的充分利用，等等。但是以上研究设计的共同性使得研究结果仅有助于说明参照性交流学习过程的特点，而不能直接表明交流双方学习过程是否具有一致性。本次实验研究在方法上对以往研究做了改进，研究结果的出现补充了以往研究结论的不充分性和间接性。即，对交流双方学习过程的直接比较分析表明：参照性交流过程中交流双方学习过程具有不平衡性特点。因此，两种研究思路和研究结果的对照证实，参照性交流与个人学习相比较的优势来自交流双方学习效率和效果的平均优势；但是，在交流学习全程中，交流双方同时经历了对对象由不理解到理解的过程，以及该过程中双方彼此对对方认知和行为某些方面的认同和排斥的矛盾运动过程。在交流双方对于交流对象形成完全一致理解之前，彼此认知和行为更多表现为一种不一致性和不平衡性。诚然，参照性交流学习方式相对个人学习方式而言，学习中交流双方对对象的认知具有差异性和多样性，交流中彼此不断提出多种解决问题的策略，策略的有效检验使得参照性交流学习表现出比个人学习更具有优势。但是，本次的研究结果补充说明，交流情境中的互动压力和彼此认知的启发，有助于发散性思维的更好激发，但是在双方对交流对象达成完全一致理解之前，这具体表现为学习过程中双方交流学习认知和行为的不平衡性和差异性。

通过对不同成绩组和学习阶段的交互作用分析，我们发现的另一个有意义的结果是：参照性交流双方交流过程中表现出的不平衡性，在交流学习过程的不同阶段表现特点不同。首先，学习阶段1和2成绩组间差异不显著，此时交流双方处于交流的初始阶段，对于对象完全陌生和开始尝试理解，在具体成绩上表现得均较低而不表现出显著差异。然而这种学习成绩无差异的结果不能够证实交流双方认知和行为上是协调一致的。我们进一步思考：当参照性交流之初，双方面对同样陌生的对象，理解的起点是相同的，开始尝试理解对象时彼此所采用的认知策略可能表现为一个一般性的认知过程；交流之初的这种互动更多表现出对自己在陌生对象前一般认知过程的表达，这种一般认知过程的表达在不同交流者间具有一定的相似性，因此学习阶段1和2中交流双方学习成绩均较低而无显著差异，同时认知的相似性并不代表彼此认知的一致性。其次，学习阶段3至6高分组显著高于低分组，参照性交流双方成绩的显著差异反映出彼此对于交流对象理解上的差异，此交流过程中交流学习者对于交流对象有了一定的认识，然而各自的行为结果表明这种认知彼此具有特异性而表现出显著差异性，如前所述，参照性过程中彼此理解的多样性可以激发彼此思维的更好发散，同时对对方的行为提出更多的期望，并提供更多的启发策略，然而对于这些策略的检验需要一个过程，对于双方认知资源的要求相对较高，同时在对学习对象具有一定了解的基础之上，双方彼此对策略重要性的评估必然表现出差异，认知过程的差异导致对于学习对象理解上的显著差异，使得双方学习阶段 3 至 6 表现出显著的不平衡性。

最后，学习阶段 7 至 10 高分组极其显著高于低分组，该结果是研究中的一个重要发现。交流学习过程的中后期，交流者对于对象一定程度上已经较好地理解和掌握，但是彼此的成绩不仅没有表现出更大的一致性，相反表现出更大的分离性和不平衡性。从成绩组因素的对照分析发现，低分组 6 至 10 学习阶段两两间差异不显著。这表明低分组在学习过程的中后期，重点是在学习阶段 7 以及以后各阶段的成绩没有表现出比前一阶段的显著进步和提升。具体原因可能源于参照性交流情境的独特性，参照性交流过程中双方在交流语言表达方面会逐渐形成一种惯例，即"参照惯例"，指交流中双方约定俗成的关于交流对象及其重要性的独特的语言解释方式，它以高共享的形式彼此向对方传达信息。而交流过程中参照惯例的精心设计是交流双方有意识推理形成的结果，是在双方较高认知要求的基础上形成的，但是大量研究发现，参照惯例在交流中一旦形成，将在交流之后的过程中保持相对的稳定，尽管该参照惯例在交流形成中并非是完全准确而包含更多的无关信息，因为交流中参照惯例代表了"表述 – 指示物"间的一种特定映射，一旦改变将向对方传达"对象已经发生改变"的错误信息，导致双方理解中的更大分歧和对象辨别中的延迟反应，随之带来更多的认知损耗。因此，在交流学习的中后期，参照惯例对交流双方认知和行为的沟通协调作用相对减弱，此时对于交流情境中非语言信号的理解和运用将对对象的进一步理解和学习成绩的进一步提高起到更大的推动作用，这一过程更多表现为一种无意识的自动化利用和加工过程，这样具体交流过程中后期交流双方非语言信号运用的程度和多样性，更多表现为对个人学习过程孤立的促进程度的不同，这将进一步削弱交流的共享性，相应扩大彼此间学习成绩的不平衡性和差异性。因而，低分组在学习阶段 6 至 10 成绩的停滞性，更表现为对参照性交流情境中非语言信号运用水平和程度的相对较弱，而交流中双方共享参照惯例的指导精确性相对稳定不变。

2. 不同复杂性学习材料下参照性交流双方学习过程的不平衡性特点

本次研究结果显示，关系复杂性主效应极其显著；成绩组和关系复杂性间交互作用不显著。这表明学习材料的复杂性程度影响参照性交流的学习过程和学习效果，但参照性交流双方学习过程的不平衡性特点不受学习材料复杂性变化的影响。

这一结果既证实了已有研究的相关结论，同时从不同的研究角度做出了新的补充。上述张恒超等（2012）的系列研究分别证实随着关系复杂性的增高，参照性交流由促进学习向阻碍学习转换，学习效果逐渐降低，选择性注意指向性水平也逐渐降低。学习材料复杂性的增高，必然导致参照性交流学习中交流双方认知负担的不断加重，对象的学习需要付出更多的认知努力。参照性交流学习方式的独特性决定了材料复杂性的增高，导致交流者彼此语言表达和理解的难度和复杂性随之增大，彼此对交流对象的理解更趋于多样性，而特定的学习条件下源于交流情境的压力也将不断增大，因此出现学习效果和学习效率的降低趋势。但是，本次研究从交流双方学习过程的比较分析发现，参照性交流双方学习过程不平衡性具有跨学习材料复杂性的一致性。两方面相对照表明：学习材料的复杂性程度影响交流者对于交流对象的学习程度，而并不影响交流双方彼此的学习特点和学习过程的认知机制，正如上面所分析，交流双方学习过程的不平衡性在学习成绩差异性上的表现从学习阶段3就已经开始显现，即不论哪种复杂性材料的学习中，这种差异性从学习过程的初期就已经显著表现出来。这从不同的角度证实，参照性交流双方学习过程不平衡性是参照性交流学习过程中的一种一般的认知变化过程，是一般认知机制的较为普遍的反映。

总之，本次研究发现参照性交流双方的学习过程具有不平衡性，这从参照性交流初期的学习成绩上逐渐表现出来，且不受交流学习材料复杂性的影响。

六、启示与展望

综合本章而言，交流合作中的人际互动性决定了认知"冲突－协调"的转换特征，未来研究需要考虑交流合作互动认知协调性的程度决定于哪些一般性交流因素，这将有助于进一步解释交流合作过程的效率和效果问题；进而有助于探查说明交流合作互动过程中认知"冲突－协调"转换的一般特征是什么。

未来的研究，应进一步扩展研究设计，通过控制更多的交流情境信息探查彼此促进或制约交流合作特征的相互作用模式，如，语言加工、非语言线索监控、记忆和注意过程等。具体探查，交流合作任务中交流者形成并保持参照惯例过程中共同编码的记忆表征特点如何；交流双方怎样使用语言加工系统，针对共同交流合作对象做出特定表述；交流双方如何灵活地调整彼此的行为，将与交流同伴共享的经验信息引入早期交流计划中；交流双方怎样彼此理解，以达成学习行为和心理表征的协调。未来研究应努力伴随着交流认知和行为的实验证据，以及认知神经心理学研究的不断深入发展，逐步揭示交流合作互动过程的行为特征与认知模式。

未来对于交流合作认知的探讨中，交流语言认知依然是一个重要方面，如交流者如何借助共享性语言符号的创建来形成重要的社会互动策略。个体水平的认知过程，可以通过个人观察和认知偏好，促成有效、高效共享符号的形成和演变。重要的是，通过社会交流合作互动可以增加该个体认知的促进过程，产生了最有效、最高效和最共享的语言交流符号。而且，个人认知偏好的表达（简单化和校准偏向）在特定交流合作情境中是有条件的，社会合作互动可以根据交流需要放大或消除这一个人偏好效应。可以说，社会合作互动对共享性语言符号系统的创建是重要的，这依赖交流合作中的行为校准和即时同伴反馈。行为校准主要推动交流合作成功性的改善和提高，即时同伴反馈主要驱动语言符号抽象化和简化过程的效率。因此，社会合作互动在共享性语言符号的演变过程中起着重要的作用，社会合作互动的益处是通过社会互动的两个互补方面产生的：行为校准驱动符号的有效性，即时同伴反馈驱动符号简化和抽象化的效率。而具体的认知加工机制问题则需要未来研究进一步分析和探查。

从更为一般的意义上，交流合作互动中的非语言媒介涉及的领域和内容相对广泛和复杂，非语言媒介本身是一种强大的交流工具，和语言媒介的抽象性特征相比较，其相对体现为交流合作互动中的具体化认知过程，以具体化甚至直观的方式来揭示丰富的问题表征，这将引发交流者感知运动系统的积极参与（感知）；如果仅从非语言媒介的认知特征和作用来看，交流合作互动中语言和非语言媒介的结合，有助于交流者原有知识的归纳和迁移，以及随着时间的推移而稳固保持（记忆）；从交流合作互动和个人活动的对照来看，交流合作互动的优势可以表现为思维中的某种分工策略的优势，而这种合作分工策略的形成和使用，依赖于语言媒介和非语言媒介的认知关系，比如非语言媒介提供的反馈信息影响语言认知和交流合作互动整体认知（思维）。未来研究需要从交流合作互动认知的不同角度出发，探查非语言媒介的独立和共现认知特征，非语言媒介交流中涉及的认知机制，随着交流合作互动过程的发展，非语言媒介具体的认知加工环节，以及与语言媒介认知过程间的动态作用关系；还应该注意一点，语言媒介和非语言媒介彼此间以及非语言各媒介间均存在相互作用关系，这种作用特征因具体交流情境而不同。另外，交流合作互动情境中的非语言因素具有典型的社会性特征，因此对于非语言媒介的探查和解释不应仅仅停留在特定交流认知领域，未来应该在相对综合探讨的基础上，进一步再形成某种一致性、协调性的跨研究领域的解释理论。

第八章　交流合作学习认知

　　教育领域中，学生合作学习成为一种广泛使用的课堂组织形式。交流合作学习的研究逐渐关注学习过程中的认知特点：语言认知、记忆、发散性思维和选择性注意等，涉及交流合作学习的诸多影响因素——学习任务特征、学习对象特点和学生个性特点等。对交流合作学习认知特点的探讨，对教育教学实践中合作学习的组织和实施具有实际指导作用。

　　交流合作学习早在 20 世纪 20 年代就已成为社会心理学关注的焦点问题之一，20 世纪中期以后美国教育领域开始重视合作学习，美国教育研究者和管理者提出创建种族混合学校，发现合作学习有助于消除种族歧视，并对学生的智力和非智力因素的发展起到积极作用。严格意义上，合作学习源于对传统刻板班级课堂授课制的反思，当前受到世界各国教育界的普遍关注，成为一种主流教学理论和策略。

　　交流合作学习的典型特征在于学习过程中的人际互动性，表现为交流学习者间知识思想的彼此碰撞和不断融合，即交流合作学习认知"冲突 – 协调"的转换过程。本章重点归纳和探讨了交流合作学习中的人际互动性、交流合作学习中语言媒介特征、交流合作学习中非语言媒介特征，即交流社会认知特征在合作学习中的具体表现。

　　交流是两个或多个人语言互动和思想沟通的过程，交流参与者具有不同的知识背景、思想观点和社会态度等，交流过程带有一定的争论或冲突特征，交流者均力争通过展现不同水平的证据获得交流同伴对自己观点的理解、认同和支持，交流的结果是坚持自己的交流观点，或接受交流同伴的思想，更多的情形是基于特定交流情境、交流任务、交流目标和交流者们的多种知识和理解，最终发展出共同或共享性的交流认知和行为，交流者间的关系在交流共同目标、集体责任的基础上表现出合作性特征。交流合作学习是交流在教育学习领域中的一种表现，具有一般性交流的语言核心媒介性、人际互动沟通性、共同目的期望性、集体合作责任性等特征。

　　和个人学习比较，交流合作学习的典型特点在于学习过程中的人际互动性，尽管合作是交流学习的显著特征，但这并不代表交流合作学习过程是所有交流者个体知识的简单相加，比如，交流中形成的群体记忆"产品"不是每个人记忆"产品"的简单相加，群体记忆"产品"是个人记忆"产品"的有目的的提取和再加工。这决定了交流合作学习过程是一个交流者知识思想彼此碰撞和不断融合的过程，在这一过程中大家共同发展了原有的知识并获得了新的知识，而碰撞到融合的转换即交流合作学习认知"冲突－协调"的转换，一方面新知识合作学习中的"冲突"源于交流者彼此已有知识的差异性和多样性，另一方面新知识的最终获得即合作学习认知"协调"过程的效率效果决定于众多知识沟通的有效性，如语言交流的特征，非语言媒介的认知特征等。可以说交流合作学习到的知识是所有交流合作学习者间的"共享性知识"。

基于此本章首先归纳和阐述交流合作学习中的人际互动性，即交流合作学习认知的冲突性和协调性特征，之后分别从交流合作学习中语言媒介特征，交流合作学习中非语言媒介特征，交流合作学习认知加工特征的理论解释等几个方面一一探讨。

第一节　交流合作学习中的人际互动性

交流合作学习（communicative cooperation learning）是本书首次提出的一个专业研究概念，指以语言交流形式表现出来的，体现人际合作性和互动性特征的学习过程。交流合作学习是本书写作和研究中反复思考、尝试提炼的一个概念和问题，本书所强调的"合作学习"，主要是相对于"个人学习"而言，但是交流合作学习的立意点是着眼于合作学习的"交流性"或"交流认知特征"，实际上以往研究，不论是教育学还是心理学领域，均有针对"合作学习"（cooperative learning, collaborative learning, group learning, team learning）的行为和认知特点的讨论，也有针对"交流学习"的分析；但是，没有试图做出整合性的思考和分析。这其中存在的问题是，针对学习认知来分析"合作学习"的相关研究，一定程度上忽视了"交流认知特征"的探查；而反过来，"交流认知"的研究探查，一定程度上更为关注"交流互动特征"，默认接受"合作性"特点。另外，"合作学习认知"的相关研究更倾向于着眼于教育心理学中的"学习认知"领域，而"交流认知"的以往研究更倾向置于社会心理学的"社会认知"背景之中，"交流认知"能够表现在社会多种交流领域之中，不限于教育领域。因此，本书在思考和探讨中，认为"合作学习认知"的核心之一是"交流互动性"，一方面，当将"合作学习"和"个人学习"对照时，研究者们默认存在"交流互动性"；另一方面，学习的"合作过程和具体特征"，也应该是通过"交流"来展现的。这是本章写作和思考的立足点，目的是尝试将两个交叉的认知研究领域联系起来进行分析、探讨和阐发，这样更有助于克服对"合作学习认知"的狭隘理解；也可能会推动社会心理学和教育心理学领域中"合作学习认知"未来研究思路的进一步拓展和研究方法的彼此借鉴和创新。

交流合作学习中学习者通过人际互动逐渐理解并掌握新知识，但是合作学习获得的知识和个人学习的知识显著不同，其是一种共享性知识，参与合作学习的所有成员共同理解、共同接纳，并且包含了交流合作学习中每个人的智慧贡献。因此，交流合作学习过程体现了个人知识向共享性知识的转换过程，这是交流合作学习公共认知过程的具体表现。

研究者一致认为交流者交流中个人认知向公共认知的转换过程和特征，反映的是交流人际互动性的具体特征，是彼此认知"冲突－协调"的转换过程。具体而言，一个交流回合中，合作学习的一方会提出自己对于学习内容和对象的理解，同伴评估后做出肯定、补充、修正或否定的意见和解释，交流互动促进合作学习认知的不断调整，最终形成对学习内容的共同解释。

一、交流合作学习中认知的冲突性

从一般形式上讲，交流合作学习需要两人或以上参与，本质上参与者间的关系是合作性的，交流学习过程中不一定包含逻辑上、理论上或实践上的对立冲突，表面上其展现的是两个或多个声音的互动，最终发展出共享性的知识观点；交流合作学习中令人感兴趣的认知冲突性典型表现在语言互动中通常包含某些争辩、评论和反驳等。即便是在不存在任何特定目的的现实交流中，也可以观察到类似的交流认知冲突特征，这是因为交流需要满足交流者的最小交流期望，彼此期望的差异是交流认知冲突的心理基础。

交流合作学习中认知的冲突在学习过程中的具体表现如何呢？研究者一致认为在交流合作学习过程的前期表现尤为突出，学习开始时每个合作者均尝试提出自己对于学习对象的理解和建议，这是个体基于自我认知的特定解释，交流合作学习中认知的冲突性相应随之出现，即交流者彼此间知识经验、学习假设等的差异性，代表了每个交流者着手加工一个新知识时学习期望和意图，使用的启发等的差异性。

Pietarinen（2006）[①] 以及 Clark 和 Krych（2004）[②] 以"游戏"形象性地描述交流合作学习中认知的冲突过程：在新的或不熟悉的学习活动中，交流者类似于"游戏者"，交流合作学习是"游戏规则"的设定过程，交流者通过语言等不断沟通、澄清学习内容，不断发展的共同认知水平决定了合作"得分"的结果，最终共同"游戏规则"被彼此认可和确立。张恒超等（2012）的研究创设了难度不同的三种学习材料，并通过交流合作学习和个人学习的比较，发现交流合作学习者间认知冲突性，一方面表现为学习成绩随学习进程而出现不规则的跃进特征，而认知协调性则表现为成绩上升的相对平稳；另一方面认知冲突性和协调性一定程度上可能关联于语言参照惯例（交流者针对学习内容而形成的某种彼此共同理解和接受的特定语言表述，其一旦形成将保持相对的稳定性）的形成过程，即交流合作学习者间的认知冲突过程经常是处于参照惯例形成之前的交流阶段，语言参照惯例的形成一定程度上标示出交流合作学习者间认知协调性的形成和不断提升。同时发现交流合作学习者间认知冲突过程的时间特征受学习内容难度的影响，难度越大认知冲突的时间过程也越长。[③] 张恒超（2013）的研究则进一步变换思路，直接将交流合作学习双方作为两个个体，在各个交流时间阶段中比较彼此的交流学习成绩，结果发现交流合作学习者间的认知冲突性和协调性具有相对性，具体而言，交流学习双方的认知差异性贯穿于交流全程，且不受学习内容复杂性的影响，因此认知协调性既是相对于学习阶段间的比较而言，也是基于交流合作学习效率效果和个人学习效率效果的比较而言。但是该研究的一个不足之处在于合作学习是在严格控制的交流条件下进行的，如交流学习中学习对象不共享，交流双方的表情不共享。[④] 在进一步的探讨中，张恒超（2017）的研究系统性控制了交流合作学习方式，创设了共享语言、共享语言＋对象和共享语言＋对象＋表情三种方式，同时根据交流学习成绩将合作双方分别划入高分组和低

① Pietarinen, A. V., "The Evolution of Semantics and Language-games for Meaning," *Interaction Studies 7(1)*(2006):79-104.

② Clark, H. H., & Krych, M. A., "Speaking While Monitoring Addressees for Understanding," *Journal of Memory and Language 50(1)* (2004):62-81.

③ 张恒超、阴国恩：《关系复杂性对关系类别间接性学习的影响》，《心理发展与教育》2012 年第 2 期，第 193—200 页。

④ 张恒超：《参照性交流双方学习过程的不平衡性》，《西南大学学报（自然科学版）》2013 年第 12 期，第 104—110 页。

分组。比较分析的结果发现不同交流学习方式间高分组学习者的成绩没有差异，交流合作方式间的差异仅表现在低分组学习者间，这表明交流合作学习的认知冲突性或协调性特征，关键取决于交流中的低分学习者是否和高分学习者一致；换言之，协调性在于高分学习者能够更有效地向低分学习者传递正确的知识信息，并消除彼此间在学习认知上的差异和分歧，同理，低分学习者必须能够即时认识到自己和交流合作同伴间的学习差距，并积极有效地和同伴保持一致性；如果这一过程不能实现，交流合作学习过程相应地将表现为彼此认知的冲突性。[①]

从交流合作学习本身的特点看，交流合作学习中认知的冲突性是人际互动性的集中体现；交流合作学习者彼此个人认知的差异性，导致合作学习认知的差异性，交流人际互动过程中思想表达一方（说者），不仅仅传递出自我认知理解性，而且可以激发出交流同伴更多而不同的学习期望和启发，这种思维彼此激发和发散的现象在社会群体的人际互动中是普遍的，在交流合作学习过程中这固然可以引起更多的解决问题的可能策略，但同时也给交流者带来众多策略评估和聚合的困难，交流合作者很难对众多的策略逐一有效地进行检验并一致性地共同接受，表现为交流时间更长，进而形成交流合作学习过程中更多的认知分歧性。

综合而言，交流合作学习只要客观上发生了，关于特定知识的某种共同理解就会发生，而围绕特定知识点或问题情境的争论和分歧，是共同理解建立过程不可分割的一部分，交流合作学习中认知冲突性或观点的不一致性，均倾向于集中于不可解决问题的焦点之上，这便不难理解交流合作学习相对于个人学习的优势在于联合多人的认知资源共同集中克服学习困境。从这一意义出发，交流合作学习中的认知冲突性是交流学习者共同知识学习和问题解决的酝酿特征，在逐渐展开的交流合作学习过程中，其始终服从于交流合作关系和交流合作目的，因此交流合作学习认知冲突性最终将转换为认知协调性。正如 Jacquette（2014）所指出的，交流互动过程不是抽象的，当我们反思交流发生的时间进程时，我们会意识到这一过程是很具体的，就如一个戏剧表演，特定的交流过程可能包含了波折的争论对立过程，举证的变化过程等，尤其是在思辨性和学习探索性的交流中，这像是戏剧情节一波三折，最终每一位参加者都在积极主动地随着交流互动的发展而不断尝试调整自己的立场和修正自己的观点，这样共享性知识

系统便逐渐建立起来。①

二、交流合作学习中认知的协调性

从交流合作学习中认知冲突性和协调性的关系看，协调性实际上是学习者为保证合作学习成功完成，而针对特定学习内容彼此达成的认知共享性的最低限度，其具有相对性，或者说交流合作学习者间认知协调性不是认知相同性，彼此间的认知差异性一定程度上始终是客观存在的。事实上没有一个单一公式来计算决定真实交流合作学习中参与者公共认知共享性的最低限度，这取决于交流合作学习的现实功用性和目的性。

Garrod 和 Doherty（1994）提出，交流合作中认知协调过程是每个人自我知识卷入互动作用的过程，当个人的"局部"知识逐渐建构成"整体"知识时，认知协调性便出现了，该过程遵循"输出－输入协调规则"（output-input coordination principle），典型表现于交流语言中参照惯例（referential convention）的形成。② 交流合作认知协调性的建立表示参与者间知识的一种"平衡"，这种平衡在随后的相似交流中将重复出现和得以保持，如参照惯例的形成和相对稳定性。Garrod 和 Doherty（1994）在实验中设计了迷宫学习任务，交流双方合作走出实验迷宫，实验分两种条件：一是被试和同一同伴合作 10 次（重复交流组），一是被试和 10 个同伴中的每一个合作 1 次（孤立交流组）。随着交流学习任务的不断发展，重复交流组的被试能够迅速通过语言指导同伴，有效集中于走出迷宫的少数（四分之一）可能方案，但是孤立交流组的被试语言中使用了显著更多的尝试性方案，并且在分别与不同的 10 个人交流合作学习中，始终没有表现出重复使用相对稳定的解决问题方案，因为孤立交流组条件下，不同的交流同伴由于具有差异性的知识背景，不断打破交流合作中稳定的"输出－输入协调规则"，使得交流合作学习者间认知协调性的"平衡"过程难以建立和稳定保持。Metzing 和 Brennan（2003）的研究采用了不同的交流任务形式，但同样也证实了交流合作学习中认知协调特征的存在，实验中要求被试先和同伴合作学习图片材料，并分别赋予概念术语，之后学习同伴因故离开房间（研究者预先安排），随后返回的同伴可能是原先的合作学习同伴，也可能是新同伴（两种实验条件）；接下来的交流合作任

---

① Jacquette, D., "Collective Referential Intentionality in the Semantics of Dialogue," *Studies in Logic, Grammar and Rhetoric 36(1)* (2014):143-159.

② Garrod, S., & Doherty, G., "Conversation, Co-ordination and Convention: An Empirical Investigation of How Groups Establish Linguistic Conventions," *Cognition 53(3)*(1994):181-215.

务中同伴会针对先前的图片重复使用先前的概念，或者使用一个新概念。结果显示当旧同伴使用新概念时，眼动数据结果和新同伴显著差异，具体来讲此时被试显著更慢地寻找到并注视特定图片；新同伴使用该新概念时被试行为反应显著更快。可见对于旧同伴而言，其与被试已经建立了交流合作学习的认知协调性，因此旧同伴采用新术语重新指称旧图片不符合交流者间潜在的"交流约定"，被试反应相应显著变慢，反之对于新同伴不存在这种"违约"行为。[①]

研究者指出交流合作者间认知协调过程的目的在于建立交流合作的共同基础，共同基础是交流合作任务顺利并高质量实现的保障，共同交流基础的具体特征可以表现在交流合作语言的共享性、非语言交流媒介的默契互动性以及交流合作情境理解的一致性等方面。也有研究者进一步补充强调，交流合作共同基础仅是交流认知的部分表现，其对于交流合作者而言不是完全确定的，同样，其也不能绝对性解释交流学习的全部信息。概括而言，交流合作学习中的共同基础是以交流语言为核心的多重线索的综合性解释，交流学习过程中各种线索可能均被赋予某种可能性权重，最终的解释体现的是多种线索的联合性，在具体交流合作学习过程中，交流者会积极追踪共同基础，并关联和指向特定学习内容和对象，但是应该注意一点，在交流加工的任何阶段中，交流者利用共同基础的能力和水平原则上是不受限制和存在差异的，这也可以解释交流合作学习的认知协调性不是交流认知的等同性。

归纳而言，任何特定的交流合作学习都是为了通过人际互动实现学习对象和任务的共同理解，都是力争将合作学习者间的认知分歧控制在最小的可接受范围之内；但是，任何特定的交流合作学习又都是以交流者间认知的分歧性和冲突性开始的，因此，交流合作学习过程体现了交流者间认知"冲突－协调"的转换。正因为交流学习开始后交流者彼此间客观存在背景知识、交流学习经历经验、交流期望和意图等的差异性，交流合作学习和个人学习相比较也才能够表现出信息、认知资源的丰富性，以及学习过程的高效性，交流合作性决定了合作学习认知冲突性最终将走向协调性，简言之，交流者间认知"冲突－协调"的转换即是交流合作学习人际互动性的具体表现。如果综合来看交流合作学习中认知冲突性和协调性的关系，可以看出，当多种不同的交流观点彼此交换并试图解决学习任务时，

[①]　Metzing, C., & Brennan, S. E., "When Conceptual Pacts are Broken: Partner-specific Effects on the Comprehension of Referring Expressions," *Journal of Memory and Language 49(2)* (2003):201-213.

每一个交流合作学习者可以不必完全赞成同伴的观点和解释，但是所有参与者必须明确学习观点分歧的原因和焦点是什么，这是认知冲突性走向协调性的关键；同样，不论交流认知冲突性和协调性的比重如何，任何交流合作学习情境都会对合作学习认知和行为的共享性、一致性有一个最低限度的要求，一个真实的交流合作学习允许多大程度的合作分歧性，无法通过抽象公式来表达，通常仅在特定交流合作学习过程中才会有具体答案。这也是未来研究需要进一步思考的问题：交流合作学习认知分歧性或协调性的程度决定于哪些一般性交流因素？这有助于进一步解释交流合作学习的效率问题。交流合作学习过程中认知"冲突－协调"转换的一般特征是什么？对该特征的寻找、解释和澄清对于教师课堂合作学习的组织和适时针对性的指导至为重要。实际上现实中的交流合作学习可能更为灵活和多样，比如教育教学中学生合作学习的组织和发生，其影响性可能并不局限于课堂时空条件，我们经常可以看到，课堂交流合作学习结果、学生对于学习分歧的理解还可能延续到课外时空中，学生会进一步思考合作学习中争执发生的焦点是什么，学习分歧的重要性如何，争执怎么开始的，又是怎么结束的，这些思考接下来还将再次影响之后持续发生的课堂交流合作学习，这些都是后续研究中更为有现实价值和理论探讨意义的课题。

三、交流合作学习和个人学习过程比较的实证研究

笔者的一项研究比较了交流合作学习和个人学习过程之间的差异特征。[①] 实验被试为大学生，实验创设了难度不同的三种陌生学习材料，安排了个人学习条件和参照性交流学习条件，通过功能预测学习任务探讨学习材料的关系复杂性对不同学习方式的影响特征。实验结果发现：关系类别的功能预测间接性学习过程中，关系复杂性和学习条件间的交互作用极其显著，具体来讲，关系复杂性对关系类别间接性学习的影响仅显著地表现在参照性交流关系类别间接性学习过程中；当学习材料为四特征复杂关系材料时，参照性交流条件下被试功能预测成绩极其显著高于个人学习条件，当学习材料为六特征复杂关系加二阶同功能简单关系材料时，两种学习条件间不存在显著性差异，当学习材料为六特征复杂关系加二阶异功能简单关系材料时，个人学习条件极其显著高于参照性交流学习条件。

---

① 张恒超、阴国恩：《关系复杂性对关系类别间接性学习的影响》，《心理发展与教育》201年第2期，第193—200页。

（一）研究背景

近几十年参照性交流学习逐渐受到研究者的关注，交流合作学习过程体现了一种公共认知过程，也包含公共类别化过程。其典型的实验方式为：交流双方完成共同合作性任务，但互动中不能彼此观察同伴，双方轮流用语言描述面前看到的对象，同伴按描述操作，随着交流任务的进行交流者彼此不断寻找解决问题的共同策略。现实交流中，共同活动的成功执行以合作者间意图、假设和信念的协调为前提，参照性交流能够促进多水平的认知协调。以往研究发现参照性交流语言是一种有效灵活的社会互动协调形式，交流互动中双方逐渐形成针对指称对象及其对于活动重要性的一致性解释，即语言参照惯例。交流过程中交流者彼此对参照惯例的遵循能最小化指导共同注意、证实共同解释和执行共同意图的认知努力。实体类别学习的相关研究发现语言参照惯例可能通过影响交流学习者共同的注意、意图，进而影响到实体类别的学习过程，并且影响到交流学习者对对象的分类以及对对象类别典型性的判断；并且，实体类别的交流学习中交流者间形成的类别一致性比个人学习者间显著更高，参照性交流有助于学习双方获得对象的共性。另外，前面所提及的视觉交流情境中，交流互动的任务完成效率显著优于个人活动者。交流合作学习相对于个人学习的优势，一定程度上源于交流学习者彼此借用了大量丰富的背景信息使任务高效率完成；同时，互动中交流合作学习者能够使用多种认知线索使得合作学习行为更为有效。归纳而言，相关研究的共同之处在于发现参照性交流合作学习有助于学习双方间认知的协调，认知协调进而促使学习行为的协调，多水平的协调一定程度上可能源于语言参照惯例的形成和默契沟通作用；但是，先前交流合作学习研究的不足之处在于仅从交流学习效果上来推测语言参照惯例的认知特点，以及交流合作互动的认知特征。另外，和个人学习相比较，交流合作学习实验研究的难度和复杂性相对更高，这为交流合作学习认知特征的探讨和解释带来更多的不便；因而，以往研究在比较两种学习方式过程中，倾向于采用相对简单的学习任务，没有从学习材料复杂性的角度做出针对性探查。当前实验研究中考虑的一个问题即是：学习材料的关系复杂性是否会影响到关系类别的间接性学习？其对个人学习和交流合作学习的影响程度和特征又是否一致呢？以往研究发现的参照性交流合作学习能够促进学习者彼此间多水平的认知和行为协调，这在关系类别的间接性学习条件下是否会受到材料关系复杂性或难度的影响呢？材料的关系复杂性是否会影响到语言参照惯例的形成过程和具体特点呢？这些问题均有待于进一步的探查和分析。

因此，本次研究设计了功能预测学习任务，安排了难度或复杂性不同的三种学习材料，在交流合作学习和个人学习两种条件下，探讨学习材料关系复杂性对关系类别间接性学习的影响特征。研究假设：关系类别的功能预测间接性学习过程中，学习条件和学习材料间的交互作用显著，进而假设，当学习材料难度较低（四特征复杂关系材料）时，参照性交流合作学习条件下的学习效果显著高于个人学习条件；当学习材料难度较高（六特征复杂关系加二阶同功能简单关系材料）时，学习条件间无显著差异；当学习材料难度高（六特征复杂关系加二阶异功能简单关系材料）时，个人学习条件下的学习效果显著高于参照性交流学习条件。该假设是基于前面所述的交流合作学习过程是交流者彼此间认知"冲突－协调"过程这一特征而提出的，学习材料的关系复杂性或难度更可能显著影响到交流合作学习中的认知"冲突－协调"过程。

（二）研究方法

实验被试为在读本科生，实验材料为 3 种虚拟外星生物。材料 1 为关系复杂性较低的四特征复杂关系生物，具有 4 个维度的特征，每个特征具有两个值。在前三个维度间设计两种功能关系，第四个维度为干扰维度，按真值表筛选出 8 个样例。材料 2 为关系复杂性较高的六特征复杂关系加二阶同功能简单关系生物，具有 6 个维度的特征。在前五个维度间设计了三种功能关系：其中前三个维度间的设计同材料 1。在四和五维度间设计二阶同功能简单关系产生电流（与前三个维度的二阶功能关系相同），第六个维度也为干扰维度。筛选出 16 个样例。材料 3 为关系复杂性高的六特征复杂关系加二阶异功能简单关系生物，与材料 2 不同之处是将二阶同功能简单关系（产生电流）设计为二阶异功能简单关系（产生食物）（与前三个维度的二阶功能关系不同）。同样选择出 16 个样例。

实验为 3（关系复杂性）×2（学习条件）×10（学习阶段）的混合实验设计，因变量指标为功能预测正确率。功能预测学习任务共 10 个标准化的学习阶段（block），每阶段中每个样例随机呈现两次。任务采用交流范式，双方轮流担任描述者和判断者，每次判断后提供反馈。

材料 1 中"吸收水分，但不产生电流"按"，"键；"吸收水分，并产生电流"按"．"键；"不吸收水分，也不产生电流"按"/"键。材料 2 中"吸收水分，并产生电流；但两者无关"按"空格"键；"吸收水分并促使产生电流"按"M"键;"吸收水分并促使产生电流,同时不需吸收水分也产生电流"按","键;"不吸收水分,但产生电流"按"."键;"不吸收水分,也不产生电流"按"/"键。材料3中"吸收水分,但不产生电流;产生食物"按"空格"键;"吸收水分并促使产生电流,产生食物"按"M"键;"吸收水分并促使产生电流,不产生食物"按","键;"不吸收水分更不产生电流,产生食物"按"."键;"不吸收水分更不产生电流,不产生食物"按"/"键。

(三)研究发现

实验结果分析了学习材料关系复杂性对交流合作学习和个人学习过程的影响,关系复杂性对交流合作学习中参照惯例形成的影响。

1.学习材料关系复杂性对交流合作学习和个人学习过程的影响

结果统计分析发现,学习材料关系复杂性对关系类别间接性学习过程的影响因学习方式而不同。本次实验条件下这种影响仅显著表现在参照性交流学习方式上:参照性交流学习条件下,随着学习材料关系复杂性的不断提高,学习效果呈显著下降的趋势。具体与个人学习条件比较发现,当关系复杂性较低时参照性交流对关系类别的间接性学习产生促进作用;当关系复杂性较高时参照性交流不产生促进作用也不产生阻碍作用;当关系复杂性高时参照性交流产生阻碍作用。

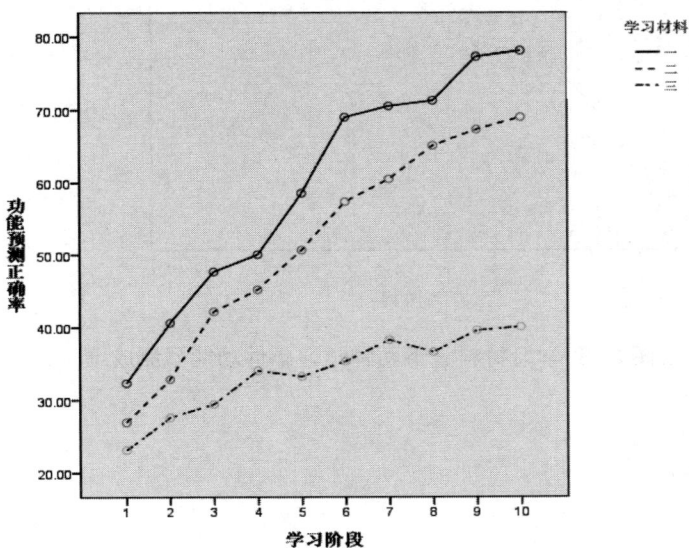

图8-1 三种学习材料下交流学习条件功能预测成绩

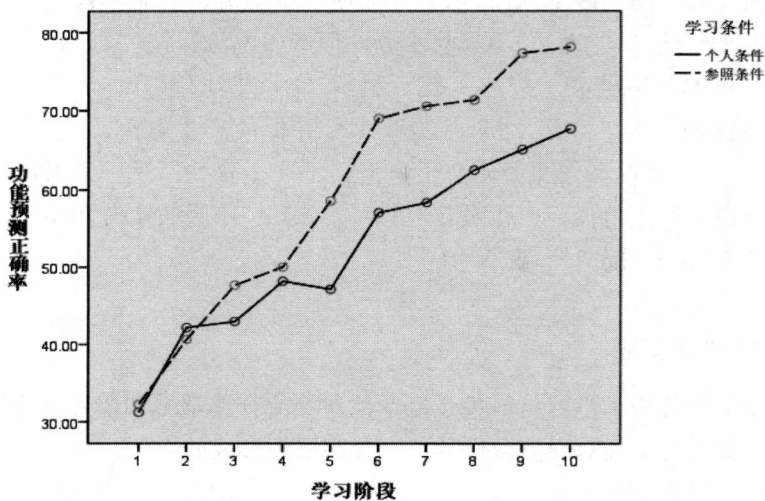

图 8-2 学习材料 1 下两种学习条件功能预测成绩

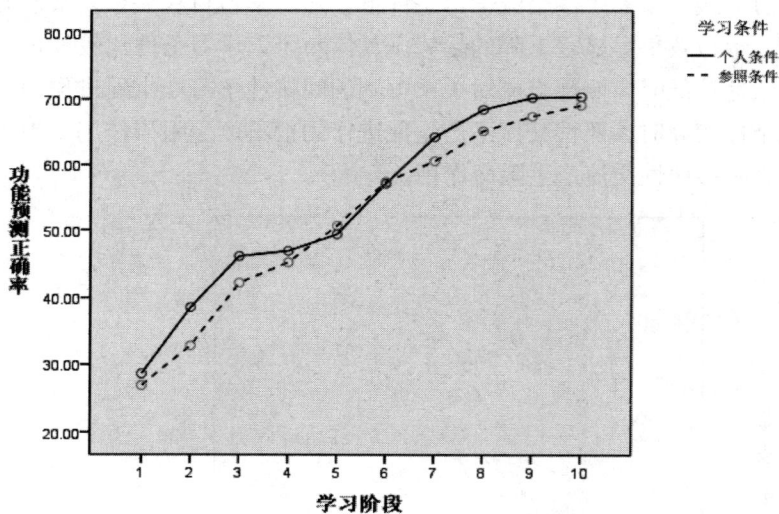

图 8-3 学习材料 2 下两种学习条件功能预测成绩

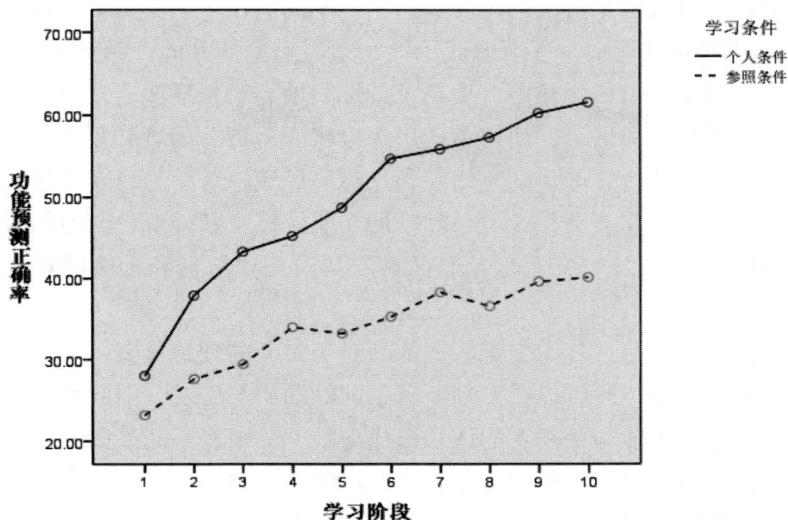

图 8-4 学习材料 3 下两种学习条件功能预测成绩

本次实验结果与以往研究有一致之处，也存在不同之处。先前的研究从不同角度研究发现参照性交流有助于任务的高效完成。本次研究在关系复杂性较低学习材料下也发现了类似的交流合作学习效应。这表明当学习任务的难度较低时，参照性交流合作学习能够促进学习者彼此间认知与行为的协调，从而保证学习任务的高效完成。然而，本次实验中在学习材料关系复杂性较高和高的两种条件下，参照性交流合作学习并没有表现出这种显著性的促进作用，相反，当学习材料关系复杂性高时，和个人学习相比较，参照性交流合作学习方式表现出阻碍交流者认知和行为协调的特征，进而阻碍了交流合作学习任务的成功完成。通过进一步的具体分析，结果发现：当学习材料难度较低时，参照性交流合作学习的优势从第 5 个阶段显著表现出来；当学习材料难度较高时，两种学习条件下的功能预测学习成绩表现出相似的水平和发展趋势；当学习材料难度高时，参照性交流合作学习方式的阻碍作用从第 2 个阶段显著表现出来。

参照性交流学习条件和个人学习条件的一个显著差异是学习任务由两人合作完成，交流学习者需要通过交流互动逐渐形成针对学习对象以及其对于活动重要性的一致解释。一个语言交流回合中，描述者（说者）会针对学习对象提出一个特定的语言表述，尝试解释该对象与其他对象间的区别以及其对于活动的重要意义。判断者（听者）根据语言描述执行特定的任务操作，其既可以认可说者的语言描述并在接下来的语言表达中进行确认和补充，也可以根据自己的理解表达一个不同的描述，交流者在彼此不断认同和批判的过程中，逐渐形成了针对学习对象的共同一致性的解释，当前研究中当学习材料的难度（关系复杂性）增高时，描述者对生物的理解和推理难度将相应增大，语言表述过程也将变得更为困难和复杂；判断者对同伴语言的理解难度也随之增大。这最终导致随着学习材料关系复杂性的增高，参照性交流合作学习条件下的交流效率不断降低，学习结果也呈现出下降的趋势，交流学习者取得对象共同一致解释和理解的难度也增大。

参照性交流学习过程中交流者彼此间对于对象的理解具有多样性和差异性，描述者的描述既可以激发判断者不同的期望与启发，引起解决问题的多种策略；又可能与判断者的认知形成分歧。分歧将不断鼓励同伴摒弃无效假设，提出更简单有效的假设，即交流学习者倾向于既专注个人的知识又考虑同伴的知识，促进了发散性思维的激发。当前实验条件下，学习材料的难度较低时交流者彼此提出的解决问题的方法策略以及相互激发的启发数量不多，利于有效的检验和彼此间一致的接受。具体而言，数量不多的启发和分歧将促使交流者双方发散性思维更好地激发；同时，彼此又可以在每次功能判断反馈后，针对不同的策略进行有效的评价以促使交流学习者思维的更好聚合。然而，当学习材料的难度不断增高时，交流双方彼此间激发的策略和启发数量将随之不断增多，这随之将增加彼此认知评估的认知负担，交流学习双方很难对众多的策略逐一有效地进行检验和一致地接受。即随着学习材料难度的不断增高，参照性交流学习者彼此激发的期望与启发数量过多，使得学习任务中需要尝试的策略增多且分散，这不仅使得交流学习者难以进行逐一有效的评价，又使得彼此在认知上变得矛盾重重，难以实现彼此思维的更好聚合，相应地难以在交流学习进程相对较短的时间内，形成彼此共同认可并对任务行之有效的解决问题的策略。

2. 学习材料关系复杂性对交流合作学习中参照惯例形成的影响

研究者们倾向于认为参照性交流语言是人际互动中一种灵活有效的社会认知和行为协调媒介。交流互动中交流者会逐渐形成针对交流对象的特定语言参照惯例，用以指导彼此共同注意于交流对象和任务的特定内容和解释。语言参照惯例可以通过影响交流者的认知，进而影响到交流学习的互动进程。但是以往研究对语言参照惯例特征的推断通常依据的是交流互动的最终效果，当前实验研究进一步通过对交流学习时间进程的分析，并变化学习材料的难度，尝试在以往研究结论的基础上，对语言参照惯例的形成过程特征做出解释。

当学习材料复杂性或难度较低时，参照性交流学习条件在阶段 4 和 5 的成绩（功能判断正确率）分别是 50.00% 和 58.59%；个人学习条件分别是 48.17% 和 47.14%。学习方式间的差异显著出现于交流学习阶段 5，这表明交流学习阶段 1 至 4 是功能关系知识的探索时期：参照性交流学习条件下交流者不断探索特定的语言参照惯例，并结合学习互动的特点做出检验修正，这一过程中语言参照惯例指示精确性随之不断提高；个人学习条件下是功能关系知识的自我探索过程。从学习方式自身看，参照性交流学习条件下阶段 4 至 5 成绩跃进的幅度明显大于个人学习条件。因此本次研究推断语言参照惯例形成于交流学习阶段 4 至 5 的过程中。参照性交流学习过程的特点表明语言参照惯例的形成不是以"全或无"的方式出现的，而是一个充满矛盾的渐次形成过程，参照惯例形成之前是交流学习者探索性尝试阶段，之后是对其验证性完善的阶段，综合体现出交流认知"冲突－协调"的转换过程，概言之，语言参照惯例一旦形成，就可能促进交流学习双方多水平的认知协调，进而影响到关系类别学习过程和效率效果。

当学习材料复杂性或难度较高时，参照性交流学习条件下阶段 5 与 6 的成绩分别是 50.65%、57.42%，与学习材料难度较低时阶段 4 与 5 的 50.00%、58.59% 相对照，表现出了接近的成绩和相同的变化趋势，即出现成绩上的较大跃进。由此可以推断语言参照惯例形成于交流学习阶段 5 和 6 之间，其延迟形成的原因是受到学习材料难度增加的影响。而个人学习条件下阶段 5 和 6 的成绩分别是 49.35%、57.17%，统计分析表明两种学习条件间不存在显著性的差异，这可能是因为个人学习条件下个人学习规则的形成，与语言参照惯例的形成在交流时间进程上恰好同步，语言参照惯例形成后对交流者彼此间认知和行为的协调优势因而并未显著表现出来。本次实验通过比较分析发现，语言参照惯例对于交流者认知和行为的协调优势，主要表现在与个人学习条件相比时，其形成时间的早晚上。同时两种学习材料下交流中语言参照惯例的形成恰好都出现在功能预测成绩的 50% 前后，基于此，本次研究进一步认为语言参照惯例形成的前提是能够帮助交流者在合作学习任务中取得较高的成绩，因此其形成与交流学习成绩的 50% 可能存在一定的联系性。

当学习材料复杂性或难度高时，参照性交流学习条件下阶段 1 的成绩是 23.18%，阶段 10 的成绩是 40.11%，交流学习成绩上升较为缓慢，直到交流学习任务结束也未能达到 50%，综合对照三种不同难度材料的学习结果和特征，本次研究认为参照性交流学习双方直到任务结束时，也未能形成彼此一致认同并在学习任务操作中行之有效的语言参照惯例。

从本次实验研究可以看出，当学习材料的难度较低时，语言参照惯例形成于交流学习进程的前半期，参照性交流促进了关系类别的间接性学习；当学习材料的难度较高时，语言参照惯例形成于交流学习进程的后半期，参照性交流既不促进也不阻碍关系类别的学习；当学习材料难度高时，直至交流学习任务结束，语言参照惯例也未能形成，参照性交流表现出阻碍了关系类别的学习。因此，关系类别的间接性学习中学习材料的难度对参照性交流的"公共"学习活动产生了重要而显著的影响作用，这具体表现为影响到语言参照惯例形成的早晚。

归纳以上内容，实验研究结果发现：关系类别的功能预测间接性学习过程中，学习材料难度和学习方式间的交互作用极其显著。具体而言，学习材料难度对关系类别间接性学习的影响仅显著地表现在参照性交流学习过程中；当学习材料难度较低时，参照性交流学习条件下学习者功能预测成绩极其显著高于个人学习条件，当学习材料难度较高时，两种学习条件间不存在显著差异，当学习材料难度高时，个人学习条件下的成绩极其显著高于参照性交流学习条件。

第二节　交流合作学习中语言媒介特征

交流合作学习的重要特征是人际互动性，而人际互动的主要媒介是语言。交流合作学习中的语言和个人私语不同，个人语言是自我认知加工的媒介，其主要服务于个人思维认知过程，而交流语言的功能不仅是个人思想、观点等的简单表达，主要担负着交流者间认知和行为沟通协调的作用；并且个人头脑中的自我语言是一种沉默语言，具有一定的内隐性，而交流语言是出声语言，在人际互动中具有明确的思想表达性、合作目的性和现实功能性等，语言交流是一种以共同理解与使用为基础的社会行为，表现为外显性特征。

交流合作学习情境下学习者通常面对的是陌生的、不理解的知识内容，合作学习者将尝试采用某种概念、定义、判断、论断或推理来解释学习内容特征，这些语言信息不仅包含了学习对象的感知特征、起源用途和当前的功能角色，还卷入了交流者间的特定交流经历，这最终导致特定交流合作学习者间独有的感知特征、命名模式、思维推理方式以及学习对象的功用解释等。交流语言的这一特征在语言内容上表现为语言参照惯例的形成；在语言加工过程中表现为交流语言的"听者设计"过程，即交流合作学习中人际互动过程中交流者认知"冲突－协调"转换过程在语言认知中的具体表现。

一、交流合作学习中语言参照惯例的认知特征

如上所述，交流合作学习中交流者面对的是不理解的知识内容，合作学习者语言交流的目的并不是一般的感知、情感或思想的表达，是为了沟通见解，探索知识和解决问题，因此针对学习内容和对象形成一个最低限度的共同交流意图的语言解释，对学习者间合作活动的顺畅进行至为重要。最低限度的共同交流意图典型地通过交流语言来沟通实现，表现在语言内容上即为参照惯例的形成。参照惯例是交流学习者对于学习对象的一种共享性的、特定的语言解释，其为学习者共同理解、接受和重复使用，是学习者间认知协调的标志之一，是学习行为协调的认知基础。

在交流合作学习情境下，语言参照惯例的形成过程可以反映学习者间交流合作人际互动中认知"冲突－协调"的转换；当学习一方使用一个语言表述来解释学习内容时，不仅出于自我思考，其也会认为这可能适合自己学习同伴的理解，而学习同伴在接收到语言信息后，将进一步结合自己的理解进行评价（肯定、否定、修改或质疑），随着语言交流回合的不断发展，最终参照惯例形成，并在之后的相似交流学习情形下保持相对的稳定，因为参照惯例一旦形成后，再次变化将向合作学习同伴传达"学习内容变化了，或是学习对象和先前不同……"一类的信息，交流合作学习者将自觉认为彼此需要据当前的新学习对象重新建立新的参照惯例。以参照惯例为代表的交流语言为交流学习者带来认知协调性，正如交流语言优势假说所强调的，任何语言交流互动发生的认知成本均是低于认知收益的，最终语言媒介将促进交流认知和行为的效率。

张恒超（2017）探讨了交流合作学习中语言参照惯例的形成特征，实验设计上考虑到语言参照惯例形成需要的时间过程，创设了长时交流合作学习任务，并标准化交流学习阶段，通过记录交流全程的语言内容，重点做了两个方面的分析比较：一是在交流时间进程上纵向比较不同学习阶段间"交流语言的相似性程度"，目的是探查语言参照惯例形成的时间阶段以及随时间发展的变化特征；二是分析交流全程中合作学习双方语言内容的相似性特征，有助于从双方间语言内容的比较上解释参照惯例的内容特

征。结果发现交流合作学习中语言参照惯例形成于交流学习过程的中期，并随着学习进程的发展表现出稳定性特点；交流合作学习双方间较高的语言共享性水平（相似性水平）代表了参照惯例的形成。参照惯例形成的学习阶段特征证实了交流合作学习认知的"冲突－协调"转换特征；而学习者间语言相似性特征则进一步直接证实语言参照惯例所代表的交流认知协调性不是认知等同性，但是交流认知协调性又必须以一个最低限度的共同交流意图为基础。[①] Vanlangendonck，Willems，Menenti 和 Hagoort（2013）的研究证实了交流者对于语言参照惯例的探索始于交流互动之初，在交流者间以及交流情境中多种信息的互换、竞争中不断融合产生。[②] 实验创设了宽容交流和强制交流两种条件，宽容条件下向语言描述者呈现目标对象和 1 个竞争对象，而向操作者呈现目标对象，强制条件下向描述者呈现目标对象和 2 个竞争对象，而向操作者呈现目标对象和 1 个共有的竞争对象，其中目标对象是中等尺寸的。因此宽容条件下语言描述中是否有尺寸形容词不影响同伴选择目标对象，强制性条件下如果不考虑同伴的交流情境和选择需求，同伴正确选择的可能性为 50%。实验结果均显示自交流之初，语言描述者就有意识表现出考虑同伴的交流情境和需求解说目标对象。Barr 和 Keysar（2002）的研究创设了视觉交流情境（交流者通过语言交流相互配合，以正确从物品货架上选择对象并排列），实验对照比较了真实交流和非真实交流情境（使用预先准备的录音，通过耳机指导交流同伴），结果发现语言参照惯例典型出现于真实互动交流中，这从不同的角度证实，交流合作语言参照惯例是交流中人际互动的结果，如果不存在真实的互动，便不存在真实的认知"冲突－协调"转换过程，参照惯例相应不会产生。[③]

从语言参照惯例的认知特征看，和个人学习比较而言，交流合作学习的优势一方面体现在参照惯例形成前学习者可以充分利用多种或多人的知识资源来共同学习当前的陌生知识，另一方面体现在参照惯例形成后，对于交流合作学习各方认知协调的保持作用，参照惯例的重复使用有助于交

---

① 张恒超：《参照性交流学习中语言参照惯例的形成特点》，《西南大学学报（自然科学版）》2017 年第 10 期，第 133—138 页。

② Vanlangendonck, F., Willems, R. M., Menenti, L., & Hagoort, P., "The Role of Common Ground in Audience Design: Beyond an All or Nothing Story," in the workshop on the production of referring expressions: bridging the gap between computational and empirical approaches to reference (PRE-CogSci 2013).

③ Barr, D. J., & Keysar, B., "Anchoring Comprehension in Linguistic Precedents," *Journal of Memory and Language 46*(2002):391-418.

流合作认知资源的节省，提高合作学习的效率。实际上对于交流合作学习认知特征最为困难的解释出现于参照惯例形成过程的特征，诚然参照惯例的形成过程是一个集中交流合作学习者认知资源的过程，这有助于学习问题的解决、新知识的获得和学习任务的实现，但是设想一下：一方面如果交流合作学习者越多，学习过程可提供和参考的认知资源越丰富；同时另一方面新知识的获得和问题成功解决，离不开交流学习者对于众多认知资源、可能性策略方法的逐一评估和检验，即思维的聚合，换言之，可用于学习的交流资源越多越有助于思维的发散，但是越来越多的资源同时增加了思维聚合的困难性。简单看来这难以准确平衡和评估，而且在真实教育情境中学生间合作学习的方式是多样的，合作学习的情境不是单一而纯净的，因此未来研究一方面需要在该问题上做出深入思考，另一方面尽管现实教育情境下学生自然的合作学习活动难以进行准确的变量因素评估，但是未来研究应尝试提高交流合作学习实验情境的自然性，因为"自然性"决定了交流合作学习中人际互动的"真实性和丰富性"，有助于更为完整地理解语言参照惯例的真实交流认知特征。这也是未来交流合作学习认知的研究发现，能够真实指导现实教学和合作学习的重要保障，也有助于融合不同研究方法（实验法、观察法、调查法等）研究结果的分歧，促进交流合作学习认知理论的综合一致建构。

二、交流合作学习中语言加工的"听者设计"特征

如果说参照惯例是交流合作语言的内容特征，那么交流合作学习中语言表现出的"听者设计"特征，则是交流合作语言的加工特征。研究者一致认为，交流合作互动中，随着交流回合的不断进行以及交流者身份的不断轮换（说者和听者身份随着交流回合不断轮换，即交流互动），说者一方在表达合作内容时会有意识考虑听者一方的交流需求、立场和期望，并相应不断调整自己的语言内容和表达方式；同样，听者一方在交流互动中也将假定说者一方遵循了这一语言交流规范，并据此对交流语言信息做出相应的解释，并在下一个交流回合中进一步做出澄清，语言交流过程的这一特征，即语言交流中的"听者设计"。

交流语言的"听者设计"过程是以交流合作学习者共同的"交流认知需求"和合作性为基础的，是实现交流人际互动默契性的必经途径。鉴于"听者设计"特征可以表现在特定语言内容上，Garrod 和 Anderson（1987）将"听者设计"特征称为语言交流过程中特定"词汇带入"的过程（lexical entrainment）。① 在特定交流合作学习情境下，特定词汇的使用代表了交流学习者针对交流对象的一致性解释，特定词汇和特定对象间的映射是特定交流学习者间的交流协议，交流合作学习情境之外的任何人无法完整分享该交流语言的完整信息和所包含的交流涵义。实际上参照惯例的形成和保持即是这一映射和协议的一种表现形式。

关于交流合作学习中语言"听者设计"的发生特征，存在两种观点：一种观点认为交流合作学习开始的那一刻，听者设计过程就随之开始——即时加工的观点。另一种观点认为交流合作学习之初，由于学习者面对的是陌生的学习任务，彼此间相对没有关联性的交流互动经历，因此每位学习者倾向于先依据自我认知背景来尝试解释学习对象，相应地此时其所表达的语言内容主要代表了个体的自我认知信息；随着交流合作学习进程的不断发展，以及彼此自我认知信息的语言表达和沟通，学习者才逐渐实现交流语言认知自我监控过程向同伴监控过程的转换，听者设计过程随之发生——延时加工的观点。

即时加工观点实际上也承认在交流之初听者设计是一个相对弱的线索，但是不能否认交流互动信息从交流的最早时刻就已经开始引导交流语言加工决策的事实；延时加工观点则认为在交流合作学习之初，当交流者面对陌生学习对象时更多地关注听者的信息需求，推理同伴的心理状态，相对而言对交流认知资源的要求过高，不符合交流认知节省性的原则，尤其是当交流者对彼此的认知状态均不了解的情形下，交流语言既要考虑自我认知信息又要监控共享性信息，将导致资源的浪费。

前述 Vanlangendonck，Willems，Menenti 和 Hagoort（2013）的研究支持了交流语言听者设计即时加工的观点。② Brown-Schmidt（2009）在研究中设计了重复性交流任务，交流情境对照安排了"真实互动"（真人被试）和"非真实互动"（录音与真人听者）两种，实验任务包含两个部分：初次交流，目的是通过语言交流建立针对对象的特定语言表述；再次重复交流。结果发现交流者如果具有初次交流经验，再次重复交流时交流

---

① Garrod, S., & Anderson, A., "Saying What You Mean in Dialog: A Study in Conceptual and Semantic Co-ordination," *Cognition 27* (1987):181-218.

② Vanlangendonck, F., Willems, R. M., Menenti, L., & Hagoort, P., "The Role of Common Ground in Audience Design: beyond an All or Nothing Story," in the workshop on the production of referring expressions: bridging the gap between computational and empirical approaches to reference (PRE-CogSci 2013).

语言会即时表现出听者设计特征，但是这仅出现在真人互动中。① 鉴于此，研究者解释指出关于听者设计发生的时间问题不应忽视彼此间的交流经验，以及交流互动的真实性。

综合而言，交流合作学习中语言加工听者设计特征也离不开真实的交流互动，是交流人际互动过程的具体体现。至于听者设计的发生时间问题，可能不适合于绝对对立分析，Brown-Schmidt（2009）尽管不能根本上解释时间之争，但是其贡献在于实验中的初次交流为交流者提供了明确的交流经验和经历，再次重复交流可以确凿地提出：如果交流学习者间具有明确的交流经历，听者设计在再次交流中将即时发生。但是遗留的问题仍然是初次交流中听者设计是怎么发生的，问题依然未根本解决。因此，本书倾向于认为听者设计发生的时间问题不应被绝对化看待，交流合作学习者先前的交流经验和经历，彼此的熟悉性，甚至同一班级同学间的学习水平差异，教师和同学拥有的"学习标签（优生、差生等）"印象等，都可能影响该问题的解释，这至少影响听者设计的程度；同时，如果接受语言加工的听者设计过程关联于交流人际互动过程，那么就应该倾向于接受听者设计随交流互动开始即时发生。

在现实教育教学情境中，交流合作学习语言听者设计的现实研究意义相对是很丰富的，比如，听者设计发生的时间过程影响合作学习的效率，而且由于听者设计关联于交流合作学习者间的交流经验、经历、学习水平差异等因素，教师在指导学生进行交流合作学习时，就不应该忽视以下因素的影响：学生合作学习时分组的科学性问题；在交流合作学习进程中如何适时指导学生的合作学习；反观该问题，听者设计是否会形成合作学习中的学习偏见，这种学习偏见对于不同水平的学生而言是否都是有益的，等等。

三、交流合作学习中双方语言相似性的实证研究

笔者的一项研究分析了交流合作学习过程中交流者彼此间语言相似性的发展变化特征。② 实验创设了参照性交流学习情境和个人迁移任务情境，比较分析参照性交流学习中交流者双方间语言相似性的特征以及与个人任务情境的比较特点。实验结果发现：交流语言杰卡德相似性在交流学习阶

---

① Brown-Schmidt, S., "Partner-specific Interpretation of Maintained Referential Precedents during Interactive Dialog," *Journal of Memory and Language 61(2)*(2009):171-190.

② 张恒超：《参照性交流学习中双方语言相似性的特点及与个人情境的比较》，《心理研究》2017 年第 5 期，第 40—46 页。

段 1~3 间差异显著，阶段 5 与 6 间差异显著，阶段 8~10 相邻阶段间差异显著。参照性交流学习中阶段 10 的语言杰卡德相似性显著高于个人维度选择结果的杰卡德相似性。实验结果表明：参照性交流学习双方语言的相似性程度随着交流时间进程不断变化，交流双方语言在交流时间进程上表现为相对"稳定性"和"变化性"共存；参照性交流情境和个人任务情境比较中，参照性交流语言表现出"情境关联性"特征。

（一）研究背景

语言媒介的显著性使其成为交流社会认知研究的重要内容之一。以往研究重点关注了参照性交流语言的"同伴特定性"特征，"语言参照惯例"的稳定性特征，以及参照性交流语言的"情境关联性"特点。

首先是关于参照性交流语言"同伴特定性"特征的研究。认知过程的探讨传统上是在个人操作中进行的，这使得个体孤立于与他人合作互动的机会之外；而交流语言认知是在社会人际互动中发生发展的，以往研究一致发现人们从交流互动中获得的对象表征和个人认知表征明显不同。交流认知表征的形成借助于交流语言对交流者彼此间认知的沟通协调，语言的认知协调过程主要通过深思熟虑的意识性过程驱动，交流者需要彼此考虑同伴的思想和经验，进而推理同伴互动中的即时心理状态，这相应要求语言指导者（说者）根据交流任务的具体情境和交流的特定目标来精心设计语言，而语言接受者（听者）依此精心解码语言信息，即参照性交流语言表现出"同伴特定性"特征。Schober 和 Clark（1989）在一项早期的实验研究中控制了互动中听者的交流特点，区分出持续交流同伴、偶尔参与交流同伴，实验的比较结果显示，持续交流同伴显著更准确地解释了说者的语言信息和交流意图，这表明交流经历经验影响了交流语言认知加工的"同伴特定性"特征。[①] 参照性交流语言是交流者彼此间的一种"特定"协议，是交流者交流互动的共同基础，Markman 和 Makin（1998）的实验研究显示，在交流互动任务结束后的 2~5 天，这种交流语言协议仍然能够在交流者的再次交流中重复出现。[②]

其次是关于"语言参照惯例"稳定性特征的研究。参照性交流者在交流互动过程中会形成针对特定交流对象和任务的语言解释规则或惯例，语

---

① Schober, M. F., & Clark, H. H., "Understanding by Addressees and Overhearers," *Cognitive Psychology 21(2)* (1989):211-232.

② Markman, A. B., & Makin, V. S., "Referential Communication and Category Acquisition," *Journal of Experimental Psychology: General 127(4)*(1998):331-354.

言参照惯例具有高度共享性，是交流双方所共同理解和期望的一种语言表现形式，其在参照性交流学习过程中具有稳定性特征，交流者对于语言参照惯例的遵循可以最大化节省交流认知资源。Yoon，Koh 和 Brown-Schmidt（2012）的实验控制了交流语言的变化性，结果显示交流者语言的变化，会影响到交流同伴选择性注意的指向和转移；同样，当通过实验控制将靶对象的呈现背景做出变化时，比如更换呈现背景中和靶对象具有比较性或竞争性的对象，交流者的语言参照惯例相应发生了变化，也就是说，参照性交流过程中语言参照惯例的突然改变，将向同伴传递交流对象发生了变化的信息，同时将带来认知资源的更大损耗，因为交流者彼此需要取得认知和行为的重新校准和协调。①

　　再次是关于参照性交流语言"情境关联性"的研究。参照性交流语言认知研究的一个重要方面是交流情境对语言认知加工过程的贡献问题。参照性交流语言是基于特定的交流情境而形成的，如特定情境的任务特点、交流者彼此间的身份特征和熟悉性、已有的经历经验差异等。以往研究中观察到的不同交流现象和结果，均证实了参照性交流语言的"情境关联性"特征，比如，交流互动中对非语言信息的控制可以改变交流者语言的内容和表达的语速；真实参照性交流（人与人）情境下的语言特征显著不同于非真实参照性交流（人与录音）情境下的语言——真实交流互动情境中，交流者的语言内容和信息显著关联于彼此的身份特征、曾经的交流经历等；参照性交流语言的"同伴特定性"特征源于交流情境中多种线索的协调性和限制性，尽管交流者对交流情境线索的利用可能更倾向于表现为无意识推理过程。这些因素综合导致交流者的语言呈现出对交流情境变化的敏感性。

　　综上，参照性交流语言研究的三个主要方面紧密关联，参照性交流语言的"同伴特定性"实际上也源于"情境关联性"，而语言的"同伴特定性"和"情境关联性"又共同决定了其"稳定性"的特征。

　　但是，从以往研究的述评分析可以看到存在的研究共性和不足：第一，交流实验任务和过程相对单一而简单，没有从相对长的交流时间进程中探查交流语言认知加工的特征，这使得交流语言的研究相对处于一种静态性的分析。例如，对物品和名字做出匹配反应的迫选性交流任务，LEGO（乐高）积木的命名和模型建构任务，O-in-Qs 的视觉搜寻任务，特定物品对象的交流和摆放，等等。诚然，现实中的交流互动是复杂而多样的，实

---

① Yoon, S. O., Koh, S., & Brown-Schmidt, S., "Influence of Perspective and Goals on Reference Production in Conversation," *Psychonomic Bulletin & Review 19(4)*(2012):699-707.

验室中创设简单的参照性交流实验任务,必然一定程度上限制了交流语言的丰富性特征;如前所分析,参照性交流中特定语言的形成可能存在一个时间过程,并且还可能随着交流时间进程的发展而表现出变化性,这是以往研究采用简单交流任务所无法展现和探查的。基于该问题,本次实验中创设的交流学习任务相对复杂,交流互动的时间过程典型而清楚,有助于在交流时间的动态发展过程中记录和分析参照性交流语言的形成、完善和变化性特征。第二,参照性交流语言认知研究中的一个共识是交流语言和特定的交流情境密不可分。若要探讨两者间的关联性,就需要从变化交流任务情境的角度出发,分析交流语言认知加工的变化性特征,基于此,本次实验在同一个研究过程中,对比设置了交流学习情境和个人迁移任务情境,以尝试进一步解释交流语言认知的情境依存性特征。第三,参照性交流语言的同伴特定性、稳定性和情境关联性,实际上均是立足于交流互动过程中交流者彼此间语言比较的具体特点而言的,但是,以往研究通常在实验中将交流者双方作为一个交流个体来对待和分析,因此,本次研究中对参照性交流语言的分析,是将交流双方语言内容在交流时间进程上做出直接的比较,这样有助于为参照性交流语言认知特征的解释提供更为直观和丰富的信息。

综合以上分析,本次研究具体安排了功能预测的参照性交流学习任务和个人维度选择的迁移任务,记录并分析交流学习双方的即时语言内容,通过对参照性交流者彼此间语言相似性在交流时间进程上变化特点的分析,以及不同任务情境下维度信息的比较分析,探查和解释参照性交流学习中交流双方的语言认知特点。

(二)研究方法

研究被试为大学生,实验使用同型号的两台电脑。自行设计虚拟生物学习材料,共 4 个特征维度。每个维度均含 2 个值(0/1)。1~3 维度间创设 2 种功能,第 4 个维度跟功能无关。全部实验包含两个连续任务:功能预测和维度选择。

功能预测交流学习任务分 10 个阶段,每阶段中所有样例均逐一随机呈现 2 次。该任务采用参照性交流学习范式:每对学习者轮流担任描述者和判断者,每次判断均提供反馈信息。"吸水,但不产电""吸水,并产电""不吸水,也不产电"对应的按键分别为",""."""/"。功能预测的每个阶段中,生物的全部维度以每次交流中描述语言是否提及为标准,分为提及的维度和未提及的维度 2 类；分别求每对被试语言内容的杰卡德相似性。维度选择任务采取单人个别进行的方式，任务的呈现方式同上，不同在于生物的特征被灰色方块覆盖，要求被试对生物做出功能判断前，先使用鼠标点击揭开自认为必须查看的特征。该任务只有一个阶段且无反馈，计算成对被试维度选择结果杰卡德相似性的平均数。

交流学习任务为单因素十水平被试内设计，功能预测的阶段 10 和维度选择任务为单因素二水平被试内设计。

（三）研究发现

笔者针对研究结果具体分析了参照交流学习双方语言杰卡德相似性，参照性交流学习语言的情境关联性。

1. 参照交流学习双方语言杰卡德相似性

对参照性交流双方学习过程中的语言杰卡德相似性结果分析显示，交流合作学习阶段 1~3 相邻阶段间语言杰卡德相似性差异极其显著，阶段 3~5 相邻阶段间差异不显著，阶段 5 与 6 间差异极其显著，阶段 6~8 相邻阶段间差异不显著，阶段 8~10 相邻阶段间差异极其显著。实验结果发现：从参照性交流学习的时间进程看，参照性交流学习双方语言的"同伴特定性"程度随交流时间进程不断变化；语言在交流时间进程上表现出相对"稳定性"和"变化性"共存的特征。

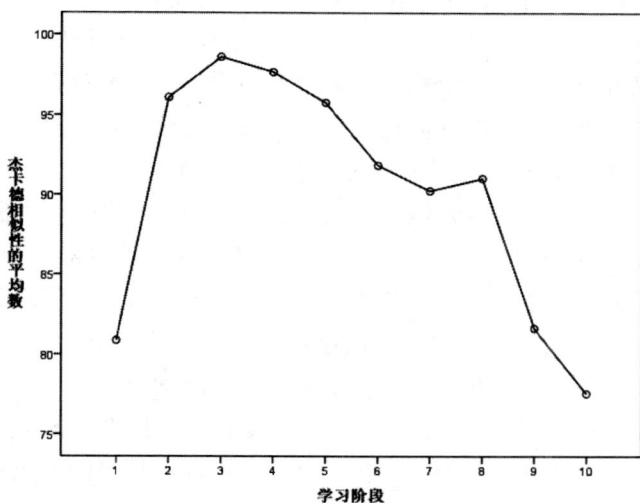

图 8-5 参照性交流学习双方语言杰卡德相似性

　　实验结果中第一个有意义的发现是：从交流学习时间进程分析，参照性交流学习双方语言的"同伴特定性"程度随交流时间进程不断变化。本次实验在设计方面，克服了以往实验任务相对简单而静态分析交流语言特征的不足，同时对以往实验结论进一步作出了补充和丰富。实验具体发现在交流合作学习阶段 1~3、5~6、8~10 间，交流学习双方的语言杰卡德相似性水平出现了多次显著性的变化：交流学习阶段 1~3 表现为不断增高，阶段 5~6 和 8~10 表现出不断降低。这表明参照性交流合作学习中，交流者双方语言"同伴特定性"所反映出的语言"准确性"程度在交流进程的前期显著提高，中后期则不断显著下降。交流语言认知的双加工模型指出，参照性交流过程的早期，尽管交流者已经开始了共同任务，但彼此面对的是完全陌生的任务对象，双方的语言解释倾向于表现出以自我认知为中心，具体可以体现为彼此间语言共同性水平相对较低，并且交流互动中彼此会对同伴的语言产生"感知不恰当"的解释，而随着交流时间进程的不断发展，语言共享性水平相应不断提高。这一特征在本次研究结果中具体表现为交流学习阶段 1~3 中，彼此间交流语言相似性水平不断出现显著的提高。但本次研究在交流学习阶段 5~6、8~10 间却进一步发现，交流学习双方的语言相似性出现了不断显著下降的特点。具体来看，一方面，参照性交流合作学习中双方形成和保持语言的高度共享性或相似性，是以较多的认知损耗、较高的动机水平为代价，在特定的交流互动情境下这种相对过度的认知损耗和过高的动机水平可能抑制彼此间交流的效率和效果。另一方面，参照性交流互动中交流者间语言一致性、共享性的不断降低，与互动中交流者对情境中非语言因素或线索利用水平的不断提高相关联；交流语言和非语言信息的权衡假设提出，参照性交流开始阶段，交流者由于无法有效利用非语言信息来传达交流意图，表现出更多地依赖语言信息；随着交流时间进程的不断发展，非语言信息的利用水平不断提高，可以更有效地传递彼此间的交流意图，因此交流者表现出更少依赖于语言媒介，导致交流者彼此间语言共享性监控水平的不断降低，进而使语言信息显得相对赘余。综合而言，本次研究通过控制标准化的参照性交流学习阶段，从交流时间进程发展的角度，证实了参照性交流学习双方语言"同伴特定性"程度随交流时间进程不断变化的特征；证实参照性交流合作学习中同伴特定语言的形成和发展是一个相对复杂的过程，其受到参照性交流学习情境中多种因素协同作用的影响。

　　其次，实验结果发现交流语言的稳定性特征在交流时间进程上表现出相对性的特点。即交流语言的稳定性表现在交流学习阶段 3~5 和阶段 6~8

中。这证实了参照性交流合作学习双方在交流互动中会形成针对学习对象的特定语言解释规则或惯例，该语言规则或惯例在交流学习者间具有高度的共享性和一定的约束性，具体表现为随交流时间进程的发展，语言惯例保持相对稳定性特征。实验结果在此基础上进一步补充发现：该语言稳定性特征在参照性交流学习的时间进程上表现出相对性特点。如上所述，语言变化性源于交流互动中交流者间形成和保持语言所需要的相对较大的认知损耗，以及参照性交流互动中对非语言信息利用水平不断提高的综合影响，从而导致交流者彼此对语言认知加工监控程度的相对降低。

归纳以上内容，本次实验任务设计上的特点，使得研究相对能够从参照性交流时间进程中，动态性地探查和对待参照性交流语言的"同伴特定性"和"稳定性"特征。

2.参照性交流学习语言的情境关联性

参照性交流学习阶段 10（最后一个阶段）的语言杰卡德相似性程度极其显著高于个人维度选择中双方维度选择结果的杰卡德相似性。结果发现并证实参照性交流语言具有"情境关联性"特征。

基于以往研究，本次实验设计上的一个创新或改进之处在于，在参照性交流合作学习任务之后安排了一个连续进行的个人维度选择的迁移任务；这便于从任务情境的对比中，相对直观地探查参照性交流语言内容的"情境关联性"特征。本次实验中个人维度选择任务的安排是设计方面的一个改进，首先，为了将个人维度选择结果和参照性交流学习中阶段 10 的语言结果做直接的对照和分析，对个人维度选择中学习者的学习程度做了控制——不为学习者提供功能预测结果的反馈，这使得个人维度选择任务成为参照性交流合作学习任务后的一个迁移任务。其次，功能预测的参照性交流学习任务中，语言内容的考查指标是交流学习双方间语言维度描述结果的杰卡德相似性，而个人维度选择任务的考查指标是学习双方在个人任务情境中独自进行维度选择结果的杰卡德相似性，这使得两种任务情境中的指标可以直接比较，便于通过不同任务情境结果的差异特点，进一步解释参照性交流语言的"情境关联性"特征。

实验结果发现：参照性交流合作学习中的语言具有"情境关联性"特征。具体体现为参照性交流合作学习阶段 10 中双方的语言杰卡德相似性水平极其显著高于个人维度选择中双方维度选择结果的杰卡德相似性。不同任务情境的直接比较，直观证实维度选择的个人任务情境中，交流学习双方维度选择结果的共享性水平，相比较交流合作学习阶段 10 中的语言共享性水平显著降低，主要的原因是任务情境的变化对彼此语言的限制特征随之消失。同时，这从另一角度也证实，参照性交流合作学习中语言的共享性，仅代表交流学习双方在参照性交流情境中公共认知的特点，或者说，交流语言认知水平不是交流认知水平的全部代表，如上所述，参照性交流合作学习中交流者彼此的真实认知水平和特点，并不全部表现于语言交流之中，也一定程度上源于非语言信息的互动沟通，而迫于交流合作学习的压力，对于彼此自我认知中的细微差异，交流者在一定限度内不会表现于交流语言内容之中，因为交流互动中语言的频繁变化，将招致相对更大的认知损耗。概括而言，参照性交流合作学习情境中，交流语言更多代表了交流学习双方的公共认知或共享性认知，而维度选择的个人任务情境下，学习者的选择结果则代表了个人对交流对象的完整性认知；这也正是参照性交流语言"情境关联性"的重要原因之一。本次研究结果相对于以往研究的一个改进是通过任务情境间的直接对照，直观展现了交流语言的"情境关联性"特点。

综合而言，本次实验发现，参照性交流合作学习者语言的"同伴特定性"程度随着交流时间进程的发展而不断变化，交流学习者语言在交流时间进程上表现出相对"稳定性"和"变化性"共存的特征；在参照性交流合作学习情境和个人迁移任务情境的比较中，参照性交流语言表现出"情境关联性"特征。

第三节　交流合作学习中非语言媒介特征

交流合作学习的媒介中不仅有语言，还有一些非语言媒介，如表情（面部、肢体、手势等）、学习对象感知的共享性（是否共同可视）；相应地，在现实中存在多种交流合作学习形式，如面对面合作学习、远程合作学习，教师指导下的合作学习，学生间自主合作学习，在共享对象感知特征条件下的合作学习，对象感知信息不对等条件下的合作学习，等等。

一、交流合作学习中表情的认知特征

和个人学习相比较，交流合作学习的显著特征是人际互动性，即交流互动中学习者间认知"冲突 - 协调"的转换，以及对于学习的促进性。除去语言认知加工的显著特征，交流中合作学习者间表情的沟通过程和作用也是个人学习过程中所不存在的。单纯从学习效率效果的角度而言，交流

合作学习的优势根植于交流认知资源的丰富性（交流者的认知资源、交流情境信息等），但是交流合作学习优势的现实表现离不开这些资源的充分利用，人际互动中不仅是交流语言，表情对信息沟通和资源利用的作用也是不容小觑的。

研究者们认为语言交流的社会性特点，决定了其主要是一个意识性的过程，典型表现于交流语言的听者设计过程和参照惯例的形成及稳定保持，意识性可以保持交流者最小化合作学习中的错误，并要求交流合作学习者在学习任务结束前，时刻保持对合作学习过程的监督以及交流信息的不断更新。但是语言媒介在交流认知加工中的一个弊端是对交流合作者的认知努力程度要求更高，认知资源的损耗相对更大。与此对应，研究者们认为交流合作学习中表情媒介可以一定程度上弥补语言交流的这一不足。

O'Carroll，Nicoladis 和 Smithson（2015）的研究整体上界定了表情的操作定义，实验中有表情交流是面对面交流，并安排在交流任务的前半期；无表情交流时交流双方间以隔板分开，安排在交流进程的后半期。比较的结果显示，有表情交流时语言信息更为简洁，无表情交流时语言信息更为丰富全面，证实表情交流一定程度上弥补和配合了语言交流。[①] Koppensteiner，Stephan 和 Jäschke（2016）让被试观看政客演讲的视频，发现表情表达丰富的视频内容更能促进听众对演讲人观点的支持。[②] 这类研究主要是整体上定义表情，证实表情和语言交流间的相辅相成性。部分研究则关注了部分表情对交流认知的影响，Arnold，Kahn 和 Pancani（2012）在研究中设立了对象摆放任务，观察了手势对交流互动的影响，其中操作者是研究者同谋，他们发现如果操作者在被试完整语言指导之前就预先拿起了目标物品，交流语言显著快速而简洁。[③] 有研究还重点关注了交流中手势相对独立的交流性，发现交流语言流畅时，手势交流相对更少；反之手势更为显著频繁发生。Brennan，Chen，Dickinson，Neider 和 Zelinsky（2008）的研究借助眼动仪实现"共享注视（自己屏幕上可以看到同伴的注视变化）"，在字母搜寻任务中（O-in-Qs）发现共享注视信息可以促

---

① O'Carroll, S., Nicoladis, E., & Smithson, L., "The Effect of Extroversion on Communication: Evidence from an Interlocutor Visibility Manipulation," *Speech Communication 69* (2015):1-8.

② Koppensteiner, M., Stephan, P., & Jäschke, J. P. M., "Moving Speeches: Dominance, Trustworthiness and Competence in Body Motion," *Personality and Individual Differences 94*(2016):101-106.

③ Arnold, J. E., Kahn, J. M., & Pancani, G. C., "Audience Design Affects Acoustic Reduction via Production Facilitation," *Psychonomic Bulletin & Review 19(3)*(2012):505-512.

进搜寻任务的合作执行。① 这支持了交流注视优势假说（gaze advantage hypothesis）：在交流合作任务情境下，语言交流信息的展开需要一个时间过程和更多的认知努力，有时会形成交流语言弊端，此时注视表情信息相对表现出更大的交流优势，尤其是在视觉交流情境下。表情和语言的集成系统理论指出，交流合作学习中表情和语言是相伴同时发生的，表情不仅促进说者一方信息的选择和传递，也促进听者一方信息的准确接收、甄别和理解。另外，表情又具有一定的独立交流性，可以即时弥补语言信息交流中的不足，甚至在语言交流困难时可以激发交流语言的发生过程。

各研究不论是采用表情的整体性操作定义还是关注具体的表情方式，有一点是明确的，表情媒介在人际互动中发生了真实的交流作用。一方面表情交流可以配合语言交流，能够连接急于表达的不连贯的语言信息，进而降低语言交流的认知负荷。另一方面表情交流又相对表现出独立的交流性，最为重要的是表情交流具有无意识性特征，有助于交流认知资源的节省，提高交流人际互动的效率，更有效地实现交流者间认知的"冲突－协调"转换。可以说，在学习情境特征上交流合作学习比个人学习情境更为复杂和多样，交流合作学习的独特性还表现在对学习中大量非语言信息的利用。当前，对于交流合作学习中表情交流认知的探讨，主要还是作为语言认知研究中的一个考虑因素，因此，未来研究应有意识关注表情交流认知的独立性，在一个相对平等的视角下客观看待语言媒介和表情媒介的关系和交流差异性。

二、交流合作学习中对象感知共享性的认知特征

确切地说，交流合作学习中学习者学习内容或对象的感知共享性（学习中交流者是否能够同时观看到学习对象），更倾向于是交流学习情境特征，其和表情媒介不同，学习对象本身不具有交流性，但是合作学习中如果学习者彼此可以共同感知学习对象，有助于增强交流学习对象的直接感知和直观理解，比如学习者共同观看学习内容并交流学习，即共享对象感知特征；或者学习对象不在面前时的想象性交流合作学习，再或者也可能是一方可以感知对象，而另一方不可以感知对象，均为不共享对象的感知特征。尽管交流合作学习中对象感知共享性的探讨，不如表情媒介典型，

---

① Brennan, S. E., Chen, X., Dickinson, C. A., Neider, M. B., & Zelinsky, G. J., "Coordinating Cognition: The Costs and Benefits of Shared Gaze during Collaborative Search," *Cognition, 106(3)*(2008):1465-1477.

但在现实交流合作学习中客观存在，如现场交流合作学习和利用各种通讯媒介的远程合作学习，尤其是网络科技的发展带来交流方式的变化，正在逐渐深入影响和改变传统的学习观念和方式。

当前相关研究较一致强调，学习对象的感知共享性可以促进交流语言的简单化，因为当交流合作学习者可以共同观察学习对象时，彼此倾向于认为有些对象特征是不言自明的，既然都可以直观感知便不需要详尽的语言描述和解释；但是学习对象的感知共享性由于不具有交流性，因此交流语言的简化一定程度上降低了交流者彼此间认知和行为的协调水平，尤其是学生间合作学习过程中，知识内容的直观呈现和感知无法替代知识的推理过程。

Galati（2009）分析了交流对象感知共享性对于交流语言的影响特征，实验安排了卡片匹配任务，以交流者是否可以共同感知卡片为标准划分了两个实验条件，结果显示当交流者共享卡片感知特征时，交流语言信息显著减少。[①] Vesper，Schmitz，Safra，Sebanz 和 Knoblich（2016）的实验研究要求交流者双方交流合作完成屏幕对象的同步移动任务（每人一台电脑，且并排放置），实验条件一是彼此通过语言交流沟通并同步移动各自屏幕中的相应对象，但是彼此间以隔板分开，交流合作中不能即时观察同伴的屏幕信息（不可视条件）；实验条件二是交流合作双方间没有隔板，整个交流任务过程中都可以即时观察同伴的屏幕情况（可视条件）。实验结果也表明，"可视条件"下交流语言更为简单化，语言信息相应表现出片段化特点，反之"不可视条件"下交流语言更为详尽和精细，语言信息更为连贯。[②] 张恒超（2017）的研究以语言媒介为核心，依次递加了"学习对象共享性"和"表情共享性"两个因素，创设了三种交流合作学习方式，目的是系统比较说明语言媒介、学习对象共享性和表情共享性对交流合作学习认知的影响特征。[③] 实验结果显示"共享语言＋对象＋表情"合作学习方式下交流学习者的学习水平最高，主要体现在该方式下低成绩一方的学习效率和学习水平更高，即高低水平学习者间交流学习认知和行为的协调水平最高。他在三种方式的比较中发现语言媒介、学习对象共享性和表情共享性的关系如下：仅语言交流合作学习方式下语言信息最为丰富和详

① Galati, A. "Assessing Common Ground in Conversation: The Effect of Linguistic and Physical Co-presence on Early Planning," doctorial dissertation,2009, Stony Brook University, New York.

② Vesper, C., Schmitz, L., Safra, L., Sebanz, N., & Knoblich, G., "The Role of Shared Visual Information for Joint Action Coordination," *Cognition 153* (2016):118-123.

③ 张恒超：《共享因素对参照性交流双方学习的影响》，《心理学报》2017 年第 2 期，第197—205 页。

尽，对象共享性和表情共享性都导致语言信息的简化，但是对象共享性不利于语言交流学习的效率效果，而表情共享性促进了语言交流学习的效率效果。并且研究者在交流合作学习任务之后的选择性注意任务中也发现，"共享语言方式"和"共享语言＋对象＋表情方式"下交流学习者的选择性注意水平显著高于"共享语言＋对象方式"。

总之，在语言交流互动学习的基础上，表情媒介起到促进作用，但是学习对象的感知共享性却起到阻碍作用。另外，还应该注意到和对象感知共享性不同的是，表情在现实交流合作学习过程中还可以传达和学习对象、内容不直接相关的情绪情感信息，如肯定或否定，赞成期望或拒绝，甚至鼓励、强调等，虽然不包含实际的学习信息，但是对于交流学习者合作互动中语言信息的辨别确认以及交流信念保持起到重要的作用，这些将综合影响交流合作学习的实际效果。概括而言，交流合作学习过程体现了学习者个人认知向共享性认知的转换，在这一过程中学习对象的共享性尽管不具有实际的交流性，但是作为交流合作学习情境的一个重要因素或情境线索，也将影响到交流合作学习认知过程，即交流合作学习的情境特征影响交流语言和非语言交流过程。以往研究结果一致显示，学习对象的感知共享性增加了学习情境的直观性，但是这种直观性由于不具有交流性，所以不仅不促进交流认知，相反可能降低交流合作学习者对于学习对象认知推理的努力程度和加工深度，可以说学习对象的感知共享性不是促进交流认知共享性而是增强了个人认知感知性。但是，在现实教育教学中学生课堂合作学习必然存在共同的学习内容，以往研究带来的启示不是如何取消或掩盖学习内容，而是提示在学生合作学习过程中学习内容的感知特征可能是感知特征背后逻辑知识推理的一个干扰因素，因此教师课堂讲授和指导学生合作学习的一个关注点是，如何引导学生在交流合作学习中有意识克服知识情境表面线索的干扰而努力发现不同问题内容所具有的共同解题规则，甚至是如何引导学生透过现象看到知识本质，并建立现象和本质间的解释关系。另外，学习内容感知共享性的这一交流认知特点，可能在不同学科合作学习中的表现特征存在差异，这有待于未来研究结合学科和教学实际进行具体的研究和讨论。

综上所述，交流合作学习和个人学习的不同不仅是学习方式的差异，重要的是学习方式、学习情境的变化带来的学习者认知过程的差异性。归纳而言，交流合作学习情境更为丰富，学习过程更为复杂，学习认知心理含义更为丰富，尽管以往研究从不同的角度，立足于不同的研究目的，对交流合作学习认知做了相对大量的工作，但是仍然存在许多亟待深入思考和探索的理论和现实问题。

三、交流合作学习认知特征探讨的现实教育启示

交流合作学习的认知实验研究对于教育领域课堂教学中学生合作学习的组织实施具有重要的启示作用。

首先，交流合作学习与个人学习认知过程的差异。

交流合作学习和个人学习在认知加工过程和加工机制方面具有显著的不同之处。教育情境下，任何学科教学中，学生采用任何的学习形式（个人学习和交流合作学习）中均有一个学习认知加工的困难过程，这既可以表现为一种渐进的学习，也可能外显为一种学习中的顿悟。然而由于学生学习中采用个人学习或合作学习的形式不同，给认知加工过程带来很大的差异，即学生从交流的合作学习中取得的"个人"知识不同于在个人学习中形成的"个人"知识。对于合作学习，不论是认知心理学的研究还是教育教学领域的研究，也不论是对于外显性学习行为的研究取向，还是对于合作学习心理的认知研究取向，研究者在研究中已经逐渐意识到合作学习并不是在任何情境下，任何活动中，对于任何认知风格的学习者来说，均优于个人的独自学习。这既是一种理论观念的挑战，也是对于研究者实际研究工作要求的挑战，更是对于教育管理者和一线课堂教学组织者更高的挑战。

因此，教师在课堂教学中组织学生合作学习时，应当充分考虑学生已有的学习水平、具体的学科特色、彼此的个性特点以及各种复杂因素，如动机水平、注意水平、语言水平、思维发展特点和年龄特点等等。例如，当需要学习的知识复杂性较低时，交流合作学习相比个人学习更有优势；当知识复杂性逐渐增高时，影响到合作学习者的语言交流和思维加工，这一优势也随之逐渐消失甚至成为阻碍学习的因素。但是这一影响因素对合作学习者选择性注意总体水平尤其是指向性水平不会产生消极的影响作用。这提示教育教学工作者，在教育教学实践中，应注意结合自己课堂讲授的实际，根据学生合作学习的行为特点和心理特点，灵活采用个人学习和合作学习相结合的方式，使得学生更有效地学习到课堂知识并在实际生活中得以灵活地应用，既提高课堂教育教学的效果，又更好地利用已有的教育资源。

其次，交流合作学习中语言的协调作用。

不论在何种学习情境下，不可否认的一点是，交流合作学习中语言沟

通对认知的协调作用是巨大的，在合作学习中语言即是思想的观点并不为过，语言在合作学习中可以起到学习内容的提示作用，学习内容理解的具体化作用，协调合作学习的认知控制作用。也就是说，在合作学习中，合作者间语言交流能够通过自上而下的思维激活作用，影响到学习中的注意、感知和记忆过程，表现出认知控制作用。合作学习中，当人们努力获得对学习对象的共同理解时，他们通常考虑自己和交流同伴有什么可以作为合作学习共同基础的信息，即他们的共享知识、目标和信念是什么。当评估他们共同拥有什么信息时，人们相应调整他们的行为——这一现象被称为"听者设计"（audience design）。借助"听者设计"的方式，说者通过考虑特定听者的需要来设计他们的谈话，反过来，听者通过考虑他们对话语的特定约定来解释那些话语。

因此，教育工作者尤其是教师应重视课堂教学和学习中学生语言交流功能的运用和适当控制。语言表达的清晰性代表了思维加工的条理性和逻辑性，面对传统集体讲授和鼓励个人竞争的教学模式，教师应该注重创造更多语言交流学习的机会，这既体现为讨论小组、合作自修小组等，还包括教师和学生间更多的语言互动。这些语言互动中会绽放出越来越多意想不到的璀璨的思想火花，使得学习真正成为一种乐趣，一种机会——学生思维认知发展、个性发展、自尊发展以及良好人际关系发展的机会，是能力和知识共同发展的良好契机。

总之，尽管有强有力的证据表明，合作学习的效果优于个人学习，但也有研究证明合作学习并非永远有效。学生的认知因素、个性因素、学习材料和学习任务的特点以及合作学习情境特点等各不相同，这些因素对合作学习中学生的认知与行为具有复杂的影响作用，但这些因素影响的特点和模式至今为止并不是很清晰。有一点是明确的，即合作学习在任何情境下都不是一个单纯的学习过程，而是包含了复杂的认知加工过程和多因素的协同影响；合作学习也并非在任何情境中都是最佳的教学组织形式，这有待于科研工作者进一步的探查，以及教育工作者在实际工作中的灵活应用和辩证对待。合作学习的适用条件到底是什么，这里也仅是窥见一斑，其原因之一是合作学习认知研究的复杂性和困难性一定程度上限制了合作学习心理机制探讨的深入，也反映了教育教学认知心理研究和教育教学理论研究一定程度上的不同步，这同时对未来研究与实践的结合、心理与行为研究的结合提出了更高的要求和新的挑战。

四、非语言媒介影响交流合作学习的实证研究

笔者的一项研究重点探查了交流情境中非语言媒介对交流合作学习的影响。[①] 研究采用了参照性交流合作学习范式，以大学生为实验被试，通过因素（语言、语言＋对象、语言＋对象＋表情）递加的方式创设了三种交流合作学习条件，对交流合作双方学习过程的比较分析显示：从交流合作学习阶段 6 开始"共享语言＋对象＋表情"方式的学习成绩显著高于"共享语言＋对象"方式，低分组条件下该方式学习成绩显著最高，并且该方式高、低分组之间无显著差异；"共享语言＋对象"方式下被试揭开的维度数量显著最少。实验结果发现："共享语言＋对象＋表情"的交流合作学习方式下交流者学习效率最高，这集中表现在低分组的学习效率更高且交流学习双方间的协调水平最高；"共享语言＋对象"的交流合作学习方式下被试的选择性注意水平最低。

（一）研究背景

参照性交流互动过程是交流者彼此间认知"冲突 – 协调"的转换过程，这一转换过程能否高效实现将影响到交流合作行为的效率效果，即参照性交流任务的高效完成依赖交流者间认知的协调性。"听者设计"（audience design）的观点强调，交流者彼此间认知的协调性表现在，交流互动过程中交流者联了彼此的认知，进而形成围绕任务目标的共同交流基础（共同的知识、信念、期望等），实现了对交流任务对象的共同理解，而彼此间认知的协调又是交流互动行为协调的基础，认知的协调过程可以外显表现为交流者彼此行为上的一致性特征；该过程具体表现为语言交流互动过程中说者依据听者的特定需求"设计交流语言"，听者依据彼此共同的交流共同基础解码说者语言。也就是说，听者设计观点认为"语言媒介"在交流者间认知与行为协调中起到沟通作用，言语行为具有意识性和社会性特征，是交流者互动中深思熟虑的精心推理过程。比如以往研究证实，参照性交流互动过程中交流者彼此间会逐渐形成针对特定交流对象的"语言参照惯例"——交流者彼此共同期望、共同约定和共同理解的针对交流对象的特定语言描述或解释，交流者对语言参照惯例的遵循可以指导彼此任务中的共同注意和意图，从而降低认知努力的程度，节省交流认知资源。

---

① 张恒超：《共享因素对参照性交流双方学习的影响》，《心理学报》2017 年第 2 期，第 197—205 页。

虽然参照性交流过程中的显著媒介或沟通手段是口头语言，但语言媒介无法代表全部的"交流情境"，也无法完整解释"交流合作行为"和"个人独立行为"间的差异。围绕着交流语言沟通的"意识性、策略性"过程，相应地，研究者们提出了交流情境中的"非意识性、非策略性"认知调整过程，例如"对象共享性""表情共享性""双方的特定身份"等。

显然，以语言参照惯例形成和完善为核心的交流合作互动认知的意识性调整过程对交流双方认知的要求较高，而非意识性调整过程有助于交流者彼此认知资源的节省。以往的相关研究从多种不同的研究目的出发，针对这两类信息做了不同角度的探讨。Galati（2009）的实验安排了人物和动物卡片的匹配交流任务，并对比设置了"共享语言""共享对象""共享语言＋对象"三种交流互动方式，实验的结果表明：当交流者彼此间仅共享对象时，与仅共享语言的实验条件相比，彼此的语言表述显著更多，观点或思想单位更多，语言的修改次数更多，语言内容也更为丰富；同样，当交流者彼此间仅共享语言时，与共享语言＋对象条件相比，也呈现出一样的特点。[①]Brennan，Chen，Dickinson，Neider 和 Zelinsky（2008）设置的交流方式分别是"共享语言""共享语言＋注视"（交流者不仅可以听到同伴的语言，同时可以在自己的屏幕上看到同伴任务中的注视轨迹），实验任务为视觉情境下的 O-in-Qs 搜索任务，结果发现"共享语言＋注视"交流方式下被试的搜索效率更高，但是该实验条件的不足之处在于"共享注视"不是一种现实独立存在和可以直观表现的交流方式，而且"共享注视"也不是完整的表情共享性。[②]以交流者彼此间"可视性"（表情）为实验变量的研究发现当交流双方彼此互动中"不可视"（不共享表情）时，语言信息的丰富性、语言表达的复杂性显著提高；当以"交流材料"为实验变量时，研究者发现在代词（she / he）指代不明确的交流条件下，交流者的语言表达过程更为详尽，表情（面部、手势）表达也更为丰富，困难的交流互动情境下，交流者语言的流畅性和手势的连贯性均显著性降低了。对此，研究者们指出交流互动中的手势可以连接交流者急于表达的断续的抽象语言概念；并且大量的实验研究也证实交流中的手势可以降低交流者彼此间互动中的认知负荷。

---

① Galati, A., "Assessing Common Ground in Conversation: The Effect of Linguistic and Physical Co-presence on Early Planning," doctorial dissertation, 2009, Stony Brook University, New York.

② Brennan, S. E., Chen, X., Dickinson, C. A., Neider, M. B., & Zelinsky, G. J., "Coordinating Cognition: The Costs and Benefits of Shared Gaze during Collaborative Search," *Cognition 106(3)*(2008):1465-1477.

　　归纳以上内容，从参照性交流互动中"语言意识性调整"和"非语言的非意识性调整"相关研究的综合探讨来看，尽管以往研究一定程度上从不同的角度分析了交流媒介的认知特征，以及彼此间的相互作用特征；但是，以往研究没有系统性探查"共享因素"（语言、对象、表情等）的交流特征，实际上，通过上述分析可以明确，当相对系统性控制交流中的不同媒介和线索时，不仅可以展现彼此交流互动中的认知独特性，而且可以方便探查出彼此间多重的联合互动认知特征，这一综合认知特征有助于厘清交流情境中不同因素的相对作用特征。因此，本次实验设计以此作为分析的切入点，首先以核心交流媒介"语言"为起点，设立"共享语言"交流方式；之后通过因素依次递加的方式，分别设立"共享语言＋对象""共享语言＋对象＋表情"的交流方式，在参照性交流合作学习（功能预测学习）情境下对照分析共享因素的不同影响特征。传统学习认知领域的研究认为选择性注意是学习认知的一个代表性指标，学习过程中的选择性注意可以标示出学习者对学习信息的注意指向，以及对与学习无关信息（干扰信息）的抑制，即选择性注意的指向性和集中性。基于此，本次实验研究在交流合作学习任务后，又安排了连续进行的选择性注意探查任务（个人维度选择），两个任务联合探查参照性交流合作学习的效率效果，以及交流学习者的选择性注意特点。如前所述，参照性交流合作学习过程是交流者彼此间认知"冲突－协调"的矛盾运动过程，所以，对交流合作双方认知和行为协调过程与特征的直观观察方式，是直接对照分析参照性交流合作学习中交流双方的学习成绩，以及交流双方的选择性注意水平。因此，本次实验研究进一步又以交流双方学习任务的最终成绩（功能预测正确率）为标准，将对方分别分入高分组和低分组，这样，哪种交流共享方式下双方间认知协调的效率高，就可以表现为高分组和低分组学习成绩间的无显著性差异，或从交流合作学习的较早阶段彼此间即表现出无显著性差异，或从较早阶段交流合作学习成绩显著更高，也可能表现在交流合作学习者选择性注意水平的差异特点方面。

　　基于上述的分析，本次实验研究创设了参照性交流合作学习任务和选择性注意任务，分析了交流中的共享因素（语言、对象、表情）对参照性交流双方学习的影响特征。

（二）研究方法

　　实验采用大学生被试，实验器材为 2 台笔记本电脑。实验材料为自行设计的四特征虚拟生物，每个特征包含 2 个值。在维度 1~3 中创设 2 种功能。实验任务为参照性交流学习任务（功能预测学习）、选择性注意任务（维度选择）。

交流学习任务共分 10 个阶段，各样例在每阶段中均随机呈现 2 次，采用参照性交流合作学习范式，交流学习者轮流担任"描述者"与"判断者"，每次判断后提供正确功能的反馈。三种功能对应的按键依次为："，"".""/"。按照交流双方学习中共享因素（语言、对象、表情）的特征，将学习条件分为 3 种共享方式：共享语言、共享语言 + 对象、共享语言 + 对象 + 表情。共享语言方式：双方彼此以隔板分开，交流学习过程中无法看到对方；并且一个交流回合中，仅描述者电脑呈现生物，电脑呈现随交流角色而相应互换。共享语言 + 对象方式：同上，但交流中 2 台电脑同时呈现生物。共享语言 + 对象 + 表情方式：同共享语言 + 对象方式，但双方间不加隔板，彼此可见。按阶段 10 的学习成绩，将交流双方分别分入高分组和低分组。交流学习任务为 3（共享方式）×2（成绩组）×10（阶段）的混合实验设计。因变量指标为功能学习正确率。

维度选择任务呈现与交流学习任务相同，不同在于每呈现一个生物，其特征被灰色方块遮蔽，要求被试对生物做出功能判断前，先用鼠标点击揭开自认为必须看的特征，任务持续 1 个阶段，不提供反馈。维度选择任务为 3（共享方式）×2（成绩组）被试间设计，因变量指标为"揭开维度的平均数"，计算方法：揭开一个有关维度计为 +1，揭开一个无关维度计为 -1，相加求和；再求该阶段的平均数。任务旨在比较各条件的选择性注意水平。

（三）研究发现

实验结果比较分析了参照性交流合作学习双方功能预测学习过程，参照性交流合作学习双方选择性注意水平。

1. 参照性交流合作学习双方功能预测学习过程的分析

对参照性交流合作学习结果的方差分析表明：首先，交流学习阶段 6~7，共享语言 + 对象 + 表情方式下交流学习者的成绩极其显著高于共享语言 + 对象方式，阶段 8~10，共享语言方式和共享语言 + 对象 + 表情方式均显著高于共享语言 + 对象方式。共享语言方式下，阶段 2~4 相邻阶段间，阶段 3~5 相邻阶段间，阶段 6、7 间，阶段 7、8 间，阶段 9、10 间均无显著差异。共享语言 + 对象方式下，阶段 3、4 间，阶段 5~8 阶段间，阶段 9、10 间均无显著差异。共享语言 + 对象 + 表情方式下，阶段 3、4 间，阶段 9、10 间均无显著差异。其次，高分组条件下，共享方式主效应不显著，低分组条件下，共享语言 + 对象 + 表情方式下交流学习者的成绩均极其显著高于另两种共享方式；共享语言和共享语言 + 对象方式下，高分组均极其显著高于低分组，共享语言 + 对象 + 表情方式下，高分组和低分组间无显著差异。

实验发现有两方面：一是共享语言 + 对象 + 表情方式下，交流合作学习者学习效率最高；二是共享方式间学习效率差异集中表现于低分组的学习效率，共享语言 + 对象 + 表情方式下，交流学习双方的协调水平最高。

首先是不同共享方式间参照性交流合作学习效率的比较。从共享方式和交流学习阶段间的交互作用关系来看，共享语言 + 对象 + 表情方式从阶段 6 开始学习成绩显著高于共享语言 + 对象方式，从阶段 8 开始，共享语言方式也表现出显著优于共享语言 + 对象方式。从 3 种共享方式的不同来看，语言是参照性交流的核心特征，但是共享对象因素的加入不仅没有在共享语言基础上进一步提高学习效率，相反在阶段 8~10 表现出显著降低了合作学习效率；而共享表情因素加入后，不仅再一次提高了交流合作学习效率，而且出现在早于共享语言方式的阶段 6。因此，这证实共享表情显著促进参照性交流合作学习的效率效果。

表情是参照性交流合作学习中语言交流的重要辅助方式，在不同的文化和社会背景中，交流者在语言交流互动中均会自觉通过丰富的手势、面部和肢体表情等，提高语言表达的效果和准确性，这种现象甚至在先天失明盲人的交流过程中也是存在的；随着网络等现代交流手段和方式的不断出现，即使像非即时和非同步的博客视频交流，也伴随着大量丰富表情信息的传递。概括来看，表情对于语言交流的促进作用不只表现在说者的信息传递，也表现在听者的信息接收过程。语言和表情的集成系统理论认为：语言和表情的发生具有相伴性，在易于沟通的交流情境中，语言表达过程相对更流畅，表情表达也相对更丰富和连贯，表情的相伴发生有助于说者准确选择和编码信息，也有助于听者准确甄别和解码信息；反之则不然。除此之外，表情交流本身和语言交流不完全相同，表情媒介还可以传递某些语言表达中不包含的信息。Melinger 和 Levelt（2004）的研究表明，说者在空间性任务的交流过程中，更频繁地使用了手势表情来模拟空间特征，而且这些信息并没有出现在语言交流的信息中，即手势表达表现出了相对独立的交流特征。[1]Kelly 和 Church（1998）采用儿童解释皮亚杰守恒任务的视频片段作为实验材料，实验中向被试呈现视频材料，被试对视频中的内容作出认知解释，当视频中的儿童用语言描述容器的高度时，其手势同时描摹了容器的宽度，结果发现被试一致地认为视频同时介绍了容器的高度和宽度。[2] 研究者们研究证实并指出交流互动中听者在语言的理解过程中，会自觉合并表情交流的信息和语言表达的信息。综合来看，交流互动中表情在沟通信息中所表现出来的独立性和辅助性，是共享语言 + 对象 + 表情方式下交流合作学习者高效率学习的重要原因；而从各方式下学习阶段间的成绩比较来看，共享语言 + 对象 + 表情方式下仅阶段 3、4 间，阶段 9、10 间无显著差异，这也证实了表情媒介对于交流合作学习高效进行的促进作用，比如手势表情的存在和发生将有利于交流合作学习者对学习内容做出不断的归纳和概括。

另外，从阶段 8 开始，共享语言方式下的合作学习成绩也表现出显著优于共享语言 + 对象方式，这证实学习对象的视觉共享性不利于语言交流学习的效率和效果。Galati（2009）发现在卡片匹配任务中，共享语言 + 对象方式下交流被试任务完成的效果显著优于共享语言方式；[3]Vesper，Schmitz，Safra，Sebanz 和 Knoblich（2016）的实验也发现在靶目标甄别任务中，共同的视觉感知信息有助于双方任务的完成。[4] 实验结果差异的原因，一方面在于实验任务的特点不同，本次实验任务相对更复杂和更难，交流合作学习中被试仅直观描述生物对象的感知特征，并不能取得好的学习成绩，交流学习者必须在语言描述生物特征的基础之上，传达出功能推理的准确信息，可以说本次实验条件下，交流语言信息的准确性决定于通过生物感知特征做出认知推理的恰当性和合理性。同时共享语言方式下，由于交流合作学习过程中仅有说者可以观察到学习对象，听者对对象功能的推理则完全依赖和借助于说者语言描述的特定信息，这决定了共享语言方式下交流合作学习双方对对象认知加工的程度相对更深，因为学习对象的不共同可视决定了说者的描述语言更为详尽和具有限制，这又能够利于

---

[1] Melinger, A., & Levelt, W. J. M., "Gesture and the Communicative Intention of the Speaker," *Gesture 4*(2004):119-141.

[2] Kelly, S. D, & Church, R. B., "A Comparison between Children's and Adults' Ability to Detect Conceptual Information Conveyed through Representational Gestures," *Child Development 69*(1998):85-93.

[3] Galati, A., "Assessing Common Ground in Conversation: The Effect of Linguistic and Physical Co-presence on Early Planning," doctorial dissertation, 2009, Stony Brook University, New York.

[4] Vesper, C., Schmitz, L., Safra, L., Sebanz, N., & Knoblich, G., "The Role of Shared Visual Information for Joint Action Coordination," *Cognition 153*(2016):118-123.

听者准确表征出对象，并对对象的功能做出正确理解、辨别和判断。尽管各实验结果（任务效果）间存在一定的差异性，但 Galati（2009）也指出在共享语言条件下，交流者的语言更为丰富详尽，由于缺乏非语言共享信息的同时表达，交流者相应提高了语言表述的丰富性和限制性，以确保交流者彼此间沟通和理解的一致性、准确性。之后的研究也进一步指出，当交流互动情境中存在多种共享因素的同时介入时，交流语言沟通过程表现得相对简单化。本次实验的研究条件下，当交流学习者彼此间能够共享学习对象时，语言的简单化容易导致对对象功能知识推理及语言描述解释的相对不足，进而阻碍了彼此功能学习的效率效果，概言之，交流合作学习的效率效果依赖学习者对生物感知特征的准确推理，本次研究中合作学习任务中功能的隐晦性和间接性决定了交流合作学习的效果并不因共享对象感知特征的介入而提高，相反，共享对象感知特征的介入却相对削弱了语言描述和推理解释的丰富性、完整性，因此，交流合作学习效果反而显著不如共享语言方式。但是上述 Galati（2009）的卡片匹配任务和 Vesper，Schmitz，Safra，Sebanz 和 Knoblich（2016）的靶目标甄别任务与本次实验任务相比，显著更直观和简单，因而，共享对象因素的介入便于交流任务情境的感知理解，导致交流语言更为简化而匹配任务的完成效果却更好。另一方面 Galati（2009）安排的两种实验条件并没有真正考虑和分离出共享表情因素，实际上相当于创设的是"共享语言＋表情""共享语言＋对象＋表情"两种交流互动方式，因此与本次实验中的交流共享方式并不相同，实验结果的心理意义也并不相同。

其次是不同共享方式下参照性交流双方学习协调性的比较。从共享方式和成绩组间交互作用结果看，第一，高分组条件下共享方式主效应不显著，仅低分组条件下，共享语言＋对象＋表情方式下被试学习成绩均极其显著高于另两种共享方式。这表明共享语言＋对象＋表情方式学习效率的优势集中表现于低分组的学习效率更高。第二，共享语言和共享语言＋对象方式下，高分组均极其显著高于低分组，共享语言＋对象＋表情方式下，高分组和低分组间无显著差异。这表明共享语言＋对象＋表情方式下，交流双方学习过程的协调水平显著更高。两方面结果对照，当前实验条件下，学习认知和行为的协调水平具体体现在以高分组学习水平为标准的基础上低分组学习水平与高分组的一致性程度，即交流互动过程中，高分组被试是否能够更有效地传递正确知识，并消除与低分组同伴在学习认知上的分歧，同理，低分组被试是否能够正确地认识彼此的学习差异，有效地与高分组同伴一致提高对学习对象的正确理解。共享语言＋对象＋表情方式下双方以显著更高的水平实现了学习认知和行为的协调。

但是以上结果并不意味着，参照性交流合作学习中高分组的知识完全来源于自我认知。一方面，实验结果发现参照性交流合作学习的初期，由于学习对象是陌生的，交流双方倾向于借助自己已有的经验、知识、期望，尝试解释学习对象并验证相关的假设，此时的学习表现为一般性学习的认知过程，在交流学习者之间具有相似性，因而导致交流合作双方学习初期的学习水平无显著差异，诚然，这种一致性并不代表共同理解的一致性，交流合作学习双方的成绩均很低。而随着交流合作学习时间进程的不断发展，交流学习双方成绩均不断提高，交流合作学习情境下的知识不仅包含了个体知识，还包含了通过各种交流媒介或线索从同伴处获得的信息、启发和提示，与个人独立学习不同，参照性交流合作学习中学习双方的动机水平更高，交流互动过程有助于彼此间思维的发散，因此，不论低分组还是高分组，其知识中均包含了"共同成分"，这是彼此间认知和行为协调的基础，显然，实验结果显示，共享语言＋对象＋表情方式下，交流合作学习者彼此间知识的共享水平更高，如前所述，这源于"表情媒介"显著性的认知协调作用。但与前述内容不同，本次实验结果更倾向于证实共享表情对于低分者认知理解的显著促进作用，在各共享方式高分组无显著差异的前提下，表情媒介的介入使得低分者能够更好地理解高分者传递的信息，彼此间认知分歧的解决效率以及共同理解水平显著提高，表现出无显著差异。表情对共同理解的促进依赖多种因素和线索：表达的内容、与语义的重叠性等，表情媒介的介入可以提供更丰富和多样化的学习线索，精确地弥补语言理解中的各种"裂痕"，使学习者学习和记忆的效果相应更好。另外，心理学各研究领域已经证实表情媒介能够传达丰富细致的情绪变化和情感特征，这包含了交流者间交流中彼此的肯定、否定、支持、拒绝以及期望鼓励等，对交流合作双方间的信息辨别、确认等至关重要。总之，以上综合作用共同导致了当前实验结果中，共享语言＋对象＋表情方式下，交流合作学习双方互动过程的协调水平显著更高。

2. 参照性交流合作学习双方选择性注意水平的分析

维度选择任务的结果显示，共享语言方式和共享语言＋对象＋表情方式下被试揭开的维度数量均极其显著多于共享语言＋对象方式；高分组揭开的维度数量显著多于低分组。即共享语言方式和共享语言＋对象＋表情方式下被试的选择性注意水平显著更高，高分组被试的选择性注意水平显著更高。

参照性交流互动过程的顺利进行依赖交流者彼此间行为的协调，行为协调又以驱动行为的注意、意图、信念等的认知协调为基础。传统的学习认知研究发现，注意的作用尤为突出，学习认知加工过程涉及学习者的感知、记忆、思维等诸多方面，而这些过程都离不开注意的警觉性、选择性和保持性，学习者的注意功能如果减弱了，与学习无关的信息就会进入其意识中，学习者的学习效率效果相应也将降低；当前交流合作学习实验结果中，高分组被试的选择性注意水平显著更高，与已有的结论和理论是一致的，再次在交流合作学习情境中证实了选择性注意是学习认知中的重要评价指标。参照性交流合作学习中，语言媒介可以外显性实现对合作学习双方注意的直接指导，Yoon，Koh 和 Brown-Schmidt（2012）研究指出交流中学习者间形成的语言参照惯例可以直接指导彼此学习中的共同注意；特定的语言表述代表了特定的共同注意，语言的变化则直接诱发共同注意的转移。① 本次实验结果一方面证实，共享语言＋对象＋表情方式，相比共享语言＋对象方式，交流合作学习者的选择性注意水平更高，这源于表情中多种因素对合作学习双方共同注意的引导。交流者的眼睛注视特征能够触发彼此的注意转移反射，是注意的良好外部线索，当说者描述时或听者接受指导时，通常先注意对象的相关特征，这和语言对注意的引导不同，眼睛注视引导注意可以不依赖精心的认知加工而自觉发生。手势也参与注意引导，如上所述，手势表情在参照性交流互动过程中不仅辅助语言表达，也具有独立的交流特征，可以引导同伴的注意变化，这依赖同伴对手势的即时捕捉和理解。手势对注意的引导同时成为听者解释语言的反馈，有助于甄别语言歧义，减轻语言认知推理的努力程度，这也表现于现实教学中的生生合作学习过程，以及课堂教学中教师手势对于学生注意的引导和知识传递。

另一方面，共享语言方式下交流合作学习者选择性注意水平高于共享语言＋对象方式，从选择性注意的角度，再次证实对象共享性因素的加入降低了交流学习者的选择性注意水平。共享对象直接影响到语言的表述，对象的直观性和可视性降低了语言加工的推理性和深度，相应弱化了语言对注意的指导作用，这既表现于说者的语言生成过程，也表现于听者的语言理解过程，使得语言更为简单化；而本次实验条件下，语言对注意的指导是集中于感知特征背后的功能推理，因此，共享对象介入后感知特征的信息干扰反而降低了交流合作学习双方的选择性注意水平。简言之，共享对象感知特征时，交流者更多分散注意于对象的感知特征，同时由于对象

---

① Yoon, S. O., Koh, S., & Brown-Schmidt, S., "Influence of Perspective and Goals on Reference Production in Conversation," *Psychonomic Bulletin & Review 19(4)(2012)*:699-707.

共同可视，语言加工相对更为表浅，本次实验任务条件下，不利于推理对象隐含的功能知识。

综合以上内容，本次实验发现：第一，参照性交流合作学习过程中，共享语言＋对象＋表情方式下交流学习者学习效率最高，集中表现于低分组的学习效率更高；交流双方学习协调水平最高。第二，共享语言方式和共享语言＋对象＋表情方式下被试选择性注意水平显著高于共享语言＋对象方式。

第四节 交流合作学习认知加工特征的解释

广义上的学习领域，不仅局限于教育教学领域，还涉及广泛的科学领域、多种社会职业领域，当今，社会各领域从业人员在现代工作环境中所面临的各种专业内外的问题日益复杂，因此，有必要全面了解复杂的社会领域中合作性学习和问题解决过程的认知加工特征。在狭隘的学习和问题情境中，各类研究传统上倾向于专注于个体学习者的认知能力和问题解决能力。在过去的几十年中，人们已经逐渐开始关注人类如何解决复杂的社会问题，以及他们是如何以密切的关系与团队中其他人合作的。"合作问题解决"（collaborative problem-solving，CPS）的实证研究在心理学中有很长的历史，但大部分的研究工作都是集中在简单的任务上，如益智问题、头脑风暴等。对于复杂的合作问题解决，更多的研究出现于理论领域，部分实证工作开始尝试探讨该问题，将合作作为一种手段，扩大到现实世界的多种学习领域和问题解决的方面。

尽管以往研究结果具有多样性和差异性，但是社会合作学习领域中的一个一致观点是，合作学习过程表现出阶段性的发展和变化特征。然而，很少有研究具体针对性探查从一个学习阶段到另一个学习阶段转变的发生时间和具体特征。诚然，未来对于该问题的探讨既有理论意义又有现实指导的实际意义。

一、交流合作学习中的团队互动认知

在日常生活中，人类经常需要合作完成任务，因为独自执行太困难或太麻烦了。在这样的共同任务中，人们会在时间和空间上协调彼此间的行动，以实现一个共同的目标。例如，当两个人在一大群人中寻找朋友时，

一个人可能把注意力集中在人群的左半边，而另一个人则搜索人群的右半边。合作者间的任务分配，比个人完成任务的成绩更高，这是一种合作收益。这种合作收益是交流合作学习相比个人学习的典型优势，该优势是团队互动认知相比个人认知的优势。

团队交流互动认知的探查，可以展现合作学习过程中团队互动过程如何在动态和丰富的情境中展开。对于交流合作学习认知的解释，传统的研究将团队认知归因于团队成员共享的静态和积累的知识结构，例如，共享心理模型（shared mental models）①，团队活动基于团队认知，团队认知基于团体成员两两间的交流互动。

团队认知的优势集中体现在交流合作者间的信息交换。与个人活动相比较，当人类合作活动时，他们往往会分配任务内容，以达到更高的效率效果。例如，Wahn，Kingstone 和 König（2017）探查了团体互动认知中两种类型的信息反馈（同伴行为、任务成绩）对交流合作任务的影响性。②

在研究中，三个实验分别探查了同伴行为反馈、任务成绩反馈，以及两者兼具的三种条件下，交流者多目标追踪合作任务（multiple object tracking task，MOT）中的交流合作特征。MOT 任务范式便于量化追踪分数，还可以精确地分析交流同伴的行为信息。研究任务安排两个交流个体同时参加，彼此屏幕呈现相同，一旦屏幕中的物体停止移动，交流被试将独自选择自认为的目标对象；然后，提供个人成绩反馈和共同成绩反馈（实验1）。在实验2中，仅向被试提供同伴选择的"对象"，但不提供成绩分数。在实验3中，向被试同时提供个人和共同成绩，以及同伴选择的"对象"结果。

研究结果发现，当交流者同时接受两种反馈信息时，任务成绩显著高于只接受一种反馈的条件。然而，这种分数的优势随着时间的推移而逐渐消失，各条件下的最终水平接近，表明两种反馈信息的交流合作条件下，被试更早地设计出合作策略，这是交流合作效率优势的一种体现。

此类研究的结果表明，在视觉空间任务中，如合作视觉搜索，高效的信息交流或互动是任务成功实现的保障。在该实验情境下，它是一种有效的注视信息交换，使合作参与者能够高效地执行合作视觉搜索任务。然而，

---

① Salas, E. E., & Fiore, S. M., *Team Cognition: Understanding the Factors That Drive Process and Performance* (Washington, DC: American Psychological Association, 2004).

② Wahn, B., Kingstone, A., & König, P., "Two Trackers are Better than One: Information about the Co-actor's Actions and Performance Scores Contribute to the Collective Benefit in a Joint Visuospatial Task," *Frontiers in Psychology 8* (2017):669-681.

还有一些与合作视觉空间任务相关联的问题尚没有被探查，具体地说，在交流互动中，彼此接收信息的准确性在何种程度上影响合作成绩？此外，合作同伴间信息交换本身如何影响合作成绩的？

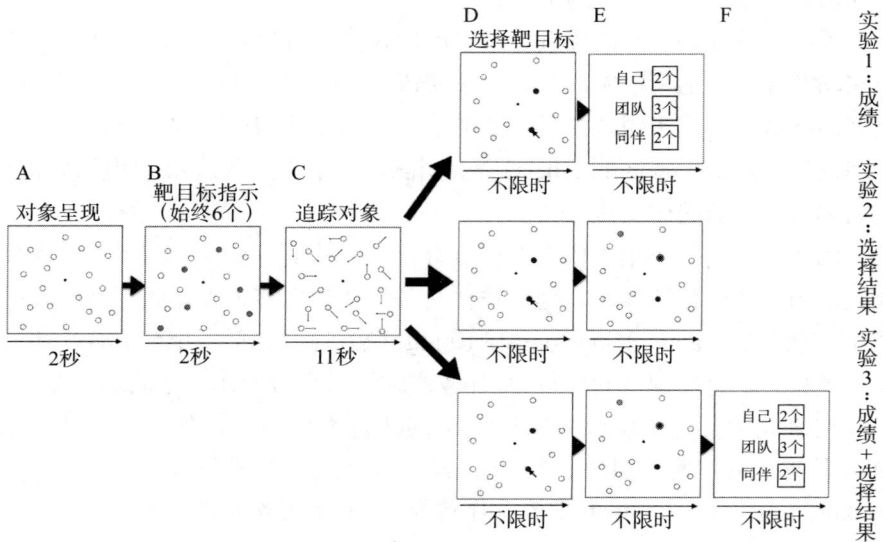

图 8-6 Wahn 等（2017）研究中的实验任务

总之，交流合作学习，不论是教育教学情境还是社会学习情境，其相比个人学习的优势，在于团体互动认知的优势。团体合作收益的问题已经为各领域的研究广泛探讨，如交流决策、交流注意、交流感觉运动。这些研究工作分析了交流合作活动不同于个人活动的若干因素。

（一）交流合作学习中的团队宏观认知

团队宏观认知研究思路产生于认知研究，其更为注重认知发生环境的自然性，实验控制程度有限，更为注重实验的外部效度，即现实解释力，在此基础上，研究者试图将认知实验结果应用于现实世界中。团队宏观认知可以集中表现于交流合作学习领域之中，有助于理解多种分布式、层次性和动态变化性的社会环境背景对于交流合作学习认知的影响。

在社会认知研究领域中，团队宏观认知模型建构的目标是描述团队如何在交流合作互动中建立知识，学习知识，应用知识，并通过所有团队成员知识信息输入的整合，来达到有效解决社会问题的目的。交流合作学习中的团队宏观认知模型，涉及个体之间的认知和行为协调，即协调彼此现有的知识，产生新的知识，来解决新的和复杂的社会问题。

团队宏观认知模型将交流合作学习过程分为五个主要组成部分：个人知识构建、团队知识构建、内化的团队知识、外化的团队知识以及团队问题解决结果。个体知识构建是个体加工信息并将其合并到自己的知识库中，此过程可能涉及读取任务相关信息的交流互动过程。团队知识构建指将个人知识转化为可操作的、共享性的团队知识。内化的团队知识指每个成员单独持有的团队知识。外化的团队知识指团队已经建立的共享性知识和与任务相关的概念体系。团队问题解决的结果受团队成员之间交流合作互动特征，以及这些互动是否有助于实现关键任务目标的影响。因此，具有有效交流合作学习策略的团队，将执行并行和迭代的认知加工过程，在这些动态过程中，交流合作学习者将综合这五部分来构建新知识，理解新问题，并评估可能的解决方案。

交流合作学习中的团队宏观认知已经在各个社会领域中被研究者们广泛探讨。所有这些研究有两个共同点：关注团队交流合作学习特征（包括现场的即时交流分析和以往交流资料的元分析），关注团队交流合作知识构建过程的普遍性、一般性特征。

（二）交流合作学习的阶段

交流合作学习的阶段可以定义为，交流合作学习者从知识学习和问题情境的开始阶段到知识掌握和问题解决的完成阶段，这一连续互动过程中性质不同的各个子周期。这涉及 5 个典型的交流互动阶段：信息沟通、共享性知识建构、知识形成和问题解决模型、交流者间的共识和协调一致、评估和修订。信息沟通阶段涉及彼此间经验、知识等的互动交流。共享性知识建构阶段涉及对相关领域信息、彼此信息的识别，并促进交流合作者彼此间对任务和知识理解的发展。知识形成和问题解决模型阶段涉及知识的凝聚，促进彼此对问题的共同理解。交流者间的共识和协调一致阶段是交流合作学习者彼此在特定知识领域达成共识。最后，评估和修订阶段，主要是对合作学习知识的应用和验证，包括分析、测试、验证交流合作学习到的知识在任务情境中的有效性。

这些阶段已经得到实证研究领域的有力支持。但是，在交流合作学习期间，特定的交流过程可以跨阶段而出现一定程度的重叠，阶段间的划分是相对的，在不同的交流合作学习互动情境中可能存在一定的变化性。例如，在信息沟通阶段，我们期望看到个体自我信息间的交换和碰撞。在共享性知识建构阶段，我们期望看到信息和知识的互动、交流反馈这一典型特征。在知识形成和问题解决模型阶段，我们期望看到知识交流的普遍性和简单团体协议的建立。但在交流者间的共识和协调一致阶段，我们期望看到交流方案的生成和交流者彼此间对目标知识取向的一致性。在评估和修订阶段，我们预期会出现对交流合作学习形成知识的评估，根据交流情境的更新和反馈做出进一步的交流互动调整。

交流合作学习阶段之间的过渡可能是连续的，也可能是不连续的。虽然理论上阶段可能顺序地发生，但现实情境中的交流合作学习是复杂的、动态的。因此，在交流合作学习期间，交流者可以按顺序循环这些阶段，在各阶段之间根据交流需要来回切换，或者甚至不遵循明显的顺序。相应地，这也使得基于交流过程的相对频率来识别各阶段变得困难。

二、交流合作学习认知的动态系统

从广义上来说，人类交流互动的相关研究，已经越来越认识到动态系统方法对于理解交流互动模式的变化性具有重要价值。这类方法已经被团队交流绩效，交流者间的亲密关系和家庭交流互动等各领域的研究所采用。交流动态系统，简单而言，就是交流互动随时间而变化的系统。在交流动态系统中经常有许多部分相互作用，有助于表征交流动态系统中行为的变化模式。基于这种方式，交流互动的动态系统通常被认为是自组织性质的，各部分间能够保持协调性。

利用交流合作学习认知的动态系统理论及其分析技术，可以为明确理解交流合作互动过程阶段的变化特征提供必要的保障。在动态系统理论中，阶段变化是从一个交流互动协调模式到另一个模式的质变，通常表现为突变，但也可能是渐变。重要的是，交流合作学习中，当一个动态系统接近一个阶段变化时，系统各部件之间的约束开始分解。以往研究已经提出了多种方法来检测这些阶段变化的手段，例如，探查阶段间变异性和相关性的变化，探查特定阶段间交流系统的偏移量，探查阶段间交流平均信息量的变化，交流指标波动的度量，以及对交流合作学习知识做出的定性分析。

在交流合作学习认知探讨的各指标中，交流平均信息量具有一定代表性，有助于对交流系统中复杂的信息量做出函数性分析。平均信息量可以作为交流动态系统中发生阶段变化的指示器，因为它与动态系统的各成分之间的稳定性成反比。简言之，通过跟踪交流时间进程中或不同实验条件下的交流平均信息量水平，可以观察交流互动动态系统中认知和行为的重要转变。通常交流互动动态系统中各成分之间组合状态的变化是随交流互动时间进程而自然缓慢发生的，但是"外力"的快速注入，例如，交流学习任务需求的改变（实验中通常为实验干预的介入），将导致交流互动系统阶段发生突变。当一个交流动态系统接近一个阶段的变化时，交流系统约束或原形态即开始崩溃，系统将表现出更多的无序行为，出现更高的平均信息量。因此，如果研究交流互动中平均信息量随交流互动时间进程而发生发展的特征，则平均信息量的峰值可以标示出交流互动系统的阶段变化特征。

Stevens（2012）从团队互动认知的研究角度，在团队交流合作绩效的背景下研究了平均信息量特征。[①] 在这种情况下，交流平均信息量反映出了团队的认知灵活性程度，更高的平均信息量代表了更多的交流互动认知灵活性。也就是说，具有较高平均信息量的团队利用更多可用的潜在心理状态，因此比仅使用较少心理状态的团队更灵活。具体而言，研究发现团队任务表现较好的团队比那些表现较差的团队，表现出更高的交流平均信息量。然而不足在于，在团队交流任务情境中，他们没有明确地考虑交流互动阶段转换点的平均信息量和随机信息量间的关系。

问题解决任务是交流合作学习任务情境之一，众多的问题解决理论假设有效的问题解决过程表现出不同的定性阶段，部分研究试图确定交流阶段之间的转换何时发生，以及特征如何。并进一步将交流合作问题解决理论与交流互动的动态系统理论相结合，提出当一个系统正在经历阶段变化时，它应该表现出平均信息量的峰值，平均信息量水平也应该与团队交流合作成绩或绩效相关。

目前为止，尽管部分研究已经开始关注，并尝试从不同的角度对交流合作学习认知的动态系统做了探查。但是，未来对于交流合作学习认知加工特征的理论探讨，依旧是任重而道远，交流合作学习的核心特征是"互动性"，这意味着研究领域应该以动态、发展的视角来对待交流互动过程，这是交流合作学习认知特征探查的一个难点。另一方面，交流互动具有社会性，交流合作学习认知的理解和探讨不应拘泥于狭隘的学习领域，即便是对于教育教学领域中交流合作学习的分析和解释，也不可能脱离交流互动的社会认知特征的大背景，广泛的意义上，交流合作学习可以表现于社会领域的任何学习和知识掌握的情境之中，这种多样化、变化性的交流学

[①]　Stevens, R., "Charting Neurodynamic Eddies in the Temporal Flows of Teamwork," in *Proceedings of the Human Factors and Ergonomics Society Annual Meeting* (Vol. 56, No. 1) (Sage CA, Los Angeles, CA: SAGE Publications,2012), pp. 208-212

习背景，是交流合作学习认知特征解释的第二个难点。

三、启示与展望

综合本章而言，在具体的教育教学领域，需要结合语言和非语言媒介的认知探讨，尝试建构交流合作学习的认知理论、认知策略和学习方法，以进一步解释高效率交流合作学习的认知特征、策略和教师的指导方法。

第一，和个人学习比较，交流合作学习的优势在于合作情境下存在更丰富的认知资源，但是以往研究没有关注资源丰富程度和利用效率效果间的关系，换言之交流中思维发散或激发与思维聚合的关系如何，又如何体现在交流语言认知特征上，值得进一步思考。

第二，对交流合作学习中语言参照惯例认知特征的相对完整理解，需要尝试提高交流合作学习实验情境的自然性，这有助于展现交流合作学习中人际互动的"真实性"和"丰富性"。从而推动研究结果指导现实交流合作学习的有效性。

第三，现实交流合作学习语言听者设计的认知过程是丰富而多样的，未来研究应进一步关注听者设计发生发展的时间过程特征，以及现实教育情境下学生合作学习中听者设计过程的影响因素。

第四，由于以往交流合作学习中表情认知特征的探讨，主要是围绕着和交流语言认知的关系而展开的，未来研究应有意识关注表情交流认知的独立特征，以及与语言交流认知的差异性，从而推动两者关系的完整解释。

第五，交流合作学习中对象共享性特征带来的启示是，如何引导交流合作学习者在学习中有意识克服知识情境表面线索的干扰，从而推动学习者高效发现学习规则。

第六，交流合作学习认知的探讨，不应停留在一个狭隘的社会关注领域，如教育教学情境，交流的"互动性"是一种典型的社会认知过程和协调机制，因此未来对于交流合作学习认知和行为特征的探查和解释，有必要建立在更为广阔的社会合作学习领域之中。诚然，这将为交流社会认知的实验研究带来困难和复杂度，但是这种研究思路的确立，有助于从纷繁芜杂的多样化社会交流合作学习情境中，寻找到一种相对具有普遍适用性，以及普遍的认知解释性的途径和理论，这也是交流社会认知中交流合作学习认知探讨和解释能够切实指导和迈向应用的必经之路，更进一步，这将推动不同的社会交流合作学习领域去不断尝试探索和建立不同特定情境下的学习策略、学习方法和学习指导理念。

后　记

在这部专著即将付梓之际，笔者的内心还是有些许感慨的。之所以如此说，是因为笔者的上一部专著《关系类别学习的认知机制》（天津教育出版社，2017）是在"学习认知"的研究背景下完成的，其涵盖了笔者在"学习认知"领域的研究历程和研究成果。笔者曾就"交流认知"问题进行了长达十年的实证研究和文献研究，本书就是笔者对这一领域的研究成果进行的一个总结。对于笔者而言，这一总结是相对的和阶段性的，笔者将以此为起点，对"交流社会认知"进行更为广泛和深入的研究。

本书是在一个自然的状态下完成的。笔者在从事科学实验研究的过程中，自觉应该写一本专著来总结研究收获、理论体会。全书的框架自然而然就搭建成功，当然后来也作了一些微调。适当地放下手头的其他工作，将主要精力用在本书的写作上。经过几个月的创作，便顺利完成了本书的初稿。初稿完成后，笔者继续处理之前搁置的科研工作。半年后，笔者接到了国家社科基金后期资助项目申报通知，于是按照专家组的审稿意见，对初稿进行反复打磨、修改。课题名单公示之后，笔者看到自己的名字赫然在列时，并没有太多的惊喜。

笔者在反思自己的科研历程后发现，科研工作与其他工作的最大不同在于，科研需要一个安静的工作环境，需要一种平和的心态和坚持不懈的付出，需要用兴趣和牺牲来点燃激情，而这些均离不开家人的理解和支持。可以说，家人的理解和支持是笔者科研工作高效开展的基础和动力。2020年4月，笔者接到了"2020年度教育部哲学社会科学研究后期资助项目"立项的通知，感到莫大的欣慰。这种欣慰既来自科研工作的连续性，也来自科研领域同行对笔者这一研究成果的肯定。

在从事科研工作和理论创建的过程中，笔者一直在思考如下几个问题。笔者对于科研工作的一个认识是：起于理论研究，方能行于应用研究。也就是说，科研最终将会从基础走向应用，将客观的理论转化为生动的现实，将严谨科学的表述应用于鲜活的生活之中。对于一名研究者而言，原创性理论是至关重要的，其是开展现实应用研究的基础和前提。有鉴于此，笔者在研究条件允许时，将以本书的理论和实证框架为基础，从应用角度对"交流社会认知"进行更为精细化的研究和解释，以期为交流实践提供理论指导和方法指导。

笔者在写作本书的过程中，尽量采用相对客观、严谨的语言风格和表述方式来阐述"交流社会认知"领域的相关知识、理论和研究成果。但不可否认的是，"交流社会认知"在现实社会中是生动的、生活化的。从读者阅读的角度而言，为了让无任何标签限制的读者群体都能够读懂学术专著并有所收获，语言表达应该越通俗越好；但是语言的相对"随意化"往往导致读者群体对学术观点形成不同的理解。如此一来，学术专著写作的相对"枯燥"和客观，是设定一个学术观点和解释的边界，唯有在此边界内的生活化的解释和运用，才有可能丰富和生动。

最后需要强调的是，本书作为笔者科研工作的一个阶段性成果，书中阐述的一系列理论和实证框架，将成为后续研究工作的起点和基础。科学研究工作是艰苦的、永无止境的探索过程，需要一个人乃至几代人付出毕生的努力，才能不断地向前发展。笔者愿做一名科研工作中的"旗手"，率先举起"交流社会认知"这一旗帜，力求吸引更多的研究者投身于这一领域的研究之中，从而将其推向更深、更广的领域。

张恒超

2020 年 7 月暑期

天津商业大学法学院 603 室